本教材获得复旦大学理论经济学Ⅰ类高峰教材计划项目资助
本教材第二版荣获2015年上海普通高校优秀教材奖

高等院校经济学管理学系列教材

国际金融

（第三版）

沈国兵　主编

International Finance

(3rd Edition)

图书在版编目(CIP)数据

国际金融/沈国兵主编. —3版. —北京:北京大学出版社,2018.8
(高等院校经济学管理学系列教材)
ISBN 978-7-301-29758-2

Ⅰ. ①国… Ⅱ. ①沈… Ⅲ. ①国际金融—高等学校—教材 Ⅳ. ①F831

中国版本图书馆CIP数据核字(2018)第171085号

书　　　名	国际金融(第三版) GUOJI JINRONG (DI-SAN BAN)
著作责任者	沈国兵　主编
责 任 编 辑	朱　彦
标 准 书 号	ISBN 978-7-301-29758-2
出 版 发 行	北京大学出版社
地　　　址	北京市海淀区成府路205号　100871
网　　　址	http://www.pup.cn　新浪微博 @北京大学出版社
电 子 信 箱	sdyy_2005@126.com
电　　　话	邮购部 010-62752015　发行部 010-62750672　编辑部 021-62071998
印 刷 者	河北滦县鑫华书刊印刷厂
经 销 者	新华书店 787毫米×1092毫米　16开本　33印张　824千字 2008年12月第1版　2013年8月第2版 2018年8月第3版　2021年1月第3次印刷
定　　　价	79.00元

未经许可,不得以任何方式复制或抄袭本书之部分或全部内容。
版权所有,侵权必究
举报电话:010-62752024　电子信箱:fd@pup.pku.edu.cn
图书如有印装质量问题,请与出版部联系,电话:010-62756370

前　言

　　基于日常教学和科研参考之需,2004年,我和几位高校青年教师合力编写了一本面向国际经济与贸易、金融学专业本科生和研究生,以及可供财经从业者参考的教材,由上海财经大学出版社出版。在此基础上,2008年、2013年,《国际金融》第一、二版由北京大学出版社出版,获得了国内同行和广大学生高度的认可和好评,并被部分高校列为国际金融本科教材和研究生入学考试参考书。时隔五年,国际金融领域内又发生了诸多重大事件,如2015年12月16日以来美联储不断加息,2016年6月英国"脱欧"事件造成英镑暴跌,2016年10月人民币加入特别提款权(SDR)货币篮子等。由此,根据国际金融领域内新近发生的重大事件和前沿理论研究的进展和发展方向,在第二版的基础上,综合前沿理论研究成果和日常上课讲义,我们在北京大学出版社的支持下,遵循前版体例,充实了新的内容,并对部分内容进行了必要的修订。呈现在读者面前的这本《国际金融(第三版)》就是这一成果的结晶。

　　本书的基本理论来源于国内外有关国际金融学的经典论著或教材,同时根据国际金融领域内新近发生的重大事件的发展情况和前沿理论研究的成果,赋予其新的、重要的内涵,展示其研究进展。总体上,本书的主要创新特色体现在:

　　第一,在编排的逻辑体系上,注重以从点到面、逐步拓展引申的方式展开。具体而言,本书遵循由微观到宏观、由核心到外围的教学和学习方法。我们借鉴了相关学者的做法[①],从国际金融领域内两个最基本的核心变量——外汇和汇率出发,具体分析展开。例如,本书首先聚焦外汇和汇率问题,认为这是国际金融教学逻辑展开的起点。当一国或地区贸易跨越了国界或区界,就会产生货币汇兑和对国际货币的需求。货币汇兑产生了外汇和汇率问题,并孕育出外汇市场;对国际货币的需求本身是国际贸易结算规避外汇风险的需要,同时孕育出国际货币体系和货币区问题。在解释汇率变动现象和判定其变动趋势的过程中,产生了各种汇率决定理论,然后扩展到国际收支、国际金融市场、国际资本流动和货币危机以及开放经济下宏观经济政策等问题。

　　第二,在对国际金融理论和案例的阐释上,按照基本假定、变量反映或行为表现以及理论评述或案例透视的范式展开。国外教材一般以案例分析阐释概念和主要理论内涵,形成了一种开放的教材体系,给读者和研究者更多个人理解和领会的空间。但是,这在使初学者着迷的同时,也使他们产生了很大的困惑。相较之下,国内教材一般会直接对概念和主要理论内涵进行严格的界定和评述。这样,可使学生有一个清晰的理解框架,却也容易限制学生的思维空间。本书力求吸取二者之精华,按照基本假定、变量反映或行为表现以及理论评述或案例透视的范式,进行国际金融理论和案例的阐释。

　　第三,顺应留学生教学和国际交流的需要,突出国际金融学科专业术语的国际化。2001

---

① See Gandolfo, G. (2004), *Elements of International Economics*, Springer, pp. 9-29; Wang, P. (2005), *The Economics of Foreign Exchange and Global Finance*, Springer, pp. 1-15; Copeland, L. (2005), *Exchange Rates and International Finance*, 4th Edition, Prentice Hall, pp. 3-17.

年12月11日,中国正式加入世界贸易组织(WTO)后,承诺到2006年,外资银行可获准全面进入中国市场;同时,允许外资银行对所有中国客户办理人民币业务,设立同城营业网点,审批条件与中资银行相同。2009年4月8日,中国国务院决定在上海、广州、深圳、珠海、东莞等城市开展跨境贸易人民币结算试点。2011年8月23日,中国人民银行、财政部、商务部等联合发布《关于扩大跨境贸易人民币结算地区的通知》。至此,跨境贸易人民币结算的境内地域范围扩大至全国。"十二五""十三五"期间,上海多功能金融中心的形成,特别是金融市场体系的逐步完善,将为推进人民币国际结算试点,逐步走向国际化提供基础支持。2016年10月,国际货币基金组织(IMF)正式将人民币作为第五种货币纳入特别提款权货币篮子,并赋予人民币10.92%的权重。在此形势下,中国的货币和金融市场逐步与国际货币和金融市场联系在一起。同时,来华留学生与从事国际交流、合作教学及培训的人员数量不断上升。国际金融学研究的对象是国际范围内的货币和金融关系。来华留学生,特别是来自"一带一路"沿线国家的留学生,很大一部分未来会从业于与中国经济、金融相关联的行业领域。因此,国际金融领域内主要专业术语的国际通用化在中国不断开放的社会主义市场经济体系下显得尤为重要。但是,国内教材一般不会给出国际金融领域内关键术语的中英文内涵对照。这样,许多学生在学过国际金融之后,中英文关键术语往往还是对不上号。为此,本书试图弥补这一不足,在每章汇编了该章所涉及的国际金融领域内主要专业术语的中英文内涵对照。

第四,力求将国际金融基本理论教学融入中国问题分析,并引导高年级学生以国际视野对本土化金融问题进行思考。例如,第一章第三节阐述了中国外汇市场及其主要特征;第三章第五节对中美贸易收支失衡、调整与再平衡进行了分析;第五章第六节对香港离岸人民币市场进行了分析;第六章第四节对中国与美国金融衍生产品市场发展作了比较;第七章第六节对中国的资本流动问题加以论述;第八章涉及三代货币危机模型和美欧金融危机比较分析对人民币的经验启示;第九章系统阐述了人民币汇率制度的变迁与选择,以及二次汇改后人民币汇率形成机制问题;第十章、第十一章对中国国际储备、中国外汇管理体制以及跨境贸易和投资人民币结算加以系统论述;第十三章阐述了中国在国际金融组织机构中的地位及关系;第十四章论述了人民币在东亚货币合作中的地位和前景。在此基础上,针对高年级本科生考研和进一步的研究需要,我们尝试将国际金融基础知识与前沿理论研究成果相结合,给出一些理论详细的数学模型推导,编排了案例分析和思考题、计算题等。

本书既反映了本科生日常教学中所要掌握的基本理论知识和分析问题的方法,又融入该领域内的前沿理论研究成果,具有较高的学术质量。需要指出的是,本书博采众长,吸取了国内外许多同类教材的优点和相关的理论研究成果,在此一并表示感谢!尽管如此,我们对可能出现的差错和缺陷还是诚惶诚恐,恳请广大读者批评指正,这对我们今后的修订工作将提供有益的帮助。

本教材第二版的撰写工作分工如下:全书纲要与导论部分由沈国兵撰写;第一部分第一章和第二章由沈国兵撰写;第二部分第三章由沈国兵、钱婵娟撰写,第四章由沈国兵撰写;第三部分第五章由沈国兵、钱婵娟撰写,第六章由沈国兵撰写;第四部分第七章由沈国兵、钱婵娟撰写,第八章由沈国兵撰写;第五部分第九章由沈国兵撰写,第十章、第十一章由沈国兵、钱婵娟撰写,第十二章由沈国兵撰写;第六部分第十三章、第十四章由沈国兵撰写。最后,全书由沈国兵审定统稿。

此次第三版的撰写,要特别感谢复旦大学 2012 级至 2016 级国际商务专业的硕士研究生,2011 级至 2015 级金融学、保险学、财政学以及国际经济与贸易专业的本科生,他们在我的指导下,积极参与相关数据和资料的更新以及部分章节的资料整理工作,在此表示深深的感谢!

沈国兵

2018 年 3 月 18 日

于复旦大学经济学院世界经济研究所

目　录

导　论 ··· (1)
 第一节　国际金融学的形成和发展 ·· (1)
 第二节　国际金融学的内涵和主要研究内容 ·· (2)

第一部分　外汇和汇率问题

第一章　汇率和外汇市场 ·· (6)
 第一节　汇率与汇率标价方法 ··· (6)
 第二节　汇率的种类 ··· (8)
 第三节　外汇与外汇市场 ··· (12)
 第四节　外汇交易的类型 ··· (19)
 第五节　货币本位和汇率的决定与调整 ·· (27)
 第六节　汇率的变动及其影响 ··· (29)
 第七节　外汇风险及其管理 ·· (33)
 本章小结 ·· (41)
 附　录　人民币汇率改革后企业如何防范汇率风险 ·· (44)

第二章　汇率决定理论 ··· (50)
 第一节　购买力平价论 ·· (50)
 第二节　利率平价论 ··· (55)
 第三节　超越购买力平价和利率平价：实际利率平价 ·· (60)
 第四节　国际收支说 ··· (63)
 第五节　弹性价格货币模型 ·· (64)
 第六节　黏性价格货币模型或多恩布什模型 ·· (67)
 第七节　资产组合平衡论 ··· (70)
 第八节　理性预期汇率理论和汇率"新闻"理论 ·· (74)
 第九节　汇率决定的投机泡沫理论和混沌理论 ··· (77)
 本章小结 ·· (81)
 附　录　汇率决定理论的最新发展——外汇市场微观结构理论 ···································· (84)

第二部分　国际收支问题

第三章　国际收支账户和国际支付体系 ··· (87)
 第一节　国际收支的界定 ··· (87)
 第二节　国际收支平衡表及其构成 ··· (88)
 第三节　国际收支的会计原理 ··· (91)
 第四节　国际收支差额分析 ·· (93)
 第五节　中美贸易收支失衡、调整与再平衡 ·· (96)

第六节　开放经济下国民收入账户关系…………………………………………(103)
　　第七节　国际支付体系……………………………………………………………(105)
　　本章小结……………………………………………………………………………(110)
　　附　录　国际收支平衡表的演变及中国案例(2015—2016年)…………………(113)
第四章　国际收支调节和国际收支理论……………………………………………(118)
　　第一节　国际收支失衡及类型……………………………………………………(118)
　　第二节　国际收支失衡的调节……………………………………………………(120)
　　第三节　国际收支古典理论:物价—铸币流动机制……………………………(124)
　　第四节　弹性分析法或弹性论……………………………………………………(125)
　　第五节　乘数分析法或乘数论……………………………………………………(129)
　　第六节　吸收分析法或吸收论……………………………………………………(132)
　　第七节　货币分析法或货币论……………………………………………………(135)
　　第八节　结构分析法或结构论……………………………………………………(138)
　　本章小结……………………………………………………………………………(139)
　　附　录　毕柯迪克-罗宾逊-梅茨勒条件…………………………………………(142)

第三部分　国际金融市场问题

第五章　国际金融市场…………………………………………………………………(144)
　　第一节　国际金融市场概述………………………………………………………(144)
　　第二节　国际货币市场……………………………………………………………(153)
　　第三节　国际资本市场……………………………………………………………(154)
　　第四节　国际黄金市场……………………………………………………………(159)
　　第五节　离岸金融市场和欧洲货币市场…………………………………………(163)
　　第六节　香港离岸人民币市场……………………………………………………(170)
　　本章小结……………………………………………………………………………(174)
　　附　录　中国金融市场的新发展…………………………………………………(176)
第六章　国际金融创新和银行业监管………………………………………………(178)
　　第一节　国际金融创新……………………………………………………………(178)
　　第二节　金融创新的主要理论……………………………………………………(184)
　　第三节　国际金融衍生产品市场…………………………………………………(188)
　　第四节　中国与美国金融衍生产品市场发展比较………………………………(198)
　　第五节　国际银行业监管与巴塞尔资本协议演进………………………………(201)
　　第六节　《巴塞尔资本协议Ⅲ》与中国银行业监管对策…………………………(209)
　　本章小结……………………………………………………………………………(213)
　　附　录　花旗银行(Citibank)的金融创新………………………………………(215)

第四部分　国际资本流动和货币危机问题

第七章　国际资本流动…………………………………………………………………(218)
　　第一节　国际资本流动概述………………………………………………………(218)
　　第二节　国际资本流动的类型……………………………………………………(220)

第三节　国际资本流动的发展特征、动因、影响及管理 …………………… (222)
　　第四节　国际中长期资本流动与债务危机 ……………………………… (229)
　　第五节　国际投资理论 …………………………………………………… (235)
　　第六节　中国的资本流动：利用外资、资本外逃及国际热钱流入 ……… (241)
　　第七节　国际债务管理：以中国为例 ……………………………………… (256)
　　本章小结 …………………………………………………………………… (260)
　　附　　录　携带外币现钞出入境管理暂行办法 ………………………… (263)
第八章　货币危机理论 ……………………………………………………………… (266)
　　第一节　国际短期资本流动与投机性冲击 ……………………………… (266)
　　第二节　货币危机概述 …………………………………………………… (267)
　　第三节　第一代货币危机模型 …………………………………………… (271)
　　第四节　第二代货币危机模型 …………………………………………… (275)
　　第五节　第三代货币危机模型 …………………………………………… (280)
　　第六节　三代货币危机模型比较 ………………………………………… (286)
　　第七节　美国次贷危机和欧洲主权债务危机比较 ……………………… (287)
　　本章小结 …………………………………………………………………… (292)
　　附　　录　美国量化宽松的货币政策及其对中国经济的影响 ………… (294)

第五部分　开放经济下宏观经济政策问题

第九章　汇率制度 …………………………………………………………………… (297)
　　第一节　汇率制度及国际汇率制度变迁 ………………………………… (297)
　　第二节　汇率制度的分类 ………………………………………………… (303)
　　第三节　汇率制度的分布格局和"中间空洞化"假说 …………………… (310)
　　第四节　汇率制度选择的主要影响因素 ………………………………… (314)
　　第五节　汇率水平管理与外汇市场干预 ………………………………… (325)
　　第六节　人民币汇率制度变迁与选择 …………………………………… (327)
　　第七节　汇率改革后人民币汇率形成机制 ……………………………… (333)
　　第八节　香港联系汇率制度：案例分析 …………………………………… (340)
　　本章小结 …………………………………………………………………… (344)
　　附　　录　英国金本位制的确立 ………………………………………… (347)
第十章　国际储备政策 ……………………………………………………………… (350)
　　第一节　国际储备的特征及构成 ………………………………………… (350)
　　第二节　国际储备管理：规模和结构 ……………………………………… (356)
　　第三节　最佳国际储备量的确定方法 …………………………………… (361)
　　第四节　国际储备体系的变迁 …………………………………………… (363)
　　第五节　中国国际储备问题研究 ………………………………………… (367)
　　第六节　中国外汇储备规模由不断扩大转向减少的成因及对策 ……… (371)
　　本章小结 …………………………………………………………………… (376)
　　附　　录　审慎看待当前中国外汇储备规模及其变动 ………………… (378)

第十一章　外汇管制 (380)

第一节　外汇管制概述 (380)
第二节　外汇管制的主要内容 (383)
第三节　中国外汇管理体制变革 (389)
第四节　中国跨境贸易和投资人民币结算 (395)
第五节　人民币自由兑换及其国际化 (397)
第六节　《中华人民共和国外汇管理条例》新变革 (402)
第七节　人民币国际化的前景 (403)
本章小结 (408)
附录一　人民币国际化的模式选择 (410)
附录二　个人购汇申请书 (412)

第十二章　开放经济下内外平衡理论与模型 (414)

第一节　开放经济下宏观经济政策目标——内外平衡 (414)
第二节　宏观经济政策工具和政策搭配理论 (416)
第三节　开放经济下宏观经济政策调控原理 (420)
第四节　蒙代尔-弗莱明模型及其扩展 (422)
第五节　宏观经济政策的国际协调：两国模型 (433)
第六节　国际宏观经济政策协调 (436)
本章小结 (438)
附　录　合作远比对立更重要：基于中美经贸摩擦三阶段的共识 (440)

第六部分　国际货币体系和货币区问题

第十三章　国际货币体系 (447)

第一节　国际货币体系概述 (447)
第二节　国际货币体系的变迁 (449)
第三节　国际金融组织机构及中国地位 (457)
第四节　国际货币体系的改革方案及选择 (469)
第五节　国际货币体系的几种国际政策协调方案 (474)
本章小结 (478)
附　录　人民币加入特别提款权（SDR）货币篮子及其影响 (481)

第十四章　最佳货币区理论和共同货币区 (483)

第一节　最佳货币区理论 (483)
第二节　最佳货币区的评判条件及过渡调节机制 (487)
第三节　区域货币一体化到共同货币区：欧元区案例 (488)
第四节　欧元区面临的挑战 (492)
第五节　东亚：可能的共同货币区 (496)
本章小结 (502)
附　录　中美冲突背后的重要症结：美元霸权信用与人民币国际化 (504)

参考文献 (509)

导　论

> **学习要点**
>
> 国际金融学的形成和发展，国际金融学的内涵和主要研究内容。重点理解和掌握：国际金融学的内涵和主要研究内容。

第一节　国际金融学的形成和发展

一、国际金融学的萌芽和孕育

国际金融学理论最早萌芽于 14、15 世纪。15 世纪初，意大利学者罗道尔波斯就提出了公共评价理论，用以解释汇率的决定。他认为，汇率取决于两国货币供求的变动，而货币供求的变动取决于人们对两国货币的公共评价，人们对货币的公共评价又取决于两国货币所含的贵金属成分的纯度、重量和市场价值。因此，汇率的公共评价理论可以说是国际金融学的核心理论——汇率理论的起源。

实践中，国际金融学是随着国际贸易的发展和国际贸易理论的形成而逐渐产生和发展起来的。当贸易跨越了国界，就产生了货币汇兑和对国际货币的需求，因而也就孕育出国际金融学外汇和汇率理论。

二、国际金融学内容的不断丰富和发展

（一）国际收支调节理论的出现：物价—铸币流动机制

18 世纪，英国古典政治经济学家对重商主义的保护政策展开了猛烈的抨击，主张自由贸易政策。其中，大卫·休谟提出了有名的"物价—铸币流动机制"学说，这是国际金融学关于国际收支调节理论的早期学说。

（二）汇率决定理论的形成和发展

一战期间及战后，各主要资本主义国家都实行外汇管制，使得金本位制度遭到了致命的打击。在这种情况下，各国货币汇率出现了剧烈而频繁的波动。由此，国际金融问题研究的中心转向了汇率理论。瑞典经济学家卡塞尔于 1916—1922 年从货币数量论出发，提出了比较完整的购买力平价理论。英国经济学家凯恩斯于 1923 年在《货币改革论》中提出了古典利率平价理论，为现代利率平价论发展奠定了基础。这两种理论的检验虽不能令人满意并受到批评，但它们是现代汇率理论的先驱。

（三）国际货币体系的形成和发展

1929—1933 年，从美国发生的经济危机迅速蔓延到整个资本主义世界，危机带来的经济大萧条（great depression），以及转嫁危机触发的二战，使得国际金融领域再度陷入一片混乱状态。为了重构二战后国际货币金融新秩序，1944 年 7 月，在美国新罕布什尔州小镇布雷顿森林（Bretton Woods）召开了有 44 个国家参加的国际货币金融会议，通过了《布雷顿森林协定》。布雷顿森林体系的建立成为现代国际金融学关于国际货币体系的重要内容。

（四）货币主义汇率理论和资产组合平衡理论的出现

20世纪70年代以后，随着布雷顿森林体系下可调整固定汇率制度的崩溃，各国开始普遍实行浮动汇率制度。在此情况下，汇率的剧烈波动给各国经济和国际贸易带来了严重的不利影响。同时，在牙买加体系下，国际资本流动的规模不断增加，国际外汇市场交易量不断扩大，促使汇率理论的研究更加深入。经济学家们相继提出了货币主义汇率理论和资产组合平衡理论。

（五）国际金融市场和国际资本流动理论的出现

在牙买加体系下，主要工业国实行浮动汇率制，国际资本流动的规模不断增加，国际外汇市场交易量不断扩大，这为国际金融市场和国际资本流动理论的出现提供了平台，成为现代国际金融学研究的重要内容。

（六）国际金融学著作的成形和发展

20世纪50、60年代，西方开始出现专门以国际金融问题为研究对象的学术著作。例如，1956年英国经济学家詹姆斯·米德出版的《国际收支》一书，虽然没有直接称为"国际金融"，但其研究的问题都是国际金融学的主要内容。到20世纪60年代，现代意义上的国际金融学已具雏形。同时，上述所有的国际金融领域内的新问题直接推动着国际金融学作为一门独立的学科发展，以期更好地阐释和解决这些问题。20世纪80年代后，顺应时代之需，西方出版了大量国际金融方面的教材。至此，国际金融学已经成为一门独立的学科。

三、国际金融学在中国的发展

就中国而言，国际金融学的教学起步比较晚，有关国际金融学的论著或教材基本上来源于西方，同时又具有中国特色。其中，比较有代表性的主要有：何璋1997年所著《国际金融》，易纲和张磊1999年所著《国际金融》，姜波克2001年所著《国际金融新编（第三版）》，潘英丽和马君潞2002年主编的《国际金融学》等。由于篇幅所限，在此一一列示。融入中国特色的国际金融学体系，随着中国社会主义市场经济体制下金融和资本市场的发展而不断地发展和完善，是一个开放的体系。其内容随着时代的发展，特别是国际、国内金融领域内发生的重大事件及出现的重要理论而需要不断地更新、充实和发展。例如，2007年8月，美国集中爆发次级债危机；2008年11月至2012年12月12日，美联储相继推出四轮量化宽松的货币政策；2009年12月，希腊主权债务危机爆发，继而引发欧洲主权债务危机；2009年4月8日，中国国务院决定在上海、广州、深圳、珠海、东莞等城市开展跨境贸易人民币结算试点；2009年，国际货币基金组织（IMF）根据成员方实际汇率安排，发布了新的汇率制度分类；2010年和2012年，美国总统经济报告第一章都以大篇幅谈贸易再平衡问题；2016年10月，人民币加入特别提款权（SDR）货币篮子。这些新问题和新理论解释都促使我们更新修订这本《国际金融》教材。

第二节 国际金融学的内涵和主要研究内容

一、国际金融学的内涵

西方讲授国际金融学一般有两种方式：一是作为一门独立的课程，直接称为"国际金融"或"国际金融管理"；二是将国际金融的主要内容包含在"国际经济学"中讲授。其中，直接称为《国际金融》的教材又分为两类：一类是从宏观角度阐述国际金融，具有较强的理论性，适合于关键基础知识学习和使用;另一类是从微观角度透视国际金融,偏重于实务,适合于应用研究。

就国内现有的教材来看,关于国际金融学尚没有一个统一的内涵界定,一些教材只是对国际金融学所要研究的对象和问题作出描述;另一些教材尝试根据教材研究的对象和结构需要,对国际金融学给出特定性定义。例如,姜波克(2001)在《国际金融新编(第三版)》前言中对国际金融学作出如下定义:"国际金融学就是从货币金融的角度研究开放经济下内部均衡和外部均衡同时实现问题的一门学科。"潘英丽和马君潞(2002)在《国际金融学》导论中也对国际金融学作出定义:"国际金融学是以国际货币金融关系为研究对象,解释全球范围货币金融资本运动的现象与内在规律的一门独立的学科。"

我们主张,应从国际金融学研究的对象范围而不是结构体系出发,给国际金融学作出定义。这种想法得到了国外教材的支撑。例如,克鲁格曼和奥伯斯法尔德(2000,2003)所著的《国际经济学:理论与政策》(第6版)中对于国际金融理论所作的论述,是符合对象范围观点的。为此,我们对国际金融学作出如下定义:**国际金融学是研究国际范围内货币和金融关系的一门关键基础学科。**

二、国际金融学的主要研究内容

在当代,国际金融学的主要研究内容包括六大部分:第一部分,外汇和汇率问题;第二部分,国际收支问题;第三部分,国际金融市场问题;第四部分,国际资本流动和货币危机问题;第五部分,开放经济下宏观经济政策问题;第六部分,国际货币体系和货币区问题。

具体来看,本书涵盖的国际金融学的主要研究内容如下图所示:

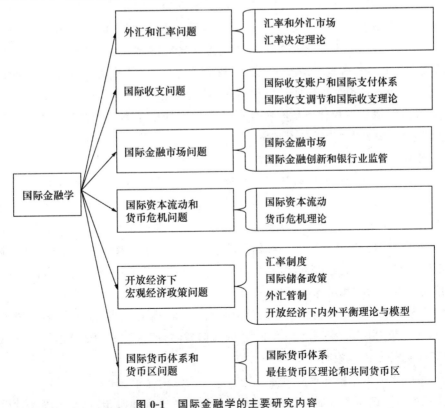

图 0-1 国际金融学的主要研究内容

(一) 外汇和汇率问题

外汇和汇率问题是国际金融中最重要、最核心的两个基本问题。当一国或地区贸易跨越了国界或区界,就会产生外汇和汇率问题,并孕育出外汇市场。为了解释汇率变动的现象和判定其趋势,产生了各种汇率决定理论。这些内容构成了本书的第一部分,包括第一章"汇率和外汇市场"、第二章"汇率决定理论"。

(二) 国际收支问题

在论述了国际金融领域中两个最基本的核心问题之后,我们需要考察开放经济下国际收支问题。国际收支平衡问题一直是一国或地区追求的外部平衡目标。目前,中美两个大国就贸易收支失衡与再平衡问题争议很大。为了实现平衡目标,一国往往需要通过国际收支调节进行,由此发展出各种国际收支理论。这些内容构成了本书的第二部分,包括第三章"国际收支账户和国际支付体系"、第四章"国际收支调节和国际收支理论"。

(三) 国际金融市场问题

货币的跨国境流动、资金的国际融通之下,产生了国际金融市场。目前,香港离岸人民币市场业务随着人民币作为跨境贸易和投资结算货币的需求增加而日益发展起来。国际金融创新催生出各种金融衍生工具在避险的同时也放大了金融风险。加上屡屡发生的商业银行破产和倒闭问题,促使巴塞尔银行业监管委员会应运而生,形成国际社会对银行业统一的监管准则。这些内容构成了本书的第三部分,包括第五章"国际金融市场"、第六章"国际金融创新和银行业监管"。

(四) 国际资本流动和货币危机问题

20世纪70、80年代,金融创新和金融自由化浪潮导致主要西方国家放松金融管制,使国际、国内金融市场连为一体,这极大地促进了国际资本流动,由此引出国际资本流动和货币危机问题。例如,2007年美国爆发的次贷危机席卷了世界主要金融市场;2009年希腊等欧盟国家爆发的政府债务危机诱发了欧洲主权债务危机;2016年英国"脱欧"事件诱发了英镑危机;等等。由于货币危机形成的机理不同,因而发展出第一代、第二代和第三代货币危机模型,以及次级债和主权债务危机模型。这些内容构成了本书的第四部分,包括第七章"国际资本流动"、第八章"货币危机理论"。

(五) 开放经济下宏观经济政策问题

开放经济下,各国对汇率风险认识和管理能力的差异、追求相机抉择的内外平衡目标以及其他经济结构差异等,决定着一国汇率制度的选择。鉴于汇率制度的复杂性,IMF在1999年和2009年分别根据成员方实际汇率安排发布了新的汇率制度实际分类法。选择不同的汇率制度,就需要遵从相应的国际储备政策。如果一国获取国际储备的能力有限,则会产生外汇管制问题。开放经济下,贸易和资本的跨国界或跨地区流动会产生内外部平衡问题。要想实现内外部平衡目标,就需寻求宏观经济政策的有效搭配。于是,产生了开放经济下宏观经济政策搭配理论和调控原理以及国际宏观经济政策协调。这些内容构成了本书的第五部分,包括第九章"汇率制度"、第十章"国际储备政策"、第十一章"外汇管制"、第十二章"开放经济下内外平衡理论与模型"。

(六) 国际货币体系和货币区问题

当不同的货币跨国流通时,便需要对其进行统一的管理和协调。于是,国际货币体系孕育而生,并随着主要国际货币的发展而不断演进。由于国际货币体系自身的缺陷,某些邻近的国家或区域为了更好地促进贸易和投资的发展,规避可能的汇率风险,走向了货币一体化,建立共同货币区,如欧元区。实践中,判断一个区域是否适合建立共同货币区,不仅要看最佳货币区单一标准,而且要看另类分析说利弊标准,具体还要看是否有一套切实可行的趋同标准。根据这些标准,探究东亚是不是一个可能的共同货币区。这些内容构成了本书的第六部分,包括第十三章"国际货币体系"、第十四章"最佳货币区理论和共同货币区"。

第一部分 外汇和汇率问题

第一章 汇率和外汇市场

学习要点

汇率及标价方法，汇率类型，远期汇率的计算，汇率指数，外汇及外汇市场，外汇市场的功能和效率，外汇交易的主要类型，各种货币本位，汇率的决定基础，汇率的调整，影响汇率变动的主要因素，外汇风险及其种类，不同外汇风险的管理，外汇风险敞口及投机。重点理解和掌握：汇率的标价方法、远期汇率的计算、影响汇率变动的主要因素以及外汇风险类型及管理。

第一节 汇率与汇率标价方法

一、汇率的定义

由于各国使用的货币不尽相同，因而当一种商品或劳务参与国际交换时，就有一个把该商品或劳务以本国货币表示的价格折算成以外币表示的国际价格问题，这种折算是按汇率进行的。所谓汇率(exchange rate)，是指两种不同货币之间的比价，也就是以一种货币表示的另一种货币的相对价格，也是一种资产价格。汇率通常标到小数点后第四位，其单位被称为"基点"。由于汇率是以一种货币表示的另一种货币的相对价格，因而汇率的表示方法就出现了直接标价法和间接标价法两种常用的标价方法。

二、汇率的标价方法

（一）直接标价法

直接标价法(direct quotation)，又称"价格标价法"或"应付标价法"，是指以本币表示一定单位外币的方法。即以一定单位外国货币为标准，折算为若干单位本国货币的表示方法。现实中，中国采用直接标价法。如2016年6月30日，美元兑人民币的汇价为1美元＝6.6312人民币。在国际外汇市场上，各主要货币都习惯以美元为中心进行买卖，即以美元为本位，以各国货币表示其价格。如2016年6月30日，美元兑日元的汇价为1美元＝102.7700日元，美元兑港元的汇价为1美元＝7.7591港币。① 市场上大多数的汇率都是直接标价法下的汇率，如美元兑日元、美元兑港元、美元兑人民币等。本书中，在未作说明的情况下，均采用直接标价法。

（二）间接标价法

间接标价法(indirect quotation)，又称"数量标价法"或"应收标价法"，是指以外币表示一定单位本币的方法。即以一定单位的本国货币为标准，折算为若干单位外国货币的表示方法。现实中，英国采用间接标价法，如2016年6月30日，1英镑＝1.3242美元。目前，在国际外汇市场上，使用间接标价法的货币不多，主要有英镑、美元(除英联邦货币汇兑外)、澳大利亚元、新西兰元和欧元等。如2016年6月30日，1欧元＝1.1032美元。② 其他各国均以直接标价法表示对外汇率。美元兑英镑、欧元等汇率，也采用直接标价法。

（三）直接标价法和间接标价法的区别和联系

两者的区别：在直接标价法下，汇率数值越大，表示本币贬值(depreciation)，外币升值(appreciation)；反之亦然。在间接标价法下，汇率数值越大，表示本币升值，外币贬值；反之亦然。需要指出的是，只有指明报价银行所处的国家或地区时，谈论这两种标价法才有意义。在这里，汇率变动是由市场供求机制决定的。

两者的联系：汇率的两种标价方法虽然基准不同，但是从同一国家或地区角度来看，直接标价法与间接标价法是互为倒数的关系。一般认为，无论在哪一种标价方法下，外汇汇率都是指外币兑本币的汇率。

（四）美元标价法

在进行国际外汇业务交易时，银行之间的报价通常以美元为基础，表示各国货币的价格，称为"美元标价法"。即以若干数量非美元货币表示一定单位美元的价值，以美元与非美元货币的汇率作为基础，其他货币两两间的汇率则通过套算而得。2005年7月21日汇改前，人民币与其他货币之间的汇率就是采用美元标价法。

（五）汇率标价法中的基准货币和标价货币

人们将各种标价法下数量固定不变的货币叫作"基准货币"(based currency)，把数量变化的货币叫作"标价货币"(quoted currency)。在直接标价法下，基准货币为外币，标价货币为本币；在间接标价法下，基准货币为本币，标价货币为外币；在美元标价法下，基准货币可能是美元，也可能是英镑等其他货币。

三、法定升值与升值、法定贬值与贬值

法定升值(revaluation)，是指政府通过提高货币含金量或明文宣布的方式，提高本国货币对外的汇价。升值，是指由于外汇市场上供求关系的变化造成的货币对外汇价的上升。

法定贬值(devaluation)，是指政府通过降低货币含金量或明文宣布的方式，降低本国货币对外的汇价。贬值，是指由于外汇市场上供求关系的变化造成的货币对外汇价的下降。

---

① 资料来源：http://www.forexrates.net/。
② 同上。

第二节 汇率的种类

一、基本汇率和套算汇率

按官方制定汇率划分,汇率分为基本汇率(或基准汇率)和套算汇率。基本汇率(basic rate),是指一国选择一种国际经济交易中最常使用、在外汇储备中所占的比重最大可自由兑换的关键货币,本国货币与其对比制定出的汇率。其中,关键货币(key currency),一般是指一个世界货币,被广泛用于计价、结算、储备货币,是国际上可普遍接受的自由兑换货币。目前,作为关键货币的通常是美元,而本国货币与美元之间的汇率就是基本汇率。套算汇率(cross rate),是指制定出基本汇率之后,本币以基本汇率为基础,套算出对其他国家货币的汇率。2005年7月21日前,人民币基准汇率是由中国人民银行根据前一日银行间外汇市场上形成的美元对人民币汇率的加权平均价,公布当日主要交易货币(欧元、日元、港币等)对人民币交易的套算汇率。

二、买入汇率、卖出汇率、中间汇率和现钞汇率

按银行买卖外汇划分,汇率分为买入汇率、卖出汇率、中间汇率和现钞汇率。买入汇率(buying rate),也称"买入价",即银行向同业或客户买入外汇时所使用的汇率。一般而言,银行总是低汇价买入外汇。卖出汇率(selling rate),也称"卖出价",即银行向同业或客户卖出外汇时所使用的汇率。一般而言,银行总是高汇价卖出外汇。中间汇率(middle rate),是买入价和卖出价的平均数。报刊报道汇率消息时常用中间汇率。现钞汇率(bank notes rate),又称"现钞买卖价",是指银行买入或卖出外币现钞时所使用的汇率。从理论上讲,现钞买卖价与外币支付凭证、外币信用凭证等外汇形式买卖价应该相同。但是,现实中,现钞买入价一般低于现汇买入价的2%—3%,而现钞卖出价则与现汇卖出价相同。这是因为,一般国家都规定,不允许外国货币在本国流通,需要把买入的外币现钞运送到发行国或能流通的地区去,这需要花费一定的保管费、运费和保险费,这些费用需要由客户承担。银行买入现汇则只要作相应的账务处理。因此,银行在收兑外币现钞时使用的汇率稍低于其他外汇形式的买入汇率,而银行卖出外币现钞时使用的汇率则与外汇卖出价相同。

目前,中国外汇储蓄账户按性质划分,可分为现钞账户(钞户)和现汇账户(汇户)。存入为外币现钞而开立的账户就是现钞账户,从境外汇入或持有外汇汇票则只能开立现汇账户。在符合外汇管理规定的前提下,汇户中的外汇可以直接汇往境外或进行转账;而钞户则要经过银行的"钞变汇"手续后才可办理,无形中增加了手续费。此外,如果兑换成人民币,钞户汇率要低于汇户汇率。

三、电汇汇率、信汇汇率和票汇汇率

按外汇交易支付通知方式划分,汇率分为电汇汇率、信汇汇率和票汇汇率。电汇汇率(telegraphic transfer rate,T/T rate),是指银行卖出外汇后,以电报为传递工具,通知其国外分行或代理行付款给收款人所使用的一种汇率。电汇是国际资金转移中最为迅速的一种汇兑方式,银行无法利用客户资金,因而电汇汇率最高。信汇汇率(mail transfer rate,M/T rate),是指银行卖出外汇后,用信汇方式付款给收款人所使用的一种汇率。由于邮程需要

时间较长，银行可在邮程期内利用客户的资金，因而信汇汇率较电汇汇率低。票汇汇率（demand draft remittance rate，D/D rate），是指银行在卖出外汇时，开立一张由其国外分支机构或代理行付款的汇票交给汇款人，由其自带或寄往国外取款所使用的汇率。由于票汇汇率从卖出外汇到支付外汇有一段间隔时间，银行可以在这段时间内占用客户的资金，因而票汇汇率一般比电汇汇率低。

四、即期汇率和远期汇率

按外汇买卖的交割时间划分，汇率分为即期汇率和远期汇率。即期汇率（spot rate），又称为"现汇汇率"，是指外汇买卖成交后，买卖双方在当天或在两个营业日内进行交割（delivery）所使用的汇率。在外汇市场上挂牌的汇率，除特别标明远期汇率以外，一般指即期汇率。远期汇率（forward rate），又称为"期汇汇率"，是指在未来约定日期进行交割，事先由买卖双方签订合同达成协议的汇率。远期外汇买卖是由于外汇购买者对外汇资金需要的时间不同，以及为了避免外汇风险而引进的。一般而言，期汇的买卖差价要大于现汇的买卖差价。

对远期汇率的报价有两种方式：一是直接报价（outright rate），即直接将各种不同交割期限的期汇的买入价和卖出价表示出来，这与现汇报价相同。二是用远期差价（forward margin）或掉期率（swap rate）报价，即报出期汇汇率偏离即期汇率的点数。如果一国货币趋于坚挺，远期汇率高于即期汇率，该远期差价称为"升水"（at premium）；如果一国货币趋于疲软，远期汇率低于即期汇率，该远期差价称为"贴水"（at discount）。远期汇率与即期汇率相等，不升不贴，则称为"平价"（at par）。需要指出的是，远期差价在实务中常用点数表示，每点（point）为万分之一，即 0.0001。

即期汇率与远期汇率的区别如下：在直接标价法下，外汇升水表示远期汇率大于即期汇率，外汇贴水表示远期汇率小于即期汇率；在间接标价法下，外汇升水表示远期汇率小于即期汇率，外汇贴水表示远期汇率大于即期汇率。即期汇率、远期汇率与互换汇率的关系，可用公式表示为：

在直接标价法下：远期汇率＝即期汇率＋升水　　远期汇率＝即期汇率－贴水
在间接标价法下：远期汇率＝即期汇率－升水　　远期汇率＝即期汇率＋贴水

例如，2016 年 6 月，在东京外汇市场上，美元即期汇率为 USD 1＝JPY 105.3509，三个月美元升水 50 点，九月期美元贴水 25 点。三月期美元远期汇率为：USD 1＝JPY（105.3509＋0.0050）＝JPY 105.3559；九月期美元远期汇率为：USD 1＝JPY（105.3509－0.0025）＝JPY 105.3484。

又如，2016 年 6 月，在伦敦外汇市场上，美元即期汇率为 GBP 1＝USD 1.4197，三个月美元升水 50 点，九月期美元贴水 40 点。三月期美元远期汇率为：GBP 1＝USD（1.4197－0.0050）＝USD 1.4147；九月期美元远期汇率为：GBP 1＝USD（1.4197＋0.0040）＝USD 1.4237。

再如，2016 年 6 月，纽约外汇市场上，外汇报价为：即期汇率 USD 1＝CAD 1.2694－1.3089（间接标价法），三月期 CAD 升水：200－100（大数－小数），九月期 CAD 贴水：100－150（小数－大数）。三月期美元远期汇率为：USD 1＝CAD 1.2494－1.2989；九月期美元远期汇率为：USD 1＝CAD 1.2794－1.3239。

五、名义汇率、实际汇率和有效汇率

按货币价值划分,汇率分为名义汇率和实际汇率。名义汇率(nominal rate),在经济学意义上,是本国消费者价格指数(P)与外国消费者价格指数(P^*)之比,即 $S=\dfrac{P}{P^*}$。在这里,需要强调指出,除非有明确说明,否则所有的汇率都指即期汇率。在实际意义上,它是市场汇率,是一种货币能兑换成另一种货币的数量。名义汇率,是指包括通货膨胀率影响在内的汇率。因此,名义汇率不能反映两种货币的实际价值,它是随外汇市场上外汇供求变动而变动的外汇买卖价格。实际汇率(real rate),在经济学意义上,是名义汇率(S)与外国消费者价格指数(P^*)和本国消费者价格指数(P)之比的乘积,即 $R=S\times\dfrac{P^*}{P}$。对实际汇率取自然对数后得到:$r=s-(p-p^*)$。其中,$r=\ln R$,$s=\ln S$,$p=\ln P$,$p^*=\ln P^*$。在实际意义上,它是剔除了价格因素的汇率。一般来说,实际汇率等于名义汇率减去通货膨胀率。

在学术研究中,实际汇率有时表示为非贸易品价格相对于贸易品价格。贸易品被认为是可以忽略运输成本的产品。假定价格指数是非贸易品价格和贸易品价格的几何加权平均:

$$P = P_N^b \cdot P_T^{1-b} = (P_N/P_T)^b \cdot P_T$$

那么,实际汇率为:

$$R = S \times \frac{P^*}{P} = S \cdot \frac{(P_N^*/P_T^*)^b \cdot P_T^*}{(P_N/P_T)^b \cdot P_T} = \left(S \cdot \frac{P_T^*}{P_T}\right) \cdot \left(\frac{(P_N^*/P_T^*)^b}{(P_N/P_T)^b}\right)$$

这表明,实际汇率等于贸易品实际汇率乘以外国与国内非贸易品与贸易品相对价格的比率。如果"一价定律"成立,那么贸易品的实际汇率 $S\cdot(P_T^*/P_T)$ 等于1。这样,给定 P_N^*/P_T^*,则实际汇率 R 与 P_T/P_N 同方向变动。据此,给定贸易品部门与非贸易品部门之间内部劳动力流动,则贸易品部门生产率的更快增长暗含着非贸易品相对价格也趋向于增长,结果实际汇率升值,即出现所谓的"巴拉萨-萨缪尔森效应"(Balassa-Samuelson effect)。

实践中,往往要考察一国在多边贸易中的有效汇率。有效汇率(effective exchange rate),是指本国货币同与其关系密切的其他国家货币双边汇率的加权平均数。目前,国际货币基金组织定期公布17个工业发达国家的若干种有效汇率指数,包括以劳动力成本、消费物价、批发物价等为权数的,经加权平均得出的不同类型的有效汇率指数。其中,以贸易比重为权数的有效汇率反映的是一国在国际贸易中的总体竞争力和该国货币汇率的总体波动幅度。从20世纪70年代末起,人们开始用有效汇率来观察某种货币的总体波动幅度及其在国际经贸和金融领域中的总体地位。以贸易比重为权数的名义有效汇率的公式如下:

$$\text{NEER} = \sum_{i=1}^{N} W_i \times S_i, \quad \sum_{i=1}^{N} W_i = 1$$

其中,NEER 表示 A 国货币的名义有效汇率;W_i 表示第 i 种货币的贸易权数,等于 A 国对第 i 国出口贸易值与 A 国全部对外出口贸易值之比,其权数之和等于1;S_i 表示该国货币对第 i 种货币的双边汇率;N 表示该国选择的一组货币的数量。通常,有效汇率是以基期为100的指数形式给出。这样,有效汇率指数上升(或下降)意味着总体上该国货币对其他货币升值(或贬值)。这暗含着这里的 S_i 是按照间接标价法界定的。现实中,要想明确地确定权数是不可能的。理论上存在着许多有效汇率,但是权数通常是与 A 国和 i 国外贸份额

有关的。① 实际有效汇率(REER)以同样的方式被界定为：

$$\text{REER} = \sum_{i=1}^{N} W_i \times R_i, \quad \sum_{i=1}^{N} W_i = 1$$

这是一国产品国际竞争力的最好测度，实际有效汇率上升代表着竞争力的丧失。

六、固定汇率和浮动汇率

按汇率政策划分，汇率分为固定汇率和浮动汇率。固定汇率(fixed rate)，是指一国货币与另一国货币的汇率基本固定，汇率波动幅度被限制在一定范围之内，通常为±1%。浮动汇率(floating rate)，是指本国货币当局不规定任何汇率波动幅度的上下限，汇率水平由外汇市场上供求关系来决定的汇率。2005年7月21日前，中国名义上采用的是有管理的浮动汇率，实际上采用的是盯住(美元)汇率。自2005年7月21日起，中国开始实行以市场供求为基础、参考一篮子货币进行调节、有管理的浮动汇率制度。人民币汇率不再盯住单一美元，而是参考一篮子货币，同时根据市场供求关系进行浮动，形成更富弹性的人民币汇率机制。

七、单一汇率和复汇率

按汇率是否统一划分，汇率分为单一汇率和复汇率。单一汇率(single exchange rate)，是指一国或地区一种货币只有一种汇率。这种汇率通用于该国所有的国际经济交往活动。复汇率(multiple exchange rate)，是指一国或地区一种货币有两种或两种以上的汇率，不同的汇率用于不同的国际经贸活动。复汇率是外汇管制的产物，曾被许多国家采用过。

八、官方汇率、市场汇率和黑市汇率

官方汇率(official rate)，是指由一个国家的外汇管理机构制定公布的汇率，规定一切外汇交易都以此汇率为准。实践中，在严格实行外汇管制的国家，一切外汇交易都由外汇管理机构统一管理，外汇不能自由买卖，没有外汇市场汇率，一切交易都必须按照官方汇率进行。市场汇率(market rate)，是指由外汇市场的供求状况决定的汇率。黑市汇率(black rate)，是指在外汇黑市市场上买卖外汇的汇率。在严格实行外汇管制的国家，由于外汇满足不了需求，因而出现了高于官方汇率买卖的黑市汇率。

九、汇率指数

在外汇市场上，常见一种货币相对于一种外币价值上升，同时相对于另一种外币价值贬值。结果，汇率指数就被构建出来，以测算一种货币相对于其他几种货币的平均值。汇率指数(exchange rate index)，表示一种货币相对于其他货币的价值加权平均。其中，权数是典型地基于每种货币在国际贸易中的重要性或份额来决定的。如果想构建美元汇率指数，就需要包括作为美国主要贸易伙伴的那些国家的货币。双边汇率指数，是选定一种汇率，确定基期后，所得出的某一个时期的汇率指数，以 S_i 表示。多边汇率指数，是在确定统一的基期和计算口径，选择一种平均法后，用两个以上的双边汇率指数计算出的一种平均指数，也称

---

① See Gandolfo, G. (2004), *Elements of International Economics*, Springer-Verlag, p.14.

为"有效汇率指数",即 $S_I = \frac{\sum S_i}{n}$。其中,S_i 是第 i 国的双边汇率指数。汇率指数通常被用作国际经济学的分析工具。当一种货币的多边汇率变动重要时,双边汇率就不是令人满意的。经济学界引入一种加权平均的名义有效汇率(NEER),它是根据一定的权重对测算国与若干样本国的名义双边汇率进行加权得到的汇率。实际有效汇率(REER)是在名义有效汇率的基础上除去价格指数的影响得到的。经济理论和实践都无法表明哪个汇率指数是最好的,应使用的最好汇率指数取决于所要解决的问题。由于实际有效汇率更加准确地反映了一国相对于其贸易伙伴国的竞争力,因而得到了学界和政策制定者们的重视。已有多个国际经济组织定期公布范围不等的国家货币的实际有效汇率指数,如国际货币基金、国际清算银行(BIS)、经济合作与发展组织(OECD)等;也有一些国家的中央银行如英格兰银行、美联储等,定期公布并更新本国与其他国家货币的实际有效汇率指数,这成为各国汇率问题研究的重要参考之一。目前,这些经济组织和机构都采用几何加权平均法。因为在几何加权平均法下,一种货币相同比例地升值或贬值,对有效汇率指数有方向相反但数值大小相同的影响;而在算术加权平均法下,类似的变动会导致有效汇率指数向上偏移。

第三节 外汇与外汇市场

一、外汇的内涵及特征

外汇(foreign exchange),有动态的和静态的两种表述形式。外汇的动态含义是,一国货币借助于各种国际结算工具,通过特定的金融机构,兑换成另一国货币的国际汇兑行为和过程。外汇的静态含义是,以外币表示的可以清偿对外债务的金融资产。静态的外汇又有广义和狭义之分。广义的静态外汇通常用于国家的管理法令之中,是指一切用外币表示的资产。狭义的静态外汇是指以外国货币表示的能用来清算国际收支差额的资产。据此,只有存放于国外银行的外币资金,以及将对银行存款的索取权具体化了的外币票据,才构成外汇。具体而言,外汇主要包括以外币表示的银行汇票、支票、银行存款等。人们常说的"外汇"就是这一狭义外汇。我们主张对外汇进行狭义界定,即外汇是指以外国货币表示的可以用作国际清偿的支付手段和金融资产。

据此,外汇具有三个基本特征:(1)可自由兑换性。外汇是以外国货币表示的,必须具有充分的可兑换性,即能够自由地兑换成其他国家的货币,或购买其他信用工具以进行多边支付。(2)普遍接受性。外汇必须为各国普遍接受的支付手段,是可用作对外支付的金融资产。(3)可偿性。外汇必须是在国外能够得到补偿的债权,具有可靠的物质偿付保证。以上三个特征是作为"外汇"的充分条件,而作为"外汇"的必要条件是外汇必须为外国货币或以外币计值的金融资产。需要指出的是,不是所有的外国货币都能成为外汇,只有为各国普遍接受的、可自由兑换的货币才能成为外汇,而以外币计值或表示的实物资产和无形资产并不构成外汇。

二、外汇的构成及种类

(一)外汇的构成

广义的外汇主要包括:(1)外国货币,包括钞票和铸币;(2)外国有价证券,包括政府公债、国库券、公司债券、股票、息票等;(3) 外币支付凭证,包括票据、银行存款凭证、邮政储蓄凭证、银行卡等;(4) 其他外汇资金,包括在国外的人寿保险金以及境内居民在境外的稿酬、版税、专利转让费等。实践中,各国外汇管理法令所规定的外汇有所不同。中国于1996年1月29日颁布了《中华人民共和国外汇管理条例》,1997年1月14日、2008年8月1日分别修订。2008年修订后的条例第3条规定,外汇是指下列以外币表示的可以用作国际清偿的支付手段和资产:(1) 外币现钞,包括纸币、铸币;(2) 外币支付凭证或者支付工具,包括票据、银行存款凭证、银行卡等;(3) 外币有价证券,包括债券、股票等;(4) 特别提款权;(5) 其他外汇资产。

（二）外汇的种类

第一,根据是否可以自由兑换,外汇可分为自由外汇和记账外汇。自由外汇(free convertible exchange),是指无须货币发行国批准便可以随时动用,或可以自由兑换成其他货币,向第三国办理支付的外汇。自由外汇的根本特征是可兑换货币,是世界各国普遍都能接受的支付手段。记账外汇(exchange of account),也称为"协定外汇"或"清算外汇",是指未经货币发行国批准不能自由兑换成其他货币或对第三国进行支付的外汇。记账外汇被记载在双方指定的银行专门开设的清算账户上,作为支付协定的产物,只能用于协定国之间,不能兑换成其他货币,也不能向第三方支付。

第二,根据外汇来源和用途,外汇可分为贸易外汇和非贸易外汇。贸易外汇,是指与商品进出口及其从属费用的收付相关的外汇。从属费用主要包括与商品进出口直接相关的运费、保险费、推销费等。非贸易外汇,是指与商品进出口以外的其他对外经常性往来相关的外汇。它主要涉及对外提供劳务(如运输、保险、旅游)、对外投资收益(如利息、股息、利润)和侨汇等方面的外汇收支。

第三,根据外汇交割日期,外汇可分为即期外汇和远期外汇。即期外汇又称为"现汇",是指在买卖成交后的两个营业日内办理交割手续的外汇。远期外汇又称为"期汇",是指买卖双方先按商定的汇率和数量签订买卖合同,约定到将来某个时间(如30天、60天等)办理交割手续的外汇。

三、外汇市场及其构成

（一）外汇市场

外汇市场有广义和狭义之分。广义的外汇市场,是指所有从事外汇买卖的交易行为和场所。由于各国货币制度不同,经济主体为了进行国际结算,就必须到外汇市场上进行货币交换,从而形成了广义的外汇市场。狭义的外汇市场,是指外汇银行之间进行外汇交易的行为和场所。外汇银行买卖外汇,要产生差额,由于市场千变万化,需对多余的头寸进行抛出,或对短缺的头寸进行补进,就形成了银行同业间的外汇交易市场。国际清算银行的统计数据显示,2016年6月,国际外汇市场每日平均交易量已超过5.46万亿美元。外汇市场的规模已远远超过股票、期货等其他金融商品市场,成为当今世界最大的单一金融市场和投机市场。目前,世界上主要的外汇市场有:

1. 伦敦外汇市场

伦敦外汇市场是一个典型的无形市场,没有固定的交易场所,只是通过电话、电传、电报完成外汇交易。其外汇交易分为即期交易和远期交易,汇率报价采用间接标价法,交易货币种类众多,最多时达八十多种。伦敦外汇市场是世界上最悠久的国际金融中心,也是世界上最大的外汇交易中心。

2. 纽约外汇市场

纽约外汇市场是世界上第二大外汇交易中心,其日交易量仅次于伦敦外汇市场。纽约外汇市场是一个无形市场,外汇交易通过计算机网络进行。它的汇率报价既采用直接标价法(指对英镑),又采用间接标价法(指对欧洲各国货币和其他国家货币),交易货币主要是欧洲大陆、北美加拿大、中南美洲、远东日本等国货币。美国是一个完全自由的外汇市场,没有外汇管制,对经营外汇业务没有限制,外汇经纪人的业务不受任何监督,对其安排的交易不承担任何经济责任,只是在每笔交易完成后向卖方收取佣金。

3. 巴黎外汇市场

巴黎外汇市场由有形市场和无形市场两部分组成。其有形市场主要是指在巴黎交易所内进行的外汇交易,交易方式和证券市场买卖一样,每天公布官方外汇牌价。其无形市场是在交易所外进行外汇交易,要么是交易双方通过电话直接进行买卖,要么是通过经纪人进行。

4. 东京外汇市场

东京外汇市场是一个无形市场,是亚洲地区最大的外汇交易中心。由于汇率的变化与日本贸易状况密切相关,日本中央银行对美元兑日元汇率的波动极为关注,频繁地干预外汇市场。这是东京外汇市场的一个重要特点。东京外汇市场的汇率有两种:一是挂牌汇率,包括利率风险、手续费等的汇率;二是市场联动汇率,以银行间市场的实际汇率为基准标价。

5. 瑞士苏黎世外汇市场

瑞士苏黎世外汇市场是一个有历史传统的无形外汇市场,在国际外汇交易中处于重要地位。这一方面是由于瑞士法郎是自由兑换货币;另一方面是由于二战期间,瑞士是中立国,外汇市场未受战争影响,一直坚持对外开放。瑞士作为资金庇护地,对国际资金有很大的吸引力;同时,瑞士银行能为客户资金严格保密,吸引了大量资金流入瑞士。

6. 新加坡外汇市场

新加坡外汇市场是一个无形市场,其交易以美元为主,大部分交易都是即期交易,掉期交易和远期交易合计占交易总额的1/3;汇率均以美元报价,非美元货币间的汇率通过套算求得。新加坡外汇市场一天24小时都与世界各地区进行外汇买卖,除了保持现代化通信网络连接外,还直接与纽约的CHIPS系统和欧洲的SWIFT(环球银行金融电信协会)系统连接,货币结算十分方便。

7. 香港外汇市场

香港外汇市场也是一个无形市场。20世纪70年代后,随着该市场的国际化以及港币与英镑脱钩而与美元挂钩,美元成了市场上交易的主要外币。香港外汇市场上的交易可以划分为两大类:一类是港币和外币的兑换,其中以和美元兑换为主;另一类是美元兑换其他外币的交易。在香港外汇市场中,港币实行联系汇率制,主要的交易品种有美电交易。

此外,还有惠灵顿外汇市场和悉尼外汇市场。惠灵顿外汇市场是全球每天最早开市的市场。两个小时之后,悉尼外汇市场开市,收市也晚两个小时,主要是本币和美元的交易。澳元是隶属美元集团的货币。

(二)外汇市场的构成

外汇市场主要由外汇市场工具、外汇市场参与者和外汇市场组织形式三方面构成。

1. 外汇市场工具

外汇市场工具,即外汇。前文述及,中国在《外汇管理条例》中规定,外汇是指以外币表示的可以用作国际清偿的支付手段和资产,主要包括外国货币、外汇支付凭证、外币有价证券、特别提款权、欧洲货币单位以及其他外汇资产。从上述对外汇的解释中可以看出:第一,外汇必须是以外币表示的国外资产;第二,外汇必须是在国外能得到补偿的债权,而非空头支票;第三,外汇必须是能够兑换为其他支付手段的外币资产。

2. 外汇市场参与者

从外汇交易的主体来看,外汇市场主要由下列参与者构成:(1)跨国公司或企业和个人。例如,从事国际贸易的跨国公司包括外汇实际供应者和外汇实际需求者,它们是出口商、进口商和国际投资者。此外,还有旅游者等。(2)商业银行,是外汇市场上最重要的参与者,其外汇交易构成外汇市场活动的主体部分。商业银行可以是专营或兼营外汇业务的本国商业银行,也可以是开设在本国的外国商业银行分行。(3)非银行金融机构等外汇交易商,多数是信托公司、非银行等金融机构。(4)外汇经纪人(foreign exchange brokers),是指那些在银行间或银行与客户间进行联系,接洽外汇买卖的商人。外汇经纪人一般分为两类:一般经纪人和跑街经纪人。其本身并不买卖外汇,只是联系外汇买卖双方,促成交易,从中收取佣金。外汇经纪人必须经过所在国的中央银行批准才能营业。(5)中央银行,不仅是外汇市场的参与者,而且是外汇市场的实际操纵者。中央银行通过增加或减少外汇储备,充当最后救助者。(6)外汇投机者或造市者,是指那些不断地、大规模地从事某种货币或某种类型的外汇业务的外汇交易者。外汇投机者的外汇买卖不是出于贸易和投资等国际收支的需要,而是利用各种金融工具,在汇率波动中进行贱买贵卖,赚取差价。

外汇交易主要分为三个层次:(1)商业银行与顾客之间的外汇交易;(2)商业银行同业之间的外汇交易;(3)商业银行与中央银行之间的外汇交易。

3. 外汇市场组织形式

外汇市场组织形式主要有两种形态:(1)柜台市场方式,又称"英美体制"。这是外汇市场的主要组织形式,没有固定的开盘和收盘时间,没有具体的交易场所,交易双方只靠电传、电报、电话等通信设备相互接触和联系,协商达成交易,不必面对面地交易。英国、美国、加拿大、瑞士等国的外汇市场均采取这种组织形式。(2)外汇交易所方式,又称"大陆体制"。这种交易方式有固定的外汇交易场所,有固定的营业日和开盘、收盘时间,外汇交易者于规定的营业时间集中在交易所内进行交易。德国、法国、荷兰、意大利等国的外汇市场就属于这种交易方式。

四、外汇市场的功能和效率

(一)外汇市场的功能

外汇市场的主要功能是**资金或购买力转移功能**(the transfer function of funds or purchasing power),即将资金或购买力从一国和一种货币转移到另一国和转换成另一种货币。这一功能通常是通过电子转移和互联网实现的。据此,国内一家银行能够给外汇中心的关联银行发出指令流(order flow),要求其支付特定数量的本地货币给个人、企业或到指定账户中。在一国居民进行外汇交易过程中,该国商业银行充当着外汇需求和外汇供给的票据交换所(clearinghouse)功能。如果一国对外汇的总需求超过其总供给,则需要进行货币兑换以平衡总需求和总供给。如果这样的调整不被允许,则一国商业银行将不得不从该国中央银行借入外汇。该国中央银行将充当"最后贷款人"角色,其外汇储备将减少。反之,如果一国对外汇的总需求小于其总供给,将造成外汇储备增加。

外汇市场的另一个功能是**信用功能**(the credit function)。当商品在途和允许进口商销售商品、进行支付时,通常需要信用。但是,出口商通常在商业银行贴现进口商的债务。结果,出口商提前获得支付款,而商业银行到时将从进口商那里收回款项。

外汇市场的第三个功能是**为套期保值者和投机者提供融通便利**(the facilities for hedging and speculation)。如今,大约90%的外汇交易属于纯粹的金融交易,只有大约10%是贸易融资。

(二)外汇市场的效率

根据法马的界定,衡量一国或地区外汇市场有效性的标志是:该市场已充分利用所有可获得的信息,或者当前的价格已充分反映所有可获得的信息,因而没有未被利用的利润机会。现实中,外汇市场功能的发挥离不开一个有效的外汇市场。外汇市场的有效性,是指汇率是否能够完全反映所有相关的、可获得的信息。据此,外汇市场的有效性分为弱式、半强式、强式三种。在有效的外汇市场上,即期汇率和远期汇率将对新信息迅速进行调整。实证结果表明,外汇市场的有效性非常不明显,即预期的投机回报率远远超过零,市场上依旧有未开发的利润机会。

五、外汇市场的种类

根据外汇市场的构成因素和业务特点,可以将外汇市场分为以下几种:

(一)零售市场和批发市场

按交易对象划分,外汇市场可以分为零售市场和批发市场。前者是指由外汇银行、公司和个人之间的交易所构成的外汇市场;后者是指由银行同业之间买卖外汇或调剂余缺所形成的市场。银行在经营外汇业务时难免会出现买进和卖出不平衡的情况,如果买入多于卖出,则为多头;如果卖出多于买进,则为空头。多头和空头统称"敞口头寸"。银行本着买卖平衡的原则,多头时抛出,空头时补进。

(二)柜台市场和交易所市场

按组织形式划分,外汇市场可以分为柜台市场(又称"无形市场")和交易所市场(又称"有形市场")。前者是指没有固定的交易场所,只是通过电话、电传、电报完成外汇交易的市场,如伦敦、纽约、东京等外汇市场;后者是指在固定的交易所内进行的外汇交易,有固定的营业场所和交易时间,交易双方需要面对面洽谈,其交易方式和证券市场相同,如巴黎、法兰克福、米兰等外汇市场。

(三)官方外汇市场和自由外汇市场

按政府对外汇交易是否干预划分,外汇市场可以分为官方外汇市场和自由外汇市场。前者是指按照所在国政府指定的外汇管理机构规定的官方汇率进行买卖的市场;后者是指不受政府控制,按照市场供求变化形成的汇率进行交易的市场。

(四)即期外汇市场和远期外汇市场

根据外汇买卖交割期限的不同划分,外汇市场可以分为即期市场和远期市场。在即期外汇买卖市场上,外汇买卖在达成交易后的第二个银行工作日进行交割;在远期外汇买卖市场中,外汇买卖的交割可以在成交后第二个营业日之后的任何一个商定的日期进行,远期交易的预约时间通常为三个月。

（五）银行间外汇市场

银行间外汇市场，是指经国家外汇管理局批准可以经营外汇业务的境内金融机构（包括银行、非银行金融机构和外资金融机构）和非金融企业通过中国外汇交易中心交易系统，进行人民币与外币、外币与外币之间交易的市场。

（六）银行间外汇市场做市商

银行间外汇市场做市商，是指经国家外汇管理局核准，在中国银行间外汇市场进行人民币与外币交易时，承担向市场会员持续提供买卖价格义务，通过自身的买卖行为为市场提供流动性的银行间外汇市场成员。

六、现代外汇市场的主要特征

近年来，外汇市场之所以越来越为更多的人所青睐，与外汇市场本身的特点不无关系。现代外汇市场的主要特征是：

（一）有市无场

起初，西方工业国家集中买卖金融商品，其报价、交易时间和程序都有统一的规定，并成立了同业协会，制定了同业守则，投资者通过经纪公司买卖自己所需的商品，这就是"有市有场"。现在大部分外汇买卖是通过计算机网络系统进行的，未必要像股票交易那样有固定的地点和时间。市场采取大家认同的方式进行联系，交易商也不需要具备任何组织的会员资格，只需获得同行业的信任即可。这种没有统一场地的外汇交易市场，我们称之为"有市无场"。

（二）全球金融中心一体化

全球各金融中心的地理位置不同，因时间差的关系，依靠现代通信、互联网技术，使得这些金融中心相互联系，形成了一个全天24小时连续作业的全球统一的外汇市场。目前，世界上大约有30个主要的外汇市场，由于所处的时区不同，各外汇市场在营业时间上此开彼闭，相继挂牌营业，通过先进的计算机网络连成一体。市场参与者可以在世界各地进行交易，外汇资金流动顺畅，市场间的汇率差异变小，形成了全球一体化运作的局面。这种连续作业为投资者提供了没有时间和空间障碍的投资场所，投资者可以寻找最佳时机进行交易。例如，投资者若上午在纽约市场买进美元，晚间香港市场开市后美元上扬，就可以在香港市场抛出。不管投资者本人在哪里，任何时候都可以参与任何市场的外汇交易。因此，外汇市场已经形成一个不受时间和空间限制的全球一体化市场。

（三）没有明显的套利机会

全球金融中心一体化意味着没有明显的套利机会。美元在众多的外汇交易中发挥着中枢的作用，有时被称为"媒介货币"(vehicle currency)，即在发行该种货币国家以外的国际交易中被广泛用作度量标准的货币。欧元于1999年诞生后，演变成一种可与美元相抗衡的媒介货币。

（四）零和游戏

在股票市场上，我们说某股票的价值上涨或下跌了。在外汇市场上，汇率的波动所表示的价值量的变化则与股票价值量的变化意义完全不同，因为汇率的变化实际上就是一种货币的价值在减少的同时，另一种货币的价值在增加。例如，在中国股市上，某股票价格从80元下跌到40元，这时该股票的价值也就减少了一半。但是，在外汇市场上，当1美元从可兑换8元人民币下降到只能兑换6元人民币时，我们说人民币币值在上升，而美元币值下降了。从总的价值量来说,变来变去,不会增加价值,也不会减少价值。因此,我们有时把外汇交易称为"零和游戏",更确切地说,是财富的转移。

外汇市场对于经济主体调剂外汇资金的余缺、提供避免外汇风险的手段以及中央银行进行稳定汇率的操作等都具有重要的作用。因此,世界各国和地区必须保护和健全外汇市场的正常运行机制,避免汇率剧烈波动,以维护世界经济的健康发展。

七、中国外汇市场及其主要特征

中国现有的外汇市场是以中国外汇交易系统为中心,在1994年外汇管理体制改革基础上建立起来的。据《2016年中国国际收支报告》,2016年,人民币外汇市场累计成交20万亿美元(日均832亿美元),较上年增长14%。其中,银行对客户市场和银行间外汇市场分别成交3万亿美元和17万亿美元;即期和衍生产品分别成交9万亿美元和11万亿美元,其中衍生产品在外汇市场交易总量中的比重升至历史新高的56%,交易产品构成进一步接近全球外汇市场状况。具体来看:

第一,即期外汇交易小幅增长。2016年,即期市场累计成交9万亿美元,较上年增长7%。在市场分布上,银行对客户即期结售汇(含银行自身)累计2.9万亿美元,较上年下降14%;银行间即期外汇市场累计成交6万亿美元,较上年增长22%,其中美元交易份额为97%。

第二,远期外汇交易下降。2016年,远期市场累计成交3783亿美元,较上年下降24%。在市场分布上,银行对客户远期结售汇累计签约2254亿美元,其中结汇和售汇分别为703亿和1551亿美元,较上年分别下降51%、47%和52%;银行间远期外汇市场累计成交1529亿美元,较上年增长3.1倍。

第三,掉期交易增长。2016年,外汇和货币掉期市场累计成交10万亿美元,较上年增长18%。在市场分布上,银行对客户外汇和货币掉期累计签约1068亿美元,较上年下降56%,其中近端结汇/远端购汇和近端购汇/远端结汇的交易量分别为736亿和331亿美元,较上年分别增长2.5倍和下降85%,主要反映了远期美元升水点数大幅收窄对企业交易行为的影响;银行间外汇和货币掉期市场累计成交10万亿美元,较上年增长20%。

第四,外汇期权交易大幅增长。2016年,期权市场累计成交9550亿美元,较上年增长1.4倍,显示在人民币汇率双向浮动环境下,期权交易对于管理汇率风险的灵活性和吸引力进一步突出。在市场分布上,银行对客户期权市场累计成交2079亿美元,较上年增长79%;银行间外汇期权市场累计成交7471亿美元,较上年增长1.6倍。

第五,外汇市场参与者结构基本稳定。2016年,银行自营交易延续主导地位,银行间交易占整个外汇市场的比重从2015年的75.4%提高至82%;非金融客户交易的比重从23%下降至17%,非银行金融机构交易的市场份额小幅下降0.7个百分点至0.8%。[①]

现阶段,中国外汇市场呈现以下几个主要特征:(1)实行强制性的集中交易模式,即银行间外汇交易必须通过中国外汇交易中心进行,不得进行场外交易。(2)外汇交易中心实行会员制,对非中央银行会员核定外汇周转限额,超买和超卖额度必须在当日内平盘。在市场参与主体方面,截至2017年4月30日,国内共有34家银行成为银行间外汇市场做市商。

---

① 参见国家外汇管理局国际收支分析小组:《2016年中国国际收支报告》,第51—53页。该报告于2017年3月30日公布。

其中,外汇即期做市商有32家,外汇远期掉期做市商有27家,外汇即期尝试做市商有2家,外汇远期掉期尝试做市商有7家,涵盖了国有商业银行、股份制商业银行、政策性银行和外资银行等类型。[①] (3)银行间外汇市场采用电子竞价交易方式,价格形成采用订单驱动机制,外汇交易中心提供统一清算服务。(4)对外开放程度增加。中国人民银行和国家外汇管理局发布公告,延长外汇交易时间,即自2016年1月4日起,银行间外汇市场交易系统每日运行时间延长至北京时间23:30;同时,进一步引入合格境外主体,允许符合一定条件的人民币购售业务境外参加行进入银行间外汇市场。(5)交易中心每个工作日上午9:15发布人民币对美元等主要外汇币种汇率中间价。人民币对美元汇率中间价的形成方式为:交易中心于每日银行间外汇市场开盘前向外汇市场做市商询价,并将全部做市商报价作为人民币对美元汇率中间价的计算样本,去掉最高和最低报价后,将剩余做市商报价加权平均,得到当日人民币对美元汇率中间价,权重由交易中心根据报价方在银行间外汇市场的交易量及报价情况等指标综合确定。人民币对美元每日汇价浮动实行中间价±1%限制(上一次扩大汇率浮动区间是在2007年5月从0.3%扩大到0.5%)。[②]

八、银行间外汇市场交易方式演变

1994—2005年,银行间外汇市场实行集中竞价交易机制,即交易系统对金融机构录入的买入报价和卖出报价分别排序,然后按照价格优先、时间优先的原则撮合成交。2005年5月,中国外汇交易中心推出了银行间外币买卖业务,并指定9家中、外资银行作为首批外币买卖做市商试点。国家外汇管理局2005年11月发布《银行间外汇市场做市商指引(暂行)》《关于在银行间外汇市场推出即期询价交易有关问题的通知》,决定在银行间外汇市场正式引入做市商制度,并于2006年初在银行间外汇市场推出即期询价(OTC)交易方式。外汇做市商制度的推出,不仅活跃了银行间外汇市场交易,提高了市场流动性,扩大了交易规模,同时也是人民币汇率形成机制市场化改革中最为关键的一步,促使银行间外汇市场突破原有的竞价交易机制,转变为以做市商报价驱动为核心,以询价交易模式为主导的新型交易制度。2016年,中国将全口径跨境融资宏观审慎管理试点范围扩大至全国;同时,进一步开放和便利境外机构投资银行间债券市场,简化人民币合格境外机构投资者管理,完善沪港通机制,取消总额度限制,启动深港通。

第四节 外汇交易的类型

外汇交易又称"外汇买卖",是在不同情况下用一国货币买卖或兑换另一国货币的行为。外汇交易的目的是套期保值和投机。外汇交易的主体是多元化的,包括企业、银行和个人等。在外汇市场上,交易通常以银行为中心进行的。外汇交易的方式主要有柜台交易和电话交易,前者指客户可以到银行柜台办理交易;后者指客户通过电话完成买卖交易,而不需要到银行柜台办理。外汇交易的类型随着外汇交易的性质变化而日趋多样化,包括即期外汇交易、远期外汇交易、择期外汇交易、掉期外汇交易、外汇期货交易、外汇期权交易以及货币互换。

---

① 资料来源:http://www.chinamoney.com.cn/fe/Channel/22308。
② 资料来源:http://www.chinamoney.com.cn/fe/Channel/1427。

一、即期外汇交易

即期外汇交易又称"现金交易"或"现汇交易"。在外汇市场中,即期交易有广义和狭义之分。广义的即期交易,是指买卖成交后在两个营业日内完成交割的外汇交易,包括当日交易、翌日交易和狭义的即期交易。当日交易是指在成交当日交割的交易,翌日交易是指在成交后的第一个营业日交割的外汇交易,两者统称为"超短日期交易"。狭义的即期交易,是指在成交后的第二个营业日交割的外汇交易。目前大部分的即期外汇买卖采用这种方式。比如,一笔英镑兑美元的外汇交易,成交日为6月6日,则6月6日交割为当日交易,6月7日交割为翌日交易,6月8日交割为狭义的即期交易,6月6日至8日交割均为广义的即期交易。

即期外汇交易的报价采用"双价"原则,即外汇银行必须报出买入价和卖出价。例如,2018年2月14日,东京外汇市场银行所报的美元兑日元汇价为:USD 1=JPY 106.42—108.42。该等式左边美元是基准货币(base currency),右边日元为标价货币(quoted currency)。在直接标价法下,较小的数值为银行买入外汇的汇率,较大的数值为银行卖出外汇的汇率;而在间接标价法下,较小的数值为银行卖出外汇的汇率,较大的数值为银行买入外汇的汇率。据此,在直接标价法下,前一个是买入价,后一个是卖出价;而在间接标价法下,前一个是卖出价,后一个是买入价。

2018年2月14日,东京外汇市场和伦敦外汇市场的报价如下:

东京　　USD 1=JPY 106.42—108.42(直接标价法)
　　　　(银行买入美元价)　(银行卖出美元价)

伦敦　　GBP 1=USD 1.3881—1.3896(间接标价法)
　　　　(银行卖出美元价)　(银行买入美元价)

即期外汇买卖是最基本的外汇交易形式,它主要有以下两个作用:

第一,即期外汇买卖可以满足客户临时性的支付需要。通过即期外汇买卖业务,客户可将手上的一种外币即时兑换成另一种外币,用以应付进出口贸易、投标等的外汇结算或归还外汇贷款。

第二,即期外汇买卖可以帮助客户调整手中外币的币种结构。例如,某公司遵循"不要把所有的鸡蛋放在同一个篮子里"的原则,通过即期外汇买卖,将其全部外汇的1/6由美元调整为欧元,1/10调整为日元,由此可以分散外汇风险。

此外,即期外汇买卖还是外汇投机的重要工具。这种投机行为既可能带来丰厚利润,也可能造成巨额亏损。

合约现货外汇交易(保证金交易),又称"外汇保证金交易""按金交易""虚盘交易",是指投资者和专业从事外汇买卖的金融公司(银行、交易商或经纪商)签订委托买卖外汇的合同,缴付一定比率(一般不超过10%)的交易保证金,便可按一定融资倍数买卖十万、几十万甚至上百万美元的外汇。这种合约形式的买卖只是对某种外汇的某个价格作出书面或者口头的承诺,等待汇价出现上升或者下跌行情时,再进行买卖的结算,从变化的价差中获取利润,同时承担亏损的风险。

二、远期外汇交易

远期外汇交易又称"期汇交易",是指买卖双方预先签订合同,规定买卖外汇的数额、汇率和将来交割的时间,到规定的交割日期再按合同规定进行交割清算的外汇交易。远期外汇交易利用远期合同,创造与远期外汇流入相对应的外汇流出,可以消除外汇的时间风险和价值风险。在远期外汇交易中,买卖双方签订的合同被称为"远期外汇合同",其构成要素主要有:

其一,约定远期交割日。

在远期外汇市场中,外汇买卖的交割日可以是在即期交割日(即成交第二个营业日)之后的任何一个商定的日期。一般来说,远期交易的预约时间以月计算,有1个月、2个月、3个月、6个月、9个月、12个月不等,通常为3个月。只要远期交易双方同意,远期交易可以延期,也可以在规定的期限内提前交割。

其二,远期汇率。

做远期外汇交易时所依据的汇率为远期汇率,其标价方法有两种:(1)直接标价法,即直接标出远期汇率的实际汇率。(2)间接标价法,即标出远期汇率与即期汇率的差额。这里,有两种方式:一是升水、贴水和平价法,其中升水是指远期汇率高于即期汇率,远期差价为正;贴水是指远期汇率低于即期汇率,远期差价为负;平价表示两者相等,远期差价为零。二是点数法,银行报出的远期差价在实务中常用点数表示,每点为万分之一,即0.0001。

在直接标价法下,升水时,远期汇率等于即期汇率加上升水值;贴水时,等于即期汇率减去贴水值。在间接标价法下,升水时,远期汇率等于即期汇率减去升水值;贴水时,等于即期汇率加上贴水值。一般来说,远期汇率的升水和贴水主要决定于两国之间的利率差。简单地说,利率高的货币,其远期汇率表现为贴水;利率低的货币,其远期汇率表现为升水。计算公式为:

$$远期升(贴)水 = 即期汇率 \times 两地利率差 \times 月数(即交易期限)/12$$

例如,2018年2月12日,在伦敦外汇市场,美元即期汇率为:GBP 1 = USD 1.3885,英镑的年利率是1.8541%,美元的年利率是2.3191%。某客户卖给英国银行3个月远期的10000英镑,买远期美元,求3个月美元的远期汇率和升水(或贴水)率。

解:由于利率高的货币,其远期汇率表现为贴水,因而3个月的美元期汇呈现远期贴水,英镑呈现远期升水。根据远期贴水计算公式可得,3个月美元的远期贴水值是:

$$1.3885 \times (2.3191\% - 1.8541\%) \times (3/12) = 0.16(美分)$$

据此,由于英镑与美元采用间接标价法,因而3个月的美元远期汇率和贴水率分别是:

$$GBP 1 = USD (1.3885 + 0.0016) = USD 1.3901$$

$$0.0016/1.3885 = 0.12\%$$

远期外汇买卖最长可以做到一年,超过一年的交易称为"超远期外汇买卖"。通过这项业务,客户可将以后需支付的贷款利息及本金的换汇成本固定下来,从而达到防范汇率风险的目的。因此,远期外汇交易的作用主要有:(1)进出口商和资金借贷者为避免商业或金融交易遭受汇率变动的风险而进行远期买卖;(2)外汇银行为平衡期汇头寸而进行远期买卖;(3)投机者为谋取汇率变动的差价而进行远期交易。

三、择期外汇交易

择期外汇交易,是指远期外汇的购买者或出卖者在合约的有效期内的任何一天,有权要求银行交割的一种外汇业务。它不规定具体的交割日期,只规定交割的期限范围。在规定的交割期限范围内,客户可以按预定的汇率和金额自由选择日期进行交割。例如,一笔3个月的远期外汇交易,应于5月20日到期交割,若做的是择期交易,即可由买卖双方规定一个交割期限,如在5月10日至20日内交割,在此期限内,可由客户自行选择交割日期。此业务是为了适应进出口商在贸易合同签订后,由于不可能预先知道确切的支付款项日期,又要尽量防范汇率变化的风险而推出的。通过择期交易,可选择与付款日一致的远期交割日,从而达到避免外汇风险的目的。

择期外汇买卖是远期外汇的一种特殊形式,事先不固定起息日的具体日期。客户和银行约定在未来的一段时间内,可随时进行资金交割,起息日可以是这段时间内的任意一个工作日。选择起息日的权利在客户手中。因此,运用择期外汇买卖,客户可以选择合适的起息日进行资金的交割,为资金安排提供了较大的灵活性。

四、掉期外汇交易

掉期交易,是指将货币相同、金额相同,而买卖方向相反、交割期限不同的两笔或以上的外汇交易结合起来进行的交易组合。大多数远期交易都是掉期交易的一部分,两者的区别是:掉期外汇交易可以在合同有效期内的任何一天办理,而远期外汇交易必须在合同到期日办理交割。掉期交易的主要目的是,利用不同交割期外汇的汇率差来赚取利润或规避汇率变动的风险。它常用于跨国公司的资金调拨以及短期投资的保值。掉期外汇交易主要有两种类型:即期对远期外汇交易、远期对远期外汇交易。即期对远期(spot against forward),指在买进或卖出一笔现汇的同时,卖出或买进相同金额该种货币的期汇。远期对远期(forward to forward),指同时买进并卖出两笔货币相同、金额相同而交割期限不同、方向相反的远期外汇。

掉期交易实质上是一种套期保值,却又区别于一般的套期保值:(1) 掉期交易的第二笔交易必须与第一笔交易同时进行,而一般套期保值发生在第一笔交易之后;(2) 两笔掉期交易的余额完全相同,而一般套期保值交易可以小于第一笔交易,即做不完全的套期保值。

在掉期交易中买卖的外汇金额相同,货币相同,只是买卖的方向相反。例如,中国银行因业务经营需要,以美元购买1亿日元存放于东京外汇市场3个月。为防止3个月后日元汇率下跌,中国银行利用掉期业务,在买进1亿日元现汇的同时,卖出3个月日元的期汇,从而转移此间因日元汇率下跌而承担的风险。这是一笔即期对远期的掉期交易。

2007年8月17日,中国人民银行发布并实施了《关于在银行间外汇市场开办人民币外汇货币掉期业务有关问题的通知》。根据该通知,人民币外汇货币掉期,是指在约定期限内交换约定数量人民币与外币本金,同时定期交换两种货币利息的交易协议。现阶段在银行间外汇市场开办人民币兑美元、欧元、日元、港币、英镑五种货币的货币掉期交易;具备银行间远期外汇市场会员资格的境内机构可以在银行间外汇市场开展人民币外汇货币掉期业务;货币掉期中人民币的参考利率,应为经中国人民银行授权全国银行间同业拆借中心发布的具有基准性质的货币市场利率,或中国人民银行公布的存贷款基准利率;货币掉期中外币参考利率由交易双方协商约定;在银行间外汇市场办理人民币外汇货币掉期业务应通过中国外汇交易中心的交易系统进行。

掉期汇率的计算方法不同于远期汇率。在掉期交易中,远期差价的第一个价格等于即期卖出单位货币与远期买入单位货币的两个汇率差额;远期差价的第二个价格等于即期买入单位货币与远期卖出单位货币的差额。掉期外汇买卖的特点在于,一笔掉期外汇买卖可以看成由两笔交易金额相同、起息日不同、交易方向相反的外汇买卖组成,因此一笔掉期外汇买卖具有一前一后两个起息日和两项约定的汇率水平。在掉期外汇买卖中,客户和银行按约定的汇率水平将一种货币转换为另一种货币,在第一个起息日进行资金的交割,并按另一项约定的汇率将上述两种货币进行方向相反的转换,在第二个起息日进行资金的交割。最常见的掉期交易是把一笔即期交易与一笔远期交易合在一起,等同于在即期卖出甲货币、买进乙货币的同时,反方向买进远期甲货币、卖出远期乙货币的外汇买卖交易。

掉期外汇买卖的功能主要有:(1)调整起息日。客户续做远期外汇买卖后,因故需要提前交割,或者由于资金不到位等原因,不能按期交割,需要展期时,都可以通过续做掉期外汇买卖,对原交易的交割时间进行调整。(2)防范风险。若客户目前持有甲货币而需使用乙货币,经过一段时间后,收回乙货币并换回甲货币,也可以通过续做掉期外汇买卖,固定换汇成本,防范风险。

五、外汇期货交易

在浮动汇率制度下,各类金融产品的持有者面临着日益严重的外汇风险的威胁,规避外汇风险的要求日趋强烈,外汇期货应运而生。外汇期货,是指在有组织的外汇市场上,交易标准化的货币数量和约定日期的远期合约。外汇期货交易,是指期货交易者或经纪人根据成交单位、交割时间标准化的原则,按协议价格购买与出卖远期外汇合约的一种业务。可见,外汇期货交易并不是实际外汇的交换,而是合约的买卖。签订外汇期货合约,客户需要向清算公司交付足额保证金。随着期货合约的涨跌,与原来的汇价相比,客户如有盈余,可从清算公司提走;如有亏损,则要弥补。总之,要保持保证金的合约金额。

最早的外汇期货合约诞生于美国。1972年5月,美国芝加哥商品交易所(Chicago Mercantile Exchange,CME)设立国际货币市场(IMM)分部,推出了外汇期货交易。一般来说,外汇期货合约主要包括以下内容:

(1)货币种类。以芝加哥国际货币市场为例,它的外汇期货合约共7种,分别为日元JPY、加拿大元CAD、英镑GBP、瑞士法郎CHF、澳大利亚元AUD、墨西哥比索MXN和欧元EUR。所有这些合约均用间接标价法,即以美元计价。

(2)合约金额。在芝加哥国际货币市场上,每份国际货币期货合约的金额都是标准的。例如,日元合约1250万日元,加拿大元合约10万加元,英镑合约6.25万英镑,瑞士法郎合约12.5万法郎,澳大利亚元合约10万澳元,墨西哥比索合约50万比索,欧元合约12.5万欧元。

(3)最小价格波动和最高限价。最小价格波动,是指外汇期货合约在买卖时,由于供需关系使合约价格产生变化的最低限度。在交易场内,经纪人所做的出价或叫价只能是最小波动幅度的倍数。国际货币市场对每一种外汇期货报价的最小波动幅度都作了规定。

(4)交割月份。这是期货合约规定的外币合约的到期月。芝加哥国际货币市场的外币期货合约的交割月份分别为3、6、9、12月。若合约到期前未进行对冲(即进行相反的买卖行为),则必须进行现汇交割。

(5)交割日期。这是指到期外币期货合约进行现货交割的日期,具体是指到期月的某一天。芝加哥国际货币市场规定的交割日期是到期月的第三个星期的星期三。例如,有人卖出一份3月份英镑期货合约,若到期没有进行对冲(即在到期前买进一份英镑期货合约),则他必须在3月份的第三个星期的星期三,用英镑现货按以前商定的价格卖出。

外汇期货市场不同于远期外汇市场的典型特征有:只有少数货币成为期货交易货币;期

货交易是以标准化的合约形式出现的,具有特定的交割日期和交易场所;期货合约通常比远期合约数量更小,因而对小企业更加有用,同时也更加昂贵;期货合约到期前能够在有组织的期货市场上进行流通,而远期合约不能。

六、外汇期权交易

在美国,期权交易始于 18 世纪后期。但是,由于制度不健全,加上其他因素的影响,期权交易的发展一直受到抑制。直到 1973 年,芝加哥期权交易所正式成立,进行统一化和标准化的期权合约的买卖,期权交易才开始走向繁荣。目前,外汇期权交易主要集中在美国费城股票交易所、芝加哥商品交易所等国际货币市场上。

外汇期权是给予购买者一种选择权而非义务,可以在约定日期或之前的任意时间,按照约定的价格购买或出售标准化数量交易货币的合约。外汇期权交易,是指交易双方签订一种买卖远期外汇合约选择权的合同,该合同赋予买者或卖者在规定期限内按协定价格买进或卖出期权合约的权利。期权合约是一种标准化的合约。所谓标准化合约,是指除了期权的价格是在市场上公开竞价形成的,合约的其他条款都是事先规定好的,具有普遍性和统一性。期权合约主要有三项要素,即权利金、执行价格和合约到期日。外汇期权使所有者有权在到期日以前的任何时间内买卖特定数量的外国货币。交易的另一方是期权的卖方,必须按期权所有者的要求买卖外汇,而期权所有者则没有义务行使他的权利。

期权分为买权和卖权两种。买权,是指期权(权利)的买方有权在未来的一定时间内按约定的汇率向银行买进约定数额的某种外汇;卖权,是指期权(权利)的买方有权在未来的一定时间内按约定的汇率向银行卖出约定数额的某种外汇。当然,为取得上述买或卖的权利,期权(权利)的买方必须向期权(权利)的卖方支付一定的费用,称作"保险费"。因为期权(权利)的买方获得了今后是否执行买卖的决定权,期权(权利)的卖方则承担了今后汇率波动可能带来的风险,而保险费就是为了补偿汇率风险可能造成的损失。这笔保险费实际上就是期权(权利)的价格。期权合同的买者或卖者在合同有效期内可以根据外汇市场汇率情况决定是否行使期权,在外汇行市对其有利的情况下行使期权,否则放弃行使期权。

例如,某人以 1000 美元的权利金买入一张价值 10 万美元的欧元/美元的欧式看涨合约,合约规定期限为 3 个月,执行价格为 1.1500。3 个月后的合约到期日,欧元/美元汇率为 1.1800,则此人可以要求合约卖方以 1.1500 卖给自己价值 10 万美元的欧元,然后可以再到外汇市场上以 1.1800 抛出,所得盈利减去最初支付的 1000 美元就是其最后的盈利。如果买入期权合约 3 个月后,欧元/美元汇率为 1.1200,此时执行合约还不如直接在外汇市场上买合算,此人可以放弃执行合约的权利,损失最多 1000 美元。

(一) 外汇期权交易的特点

第一,外汇期权交易下的期权费不能收回。无论履行合约还是放弃合约,外汇期权交易双方所支付的期权费都不能收回。

第二,具有执行合约与不执行合约的选择权,灵活性强。远期外汇合约、外汇期货合约一旦签订,就必须履行;而外汇期权合约则不同,既可以执行,也可以不执行,具有较强的灵活性。

第三,外汇期权业务期权费的费率不固定。影响期权费的因素主要有:(1) 市场现行汇价水平。一般期权货币的现行汇率越高,期权费也越高;反之,期权费越低。(2) 期权的有效期。期权合同的时间越长,期权费越高;反之,期权费低。(3) 期权的协定价格。期权的协定价格相当于计算升水或贴水后的实际远期汇率,即以一种货币购买或出卖一种远期货币时可执行合同,也可放弃合同执行的两种货币比价。如果协定汇价高,则买入期权的期权费低,卖出期权的期权费高;如果协定汇价低,则买入期权的期权费高,卖出期权的期权费低。

(二) 外汇期权交易的类型

第一,按照期权买者的权利划分,可分为看涨期权和看跌期权。看涨期权(call option),也称"买权",是指在约定的未来时间内按照双方商定的协议价格购买若干标准单位金融资产的权利。看跌期权(put option),也称"卖权",是指在约定的未来时间内按照双方商定的协议价格卖出若干标准单位金融资产的权利。合约中的协议价格被称为"协定价格"或"敲定价"(strike price)。无论是买权还是卖权,合约的买方都要付出期权费(即期权价格)。

第二,按照行使期权的时间灵活性划分,可分为美式期权和欧式期权。美式期权(American option)可以在合约到期日前任何一天执行,比较灵活;而欧式期权(European option)则只能在到期日当天决定执行或放弃。这里的"美式"和"欧式",只是履约日期上的区别,与期权的其他性质无关。

表 1-1 外汇期权交易、外汇期货交易和远期外汇交易之比较

内容	外汇期权交易	外汇期货交易	远期外汇交易
交易性质	买者有交割权利,卖者有完成合约的义务	买卖双方都有履约义务	买卖双方都有履约义务
合同规模	标准化	标准化	决定于具体交易
交割日期	合同期限标准化,但可在到期前任何时间交割	标准化	决定于具体交易
交易方式	在注册的证券交易所以公开拍卖方式进行	在注册的证券交易所以公开拍卖方式进行	买卖双方通过电话、电传等方式直接联系
发行人和保证人	期权清算公司	交易所的清算行	无
参加者	被批准的进行期权交易的证券交易所的参加者及一般客户	注册的商品交易所成员及其一般客户	主要是银行和公司
保证金或交易费用	买者只支付期权费,卖者按每日行市支付保证金	有固定数目的原始保证金及按每日行市支付保留值的押金	无,但银行对交易双方都保留一定的信用限额

资料来源:韩玉珍编著:《国际金融》,首都经济贸易大学出版社 2002 年版,第 149 页。

七、货币互换

互换交易(swap transaction),是指当事人双方利用各种不同筹资机会成本的差异,通过预先共同商定的条件交换不同货币或不同利息的金融交易。互换交易是通过互换以规避将来汇率变动和利率变动的风险,实现通常的筹资方法难以得到的货币或低的借款利息。互换交易的突出优点有两个:一是可以获得原来可能无法得到或难以得到的资金来源;二是有利于互换双方降低融资成本。互换交易是国际贸易中的绝对成本学说和相对成本学说在国际金融市场上的运用。与远期交易或期货交易相比,互换交易有以下几个方面的不同:一是大多数远期交易或期货交易合约时间为一年或更短,而互换交易合约时间较长,为 5—20

年。二是期货交易有着积极的二级市场,而互换交易没有。三是期货交易是标准化的合约,而互换交易能够应客户之需量体裁衣。四是期货交易合约由期货交易所担保,而互换交易协定存在一方无法履约的风险。

货币互换(currency swap)是互换交易的一种形式,又称"货币掉期",是指交易双方在一定期限内互相交换不同币种、相同期限、等值资金债务的货币及利率的一种预约业务。货币互换是一种常用的债务保值工具,主要用来控制中长期汇率风险,把以一种外汇计价的债务或资产转换为以另一种外汇计价的债务或资产,以达到规避汇率风险、降低成本的目的。早期的"平行贷款""背对背贷款"虽具有类似功能,但仍属于贷款行为,在资产负债表上会产生新的资产和负债。货币互换作为一项资产负债表外业务,能够在对资产负债表不造成影响的情况下,达到同样的目的。在货币互换业务中,货币互换的利率形式可以是固定换浮动,也可以是浮动换浮动,还可以是固定换固定;期限上,主要外币一般可以做到10年。货币互换中所规定的汇率,可以用即期汇率,也可以用远期汇率,还可以由双方协定汇率。但是,对应于不同汇率水平的利率水平会有所不同。

专栏 1-1

货币互换案例

A公司有一笔日元贷款,金额为10亿日元,期限7年,利率为固定利率3.25%,付息日为每年6月20日和12月20日。A公司于2010年12月20日提款,2017年12月20日到期归还。A公司提款后,将日元换成美元,用于采购生产设备;产品出口得到的收入也是美元。

在本例中,A公司的日元贷款存在着汇率风险。具体来看,A公司借的是日元,用的是美元。2017年12月20日,A公司需要将美元收入再换成日元还款。如果到时日元升值,美元贬值,则A公司要用更多的美元来买日元还款。这样,由于A公司的日元贷款在借、用、还上存在着货币不统一,就存在着汇率风险。A公司为控制汇率风险,决定与中国银行续做一笔货币互换交易。双方规定,交易于2010年12月20日生效,2017年12月20日到期,使用汇率为USD 1=JPY 115。这一货币互换,表示为:

1. 在提款日(2010年12月20日),A公司与中国银行互换本金。A公司从贷款行提取贷款本金,同时支付给中国银行,中国银行按约定的汇率水平向A公司支付相应的美元。

2. 在付息日(每年6月20日和12月20日),A公司与中国银行互换利息。中国银行按日元利率水平向A公司支付日元利息,A公司将日元利息支付给贷款行,同时按约定的美元利率水平向中国银行支付美元利息。

3. 在到期日(2017年12月20日),A公司与中国银行再次互换本金。中国银行向A公司支付日元本金,A公司将日元本金归还给贷款行,同时按约定的汇率水平向中国银行支付相应的美元。

由于A公司与中国银行在期初与期末均按预先规定的同一汇率(USD 1=JPY 115)互换本金,且在贷款期间A公司只支付美元利息,而收入的日元利息正好用于归还原日元贷款利息,因此A公司完全避免了未来的汇率变动风险。

第五节 货币本位和汇率的决定与调整

汇率是两种货币兑换的比率,决定这种比率的基础是各国货币本身所具有或代表的价值量。在不同的货币本位制度下,由于货币的发行、种类和形态各不相同,各国货币所具有或代表的价值量也不一样,因而汇率的决定基础存在着差异。

一、金本位制度下汇率的决定与调整

1821年,英国成为世界上最早实行金本位制度(the gold standard)的国家。到19世纪70年代末,世界上主要的经济大国都相继实行了金本位制度。至此,国际货币制度才正式过渡到金本位制度。金本位制度是以黄金为本位货币的货币制度,包括金币本位制度、金块本位制度和金汇兑本位制度。其中,金币本位制是典型的金本位制度。一战爆发后,各国加强了对黄金输出及黄金兑换的限制,使金本位制度告一段落。

(一)金本位制度下汇率的决定基础

1. 金币本位制度下汇率的决定基础——铸币平价

在金币本位制度下,汇率的决定基础是贵金属货币的含金量。各国都以立法程序规定了本国货币的含金量(也称为"金平价"),汇率就是两国货币以其规定的含金量为基础而确定的兑换比率。我们一般将两国货币含金量之比称为"铸币平价"(mint par),汇率波动幅度是黄金输送点,因此,在金币本位制度下,铸币平价成为汇率的决定基础。黄金输送点就是引起黄金输出或输入的汇率,即黄金输出或输入的运输成本与两国间的铸币平价之和,它是在金币本位制度下决定汇率波动的关键界限。

2. 金块和金汇兑本位制度下汇率的决定基础——法定平价

在金块和金汇兑本位制度下,货币汇率由纸币所代表的含金量之比决定,称为"法定平价"(legal parity)。与金币本位制度下的情况相比,此时汇率的稳定程度已降低。这种法定兑换比率是两国货币兑换的基本标准,一般不会轻易变动。但是,它并不是外汇市场上的汇率。外汇市场上的汇率受外汇供求关系的影响,会围绕法定平价而上下波动。

(二)金本位制度下汇率的调整

在金本位制度下,如果一国对外贸易持续出现逆差,其市场汇率下跌至黄金输出点(gold export point),促使黄金外流,逆差国的货币供给量因之减少,物价随之下跌,使该国出口商品的竞争力增强,会导致出口增加,外汇流入超过外汇支出,最后贸易收支恢复平衡。这一机制成立的前提条件是,各参加国均能遵守实行金本位制度的规则:(1)所有参加国的货币均以一定数量的黄金定值;(2)本国货币当局随时准备以本国货币固定的价格无限量买入或卖出黄金;(3)各国黄金与金币能够自由地输出或输入。

在金本位制度下,如果外汇的价格太高,进口商就不愿意购买外汇,而宁可运送黄金进行清算。但是,运送黄金需要种种费用,如包装费、运输费、保险费和运送期间的利息损失等。假如在美国和英国之间1英镑黄金的运送费用为0.03美元,那么铸币平价4.8665美元加上运送费用0.03美元就等于4.8965美元。如果1英镑的兑换汇率高于4.8965美元,美国进口商就宁愿以运送黄金的方式完成结算。1英镑兑4.8965美元是美国对英国的黄金输出点。铸币平价4.8665美元减去运送费用0.03美元等于4.8365美元,如果外汇市场上1英镑的汇价低于4.8365美元,美国出口商就不愿按此低汇率将英镑换成美元,而宁愿从英国输入黄金。1 英镑兑 4.8365 美元是美国从英国的黄金输入点。如前所述,黄金输出、输入的界限称为"黄金输送点"。由于黄金输送点限制了汇率的变动,所以在金本位制度下汇率变动的幅度较小,在黄金输送点之间自动调整,基本上是稳定的。

关于黄金输送点的计算问题,关键是要抓住两点:一是针对进口商或出口商的外汇是何种货币?二是铸币平价是多少?据此,就可以解决问题了。上例中,若改为英国进口商和出口商,那么英国的黄金输出点和输入点又是多少?首先,对于英国进口商或出口商而言,其外汇是美元,其铸币平价是 1 美元=1/4.8665=0.2055 英镑,其运送成本是 0.0062 英镑。这样,英国进口商的黄金输出点是 1 美元兑换 0.2117 英镑(铸币平价+黄金运送成本)。也就是说,若 1 美元兑换汇率高于 0.2117 英镑,英国进口商就宁愿输出黄金结算。英国出口商的黄金输入点是 1 美元兑换 0.1993 英镑(铸币平价-黄金运送成本)。也就是说,若 1 美元兑换汇率低于 0.1993 英镑,英国出口商就宁愿输入黄金结算。

一战后,许多国家通货膨胀严重,现钞自由兑换黄金、黄金自由输出和输入遭到破坏,金币本位制度趋于瓦解。各国分别实行两种变形的金本位制度,即没有金币流通的金块本位制度和金汇兑本位制度,汇率的决定基础已不是两国货币的实际含金量之比,而是各自所代表的名义含金量之比,汇率失去了稳定的物质条件。

二、纸币流通制度下汇率的决定与调整

(一)纸币流通制度下汇率的决定基础——价值量或购买力平价

在实行纸币制度初期,各国政府都参照过去流通的金属货币的含金量,用法令规定纸币的金平价(gold parity),即纸币所代表的含金量。两国货币的金平价应当是决定汇率的依据,但是由于纸币不能自由兑换黄金,实际上流通的是不兑换的纸币。在这种情形下,中央银行发行货币可以不受黄金储备的限制,使得纸币的金平价与它实际所代表的黄金量严重脱节,于是通货膨胀成为经常现象。在通货膨胀情形下,两国通货膨胀率的差异是影响汇率变动的重要因素。事实上,由于存在通货膨胀,汇率并非由不兑换的纸币的金平价来决定,而是由纸币各自所代表的价值量来决定。

二战结束后,建立了布雷顿森林体系,美元与黄金挂钩,规定每盎司黄金等于 35 美元,其他各成员国货币与美元挂钩。这样,布雷顿森林体系就成为一种以美元为中心的固定汇率制度,汇率由各国货币与美元的货币平价来决定。1973 年 3 月以后,布雷顿森林体系崩溃,货币与黄金脱钩,各国货币不再规定含金量。由此,货币的兑换完全脱离了黄金的制约,各国货币的兑换比率由外汇市场上的供求状况来决定。

在纸币流通制度下,纸币本身不包含含金量和价值量,只是价值符号,但是通过法律规定在流通中代表一定的含金量和价值量,执行货币的职能。因此,在纸币流通制度下,汇率实质上是两国货币以各自所代表的价值量或购买力为基础而形成的兑换比率。各国纸币实际代表的价值量或购买力的对比,便成为决定各国货币汇率的基础。在纸币流通制度下,市场汇率是由外汇供求所决定的。

(二)纸币流通制度下汇率的调整

实行纸币流通制度以后,汇率变动已不受金本位制度下黄金输送点的限制。在从金本位制度废止到布雷顿森林体系建立的过渡期间,各国政府一般采取三种方式调整汇率:(1)限制货币的兑换和资本流动,减少本国居民的投机性交易,使汇率保持相对稳定;(2)建立外汇平准基金,如 1932 年,英国英格兰银行建立"外汇稳定账户"以平抑汇价;(3)政府通过对本国货币的法定贬值调整名义汇率,以达到调整实际汇率或市场汇率的目的。在布雷顿森林体系下,国际货币基金组织各会员国达成协议,必须将汇率维持在±1%限度内(1971年12月后扩大到±2.25%),各会员国货币当局有义务通过行政或市场手段维持这种固定汇率制度;同时,在征得国际货币基金组织允许之前,各会员国不得随意调整已确定的金平价。因此,这段时期的汇率是在规定的限度内进行调整。布雷顿森林体系崩溃后,汇率调整的范围没有明确限制,各国政府各行其是,大多根据本国国内的经济发展需求调整汇率。一般地说,外汇市场汇率以市场供求调节为主,各国政府干预外汇市场的手段也主要是直接进入外汇市场,通过买卖外汇调节外汇供求关系以影响汇率。

第六节 汇率的变动及其影响

从表象上看,汇率的变动由外汇市场供求关系来决定,而引发外汇市场供求关系变化的原因涉及经济、军事、政治以及公众心理等诸多因素。由此,汇率受多种因素的影响而发生变动。以下就影响汇率变动的主要因素加以阐述。

一、影响汇率变动的主要因素

外汇汇率作为两国货币之间的比价,同其他商品一样,其波动也受到外汇市场上供求关系的影响。从基本面来看,影响汇率变动的因素主要分为中长期因素和短期因素。

(一) 影响汇率变动的中长期因素

1. 国际收支状况

从中长期来看,国际收支差额必然引起汇率变动。因为汇率变动是两种货币间相对供求关系的变动,而对外汇的供求,取决于一国国际收支的差额。具体地说,如一国国际收支(尤其是经常账户)为顺差,则外国对本国货币的需求相对地增加,使本国货币汇率上升,即本币升值、外币贬值;反之,如为逆差,则本国对外国货币的需求相对地增加,使外国货币汇率上升,即外币升值、本币贬值。

2. 通货膨胀率差异或相对通胀率

物价是一国货币价值在商品市场上的表现,通货膨胀意味着该国货币所代表的价值量下降。通货膨胀会扩大进口,形成贸易收支逆差和国际收支逆差;促使本国货币资金的持有者进行货币替换,以求货币保值,因而增大外汇需求。所以,通货膨胀较严重的国家的货币汇率会下跌,而通货膨胀程度较轻的国家的货币汇率会上升。

3. 经济增长率差异

当一国处于经济高速增长初期,该国居民对外汇的需求往往超过供给。在外汇市场上,这种不平衡引起汇率的变动,本国货币会出现一段下跌过程。但是,经济增长率较高意味着生产率提高较快,由此可通过生产成本的降低,提高本国产品的竞争力,从而改善贸易收支。同时,一国经济增长率较高会给国际投资者较稳定的或较高的投资回报率,由此可以吸引外资,改善资本与金融账户收支的状况。因此,经济增长对汇率的影响是复杂的。一般来说,一国在经济高速增长初期,会引起本币汇率贬值;如果一国能够保持稳定的经济增长,则会支持本国货币稳步升值。

4. 宏观经济政策导向

宏观经济政策主要包括货币政策、财政政策和汇率政策。紧缩性的财政政策和货币政策往往会使一国货币汇率上升,而膨胀性的财政政策和货币政策则可能使一国货币汇率下降。汇率政策是一国货币当局对于本国货币相对于外国货币币值的一种指导性政策。在全球经济一体化的大背景下,汇率政策的实施直接关系到国际贸易往来、短期资本和长期资本的流动以及本国证券市场的兴衰。因此,汇率政策对汇率的中长期走势将产生较为深远的影响。

(二) 影响汇率变动的短期因素

1. 经济数据的公布

西方各国都会定期公布本国关于经济景气状况、就业状况、物价状况的经济指标,在指标公布之前,市场一般会对该指标有充分的预期。一旦较为重要的数据的实际结果与预期差距较大,往往会对外汇市场短期走势产生较大的影响。

2. 市场预期因素

市场预期因素是影响汇率变动的一个重要因素。常见的市场预期因素有:(1)"新闻"因素。新闻舆论是影响汇率的突发性因素。一旦某种重要的新闻传播,就会打破外汇市场的平衡状态,使汇率发生剧烈的波动。在社会上或国际上出现的消息中,有些是未经证实的"传闻",也可能对外汇市场产生影响,引起汇率波动。(2)心理因素。这是指人们对汇率的未来动向所作的事先推测或期待,是影响短期汇率走势的重要因素,也是较难把握的一种因素。心理因素通常只在一定的市场条件下才会产生并起作用。

3. 利率差异或相对利率

利率是金融市场上资产的价格。国家间利率的差距,将会引起短期资本在国家间流动,一国利率高于他国,将引起国际资本流入,由此改善资本与金融账户收支,提高该国货币汇率;反之,如果一国利率水平低于他国,将导致资本流出,引起外汇市场上对外汇的需求增加,即该国货币的供应增加,这种供求关系的变化会引起该国货币汇率下降。需要指出的是,目前人民币利率是由央行挂牌公布的,更像是中长期因素。

4. 政治因素

对汇率变动产生影响的政治因素多为突发性事件,很难预测。当一国发生政变、战乱、政府官员丑闻时,都会对该国货币汇率产生不利的影响。其主要原因是,外汇作为国际性流动的资产,在动荡的政治格局下所面临的风险会比其他资产大;而外汇市场的流动速度快,又进一步使外汇行市在政局动荡时更加剧烈地波动。从具体形式来看,外汇市场的政治风险有大选、战争、政变、边界冲突等。

5. 中央银行干预

各国货币当局为了使汇率维持在政府所期望的水平上,会对外汇市场进行或多或少的干预,以改变外汇市场的供求状况。这种央行干预虽不能从根本上改变汇率的长期趋势,但对汇率的短期走势会有重要的影响。

6. 国际短期投机性资本流动

大企业的并购及养老基金、对冲基金的国际流动等因素都会在短期内对汇率造成影响。市场上关于这方面的新闻和传闻很多,也会在一定程度上促使国际短期资本流动。

需要说明的是,上述影响汇率变动的中长期因素和短期因素只是相对而言的,中长期因素也会在短期内令汇率产生大幅波动,而短期因素往往也会成为汇率中长期走势的一个征兆。实践中,各种因素都会从不同方面影响汇率的变动,而且诸多因素往往同时发生作用。因此,尽管汇率变动是由外汇市场供求关系所决定的,但是影响汇率变动的因素却较为复杂。它们相互影响、相互制约,共同发挥作用。此外,影响汇率变动的因素还有许多,如一国关税与贸易政策、外汇管制措施等。但是,这些因素大多是通过以上各种因素对汇率发生作用的。所以,只有对各种因素进行综合全面的考察,对具体情况作出具体分析,才能对汇率变动作出较为准确的分析。

二、汇率变动对一国经济的影响

汇率作为联系国内外商品市场和金融市场的纽带,受国内外各种因素的影响而不断发生变化。反过来,汇率的变动又会对一国经济发展产生重大影响。现实中,汇率的变动是常态,主要有货币贬值和货币升值。在这里,仅以一国货币贬值为例,阐明货币贬值对一国经济的影响,而货币升值的影响与货币贬值相反,不再赘述。在金本位制度下,一国政府通过宣布降低本币的含金量以实现货币贬值;在布雷顿森林体系下,一国政府通过宣布降低本币对美元的平价以实现贬值;而在牙买加体系下,货币贬值主要是通过外汇市场供求关系的变化实现的。以下具体阐述货币贬值对一国经济的影响。

(一)贬值对一国国际收支的影响

1. 贬值对贸易收支的影响

一般而言,一国货币贬值有利于扩大出口,限制进口,促进贸易收支的改善。反之,一国货币升值将限制出口,扩大进口,使贸易收支恶化。不过,一国货币贬值对贸易收支的改善并不是立即奏效的,而是存在一定的"时滞"。一方面,货币贬值后,由于进出口合同已签订,外国需求不会马上增加,本国居民对外国商品的需求又不能马上减少。所以,货币贬值后,贸易收支不会马上好转。另一方面,由于进口商品价格上涨,诱发国内企业调整产品结构,引进生产进口替代品的技术和设备,需要经过一定的生产周期,进口的需求才会得到抑制。在实践中,贬值对贸易收支的影响受到三方面因素的约束:一是进出口商品的供给和需求弹性;二是总供给的数量和结构;三是能用于出口品和进口替代品生产的闲置资源是否存在。因此,贬值对一国贸易收支的影响应视具体情况而定。

2. 贬值对资本与金融账户收支的影响

贬值对一国资本与金融账户收支的影响情况,取决于贬值如何影响人们对该国货币今后变动趋势的预期。如果预期货币贬值尚不够,则人们会将资金从本国转移到国外,以避免再度遭受损失;反之,则会将资金调拨到本国,以牟取好处。

(二)贬值对一国国内物价水平的影响

贬值对物价的影响表现在两方面:一是货币贬值后,以该国货币表示的进口商品的价格会趋于上涨。其中,进口消费品的价格上升会直接引起国内消费品价格某种程度的上升;进口原材料、中间产品等价格的上升将使国内使用这些进口品所生产的商品的成本上升,推动这类商品的价格上涨。二是货币贬值后,该国的出口将增加,在国内生产没有相应扩大的情况下,会造成国内市场原有的供需关系发生变化;同时,由于以外币兑换成本国货币支付的费用下降,也会刺激外国旅游者对该国商品和劳务的需求,进而会拉动贬值国商品和劳务价格上升。

(三)贬值对一国贸易条件的影响

贸易条件(terms of trade),是指一国出口商品价格指数与进口商品价格指数之间的比率。贸易条件 $T=\dfrac{P_X}{P_M}$。其中,P_X、P_M 分别为出口和进口商品价格指数。即一个单位的出口商品可以换回多少单位的进口商品,是用出口商品价格指数与进口商品价格指数来计算的。这一比率上升时,表示贸易条件改善,意味着进出口相对价格的有利变动,从而使相同数量的商品出口能够换回较多数量的商品进口。这一比率下降时,表示贸易条件恶化,实际资源流失。如果一国货币贬值,则贬值会通过相对价格的变动而改变一国的贸易条件。一般而言,货币贬值不一定能使贸易条件得到改善,而可能会使贸易条件恶化。货币贬值到底是改善还是恶化一国贸易条件,取决于该国进出口商品的供给和需求弹性。令 T 表示本国贸易条件,S_X、S_M 分别表示出口和进口商品的供给弹性,D_X、D_M 分别表示出口和进口商品的需求弹性,当 $D_X D_M > S_X S_M$ 时,则 $\frac{dT}{T} > 0$,贸易条件改善;当 $D_X D_M < S_X S_M$ 时,则 $\frac{dT}{T} < 0$,贸易条件恶化;当 $D_X D_M = S_X S_M$ 时,则 $\frac{dT}{T} = 0$,贸易条件不变。

(四)贬值对一国就业和产出或国民收入的影响

就业和国民收入是一国宏观经济中的重要指标。汇率变动是影响就业和国民收入水平的重要因素之一。一般情况下,只要一国能控制贸易条件保持不变或得到改善,一国的货币贬值最终会增加该国的实际出口数量,减少实际进口数量,从而为该国的出口行业以及生产进口替代品的行业提供更多的就业机会,并由此触发一个增加国民收入的乘数过程,对一国国民收入或产出的增加产生积极作用。反之,一国货币升值将减少就业,乘数式减少一国的国民收入。但是,货币贬值能否提高国民收入,还要看是否具备一定的前提条件:一是货币贬值使贸易条件保持不变或得到改善;二是货币贬值国存在闲置的生产要素。如果一国货币贬值后,受供给和需求弹性的限制,贸易收支不仅没有改善,反而恶化,则会引起出口收入减少和进口支出增加,以致贬值国国民收入下降。如果贬值国没有闲置的生产要素,特别是在已达到充分就业的情况下,贬值只会带来物价的上升,而产量不能扩大,资源配置效率不能提高,则该国的国民收入或产出也不能增加,除非贬值能通过纠正原先的资源配置扭曲以提高生产效率。

(五)贬值对一国利率的影响

一国货币贬值后,该国居民兑换等量外币所需要的本国货币增加,对外国商品的购买力下降,同时引起国内物价水平上涨,使得该国居民的货币收入名义上虽保持不变,但其实际现金余额却减少。在实际现金余额减少后,必然会出现货币供不应求的现象。假定该国货币供应量不变,则为减少货币需求,就必须提高持有现金的机会成本,即利率上升。所以,一国货币贬值后,其国内的利率水平通常都会提高。利率上升,一方面使投资活动减少,从而有助于减轻通货膨胀的压力;另一方面,较高的利率水平又会吸引外国资本流入本国,从而使本国的国际收支状况得到改善。反之,一国货币升值,国内的利率水平将会下降。

(六)贬值对一国国际储备的影响

汇率变动会影响到一国国际储备中的外汇储备。一般来说,一国货币汇率稳定,有利于该国吸收外资,从而促进该国外汇储备增加;一国货币贬值,若引起信心动摇,则会导致资本外流,使外汇储备减少。同时,一国货币汇率变动会影响其储备地位,导致某种储备货币汇率下跌,使保持该储备货币的国家的外汇储备的实际价值减少,从而使这些国家进行外汇储备的货币结构调整,进而使该货币的储备地位下降。但是,如果一国货币贬值后,贸易收支得到很大改善,则会抵补资本外流,最终外汇储备取决于两者的力量对比。

(七)贬值对一国资本流动的影响

如果一国货币是自由兑换货币,则该国货币贬值后,人们会因对本国货币失去信心,或由于本国货币资产收益率相对较低,不足以抵补因通货膨胀而损失的收益,从而发生货币替代现象,进而产生资本外逃。但是,货币贬值使得外国投资者在该国的投资成本下降,有利于吸引外资流入;同时,使得居民对外投资的成本增加,可以抑制资本的外流。例如,美元对日元由原来的1美元兑换250日元下跌到1美元兑换125日元,日本企业购买美国企业的股票(假设面值或币值是10美元),原来每购进1股需支付2500日元,美元贬值后只需支付1250日元,可大幅度降低投资成本;美国居民原来购进日本企业1股只需支付10美元(假设股票价格2500日元不变),现在需支付20美元,美国企业会减少对日投资。正因如此,日本企业从20世纪80年代开始,利用美元大幅度下跌的机会,增加了对美国的投资,成为世界最大的资本净输出国,而美国成为世界最大的资本净输入国。

一般来说,一国货币贬值对短期资本流动的影响是不利的。短期资本以套利资本为主,当一国货币贬值致使短期资本在利率上的差额利息收入有可能被汇率下跌抵消时,外国投资者会缩减投放在货币贬值国的资本。同时,货币贬值还会影响人们对该国货币未来变动趋势的预测,为了资产的安全性,人们会抛售贬值货币,致使该国货币进一步疲软,导致资本外流。

三、人民币升值对中国出口企业的影响

第一,人民币升值对中国出口企业的不利影响。制造业产品的出口普遍受汇率变动的影响较大。人民币升值会使中国出口企业换汇成本上升,导致价格优势的丧失,并将使多数原料类产品的出口增长减缓。中国多数原料类产品的出口价格竞争力不强,对汇率有较强的依赖。人民币升值会提高一些企业在国内的生产成本,而在国际市场上中国的这些企业具备较大幅度的成本优势,对贸易商的利益影响微乎其微。

第二,人民币升值对中国出口企业的有利影响。(1)人民币升值能够降低企业自主开发成本,间接促进企业的技术升级,增强企业的核心竞争力和自主创新能力。(2)人民币升值有利于优化引资结构。(3)人民币升值显著地降低了中国企业海外投资的成本,增强了企业的国际购买力和对外投资能力。(4)人民币升值可以推动中国产业结构向服务业转变,促进产业结构优化升级,推进服务业快速发展,加快服务贸易发展。

比较来看,借助人民币升值,进口成本相对降低,可以通过扩大进口先进设备和技术、关键零部件,以促进中国出口产业结构转型和技术升级。同时,应当加快产品升级换代,努力提高产品质量和增加值,提升自主品牌的产品出口,提高出口产品的综合竞争力,走差异化、品牌化之路。人民币升值很可能迫使一些企业进行产品升级换代,从质量和品牌上提升中国企业出口竞争力。

第七节 外汇风险及其管理

一国对外汇的需求和供给发生变化,会引起汇率的频繁变动。在一个动态、变化的世界中,汇率频繁变动,反映出大量经济力量在持续地交织变化。汇率频繁的、相对巨大的变动给个人、企业和银行施加了显著的外汇风险。如果外汇市场是有效的,购买力平价、抛补的利率平价以及"费雪效应"成立,则无须进行外汇风险管理,因为在不同战略的国际投资间是没有差异的。但是,这些平价条件往往是一个或多个不成立,直接影响到企业的交易收益或损失,乃至影响到企业的经济价值,这样企业就面临着某种外汇风险。在此情况下,基于汇

率理论和汇率决定模型所作的外汇汇率预测是非常有帮助的,在外汇风险管理中使用外汇衍生产品进行交易也是非常重要的。

一、外汇风险

由外汇汇率变动引起的变化和不确定性产生了三种类型的外汇风险,即外汇交易风险、经济风险和会计或折算风险。所谓外汇风险(foreign exchange risk),又称"汇率风险"或"汇兑风险",是指经济实体或个人以外币计价的资产和负债,因货币汇率变动而蒙受经济损失的可能性。这种损失只是一种可能性,并非必然。它具有两重性,既有损失的可能性,也有获利的可能性。因此,外汇风险实质上是收益或者成本的一种不确定性,是实际价值对预期价值的一种偏离,当事人可能因这种价值偏离而受损,也可能因这种价值偏离而盈利。我们可从三个方面理解外汇风险:第一,外汇风险是由于汇率变动引起的,因而只有在国际经济交往中发生货币与货币之间的兑换关系后才会产生外汇风险;第二,只有在国际经济贸易中,因买卖金额不等而出现敞口头寸时,才会存在外汇风险;第三,外汇风险包含时间风险和价值风险两个部分。

外汇风险的基本要素包括货币兑换、时间和敞口头寸。承担外汇风险的外币资金通常被称为"敞口"或"风险头寸"。风险头寸在外汇买卖中表现为外汇持有额中"买超"或者"卖超"的部分,在企业经营中则表现为其外币资产与外币负债不相匹配的部分。实际上,时间越长,外汇风险就越大,因为在此期间汇率波动的可能性很大;反之,外汇风险就较小。在货币兑换中,由于不同货币之间的汇率时刻处于变化中,外汇会面临贬值或升值,因此只有将外币兑换成本币,才能消除货币兑换的风险。

正因为存在外汇风险,我们才需要对其进行管理和控制。外汇风险管理,是指外汇持有者通过风险的识别、衡量和控制等方法,预防、规避或消除外汇业务经营中的风险,从而减少或避免可能的经济损失。

二、外汇风险的类型

外汇风险主要有以下几种类型:

外汇交易风险(transaction risk),是指外汇买卖者在外汇交易中,因货币之间的汇率波动而蒙受经济损失的可能性。它是一种还未结算的债权债务在汇率变动后进行货币交割时发生的风险,在结算时引起企业相关外币现金流量的变化。外汇交易风险是最常见的外汇风险,它存在于货币应收账款和应付账款中。

外汇经济风险(economic risk),又称"外汇经营风险",是指出乎人们意料之外的汇率波动引起经济主体未来的预期收益蒙受损失的潜在风险。经济风险对于企业来说是最重要的,主要源于名义汇率变动对利率平价或者购买力平价的偏离;而经济风险的度量是基于企业未来的经营能力、水平和竞争力,其受险部分是企业的长期现金流量。汇率波动对生产成本、销售价格等产生影响,使企业收益最终发生变化。可见,对经济风险的分析在很大程度上取决于公司的预测能力,而预测的准确程度将直接影响企业的战略决策和投资效益。

外汇会计风险或折算风险(translation risk),也称"转换风险",是指经济主体对资产负债表进行会计处理时,因汇率波动而引起货币转换时造成的账面收益或损失的可能性。公司在一国注册,按照主权原则,会计报表必须使用注册国货币作为记账货币,这就要求该公司发生的外币收支、资产和负债等要根据会计准则,转换为本国货币表示,这一过程就叫"折算"。会计风险导致的汇兑损益在很大程度上取决于折算方法的选定,受到会计准则的制约,而且这种损益仅为账面损益,并不涉及企业的现金流动。所以,在一般情况下,外汇会计风险并不被作为企业外汇风险管理和控制的重点。

三、外汇风险的管理

(一)外汇交易风险管理

外汇交易风险管理就是控制和减少合约交易中汇率波动的风险。为了管理外汇交易风险或者控制和减少交易中的不确定性,就需要发展出各种方式,并使用各种衍生产品工具。通常,外汇交易风险管理所采用的方法包括远期套期保值、期货套期保值、货币市场套期保值和期权套期保值。套期保值(hedge),又称"抵补保值",是指在预期有外汇收入或外币资产时,卖出或买进一笔金额相等的同种外币的远期合约。套期保值旨在规避外汇风险,或者覆盖敞口头寸。套期保值包括卖方套期保值和买方套期保值两类。

1. 卖方套期保值

卖方套期保值,又称"空头套期保值",是指预期有外汇收入时,卖出一笔金额相等的同种外币期货或期权。出口商为防止计价货币贬值,签订贸易合同时在期货市场上首先卖出期货合同,收回货款时再买进期货合同进行对冲。若收回货款时计价货币贬值了,出口商在现汇市场上遭受的损失可由期货市场上"先卖后买"所获得的盈利来弥补;若收回货款时计价货币升值了,则出口商在期货市场上"先卖后买"所蒙受的损失可由在现汇市场上所获得的盈利来弥补。这样,可以减轻出口商的外汇交易风险。例如,某公司3个月后要收回500万英镑。为防止英镑贬值,该公司进行了空头套期保值。该公司在外汇期货市场上卖出200份(每份合约6.25万英镑)3个月到期的英镑期货合约,当时期货汇率为1英镑=1.3950美元,共收入1743.75万美元;3个月后买入合约时,汇率为1英镑=1.3940美元,实际支出1742.5万美元,结果在期货市场上盈利1.25万美元。但是,3个月后现汇市场上英镑对美元的汇率从当初的1英镑=1.3956美元下降到1英镑=1.3942美元,结果该公司在现汇市场上亏损了0.7万美元。期货市场上的利润抵消了现汇市场上的亏损并有盈余,从而达到了套期保值的目的。

2. 买方套期保值

买方套期保值,又称"多头套期保值",是指预期有外汇支出时,买入一笔金额相等的同种外币期货或期权。进口商为防止以后计价货币升值带来损失,签订贸易合同时在期货市场上先买进期货合同,支付货款时再卖出期货合同进行对冲。若支付货款时计价货币升值了,则进口商在现汇市场上所蒙受的损失可由期货市场上"先买后卖"所获得的盈利来弥补;若支付货款时计价货币贬值了,则进口商在期货市场上"先买后卖"所蒙受的损失可由现汇市场上所获得的盈利来弥补。这样,可以减轻进口商的外汇风险。例如,某公司3个月后要支付1000万欧元。为防止欧元升值,该公司进行了多头套期保值。该公司在外汇期货市场上按照当日汇率1欧元=1.5560美元,买入了80份3个月到期的欧元合约(12.5万欧元/份),共支付1556万美元;而3个月后卖出合约,此时汇率为1欧元=1.5565美元,实际上收入1556.5万美元,盈利5000美元。但是,3个月后现汇市场上欧元对美元的汇率从当初的1欧元=1.5350美元上升到1欧元=1.5355美元,结果该公司在现汇市场上亏损了5000美元。期货市场与现汇市场盈亏正好抵消,达到了套期保值的目的。

（二）外汇经济风险管理[①]

具有经济风险的企业存在着交易风险。管理交易风险的活动部分地有助于管理经济风险的目标。但是，经济风险有着超越交易风险范围的内涵，经济风险管理的范围是更广的。如果说交易风险管理是策略的和技术的，那么经济风险管理是战略的和基本的。企业活动的许多方面都"落入"经济风险管理的范围，其中一些对于企业价值具有战略内涵，包括市场营销战略、生产战略、产品战略、研发战略和融资战略等。

第一，市场营销战略与控制和管理销售敞口面临的外汇风险相关，涉及需求弹性分析、定价、市场选择和市场目标、市场多样化和市场提升。例如，为了与融资多样化相一致，企业可能寻求市场多样化，以便其销售和现金流在不同的外汇条件下保持稳定。

第二，生产战略更关注控制和管理生产成本敞口面临的外汇风险。这一分析法包括产品来源、投入混合与转换、地点轮换。

第三，产品战略旨在通过产品分化、产品创新和产品升级，产生更多的现金流，而不必局限于外汇领域。

第四，研发战略是通过发明创新和提高生产率，使得产品分化和产品创新成为可能，同时也是市场营销战略和生产过程所需要的。

第五，融资战略旨在减少企业的资本成本，保持一定水平的未来现金流。该战略要求战略性地使用融资风险管理工具（如货币互换等），以管理企业的经济风险。

（三）外汇会计风险管理

会计风险或折算风险管理旨在测算跨国公司统一的财务报表/账目如何受到汇率波动的影响。会计风险并不直接影响到企业现金流，被认为是缺乏相关性的。但是，会计风险管理是与跨国公司账户项目折算所产生的统一的财务账目的潜在影响和市场存量相关的。

会计方式的使用会对会计风险程度、外国子公司的规模和活动产生影响。当前，可以通过四种会计方式折算跨国公司的海外子公司的账户和账户项目，具体是现期汇率方式、时间方式（temporal method）、货币/非货币方式、当期/非当期方式。采用**现期汇率方式**折算资产平衡表，意味着所有的账户项目（股本除外）都以现期汇率进行折算。只有股本/普通股在会计折算中不暴露于外汇风险。采用**货币/非货币方式**折算资产平衡表，意味着存货、固定资产和股本不暴露于外汇风险，而其他的账户项目敞口于外汇风险，要进行折算。采用**时间方式**折算资产平衡表，意味着所有的账户项目（除存货按现期汇率折算外）都以与货币/非货币方式相同的方式进行折算。采用**当期/非当期方式**折算资产平衡表，意味着所有的当期账户项目按照现期汇率进行折算，同时非当期账户项目按照历史汇率进行折算。例如，股本/普通股、净固定资产和长期债务都不敞口于外汇风险，而其他账户项目敞口于外汇风险，如存货和短期贷款等。

与交易风险和经济风险管理相比，会计风险管理是缺乏重要性的，而且在所有外汇风险管理中缺乏优先权。尽管如此，仍然存在着两种管理会计风险的方法：资产平衡表套期保值和衍生产品套期保值。前者通过匹配资产平衡表中外币资产和外币债务，最小化会计风险；后者使用远期合约以套期保值资产平衡表中的项目。

会计风险管理和交易风险管理在某些情况下可能是互补的，而在另一些情况下又可能

[①] 关于外汇经济风险管理和会计风险管理，参见 Peijie Wang, *The Economics of Foreign Exchange and Global Finance*, Springer, 2005, pp. 289-302。

是相互冲突的。

四、外汇风险敞口及投机

投机是套期保值的对立面,套期保值者寻求覆盖外汇风险,而投机者接受甚至寻求外汇风险或敞口头寸,以期赚取利润。投机,是指利用不同交割月份、不同合约、不同交易所之间的价格差距所进行的合约买卖活动,没有现货作为基础,以营利为目的。外汇投机(foreign exchange speculation),是指根据对汇率变动的预期,有意保持某种外汇的多头或空头,希望从汇率变动中赚取利润的行为,即在预测汇率将要下降时先卖后买或在预测汇率将要上升时先买后卖某种外汇的行为。投机者进行外汇投机交易,并没有商业或金融交易与之相对应。投机的目的就是利用外汇市场出现的价差进行买卖,从中获得利润。投机者可以"买空",也可以"卖空"。但是,外汇投机利润具有不确定性,投机是有风险的。

(一) 外汇投机的两种形式

外汇投机分为即期投机和远期投机两种形式。即期投机(spot speculation),是指外汇经营者根据自己对汇率的预测,买进或卖出某种现汇,希望从汇率变动中赚取利润的行为。远期投机(forward speculation),是指基于预期未来某一时点的现汇汇率与目前的期汇汇率的不同而进行期汇交易的行为。即期投机利用买卖现汇的方式进行投机,必须持有本币或外币资金,交易数额受手中所持资金量限制;而远期投机交易在成交时无须付现,并不发生现金流动,即使没有巨额的资金,亦可进行大规模的外汇投机,具有更大的风险性。

远期投机又分为以下两种形式:

第一,先买后卖,即"买空"或"做多头"(buy long or bull)。当投机者预期某种货币将升值,就在外汇市场上趁该货币价格较低时先买进,待该货币汇率上升时再将其卖出以获得利润,这叫"多头投机"。例如,3月份美元与日元的汇率为1美元=120日元,投机者认为5月份美元会升值,就花了1200万日元买进10万美元。5月份美元果然升值,1美元兑换130日元,投资者将手中的美元卖出,获得1300万日元,从中赚取了100万日元。

第二,先卖后买,即"卖空"或"做空头"(sell short or bear)。当投机者预期某种货币将贬值,就在外汇市场上趁该货币价格较高时先卖出,到该货币真正下跌时再买进以赚取差价,这叫"空头投机"。例如,上例中,投机者认为5月份美元将贬值,将手中的10万美元卖出,获得1200万日元。5月份美元果然贬值,1美元=100日元,投机者将手中的日元卖出,买进12万美元,从中赚取了2万美元。

根据市场功能,外汇投机又分为稳定性投机(stabilizing speculation)和非稳定性或破坏性投机(destabilizing speculation)。稳定性投机是指在外汇汇率下跌或较低时,购买外汇,以期不久将上升,进而获取利润;或者在外汇汇率上升或较高时,卖出外汇,以期不久将下跌,赚取利润。稳定性投机能够在历时上缓和汇率波动,起到积极有用的经济功能。非稳定性或破坏性投机是指在外汇汇率下跌或较低时,卖出外汇,以期在未来下跌得更低;或者在外汇汇率上升或较高时,购买外汇,以期在未来上升得更高。破坏性投机在历时上放大了汇率波动,能够对国际贸易和投资流量产生很大的破坏性。在正常条件下,外汇投机是具有稳定性的。

(二) 套期图利

套期图利,是指期货市场参与者利用不同月份、不同市场、不同商品之间的差价,同时买入和卖出两张不同类型的期货合约以从中获取风险利润的交易行为。这是期货投机的特殊方式。根据持有期货合约时间的长短,投机可分为三类:第一类是长线投机者,在买入或卖出期货合约后,通常保持合约几天、几周甚至几个月,等到价格对其有利时才将合约对冲;第二类是短线投机者,一般在当日进行期货合约买卖,其持仓不过夜;第三类是逐小利者,又称"抢帽子者",其技巧是利用价格的微小变动进行投机以获取微利,一天之内可以做多个回合的外汇买卖。

在远期外汇市场、外汇期货或外汇期权市场上,外汇投机虽有一些形式上的区别,但原理都是如此。投机是外汇交易市场上必不可少的一环,因为投机者承担了套期保值者转移的风险,增加了市场的交易量和流动性;同时,投机者是期货市场的重要组成部分,是期货市场必不可少的"润滑剂",对阻止汇率剧烈波动与保持市场活力起到了积极的作用。但是,过度投机又会扰乱金融秩序。新加坡巴林期货公司总经理尼克·里森投机失误导致巴林银行倒闭,就是一个例证。

五、日本企业外汇风险管理案例

日本企业在向美国出口的时候,大约80%以上都使用美元,只有不到20%使用日元;在向欧洲出口的时候,大约50%使用欧元,另有大约30%使用日元;在向亚洲出口的时候,使用美元计价比使用日元计价的比重高。具体到日本企业使用计价货币的主要决定因素,一是企业规模,二是企业贸易形式。日本的大企业,企业内部的贸易多,使用美元的份额高,使用的货币种类也多。90%以上的日本大企业在外汇市场中使用期货等套期保值,60%的日本企业使用外汇买卖结合多边净额清算。规模小的日本企业,企业之间的贸易多,计价货币多使用日元,比大规模企业对外汇风险管理的水平要差得多。规模大的日本企业,其母公司可以冲抵企业之间的交易,减少外汇风险。因此,日本企业存在外汇风险管理很好的企业群,也存在很少采用日元进行外汇风险管理的企业群。以下再分不同的情形,看看日本企业如何应对外汇风险:

第一,日元贬值时,日本企业应对外汇风险的对策主要有三种:一是向日本国内回归生产地。比如,JVC建伍株式会社(JVC Kenwood)撤出在马来西亚的高级音箱业务,集中回归到日本国内市场销售比率较高的产品;先锋公司(Pioneer)将汽车的卫星导航系统业务从泰国生产地转移到日本国内;本田(Honda)将小型汽车的生产地从墨西哥和英国转移到日本国内。二是价格转嫁。进口型企业如山崎面包的销售价格上升,因为日元贬值使得其采购原材料的费用上升30%;迅销公司(Fast Retailing)也由于原材料的价格上升,提高销售价格。出口型企业如三菱电机,随着日元贬值,为了提高销售份额,在打入市场过程中降低其销售价格。三是远期外汇交易。如迅销公司,2016年8月,在1美元=96.11日元时,使用远期外汇交易36亿美元。该公司大约90%的商品进口使用远期外汇交易。

第二,日元升值时,日本企业应对外汇风险的对策主要有三种:一是远期外汇交易,如日立制作所,其美元和欧元资金主要采用远期外汇交易。二是自然避险策略(natural hedge),如恩梯恩(NTN)公司,通过其他国家的货币提高存款率,随时可以实施外汇风险对冲。三是提前或延期结汇(Leads & Lags),如泰尔茂(Terumo)公司,注重企业内的回收资金效率化,其海外子公司的产品销售的回收期减少了十几天,从而降低了外汇风险。

六、中国企业外汇风险管理案例

根据2015年年报,当年华为公司实现销售收入人民币3950亿元,同比增长37.1%;净利润为人民币 369 亿元,同比增长 32.5%。但是,华为公司的净财务费用受汇兑损失的影响大幅度增加。其中,受非洲、新兴市场等区域货币大幅贬值的影响,华为公司 2015 年汇兑损失比 2014 年增加人民币 22.27 亿元,同比上升 104.3%,损失较大。

华为公司合并报表的货币是人民币。由于销售、采购和融资业务所产生的报表货币以外的外币敞口主要是美元和欧元,依据一贯沿袭的外汇风险管理政策,在综合考虑市场流动性及管理成本的前提下,为了管理外汇敞口,华为公司建立了一整套外汇管理政策、流程和操作指导等管理措施:一是自然对冲,匹配销售、采购的货币,以实现本币平衡,尽量降低外汇敞口;二是财务对冲,当自然对冲无法完全消除外汇敞口时,采用外币贷款(含长债和短债)进行管理。对货币急速贬值以及外汇管制国家的外汇敞口,华为公司通过多种手段管理,如美元定价,或者通过加速收、汇款以降低外汇敞口风险。此外,2016 年 9 月 14 日,华为公司正式进入中国银行间外汇市场,成为第二家非金融企业类型的即期会员。这有利于华为公司在对外交易中获得更好的货币价格,满足其足够大的结售汇需求,同时有利于规避其在国际活动中的外汇风险,提高其外汇交易效率。

专栏 1-2

外汇风险与李嘉诚资产缩水

汇率的频繁波动给个人、企业和银行带来了显著的外汇风险。个人和企业需要通过外汇交易风险管理、外汇经济风险管理和外汇会计风险管理应对这一风险。在 2016 年 6 月英国"脱欧"事件中,英镑暴跌使得李嘉诚在英国的资产大幅缩水,反映出汇率变动的巨大风险。但是,李嘉诚的外汇风险管理减小了英镑暴跌带来的负面效应。

一、李嘉诚资产转移

自 2010 年起,李嘉诚就开始大量抛售内地资产,转而把资产转移至欧洲,其中英国是其资产转移的重心。表 1-2 是自 2005 年以来李嘉诚的主要海外收购项目(不完全统计)。

表 1-2 2005 年以来李嘉诚的主要海外收购项目

时间 (年/月)	被收购公司(资产)	被收购公司(资产) 所属国家	成交金额	英国资产金额 (单位:亿英镑)
2005/1	香水零售商 Marlonnaud	法国	55 亿港元	
2010/7	电力公司(EDF)在英国的电力网络	英国	57.75 亿英镑	57.75
2011/7	水务公司 Norfhumbrian	英国	24.116 亿英镑	24.116
2012/7	天然气供应商 WWU	英国	77.53 亿港元	6.295①
2013/1	废物管理公司 Enviro-Waste	新西兰	32 亿港元	
2013/6	废物转化能源公司 AVR Afvalverwerking B.V.	荷兰	9.4 亿欧元	
2013/6	O2 业务	爱尔兰	7.8 亿欧元	

---

① 2013 年 1 月 31 日,GBP/HKD = 0.0812。

(续表)

时间 (年/月)	被收购公司(资产)	被收购公司(资产)所属国家	成交金额	英国资产金额 (单位:亿英镑)
2014/5	电信巨头 Telefonica SA 旗下 O2 Ireland	西班牙	78 亿欧元	
2015/1	铁路租赁公司 Eversholt Rail Group	英国	12 亿英镑	12
2015/1	大型连锁药房 Dirx	荷兰	未公布	
2015/3	电信运营商 O2	英国	102.5 亿英镑	102.5

资料来源:周志轶:《李嘉诚的英国版图》,载《世界博览》2011 年第 15 期;一财:《李嘉诚的"欧洲之行"》,载《企业文化》2015 年第 3 期;劳佳迪:《抄底欧洲是祸是福? 李嘉诚的上半年成绩单》,载《中国经济周刊》2016 年第 33 期。

根据表 1-2,李嘉诚在英国的资产不少于 202.661 亿英镑。据《第一财经日报》报道,截至 2015 年 9 月,李氏"商业帝国"在英国的总资产高达 3900 亿港元,包括 3 个港口、3 家连锁店、1 家移动运营商、1 家铁路集团、1 家区域电网公司、2 家区域煤气公司、1 家水务公司。此外,在伦敦市区还有一个 3500 套住宅的楼盘开发项目。英国媒体惊呼李嘉诚"买下了整个英国"。如此庞大的海外投资,必然面临巨大的外汇风险。

二、英国"脱欧",英镑暴跌

2016 年 6 月 23 日,英国举行"脱欧"公投,51.9%的选民选择了脱离欧盟,超出了普遍预期。这起重大的政治事件造成金融市场动荡,直接导致英镑暴跌。具体来看,2016 年 6 月 27 日,英镑兑美元跌到 1.315,为从 1985 年开始 31 年以来的最低点,甚至低于 1992 年"黑色星期三"的价值。[1] Wind 数据显示,至 2016 年 10 月 7 日,英镑兑美元最低跌至 1.1948,以 6 月 23 日的收盘价算,跌幅达到惊人的 20.44%。在这场"黑天鹅事件"中,李嘉诚的资产遭受了巨大的损失。

三、外汇风险与李嘉诚的资产缩水

英国"脱欧"事件确实给李嘉诚的资产带来了巨大的损失。根据表 1-2 的不完全统计,李嘉诚在英国的资产如果换成美元,自 2016 年 6 月 23 日起到 10 月 7 日,最大缩水额至少超过 62.21 亿美元(202.661 * 1.5018 * 20.44%)。半年报显示,由于欧洲货币贬值,长和集团旗下在欧洲的 3 个公司整体收益下降了 1%。"脱欧"结果公布后,市场满是愁云惨雾,英镑和股市双双暴跌。彭博社统计的全球富豪榜显示,李嘉诚的资产一度缩水 11 亿美元。[2]

四、李嘉诚的外汇风险管理

李嘉诚持有不同货币的资产,尤其是美元资产,使得英镑的暴跌带来的负面效应得到了对冲。这与外汇交易风险中的套期保值原理类似,一类货币价值下跌,而另一类货币价值相对上涨,降低了持有单一货币带来的损失。按币值计算,截至 2015 年 12 月 31 日,长和集团的资产中,英镑占 11%,欧元仅占 5%,占比最大的是美元,达到 40%。这意味着即便英镑大幅贬值,也不会对长和资产产生重大的负面影响。同时,以英镑计价的债务,如银行借款

---

[1] See Plakandaras, V., Gupta, R. and Wohar, M. E. (2016), The Depreciation of the Pound Post-Brexit: Could It Have Been Predicted? September 2016, Working Paper 2016-70, pp. 1-15.

[2] 参见劳佳迪:《抄底欧洲是祸是福? 李嘉诚的上半年成绩单》,载《中国经济周刊》2016 年第 33 期。

也会相应减少。① 长和集团的多元化投资发展战略减轻了英镑暴跌对集团带来的损失。从表 1-2 可以看出，李嘉诚的投资不仅仅在英国，还分布在全球各地的不同市场，这有助于销售和现金流在不同外汇条件下保持稳定。例如，2016 年上半年，中国内地楼市火爆，成为李嘉诚旗下长江实业地产最大的利润增长点。"集团于 2016 年上半年获得物业销售超过港币 270 亿元"，其中内地的销售额飙涨超过两倍，至 126 亿港元。② 由此，英镑暴跌带来的损失为其他市场的盈利所弥补，资产缩水幅度自然也下降了。

本 章 小 结

汇率是以一种货币表示的另一种货币的相对价格。汇率通常标到小数点后第四位。汇率的表示方法有直接标价法和间接标价法两种。在不同的汇率标价法下，汇价变动的含义有所不同。汇率就其本质来说，是由货币本身所具有的价值或代表的价值量所决定的。在不同的货币本位制度下，由于货币的发行、种类和形态各不相同，各国货币所具有的价值或代表的价值量也不一样，因而汇率决定的基础存在着差异。在金币本位制度下，汇率的决定基础是铸币平价；在金块和金汇兑本位制度下，汇率的决定基础是法定平价；而在纸币流通制度下，汇率的决定基础是纸币实际代表的价值量或购买力平价。

外汇，是指以外国货币表示的能用来清算国际收支差额的金融资产。外汇必须是在国外能够得到补偿的债权，具有可靠的物质偿付保证。外汇具有三个基本特征：可自由兑换性、普遍接受性和可偿性。以上三个特征构成外汇的充分条件，而作为外汇的必要条件是外汇必须为外国货币或以外币计值的金融资产。但是，以外币计值或表示的实物资产和无形资产并不构成外汇。

外汇市场有广义和狭义之分。狭义的外汇市场，是指外汇银行之间进行外汇交易的行为和场所。外汇市场主要由外汇市场工具、外汇市场参与者和外汇市场组织形式构成。外汇市场的主要功能有资金或购买力转移功能、信用功能以及为套期保值者和投机者提供融通便利。衡量一国或地区外汇市场有效性的标志是：该市场已充分利用所有可获得的信息，或者当前的价格已充分反映所有可获得的信息，因而没有未被利用的利润机会。现代外汇市场的主要特征包括有市无场、全球金融中心一体化、没有明显的套利机会以及零和游戏等。

外汇交易是用一国货币买卖或兑换另一国货币的行为，其目的是套期保值和投机。外汇交易的类型主要包括即期交易、远期交易、择期交易、掉期交易、外汇期货交易、外汇期权交易以及货币互换等。即期交易和远期交易是外汇市场上两大基本交易形式。

从基本面来看，影响汇率变动的因素主要分为中长期因素和短期因素。中长期因素主要包括国际收支状况、通货膨胀率差异、经济增长率差异、宏观经济政策导向等，它们对汇率变动的影响都有一个时滞过程。短期因素主要包括经济数据的公布、市场预期因素、利率差异、政治因素、央行干预、国际短期资本流动等。

汇率作为联系国内外商品市场和金融市场的纽带，受国内外各种因素的影响而不断发生变化。反过来，汇率的变动又会对一国经济发展产生重大影响。外汇风险，是指经济实体

---

① 参见劳佳迪，《抄底欧洲是祸是福？李嘉诚的上半年成绩单》，载《中国经济周刊》2016 年第 33 期。
② 资料来源：长江实业地产有限公司官方网站发布的《2016 年度中期报告》。

或个人以外币计价的资产和负债,因货币汇率变动而蒙受经济损失的可能性。其基本要素包括货币兑换、时间和敞口头寸。外汇风险类型分为外汇交易风险、外汇经济风险和外汇折算风险。

关键术语

1. Foreign exchange rate(汇率)—It is a relative price, and precisely the price of one currency in terms of another or the rate at which one country's money exchanges for another's.

2. Direct quotation(直接标价法)—It is usually called the price quotation system, and this quotation defines the exchange rate as the number of units of domestic currency per unit of foreign currency. This amounts to defining the exchange rate as the price of foreign currency in terms of domestic currency (e. g., a direct quotation USD 1=CNY 6.9472 in China).

3. Indirect quotation(间接标价法)—It is usually called the volume quotation system, and this quotation defines the exchange rate as the number of units of foreign currency per unit of domestic currency. With this definition the exchange rate is the price of domestic currency in terms of foreign currency (e. g., GBP 1=USD 1.7452 in the United Kingdom).

4. Spot exchange rate(即期汇率)—The exchange rate in foreign exchange transactions that calls for the payment and receipt of the foreign exchange within two business days from the date when the transaction is agreed upon.

5. Forward exchange rate(远期汇率)—The exchange rate in foreign exchange transactions involving delivery of the foreign exchange three, or six months after the contract is agreed upon. This rate is applied to the agreement for a future exchange of two currencies at an agreed date.

6. Nominal exchange rate(名义汇率)—The exchange rate or the domestic currency price of the foreign currency.

7. Real exchange rate(实际汇率)—The nominal exchange rate adjusted by the consumer price indices in the two countries.

8. Effective exchange rate(有效汇率)—A weighted average of the exchange rates between the domestic currency and the nation's most important trade partners, withweights given by the relative importance of the nation's trade with each of these trade partners.

9. Fixed exchange rate(固定汇率)—It refers to a rate, which cannot be changed, whatever the pressures of supply and demand. Under a fixed exchange rate regime, the value of a country's currency would be pegged by the central bank.

10. Floating exchange rate(浮动汇率)—It refers to rate of exchange between one currency and others that is permitted to vary or float according to market forces. Under a flexible exchange rate regime, the law of supply and demand would determine the value of a country's currency with no intervention by the government through its central bank.

Some economists subdivide floating exchange rates into pure floating rate and managed or dirty floating rate.

11. Multiple exchange rates(复汇率)—The different exchange rates often enforced by developing nations for each class of imports depending on the usefulness of the various imports as determined by the government.

12. Foreign exchange(外汇)—It refers to currencies of foreign countries, bought and sold in foreign exchange markets. Firms or organizations require foreign exchange to purchase goods from abroad or for purposes of investment or speculation. Some economists also define it as foreign currencies and internationally accepted monies or media of exchange in international trade, such as gold and monies issued by international financial organizations like IMF.

13. Foreign exchange market(外汇市场)—It is the market in which individuals, firms, and banks buy and sell foreign currencies or foreign exchange.

14. Vehicle currency(媒介货币)—A vehicle currency is one that is widely used to denominate international contracts made by parties who do not reside in the country that issues the vehicle currency.

15. Foreign exchange transaction(外汇交易)—It involves buying and selling of one currency in exchange for another currency under various circumstances.

16. Foreign exchange futures(外汇期货)—A forward contract for standardized currency amounts and selected calendar dates traded on an organized exchange market.

17. Foreign exchange option(外汇期权)—A contract giving the purchaser the right, but not the obligation, to buy (a call option) or to sell (a put option) a standard amount of a traded currency on a stated date (the European option) or at any time before a stated date (the American option) and at a stated price (the strike or exercise price).

18. Foreign exchange risk(外汇风险)—The risk resulting from changes in exchange rates over time and faced by anyone who expects to make or to receive a payment in a foreign currency at a future date, also called an open position.

19. Stabilizing speculation(稳定性投机)—The purchase of a foreign currency when the domestic currency price of the foreign currency (i. e., the exchange rate) falls or is low, in the expectation that it will soon rise, thus leading to a profit. Or the sale of a foreign currency when the exchange rate rises or is high, in the expectation that it will soon fall.

问题与练习

一、名词解释

汇率	直接标价法	间接标价法	基准货币	标价货币
升值	法定升值	基本汇率	套算汇率	买入汇率
卖出汇率	中间汇率	现钞汇率	电汇汇率	信汇汇率
票汇汇率	即期汇率	远期汇率	名义汇率	实际汇率

有效汇率	固定汇率	浮动汇率	复汇率	市场汇率
汇率指数	外汇	外汇市场	媒介货币	外汇交易
外汇期货	外汇期权	外汇风险	外汇投机	稳定性投机
套期图利				

二、思考题

1. 直接标价法与间接标价法有什么区别和联系？
2. 名义汇率与实际汇率之间的关系是怎样的？
3. 外汇具有哪些基本特征？
4. 外汇市场的功能有哪些？
5. 现代外汇市场的主要特征有哪些？
6. 比较远期外汇交易、外汇期货交易和外汇期权交易的差异。
7. 比较金本位制度下和纸币流通制度下汇率的决定基础。
8. 影响汇率变动的主要因素有哪些？
9. 简述人民币升值对中国经济的影响。
10. 外汇风险的主要类型有哪些？

三、计算题

1. 2017年4月，在巴黎外汇市场上，美元即期汇率为 EUR 1＝USD 1.1856，3月期美元升水50点，9月期美元贴水25点。求3月期美元远期汇率与9月期美元远期汇率。

2. 在香港外汇市场上，某日外汇报价为：即期汇率 USD 1＝HKD 7.7800—7.8000，3月期 USD 升水40—60点，9月期 USD 贴水50—30点。求3月期美元远期汇率与9月期美元远期汇率。

3. 2018年2月12日，在伦敦外汇交易市场上，GBP 1＝USD 1.3825—1.3885。A进口商欲从花旗银行伦敦分行用英镑购入100万美元，请问：A进口商需要花费多少英镑？

附录　人民币汇率改革后企业如何防范汇率风险[①]

2005年7月21日，中国人民银行适时进行了人民币汇率形成机制改革，人民币对美元即日升值2％，人民币汇率不再盯住单一美元，中国开始实行以市场供求为基础、参考一篮子货币进行调节、有管理的浮动汇率制度。汇改后，人民币呈现出不断升值的趋势。随着更富弹性的人民币汇率形成机制的实现，人民币汇率波幅将加大。这样，习惯于固定汇率条件下从事外贸的中国企业将不得不考虑人民币汇率风险问题。

一、汇率短期变动及走势预测

（一）收集影响汇率短期变动的风险信息

涉外企业可根据自身业务往来的关系，从银行、国际性的信息公司、金融信誉评估公司甚至一些重要国际媒体获得重要风险信息。收集汇率风险信息要求做到具有真实性、及时性和有用性。

（二）选择汇率风险的预测方法

汇率预测分析方法分为基本分析法和技术分析法。涉外企业在进行外贸交易之前，应

---

① 参见沈国兵主编：《国际金融》，上海财经大学出版社2004年版，第87—96页。

该考虑基本面和技术面两种因素。基本分析法研究市场移动的基本经济因素。基本面因素包括可能影响到汇率波动的新闻,经济指标(比如 GDP、CPI 等)、利率、通货膨胀与失业数据,以及市场对政府支持其货币能力的信心等,这些都会影响到某些汇率的走势。技术分析法研究先前移动对后来移动的影响。技术分析主要通过对市场自身行为的分析研究汇率走势,通过在图表上进行趋势线、支撑和阻力水平、形态等分析以判断汇率的未来走势。

(三) 作出汇率变动的科学预测

应当根据影响汇率变动的主要因素作出正确的汇率变动预测。外汇风险分为短期外汇风险和长期外汇风险。其中,短期外汇风险的产生是由于外汇市场上短期因素引起的汇率暂时变化。在这些短期因素中,国际收支的资本项目影响最大。人们把外汇作为一种金融资产进行交易,而金融资产交易对汇率的短期波动会产生很大的影响。引起国际收支资本项目交易变动的主要因素有经济数据的公布、市场预期因素、利率差异、政治因素、央行干预、国际短期资本流动等。央行干预虽然不能改变汇率变化的长期趋势,但是对汇率的短期变化影响较大。长期外汇风险是由长期的汇率变动因素引起的。影响汇率变动的长期因素主要有国际收支状况、通货膨胀率差异、经济增长率差异、宏观经济政策导向等。

事实上,对短期外汇风险和长期外汇风险的划分只是从企业交易风险管理角度考虑的,"短期"和"长期"只是两个相对的概念,并没有绝对的界限。企业在进行汇率变动预测时,应当根据自身经济交易的长短期需要作出决定。

二、涉外企业汇率风险防范的具体方法

(一) 签订合同时的汇率风险管理方法

1. 货币选择法

具有上浮趋势的货币,称为"硬币";反之,称为"软币"。在出口贸易中,应该选择硬币作为计价货币;在进口贸易中,应该选择软币,以减少汇率风险所带来的价值风险。在经济活动中,有时为了使买卖双方互不吃亏,平等互利,可采取一半硬币和一半软币相结合的办法。

2. 货币保值法

为了规避外汇风险,进出口商在贸易合同中要签订保值条款。外汇保值条款都是以硬币保值,以软币支付的。根据具体业务,货币保值可分为三种类型:(1)计价用硬币,支付用软币。要按计价货币与支付货币的现行牌价进行支付,以保证收入不会下降。(2)计价和支付都用软币。签订合同时,明确该货币与另一硬币的比价。支付时,比价若发生变化,则原货价按这一比价的变动幅度进行调整。(3)确定一个软币与硬币的"协议汇率"。如果支付时汇率变化超过了协议汇率,就对原货价进行调整。

3. 提前或延期收付法

这是一种更改货币收付日期以防止外汇风险的方法。经济主体根据外汇市场变化情况,选择适当的时机提前结汇或推迟支付货款,可以减轻因汇率剧烈变化所受到的损失。一般情况下,在进口合同中计价结算的外币汇率趋升时,进口商品尽可能提前付汇,反之亦然。尽管提前或延期收付汇是反方向的行为,但是它们都是为了改变外汇风险的时间结构。

4. 结算方式选择法

根据实际情况,选好结算方式。可采取即期信用证法、远期信用证法以及脱收法等,以防止风险。

（二）外汇交易时的汇率风险管理方法

1. 即期合同法

这是指具有外汇债权或债务的公司与外汇银行签订出卖或购买外汇的即期合同以消除外汇风险。比如，1998年，英国A公司在两天内要支付一笔金额为10万马克的货款给德国出口商，该公司直接与外汇银行签订一笔即期外汇交易，即以美元购买10万马克现汇。两天后，该外汇银行交割给英国A公司的这笔马克就可以用来支付给德国出口商。英国A公司以4.8万美元购进10万马克，实现了资金的反向流动，消除了两天内美元对马克可能产生波动的风险。

2. 远期合同法

这是指具有外汇债权或债务的公司与银行签订出卖或购买远期外汇的合同以消除外汇风险。通过签订远期外汇合同，将时间结构从将来转移到现在，并在规定的时间内实现本币与外币的冲销，从而消除外汇的时间风险和价值风险。比如，在上例中，英国A公司对德国出口商的10万马克债务，假设不是在两天内支付，而是在3个月后支付，若马克有升值趋势，那么只简单地采用即期外汇交易法，不能达到避险的目的。在这种情况下，英国A公司可以采用远期外汇交易法，即可与外汇银行签订为期3个月以美元购进马克的远期合同。假设签订该合同时，美元对马克3个月的远期汇率为：USD 1＝DM 2.0800。3个月后，英国A公司可以用约4.8077万美元购进10万马克，并将这笔钱支付给德国出口商。如果英国A公司在即期外汇市场现汇汇率 USD 1＝DM 2.0833 时不签订购进马克的远期合同，等到3个月后实际对外支付时，现汇汇率马克升值到 USD 1＝DM 2.0830，该公司将蒙受损失。因此，利用远期合同可以达到规避风险的目的。

3. 外汇期货合同法

在金融市场，根据标准化原则，与清算公司或经纪人签订外汇期货合同，也是防止汇率风险的一种方法。（参见本章"外汇期货交易"和"套期保值法"的相关内容）

4. 外汇期权合同法

这是指具有债权或债务的公司，通过外汇期权交易，以防止外汇风险的一种方法。(1) 进口商应买进看涨期权。如果到期支付货款时市场汇率高于协定汇率（均指计价货币的间接汇率，下同），进口商就执行合约。如果到期支付货款时市场汇率下跌且低于协定汇率减期权费（忽略佣金）的水平，进口商可以不执行合约，而是在现汇市场上按低价支付所需的外汇，从中获得因汇率下跌所带来的好处。(2) 出口商应买进看跌期权。如果到期收回货款时市场汇率下跌且低于期权合约中的协定汇率，出口商就按事先约定好的协定汇率卖出其收回的外币货款。如果到期收回货款时市场汇率上升高于协定汇率加权费（忽略佣金）的水平，出口商可以放弃执行合约，而是把出口收汇按市场上的高汇率卖掉，从中获得汇率上升所带来的好处。比如，美国制造商购买12亿日元买进期权，协议价格为 USD 1＝JPY 120，期权费总额为10万美元。假设日元升值，3个月后现汇汇率为 USD 1＝JDP 100，该制造商以1∶100购买12亿日元，需支付1200万美元，行使期权，按 USD 1＝JPY 120，只需付1000万美元，加上支付的期权费，最后避免了190万美元的损失。假设日元贬值，3个月后现汇汇率为 USD 1＝JPY 150，在现汇市场上购买12亿日元，需支付800万美元，该制造商放弃期权，可获利190万美元。可见，该制造商在汇率变动不利于自己时放弃期权，可以避免汇率波动带来的损失。

5. 掉期交易法

这是指签订买进或卖出即期合同的同时,再签订卖出或买进远期外汇合同。这也是消除时间风险和价值风险的一种方法。比如,A 公司在美国订购价值 500 万美元的货物,约定 6 个月后付款。目前外汇市场汇率为 USD 1＝JPY 160,而 6 个月后远期汇率为 USD 1＝JPY 155。为防止汇率风险,A 公司按 1∶160 的比价与银行签订用 500 万美元购买 8 亿日元的即期合同,同时又按日元对美元 6 个月远期 1∶155 比价,出卖 7.75 亿日元购回 500 万美元的远期合同。这样,既避免了汇率风险,又盈利 0.25 亿日元及其 6 个月利息。

6. 择期交易法

外汇择期合同的形式和性质与外汇期权合同既相似,也有不同。期权是在合约有效期内或合约到期日,要求银行交割或放弃执行合约;择期不能放弃合约的履行,但是可在合约有效期内的任何一天要求银行交割(参见本章"择期外汇交易"的相关内容)。

(三) 借助于信贷的汇率风险管理方法

1. 借款法

这是指有远期外汇收入的企业通过向其银行借进一笔与其远期收入相同金额、相同期限、相同货币的贷款,以融通资金,防止外汇风险的一种方法。例如,中国某公司 6 个月后将从美国收回一笔 500 万美元的出口外汇,为了防止 6 个月后美元贬值,便向银行借款 500 万美元,期限为 6 个月,并将这笔美元作为现汇卖出。该公司 6 个月后将再利用其从美国获得的美元收入,偿还其从银行取得的贷款。届时,即使美元贬值,该公司也避开了外汇风险。

2. 投资法

这是指公司将一笔资金投放市场,经过一定时间后连本带息收回的经济过程。投资的对象为存单、国库券和商业票据等,资金一般投放于短期货币市场。投资的作用在于改变外汇的时间结构。投资法与借款法都能改变外汇风险的时间结构,两者的不同之处是:投资法是将未来的支付转移到现在,而借款法是将未来的收入转移到现在。比如,某公司在半年后有一笔 10 万欧元的应付货款,该公司可将一笔同等金额的欧元(期限为半年)投资于货币市场,使未来的外汇风险转移到现在,从而避开外汇风险。

(四) 其他汇率风险管理方法

1. 平衡法

这是指在同一时期内,创造一个与存在风险的货币相同币种、相同金额、相同期限的资金反方向流动。比如,A 公司在 6 个月后有一笔 1 亿日元的应付货款,该公司应设法出口一笔同等金额的货物,使 6 个月后有一笔同等数额的日元应收货款,借以抵消 6 个月后的日元应付货款,从而避免外汇风险。

2. 组对法

这是指创造一个与持有的货币相联系的另一种货币的反方向流动,以消除某种货币的外汇风险。平衡法与组对法的区别在于:作为组对的货币是第三国货币,它与具有外汇风险的货币反方向流动。具有外汇风险的货币对本币升值或贬值时,作为组对的第三国货币也随之升值或贬值。可见,组对法的实现条件是,作为组对的两种货币常常是由一些机构采取盯住政策绑在一起的货币。组对法比平衡法灵活性大,易于采用,但是只能减缓货币风险的潜在影响。

3. 价格调整法

调整价格并不等于没有风险,它只是减轻了外汇交易的风险程度。在处于卖方市场情况下,出口商可以适当提高出口价格,以弥补因使用对方货币而蒙受的损失;如果为买方市场,则很难提高。一个进口商如果接受以出口商所在国的货币作为计价货币,可采取压低其销售价格的方法,以弥补接受对方国家货币所蒙受的损失。

4. 易货贸易法

签订贸易协定,采取易货贸易以防止外汇风险,虽说比较困难,但也不失为防止汇率风险的方式之一。

综上所述,只有即期、远期合同法,择期、掉期合同法,平衡法,货币期货、期权法等可独立运用于外汇保值;而提前或延期收付法、借款法、投资法等必须与即期外汇交易相结合,才能全部消除外汇风险,达到外汇保值的目的。

三、不同汇率风险管理的综合方法

有些方法可以单独使用,而有些方法则必须综合利用,才能消除全部风险。这种综合利用的外汇风险管理方法有借款—即期合同—投资法和提前收付—即期合同—投资法。

(一) BSI法,即借款—即期合同—投资法

1. BSI(borrow-spot-invest)法在应收外汇账款中的具体运用

在公司有应收外汇账款的情况下,为防止汇率风险,先借入一笔与应收外汇账款相同金额的外币,借以消除时间风险;然后,通过即期合同法卖给银行换回本币,以消除折算风险;最后,将换得的本币存入银行或进行投资,以抵冲一部分成本开支。例如,中国某公司在6个月后有一笔200万美元的应收账款,为了预防美元贬值的风险,该公司向银行借入相同金额的200万美元(暂不考虑利息因素),借款期限为6个月,借以消除外汇的时间风险。该公司借得贷款后,立刻按即期汇率 USD 1=RMB 8 卖出 200 万美元,买入 1600 万人民币。随后,该公司又将人民币 1600 万元投资到货币市场(暂不考虑利息因素),投资期限为 6 个月。6 个月后,该公司将 200 万美元应收账款还给银行,从而消除了这笔应收账款的外汇风险。可见,通过借款、即期合同和投资三种方法的综合运用,外币与本币的流出与流入都相互抵消了。6 个月后,国外进口商付给中国公司的外币账款,正好用来偿还其从银行的借款,剩下一笔本币的流入,外汇风险全部消除。

2. BSI法在应付外汇账款中的具体运用

在公司有应付外汇账款的情况下,为避免外汇波动带来的损失,先向银行借入一笔本币,然后向银行购买外汇,接着将买入的现汇投放到短期货币市场,时间与应付外汇账款期限相同,最后只剩下一笔本币的支出。比如,中国某公司从美国进口 200 万美元商品,支付条件为 6 个月远期信用证。该公司为防止 6 个月后美元汇率上涨,先从银行按即期汇率 USD 1=RMB 8 借入人民币 1600 万元,期限为 6 个月。然后,该公司与银行签订即期外汇购买合约,以借入的本币购买 200 万美元。该公司接着将刚买入的美元投放到货币市场,投放期限为 6 个月。6 个月后,该公司应付账款到期,以投资收回的美元偿付其对美国出口商的美元债务。最后,剩下一笔本币的支出,从而消除了全部外汇风险。

相比来看,运用 BSI 法,在消除应付外汇账款中的外汇风险时所借入的是本币,而不是外币(在消除应收账款外汇风险中借入的则是外币);进行投资使用的货币是外币,而不是本币(在消除应收账款外汇风险中投资使用的货币是本币)。通过 BSI 法,使货币的流出和流入完全抵消,消除了全部外汇风险,最后只剩下一笔本币的支出。

（二）LSI 法，即提前收付—即期合同—投资法

1. LSI（lead-spot-invest）法在应收外汇账款中的具体运用

当公司具有应收外汇账款时，在征得债务方的同意后，请其提前支付并给其一定折扣，以消除时间风险；然后，通过即期外汇合同换成本币，从而消除价值风险；接着，用换回的本币进行投资，所得的收益可以冲销用以防止外汇风险的成本开支。实际上，这是将提前收付法、即期合同法和投资法三种方法综合运用。仍以上述中国某公司 6 个月后有一笔 200 万美元应收账款为例，假设为了防止外汇风险，该公司在征得债务方同意并给其一定折扣的情况下，要求其在 3 天内提前付清这笔债务（暂不考虑折扣的具体数额）。该公司在取得 200 万美元款项后，立即采取与上例相同的防险措施，即通过即期合同购买人民币 1600 万元，并投资于货币市场。从这里可以看出，LSI 法采取提前收款法，消除了时间风险，然后将其换成本币，又消除了价值风险。

2. LSI 法在应付外汇账款中的具体运用

应付外汇账款的公司先借得本币，然后与银行签订即期合同，将本币换成外币，再用买得的外汇提前支付。整个过程是先借款（borrow），再行即期交易（spot），最后提前支付（lead）。实际上，按这个过程，应该缩写为"BSL"。但是，按国际传统习惯，不叫"BSL"，而叫"LSI"。仍以中国某公司从美国进口 200 万美元商品，在 60 天后付款为例。该公司采用 LSI 法，先从银行借入本币，然后与银行签订即期合同，将人民币兑换成美元，再将美元提前支付（暂不考虑折扣的具体数额）。这样，通过借本币、换外币和提前偿付，达到消除全部外汇风险的目的，将来也只剩下一笔本币流出，借款到期时，本币偿还即可。

根据上面的分析，LSI 法与 BSI 法在消除汇率风险时的原理是相通的，只是 BSI 法最后一步是投资，并获得利息收入；而 LSI 法最后一步是提前付款，并从债权人那里获得一定的折扣。

第二章 汇率决定理论

学习要点

购买力平价论,一价定律,绝对与相对购买力平价,利率平价论,抛补和非抛补的利率平价,实际利率平价,国际收支说,汇率决定的货币论,弹性价格货币模型,多恩布什超调模型,汇率决定的资产组合平衡论,理性预期汇率理论,汇率"新闻"理论,投机泡沫理论,汇率混沌理论。重点理解和掌握:购买力平价论,利率平价论,名义汇率变动的长期决定因素,长期内汇率协调一致模型,弹性价格货币模型,汇率超调模型,资产组合平衡模型。

汇率的波动具有很强的随机性,有人认为汇率是不可预测的。尽管在不同的经济制度和历史背景下,影响汇率变动的因素非常复杂,但是汇率波动的原因或者决定因素还是可以确认的。据此,经济学家对汇率的决定因素作了不同的解释,从而形成不同的汇率决定理论。

第一节 购买力平价论

购买力平价学说就像纸币本身一样久远,可追溯到16世纪。但是,现代意义上对购买力平价学说的复兴,当归功于两次世界大战之间瑞典著名经济学家卡塞尔的贡献。一战后,金本位制度在一些国家被取消,尽管有些国家仍然保留着金本位制,但是各国市场上当时通行的是不兑现纸币,在某些国家出现了严重的通货膨胀问题。购买力平价论(theory of purchasing power parity, PPP)就是在当时通货膨胀的背景下研究汇率决定问题的,其基本思想在19世纪英国经济学家如大卫·李嘉图的著作中就已被提及。1916年,卡塞尔正式提出了这一理论,并于1922年出版的《一九一四年以后的货币与外汇》(*Money and Foreign Exchange After 1914*)一书中对其进行了系统地阐述,使之成为汇率决定理论的核心部分。尽管对购买力平价论的普遍正确性还存在着很多争议,但是该理论作为汇率决定理论中最具影响力的一种,的确揭示了汇率变动背后的最重要因素。

一、购买力平价论的前提假定

购买力平价论暗含着如下假定:(1) 市场是完全竞争的,商品是同质的;(2) 商品价格具有完全弹性,不存在价格黏性[①],市场要素的变化均能及时反映到商品价格的变化上;(3) 不考虑运输成本、保险及关税等交易成本。在这些假定前提下,一价定律(law of one price)有效。

(一)开放经济下的一价定律之定义

开放经济下的一价定律,是指在不考虑运输成本和官方贸易壁垒等因素的自由竞争市场上,以同一种货币衡量的、在不同国家出售的某种同样货品的价格应是一致的。否则,商

---

① 根据《现代汉语词典(第7版)》(商务印书馆2016年版),"粘"(nián)旧同"黏"。"粘性"一词为旧时用法,本书中统一使用"黏性"。

品套购活动就会发生,直到其价格差异消除为止。该定律可用公式表示为:$P_j = SP_j^*$。其中,P_j、P_j^*分别表示本国和外国第 j 种可贸易商品的价格水平,S 表示直接标价法下的汇率。

(二)一价定律的实现机制:商品套购

一价定律的存在是以市场完全自由竞争、没有贸易壁垒、可贸易商品完全同质为前提假定的。在此条件下,不同国家之间同种商品的价格差会导致人们为了谋取差价利润而进行商品套购活动,结果造成价格趋于一致。商品套购(commodity arbitrage),是指利用两国货币汇率与某一同种商品两国的价格之比不一致的情况,即 $P_j \neq SP_j^*$,在价格相对较低的国家买入一定数量该商品,然后在价格相对较高的国家售出,以获取差额利润的投机行为。也就是说,如果两国货币汇率与某一同种商品两国的价格之比发生偏差,则会出现商品套购行为,直至二者相等即一价定律成立时为止。

若 P_{US}^j 表示商品 j 的美元价格,P_{EU}^j 表示相应的欧元价格,那么一价定律可表述为:

$$P_{US}^j = S_{USD/EUR} P_{EU}^j$$

在固定汇率制度下,商品套购活动会带来两国物价水平的调整;而在浮动汇率制度下,商品套购活动会引起外汇市场供求变化,将迅速引起汇率的调整,由此实现平衡。

二、购买力平价论的基本观点

购买力平价论分析的是真实产品的价格与金融资产的价格——汇率之间的关系。如果真实产品市场能够无成本地套利(arbitrage),则可望购买力平价成立。购买力平价论认为,两国货币的汇率等于两国价格水平之比,可表示为:$S = \dfrac{P}{P^*}$。现实汇率调整到与购买力平价相等的水平是通过国际商品套购行为实现的。购买力平价论认为,某种货币国内购买力的下降,表现为国内价格水平的上升,会引起该货币在外汇市场上等比例贬值;而购买力的上升则会引起相应的货币升值。在现行的汇率下,只有当某种货币的国内购买力和它在国外的购买力相等时,购买力平价才成立。购买力平价论的核心思想是:货币的价格取决于它对商品的购买力。一国汇率变动的原因在于购买力的变化,而这是由物价变动引起的。这样,汇率的变动归根到底是由两国物价水平的变动所决定的。购买力平价论以货币数量说为理论基础,货币数量通过决定货币购买力和物价水平,从而决定汇率。

三、购买力平价论与一价定律的关系

购买力平价论的理论基础之一是一价定律,即在自由竞争、没有贸易障碍的情况下,同种货品在世界各地的售价是一样的。一价定律适用于单个商品的情况;而购买力平价论则适用于普遍的价格水平,即商品篮子中所有基准商品价格的组合。

如果一价定律对所有商品都成立,那么只要用来计算不同国家价格水平的基准商品篮子是一样的,购买力平价就成立。但是,购买力平价论的拥护者强调,这个理论的正确性,特别是作为一种长期理论的正确性,并不要求一价定律对所有商品都成立。这一点类似于树木与森林之间的关系。

即使对于单个商品而言,一价定律不成立,价格和汇率也不会与购买力平价论所预测的关系偏离太远。同时,购买力平价论认为,即使一价定律不成立,其背后所隐藏的经济力量也会最终使各国货币的购买力趋于一致。

四、绝对购买力平价

购买力平价有两种形式,即绝对购买力平价和相对购买力平价。前者说明在某一时点上汇率的决定因素,后者说明在一段时期内汇率的变动规律。

(一)绝对购买力平价的前提条件和基本形式

对于任何一种可贸易商品 j,一价定律都成立,即:

$$P_j = SP_j^*$$

在两国物价指数的编制中,各种可贸易商品所占的权重相同,有:

$$\sum_{j=1}^{n} a_j P_j = S \times \sum_{j=1}^{n} a_j P_j^*$$

在此假定前提下,绝对购买力平价的基本形式为:

$$S = \frac{P}{P^*}$$

这意味着汇率是以不同货币衡量的可贸易商品的价格之比。现代经济学认为,一价定律对不可贸易商品也能成立。因此,汇率是以不同货币衡量的一般物价之比。

(二)绝对购买力平价的基本观点

绝对购买力平价理论认为,如果一价定律有效,在物价指数中各种可贸易商品所占的权重相等,那么一国货币对外汇率主要是由两国货币在其本国所具有的购买力决定的,两种货币购买力之比决定了两国货币的兑换比率。由于货币的购买力主要体现在价格水平上,所以若以 P 表示本国的一般物价水平,P^* 表示外国的一般物价水平,S 表示汇率(直接标价法),则有:$S = \frac{P}{P^*}$。这就是绝对购买力平价的一般形式,它意味着汇率取决于以不同货币衡量的可贸易商品的价格水平之比,即取决于不同货币对可贸易商品的购买力之比。

五、相对购买力平价

实践中,由于存在着运输成本和官方贸易壁垒,使得一价定律失效。这样,以一价定律为基础的绝对购买力平价可能就不成立。于是,考虑到交易成本对绝对购买力平价的偏离,经济学家们提出了相对购买力平价。

(一)相对购买力平价的前提假定

相对购买力平价是因对绝对购买力平价假定的放松而得出的。假定各国间存在着交易成本和/或贸易壁垒,使得一价定律不能完全成立;同时,各国一般价格水平的计算中,商品与其相应权数都存在差异,使得一价定律无效,即各国间一般物价水平用同一种货币计算时并不完全相等,而是存在着一定的偏离,即:$S = \theta \frac{P}{P^*}$。其中,θ 为偏离系数。因此,相对购买力平价更加有用。

(二)相对购买力平价的公式推导

相对购买力平价理论主张,汇率的变化等于两国间价格水平变化的差异。相对购买力平价说明在一段时期内汇率的变动,即说明汇率跨期变动,因而需要考察当期汇率相对于基期汇率的变动,用公式表示为:

$$S_t = S_0 \times \frac{P_t / P_0}{P_t^* / P_0^*}$$

其中，S_t 和 S_0 分别表示当期和基期的汇率（直接标价法），P_t 和 P_0 分别表示本国当期和基期的物价水平，P_t^* 和 P_0^* 分别表示外国当期和基期的物价水平。

将相对购买力平价公式两边同时取自然对数，对此式两边求全微分得到：

$$\frac{dS_t}{S_t} = \frac{dP_t}{P_t} - \frac{dP_t^*}{P_t^*}$$

将微分改为差分的形式为：

$$\frac{\Delta S_t}{S_t} = \frac{\Delta P_t}{P_t} - \frac{\Delta P_t^*}{P_t^*}$$

其中，$\frac{\Delta S_t}{S_t}$ 表示汇率变动率，$\frac{\Delta P_t}{P_t}$ 和 $\frac{\Delta P_t^*}{P_t^*}$ 分别表示本国和外国价格水平变动率。即本国和外国通货膨胀率，不妨用 π_t 和 π_t^* 来替代，则得到相对购买力平价的一般表达式为：

$$\frac{\Delta S_t}{S_t} = \pi_t - \pi_t^*$$

该式表明，汇率变动率是由两国通货膨胀率之差决定的。如果本国通货膨胀率超过外国，本币将贬值；反之，亦然。

（三）相对购买力平价的主要观点

相对购买力平价理论从动态角度考察汇率的决定与变动，认为汇率的变动是由两国价格水平变动率即通货膨胀率差异决定的，是两国货币所代表的购买力变动率之差。只要运输成本、贸易壁垒、贸易品与非贸易品比率以及两国经济结构没有变化，则汇率变动率应该等于两国总体价格水平变动率的差异。与绝对购买力平价不同，在界定相对购买力平价时，一定要指明价格水平和汇率发生变化的那一段时间。相对购买力平价理论认为，各国货币间汇率等于它们之间以基准商品篮子货币价格衡量的价格水平之比。汇率变动率等于两国之间的通货膨胀率之差。例如，美国物价上涨10%，而欧洲只上涨5%，相对购买力平价理论预测美元对欧元将会贬值5%。若贬值5%，刚好抵消美国通胀差，从而使两种货币各自相对的国内和国外购买力保持不变。所以，相对购买力平价理论认为，价格和汇率会在保持各国货币的国内和国外购买力不变的情况下发生变化。

六、绝对购买力平价与相对购买力平价的关系

绝对购买力平价（绝对PPP）与相对购买力平价（相对PPP）既有区别又有联系。

（一）区别

绝对PPP认为，汇率等于两个国家的价格水平比率，说明某一时点上汇率决定的基础，反映的是两国价格水平和汇率水平之间的关系。相对PPP则认为，汇率的变动率等于两国价格指数变动率之差，说明某一段时间内汇率变动的原因。在任何一段时间内，两种货币汇率变化的百分比将等于同一时期两国国内价格水平变化的百分比之差，反映的是价格水平变动与汇率水平变动之间的关系。

绝对PPP是建立在一价定律基础之上的，如果绝对PPP成立，则实际汇率不变。所以，绝对PPP成立的情况下，物价的变动会带来名义汇率变动，而实际汇率是不变的。不过，这与现实相脱离。相对PPP对一价定律进行了修正，认为当存在着交易成本，同质商品用同一种货币表示时，价格存在差异。这样，一价定律无效。相对PPP成为商品领域（反映着通胀率差异）和货币领域（汇率变动率）的纽带，将汇率与相对通胀率联系起来。

（二）联系

绝对PPP是相对PPP的基础，绝对PPP成立，相对PPP必成立；而相对PPP成立，绝对PPP不一定成立，因为其中有国家干预因素导致的情况发生。相对PPP是重要的，因为即使绝对PPP不成立，相对PPP也可以是有效的。假如引起偏离绝对PPP的因素在历时上是稳定的，那么相对价格水平变化的百分比仍旧能够接近于汇率变化的百分比。

七、对购买力平价论的检验和分析

由于实际汇率 $R = S \times \dfrac{P^*}{P}$，因而物价变动会带来名义汇率的相反方向等量的调整。这样，若购买力平价成立，则实际汇率将不会随名义汇率的变动而改变，也就是实际汇率始终保持不变。所以，检验购买力平价论最简单的办法就是检验实际汇率是否改变。但是，现实的检验结果令人大失所望。20世纪70—80年代实行浮动汇率以来，实际汇率与名义汇率保持着高度的相关性，实际汇率变动幅度很大，在长期内也很难体现出向某一均衡价格的回归趋势。这一结论说明购买力平价论并不能得到实证检验的有力支持，究其原因，是因为其理论基础一价定律存在着诸多问题，造成对购买力平价的偏离。

第一，运输成本和贸易壁垒。现实世界中存在着运输成本和贸易壁垒，这可能阻碍两国间一些商品和服务的贸易。尽管如此，运输成本和贸易壁垒在历时上并没有显著地变化，因而它们不足以解释相对PPP的失灵。

第二，大量非贸易品的存在。非贸易品和服务在所有国家都存在，其价格是由国内决定而非国际联动的。这样，非贸易品的相对价格甚至允许对相对PPP系统的偏离，从而削弱了作为购买力平价基础的商品套购的作用机制。

第三，价格指数的构建问题。购买力平价论建立在两国经济中可比的同样的商品篮子基础之上，但是不同的国家在公布其价格指数时通常给不同的商品和服务以不同的权重。这就意味着很难对两国商品篮子中货品进行比较。同时，发达国家经济与发展中国家经济有着不同的消费模式，在收入中用于食品和衣服的消费支出比重差异很大。这样，由于两国商品特征和权重上的差异，以及价格水平计量上的差异，即使不存在前述问题，汇率变动也不可能抵消官方所衡量的通胀差异，因而检验购买力平价论依旧是很困难的。

第四，非自由竞争的市场结构。当贸易壁垒和不完全竞争市场结构（如产品差异、市场分割和市场结构变动）同时存在时，各国价格水平之间的联系进一步弱化。

第五，短期内大多数商品价格具有黏性。由于商品市场价格调整具有黏性，存在价格调整的时滞，因而违反购买力平价论的现象短期内比长期内更为突出。

第六，巴拉萨-萨缪尔森效应。富国和穷国在贸易品生产部门的劳动生产率差距，导致同样货品的价格水平出现差距，即产生巴拉萨-萨缪尔森效应，也造成购买力平价论失灵。

八、对购买力平价论的评价

购买力平价论是探究长期内而非短期内汇率决定的理论，其优缺点如下：

（一）相对购买力平价更适用

现实中，当一国政府无法用国际标准商品篮子来尽力测算其公布的价格水平指数时，绝对PPP变得没有意义，因为没有理由认为不同的商品篮子会卖相同的价格。

当我们不得不用政府公布的物价统计资料来评估购买力平价时，相对PPP变得更有用。相对 PPP 正确地反映了汇率变化的百分比与通货膨胀差异之间的关系,即使在两个国家为计算各自价格水平所选取的商品篮子的构成和范围不同时也是如此。

(二)购买力平价论的贡献

第一,购买力平价论以货币数量说为基础,第一次将货币领域和商品领域连通,开辟了从货币数量角度对汇率进行分析之先河。

第二,购买力平价论对西方发达国家的汇率决定产生了深远的影响,成为汇率决定理论的基石。它将汇率解释为一种货币现象,汇率变动受货币供给的影响,物价水平变动导致名义汇率变动,如果绝对 PPP 成立,则实际汇率不变。

第三,购买力平价论是最有影响的汇率决定理论,购买力平价决定着中长期均衡汇率。

(三)购买力平价论的缺陷

第一,购买力平价理论的主要不足在于其假设商品能被自由交易,并且不计关税、配额和赋税等交易成本,忽视了贸易成本和贸易壁垒对国际商品套购所产生的制约。

第二,购买力平价论只是一种假说,并不是一个完整的汇率决定理论,对于汇率与价格水平之间的因果关系至今仍存在争议。

第三,购买力平价论尚没有得到强有力的实证检验支持。由于贸易和商品套购反应迟滞,相对 PPP 也只在长期内大致有效。

第四,购买力评价论忽略了国际资本流动的存在及其对汇率的影响。

第五,在计算购买力平价时,编制各国物价指数在方法、范围、基期选择等方面存在着诸多技术性困难。

第二节 利率平价论

购买力平价论探究的是商品和服务的价格与汇率之间的关系,强调商品市场的作用。但是,随着生产和资本国际化的发展,资本在国际上的移动规模越来越大,并日益成为影响汇率决定的一个重要因素。购买力平价论已经无法解释上述现象,利率平价论正是适应这一需要而生。利率平价论(interest rate parity theory,IRP),又称"远期汇率理论",最早由凯恩斯于 1923 年在《货币改革论》一书中提出,从金融市场角度分析了利率与汇率之间的关系。在国际金融学说史上,对远期汇率的研究始于 20 世纪初,凯恩斯第一个建立了古典利率平价论。他认为,汇率变动与两国相对利差有关,投资者根据两国利差大小以及对未来汇率的预期进行选择,以达到获取收益或避免风险的目的。《货币改革论》是利率平价论发展史上的一个重要里程碑,凯恩斯把汇率从实物部门转向了货币部门进行研究。继凯恩斯之后,英国经济学家保罗·艾因齐格在其 1931 年出版的《远期外汇理论》和 1937 年出版的《外汇史》中进一步提出动态利率平价的"交互原理",把外汇理论与货币理论结合起来,在古典利率平价理论的基础上,开辟了现代利率平价理论。

一、与购买力平价论的差异

购买力平价论研究的对象是商品市场上商品和服务的价格与汇率之间的关系,而利率平价论研究的对象是金融市场上国内外资产价格(利率与汇率)的关系。购买力平价论研究中长期行为,理论是货币数量说,认为是货币数量引起购买力的变化,最终导致汇率的变化;而利率平价论研究短期行为,理论是古典利率平价理论,是一种短期汇率决定理论,认为是货币供求关系导致利率水平或资产价格的变动,最终影响汇率的变动。但是,这两种理论又是互补的(见表2-1)。

表 2-1 利率平价论与购买力平价论之比较

类别	市场	对象	时期	理论基础	核心观点
IRP	金融市场	国内外利率与汇率关系	短期行为	利率平价论	货币供求导致利率(资产价格)变动,决定汇率变动
PPP	商品市场	商品和服务价格与汇率	中长期行为	货币数量说	货币数量引起购买力(商品价格)变动,决定汇率变动

二、利率平价论及其主要观点

利率平价论是与预期的汇率变化和两国间利率差额相关的。预期的汇率变化能够通过外汇交易的远期合约抛补,被称为"抛补的利率平价论"(CIP)。CIP揭示即期汇率、远期汇率与两国间同期利率之间的关系。对未来外汇交易若没有远期合约,预期的汇率变化未被抛补,那么预期的汇率变化与两国间同期利率差额之间的适当关系被证明是正当的,即非抛补的利率平价论(UIP),可用来解释即期汇率的决定。

利率平价论从金融市场角度分析了汇率与利率之间的关系。总体上,利率平价论隐含着重要的前提假定:外汇市场有效和资本自由流动。在此基础上,该理论主张,两国或地区之间相同期限的利率只要有差距存在,投资者就可利用套汇或套利等方式赚取价差,引起资金在两国间的流动(套利),而资金的流动会引起不同货币供求关系的变化,从而引起汇率变动。两国货币间的汇率将会因此种套利行为而产生波动,直到套利的空间消失为止。依据利率平价论,两国货币间的利率差异会影响两国币值水平及资金的移动,进一步影响远期汇率与即期汇率的差价。二者维持均衡时,远期汇率的贴水或升水率应与两国货币的利率差距相等,否则将会产生无风险套汇行为,使其恢复到均衡状态。

三、抛补和非抛补的利率平价

凯恩斯最初提出利率平价论时,主要用以说明远期差价的决定。后来,艾因齐格又补充提出了利率平价论的"交互原理",揭示了即期汇率、远期汇率、国内外利率、国际资本流动之间的相互影响。引入预期因素后,利率平价论(IRP)分为:抛补的利率平价论(CIP)和非抛补的利率平价论(UIP)。

(一) 抛补的利率平价

抛补的利率平价,是指在金融市场发达完善的情况下,由于投资者套利,使得外汇远期溢价或贴水必定等于两国的利率差,投资者利用两国利率之差在即期外汇市场和远期外汇市场同时进行反向操作以套取利差的做法。即在期汇市场上签订与套利方向相反的远期外汇合同,确定在到期日交割时所使用的汇率水平,通过签订远期外汇合同,按照合同中预先规定的远期汇率进行交易,以达到套期保值的目的。

1. 抛补的利率平价的一般形式

抛补的利率平价中,套利者(arbitrageurs)不仅要考虑利率的收益,还要考虑由于汇率变动所产生的收益变动。抛补的利率平价并未对投资者的风险偏好作出假定,但是这些交易主体不是投机者,他们将抛补其外汇风险。抛补的利率平价用公式推导如下:假定资本完全自由流动,本国利率水平为i,外国利率水平为i*,即期汇率为S(直接标价法),远期汇率为F,则1单位本币国内投资收益为(1+i);1单位本币在外国投资,须先兑换为外币,然后在国外同期投资收益为$\frac{1}{S} \times (1+i^*)$,再按照远期汇率折合成本币为$\frac{1}{S} \times (1+i^*) \times F$。如果两国投资收益不同,金融市场上便会出现套利活动。但是,在本国与外国之间的套利活动终止时,本国与外国的投资收益应该相等,即$(1+i) = \frac{1}{S} \times (1+i^*) \times F$。整理得到$\frac{F}{S} = \frac{1+i}{1+i^*}$,再简化为$\frac{F-S}{S} \doteq i-i^*$。因为$\frac{F-S}{S} \times i^*$非常小,可以忽略不计。

令$\rho = \frac{F-S}{S}$,得到$\rho = i - i^*$。此式即为抛补的利率平价的一般形式。其中,ρ为汇率远期升(或贴)水率。升水大于0,则$i > i^*$;贴水小于0,则$i < i^*$。

2. 抛补的利率平价的经济含义

抛补的利率平价的经济含义是:汇率的远期升(贴)水率等于两国货币利率之差。如果本国利率高于外国利率,则远期外汇汇率将升水,意味着本币在远期将贬值;如果本国利率低于外国利率,则远期外汇汇率将贴水,意味着本币在远期将升值。

3. 对抛补的利率平价的评价

抛补的利率平价对于理解远期汇率的决定以及各国利率、即期汇率、远期汇率之间的关系有着重要的意义。它被广泛运用于外汇交易中,在国际外汇市场上作为造市者的大银行基本上就是根据各国间的利率差确定远期汇率的升贴水额的。在实践检验中,除了外汇市场剧烈动荡时期之外,抛补的利率平价基本上都是成立的。

但是,这一理论也存在着一些缺陷,主要表现在:第一,抛补的利率平价没有考虑交易成本。如果考虑各种交易成本,国际上的抛补套利活动在达到利率平价之前就会停止。第二,抛补的利率平价假定不存在资本流动的障碍。但是,事实上,在国际资本流动高度发展的今天,也只有少数发达国家才存在完善的远期外汇市场。第三,抛补的利率平价假定套利资金规模是无限的,套利者能够不断进行抛补套利,直到利率平价成立。但是,由于套利风险等原因,能够套利的资金往往是有限的。

(二) 非抛补的利率平价

非抛补的利率平价,是指在资本具有充分国际流动性条件下,即期汇率的预期变动率等于两国的利率差。投资者在不进行远期外汇交易时,通过对即期汇率的未来值的准确预期,计算投资收益,以使进行非抛补的外汇投资时所获得的收益等于预期获得的收益。

1. 非抛补的利率平价的一般形式

在对抛补的利率平价分析中,假定投资者的投资策略是进行远期交易以规避风险,没有考虑到投资者因对于远期汇率的预期而引起的汇率变化。在非抛补的利率平价分析中,假定非抛补的套利者是风险中立者(risk neutrality),拥有确定的汇率预期,即能够确信准确地预期即期汇率的未来值。与套利者只关心其投资收益而不关心风险不同,风险中立者相信预期而不关心寻求远期抛补。这样,投资者根据自己对未来汇率变动的预期,计算预期的收益,在承担一定汇率风险的情况下进行投资活动。使用与抛补的利率平价公式同样的推导方法,可得到$\frac{S^e - S}{S} \doteq i - i^*$。令$\rho^e = \frac{S^e - S}{S}$,则得到$\rho^e = i - i^*$。此式是非抛补的利率平价的一般形式。其中,$\rho^e$为即期汇率的预期变动率,$S^e$是预期的未来即期汇率。当市场投机活动支配着远期外汇市场时，$F=S^e$，$\rho=\rho^e$，则 CIP=UIP，意味着所有的人都在进行投机。

2. 非抛补的利率平价的经济含义

非抛补的利率平价的经济含义是：即期汇率的预期变动率等于两国货币利率之差。在非抛补的利率平价成立时，如果本国利率高于外国利率，则市场预期的未来即期汇率在升水，本币在远期将贬值；如果本国利率低于外国利率，则市场预期的未来即期汇率在贴水，本币在远期将升值。

3. 对非抛补的利率平价的评价

非抛补的利率平价对于理解国内外利率、即期汇率、预期的未来即期汇率、国内外资产流动之间的关系具有重要的意义。除了与抛补的利率平价存在同样的缺陷之外，非抛补的利率平价理论还存在一个严格的假定：非抛补套利者为风险中立者。因为投资者在进行非抛补套利时承担着汇率风险，如果投资者为风险厌恶者，那么对其承受的这一额外风险，往往要求在持有外币资产时有一个额外的收益补偿，即风险补贴（risk premium）。风险补贴的存在，会导致非抛补的利率平价不成立。实证研究已显示，在现实中抛补的利率平价接近成立，而非抛补的利率平价经常不成立。如果 UIP 不成立，而预期的未来即期汇率是正确的，则能够有获利机会；如果 UIP 不成立，且预期的未来即期汇率是错误的，则不会获利，甚至会亏损。与 CIP 不同，UIP 没有通过远期合约进行抛补，因而预期的结果是没有保证的。同时，由于预期的汇率变动在一定程度上是一个心理变量，很难获得可信的数据进行分析，因此在理论分析中用非抛补的利率平价进行分析的意义不大。

四、利率平价论的应用

（一）即期汇率的决定

根据非抛补的利率平价理论关系式，可以变形得到：$S=S^e\times\dfrac{1+i^*}{1+i}$。该式表明，当前的即期汇率水平与预期的未来汇率水平、外国利率水平成正向变化关系，而与本国利率水平成反向变化关系。给定预期的未来汇率水平和国内外利率，会有一个相应的即期汇率值。当外币利率上升，或人们预期的未来外汇汇率将会提高时，外币资产的预期收益率就高于本币资产的预期收益率，由此促使人们愿意持有外币而放弃本币，导致外币价格上升。随着外币价格上升，人们购买外币的成本提高，外币资产的预期收益率会降回到原有的水平，与本币资产收益率重新保持相等。因此，该式可以用来引证"预期能自我实现"的作用。

非抛补的利率平价在现实中经常难以成立，许多学者关注风险因素对非抛补的利率平价偏差的影响，但是二者之间并没有明确的因果关系。非抛补的利率平价中存在预期，预期是不确定的，交易商对于预期的置信度是影响非抛补的利率平价的重要因素，而这个因素原来一直被忽视。

（二）远期汇率的决定

远期汇率取决于远期外汇的供给和需求。如果其他条件不变，市场远期汇率以均衡远期汇率（使得远期外汇供给量等于需求量的远期汇率）作为自己运动的归宿。远期外汇交易的参与者主要有三类：投机者、抛补套利者和进出口商。前者为了获取汇率变动的差价而进行远期外汇买卖，后两者基于保值的需要而进行远期外汇买卖。现代远期汇率决定理论认为，正是这些交易参与者的投机和保值行为共同决定着远期汇率的水平。

五、对利率平价论的评价

（一）利率平价论的贡献

第一，利率平价论阐明了外汇市场上即期汇率、远期汇率以及相关国家利率变动之间的关系，把汇率决定的因素扩展到资产市场领域。

第二，利率平价论从资本流动角度揭示了汇率与利率之间的密切关系，以及外汇市场上汇率的市场形成机制。

第三，利率平价论是一种与购买力平价论互补的汇率决定理论。

（二）利率平价论的缺陷

第一，现代利率平价理论以发达和完善的金融市场条件的存在为前提，忽略了资本国际流动的障碍，假设资本不受限制地在国际上自由移动。实践中，很难满足这些条件。

第二，套利交易需要介入交易成本，套利资金的供给弹性并非无限大，因而均衡汇率水平难以达到。

第三，利率平价论忽视了市场投机这一重要因素。金融市场可能受投机心理和投机者实际行为的影响，以致使预测的升贴水点与实际不符。

第四，利率平价论不是一种独立的汇率决定理论，单纯从利率差异角度说明汇率的决定是不够的。

专栏 2-1

美联储加息对中国经贸的影响

美元的信用是美国量化宽松货币政策的基础，而过度的量化宽松货币政策正在损害美元的信用。美联储加息是大规模量化宽松货币政策后恢复美元信用的必然选择。为了维护、恢复美元信用，美联储必须通过加息释放美国经济向好的信号，增强世界各国对美元的信心。

2015年12月16日，美联储宣布将联邦基金利率上调25个基点，从0—0.25%上调至0.25%—0.5%。这是美联储自2006年6月以来首次加息。2016年12月14日，美联储又宣布将联邦基金利率上调25个基点，提升至0.50%—0.75%。2017年3月15日，美联储会议决定再度加息25个基点，将联邦基金利率提升至0.75%—1.00%的水平。2017年6月14日，美联储宣布上调联邦基金利率25个基点，提升至1.00%—1.25%的水平。2017年12月13日，美联储再度宣布上调联邦基金利率25个基点，提升至1.25%—1.5%的水平。2018年3月21日，美联储货币政策会议宣布，加息25个基点，将联邦基金利率区间上调至1.50%—1.75%。6月13日，美联储再度宣布上调联邦基金利率25个基点，至1.75%—2.00%。这是美联储自2015年12月16日以来第七次加息。美联储缩表正在稳步推进。美联储不断加息的根本原因是，美元的信用是美国量化宽松货币政策的基础，而过度量化宽松的货币政策，加上居高不下的美国政府国债，已大大损害了美元的信用。现阶段，美联储不断加息，正是美国退出大规模量化宽松货币政策后，意欲恢复美元信用的必然选择。由此，作为世界上最主要的国际货币——美元，美联储不断加息及形成的美元加息预

期,势必对世界上最重要的两大贸易和投资国——美国和中国之间的经贸产生深远的影响。具体来看:

1. 若不发生全面贸易战,美联储不断加息很可能放大美国的进口和中国的出口。美元不断加息表明美国经济明确复苏,若不考虑贸易保护主义人为干扰,美国从世界进口将会放大,也将对中国产品的需求有着正向的拉动作用,很可能增大中国的出口。

2. 美联储不断加息会导致全球流动性缩水,对中国等新兴经济体产生负的外溢效应。美联储不断加息意味着美国货币政策的收紧,流入股市的资金同样收紧,会使新兴市场资本外流、债务负担加重,货币面临贬值压力。新兴市场经济体的经济表现出现了分化,其货币政策立场不一。同时,美元不断加息会给人民币带来较大的贬值压力。为了保持人民币汇率稳定,中国人民银行必要的外汇干预已使中国外汇储备出现明显的下降,如 2015 年末减少了 5126.56 亿美元,2016 年末又比 2015 年末减少了 3198.45 亿美元。这其中有美元不断加息带来的外汇市场压力,所需的外汇干预不容忽视。

3. 美联储不断加息使得中国在货币政策选择上面临着两难的抉择。一方面,为维持中国经济的稳定增长,中国人民银行仍需要通过宏观调控降准、降息,向市场注入充裕的流动性,以解决因外汇占款下降而产生的"钱荒";另一方面,在美元资产收益率提高的情况下,若人民币降准、降息,则投资者会放弃人民币资产去寻求具有更高收益的美元资产,会造成人民币对美元贬值,使得资本外流压力加大,需要谨防之。

4. 美联储不断加息引发的金融风险会上升。历史经验表明,主要国家利率上升与货币危机或国际收支危机有着一定的联系,对此应予高度警惕。因为美国货币政策收紧过快,会导致国际货币市场上长期利率抬升,可能对宏观经济和资产价格产生较大的冲击,阻碍经济复苏的进程,并很可能引发新兴市场的金融风险。在美元走强的形势下,不仅阿根廷比索、土耳其里拉惨遭"屠戮",巴西雷亚尔、墨西哥比索、南非兰特和俄罗斯卢布也正在遭遇危机,甚至经济形势良好的波兰,其货币兹罗提也遭遇抛售浪潮。对此,中国应予以高度警惕。

第三节 超越购买力平价和利率平价:实际利率平价[①]

长期内汇率的一般模型提供了"购买力平价"是一个重要概念的另一个理由。购买力平价理论的一个主要观点是,实际汇率不会发生变动,至少不会发生持久性变动。为了更准确地反映实际情况,必须系统地探究使实际汇率发生显著和持久性变动的动因。

一、实际汇率

两国货币之间的**实际汇率**(real exchange rate)是对一国商品和服务价格相对于另一国商品和服务价格的一个概括性度量。我们将实际汇率与名义汇率进行区分:实际汇率反映的是两个商品篮子的相对价格,而名义汇率反映的是两种货币的相对价格。实际汇率的测算:在确定了用以衡量价格水平的基准商品篮子之后,可以把美元对欧元的实际汇率 $R_{USD/EUR}$ 定义为欧洲商品篮子相对于美国商品篮子的美元价格。即实际汇率是以美元表示的欧洲价格水平除以美国价格水平所得到的值,关系式为:

[①] See Krugman, P. and Obstfeld, M. (2003), *International Economics: Theory and Policy*, Sixth Edition, Pearson Education, Inc., pp. 394-398, 411-418, 421-425.

$$R_{USD/EUR} = (S_{USD/EUR} \times P_{EU})/P_{US}$$

据此,美元对欧元实际汇率 $R_{USD/EUR}$ 上升,意味着美元对欧元的实际贬值。根据实际汇率关系式,在商品价格不变的情况下,名义汇率贬值意味着实际汇率贬值;反之,名义汇率升值意味着实际汇率升值。

二、需求、供给和长期实际汇率

在购买力平价不成立时,实际汇率的长期值如同其他使市场出清的相对价格一样,取决于市场供求状况。

第一,对产品相对需求变动的结果。对美国产品的世界相对需求的增加会促使美元对欧元的长期实际升值,对美国产品的世界相对需求的减少会造成美元对欧元的长期实际贬值。因为在原有的实际汇率水平上,对美国产品的世界相对需求的增加会引起对美国产品的超额需求,为恢复市场均衡,以欧洲产品衡量的美国产品的相对价格必须上涨,包括美国贸易品和非贸易品相对价格的上涨。结果,$R_{USD/EUR}$ 下降,即美元对欧元的长期实际升值。反之,对美国产品的世界相对需求的减少会造成美元对欧元的长期实际贬值。

第二,产品相对供给变动的结果。美国产品相对供给的扩张会促使美元对欧元长期实际贬值,而欧洲产品相对供给的扩张会导致美元对欧元长期实际升值。因为在原有的实际汇率水平上,美国产品相对供给的扩张,会造成相对过剩,其相对价格会降低,而美国产品相对价格的下降会增加对美国产品的需求量,使超额供给消失。同时,美国产品相对价格的下降会导致 $R_{USD/EUR}$ 上升,即美元对欧元的长期实际贬值。反之,美国产品相对供给的减少会致使美元对欧元长期实际升值。

三、购买力平价与利率平价的协调一致模型

(一)长期内汇率协调一致模型

长期内,假定其他条件不变,货币供给以一个固定比率增加只会导致同比例的持续通货膨胀,而长期通胀率的变化既不会影响充分就业的产出水平,也不会影响商品和服务的长期相对价格。但是,从长期来看,利率水平绝对不是与货币供给增长率无关的。虽然长期利率水平不取决于货币供给的绝对水平,但是货币供给的持续增加最终会影响到利率。要考察持续上涨的通货膨胀率对长期利率的影响,最简单的方法是把购买力平价与利率平价条件结合起来考虑。

相对购买力平价的条件是:$\frac{\Delta S_t}{S_t} = \pi_t - \pi_t^*$;利率平价的条件是:$\frac{S^e - S}{S} = i - i^*$。前者的汇率变动率是由两国通货膨胀率之差决定的,后者预期的汇率变动率是由两国利率之差决定的。我们用市场所预期的汇率变动率和预期通货膨胀率来替代相对购买力平价中的现实汇率变动率和通货膨胀率,得到相对购买力平价的预期条件是:$\frac{S^e - S}{S} = \pi_e - \pi_e^*$。该式表示,预期的汇率变动率是由两国预期的通货膨胀率之差决定的。与利率平价条件结合,得到购买力平价和利率平价的协调一致模型:$i - i^* = \pi_e - \pi_e^*$。

长期内汇率协调一致模型的经济含义是:如果一国的汇率变动率能够抵消该国与外国通货膨胀率差异,那么两国货币之间的利率差异一定等于两国预期的通货膨胀率差异。

(二)费雪效应(Fisher effect)

给定其他条件不变,若一国的预期通货膨胀率上升,最终会导致该国货币存款利率的同

比例上升。同样,若预期通货膨胀率下降,将会最终导致利率水平下降。通货膨胀率与利率之间的这种长期关系被称为**"费雪效应"**。根据费雪效应,若美国年通货膨胀率持久性地从5%上涨至10%水平,那么美元利率最终将会紧跟更高的通货膨胀率,从初始水平到每年上涨5%。这种变化将使以美国商品和服务计价的美元资产的实际收益率保持不变。费雪效应再一次证明,在长期内,纯粹的货币增长不会对经济生活中的相对价格产生影响。即使购买力平价理论不一定正确,费雪效应已在很大范围内被证明是正确的。

(三)国际利差和实际汇率

根据购买力平价与利率平价的协调一致模型,各国间利率差异等于彼此间预期的通货膨胀率之差。但是,相对购买力平价一般并不成立,因而各国间利率差异与通货膨胀率之间的关系在现实中比一般模型中要复杂得多。

实际汇率的变动是对相对购买力平价的偏离,即实际汇率的变动等于名义汇率变动的百分比减去两国之间通货膨胀率之差。据此,可得到实际汇率的预期变动、名义汇率的预期变动和预期通货膨胀率三者之间的关系式:$\frac{R^e - R}{R} = \frac{S^e - S}{S} - (\pi_e - \pi_e^*)$。转换得到:$\frac{S^e - S}{S} = \frac{R^e - R}{R} + (\pi_e - \pi_e^*)$。所以,名义汇率的预期变动率等于实际汇率的预期变动率加上两国预期通货膨胀率之差。

利率平价的条件是:$\frac{S^e - S}{S} = i - i^*$。所以,$i - i^* = \frac{R^e - R}{R} + (\pi_e - \pi_e^*)$。据此,两国货币的名义利率差异取决于预期的实际汇率变动率和预期的两国通货膨胀率差异。也就是说,两国货币的名义利率差异等于预期的实际汇率变动率加上预期的两国通货膨胀率之差。于是,当人们预期市场情况将符合相对购买力平价时,实际汇率不变,即 $R^e = R$,因而 $i - i^* = (\pi_e - \pi_e^*)$。这就又回到了购买力平价与利率平价的协调一致模型。

四、实际利率平价

在讨论利率平价条件和货币需求的决定因素时,我们研究的利率是以货币衡量的名义利率。但是,经济学家们经常依据实际收益率分析投资者的投资行为。因为实际收益率经常是不确定的,所以通常用到的是预期的实际利率。预期的实际利率一般记作 r_e,等于名义利率 i 减去预期的通货膨胀率 π_e,即 $r_e = i - \pi_e$。预期的实际利率说明了产生费雪效应的那些经济力量的普遍性,即预期通货膨胀率的任何上升,若没有改变预期的实际利率,则必定会对名义利率产生一一对应的上升影响。两国之间预期的实际利率差异为:

$$r_e - r_e^* = (i - i^*) - (\pi_e - \pi_e^*)$$

$$i - i^* = \frac{R^e - R}{R} + (\pi_e - \pi_e^*)$$

所以,得到预期的实际利率平价条件是:

$$\frac{R^e - R}{R} = r_e - r_e^*$$

该式表示,预期的实际汇率变动率等于两国预期的实际利率差异。据此,当人们预期市场情况将符合相对购买力平价时,实际汇率不变,即 $R^e = R$,因而 $r_e = r_e^*$。也就是说,两国预期的实际利率会相等。但是,当预期产品市场将发生变动时,汇率变动不大可能会符合相对购买力平价,实际汇率是可变的,即 $R^e \neq R$,因而 $r_e \neq r_e^*$。也就是说,预期的实际利率在不同国家之间不会相等,即使在长期中也是如此。

第四节　国际收支说

早期的国际收支说是国际借贷说(international indebtedness),英国经济学家戈逊于 1861 年在《外汇理论》(The Theory of Foreign Exchange)一书中,从国际收支角度较完整地阐述了汇率与国际收支之间的关系。该理论认为,国际收支决定着外汇供求,外汇供求决定着汇率,故又被称为"汇率的供求决定理论"。根据戈逊的观点,一国外汇的供求取决于该国对外流动借贷的状况。一国的对外流动借贷,是指该国处于实际收支阶段的对外债权与对外债务。一国国际收支中经常账户与资本账户的收支,构成该国对外流动债权与对外流动债务。如果一国对外债权大于对外债务,外汇供给大于外汇需求,则该国货币汇率会上涨,即外汇贬值。相反,如果一国对外债务大于对外债权,外汇需求大于外汇供给,则该国货币汇率会下跌,即外汇升值。如果一国对外债权与对外债务相等,外汇供求平衡,则该国汇率处于均衡状态。在此基础上,一些学者将凯恩斯主义中的国际收支均衡条件分析应用于外汇供求流量分析,由此形成了国际收支说。1981 年,美国经济学家阿尔吉系统地总结了这一理论。国际收支说的倡导者认为,在分析汇率决定时,可以从两方面对国际借贷说加以修正和改进:一是将国际资本流动纳入汇率决定的分析;二是用贸易收支和国际资本流动的有关理论来分析探讨深层的汇率决定因素。

一、国际收支说的主要内容

国际收支说通过说明影响国际收支的主要因素,分析这些因素如何通过国际收支作用到汇率上。假定汇率完全自由浮动,政府不对外汇市场进行干预,则汇率是外汇市场上的价格,它通过自身变动以实现外汇市场供求平衡,使国际收支处于平衡状态。

(一) 基本模型

国际收支:$BP = CA + K$

经常账户收支:$CA = X_1(Y, Y^*, P, P^*, S)$

资本与金融账户收支:$K = X_2(i, i^*, S, F^e)$

其中,CA 由本国的进出口决定,主要由 Y、Y^*、P、P^*、S 决定;K 为资本与金融账户,由 i、i^*、S、F^e 决定。Y、Y^* 分别是本国与外国国民收入,P、P^* 分别是本国与外国价格水平,i、i^* 分别是本国与外国利率水平,S 为即期汇率(直接标价法),F^e 为预期的远期汇率。

综合起来,影响国际收支的主要因素及国际收支平衡条件为:

$$BP = X_1(Y, Y^*, P, P^*, S) + X_2(i, i^*, S, F^e) = X(Y, Y^*, P, P^*, i, i^*, S, F^e) = 0$$

如果将除了即期汇率以外的其他变量均视为给定的外生变量,则汇率将在这些因素的共同作用下变化到某一水平,起到平衡国际收支的作用,有:

$$S = g(Y, Y^*, P, P^*, i, i^*, F^e)$$

该式就是国际收支处于平衡状态条件下的均衡汇率。

(二) 影响均衡汇率变动的因素

依据上式,影响均衡汇率变动的因素主要有:本国与外国国民收入、本国与外国价格水平、本国与外国利率水平以及人们对未来汇率的预期。假定其他变量不变,(1) 国民收入的变动:Y 上升→本国进口增加→对外汇的需求增加→本币贬值(外币升值);Y^* 上升→本国出口增加→外汇供给增加→本币升值(外币贬值)。其经济含义是:当一国国民收入增加导致进口增加时,会引起国际收支赤字,由此外汇市场就会出现超额需求,造成本币贬值,外汇汇率上浮;反之,外国国民收入的增加会带来本国出口增加,外汇供给增加,使本币趋于坚挺。(2) 价格水平的变动:P 上升→本国产品出口竞争力下降→经常账户恶化→本币贬值;P^* 上升→本国产品出口竞争力上升→经常账户改善→本币升值。(3) 利率水平的变动:i 上升→资本内流增加→外汇供给增加→本币升值;i^* 上升→资本外流增加→本国外汇供给减少、外汇需求增加→本币贬值。(4) 预期的外汇汇率远期变动:F^e 上升→资金外流增加→本国外汇供给减少、外汇需求增加→本币贬值。

二、对国际收支说的评价

尽管有缺陷,但是国际收支说在汇率决定理论上并不是错误的。这一理论的优缺点表现为:

第一,贡献:(1) 国际收支说运用供求关系的方法,把影响国际收支的各种主要因素纳入汇率的均衡分析中,指出了汇率与国际收支之间存在的密切关系,从动态角度分析了汇率的变动及其调节作用,有利于全面分析短期内汇率的决定和变动。(2) 国际收支说是关于汇率决定的流量理论,认为国际收支引起的外汇供求流量决定了汇率水平及其变动。

第二,缺陷:(1) 国际收支说仍只是一种汇率分析工具,用商品供求关系来分析外汇市场不太合适。(2) 国际收支说只适合于外汇市场发达的国家。(3) 国际收支说不能被视为完整的汇率决定理论,而只是汇率与其他宏观经济变量之间存在着联系,它没有对影响国际收支的众多变量之间的关系以及其与汇率之间的关系进行深入分析。

第五节 弹性价格货币模型

在探究汇率决定的弹性价格货币模型之前,我们需要概要地回溯一下汇率决定的资产市场说。现代意义上的汇率决定模型都强调金融资产市场,把汇率视为一种资产价格,因而被称为"汇率决定的资产市场说"。资产市场说(asset market approach)是 20 世纪 70 年代中后期发展起来的重要的汇率决定理论,它是在国际资本流动获得高度发展的背景下产生的,由美国经济学家布兰森、多恩布什、弗兰克尔等提出。该理论特别重视金融资产市场均衡对汇率决定和变动的影响。根据国内外资产的可替代程度,资产市场说可分为货币论(monetary approach)和资产组合平衡论(portfolio-balance approach)。前者假定国内外资产可完全替代,两种资产的预期收益率相同,不存在资产组合的调整问题;后者认为资产是不可完全替代的,存在资产组合选择调整问题。对国内外资产替代程度和价格调整速度的不同假设,引出了资产市场说的各个流派,主要有弹性价格货币模型、黏性价格货币模型(或多恩布什模型)以及资产组合平衡模型。

一、汇率决定的货币论或货币模型分类

依据价格弹性不同,货币论又可分为弹性价格货币论和黏性价格货币论(flexible & sticky price monetary approach)。弹性价格货币论又称为"弹性价格货币模型",假定价格是完全灵活可变的;黏性价格货币论又称为"多恩布什模型"或"汇率超调模型",假定在短时期内价格水平具有黏性,不会因货币市场的失衡而立即调整。相比而言,弹性价格货币模型

对分析长期汇率的变动趋势更有意义,而汇率超调模型更多地被用来解释汇率短期的决定问题。

汇率决定的货币论强调货币市场在汇率决定过程中的作用。当一国货币市场失衡时,如果国际金融市场资本流动充分,则商品套购机制和套利机制就会发挥作用,使汇率发生变化,以符合货币市场恢复均衡的要求。弹性价格货币模型假定商品套购机制和套利机制同时发挥作用,即商品市场与金融市场同样高速地对货币市场失衡发生调整反应。黏性价格货币模型假定商品市场要比金融市场的反应滞后,因而短期内是通过利率和汇率的变动,而不是价格的变动,恢复货币市场的均衡。

二、弹性价格货币模型的主要内容

弹性价格货币模型的代表人物是弗兰克尔、霍德里克和比尔森。该理论实际上是国际收支货币论在浮动汇率制下的另一种表现形式。弹性价格货币模型是一种长期而非短期理论,是因为它基本上不考虑价格刚性,而价格刚性在短期宏观经济分析中,特别是在分析偏离充分就业情况时是非常重要的。弹性价格货币模型认为,价格水平总是立即调整的,从而使经济始终保持在充分就业状态并满足购买力平价条件。

(一)弹性价格货币模型的前提假定

弹性价格货币模型依赖于三个基本假定:

第一,垂直的总供给曲线,价格水平和汇率都能及时地调整。这并不意味着产出是不变的,生产率变化可引致产出变化。垂直的总供给曲线预示着在所有市场上缺乏价格弹性。

第二,稳定的货币需求。实际货币余额需求是少数几个国内宏观经济变量的稳定函数,可写成凯恩斯货币需求函数:$M_d = kY^a i^{-b}$。其中,$k>0, a>0, b>0$,Y是实际国民收入。

第三,购买力平价(PPP)成立。PPP在所有时间有效,即 $S = \dfrac{P}{P^*}$(直接标价法)。

(二)弹性价格货币模型的公式推导

在前提假定下,给定货币存量匹配货币总需求,则本国、外国货币市场的均衡条件是:

$$\frac{M_s}{P} = M_d$$

其中,
$$M_d = k_1 Y^{a_1} i^{-b_1} \tag{1}$$

$$\frac{M_s^*}{P^*} = M_d^*$$

其中,
$$M_d^* = k_2 Y^{*a_2} i^{*-b_2} \tag{2}$$

购买力平价成立:

$$S = \frac{P}{P^*} \tag{3}$$

其中,$\dfrac{M_s}{P}$ 和 $\dfrac{M_s^*}{P^*}$ 分别为本国和外国实际货币供给量,M_d 和 M_d^* 为本国和外国实际货币需求量,Y 和 Y^* 为本国和外国实际国民收入,i 和 i^* 为本国和外国利率水平。为简化,假定两国的参数都相同,令 $k = k_1 = k_2$,$a = a_1 = a_2$,$b = b_1 = b_2$。k、a、b 分别表示以货币形式持有的收入比例、货币需求的收入弹性、利率弹性,这些参数都大于0。

据此,将(1)式、(2)式代入(3)式,得到:

$$S = \frac{M_s / (Y^a i^{-b})}{M_s^* / (Y^{*a} i^{*-b})} \tag{4}$$

将(4)式取自然对数后微分,整理得到:

$$\frac{dS}{S} = \left(\frac{dM_s}{M_s} - \frac{dM_s^*}{M_s^*}\right) - a\left(\frac{dY}{Y} - \frac{dY^*}{Y^*}\right) + b\left(\frac{di}{i} - \frac{di^*}{i^*}\right) \tag{5}$$

(5)式就是弹性价格货币模型。其中,参数 a、b 都大于 0。据此,在弹性价格货币模型下,汇率的变动率取决于本国与外国货币供给量、本国与外国国民收入以及本国与外国利率水平的变化。

(三)弹性价格货币模型的主要结论

命题1:在弹性价格货币模型下,假定其他条件一样,本国货币供给量增加既定的百分比,会导致本币币值贬值相同的比例。

命题2:在弹性价格货币模型下,假定其他条件一样,本国实际国民收入增加,会导致本币币值升值。

命题3:在弹性价格货币模型下,假定其他条件一样,外国价格水平上升,会导致本币币值升值。

具体而言,外汇汇率变动与本国货币供给量变动呈正相关,与外国货币供给量变动呈负相关;外汇汇率与本国国民收入呈反方向变动,与外国国民收入呈同方向变动;外汇汇率与本国利率呈同方向变动,与外国利率呈反方向变动。据此,第一,相对于外国货币供给,国内货币供给的相对增加将导致 S 上升,也就是本币贬值。第二,本国实际收入的相对增加会造成对本币的过度需求,当经纪人竭力增加其实际货币平衡时,会减少支出,将价格下降至货币市场以取得均衡。随着价格下降,PPP 成立下,将导致本币升值。第三,本国货币利率水平相对于外国货币利率提高时,在外汇市场上本币将会贬值。这就是弹性价格货币模型的"矛盾"结论。具体路径是:本国利率水平上升,会导致本国的实际货币需求减少,在货币供给量给定下,本国长期价格水平将会上升。根据 PPP,本币将会贬值。这与先前本国利率水平高于外国,本国货币会升值的结论相矛盾。所以,除非我们弄清利率变化的原因,否则不可能对利率的变化对汇率的影响作出完整的分析。这一点可以解释"矛盾"为何出现。

费雪效应对弹性价格货币模型看似"矛盾"的结论给出了合理的解释。根据该效应,$i - i^* = \pi_e - \pi_e^*$。只有当预期的本国通货膨胀率相对于外国预期的通货膨胀率上升时,本国利率与外国利率的差异才会扩大。由此,本国货币利率相对于外国货币利率提高,实质上反映的是预期的本国通货膨胀率上升,因而本币贬值。

三、弹性价格货币模型在中国的应用

在国际资本流动不断增强的背景下,外汇需求不仅来自商品市场、资产市场,而且严重依赖于货币发行国的货币市场,汇率的决定离不开这些市场的共同作用。因此,就中国当前的形势,有必要进一步研究这些市场之间的动态联系对汇率变动的影响,分析汇率与市场之间的关系。通过弹性价格货币模型,对货币供给、利率、实际收入等宏观经济指标与人民币汇率之间的相关程度进行检验。例如,之前所说的弹性价格货币模型:

$$\frac{dS}{S} = \left(\frac{dM_s}{M_s} - \frac{dM_s^*}{M_s^*}\right) - a\left(\frac{dY}{Y} - \frac{dY^*}{Y^*}\right) + b\left(\frac{di}{i} - \frac{di^*}{i^*}\right)$$

该模型将汇率的决定主要归因于三组变量:两国相对的货币供给量、相对的实际收入和相对利率。理论上,这三组变量对汇率的影响是:第一,假定其他不变,如果人民币货币供给量相对于美国增加,则中国的公共支出增加,进而引起本国价格水平上升,因为购买力平价

成立，价格水平的升高会导致汇率上升，即人民币贬值，美元升值；反之，则相反。第二，如果中国实际收入水平提高，则对人民币的需求也相应增加。在人民币货币供给量与利率不变的情况下，要保持货币市场的均衡，必然要求国内价格下降，而这又会反映到人民币汇率的变化上。根据购买力平价，人民币升值，美元贬值。同样，美国实际收入水平的上升将导致美国价格的下跌，为维持购买力平价，人民币将贬值。第三，人民币利率上升（下降）将会导致人民币贬值（升值）。这是因为，利率的上升（下降）将会导致货币需求的下降（上升），从而导致国内价格的上升（下降），最终导致人民币贬值（升值）。

从回归来看，人民币与美元的供给差的系数为正，表明当人民币供给快于美元供给时，汇率上升，人民币贬值。中国与美国国民收入的差为负，表明当中国国民收入增长快于美国时，汇率下降，人民币相对升值。人民币与美元利率的差为正，表明当人民币利率高于美元时，汇率上升，人民币将贬值。这三点与弹性价格货币模型得到的结论是一致的。[1]

四、对弹性价格货币模型的评价

第一，主要贡献：(1) 弹性价格货币主义的汇率决定理论是在购买力平价理论的基础上，结合现代货币主义学派的货币供求理论发展起来的。将购买力平价理论运用到资产市场上，将汇率视为一种资产价格，抓住了汇率这一变量的特殊性质，为现实生活中市场汇率的频繁变动提供了一种解释。(2) 弹性价格货币模型是一般均衡分析，包含商品市场、货币市场和外汇市场的平衡。这一理论强调商品市场与金融市场一样，能迅速、灵敏地加以调整，即通过价格和汇率的变动以恢复货币市场均衡。用这一理论来解释汇率的长期趋势具有一定的意义。(3) 在货币模型中引入货币供应量、国民收入等经济变量，分析这些变量对汇率的影响，相比购买力平价理论有更广泛的运用。

第二，局限性：(1) 弹性价格货币模型以购买力平价为前提，具有与购买力平价理论同样的缺陷。(2) 弹性价格货币模型假定货币需求函数是稳定的，商品价格具有完全弹性，这在理论中至今仍有争议。以收入和利率为基础的需求函数不能全面反映实际的货币需求变化。

第六节 黏性价格货币模型或多恩布什模型

黏性价格货币模型又称为"汇率超调模型"或"多恩布什模型"，由多恩布什于 1976 年在《预期与汇率动态论》中提出。多恩布什模型吸取了弹性价格货币模型和固定价格蒙代尔-弗莱明模型的优点，成为一种具有混合特征的汇率决定理论模型。弹性价格货币模型忽视了预期在决定国际利差中的作用，无法解释汇率在短期内剧烈变动的现象。固定价格蒙代尔-弗莱明模型不仅没有考虑预期，而且假定固定价格水平。多恩布什模型在短期内遵从凯恩斯主义传统，强调产品市场和劳动力市场的价格黏性，同时在长期内又显现出弹性价格货币模型的特征。多恩布什模型以黏性价格假定和超调为显著特征。多恩布什发现，商品市场价格调整是缓慢的，而金融市场价格调整是快速的，金融市场不得不超调以弥补商品市场价格调整的黏性，经济存在着由短期平衡向长期平衡过渡的过程。

---

[1] 参见张建英：《基于弹性价格货币模型的人民币汇率实证研究》，载《宏观经济研究》2013 年第 8 期。

一、汇率超调模型的前提假定

黏性价格货币模型或汇率超调模型的基本假定：

第一，小型开放经济，总需求是由标准开放经济下 IS-LM 机制决定的，利率是外生的。

第二，商品市场价格水平和劳动力市场的工资都是黏性的。也就是说，总供给曲线在初始影响阶段是水平的，在调整阶段渐趋陡峭，在长期均衡下是垂直的。

第三，资产完全自由流动，金融市场调整迅速，投资者是风险中性者，非抛补的利率平价（UIP）一直成立，引入预期。

第四，稳定的货币需求，PPP 在短期内不成立，在长期内成立。

二、货币市场失衡的动态调整过程

在假定基础上，根据 UIP，短期内决定即期汇率 S 的主要因素是预期的未来即期汇率和两国货币的利率，表示为：$S = S^e \times \dfrac{1+i^*}{1+i}$。据此，在短期内，总供给曲线近似水平的，商品价格水平不发生调整，货币供给的一次性增加只是造成本国利率下降，导致本币即期汇率贬值超过了长期平衡水平，即发生了汇率超调现象。

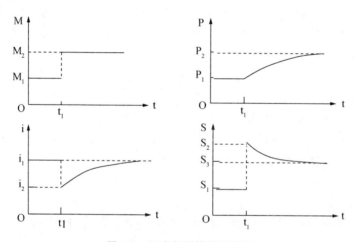

图 2-1　汇率超调模型示意图

如上图所示，在短期内，货币市场失衡（货币供给增加）→实际货币供应量 M 增加（短期内价格 P 黏住不变）→要使货币市场恢复均衡→实际货币需求必须增加→短期内国民收入不变，要求利率 i 必须下降→资金外流→本币贬值。利率下降刺激了总需求；同时，本币贬值导致本国出口增加、进口减少，总需求增加。在长期内，商品市场总需求大于总供给→商品价格上升→实际货币供给量下降→本国利率上升→资本内流→本币升值。因此，在短期内，由于商品价格黏性会造成利率变动而超调，导致汇率变动，出现超调现象。但是，在长期内，随着商品价格的调整，汇率会恢复到长期均衡水平。可见，汇率超调是短期价格水平刚性或黏性的直接后果。

三、汇率超调模型的主要观点

第一，商品市场要比金融市场的反应滞后，短期内是通过利率和汇率的变动，而不是价格的变动,以恢复货币市场的均衡。当货币市场失衡后,短期内商品市场价格具有黏性,证券市场反应更加迅速,货币市场恢复均衡完全依靠证券市场。这样,利率在短期内调整的幅度就会超出其新的长期均衡水平,即出现汇率超调现象。

第二,如果资本在国际上可自由流动,利率的变动就会引起大量的套利活动,由此带来汇率的立即变动。与利率的超调相适应,汇率的变动幅度也会超出新的长期均衡水平,即出现超调特征。汇率超调加剧了汇率的易变性,它是短期价格水平刚性与非抛补的利率平价条件共同作用的结果。

第三,当货币市场失衡后,短期内汇率的变动主要由证券市场上的利率变动所决定。但是,变动后的汇率水平只是短期均衡水平,当商品市场价格开始调整时,汇率由商品市场和资本市场共同作用所决定。当调整过程完成后,汇率水平才达到货币主义汇率决定论所述的长期均衡水平。因此,汇率超调模型是货币论的动态模式,它说明了汇率如何由于货币市场失衡而发生超调,又如何由短期水平达到长期水平。

第四,在长期中,货币供给的永久性变动将使长期均衡价格产生同方向、同比例的变动,但是并不能影响长期的产出、利率或任何相对价格。受货币供给永久性变动影响的另一个重要变量是汇率。汇率的长期均衡水平随永久性货币增加而成比例地提高。

四、黏性价格和弹性价格货币模型下利率与汇率的关系

在黏性价格假设下,如果货币供给下降,价格水平无法立即下降以对货币供给减少作出反应,要保持货币市场均衡,利率必然上升。在黏性价格下,利率上升是与更低的通货膨胀预期和长期货币升值联系在一起的,其结果是货币立即升值。但是,在弹性价格下,利率上升是与更高的通货膨胀预期和未来货币贬值相联系的,其结果是货币立即贬值。可见,从利率角度说明汇率问题时,必须认真分析导致利率变动的因素,这些因素在影响利率的同时也会影响预期未来汇率,从而对外汇市场如何对利率变动作出反应有决定性的影响。

五、汇率超调与人民币汇率决定

中国是一个发展中大国,县一级的基层单位构成了基本的经济基础。但是,中国商品市场仍然是一个分割程度相当高的市场,从分割走向统一需要较长的过程。在分割的市场中,信息流动是不充分的且有成本,一价定律不成立。这样,商品价格的调整速度就具有更大的滞后性和迟缓性。中国金融市场的产生和培育则是一个全新的过程,在借鉴国外先进经验和引进先进技术设施的基础上,已形成一个统一的金融市场。中国已有统一竞价的证券市场、外汇市场和货币市场。虽然中国金融市场还不是一个有效的市场,还有待于进一步发展和规范,但是其信息流动相对充分且成本较小,一价定律基本满足,金融资产的价格调整相当迅速。所以,中国金融市场的资产价格调整速度要快于商品市场的价格调整速度,一旦有货币供给冲击,很可能产生人民币汇率超调。

现实中,中国与美国在货币市场上保持的利差与在国际收支上的"双顺差",使得中国的外汇供给持续增加,而这直接造成央行外汇占款增加,使得人民币面临内贬外升的巨大压力。由于中国人民银行会采取措施对汇率进行干预,使得人民币汇率不可能在瞬间实现充分或过度的升值,使得市场难以形成对人民币汇率在过度升值后产生贬值的预期。可见,多恩布什标准的汇率超调理论并不能解释人民币汇率现阶段的情况。但是,它揭示的汇率超调并不是源于市场中的群体效应,而是源于国内商品市场的价格黏性,这在中国是同样存在

的。因此,多恩布什关于汇率超调、商品市场价格黏性和资本市场价格弹性的理论对中国完善人民币汇率形成机制有着很大的借鉴意义。

六、对汇率超调模型的评价

第一,主要贡献:(1)它将汇率超调理论引入货币模型,指出汇率在现实中的超调现象,并在理论上首次予以系统的阐述。该模型认为短期内汇率变动与购买力平价是偏离的,但是承认购买力平价长期有效,因而更加符合实际。(2)它采用凯恩斯主义黏性价格的假定,认为这是短期内汇率容易变动的原因,从而弥补了弹性价格货币模型缺乏短期分析的不足。(3)它是对开放经济进行宏观分析的最基本的模型,首次涉及汇率的动态调整问题,开创了从动态角度分析汇率超调的先河,为汇率动态学的创立奠定了基础。(4)它具有鲜明的政策含义。由于汇率超调冲击的存在,完全放任资本自由流动、完全自由浮动的汇率制度并非最合理的,政府有必要对资本流动、汇率乃至整个经济进行干预和管理,这为政府干预汇市提供了理论依据。

第二,局限性:(1)它将汇率变动完全归因于货币市场的失衡,而否认商品市场上的实际冲击对汇率的影响,未免有失偏颇。(2)它假定国内外资产具有完全的替代性。事实上,由于交易成本、赋税待遇和各种风险的不同,各国资产之间的替代性远没有达到可视为一种资产的程度。

七、对汇率决定的货币论评价

第一,主要贡献:(1)研究视角有了重大创新。它将货币因素纳入分析框架,强调货币量变动对汇率的影响,从根本上改变了传统汇率理论的研究视角。这对分析资本高度流动情况下汇率的易变性有很强的现实意义。(2)分析方法有了重大改进。它采用一般均衡分析方法,同时结合流量分析、动态分析、长短期分析等方法进行研究,比传统汇率理论所采用的单纯流量分析、局部分析、比较静态分析方法有了较大进步。(3)有着较强的政策指导意义。它强调货币因素对汇率的决定和影响作用,为各国实施宏观经济政策提供了理论依据。

第二,局限性:(1)货币主义汇率决定理论和多恩布什的超调理论都建立在国内外资产具有完全替代性的基础上,使得其应用范围受到限制。(2)认定货币需求稳定值得怀疑,将汇率变动完全归因于货币市场失衡具有很大的片面性。(3)假定资本完全自由流动不符合现实,忽略了对国际收支流量的分析。(4)汇率制度并非完全自由浮动,汇率超调引起的外汇市场过度波动会给一国经济乃至全球金融市场带来冲击和破坏。为避免冲击和破坏,政府会对资产流动和汇率波动加以管理和干预。(5)汇率超调模型很难计量检验。首先,这一模型非常复杂,在选择计量检验的方式上存在着困难。其次,在现实中很难确定汇率的变动是对哪种外部冲击作出的反应。

第七节 资产组合平衡论

资产组合平衡论又称为"资产组合分析法",形成于20世纪70年代。鉴于货币论片面强调货币市场均衡的作用,国内外资产完全替代等假定不足,美国经济学家库利(1976)、布兰森(1977,1983,1984)、多恩布什和费希尔(1980)等学者对资产组合平衡论作出系统的论述。库利(1976)将投资组合模型设定在更一般的均衡框架下,允许同时确定价格和汇率,并采用购买力平价和单一商品的假设,从而使国内价格水平与汇率完全一致。布兰森和亨德森(1985)在更广泛的资产框架下展示了投资组合模型,允许考虑范围广泛的问题。布兰森、吉尔顿和亨德森(1976,1977)建立了具有理性预期的投资组合模型。麦克唐纳和泰勒(1992)认为,资产组合平衡模型中,汇率水平至少在短期内是由金融资产市场上的供给和需求决定的。但是,汇率是国际收支经常账户的主要决定因素。经常账户顺差(逆差)代表着国内净持有外国资产上升(下降),会影响财富水平,进而影响资产需求水平,再影响到汇率。因此,资产组合平衡模型是汇率调整的内在动态模型。与黏性价格模型一样,资产组合平衡模型能区分短期均衡(资产市场供求相等时)、动态调整到长期均衡。

一、与汇率决定的货币论的主要差异

第一,货币论认为,本币资产与外币资产具有完全替代性,不存在资产组合的调整问题;而资产组合平衡论认为,现实中,国内外资产之间不具有完全的替代性,国内外资产的风险差异除了汇率风险外,还包括其他风险,如政治风险、税赋差别等,风险补贴不为零。因此,资产组合平衡论主张用"收益—风险"分析法对持有的实际资产组合结构迅速进行调整,取代套利机制的分析。

第二,货币论认为,汇率由两国相对货币的供求决定;而资产组合平衡论则将本国资产总量直接引入分析模型,考虑了汇率、国际收支、财富水平和债券均衡之间的相互影响。

第三,货币论中,黏性价格货币模型或汇率超调模型假定非抛补的利率平价(UIP)成立;而资产组合平衡论认为,由于具有"风险—收益"特征,非抛补套利的利率平价也不能成立。

二、资产组合平衡论的前提假定

第一,资产组合平衡模型将一国私人部门(包括个人和企业)持有的财富(W)划分为三种形式:本国货币(M)、本国债券(B)和外国债券(F)。

第二,本币资产与外币资产是不完全替代的,风险等因素使得非抛补的利率平价(UIP)在此不成立。

第三,资产总量被引入分析模型,分为三种资产,即本国货币资产、本币债券和外币债券。投资者将根据风险和收益两个因素调整资产组合。

三、资产组合平衡论的基本思想和理论模型

资产组合平衡论接受多恩布什关于短期内价格黏性的观点,认为短期内资产市场的失衡是通过资产市场内部国内外各种资产的迅速调整加以消除的,而汇率正是使资产市场供求存量保持和恢复均衡的关键变量。其理论模型如下:

$$W = M + B + S \times B^*$$
$$M = \alpha(\bar{i}, \bar{i}^*, \bar{\pi}_e) \times W$$
$$B = \beta(\overset{+}{i}, \bar{i}^*, \bar{\pi}_e) \times W$$
$$SB^* = \gamma(\bar{i}, \overset{+}{i}^*, \overset{+}{\pi}_e) \times W$$

其中,W为资产总量,M为本国货币资产,B为本币债券资产,B^*为外币债券资产,S为汇率(直接标价法),参数 α+β+γ=1。第一个等式为财富的定义等式。后三个等式为三个

资产市场的均衡条件,左边代表资产供给,右边代表资产需求。由于后三个等式的左边相加等于 W,意味着任何两个资产市场达到均衡,第三个市场也必定趋于均衡。

四、资产市场的各种失衡影响汇率变动的途径

当资产供给变动时,通过资产市场和资产组合的重新调整,汇率也随之发生变化。具体而言,资产供给的变化有两种情况:一是资产供给总量的变化,二是资产存量结构的变化。前者对汇率产生的影响称为"财富效应",后者对汇率的影响称为"替代效应"。

(一)资产供给总量的变化

第一,货币供应量 M 增加,这是央行增发货币引起的。央行增加货币供给后,投资者持有的货币存量上升。为了使资产组合重新达到平衡,投资者将增加对本币债券 B 和外币债券 B^* 的购买,从而抬高本币债券的价格,使本国利率 i 下降,汇率水平 S 提高(本币贬值)。对外币债券需求的增加,同样会导致本币贬值($S\uparrow$)。

第二,本币债券 B 供应量增加,这是政府增发债券以弥补财政赤字引起的。政府发行本币债券后,如果由央行购买,导致货币供给 M 增加,公众拿部分货币换 B 和 B^*,对 B^* 的需求就会增加,导致 S 上升;对 B 需求的增加,导致 i 下降,对 B^* 的需求就会增加,导致 S 上升。如果由私人部门而非央行购买,本币债券 B 供给增加,导致 i 上升,公众需求的一部分从 B^* 转为 B,会导致本币升值($S\downarrow$)。

第三,外币债券 B^* 供应量增加,这来自经常项目的盈余。一国经常账户盈余,私人部门持有的 B^* 上升。当持有 B^* 的比重超出愿意持有的比率 γ 时,私人部门就会拿 B^* 换 M 和 B,导致本币升值($S\downarrow$)。

(二)资产存量结构的变化

第一,本币债券与本国货币互换,这是央行在国内货币市场上的公开市场操作。当央行用本国货币购买本币债券时,货币供给 M 增加,使得利率下降以出清货币市场,对 B 形成的超额需求将导致本币债券价格上升,本币利率 i 下降。利率下降的结果使对 B^* 的需求上升,通过替代效应 S 上升,即本币贬值。

第二,外币债券与本国货币互换,这是央行在外汇市场上的公开市场操作。当央行用本国货币购进外币债券时,货币供给 M 增加,导致 i 下降,通过替代效应使 S 上升;同时,对外币债券形成的超额需求也使 S 上升。

(三)其他变化

第一,当外国资产市场失衡导致外国利率 i^* 上升时,γ 上升,而 α、β 下降,M 和 B 出现超额供给,私人部门拿 M、B 换 B^*,导致 S 上升,从而使 SB^* 上升,资产组合重新平衡。

第二,当各种因素引起私人部门预期本国通胀率 π_e 上升时,私人部门会愿意提高 γ,用 M 和 B 去换 B^*,导致 S 上升。

据此,资产组合平衡模型中的变量与汇率的关系是:$S = S(\overset{+}{M}, \overset{\pm}{B}, \overset{-}{B^*}, \overset{+}{i^*}, \overset{+}{\pi_e})$。其中,+号表示与汇率同方向变化,-号表示与汇率反方向变化,±号表示与汇率变化方向不确定。

五、指令流与资产组合平衡理论

从里昂和埃文斯(2001,2002)开始,短期订单流对外汇汇率的影响推翻了关于汇率不能

通过经济模型解释的共识。他们在不同的数据样本中反复证明：交易所市场经销商收到的客户订单的每日流量对短期汇率行为具有明显的解释力。问题是：什么样的经济模型可以支持这样的结论？里昂回顾宏观模型并得出结论：资产组合理论模型支持订单流效应。然而，他认为，上述资产组合模型在所考虑的代理类型及其有关国际收支理论的流量识别方面的作用是有限的。

六、对资产组合平衡论的评价

第一，主要贡献：(1) 资产组合平衡论视汇率为一种资产价格，把分析的焦点置于资产市场均衡，体现的是一般均衡分析，改变了传统汇率理论把研究重心置于国际收支差额特别是经常项目差额的局部均衡分析的局限性，从根本上改变了研究视角，也使汇率决定理论研究更加贴近西方经济的现实。(2) 资产组合平衡论区分了本国与外国资产的不完全替代性，将经常账户这一流量因素纳入存量分析之中，是第一次正式将存量分析方法引入汇率决定理论；同时，结合了流量分析方法，这对传统上单纯的流量分析法是一个重大的突破，使汇率模型对各种影响因素的综合程度更高，更符合实际。(3) 资产组合平衡论具有较高的政策分析价值，为政府干预汇市提供了理论依据。

第二，局限性：(1) 该模型虽然纳入流量因素，但是并没有对流量因素作出深入分析，仍带有较多的货币主义特征。(2) 该模型没有将商品市场的失衡如何影响汇率纳入其分析中；同时，它用财富总额代替收入作为影响资产组合的因素，却没有说明实际收入对财富总额的影响。此外，该模型实证检验困难。

七、对汇率决定的资产市场说之总评

与传统的 PPP 和 IRP 汇率决定理论相比，资产市场说存在三点差异：(1) 将商品市场、货币市场和证券市场结合起来进行汇率研究。(2) 决定汇率的是存量因素，而非流量因素；外汇供求变动是汇率的影响因素，而不是决定因素；即使外汇供求不变，汇率也可能发生变动，所以资产市场说又被称为"汇率决定的存量模型"。(3) 在对即期汇率决定的分析中，考虑了预期的因素。

根据资产市场说的基本观点，当一国金融市场出现供求失衡后，市场均衡的恢复不仅可以通过国内商品市场的调整完成，还能通过国内外资产市场的调整完成。汇率作为两国资产的相对价格，其变动可以消除资产市场的超额供给或超额需求，使资产市场恢复均衡。所谓均衡汇率，就是在资产平衡条件下，资产持有者自愿并满足地保持其现有的各种本币资产和外币资产，且不再对这些资产组合加以变动时的汇率。即两国资产市场供求存量保持均衡时两国货币之间的相对价格。

汇率决定的货币论对国内外资产具有完全替代性的假设过于严格，资产组合平衡论是在国内外资产不可完全替代的假设下，分析人们资产组合的变动对汇率的决定作用。由于各种资产的收益高低不同、风险各异，持有者总希望将财富投在收益高、风险小的资产上，这就造成了流动资产的大规模转换和投资的多元化，必然引起汇率的变化。换言之，汇率的变动是因人们资产选择的变动引起的，而资产不同的收益率是进行资产组合调整的根本动力。于是，一切影响预期收益率的因素都会通过改变资产的组合而决定汇率的水平。

资产市场说在 20 世纪 70 年代中后期成为汇率决定理论的主流。其创新之处在于，将商品市场、货币市场和证券市场结合起来进行全面分析，以一般均衡分析代替局部均衡分

析,用动态分析代替比较静态分析,将存量分析与流量分析、长期分析与短期分析综合起来,并强调货币市场的重要作用,对理解现代汇率变动具有现实意义。但是,资产市场说也存在一些缺陷。这一理论的根本前提是各国资产具有完全的流动性。但是,实践中,各国资产完全自由流动是不可能实现的。因此,整个资产市场说的基础尚待进一步论证。

第八节 理性预期汇率理论和汇率"新闻"理论

一、理性预期汇率理论

20世纪70年代以来,浮动汇率制成为世界各国主要的汇率制度。外汇市场上的汇率水平频繁波动,人们开始探究即期市场汇率瞬间变化的规律和原因,并预测汇率变化的方法。传统的汇率理论已无法解释汇率的易变性。市场有效性理论与理性预期汇率理论正是在这种情况下产生的,以人们对金融市场上随时出现的信息——新闻消息作出的反应作为切入点,运用统计学和计量经济学的手段,研究即期汇率的规律。

(一)市场有效性

"市场有效性"的概念产生较早,最早由法马(1965)提出,当时主要用于商品市场和资本市场的研究,后由格威克和费格(1979)、莱维奇(1979)以及汉恩(1982)等将其引入外汇市场。

1. 市场有效性命题

市场有效性假说的含义是:重要的金融信息对所有的市场参与者来说都能够自由地、公开地、无成本地获得,而且所有的参与者都能够根据所获得的信息对未来的市场走势进行预测,以期使自己的收益最大化。如果资产价格是资源合理配置的象征,那么市场参与者将根据所获得的相关信息及时调整和转移资产投资比例,以实现资产市场的供求平衡,这样的市场被称为"有效市场"。法马(1976)曾提出一个为人们普遍接受的界定:当一个市场充分利用了所有可获得的信息,或者说,当期的价格完全反映了所有可获得的信息,以至于该市场上不再有任何未开发的获利机会,此时,这样的市场就是有效的。在这里,本书将"有效市场"(efficiency market)界定为:当一个市场能够充分、及时地反映所有可获得的相关信息,所有的市场参与者都能够根据所获得的信息及时调整和转移资产投资比例,使得自身收益最大化时的市场。据此,在一个有效的外汇市场中,抛补与非抛补的利率平价均成立。

2. 有效市场假说的前提假定和分类

前提假定:(1)发育完善的资本市场;(2)市场上有一批拥有充裕资本且只要有机会就可以进行套汇投机的投资者;(3)没有资本流动管制;(4)不考虑交易成本;(5)每个市场参与者对各种金融信息都能够自由、公开、及时地获取。

根据市场参与者所利用的信息集,可以把有效市场假说划分为三种类型:强式有效市场假说、半强式有效市场假说、弱式有效市场假说。强式有效市场假说认为,现行的市场价格充分反映了所有的信息,不仅包括过去的信息和目前的信息,而且包括内部信息,任何人都不能拥有对信息的垄断权,即使投机者利用私人信息也不能得到额外利润。半强式有效市场假说认为,现行的市场价格不仅反映了包含在过去价格中的信息,而且反映了目前所有公之于众的信息,投机者不可能通过分析财务报表、红利分配、货币供给量和收入水平等公开信息而得到额外利润。弱式有效市场假说认为,现行的市场价格充分反映了包含在过去的价格序列中的所有信息,投机者不可能通过分析过去的价格信息而得到额外利润。

一般来说,大部分的检验结果在一定程度上都支持弱式有效市场假说和半强式有效市场假说。如果资产市场的运行符合弱式有效市场假说和半强式有效市场假说,那么资产价格运动服从"随机游走假说"(random walk hypothesis)。随机游走,是指在一个价格序列中,随后的价格变动是对前面的价格的一个随机偏离,现在的价格与过去的价格变化无关。萨缪尔森(1965)严格证明,如果信息流动不受阻碍,并且不存在交易成本,那么在投机市场上,明天的价格变动将仅仅反映明天的新信息,而与今天的价格变化无关,因而价格变动将是不能被预测到的。

(二)理性预期

任何一种经济理论都暗含着预期如何形成的假定。现代汇率决定理论中,关于汇率预期形成的理论主要有五种形式:静态预期、外推预期、适应预期、回归预期和理性预期。

假定变量 S 在第 t 期的实际值为 S_t,S^e_{t+1} 为在第 t 期对第 t+1 期 S 值的预期值,则有:

第一,静态预期(static expectation),即 $S^e_{t+1}=S_t$。即人们仅仅依据当期的实际值推测下一期的预期值,并且预期 S 的值在未来会保持不变。

第二,外推预期(extrapolative expectation),即 $S^e_{t+1}=\alpha \cdot S_{t-1}+(1-\alpha)\cdot S_t$。即人们根据前一期实际值和当期实际值,分别赋予相应的权重 α 和 $1-\alpha$,推测下一期的预期值。

第三,适应预期(adaptive expectation),即 $S^e_{t+1}=(1-\alpha)\cdot S_t+\alpha \cdot S^e_t$。即预期的未来汇率是适应性形成的,作为当期观察的汇率和当期预期汇率加权平均。也可表示为:$\Delta S^e_{t+1}=\beta \cdot (S^e_t-S_t)$。其中,$\beta=\alpha-1$。据此,预期的汇率调整是与当期汇率预期值的误差成比例的。

第四,回归预期(regressive expectation),即 $S^e_{t+1}=(1-\alpha)\cdot S_t+\alpha \cdot \bar{S}_t$。该理论由多恩布什(1976)推广而流行。其中,$\bar{S}_t$ 为 S_t 的长期均衡汇率,α 为介于 0 和 1 之间的调整系数。即当 S_t 偏离均衡值 $\bar{S}_t$ 时,人们预期 S_t 将会回归到 $\bar{S}_t$,尽管不一定会立即回到 $\bar{S}_t$。可见,预期 S 的值是以均衡值为波动中心,在当期实际值上进行调整。

第五,理性预期,即 $E(S^e_t)=S_t$。即第 t 期 S 的预期期望值等于实际值。第 t 期 S 的实际值等于理性市场参与者对第 t 期 S 的预期值加上一个白噪声,即 $S_t=S^e_t+\varepsilon_t$。由于白噪声是以零均值独立分布的,因而第 t 期 S 的预期期望值等于当期实际值。完全理性预期的前提是要有充分信息的。

市场投资者对即期汇率的未来走势都持有自己的看法,由于每个人具有的知识水平不同,获取信息量的多少也存在差异,以及对各种信息给汇率造成冲击程度的认识都不一样,因此对未来汇率的预期不可能一致,甚至会千差万别。理性预期汇率理论则认为,不管投资者采用什么方法对未来汇率进行预测,如果投资者的主观预期与以一组包含可公开获得的信息为条件的数学期望值相同,那么这种预期就被称为"理性预期"。就平均来说,市场是理性的。

(三)对理性预期汇率理论的实证检验

对理性预期汇率理论的实证检验反映出高度的不一致性,有时甚至是相互矛盾的。新近的否定理性预期汇率理论的证据是由泰勒(1988)、格罗斯曼和斯蒂格利茨(1987,1990)提出的。他们在对市场有效性的检验中发现获取公开信息无成本的假设是不成立的,在高度竞争的信息社会时代,获取信息,特别是许多已经经过加工的信息,其成本是很高的。因此,他们认为,信息成本的存在和风险收益的不确定性使得理性预期汇率理论对汇率的预测经常出错。弗里德曼(1989)也认为,由于信息成本的存在,使得有效市场理论对汇率的预测经常出错。

传统的汇率模型检验都假定汇率预期是静态的,这一假定在20世纪80年代遭到质疑。弗兰克尔和弗鲁特(1987)利用收集到的汇率预期调查数据研究指出,汇率预期变动变化频繁,并且不为零。在否定静态预期的基础上,他们将汇率预期形成机制分为外推预期、适应预期和回归预期等。现有的文献中,我们视汇率预期为同质的,但是大量的线索表明,异质性预期及其在决定外汇市场动态中的作用对未来研究是重要的领域。

二、汇率的"新闻"理论

根据上述内容,如果外汇市场是有效的,那么外汇市场将反映所有可获得的信息,因而汇率的变动大部分是由未预期到的信息引起的。我们将影响汇率的因素区分为预期到的信息和未预期到的信息,探究未预期到的信息即"新闻"(news)对汇率决定的影响。"新闻"模型的研究始于20世纪80年代初期,发展非常迅速。汇率决定的"新闻"模型是在资产市场宏观结构模型的基础之上,结合理性预期假说进一步发展起来的,它主要是为了解决理性预期汇率理论在汇率预测过程中的误差问题。这种误差被归因于过去和现在发生的"新闻"引起的。研究各种信息对汇率的影响是该理论的重要特征。

(一)"新闻"在汇率决定中的作用

在外汇市场上,新的信息能引起预期的变化,并能很快在汇率中得到反映。因此,新的信息对汇率变动有着决定性的作用,被称为"新闻"。常见的影响汇率变动的"新闻"包括经济统计数据的发表、政治事件、新的国际货币安排和谣言等。外汇市场对新闻的反映不是取决于这些信息是好还是坏,而是取决于这些信息比预期的是更好还是更坏,预期到的信息已经包含在现在的市场汇率之中,汇率只对未预期到的信息发生变化。只有从总信息中减去预期到的信息后,剩下的未预期到的"净信息"才是"新闻",只有这种"新闻"才会影响到汇率的变动。弗兰克尔(1981)认为,影响汇率变动的关键因素是"新闻",这是20世纪70年代以来浮动汇率剧烈波动和变化无常的最主要原因。

从理论上说,"新闻"对汇率变动的影响可以从即期汇率与远期汇率的关系中得到反映。当市场趋势发生变动时,即期汇率与远期汇率同时同方向发生变化,影响远期汇率的信息与决定即期汇率的信息相同,而将来的即期汇率变动主要是由"新闻"引起的。因此,远期汇率不可能准确地预测到将来的即期汇率。虽然"新闻"与汇率之间的关系是显而易见的,但是在实践中要将相关新闻从所有新闻中分离出来,而且将其数量化,是十分困难的事,有时根本无法做到。因此,很多人认为汇率"新闻"模型(the news model)似乎不是一种内涵丰富的汇率决定理论,而更多的是一种技术分析方法和手段。该理论几乎不可能将基本模型的分析与实证检验区分开来。实证研究结果显示,汇率的"新闻"模型在解释汇率变动时与其他理论一样不能令人满意。像货币存量、实际产出和利率这样重要的基本要素对汇率的影响有时是负的,有时是正的。这表明,在"新闻"模型中,这些变量对汇率的影响是不确定的。例如,科普兰(1989)指出,利差的影响在不同时期是不一致的,货币供应量的影响也是反复无常的。

(二)汇率决定的"新闻"模型

汇率决定的"新闻"模型主要分析汇率变动中未预期到的部分,这种汇率决定的分析方法是对各种不同的汇率决定理论的补充和发展,一般不把它看成一种独立的汇率决定理论。

假定向量 V 包括所有决定汇率的变量,称为"基本变量",那么汇率决定可表示为:$S_t = \alpha V_t + \varepsilon_t$。其中,$\alpha$ 为系数,ε_t 为随机误差。假定市场参与者的预期是理性的,那么 $S_t^e = \alpha V_t^e$。两项相减,得到:

$$S_t - S_t^e = \alpha(V_t - V_t^e) + \varepsilon_t$$

上式左边是即期汇率中未被预期到的部分,右边括号内部分($V_t - V_t^e$)是基本变量中的"新闻"部分。该式就是汇率决定的"新闻"模型的一般方程。

总的来说,"新闻"模型的目标是解释汇率变动中未预期到的部分。从市场汇率的多变性和不确定性来看,这的确是一件困难的事。但是,"新闻"对汇率产生影响,又是确定无疑的。问题在于"新闻"的提取和数量化方面的困难,除此之外,还有很多难以预料的"突发事件",这是市场汇率不稳定和令人难以捉摸的重要原因。

(三)对"新闻"模型的评价

该理论的贡献在于:第一,由于即期汇率与远期汇率之间存在时间差,会出现"新闻",导致远期汇率对将来即期汇率的有偏估计,从而可用来解释外汇市场有效性检验为什么会失败。第二,"新闻"具有不可预见性,其出现是一个随机游走过程,与其呈线性关系的未预期到的即期汇率的变动也将是一个随机游走过程。据此,可解释为什么即期汇率的变动近似遵循随机游走假说。

但是,"新闻"模型也存在着诸多缺陷:(1)即期汇率存在与基本变量变动不一致的自我强化运动,即投机泡沫现象,在"新闻"模型中无法解释。(2)"新闻"模型的实证结果不能令人满意。

第九节 汇率决定的投机泡沫理论和混沌理论

上述"新闻"模型依据经济变量中未预期到的信息部分解释汇率变动,但是不能解释存在于汇率变动与基本变量变动之间不一致的自我强化的投机泡沫现象。在外汇市场中,往往同时存在着两类投资者,即基本面分析者(fundamentalists)和图表或技术分析者(chartists or technical analysis),汇率就是这两类投资者行为相互作用的结果。为此,我们将从异质预期角度考察包含异质交易者行为的汇率决定模型:投机泡沫模型和混沌模型。

一、投机泡沫理论

投机泡沫(speculative bubbles)是一种非经济变量,是指一种与基本经济变量变动不一致的汇率变动,并且这种变动具有自我强化的性质。投机泡沫可分为理性投机泡沫和非理性投机泡沫,两者的共同点是都重视预期的作用,区别在于:前者以理性预期假说为基本前提,后者以非理性预期假说为出发点。汇率决定的投机泡沫理论以偏离基本经济变量所决定的均衡值的汇率运动为研究对象,包括理性投机泡沫理论和非理性投机泡沫理论。两种理论都假定投资者通过预期推断汇率行为。

(一)理性投机泡沫理论(rational speculative bubbles)

汇率决定的理性投机泡沫理论最早是由布兰查德(1979)和多恩布什(1982)针对"新闻"模型的困境提出的。现实中,外汇市场上有时会产生这样一种现象:在基本经济变量并未发生大的变化情况下,汇率暴涨和暴跌。这种现象既无法用汇率超调理论也无法用汇率的"新闻"模型来解释。于是,在理性预期的假设下,汇率决定的理性投机泡沫理论被提出了。

当汇率短期超调于基本经济因素决定的长期均衡汇率时,引起的汇率偏离便成为投机泡沫产生的源头。在理性预期假设下,投资者如果预期这种货币仍要升值,为了获得短期预期收益而将继续购买这种已经被高估的货币资产时,便产生理性投机泡沫。投资者坚信汇率在回落到均衡汇率之前还会进一步涨高,而汇率偏离长期均衡值越远,在其他因素不变的情况下,作为对风险增加的补偿,汇率必须上升更高。在这种市场投机的"博傻行为"(greater fool behavior)推动下,泡沫随着货币的不断升值而膨胀。因此,理性投机泡沫理论的结论是:期初汇率对长期均衡值的偏离在理性预期假设下,将会导致汇率泡沫的生成并会加速膨胀。

在实证检验方面,罗杰·黄(1981)采用货币分析法,对美国、英国和德国两两配对的汇率数据进行分析,认为汇率过于剧烈波动而无法与货币模型得出的汇率均衡值保持一致,意味着理性投机泡沫的存在。埃文斯(1986)采用1981—1984年美元/英镑的汇率数据进行研究,结果表明在此期间内存在理性投机泡沫。

(二) 非理性投机泡沫理论(irrational speculative bubbles)

针对1980—1985年美元长期被持续高估现象,弗兰克尔和弗鲁特(1986)提出了非理性投机泡沫理论。非理性投机泡沫又叫"内生性泡沫",这一理论的出发点是假定经济代理人的预期是异质的。假定外汇市场上存在着三种经济代理人:基本面分析者、图表或技术分析者和资产组合经理人,他们从不同角度使用不同的信息对未来汇率进行预测:基本面分析者主要根据经济、政治或者其他基本面因素的发展变化,分析宏观经济基本因素对汇率的决定;图表或技术分析者主要根据汇率历史的市场价格和波动趋势的图表变化进行推断;资产组合经理人则根据前两者的预期,权衡之后选取适当的权数,进行外汇买卖。汇率的变化就是被他们的决策推动的。这三种经济代理人使用三种不同的信息集合,对于每一种经济代理人而言,都没有使用全部可获得的信息,所以他们的预期行为都是非理性的。由此,非理性的预期产生了非理性投机泡沫。

假定在弹性价格货币模型中存在着三种交易者:基本面分析者采用宏观经济基本面因素;图表或技术分析者采用汇率的时间序列;资产组合经理人根据前两者的预期,对其进行加权平均。据此,预期的决定方程式为:

$$\Delta S_{t+1}^m = w_t \cdot \Delta S_{t+1}^f + (1 - w_t) \cdot \Delta S_{t+1}^c$$

其中,ΔS_{t+1}^m、ΔS_{t+1}^f 和 ΔS_{t+1}^c 分别表示资产组合经理人、基本面分析者以及图表或技术分析者的汇率变动预期。w_t 为资产组合经理人赋予基本面分析者的权重,下标 t 表示这一权重随着时间而调整。在短期内,图表或技术分析者的权重较大,此时 w_t 的值较小;而在长期内,基本面分析者的权重较大,此时 w_t 的值较大,图表或技术分析者的权重较小。巴斯克(1998)认为,w_t 的大小应与通货膨胀因素有关,通货膨胀率越高,相当于预测的时间水平越短,意味着技术分析者更重要,因而 w_t 应该越小,反之亦然。弗兰克尔和弗鲁特(1990)指出,随着时间的推移,权重值的不同使得预测技术成为对美元需求改变的来源,并且剧烈的汇率变动会伴随着微小的宏观经济基本面因素的变化而发生。由此,汇率泡沫或者汇率对于经济基本面的偏离,实际上是资产组合经理人对外汇市场中基本面分析者和图表或技术分析者所占比重变化的认知偏差造成的。

(三) 简要评价

根据崔孟修(2001)对于汇率决定的投机泡沫理论的评述,可以归纳出以下四点:

第一,投机泡沫理论成功克服了汇率决定的"新闻"模型的困境,即"新闻"模型利用基本经济变量的"新闻"无法解释不依赖于基本经济变量的汇率变动的投机泡沫现象。

第二,投机泡沫理论从非基本经济变量角度很好地解释了汇率的频繁波动。因为在基本经济变量相同的情况下,汇率波动仍旧不同,如浮动汇率制度下汇率波动比固定汇率制度下更明显,说明基本经济变量可能不是汇率变动的唯一原因,在某些情况下甚至不是主要原因。

第三,投机泡沫理论是一种基于市场微观结构(经济代理人的异质性)的汇率决定理论,它预示着汇率理论未来发展的方向。如非理性投机泡沫理论的异质经济代理人预期假定,以及其对投机泡沫的产生、持续和破灭的论述,在方法论上属于一种基于市场微观结构的汇率决定理论。

第四,受投机泡沫理论,特别是它的异质预期假定的启发,产生了另一种研究汇率决定的方法,即混沌分析方法。德·格劳威等(1993)证实,在异质预期的假定下,外汇市场上图表或技术分析者和基本面分析者的相互作用能够导致汇率的混沌运动。

二、混沌理论

混沌(chaos),是指在确定性系统中出现的貌似随机的运动,运动的确定性并不等价于可预测性,确定性的运动能够产生不可预测的貌似随机的行为。混沌的主要特征有:第一,混沌过程是非线性的;第二,确定性与随机性的结合,是一个确定性系统,具有内在随机性,其运动具有非周期性,是永不重复的;第三,对初始条件的敏感依赖性,初始条件的细小变化会导致系统完全不同的轨道;第四,相空间中的混沌吸引子具有自相似结构的分形维;第五,具有普适性,在倍周期分岔通向混沌的过程中,普适常数的发现引起了重整化群的思想,说明混沌系统具有共同的规律性。[①]

(一)理论背景和主要观点

混沌经济学(chaotic economics)研究开始于20世纪80年代初,基于混沌系统特点以及外汇市场和交易者行为的复杂性,经济学家们开始将混沌理论引入汇率决定的研究。德·格劳威和杜瓦赫特(1991)利用混沌理论开创了研究汇率行为的先河,他们将基于基本因素分析汇率决定的长期模型与基于非线性理论分析汇率决定的短期模型相结合,提出了汇率决定的混沌货币模型。假定市场上有两类投机者:一类是技术或图表分析者,只利用过去的信息,外推将来汇率的变化;另一类是基本面分析者,用由汇率决定的结构模型来计算汇率的均衡值,认为市场汇率将趋向均衡值移动。根据假定,有关未来汇率变化的预期将由两部分组成:一是技术或图表分析者预期,二是基本面分析者预期。他们证实汇率短期行为是可以预测的,而且使用技术分析方法进行预测的精确度要优于随机游走模型。谢赤、杨妮(2005)认为,在混沌理论中,正的李雅普诺夫指数[②]是证明混沌信号的必要条件。混沌是在无规则中寻找秩序,认识混沌只是实现"人类梦想"的一部分,因为混沌过程仍是无法长期预测的。如何利用混沌理论来正确认识和描述经济变量的行为,有效把握其运行趋势,这是非线性科学研究的重要方向。江世勇、崔基哲(2010)认为,汇率时间序列表现出看似随机的行为,这是由汇率决定函数中的非线性所致。在实际经济活动中,异质性交易者对普通信息的

---

① 参见〔美〕埃德加·E.彼得斯:《资本市场的混沌与秩序》(第二版),王小东译,经济科学出版社1999年版,第41—42页。

② 混沌动力系统对初始条件具有敏感性,初始状态的微小变化都会导致系统内初始状态比较接近的轨道,总体上迅速地按指数速度扩散,预测能力会迅速丧失。这种轨迹收敛或发散的比率被称为"李雅普诺夫指数"。

非均匀处理诱发了非线性。但是,这些随机性依赖于初始条件和参数的特定取值,因而是局部性的。汇率时间序列整体表现为一种稳定,其稳定的机理在于混沌吸引子的存在。

(二)汇率决定混沌模型

假定经济代理人是异质的,含基本面分析者和图表或技术分析者,他们分别使用不同的有限信息集合进行预测。正是它们之间的相互作用,在汇率的形成中引入充分的非线性,从而使得外汇市场上的混沌运动成为可能。达·席尔瓦(2001)指出,未来名义汇率变化的预期可由两部分组成:一是基于图表或技术分析的预期,二是基于基本面分析的预期。这种预期是基于 t−1 期作出的。因为假定生产者和投机者在 t−1 期所持的市场看法是基于他们对 t 期所作预测。据此,一个简单的汇率决定的混沌模型是:

$$\left(\frac{S_{t+1}^e}{S_{t-1}}\right)^n = \left(\frac{_cS_{t+1}^e}{S_{t-1}}\right)^{T_t} \left(\frac{_FS_{t+1}^e}{S_{t-1}}\right)^{n-T_t}$$

其中,对基于图表或技术分析预测的预期规则被界定为:

$$\frac{_cS_{t+1}^e}{S_{t-1}} = \left[\left(\frac{S_{t-1}}{S_{t-2}}\right)\left(\frac{S_{t-3}}{S_{t-2}}\right)\right]^v$$

这里,v 表示本国图表或技术分析者使用的过去外推程度。v 越大,表示过去汇率外推进未来名义汇率预测中越多。

当基于基本面分析作出预测时,生产者和投机者被假定使用如下规则:

$$\frac{_FS_{t+1}^e}{S_{t-1}} = \left(\frac{S_{t-1}^{PPP}}{S_{t-1}}\right)^\lambda$$

这里,λ 表示 t−1 期名义汇率趋向其均衡 PPP 值的预期复归速度。λ 越大,表示基本面分析者预期名义汇率上升或回落到其均衡 PPP 值越快。

其中,本国图表或技术分析的权重 T_t 被内生化为:

$$T_t = \frac{n}{1 + \tau(S_{t-1} - S_{t-1}^{PPP})^2}$$

这里,参数 τ 表示基于本国图表或技术分析的预测转向基于基本面分析作出预测的速度。τ 越大,意味着图表或技术分析减少得越快。

将上述代入混沌模型,假定均衡 PPP 汇率等于 1,据此,得到汇率决定的混沌模型是:

$$S_{t+1}^e = S_{t-1}^{f_1} \cdot S_{t-2}^{f_2} \cdot S_{t-3}^{f_3}$$

其中,

$$f_1 = \frac{1 + v + \tau(1-\lambda)(S_{t-1}-1)^2}{1 + \tau(S_{t-1}-1)^2}, \quad f_2 = \frac{-2v}{1 + \tau(S_{t-1}-1)^2}, \quad f_3 = \frac{v}{1 + \tau(S_{t-1}-1)^2}$$

该模型显示,名义汇率预测取决于以非线性方式呈现的前三期名义汇率的组合。该模型证实,汇率的短期行为是可以预测的,而且使用技术分析法进行预测的精确度要优于随机游走模型。当市场汇率等于均衡汇率时,图表或技术分析者的权重达到最大值,市场上好像没有基本面分析者一样,图表或技术分析者(或噪声交易者)用过去的汇率信息来外推将来的汇率变化,市场预期由其信念支配。当市场汇率偏离均衡汇率时,图表或技术分析者的权重趋于下降,基本面分析者的权重上升,市场预期被基本面分析者支配。基本面分析者通过汇率模型决定均衡汇率,认为该均衡汇率水平是市场汇率将趋向的那一部分。这两种因素相互作用,使得汇率运动呈现出混沌运动状态。

(三)简要评价

第一,用纯内生方法来解释汇率的变动,克服了"新闻"模型的不足,使人们认识到汇率的周期性和混沌运动状态是可能的。不过,混沌行为在长期内的不可预测性与传统的理性预期假说不相容。

第二,汇率混沌模型能够模拟一些重要的事实,如远期外汇升水的偏差,同时它也考虑到汇率的过去变化,以此预测短期汇率,提出了基于基本经济因素预测汇率的困境,这是理性预期模型中所缺乏的。

第三,虽然实证研究指出汇率变动有混沌现象,但是将混沌理论用于经济变量预测与控制,用混沌理论解释汇率行为,尚处于摸索阶段,对汇率变动混沌现象的判断有待进一步研究。

第四,与其他汇率决定理论一样,混沌理论的成立也要依赖特定的前提假定。基本面交易者并不是真正的理性预期者,因为其在形成预期时忽视了技术交易者的存在。两类交易者相互的影响仅仅存在于一个特定的模式下,如何建立汇率决定的非线性模型是将来需要进一步研究的方向。

本 章 小 结

购买力平价论分析的是真实产品的价格与金融资产的价格——汇率之间的关系。如果真实产品市场能够无成本地套利,则购买力平价可望成立。购买力平价论认为,两国货币的汇率等于两国价格水平之比。购买力平价论的前提基础之一是一价定律,二者类似于树木与森林之间的关系。

绝对购买力平价论认为,在一价定律有效的条件下,一国货币对外汇率主要是由两国货币在其本国所具有的购买力决定的,汇率取决于以不同货币衡量的可贸易商品的价格水平之比,它说明的是在某一时点上汇率的决定因素。相对购买力平价论则认为,各国间存在着交易成本,同质商品用同一种货币表示时,价格存在差异,这使得一价定律无效。汇率的变动是由两国价格水平变动率所决定的,汇率变动率等于两国之间的通货膨胀率之差,它说明的是在一段时期内汇率的变动规律。

利率平价论研究的是金融市场上国内外资产价格(利率与汇率)的关系。利率平价论假定资本完全自由流动,利率平价是短期内汇率决定的基础。根据传统的利率平价论,两国货币之间的利差等于远期汇率的升(贴)水率。引入预期因素后,利率平价论分为抛补的利率平价论和非抛补的利率平价论。前者的经济含义是:汇率的远期升(贴)水率等于两国货币利率之差;后者的经济含义是:即期汇率的预期变动率等于两国货币利率之差。

长期内汇率协调一致模型:如果一国的汇率变动率能够抵消该国与外国通胀率差异,那么两国货币之间的利率差异一定等于两国预期的通胀率差异。费雪效应证实,在长期内,纯粹的货币增长不会对经济生活中的相对价格产生影响。实际汇率的变动是对相对购买力平价的偏离,两国货币的名义利率差异等于预期的实际汇率变动率加上预期的两国通胀率之差。预期的实际利率平价条件是:预期的实际汇率变动率等于两国预期的实际利率差异。

现代意义上的汇率决定模型都强调金融资产市场,把汇率视为一种资产价格。对国内外资产替代程度和价格调整速度的不同假设,引出了资产市场说的各个流派。货币论假定国内外资产可完全替代,两种资产的预期收益率相同,不存在资产组合的调整问题;资产组合平衡论则认为资产是不可完全替代的,存在资产组合选择调整问题。资产持有者可以根据"收益—风险"分析法对持有的实际资产组合结构迅速进行调整,以达到所需要的资产组合结构。

汇率决定的货币论分为弹性价格货币模型和黏性价格货币模型。前者假定价格是完全灵活可变的,而后者假定在短期内价格水平具有黏性,不会因货币市场的失衡而立即调整。前者假定商品市场与金融市场同样高速地对货币市场失衡发生调整反应;而后者假定商品市场要比金融市场的反应滞后,因而短期内是利率和汇率的变动,而不是价格的变动以恢复货币市场的均衡。在短期内,由于商品价格黏性会造成利率变动超调,导致汇率变动出现超调现象;而在长期内,随着商品价格的调整,汇率会恢复到长期均衡水平。

资产组合平衡论的基本思想是,接受多恩布什关于短期内价格黏性的看法,短期内资产市场的失衡是通过资产市场内部国内外各种资产的迅速调整加以消除的,而汇率正是使资产市场供求存量保持和恢复均衡的关键变量。

现代汇率决定理论中,关于汇率预期形成的理论主要有五种形式:静态预期、外推预期、适应预期、回归预期和理性预期。对理性预期汇率理论的实证检验反映出高度的不一致性,有时甚至是相互矛盾的。汇率决定的"新闻"模型是在资产市场宏观结构模型基础之上,结合理性预期假说进一步发展起来的,它主要解决理性预期理论在汇率预测过程中的误差问题,主要分析汇率变动中未预期到的部分,是对不同汇率决定理论的补充和发展。

汇率决定的投机泡沫理论以偏离基本经济变量所决定的均衡值的汇率运动为研究对象,包括理性投机泡沫理论和非理性投机泡沫理论。汇率决定混沌模型显示,名义汇率预测取决于以非线性方式呈现的前三期名义汇率的组合。图表或技术分析者与基本面分析者相互作用,使得汇率运动呈现出混沌运动状态。

经济基本面必须通过金融市场影响汇率。驱动汇率动态的金融变量当然与经济基本面有关,但是并非一对一的机械关系。

关键术语

1. Purchasing power parity, PPP(购买力平价)—PPP is a theory that postulates that the change in the exchange rate between two currencies is proportional to the change in the ratio in the two countries' general price levels. This means that the exchange rate between two countries' currencies should equal the ratio of the two countries' price levels of a fixed basket of goods and services. The basis for PPP is the "law of one price". Purchasing Power Parity is divided into absolute PPP and relative PPP.

2. Absolute PPP(绝对购买力平价)—It postulates that the equilibrium exchange rate is equal to the ratio of the price levels in the two nations.

3. Law of one price(一价定律)—The law of one price states that in competitive markets free of transportation costs and official barriers to trade (such as tariffs), identical goods sold in different countries must sell for the same price when their prices are expressed in terms of the same currency.

4. Relative PPP(相对购买力平价)—It postulates that the percentage change in the exchange rate is equal to the difference in the percentage change in the price levels in the two countries.

5. Interest rate parity, IRP(利率平价)—IRP states that the forward rate premium

(or discount) of a currency is equal to the differential in interest rates between the two countries. IRP is divided into covered interest parity and uncovered interest parity.

6. Covered interest parity,CIP(抛补的利率平价)——CIP states that the forward premium must be equal to the two countries' interest rate differential, otherwise there exist exploitable profitable arbitrage opportunities. Equality of returns on otherwise comparable financial assets denominated in two currencies, assuming that the forward market is used to cover against exchange risk. As an approximation, covered interest parity requires that, where is the domestic interest rate, is the foreign interest rate, and is the forward premium.

7. Uncovered interest parity,UIP(非抛补的利率平价)——UIP states that there is a relationship between the expected change in the spot exchange rate and the interest rate differential between the two countries, and the expected change in the spot exchange rate is equal to the two countries' interest rate differential. Equality of expected returns on otherwise comparable financial assets denominated in two currencies, without any cover against exchange risk. Uncovered interest parity requires approximately that, where, are the same as the above, and the expected premium of foreign currency at an annualized percentage rate.

8. Monetary model of exchange rates(汇率货币模型)——The theory that postulates that exchange rates are determined in the process of equilibrating or balancing the stock or total demand and supply of money in each nation.

9. Fisher effect(费雪效应)——Assuming all else equal, a rise in a country's expected inflation rate will eventually cause an equal rise in the interest rate that deposits of its currency offer. Similarly, a fall in the expected inflation rate will eventually cause a fall in the interest rate. This long-run relationship between inflation and interest rates is called the Fisher effect.

10. Exchange rate overshooting(汇率超调)——The tendency of exchange rate to immediately depreciate or appreciate by more than required for long-run equilibrium, and then partially reversing their movement as they move toward their long-run equilibrium levels.

11. Portfolio model of exchange rates(汇率资产组合模型)——The theory that postulates that exchange rates are determined in the process of equilibrating or balancing the demand and supply of financial assets in each country.

> 问题与练习

一、名词解释

购买力平价　　绝对购买力平价　　相对购买力平价　　一价定律　　利率平价
抛补的利率平价　　非抛补的利率平价　　名义汇率　　实际汇率　　费雪效应
实际利率平价　　汇率货币模型　　汇率超调　　汇率资产组合模型

二、思考题

1. 试述购买力平价与一价定律之间的关系。哪些因素会造成一价定律不成立？

2. 简述绝对购买力平价与相对购买力平价之间的关系。
3. 简述购买力平价理论的主要内容及其缺陷。
4. 什么是利率平价论？它与购买力平价论有何差异？
5. 比较抛补的利率平价和非抛补的利率平价及其经济含义。
6. 决定长期名义汇率变动的重要因素有哪些？
7. 试述长期内汇率协调一致模型的经济含义。
8. 预期的实际利率平价的条件是什么？
9. 依据国际收支说，剖析影响均衡汇率变动的主要因素及其影响。
10. 比较弹性价格货币模型与汇率超调模型。
11. 试析资产组合平衡论与汇率决定的货币论的主要区别。
12. 资产组合平衡模型中资产供给的变化调整对汇率变动的影响有哪些？
13. 汇率决定的资产市场说相对于传统的汇率决定理论有哪些进步之处？
14. 在现代汇率决定理论中，关于汇率预期形成的理论有哪些？
15. 试述汇率决定的"新闻"模型。
16. 试从异质交易者预期角度理解汇率决定的投机泡沫模型和混沌模型。

三、计算题

1. 2018年2月，在美国金融市场上，美元存款年利率为2.45%；在英国金融市场上，英镑存款年利率为1.85%。假定当前即期汇率为 GBP 1＝USD 1.3950，请问(1) 3个月美元期汇是升水还是贴水？升水(或贴水)为多少？(2) 3个月美元期汇是多少？(3) 升水(或贴水)率是多少？

2. 某人拥有100万英镑资产，假定在某一时期，投资于美国金融市场上，美元年利率为2.0%；若投资于英国金融市场上，英镑年利率为2.5%。假定当前伦敦市场上即期汇率为 GBP 1＝USD 1.3195—1.3245，3个月的美元期汇为 GBP 1＝USD 1.3095—1.3135。在这里，交易费用忽略不计。请问：是否存在无风险套利机会？该投资者应该投资于哪个市场？3个月可获利多少？

附录　汇率决定理论的最新发展
——外汇市场微观结构理论

20世纪90年代以来，汇率决定宏观结构模型中被作为假设前提或被认为是不重要的细节而忽略的方面逐渐进入学者们的研究视野。一些经济学家开始关注原有汇率理论未曾考虑的宏观经济关系的微观基础，形成了具有微观基础的汇率宏观经济分析方法；同时，基于对理性预期的批判，从外汇市场微观结构研究出发的汇率决定微观结构理论和从市场参与者异质性导致汇率混沌运动理论出发的汇率决定的混沌分析方法也登上了理论发展的舞台。

一、具有微观基础的汇率宏观经济分析方法

传统的宏观汇率模型有两个重要的假定：一是与汇率决定相关的所有信息都是公开知晓的；二是新信息影响汇率、决定其新的均衡水平的过程是为所有市场参与者所共知的。基于这两个假定，实际的交易过程与汇率决定是不相关的。据此，宏观汇率模型考察了汇率与

宏观经济变量之间的关系,如货币供给、利率、资本流动和收入等。但是,现实中,宏观汇率模型只能解释一小部分汇率的变化,无法解释汇率发展的一些事实特性,如过度的突变或逆转(excess turnover)、过度的易变(excess volatility)和汇率决定难题(exchange rate determination puzzle),很难解释汇率的短期变动。在奥伯斯法尔德和罗戈夫(1995)提出具有划时代意义的宏微观一致基本模型后,许多学者在不同方面对汇率决定理论作了发展。由于这方面的发展引入微观基础对原有的宏观分析方法进行补充,使得新的分析框架下对汇率的分析更加贴近实际。目前,具有微观基础的汇率宏观经济分析方法仍在发展之中。由于这一分析方法建立在主流经济学的基础之上,很多研究使其成为汇率决定理论非常重要的一个发展方向。

二、外汇市场微观结构方法与传统汇率决定理论的结合[①]

从20世纪90年代开始,市场微观结构理论在外汇市场问题研究上得到了充分发展。汇率决定的微观结构理论被提出,指令流在汇率决定中起着重要作用,对汇率的短期变动有着较好的解释。孙立坚(2002)认为,大量研究主要是通过放宽有效市场的条件限制,即考虑在私有信息、非同类市场参与者或不同交易机制条件下,探究汇率的决定和形成将出现什么样的规律。在这里,对汇率决定的外汇市场微观结构理论与传统汇率决定理论进行比较。

传统汇率决定理论认为,汇率是由宏观经济基本面唯一决定。大量经验研究表明,虽然从长期来看宏观经济基本面对汇率的影响是显著的,但是短期内它对汇率的解释和预测能力相当差。米斯和罗戈夫(1983)指出,短期内结构模型对汇率的预测能力并不明显优于随机游走模型。米斯(1990)还指出,在月度或季度内,宏观经济基本面对汇率的解释能力实际为零。为什么短期内宏观经济基本面对汇率的解释和预测能力会如此不同?问题出在哪里?问题的根源在于,传统汇率决定理论完全忽略了信息的汇集过程。传统汇率决定理论暗含这样一个假设,即投资者是同质的,与汇率相关的宏观经济信息是所有市场参与者都知道的公开信息,并且能够立即反映到市场价格(汇率)之中,因而宏观经济基本面与价格(汇率)之间并不存在一个信息汇集的过程。埃文斯和里昂(2002)强调了私有信息及其集合过程的重要影响,认为与单单依赖于宏观经济决定因素不同的是,其模型包括来自微观结构指令流的决定因素,该指令流是所有微观结构模型中价格的主要决定因素。里昂(2001)指出,在真实的外汇市场中,投资者是异质的,对于宏观经济基本面拥有分散的私人信息,而分散的私人信息不可能立即反映到市场价格中,宏观经济基本面与价格(汇率)之间存在一个信息汇集过程,在这一过程中起关键作用的信息汇集者就是指令流。与汇率决定有关的分散的宏观经济信息是通过指令流汇集和传递的。埃文斯和里昂(2002)用两国利差来度量宏观经济因素,用订单流来度量市场微观因素,以美元兑马克和美元兑日元的汇率为例,得出订单流对汇率波动的解释力分别为64%和46%,而两国利率差的解释力接近于0,证明时间集合的订单流比宏观经济变量能更好地解释汇率的决定。戈尔本、焦毛伊和基斯(2005)提出,与基于汇率宏观分析法不同,微观结构理论否认完全市场假说,强调交易和价格决定的过程。除了解释汇率的基本面变量之外,微观结构理论特别关注市场结构、交易规则和不同类型市场参与者的活动。取代传统模型中的宏观变量,微观结构分析的最重要解释变量是指令流,即交易量的带符号(signed)测度,是买者和卖者发起外汇市场交易的净差额。经验分析显示,指令流能够解释汇率波动1/2或2/3的部分。虽然微观结构模型的最重要解释

[①] 参见倪克勤、叶菲:《外汇市场微观结构研究的最新进展》,载《西南金融》2007年第3期。

变量是指令流,但是在更深层次上,正是宏观经济基本面决定着微观结构理论中的汇率。指令流被认为是汇率与宏观基本面之间的连接。微观结构理论的核心创新是关注指令流经由交易机制传递信息到基本面上的方式。因此,微观结构分析法被认为是对宏观模型的补充,而非替代选择。

既然指令流变量对汇率变动有很强的解释能力,那么可不可以将它纳入一个标准的宏观经济分析框架之中？汇率、宏观经济基本面和指令流三者之间又有着怎样的联系？巴凯塔和梵·温科普(2006)向前迈出了一步,他们的模型从一个角度比较清晰地揭示了短期和长期中汇率、宏观经济基本面和指令流三者之间的联系。基本结论是：(1) 短期内,汇率与宏观经济基本面相背离；(2) 从长期来看,汇率能够反映宏观经济基本面；(3) 无论短期还是长期,指令流对汇率都有显著的影响。总的来说,他们提出的分析框架从一个角度比较清晰地揭示了汇率、宏观经济基本面和指令流三者之间的联系,在市场微观结构方法与传统国际金融理论的融合上进行了有益的探索。

三、外汇市场微观结构理论的发展前景[①]

外汇市场微观结构理论无论从研究方法还是研究视角来看,都和现有的以宏观经济分析方法为主的汇率理论有着明显的不同。其特征主要表现在三个以往未被重视的微观层面：一是私有信息,二是市场参加者的异质性,三是交易系统。它接受了对实证分析结果和现有理论不吻合的批判,强调在非有效的外汇市场上来自于**知情交易者订单指令流**和出自于**做市商的买卖差价**这两个关键的微观金融指标是传递和反映私有信息的唯一工具,这些信息(如资产的低估或高估等)汇集在市场的交易过程中,才是主导汇率和外汇交易量变化的决定要素。

第一,从私有信息来看, 在市场微观结构理论中最强调的基本概念莫过于私有信息,它被认为是价格形成的关键所在。私有信息具有两个鲜明的特征：一是它不能被所有的人共享,二是它比公开信息能更好地预测未来价格的走势。外汇市场的价格波动很有可能是私有信息作用的结果。私有信息形成的原因不同,它对价格影响的持续时间也明显不同,因而价格的波动程度和频率也就不同。

第二,从市场参与者异质性来看, 可通过三个侧面分析它对价格的影响：一是市场参与者的交易动机所造成的影响,认为投机交易者和保值交易者的目标函数是不一样的；二是市场交易者的分析方法所起的作用,认为市场参与者对信息的处理方法显示出多样化；三是市场交易者信息不对称的动态效果,认为交易者是否掌握私有信息是影响其投资行为的关键要素,相互博弈的结果最终将影响做市商的定价机制。

第三,从外汇市场交易机制来看, 现有的即期市场上,外汇交易主要是通过三个渠道进行的：一是客户与银行之间的外汇交易,二是国际金融市场上银行间(做市商间)外汇交易,三是通过经纪人交易。后两者几乎占据了所有的外汇交易量。

综上,外汇市场微观结构理论已从原来的价格形成机制及其特点的研究进入政策和制度设计的研究这一新阶段,它所涉及的内容对WTO框架下中国金融改革和开放都有着重要的指导意义。

---

① 参见孙立坚：《外汇市场微观结构理论的原理及其前景》,载《国际金融研究》2002年第11期。

第二部分
国际收支问题

国际收支平衡问题一直是一国追求的外部平衡目标。为了实现这一目标,一国往往需要通过国际收支调节进行,由此发展出各种国际收支理论。这些内容构成了本书的第二部分,包括第三章"国际收支账户和国际支付体系"、第四章"国际收支调节和国际收支理论"。

第三章 国际收支账户和国际支付体系

学习要点

国际收支概念,国际收支与国际借贷关系,国际收支平衡表的构成,国际收支的会计原理,国际收支差额分析,开放经济下国民收入账户关系,国际收支的宏观经济分析,国际货币的职能及充当条件,国际结算和支付机制。重点理解和掌握:国际收支,国际收支平衡表构成,复式簿记原理,国际收支局部差额,中美贸易收支失衡、调整与再平衡,国际收支的宏观经济分析。

第一节 国际收支的界定

国际收支(balance of payments),是一国国民经济的重要组成部分,既反映了该国经济结构的性质、经济活动的范围,又反映了该国对外经济活动的特点及其在世界经济中的地位和作用。国际收支有广义与狭义之分。最初的国际收支,是指一国在一定时期内对外往来所引起的货币收支。它强调的是现金基础和当期结清的外汇收支。那些不引起现金支付的交易,如补偿贸易、易货贸易、实物形式的无偿援助以及清算支付协定下的记账贸易等,都没有被包括在外汇收支内。随着国际经济交易的不断扩大,这种狭义的定义已不能适应需要。目前,世界各国采用的都是广义的国际收支。国际货币基金组织(IMF)要求成员国按期报送本国的国际收支资料。根据2009年IMF发布的《国际收支和国际投资头寸手册》(第六版)的解释,国际收支为某个时期内居民与非居民之间的交易汇总统计表,被定义为一国或地区在一定时期内(通常为一年)居民与非居民之间进行的全部经济交易的系统的货币记录。国际收支的组成部分有:货物和服务账户、初次收入账户、二次收入账户、资本账户和金融账户以及误差与遗漏净额。

国际收支包括三层含义：

首先，国际收支记录的内容是一国**居民与非居民**之间进行的国际经济交易。"居民"（resident）是经济概念，不同于法律上的"公民"概念。他国的公民如果在本国长期从事生产和消费行为，也可能是本国的居民。居民，是指在一国经济领土内具有经济利益的经济单位，也就是在该国经济领土上从事经济活动或交易的时间达到一年以上的政府、个人、企业或事业单位，否则就是本国的非居民。据此，移民被认为是其工作所在地的居民，即使仍旧保持着出生地的公民身份。一国的经济领土，不仅包括政府所管辖的地理领土，还包括该国天空、水域和邻近水域下的大陆架，以及该国在世界其他地方的飞地。按照这一标准，一个国家的驻外使领馆中，外交人员是派出国的居民，是所在国的非居民。在一国注册的企业，无论股东的国籍为何，都是注册国的居民，但是其国外分部和子公司不是。国际组织（如联合国、IMF、世界银行及 WTO 等）则是任何国家的非居民。[①]

其次，国际收支以交易为基础，与支付无关（on transaction basis not on cash payment basis），是交易的系统的货币记录。所有交易，无论是否涉及货币收支，都必须折算成汇编国（compiling country）本币进行记录（如补偿贸易、易货贸易、记账贸易下，对外往来往往不涉及货币收付）。所谓交易，包括四类：(1) 交换，即一交易者（经济体）向另一交易者提供一宗经济价值并从对方得到价值相等的回报。这里的经济价值，可总体概括为实际资源（货物、服务、收入）和金融资产。(2) 转移，即一交易者向另一交易者提供经济价值，但是没有得到任何补偿。(3) 移居，即一个人把住所从一经济体搬迁到另一经济体的行为。移居后，该个人原有的资产负债关系的转移会使两个经济体的对外资产、债务关系均发生变化，这一变化也要被记入国际收支。(4) 其他根据推论而存在的交易。如国外直接投资者的收益再投资，虽然没有涉及两国间资金和服务的实际流动，但是也须在国际收支中反映出来。

最后，国际收支是"流量"（flow）、"事后"（ex-post）的概念。它是一段统计时间内所有交易的汇总，而不是期末余额。一般来说，国际收支是年度统计，是对过去的一个会计年度已发生的事实进行事后记录。国际借贷（balance of international indebtedness）也称"国际投资状况"，它与国际收支统计完全不同，是存量（stock）统计，指一定时点上一国居民对外资产和对外负债的汇总。由于是存量统计，存量的变化可能归结于各种交易（流量）以及汇率、利率、物价等变化的计价变化或其他调整。因此，国际借贷还包括估价变化引起的头寸变化。国际收支的范围比国际借贷广，对外赠予、侨民汇款、战争赔偿等无偿交易没有被包含在国际借贷中。

第二节 国际收支平衡表及其构成

一、国际收支平衡表的含义

国际收支平衡表（balance of payments statement），是一国对其一定时期内（通常为一

---

① 中国《外汇管理条例》所称"居民"包括中华人民共和国居民自然人、居民法人。居民自然人包括在中华人民共和国境内连续居留一年或者一年以上的自然人，外国及香港、澳门、台湾地区在境内的留学生、就医人员及外国驻华使馆领馆、国际组织驻华办事机构的外籍工作人员及其家属除外；中国短期出国人员（在境外居留时间不满一年）、在境外留学人员、就医人员及中国驻外使领馆、常驻国际组织使团的工作人员及其家属。居民法人包括在中华人民共和国境内依法成立的企业法人、机关法人、事业单位法人、社会团体法人和部队；在中华人民共和国境内注册登记但未取得法人资格的组织视为居民法人；境外法人的驻华机构视为居民法人。

年)的全部国际经济交易,根据交易的特性和经济分析的需要,分类设置科目和账户(account),并按复式簿记的原理进行系统货币记录的报表。一国的国际收支状况集中反映在该国的国际收支平衡表上。国际收支平衡表是按照**特定账户和复式簿记方式**表示的会计报表。IMF 规定各成员国必须定期向其报送本国的国际收支平衡表。为了便于编制并具有可比性,IMF 出版了《国际收支手册》,制订了国际收支平衡表的标准格式。

二、国际收支平衡表的构成

根据 20 世纪 70 年代以来国际经济发展的变化,IMF 于 1993 年出版了《国际收支手册》(第五版),对国际收支平衡表的账户及其构成作了修改。国际收支平衡表分为三大账户:(1)经常账户(current account);(2)资本和金融账户(capital account and financial account);(3)误差和遗漏账户(errors and omissions account)。每一账户下又细分为若干分支账户(sub-accounts)。2001 年开始,IMF 开始着手对《国际收支手册》(第五版)进行更新,旨在为成员国编制国际收支和国际投资头寸数据提供指导。根据 2009 年 IMF 发布的《国际收支和国际投资头寸手册》(第六版),国际收支平衡表包括经常账户、资本账户、金融账户以及误差与遗漏净额。其中,经常账户可细分为货物和服务账户、初次收入账户、二次收入账户;金融账户可细分为直接投资、证券投资、金融衍生工具、其他投资和储备资产。

(一)经常账户

经常账户显示的是居民与非居民之间货物、服务、初次收入和二次收入的流量,具体包括:

第一,货物账户。货物贸易涉及居民与非居民之间所有权变化的交易,包括一般用于加工的货物、货物修理、各种运输工具、在港口购买的商品和非货币黄金。进出口商品均按边境的离岸价(FOB)计价,在货物的所有权从居民转移到非居民时记录下来。进出口货物差额又称"贸易差额",余额为正,称为"顺差",表示出口大于进口;反之,则为贸易逆差。

第二,服务账户。服务包括运输、旅游以及在国际贸易中地位越来越重要的其他项目(如通信服务、建筑服务、金融及保险服务、计算机及信息服务、文化及娱乐服务,专有权利使用费和特许费,以及其他商业服务和政府服务等)。债权表示本国居民为他国居民服务的外汇所得,债务表示本国居民购买他国居民劳务支出的外汇,两者的余额为服务账户差额。

第三,初次收入账户。它显示的是居民与非居民机构单位之间的初次收入流量,反映的是机构单位因其对生产过程所做的贡献或向其他机构单位提供金融资产和出租自然资源而获得的回报,包括雇员报酬、财产收入、投资收益和其他初次收入(如租金、生产税、进口税和补贴)。

第四,二次收入账户。它表示居民与非居民之间的经常转移,包括资本转移以外的所有其他类型的转移。比如,经常性国际援助(政府间经常性的国际合作、经济军事援助、战争赔款、没收走私商品、政府间的赠予、捐款和税款等)和个人转移(民间的侨民汇款、养老金、宗教、教育、财团法人捐赠钱款物资等)。

上述四个账户的差额又称为"经常账户差额",余额为正,表示经常账户顺差;反之,则为逆差。这些经常账户差额显示的是出口和应收收入之和与进口和应付收入之和之间的差额(出口和进口指货物和服务,而收入指初次收入和二次收入)。

(二)资本账户

资本账户显示的是:(1)居民与非居民之间的应收和应付资本转移;(2)居民与非居民

之间非生产/非金融资产的取得和处置。资本账户差额表示资本转移和非生产、非金融资产的贷方合计减去借方合计。资本转移是资产(非现金或存货)的所有权从一方向另一方变化的转移,或者是使一方或双方获得或处置资产的转移,或者为债权人减免负债的转移。资本转移包含三项:(1)固定资产所有权的转移;(2)与固定资产收买或放弃相联系的或以其为条件的资产转移;(3)债权人不索取任何回报而取消的债务。

非生产/非金融资产的取得和处置包含自然资源、契约与租约和许可以及营销资产。其中,自然资源包括土地、矿业权、林业权、水资源、渔业权、大气空间和电磁光谱。契约、租约和许可包括确认为经济资产的契约、租约和许可,这些资产为社会及其法律体系所创建,有时称为"无形资产",如专利、版权、经销权以及租赁和其他可转让合同的交易。营销资产包括品牌、报刊名称、商标、标志和域名等。

(三) 金融账户

金融账户显示的是金融资产和负债的获得和处置净额,包括一国对外金融资产和负债所有权变更的所有交易。金融账户根据其功能分为直接投资、证券投资、金融衍生产品(储备除外)与雇员认股权、其他投资、储备资产五类,各个项目按照净额记入相应的借贷方。

第一,直接投资,表示一国当年引进的外国直接投资总额。直接投资可以采取在其他经济体直接建立分支企业的形式,也可以采取购买其他经济体企业一定比例股票的形式。在后一种情况下,《国际收支手册》规定最低比例为10%,中国则规定为25%。直接投资包含收益再投资、合并与收购、公司调换和其他公司重组、附加股息等。

第二,证券投资,包括投资基金收益再投资、可转换债券、股票和债务回购、红利股等股本证券和债务证券。其主要对象是股本证券和债务证券。债务证券可进一步划分为一年以上的中长期债券、一年以下的货币市场工具和其他衍生工具。

第三,金融衍生产品(储备除外)与雇员认股权。在初始时、二级市场上、相关款项持续偿付时(如保证金支付)以及结算时,都可能发生涉及金融衍生产品的交易。雇员认股权交易按股权市场价格和股权实付买价之间的差价计入金融账户。

第四,其他投资,包含一次性担保和其他债务承担、保险技术准备金、养老基金权益和启动标准化担保的准备金。

第五,储备资产,必须是外币资产和实际存在的资产,不包括潜在的资产。由货币当局"控制"和"可供使用"是储备资产的基本内涵。储备资产包括一国货币当局可以随时动用的外部资产,可分为货币黄金、特别提款权、在基金组织的储备头寸、外汇资产(包括货币、存款和有价证券)和其他债权。

(四) 误差与遗漏净额

尽管国际收支账户总体上是平衡的,但是在实践中,由于源数据和编制的不理想,会带来不平衡问题。这种不平衡是国际收支数据的一个常见特点,被称为"误差与遗漏净额",在公布的数据中应单独列出。国际收支统计上的误差均归入该账户,主要是因为:(1) 不同账户的统计资料来源不一,即商业部、财政部、海关、税务和银行等各部门的统计口径不一致;(2) 资料不全,有的数据甚至还来自于估算,还有一些人为因素,如资本外逃、走私及私自携带现钞出入境等难以掌握和统计;(3) 资料本身错漏。以上种种原因使得国际收支平衡表虽然按复式记账法编制,借贷方总额却总是出现差额。为此,基于会计上的需要,一般就人为设置一个项目用于抵消上述统计偏差,即"净误差和遗漏"(net errors and omissions)账户。如果借方总额大于贷方总额,净误差和遗漏这一项则放在贷方;反之,则放在借方。

第三节 国际收支的会计原理

国际收支交易可分为贷方(credit)和借方(debit)。贷方交易,是指收到外国支付的交易,包括商品和服务出口、来自外国的单边经常转移和资本流入;借方交易,是指向外国做出支付的交易,包括商品和服务的进口、向外国的单边转移和资本流出。记入贷方的用"＋"号来表示,记入借方的用"－"号来表示。从资本流入来看,采取两种形式:一是外国资产在本国增加,二是本国资产在国外减少。从资本流出来看,也有两种形式:一是外国资产在本国减少,二是本国资产在国外增加。

一、国际收支平衡表的编制原则

国际收支的各笔经济交易,都可以运用复式簿记(double-entry bookkeeping),即"有借必有贷,借贷必相等"的原则,以相同的金额分别记入国际收支平衡表的借方和贷方。所以,借贷方总值必定相等,即国际收支平衡表的差额恒等于零。国际收支账户采用以下惯例和术语记录流量:在经常和资本账户中,贷方记录出口、应收初次收入、应收转移和非生产/非金融资产处置,借方记录进口、应付收入、应付转移和非生产非金融资产的获得。

具体而言,编制国际收支平衡表时,应当遵从的编制原则有:

第一,按照复式记账原理,国际收支平衡表采用国际上通行的复式簿记法,记录各项经济交易。每一笔国际交易都要分别记在国际收支平衡表的借方和贷方之下。

第二,一切收入项目或本国负债增加、在国外资产减少的项目都列为贷方(credit items),或称正号项目(plus items)。常见的是涉及外国居民向本国居民支付的交易,记入贷方。

第三,一切支出项目或本国负债减少、在国外资产增加的项目都列为借方(debit items),或称负号项目(minus items)。常见的是涉及本国居民向外国居民支付的交易,记入借方。

第四,原则上,贷方项目总和最终必须与借方项目总和一致,即国际平衡表中所有记录的净差额应等于零。我们将这些国际收支平衡表的编制原则总结并绘制成下表:

表 3-1 国际收支平衡表的编制原则列表

贷方(credit/ plus items)	借方(debit/ minus items)
对外实际资产的减少	对外实际资产的增加
对外金融资产的减少	对外金融资产的增加
对外负债的增加	对外负债的减少
出口(货物和服务)	进口(货物和服务)
资本流入,包括本国对外负债的增加、对外金融资产的减少	资本流出,包括本国对外负债的减少、对外金融资产的增加

二、国际收支复式簿记原理及其应用

第一,凡是引起本国从外国获得(实际或未来)货币支付的交易都记入贷方分录,凡是导致本国向外国支付(实际或未来)货币的交易都记入借方分录。所以,一国拥有的外国资产

减少(或本国负债增加)记入贷方,一国拥有的外国资产增加(或本国负债减少)记入借方。资本流出记入资本账户中的借方分录,因为它提高了本国拥有的外国资产或减少了本国对外负债;资本流入记入资本账户中的贷方分录,因为它导致本国对外负债增加或本国拥有的外国资产减少。

第二,凡是引起外汇需求的交易都记入该交易所属账户的借方分录,凡是引起外汇供给的交易都记入贷方分录。据此,货物和服务的出口带来了外汇供给,从而应该记入贷方分录;而资本的出口(资本输出)导致对外汇的需求(如居民支付所购买的外国资产),所以应该记入借方分录。同理,货物和服务的进口引起对外汇的需求,因此应该记入借方分录;而资本的进口(资本输入)产生外汇供给(例如,非居民支付所购买的本国资产,"本国"指国际收支平衡表的编制国),所以应该记入贷方分录。同样,偿付对外债务(负债减少)会引起外汇需求,因此应该记入借方分录;获得外国贷款(负债增加)产生外汇供给(贷款的结果),所以应该记入贷方分录。

第三,资本账户和金融账户的各个科目通常不是按照借方和贷方的发生总额记录,而是按借贷方净额记录。这一是因为资产交易的发生总额常常缺乏数据,而从期末得到的是发生净额;二是因为交易总额对国际收支的分析不是很重要。

第四,无偿转移并没有对应的经济补偿,因此必须借助无偿转移账户,创造一个平衡分录。例如,商品馈赠记为赠予国的商品出口(贷方),与其平衡的借方则记录在无偿转移账户中。私人机构与政府的实物馈赠,其记录方法与无偿转移相同。

第五,官方储备的增加额记入借方,官方储备的减少额记入贷方。所以,官方储备的借方净额表示官方储备的净增加额,官方储备的贷方净额表示官方储备的净减少额。

下面以 A 国为例,说明国际收支平衡表的复式簿记方式。

例 1 一家 A 国公司出口 500 万美元的商品到国外,进口商用他在 A 国银行的存款支付货款。这笔交易记为:

借方:对外国私人短期负债	500 万美元
贷方:商品出口	500 万美元

例 2 A 国居民到国外旅游花费 10 万美元,此费用从该居民的海外存款账户中扣除。这笔交易记为:

借方:服务进口	10 万美元
贷方:对外国私人短期资产	10 万美元

例 3 A 国政府向外国提供无偿援助,其中动用外汇 40 万美元,粮食药品援助价值相当于 60 万美元。这笔交易记为:

借方:经常转移	100 万美元
贷方:官方储备	40 万美元
商品出口	60 万美元

例 4 A 国某公司动用海外存款 100 万美元,购买国外公司 51% 的普通股股份。这笔交易记录为:

借方:对外直接投资	100 万美元
贷方:对外国私人短期资产	100 万美元

例 5 外商以 120 万美元的设备投资 A 国,兴办合资企业。这笔交易记为:

借方:商品进口	120 万美元

贷方:外国对本国的直接投资　　　　　　　　　　　　　　　120万美元

例6 A国某企业在海外投资获得利润150万美元,其中75万美元用于当地企业的再投资,50万美元用于购买当地商品运回国内,25万美元结售给政府换成本币。这笔交易记为:

借方:商品进口　　　　　　　　　　　　　　　　　　50万美元
　　　官方储备　　　　　　　　　　　　　　　　　　25万美元
　　　对外直接投资　　　　　　　　　　　　　　　　75万美元
贷方:投资收益　　　　　　　　　　　　　　　　　　150万美元

上述各笔交易汇总,可编制成国际收支账户,如表3-2所示:

表 3-2　汇总六笔交易的A国国际收支平衡表　　　　　　　　单位:万美元

项目	借方	贷方	差额
商品贸易	(5)120+(6)50	(1)500+(3)60	390
服务贸易	(2)10		−10
收益		(6)150	150
经常转移	(3)100		−100
经常账户合计	280	710	430
直接投资	(4)100+(6)75	(5)120	−55
证券投资			
其他投资	(1)500	(2)10+(4)100	−390
官方储备	(6)25	(3)40	+15
资本与金融账户合计	700	270	−430
总计	980	980	0

国际收支平衡表编制的另一个原理涉及经济交易记录的时间,实际采纳的是所有权变更原则,即以所有权变更的时间作为交易各方簿记这笔交易的时间。根据这一准则,以延期付款方式进口的商品在所有权转移时记入经常账户的借方,同时由于负债增加(进口商的债务),因此在资本账户下应该把它记入贷方。当进口商结算债务时(此时已不同于记录进口的时间),在资本账户下将有两个相互抵消的分录:一个是记录对外负债减少的借方分录(债务结清),另一个是记录对外国资产减少或者因支付债务而引起的对外负债增加的贷方分录。

第四节　国际收支差额分析

一、国际收支平衡表的分析

国际收支平衡表全面反映了一国在一定时期内所有对外经济往来的情况。所以,分析国际收支平衡表对研究一国的国际经济状况,预测国际经济发展趋势,制定本国对外经济和金融政策,发展本国经济具有重要意义。具体来说,可从以下几个角度入手:

第一,纵向比较分析。将一国各个时期的国际收支平衡表进行对比,可以动态研究该国国际经济地位的变化、国际金融活动能力的大小以及货币汇率升降趋势等。

第二,横向比较分析。将本国国际收支与主要贸易国家的国际收支进行比较,探讨国际收支平衡与否及其原因。

第三，表内项目分析。这包括逐项分析、差额分析和综合分析。(1)国际收支平衡表的每一项目都包含特定的内容。例如，从贸易项目可以了解进出口数额的大小、一国贸易发达程度、对国外市场的依赖程度等。(2)国际收支平衡表有几个重要的差额，这种差额被称为"局部差额"(partial balance)，主要包括商品贸易差额、经常账户差额、资本和金融账户差额以及总差额。其中，总差额＝经常账户差额＋资本和金融账户差额＋错误和遗漏净值，等于储备账户的变化。(3)国际收支平衡表的各个项目是有机联系的整体，反映出国际收支的融资情况以及调节政策。

二、国际收支顺差、逆差及平衡

国际收支平衡表上的各种外汇交易按照交易动机，可以分为自主性交易和调节性交易两大类。自主性交易(autonomous transaction)，或称"事前(ex-ante)交易"，是个人和企业为某种自主性目的而从事的交易，如商品和服务的输出入、旅游、赠予和侨民汇款等。只有通过自主性交易收支相抵而产生的平衡，才是真正的国际收支平衡，为主动平衡。调节性交易(accommodating transaction)，又称"补偿性交易"(compensatory transaction)或"事后(ex-post)交易"，是在国际收支的自主性交易各项出现不平衡时，为了弥补不平衡而发生的交易，如为弥补国际收支逆差而动用官方储备或向国际金融机构借款等。通过调节性交易实现的国际收支平衡不是真正意义的平衡，而是被动平衡。自主性交易的差额等于零，称为"国际收支平衡"；差额为正，称为"国际收支顺差"；差额为负，称为"国际收支逆差"。后两者统称为"国际收支失衡或不平衡"。

由于研究者的需要不同，对哪些是自主性交易、哪些是调节性交易的划分准则往往不同。划定自主性交易范围就成了"划线"(draw the line)问题。下面分析线上交易的国际收支顺差、逆差和平衡问题。

通常，我们在国际收支平衡表中的某个位置上划出一条水平线，此线以上的交易就是所要研究的，被称为"线上交易"；而此线以下的交易被称为"线下交易"。当线上交易差额为零时，我们称国际收支处于"平衡状态"；当线上交易差额不为零时，我们称国际收支处于"失衡状态"。如果线上交易的贷方总额大于其借方总额，称为"顺差"或"盈余"(surplus)，冠以"＋"号；如果线上交易的贷方总额小于其借方总额，称为"逆差"或"赤字"(deficit)，冠以"－"号。很显然，由于国际收支平衡表在账面上是平衡的，当线上交易的贷方总额大于其借方总额时，线下交易的贷方总额必然小于其借方总额；反之，当线上交易的贷方总额小于其借方总额时，线下交易的贷方总额必然大于其借方总额。

三、国际收支的局部差额分析

国际收支平衡表是根据复式簿记原理编制的，其借方总额和贷方总额是相等的。但是，这只是账面的、会计意义上的平衡，不具有经济学意义。国际收支平衡表的每个具体账户和科目的借方额和贷方额往往是不相等的，这种差额被称为"局部差额"。在这里，我们对其作具体的分析。

(一)贸易差额(trade balance)

贸易差额是指商品进出口差额。虽然贸易收支仅是国际收支的一个组成部分，但是对某些国家来说，贸易收支所占的比重相当大，在不考虑资本流动的情况下，贸易收支近似于国际收支。国内企业和劳工联盟经常用贸易差额来证明需要保护国内市场，避免外国竞争。

贸易收支综合反映了一国的产业结构、产品质量和劳动生产率状况,反映了该国**产业在国际上的竞争力**。贸易差额也是衡量一国实际资源转让、实际经济发展水平和国际收支状况的重要依据。

(二) 经常账户差额(current account balance)

经常账户包括货物账户、服务账户、初次收入账户和二次收入账户,前两项构成经常账户的主体。经常账户收支综合反映了实际资源在该国与他国之间的转让净额,以及该国的实际经济发展水平;反映了一国的进出口状况(包括无形进出口,如劳务、保险、运输等),被当作制定国际收支政策和产业政策的重要依据。国际经济合作组织经常采用这一指标对成员国经济进行衡量。国际货币基金组织就特别重视各国经常项目的收支状况。

(三) 资本和金融账户差额(capital and financial account balance)

资本和金融账户具有比较复杂的经济含义,应当进行综合的分析。第一,通过资本和金融账户可以看出一个国家资本市场的开放程度和金融市场的发达程度,为一国的货币政策和汇率政策调整提供有益的借鉴。一般来说,资本市场开放国的资本和金融账户的流量总额较大。第二,资本和金融账户与经常账户之间具有融资关系。按照复式簿记原理,经常账户中实际经济资源的流动与资本和金融账户中资产所有权的流动是同一问题的两个方面。在不考虑误差和遗漏因素时,经常账户中的余额必然对应着资本和金融账户在相反方向上数量相等的余额。因此,资本和金融账户差额可以折射出一国经常账户的状况和融资能力。但是,资本和金融账户与经常账户之间的融资关系,随着国际金融一体化的发展,已发生变化,主要表现为:(1)资本和金融账户为经常账户提供融资受到诸多因素的制约;(2)资本和金融账户不再被动地由经常账户决定,资本流动存在独立的运动规律。

(四) 基本差额(basic balance)

基本差额是经常账户加上长期资本的差额。它是经常账户交易、长期资本流动的结果,将短期资本流动和官方储备变动作为线下交易,同时反映了一国国际收支的长期趋势。如果一国国际收支的基本差额为盈余,那么即使其综合差额暂时为赤字,从长期来看,该国仍有较强的国际经济实力。

(五) 官方结算差额(official settlements balance)

官方结算差额是经常账户交易、长期资本流动和私人短期资本流动的结果,它将官方短期资本流动和官方储备变动作为线下交易。当官方结算差额为盈余时,可以通过增加官方储备,或者本国货币当局向外国贷款进行平衡;当官方结算差额为赤字时,可以通过减少官方储备,或者本国货币当局向外国借款进行平衡。官方的短期对外借款或贷款可以缓冲收支不平衡对官方储备变动的压力。除了动用官方储备外,官方还可以通过短期对外借款或贷款弥补收支不平衡并稳定汇率。官方结算差额是政府用于平衡自发收支项目总差额的项目,可以衡量一国货币当局所愿意弥补的国际收支差额。

官方结算顺差=官方储备净增额+对外国官方的流动负债净减额
官方结算逆差=官方储备净减额+对外国官方的流动负债净增额

(六) 综合账户差额或总差额(overall balance)

综合账户差额是指经常账户与资本和金融账户中的资本转移、直接投资、证券投资、其他投资账户所构成的余额,也就是将国际收支账户中的官方储备账户剔除后的余额。可见,综合账户差额所包括的线上交易最为全面,仅仅将官方储备变动作为线下交易。由于综合账户差额必然导致官方储备的反方向变动,所以可用来衡量国际收支对一国官方储备造成的压力。当综合账户差额为盈余或赤字时，就要通过增加或减少官方储备加以平衡。综合账户差额的状况直接影响到一国的汇率是否稳定，而动用官方储备弥补国际收支不平衡、维持汇率稳定的措施又会影响到一国的货币发行量。因此，综合账户差额是非常重要的。这一概念比较综合地反映了自主性国际收支的状况，是全面衡量和分析国际收支状况的指标，具有重大的意义。IMF 倡导使用"综合账户差额"这一概念。在没有特别说明的情况下，我们所说的"国际收支顺差或逆差"，通常指的是综合账户差额顺差或逆差。

我们将上述各项国际收支局部差额的内容和关系绘制成表 3-3：

表 3-3　几个国际收支局部差额的内容和关系

类别	贷方 (+)	借方 (-)	
经常账户			
货物	货物出口	货物进口	→ 贸易差额
服务	服务出口	服务进口	
收益	要素报酬收入	要素报酬支出	
无偿转移	无偿转移收入	无偿转移支出	→ 经常账户差额
资本金融账户			→ 资本金融账户差额
长期资本	长期资本流入	长期资本流出	→ 基本差额
私人短期资本	私人短期资本流入	私人短期资本流出	→ 官方结算差额
官方短期资本	官方借款	官方贷款	
官方储备变动	储备减少	储备增加	→ 综合账户差额

第五节　中美贸易收支失衡、调整与再平衡

入世后，中国已全面融入世界贸易体系，参与国际贸易分工呈现出多样化形式，并按照自身比较优势进行专业化生产。由此，形成了基于比较优势的中国对外贸易发展格局。美国是中国最大的国别贸易体，由于中美显著的比较优势差异和美国对华出口管制政策等，造成了持续累积的美国对华巨额贸易逆差。**据美国普查局统计**，2007 年次贷危机爆发当年美国对华商品贸易逆差 2585.1 亿美元，占美国贸易逆差的 32.0%；2010 年攀升至 2730.4 亿美元，占美国贸易逆差的 43.0%；2015 年又上升至 3671.7 亿美元，占美国贸易逆差的 49.2%。**另据中国国家统计局统计**，2007 年中国对美贸易顺差 1632.9 亿美元，占中国贸易顺差的 61.9%；2010 年上升至 1811.9 亿美元，占中国贸易顺差的 99.8%；2015 年又增加至 2614.0 亿美元，但是占中国贸易顺差总额的比重已下降至 44.0%；2016 年降为 2508.3 亿美元，仍占中国贸易顺差总额的 49.2%。由此可见，中美贸易收支失衡问题凸显。美国政府在各方利益集团的驱使下，针对贸易逆差最大的中国，单方提出了贸易再平衡的要求。美国特朗普政府提出，需要重新平衡美国与中国的贸易失衡关系。

一、美中双边贸易失衡：货物与服务贸易事实特征

（一）美中双边货物贸易失衡

依据联合国贸易和发展会议（UNCTAD）的相关数据计算，1995—2015 年，美国对中国年均贸易逆差排名前 24 位的三分位产品是：自动数据处理器、电信设备、婴儿车及玩具和体育用品、鞋类、家具及部件、机器零部件、纺织服装品、塑料制品、家用设备、纺织女装、电器仪

器、电视机、旅行物箱包、录放机、纺织制品、照明灯具及配件、贱金属制品、办公机器、未列明杂项制品、贱金属家用设备、非纺织服装品、电力机械及零部件、车辆零部件以及非针织纺织男装。观察期内,这24类三分位产品的贸易逆差占到美国对中国货物贸易逆差的88.0%,其中2015年占到86.7%。因此,这24类三分位产品构成美国对中国货物贸易逆差是具有足够代表性的。

与之相比,1995—2015年,中国对美国年均贸易顺差排名前24位的三分位产品是:自动数据处理器、电信设备、婴儿车及玩具和体育用品、家具及部件、鞋类、纺织服装品、塑料制品、家用设备、电视机、机器零部件、电器仪器、纺织女装、录放机、纺织制品、车辆零部件、旅行物箱包、照明灯具及配件、办公机器、贱金属制品、未列明杂项制品、贱金属家用设备、非纺织服装品、非针织纺织男装以及拖车和半拖车。观察期内,这24类三分位产品贸易顺差占到中国对美国货物贸易顺差的103.0%,其中2015年占到101.2%。因此,这24类三分位产品构成中国对美国货物贸易顺差是有很强代表性的。

相比来看,美中双边在其中23类产品上呈现出贸易差额相反的贸易互补性,依据UNCTAD数据库测算进一步证实了美中双边在贸易失衡的主要贸易品上确实存在着高度的贸易互补性。

(二) 美中双边服务贸易失衡

如表3-4所示,从美国对中国服务贸易失衡分解来看:**第一,传统服务业方面**,在**维修服务**上,美国对中国呈服务贸易顺差,且各年度呈贸易顺差、上升态势;在**运输服务**上,美国对中国呈年均服务贸易逆差,且在运输服务上已由贸易逆差转向顺差,其中在海运、船运上呈贸易逆差,在空运、空中客运上已由贸易逆差转向顺差,在港运上一直呈贸易逆差;在**旅行服务**上,美国对中国呈年均服务贸易顺差、上升态势,其中在教育旅行上一直呈顺差、上升态势,而在其他旅行上已由贸易逆差转向顺差。**第二,现代服务业方面**,在**金融服务**上,2006—2014年美国对中国呈服务贸易顺差、上升态势;在**知识产权使用费**上1999—2014年美国对中国呈服务贸易顺差、上升态势;在**其他商务服务**上,2006—2014年美国对中国已由服务贸易顺差转向逆差,其中在**研发服务**上呈服务贸易逆差、增加态势,在**技贸服务**上呈较大的服务贸易顺差,包含在**工业工程和经营租赁**上美国对中国呈服务贸易顺差失衡。

二、中美贸易收支失衡的主要原因

(一) 中美贸易统计差异因素

冯和刘(1998,2003)把中美双边贸易统计差异归因于中美对经由香港转口、转口毛利和服务贸易的不同处理,主张中美两国统计的双边贸易差额数据都是不准确的。原玲玲(2005)认为,中美双方统计口径不同:一是在统计方法上,美国出口采用船边交货价,一定程度上缩小了美国对华出口额;二是在统计范围上,美方采用总贸易制,以国境作为统计界限,而中方采用专门贸易制,以关境作为统计界限,存入保税仓库的货物不被统计。由此,造成美方逆差加剧。沈国兵(2005)将美中贸易统计差异的主要原因概括为五种:贸易计价差异、运输时滞、经由香港转口贸易、香港转口毛利以及服务贸易。其中,美中贸易计价方式不同,美国出口是依据船边交货价(f.a.s.)统计的,中国出口是依据离岸价格(f.o.b.)统计的,由此造成美国出口被低估。研究发现,中美进出口计价方式不同和运输时滞导致双边贸易统计数据存在差异是自然的;在剔除外资企业进出口贡献及贸易统计差异后,中国对美贸易估计值已趋近于美国对华贸易估计值。因此,贸易统计差异放大了中美贸易不平衡。

表 3-4 美国对中国服务贸易失衡分解

单位：亿美元

年份 类别	1999	2000	2001	2002	2003	2004	2005	2006	2007	2008	2009	2010	2011	2012	2013	2014	均值
服务贸易差额	13.0	19.0	17.9	13.1	16.2	11.2	18.4	4.4	13.4	49.2	75.0	118.9	166.5	200.0	231.9	280.8	78.1
维修服务	—	—	—	—	—	—	—	2.2	3.1	3.6	4.8	5.1	5.3	6.0	6.5	11.1	5.3
运输服务	−4.0	−5.0	−6.2	−10.1	−9.1	−14.2	−14.5	−29.9	−26.2	−5.4	1.3	1.6	6.4	7.9	7.4	6.8	−5.8
—海运	−2.5	−4.7	−5.7	−6.9	−7.8	−11.8	−8.9	−25.4	−23.8	−8.2	−3.6	−6.4	−8.5	−9.5	−11.1	−10.6	−9.7
—船运	−2.7	−7.2	−9.1	−10.8	−10.6	−16.3	−12.4	−33.9	−33.8	−15.6	−8.9	−13.3	−14.4	−15.7	−17.4	−17.1	−15.0
—港运	0.2	2.5	3.4	4.0	2.8	4.6	3.5	8.5	10.0	7.4	5.4	6.9	5.9	6.2	6.2	6.4	5.2
—空运	−1.7	−0.4	−0.5	−3.4	−1.5	−2.9	−6.1	−5.0	−3.0	2.3	4.3	6.9	13.5	16.0	17.0	16.0	3.2
—空中客运	0.1	1.5	1.3	−0.7	0.1	−1.7	−1.3	−1.7	−0.8	2.0	3.9	7.7	14.4	16.1	16.6	16.6	4.6
旅行服务	6.1	9.9	8.6	6.6	7.7	0.9	2.9	4.4	6.1	19.9	31.8	56.7	87.2	122.1	148.6	172.9	43.3
—教育旅行	8.0	8.9	10.6	11.5	12.4	12.2	14.4	14.8	17.0	21.7	28.3	37.8	48.7	62.4	78.0	95.0	30.1
—其他旅行	−2.3	0.2	−2.8	−5.8	−6.1	−12.8	−13.2	−12.1	−12.6	−3.6	3.4	18.7	38.3	59.5	70.3	77.6	12.3
金融服务	—	—	—	—	—	—	—	6.3	8.5	6.9	11.7	19.0	18.2	19.5	24.3	27.1	15.7
知识产权使用费	4.1	5.0	5.8	7.5	7.4	10.4	11.4	14.6	18.3	21.6	20.7	32.4	39.6	44.1	54.9	65.4	22.7
其他商务服务	—	—	—	—	—	—	—	7.8	7.3	8.4	10.1	10.5	16.3	8.5	−1.2	−3.8	7.1
—研发服务	—	—	—	—	—	—	—	−0.6	−4.3	−5.3	−7.1	−9.1	−12.3	−15.4	−18.9	−20.9	−10.4
—法律服务	—	—	—	—	—	—	—	1.3	2.0	2.0	1.7	1.7	1.8	1.3	1.6	1.7	1.7
—技贸服务	—	—	—	—	—	—	—	6.9	10.2	11.5	14.9	17.2	26.2	22.5	19.3	20.1	16.5
—工业工程	—	—	—	—	—	—	—	2.4	2.2	1.0	1.3	2.7	2.8	1.0	1.1	2.2	1.9
—经营租赁	—	—	—	—	—	—	—	5.8	6.4	7.2	7.2	7.1	8.0	8.5	8.8	7.5	7.4

资料来源：美国经济分析局（BEA）数据库。

UNCTAD(2013)报告指出,传统贸易统计方法由于大量中间品贸易的存在而出现重复计算和统计假象,会高估价值链终端环节的国家的地位,低估价值链中间环节的国家的重要性,无法真实地反映各国(地区)参与国际分工的情况,易给人统计错觉。约翰逊和诺格拉(2012)利用投入产出表和双边贸易数据计算贸易增加值后发现,用增加值测算的2004年美中贸易逆差比用传统方法计算的要少30%—40%,而美日贸易逆差要在传统的口径上增加33%。

(二)结构因素

1. 国际分工结构

尹翔硕、王领(2004)认为,中国对美国的贸易顺差很大程度上是从东亚其他国家和地区转移过来的。只要这种转移趋势不改变,中美贸易不平衡就不可能完全解决。原玲玲(2005)指出,中国的加工贸易是由于美国、日本、韩国、中国香港和台湾地区为降低生产成本,转移产业至中国而发展起来的,中国的贸易顺差主要来自于加工贸易。加工贸易与产业转移放大了中美贸易不平衡。蒲华林、张捷(2007)认为,美国和东亚诸国的产业升级以及对华产业转移,特别是劳动密集型产业和加工环节转移导致的产品内分工和贸易是产生中美之间结构性贸易顺差的根源。许亦平、林桂军、孙华妤(2010)基于所有制方法测算中美贸易失衡,认为在华投资的非美资企业主要造成中国对美贸易顺差,而中国内资基于所有制,其贸易顺差是相当小的。王荣军(2010)认为,中美贸易失衡格局的形成主要归因于经济全球化条件下的国际分工,两国目前都不可能采取过于激进的政策强行调整。中美贸易失衡状态短期内只能寻求缓解而不是消除。邢予青(2012)认为,东亚经济体是中国加工贸易进口的主要来源,美国和欧洲是中国加工出口的最主要市场,这种三角贸易模式反映了东亚区域生产网络对贸易形态的影响,以及东亚经济体与美欧的贸易顺差向中国转移的现实。

2. 贸易结构

谢康、李赞(2000)认为,美国货物贸易逆差产生的根本原因在于其自身的贸易结构和经济发展结构。即使中国对美贸易不存在贸易顺差,美国由于其贸易结构、经济结构的原因,也会出现巨额的贸易逆差。现阶段,中美两国政府及企业都不可能从根本上改变中美贸易不平衡的局面。沈国兵(2007)基于产业内贸易调整指数,证实中美工业制造品静态产业内贸易平衡状况较差,大多数商品组趋向产业间贸易,少数商品组表现为垂直产业内贸易;通过构建产业内贸易失衡指数,揭示出加重中美工业制造品贸易失衡和对贸易失衡起到平衡作用的商品组;基于改进的动态产业内贸易指数,证实中美工业制造品动态产业内贸易失衡状况比静态产业内贸易失衡状况更差,中美贸易逆差难以改变。黄万阳、王维国(2010)基于HS分类研究发现,进出口收入效应强弱的巨大差异是中美贸易不平衡问题的根源,价格效应的特殊性是中美贸易不平衡问题的重要因素,贸易结构变化可以影响中美贸易不平衡。

3. 人口年龄结构因素

随着人口抚养比下降,中国贸易顺差不断增大,而美国贸易逆差也不断增大。人口年龄结构主要从两方面影响贸易差额:一是劳动年龄人口增加,导致中国加工贸易迅速发展,出口激增,成为中国对美贸易顺差的主要来源。二是人口抚养负担降低,国内储蓄不断增加并且大于投资,导致中国贸易顺差特别是对美贸易顺差加大。

(三)宏观经济因素

1. 储蓄因素

李稻葵、李丹宁(2006)认为,中美贸易不平衡的根源是世界贸易格局的变化,以及双方储蓄率差距的加大所带来的影响。何帆、张明（2007）指出，导致中国居民储蓄率较高的因素包括人口年龄结构、预防性储蓄和流动性约束等。国内总储蓄超过国内总投资是中国贸易顺差存在的原因，若政府对当前的高储蓄和高投资采取自由放任政策，未来贸易顺差会继续上升；若采取积极的调整政策，导致高储蓄率和高投资率逐步调整到更可持续的水平，则贸易顺差将会逐渐下降。陈庚辛和艾托（2007）指出，在东亚新兴市场国家中，储蓄本质上不是过度的。更确切地说，这些国家经历了投资的不足。美国正经历由公共部门发展推动的储蓄不足。东亚经常账户顺差似乎是由这些国家投资不足而非储蓄过度造成的。

2. 汇率因素

沈国兵（2004）证实，美中贸易逆差与人民币汇率之间没有长期稳定的协整关系，因而人民币汇率浮动并不能解决美中贸易逆差问题。李稻葵、李丹宁（2006）研究认为，没有证据表明中美贸易的不平衡问题与人民币对美元的名义汇率和实际汇率有直接的相关性。孙华妤、潘红宇（2010）指出，贸易差额可能受名义汇率的影响，但是这种影响是不确定的。协整检验、误差修正模型都显示，中国对美贸易顺差与名义汇率成反向关系，名义汇率不是造成中美贸易差额的原因。李强等（2011）证实，中美贸易不平衡最主要的原因是美国国内过度膨胀的需求，它对两国不平衡的影响程度最大并且持续时间最长。人民币对美元汇率贬值也是导致不平衡的原因，但是它的影响十分有限。张定胜、成文利（2011）研究认为，人民币升值将减少美国的消费，增加中国的消费，减少中国的贸易顺差。

3. 生产率、经济增长率差异因素

迈耶（2010）认为，经济增长率上跨国差异、国内消费和出口在对这些增长率贡献上的差异，在世界经济累积显著的经常账户失衡中起着关键的作用。迪尔和宋（2012）主张，不同的生产率意味着现代经济增长的特征是非平衡的增长，而不是平衡的增长，这种非平衡产出格局通过与世界其他国家的外贸交易达至全球平衡。企业、部门、行业和国家/地区之间不均衡发展在现代经济增长过程中是内生的。因此，我们不能自动地得出中国的净贸易头寸需要再平衡以减少与世界其他国家的顺差水平这一结论。

（四）政治因素——美国对华出口管制

杨等人（2004）认为，美国进口限制将提高进口商品价格，减少美国消费者福利；而美国出口管制将剥夺美国出口商的国际市场，损害美国就业，减少美国工人福利。同时，美国对华实施的出口管制阻碍了美国对华技术转移和对华投资以及高新技术产品出口，拉大了美中贸易逆差。沈国兵（2004）认为，造成美中贸易逆差的真正原因是中国在劳动密集型和资源易耗型产品对美贸易上发挥出比较优势，而美国在高技术产品对华贸易上由于出口管制政策而没有发挥出比较优势。沈国兵（2006）还认为，无论从中美高技术产品贸易总量还是具体产品分类来看，美国对华高技术产品贸易确实存在着出口管制错位问题，这直接阻碍美国对华高技术产品出口，加剧了中美贸易失衡。冯雷、李锋（2010）认为，中美货物贸易失衡的主要原因在于美国对华出口的限制性政策，提高双边货物贸易的市场化程度是解决中美货物贸易失衡问题的关键。黄晓凤、廖雄飞（2011）证实，美国对华高技术产品出口管制与中美贸易失衡存在长期稳定的均衡关系，并且具有相互促进的放大效应，是引发并加剧双边贸易失衡的主要原因。

（五）美元作为国际本位货币因素

尽管布雷顿森林体系崩溃了，但是美元作为国际信用本位货币的地位并没有改变。这样，如果美国不能维持贸易逆差，则全球经济将因失去美元流动性而失速。美国通过贸易逆差输出的美元流动性是全球经济增长不可或缺的驱动力,而贸易逆差是美元作为国际信用本位货币、美国作为世界上最大国别消费市场的必然结果。美国通过对华贸易逆差,获得了国内经济发展所需的商品和服务,维持了物价稳定。中国需要国际货币——美元,以满足国际支付的需求。对美元的需求促使中国在与美国的贸易往来中寻求贸易顺差,然后中国再大量购买美国国债以及其他美元资产,促进美元回流,有助于中美国际收支平衡。结果是,美国虽有"贸易逆差"之名,但实质上从中获得了巨大好处。

三、中美贸易收支失衡与再平衡

由于中美贸易失衡是由多方面的因素造成的,因而要达成中美贸易再平衡的局面,并非仅仅通过一个国家的措施就可以完成的。主要主张如下:

第一,中美贸易收支失衡取决于国际分工体系,再平衡只能缓解而无法消除。钱学锋、黄汉民(2008)证实,在新的国际分工背景下,垂直专业化和公司内贸易是中美贸易收支失衡不断扩大最重要的原因。中美贸易收支失衡反映的是东亚作为一个整体对美国的产业链效应。王荣军(2010)认为,中国在国际分工体系,尤其是亚洲生产网络体系中的独特地位是中美贸易收支失衡最重要的成因,要纠正失衡,实现贸易"再平衡",就需要对这一分工体系予以调整。从目前亚洲生产网络体系中各主要生产者的角度来看,决定这一分工体系的比较优势并未发生重大变化。因此,中美贸易收支失衡状态短期内只能寻求缓解而无法消除,美国经济本身的"再平衡"调整对其贸易收支失衡格局的变化才具有最大的影响力。

第二,中美贸易收支失衡与再平衡应放大到美中经常账户中再平衡。斯特劳斯-卡恩(2010)认为,全球经济再平衡的核心是美中经常账户需要再平衡,更高的美国储蓄、更高的中国国内需求将有助于再平衡世界需求。迪尔和宋(2012)认为,对于中国,再平衡需要去除要素价格与成本扭曲的战略,再平衡的目标是提高中国经济的国内吸收能力,通过提高最终支出中消费的相对份额,而非寻求减少净出口的作用。虽然中国国内吸收能力的上升将会减少中国外部顺差,但是并不意味着中国经常账户将会逆转。事实上,双顺差仍旧会暂时并存,我们只能期待中国经常账户顺差变得适中。

第三,中美贸易收支失衡与再平衡已超越中美两国,需要区域和多边协调。美国总统经济报告(2010,p.133)认为,需要协调的政策行动,如果经常账户顺差的国家储蓄下降,消费支出上升,应该会刺激美国出口,有助于再平衡。帕克、亚当斯和郑(2011)提出,再平衡需要国家层面和区域层面上的努力,国家层面上,顺差国需要增加国内需求,将更多的支出转向进口;区域层面上,推进最终品和服务在更大的区域内贸易。这需要进一步推动贸易自由化和投资便利化,促进区域内连通性。迈耶(2010)认为,世界经济持续巨大的失衡包括美国巨大的经常账户逆差,德国、日本、中国和石油出口国巨大的经常账户顺差。仅限于中美的调整对解决全球失衡是不够的,多边协调再平衡包括盈余国经济如德国、日本和中国等总需求中居民消费份额的上升,赤字国经济如美国国民储蓄率的上升。模拟表明,多边协调再平衡将会减少贸易流量和工业部门的就业创造。中国再平衡将严重地减少中国作为全球消费品的"世界工厂"的作用,美国再平衡将严重地减少对全球价值链中生产的产品的全球需求。

四、中美贸易收支失衡的调整

(一)消费和储蓄调整

布兰查德和贾瓦兹(2006)提出,中国经济再平衡需要减少储蓄,特别是私人储蓄,增加服务供给,特别是健康服务供给,以及允许人民币升值。林桂军和施拉姆(2008)提出,储蓄大于投资是导致中国经常项目顺差的一个关键原因。博纳蒂和弗拉卡索(2010)指出,关于增长的再平衡,新兴经济体一致要求美国经济减少消费,转向出口,要求中国转换政策,减少对外部需求的依赖和无效的过高资本积累率。斯特劳斯-卡恩(2010)提出,更高的中国国内需求、更高的美国储蓄率将有助于再平衡世界需求。具有巨大经常账户逆差的美国等经济体,需要增加国民储蓄,夯实财政。中国需要降低信贷增长的速度,防止过度投资、过度产能和不良贷款的风险。迈耶(2010)认为,美国经常账户逆差是与较低的国民储蓄率和持续上升的私人消费份额相关的,而中国经常账户顺差是与较高的国民储蓄率和较低的居民消费份额相关的。对于美国,除非经历另一场资产泡沫,否则对去杠杆债务融资的居民消费别无选择;对于中国,需要着手进行重要的结构改革,从投资和出口型转向消费主导增长型。

(二)汇率调整

弗格森和苏拉里克(2011)认为,过去十年的失衡在很大程度上是由于中国汇率低估的函数,没有主要汇率的调整将无法自动解决。但是,姚枝仲(2003)认为,汇率并非影响美国贸易逆差的唯一因素,美国的财政赤字政策、美元的国际结算货币和储备货币地位引致的大规模证券资本流入是造成美国大规模贸易逆差的重要原因。美国挑起的贸易摩擦于事无补,仅仅依靠汇率变动只能缓解而无法解决美国贸易逆差问题。麦金农(2004)指出,汇率失调不是美国巨额贸易逆差的主要原因,而是由于美国政府巨额财政赤字、低水平美国家庭储蓄率和全球化力量。麦金农和斯纳布尔(2003)认为,中美贸易失衡是不同储蓄水平导致的结果,而非扭曲的汇率导致的结果;美国巨额的贸易逆差仅仅反映其较低的储蓄率,投资与储蓄之间的差距将自然地转变成贸易逆差。麦金农(2007)认为,国际储蓄失衡是贸易失衡的基础,变动汇率总体上对减少贸易失衡是错误的工具。中国经常账户顺差被视为基本储蓄的函数,在很大程度上不受汇率的影响。帕克、亚当斯和郑(2011)主张,尽管短期内再平衡的努力主要是由宏观经济和汇率政策推动的,但是最终来看,贸易和结构改革政策需要向前引领,对促进国内和区域需求作为中长期经济增长源泉是必需的。

五、中美国际收支再平衡的实质

泰尔斯和卢锋(2009)主张,中国应避免在其发展阶段用内部需求替代外部需求以寻求净的再平衡,明确再平衡的政策目标不是减少外部需求水平,而是提高中国总需求结构中的内部需求水平。美国2010年和2012年总统经济报告都在第一章以大篇幅谈再平衡问题。例如,美国总统经济报告(2010)提出,美国再平衡的最终结果就是构建更加稳定、更具投资导向和出口导向的美国经济。据此,王荣军(2010)认为,奥巴马政府将美国经济"再平衡"作为摆脱当前经济危机并重塑美国经济增长基础的一项重要内容,其核心内容就是要减少消费和进口,促进投资和出口。帕克、亚当斯和郑(2011)指出,短期内,再平衡是缓解美国出口和增长急剧下滑的一种方式;中长期内,再平衡经济增长的源泉转向于依赖更多的国内和区域需求。尽管短期内再平衡的努力主要是由宏观经济和汇率政策推动的,但是结构改革对促进国内和区域需求作为中长期经济增长源泉是必需的,主张区域再平衡的关键在于采纳更深入、更综合的结构改革以及进一步的贸易自由化,以开启更强的国内和区域支出的潜力。

六、要审慎对待中美再平衡

虽然中美两国采取措施以防止全球贸易失衡再度扩大是有道理的,但是不适当的再平衡对两国可能都是代价高昂的。中国实行扩张性消费措施对减少内部失衡作用甚小,反而会快速地提高劳动力成本、抑制投资回报,可能使国内失衡更严重。美国寻求增长模式的结构性再平衡,放弃依赖消费和非贸易部门的发展是不可能的,因为存在高昂的经济和社会调整成本以及政治上的不受欢迎。据此,博纳蒂和弗拉卡索(2010)主张再平衡是渐进的和局部的,因为中美两国增长模型的急剧转换都有着高昂的成本。迈耶(2010)认为,全球经常账户失衡未必是不合意的,世界经济失衡调整的净效应将是紧缩的。中国再平衡将严重地减少中国作为全球消费品的"世界工厂"的作用,美国再平衡将严重地减少对全球价值链中生产的产品的全球需求。从投资和出口导向型增长路径转向消费导向型增长路径,可能暗含着对中国经济增长率和就业巨大的不利影响,因而在选择再平衡的措施时要审慎对待,避免得不偿失。

第六节 开放经济下国民收入账户关系

国际收支和国际投资情况被用来测度一国经济的外部活动,将封闭经济下国民账户拓展到开放经济下国民账户,进行国际收支分析,为我们展示了一国与外界的国际经济关联性。

一、开放经济下一国国民收入账户

开放经济下,根据购买最终产品的四种可能的用途,可以把一国 GNP 分为:消费——国内居民私人消费;投资——私人企业进行的投资;政府购买——政府支出;经常账户余额——商品和服务的净出口。

开放经济下,国民收入是本国和外国花费于由本国生产要素生产的商品和服务的总和,以 Y 代表 GNP,则 $Y=C+I+G+X-M$。此式即为开放经济下国民收入恒等式。其中,C 代表消费,I 是投资,G 是政府支出,$X-M$ 是净出口。

二、开放经济下国民收入核算

在四部门开放经济中,从支出角度来看:
$$Y=C+I+G+X$$
从收入角度来看:
$$Y=C+S+T+M$$
根据总需求等于总供给的原则(AD=AS),通过方程式:
AD(总需求)=C(消费需求)+I(投资需求)+G(政府需求)+X(出口需求)
AS(总供给)=C(消费)+S(储蓄)+T(税收)+M(进口供给)
整理得到:
$$(I-S)+(G-T)+(X-M)=0$$
如果不为 0,表示不平衡。其中,$(I-S)$ 属私人部门,$(G-T)$ 属政府公共部门,$(X-M)$ 属外国部门。

三、国际收支的宏观经济分析[①]

（一）经常账户与外债（current account and foreign indebtedness）

经常账户差额是商品和服务出口与其进口之差。不妨令经常账户 $CA=X-M$，则经常账户度量了国际借贷的规模和方向。当一国出现净逆差时，就必须为消除经常账户逆差而筹措资金。一国经常账户出现多少逆差，就会增加相应的净外债；相反，当一国出现净盈余时，就可以为逆差国提供资金。因此，一国的经常账户差额等于它的净国外财富的变动。

（二）经常账户和储蓄（current account and saving）

在宏观经济中，一国或地区储蓄用 S 表示，则 $S=Y-C-G$。这样，在封闭经济中，$Y=C+I+G$。所以，$S=I$。虽然在封闭经济中，国民储蓄和投资必然总是相等，但是在开放经济中，它们可能有所不同。由于 $S=Y-C-G$，而 $Y=C+I+G+X-M$，$CA=X-M$，故而得到：$S=I+CA$。所以，一个开放经济既可以通过积累资本存量，也可以通过获得外国财富来进行储蓄，而一个封闭经济只能通过积累资本存量进行储蓄。

与封闭经济不同，开放经济不一定要通过增加储蓄才能利用有利可图的投资机会，它有可能同时增加投资和外国借款而不改变储蓄。由于一国的储蓄可以借给另一国以增加该国的资本存量，因而一国的经常账户出超常常被称为"对外净投资"。

（三）私人储蓄、政府储蓄和经常账户

私人储蓄是用于储蓄而不是消费的那部分可支配收入。可支配收入等于国民收入减去由政府从家庭和企业征收的净税收，则私人储蓄：$S_p=Y-T-C$，而政府储蓄：$S_g=T-G$。其中，政府的收入是净税收 T，政府的消费是政府购买 G。那么，国民储蓄：

$$S=Y-C-G=(Y-T-C)+(T-G)=S_p+S_g$$

开放经济下，$S=I+CA$，代入上式得到：

$$S_p=I+CA-S_g=I+CA+(G-T)$$

该式表明，一国私人储蓄可以有三种形式：对国内资本的投资、从外国人那里购买财富以及购买本国政府新发行的债券（即政府预算赤字）。

（四）哪些因素使经常账户恶化

依据等式：$S_p=I+CA+(G-T)$，变换得到：

$$CA=(S_p-I)-(G-T)$$

这就是开放经济下进行宏观经济分析的最基本公式。据此，私人部门储蓄、投资和政府赤字都是决定经常账户的变量。所以，仅靠此式，我们无法完全分析得出决定经常账户变动的原因。尽管如此，该式仍给出了一些有益的结论：当其他条件相同时，私人部门储蓄增加必然会导致经常账户顺差的增加，而投资增加或者政府预算赤字增加必然会导致经常账户顺差的减少或者逆差的增加。所以，私人部门储蓄减少、投资增加或者政府预算赤字增加都会使一国或地区经常账户恶化。

（五）国际收支与国民收入核算的关系

$$GDP=C+I+G+(X-M)$$
$$GNP=GDP+NFP$$

[①] See Krugman, P. and Obstfeld, M. (2003), *International Economics: Theory and Policy*, Sixth Edition, Pearson Education, Inc., pp. 304-306.

其中，NFP 为本国国外净要素报酬收入。

所以，可得到：

$$GNP=C+I+G+(X-M)+NFP$$

这就是开放经济下国际收支和 GNP 之间的关系式。

第七节　国际支付体系

一、国际货币

国际货币，是指突破国别界限，在国际贸易和国际资本流动中行使交易媒介、价值尺度、贮藏手段等职能的货币。国际货币在官方领域通常被用作基准货币、干预货币和储备货币，在私人领域则被用作计价货币、结算货币和外汇资产货币。

（一）国际货币的职能

在国际经济交易中，国际货币（international currency）存在三种职能：(1) 价值标准，可以降低信息成本；(2) 支付手段或交易媒介，可以降低交易成本；(3) 价值储藏，能够保持购买力稳定。

具体而言，我们从私人交易和政府交易两个层面对国际货币的职能进行概括，列表如下：

表 3-5　国际货币职能：基于私人交易和政府交易层面

类别	私人交易	政府交易
价值标准	计价货币：在国际贸易中用以表示商品、劳务价格，以及在国际投资中用以表示债权债务金额的货币	基准货币：政府在制定货币平价或对外汇率时使用的货币
支付手段或交易媒介	结算货币：在商品、劳务交易中充当交易媒介，在信用活动中用于资金借贷和偿还的货币	干预货币：政府在干预外汇市场时使用的货币
价值储藏	资产货币：私人部门在持有对外财富时使用的货币	储备货币：政府在持有官方对外资产时使用的货币

（二）一国货币成为国际货币的条件

一国货币能够成为国际货币，必须具备两个条件：一是该国货币必须是可自由兑换货币（convertible currency）。国内外居民根据意愿可随时将其货币兑换为所需要的其他国家的货币，从而被各国普遍接受。国际货币基金组织的第八条款（IMF Article Ⅷ）对其所有成员国的货币都要求实现经常账户下可兑换。二是该国具有强大的经济和金融实力，即具有强大的综合国力，以保障其国际货币的可偿性，维持其货币价值的稳定性。这样，能够降低货币的交易成本，同时能够充当价值储藏手段。

（三）国际货币与黄金、外汇的差异

黄金在历史上曾充当国际货币。布雷顿森林体系崩溃后，牙买加会议达成了黄金非货币化协议，黄金正式退出货币流通领域。但是，到目前为止，黄金仍然是重要的国际储备之一。特别是当出现世界性危机时，黄金仍会充当国际货币。不过，与其他国际信用货币相比，黄金作为交易媒介的交易成本很高。将国际货币与黄金进行比较，见表3-6：

表 3-6　国际货币与黄金的差异

国际货币	黄金
通过"强经济、强制度"组合模式,实现国内货币向国际延伸,如美元模式、欧元模式;国际货币是外力推动实现的	金银天然不是货币,但货币天然是金银;① 黄金是内生自然选择的结果
一种信用货币,其本身没有什么内在价值	一种贵金属足值货币,有内在价值,即含金量,是货币职能发展的必然产物
可以由多种国际信用货币充当	只有黄金一种形式

如前所述,一国货币要成为国际货币,必须具备两个条件:可自由兑换性和强大的综合国力,而外汇的三个基本特征是:可自由兑换性、普遍接受性和可偿性。因此,不是所有的外汇都能成为国际货币,只有具备强大的经济和金融实力的货币才能成为国际货币。具体而言,将国际货币与外汇进行比较,见表 3-7:

表 3-7　国际货币与外汇的差异

国际货币	外汇
国际货币强调其在国际经济交易中使用的广泛性	外汇是以外国货币表示的能用来清算国际收支差额的资产
国际货币以强大的综合国力为后盾,站在国际货币发行国的立场上	不是所有的外汇都能够成为国际货币,外汇站在非国际货币发行国的立场上

（四）国际货币发行国的利益

第一,可以赚取"铸币税"收益。铸币税(seignorage)原是中世纪西欧各国对送交铸币厂用以铸造货币的金、银等贵金属所征的税,后来指政府发行货币取得的利润。国际货币的发行过程就是铸币税"创造"的过程。因为国际货币发行通过向外支付其本国货币,就可以享受超过本国商品、劳务的生产额的消费,而其代价是几乎没有成本的本国货币的支付,中间的差额即为铸币税。今天,美联储发行的美元中有半数在国外流通,它每年可以从中获取 150 亿美元的铸币税,约占美国国内生产总值的 0.2%。

第二,弥补国际收支逆差。国际货币发行国能够对外支付本国货币,无须在短期内为对外逆差的调整去牺牲国内经济。

第三,国际货币发行国的银行可以获得更大的存款与贷款的息差收入。

第四,国际货币发行国金融业务的全球化。其银行、证券和保险业的手续费收入,乃至金融业就业机会等,都会大大增加。

第五,国际货币发行国的厂商可以避免汇率风险,降低融资成本,获取贸易及融资方面的利益。

第六,国际货币发行国的货币政策不易受其他国家的约束。这种情况主要出现在固定汇率下。

（五）国际货币发行国的负担

第一,面临国际清偿手段和国际货币信誉两难,即"特里芬两难"(the Triffn dilemma)。这是以在美国耶鲁大学任教的比利时经济学家罗伯特·特里芬的名字命名的。为了满足不

---

① 参见《马克思恩格斯全集》（第 13 卷）,人民出版社 1998 年版,第 145 页。

断增长的国际经济交易对国际货币的需求,国际货币发行国必须保持甚至扩大其国际收支逆差,这会造成其短期负债增加和汇价下跌。英镑和美元的国际货币史足以证明这一点。

第二,货币政策难以操作。在国际短期游资大量积累和迅速流动的今天,国际货币发行国的货币政策操作难度增大。国际货币发行国紧缩的货币政策会造成套利资金和投机资金的大量内流,从而难以控制货币供应量,利率政策难以奏效。目前,美国是制定货币政策水平最高的国家,同时也是难度最大的国家。

二、国际结算与支付机制

国际结算(international settlement),是国际贸易和国际金融发展到一定阶段的产物,其理论基础是国际贸易学和国际金融学,其研究内容是因国际货物贸易所引起的债权债务关系如何通过银行办理货币收付业务予以了结。

(一) 从现金结算到非现金结算

在前资本主义社会,国际结算主要采用简单的现金结算方式,即直接通过运送货币现金或等值贵金属,逐笔清算国际债权债务关系。直接运送货币现金和黄金白银,不仅在途中风险大、成本高,而且资金占用时间很长,这对国际贸易发展是很不利的。所谓**非现金结算**,是使用汇票等信用工具,传递国际资金支付或收取指示,通过银行间的划账冲抵,结算国际债权债务关系的一种方式。非现金结算是以商业银行为中心的多边清算制度为条件的。

(二) 票据结算支付系统

1. 以商业银行为中心、以票据为信用工具的多边清算制度

国际结算是通过商业银行的国际汇兑了结债权债务。商业银行用于结算的主要信用工具是票据(notes or bills)。票据是具有一定格式,由付款人到期对持票人或者其指定人无条件支付确定金额的信用凭证。广义票据,泛指一切有价证券和各种信用凭证。狭义票据,是指以支付金钱为目的的债权有价证券,是由出票人签发的无条件承诺由自己或委托他人在一定日期支付确定金额的有价证券。狭义票据是国际结算的重要工具,主要包括汇票、本票和支票三大类。根据《票据法》第2条第2款的规定,中国票据也包括这三大类。

汇票(bill of exchange),是出票人签发的,委托付款人在见票时或者在指定日期无条件支付确定金额给持票人的票据。汇票是国际贸易结算中使用最广泛的信用工具,分为银行汇票和商业汇票两种。本票(promissory note),是出票人签发的,承诺自己在见票时无条件支付确定金额给收款人或持票人的票据。支票(cheque),是出票人签发的,委托办理支票存款业务的银行或其他金融机构在见票时无条件支付确定金额给收款人或持票人的票据。支票是无条件的书面支付命令,是一种以银行为付款人的即期汇票。

2. 票据结算的基本方式

国际贸易中,票据结算的基本方式主要有汇款、托收和信用证三大类。

(1) 汇款(remittance),是指由债务人或付款人主动将款项交给银行,委托银行使用某种支付工具,支付一定金额的款项给债权人或收款人的结算方式。汇款是建立在商业信用上的结算方式。按照所用支付工具的不同,汇款又分为电汇、信汇和票汇。汇款方式的风险较大。在国际贸易结算中,汇款是指进口商或付款人主动将货款交给汇出行,要求汇出行通过一定的方式,委托出口商所在地汇入行(或代理行),将款项交付给出口商的一种结算方式。汇款流程如下图所示:

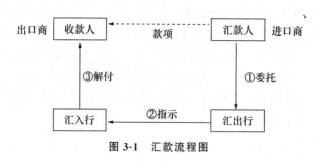

图 3-1 汇款流程图

(2) 托收(collection),是"委托收款"的简称,是指出口商或债权人开立金融票据,或商业票据或两者兼有,①委托托收行通过其在进口商所在地联行或代收行向进口商或付款人收取货款或劳务费用的结算方式。托收是建立在商业信用基础上的另一种贸易结算方式。在贸易结算上,常用的是跟单托收。出口商按合同的要求发货后,备齐包括提单和发票等在内的单据,开立向进口商索款汇票,委托一家出口地托收行收款;托收行接受委托后,再委托一家进口地代收行收款;代收行持汇票向进口商(付款人)提示付款,进口商只有在付款或承诺付款之后才能取得作为货权凭证的单据;进口商付款后,代收行就根据托收行的指示汇出款项,托收行收款后再付给出口商。在托收时,银行只是出口商的代理人。尽管托收采取了银货当面两讫的形式,要比汇款安全,但是出口商能否收款,仍然要依赖于进口商的商业信用。托收流程如下图所示:

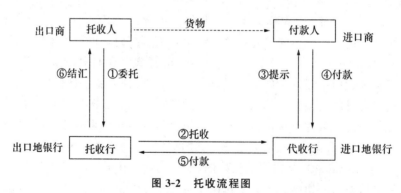

图 3-2 托收流程图

(3) 信用证(letter of credit,L/C),是开证银行根据申请人的要求和指示,向受益人开立的,有一定金额,在一定期限内凭规定的单据,在指定的地点支付(即付款、承兑或议付汇票)的书面保证。信用证以银行信用取代了商业信用,包括光票信用证和跟单信用证。其中,在贸易上常用的是跟单信用证。受益人支取款项的前提条件是"terms are complied with",即"单证相符"。在国际贸易结算中,信用证是指银行根据进口商的请求,对出口商发出的,授权出口商签发以银行为付款人的汇票,保证交来符合条款规定的汇票和单据必定承兑和付款的保证文件。由此可见,信用证是开证行向受益人作出的有条件的付款承诺,开证行承担第一性的付款责任。在采用信用证支付方式时,由于收款依赖银行信用,因此出口商的收款风险很小。这使得信用证成为国际贸易结算中最主要的方式。信用证流程如下图所示:

---

① 金融票据,是指汇票、本票、支票、付款收据等工具;商业票据,是指商业发票、运输单据、所有权单据等工具。

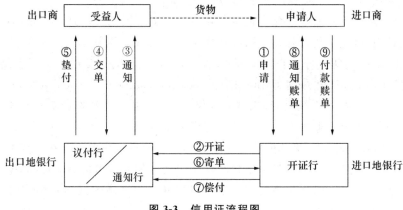

图 3-3 信用证流程图

(三) SWIFT 系统

SWIFT(Society for Worldwide Inter-bank Financial Telecommunications),即全球同业银行金融电信协会,于 1983 年 5 月成立,总部设在比利时布鲁塞尔。SWIFT 电信系统已成为国际金融通信和国际结算的主体网络。中国银行总行于 1985 年 5 月 13 日开通使用 SWIFT 系统,提高了国际结算的效率。

(四) 国际结算中票据的功能或作用

票据的功能主要有:(1) 支付功能或支付工具;(2) 信用功能或信用工具;(3) 流通功能;(4) 融资功能。其中,支付功能是票据的基本功能,信用功能是票据的核心功能。

三、国际结算的最新发展趋势

(一) 国际结算基本方式中占主导地位的信用证结算方式出现边缘化

长期以来,在汇款、托收和信用证三大基本结算方式中,信用证这种以银行信用作为付款保证的支付方式一直处于主导地位。但是,随着世界经济一体化不断加深,买方市场在全球贸易中逐步形成。与此同时,出口竞争的方式日益多元化,竞争的层次也愈来愈深,出口商单凭商品本身的优势(品质、包装、价格)占有市场已不能完全满足竞争的需求,转而使用商业信用交易方式以进一步增强竞争力。同时,运用有效的手段防范风险,已成为许多国家出口商的一种常规做法。由此,商业信用重新成为国际贸易发展的重心所在,整个贸易国际结算市场出现了信用证结算方式被边缘化的倾向。

(二) 国际结算中的附属结算方式日益广泛应用

国际结算中的附属结算方式,如保理(factoring)、保函(letter of guarantee)和包买票据(forfeiting),被越来越广泛地应用,它们作为新的结算方式,也可能会取代信用证结算方式的主导地位。

(三) 国际结算中的混合结算方式日趋增多

国际结算方式的多元化选择或混合选择,是指多种结算方式的综合运用,如部分货款采用信用证结算,部分货款采用验货后电汇付款;或部分货款采用信用证结算,部分货款采用托收结算;或部分货款采用电汇(telegraphic transfer)预先付款结算,部分货款采用信用证结算等。采用混合国际结算方式的优点在于,使买卖双方分摊一些结算风险和成本,以利于达成双方均可接受的结算方式合约。

(四) 国际结算的电子化程度越来越高

世界上,国际交易中的电子化支付越来越普遍。就中国而言,当前国际结算方式主要还是以传统方式为主,电子化程度在不断增强之中。中国开展国际结算业务的商业银行都已加入 SWIFT 系统,每天不停地自动加押、核押等,国际结算的安全性和效率得到显著提高。但是,新一代贸易、结算合一网即 BOLERO(Bill of Lading Electronic Registry Organization,电子提单登记组织)系统,已经出现并开始运行。[①] 电子交单的推动力主要来自于国际大型出口商企业,主要行业集中于资源类大宗商品如钢铁、石油及各类矿产品等,催生了国内大型矿产品进口商对电子交单的业务需求。尽管目前电子交单业务在全球大宗商品交易中占比并不高,但是随着国际贸易电子化的发展以及国际大型出口商的推动,电子交单的市场份额会越来越大。因此,采用新的银行电子清算网络对提高中国国际结算的速度和效率都非常重要。

本 章 小 结

国际收支,是指一国或地区在一定时期内(通常为一年)居民与非居民之间进行的全部经济交易的系统的货币记录。国际收支反映的是一定时期的流量,是个动态的概念,描述了一定时期内的发生额;而国际借贷反映的是一定时期的存量,是个静态的概念,描述了一定时点上的对外债权、债务余额。两者之间相辅相成,互为因果。

国际收支平衡表是按照**特定账户和复式簿记方式**表示的会计报表。经常账户是国际收支平衡表中最基本和最重要的往来项目,是对实际资源在国际上的流动行为进行记录的账户,它包括商品、劳务或服务、收益和经常转移四个项目。资本和金融账户是对所有资产在国际上的流动行为加以记录的账户,分为资本账户和金融账户两大类。

国际收支复式簿记原理:(1) 凡是引起本国从外国获得(实际或未来)货币支付的交易都记入贷方分录,凡是导致本国向外国支付(实际或未来)货币的交易都记入借方分录;(2) 凡是引起外汇需求的交易都记入该交易所属账户的借方分录,凡是引起外汇供给的交易都记入贷方分录;(3) 官方储备的增加额记入借方,官方储备的减少额记入贷方。

当线上交易差额为零时,称国际收支处于"平衡状态";当线上交易差额不为零时,称国际收支处于"失衡状态"。如果线上交易的贷方总额大于其借方总额,称为"顺差";反之,称为"逆差"。

贸易差额反映了一国产业在国际上的竞争力;经常账户差额反映了一国的进出口状况,是制定国际收支政策和产业政策的重要依据;资本和金融账户差额可以折射出一国经常账户状况和融资能力;基本差额反映了一国国际收支的长期趋势;官方结算差额衡量了一国货币当局所愿意弥补的国际收支差额;综合账户差额用来衡量国际收支对一国官方储备所造成的压力,反映了自主性国际收支的状况。IMF 倡导使用"综合账户差额"这一概念。

中美贸易收支失衡的主要原因有:中美贸易统计差异因素、结构因素、宏观经济因素和政治因素(美国对华出口管制)。中美贸易收支失衡取决于国际分工体系,再平衡只能缓解而无法消除。再平衡已超越中美两国,需要区域和多边协调。中美贸易收支失衡的调整涉

[①] BOLERO 成立于 1998 年,总部位于英国伦敦,是一家致力于提供国际贸易电子交易方案的公司,包括电子交单、电子信用证和电子保函方案。

及消费与储蓄调整、汇率调整。要审慎对待再平衡,具体而言:全球经常账户失衡未必是不合意的,世界经济失衡调整的净效应将是紧缩的;虽然中美两国采取措施以防止全球失衡再度扩大是有道理的,但是不适当的再平衡对两国可能都是代价高昂的。

一国的经常账户差额等于它的净国外财富的变动。一个开放经济既可以通过积累资本存量,也可以通过获得外国财富进行储蓄,而一个封闭经济只能通过积累资本存量进行储蓄。当其他条件相同时,私人储蓄的增加必然会导致经常账户顺差的增加,而投资增加或者政府预算赤字增加必然会导致经常账户顺差的减少或者逆差的增加。

国际结算是通过商业银行的国际汇兑了结债权债务。商业银行用于结算的主要信用工具是票据。狭义票据是国际结算的重要工具,主要包括汇票、本票和支票三大类。票据结算的基本方式主要有汇款、托收和信用证三大类,其中信用证是国际贸易结算中最主要的方式。

关键术语

1. Balance of payments(国际收支)—Balance of Payments is a systematic currency record of all international economic transactions which have taken place during a given period of time, usually a calendar year, between the residents of a country and the residents of all other countries. The balance of payments is kept under standard double-entry bookkeeping.

2. Current account(经常账户)—The account that includes all sales and purchases of currently produced goods and services, income on foreign investments, and unilateral transfers.

3. Capital account(资本账户)—The change in a country's assets abroad and foreign assets in this country, other than official reserve assets.

4. Credit transactions(贷方交易)—Transactions that involve the receipt of payments from foreigners. These include the export of goods and services, unilateral transfers from foreigners, and capital inflows.

5. Debit transactions(借方交易)—Transactions that involve payments to foreigners. These include the import of goods and services, unilateral transfers to foreigners, and capital outflows.

6. Double-entry bookkeeping(复式簿记)—This means that each international transaction is recorded twice, once as a credit and once as a debit of an equal amount.

7. Autonomous transactions(自主性交易)—International transactions that take place for business or profit motives (except for unilateral transfers) and independently of balance-of-payments considerations.

8. Accommodating transactions(调节性交易)—Transactions in official reserve assets required to balance international transactions; also called below-the-line items.

9. Balance-of-payments balance(国际收支平衡)—The balance of payments is in balance when the net sum of the items above the line is zero.

10. Surplus in the balance of payments(国际收支顺差)—The excess of credits over

debits in the current and capital accounts, or autonomous transactions; equal to the net debit balance in the official reserve account, or accommodating transactions.

11. Deficit in the balance of payments(国际收支逆差)—The excess of debits over credits in the current and capital accounts, or autonomous transactions; equal to the net credit balance in the official reserve account, or accommodating transactions.

12. Balance of trade(贸易差额)—The value of merchandise exports minus imports.

13. Basic balance(基本差额)—The balance of the current account plus long-term capital.

14. Official settlements balance(官方结算差额)—The value of the change in short-term capital held by foreign monetary agencies and official reserve asset transactions.

15. US rebalancing(美国再平衡)—There needs to be a rebalancing of US economy away from low personal saving and large government budget deficits and toward investment. The end result of US rebalancing will be an economy that is more stable, more investment-oriented, and more export-oriented, and thus better for our future standards of living.

16. Gross national product, GNP(国民生产总值)—The value of all final goods and services produced by a country's factors of production and sold on the market in a given time period. GNP, which is the basic measure of a country's output studied by macroeconomists, is calculated by adding up the market value of all expenditures on final output.

17. Gross domestic product, GDP(国内生产总值)—GDP is supposed to measure the volume of production within a country's borders. GNP equals GDP plus net receipts of factor income from the rest of the world. These net receipts are primarily the income domestic residents earn on wealth they hold in other countries less the payments domestic residents make to foreign owners of wealth located at home.

18. International currency(国际货币)—A convertible national currency (primarily the U.S. dollar) is used as a kind of vehicle currency in international settlements.

问题与练习

一、名词解释

国际收支	经常账户	资本账户	贷方交易	借方交易
复式簿记	国际收支平衡	国际收支顺差	国际收支逆差	自主性交易
调节性交易	贸易差额	基本差额	官方结算差额	美国再平衡
国民生产总值	国内生产总值	国际货币	汇票	信用证

二、思考题

1. 国际收支与国际借贷之间有什么关系？
2. 试述国际收支平衡表的主要构成。
3. 简述国际收支的复式簿记原理。
4. 简述国际收支的各个局部差额反映的经济学含义。
5. 中美贸易收支失衡的主要原因有哪些？

6. 美国国际收支再平衡的实质是什么?
7. 开放经济下,哪些因素使得经常账户恶化?
8. 国际货币的职能有哪些?
9. 试比较国际货币与黄金、外汇的差异。
10. 简述国际贸易中票据结算的三种基本方式。
11. 近年来,中国国际收支有什么变化?反映了什么问题?
12. 按照复式记账法,将下列交易记入A国国际收支平衡表中:

(1) A国向B国出口离岸价格5000美元的商品,对方应在60天内付款;

(2) A国价值8000美元的商品运至C国加工,加工费用为2000美元,这批商品在C国当地按10000美元价格出售,售后向A国出口商付款;

(3) A国从D国进口到岸价格为8000美元的商品,以其在本国银行的8000美元外汇存款支付货款;

(4) E国投资者以900美元购买了A国面值1000美元的零息票债券,该债券与日经指数挂钩,到期时本金偿还增加到1050美元;

(5) A国在F国的留学生得到F国奖学金1000美元,用于生活费支出500美元,其余存入当地银行;

(6) A国投资者获得其投资于G国政府债券的利息1000美元,他将此收入用于购买G国公司的股票;

(7) A国投资者在C国进行20000美元的直接投资,其中15000美元以C国货币支付,5000美元以机器设备的形式支付;

(8) B国进口商向A国支付货款5000美元,A国出口商向本国央行结汇;

(9) A国政府从国际货币基金组织得到5000美元的贷款,用于进口商品。

附录 国际收支平衡表的演变及中国案例(2015—2016年)

一、国际收支平衡表:标准组成部分(第六版和第五版)

(一) 国际收支平衡表的标准构成(第六版)

《国际收支和国际投资头寸手册》(第六版)(BPM6,以下简称"第六版《手册》")旨在为一个经济体与世界其他地方之间的交易和头寸统计提供标准框架。如表3-8所示,国际收支是某个时期内居民与非居民之间的交易汇总统计表,组成部分有:货物和服务账户、初次收入账户、二次收入账户、资本账户和金融账户。在作为国际收支基础的复式记账会计制度下,每笔交易记录由两个分录组成,贷方分录合计金额与借方分录合计金额相等。**经常账户**是国际收支中重要的账户类别,显示的是居民与非居民之间货物和服务、初次收入和二次收入的流量。经常账户差额显示的是出口和应收收入之和与进口和应付收入之和之间的差额(出口、进口指货物和服务,收入指初次收入和二次收入)。其中,**货物和服务账户**表示货物和服务交易。**初次收入账户**显示的是作为允许另一实体暂时使用劳动力、金融资源或非生产/非金融资产的回报而应付和应收的金额。**二次收入账户**显示的是收入的再分配,包括个人转移和经常性国际援助,即一方提供用于当前目的的资源,但该方没有得到任何直接经济价值的回报。**资本账户**显示的是居民与非居民之间非生产/非金融资产和资本转移的贷方分录和借方分录。向使馆出售的土地、租赁和许可的出售以及资本转移,即一方提供用于资本目的的资源,但该方没有得到任何直接经济价值回报。**金融账户**显示的是金融资产和负债的获得和处置净额。由于源数据和编制的不理想,会带来不平衡问题,这种不平衡被称为"误差与遗漏净额"。

表 3-8 国际收支账户(第六版)

国际收支	贷方	借方	差额
经常账户			
货物和服务			
货物			
服务			
初次收入			
雇员报酬			
利息			
公司的已分配收益			
再投资收益			
租金			
二次收入			
对所得、财富等征收的经常性税收			
非寿险净保费			
非寿险索赔			
经常性国际转移			
其他经常转移			
养老金权益变化调整			
经常账户差额			
资本账户			
非生产非金融资产的取得/处置			
资本转移			
资本账户差额			
净贷出(+)或净借入(-) (来自经常账户和资本账户)			
	金融资产净获得	负债净产生	差额
金融账户(按职能类别)			
直接投资			
证券投资			
金融衍生产品(储备除外)和雇员认股权			
其他投资			
储备资产			
资产/负债变化总额			
净贷出(+)或净借入(-) (来自金融账户)			
误差与遗漏净额			

资料来源:国际货币基金组织:《国际收支和国际投资头寸手册》(第六版)(BPM6)。

(二) 国际收支平衡表的标准构成(第五版)

表 3-9　国际收支账户(第五版)

项目	贷方	借方
(一) 经常账户		
1. 货物和服务		
(1) 货物或商品		
(2) 服务或劳务		
2. 收入或收益		
(1) 职工报酬		
(2) 投资收入		
3. 经常转移		
(1) 各级政府		
(2) 其他部门		
(二) 资本和金融账户		
1. 资本账户		
(1) 资本转移		
(2) 非生产/非金融资产的收买或放弃		
2. 金融账户		
(1) 直接投资		
(2) 证券投资		
(3) 储备资产		
(4) 其他投资		
(三) 误差和遗漏账户		

资料来源:国际货币基金组织:《国际收支手册》(第五版),中国金融出版社1996年版。

二、国际收支平衡表第六版和第五版的区别

第六版与修订有关的三个主题是:全球化、资产负债表问题的日益细化和金融创新。相对于第五版而言,第六版在结构上的变化不大。更确切地说,第六版主要考虑了经济和金融发展动态,以及经济政策所关心问题的演变,提供了旨在澄清和细化这些变化的内容。

对比表3-8和表3-9,第六版《手册》保持了第五版的总体框架,与之具有高度的连贯性,但是也有些重要的变化。以下是第六版《手册》对第五版进行的一些重大修改:

第一,修改了有关加工贸易和转手买卖的处理办法。

第二,修改了金融服务的计量办法,包括间接测算的金融中介服务、证券买卖价差以及保险和养老金服务的计量。

第三,细化了直接投资的内容(与经合组织《外国直接投资基准定义》保持一致,主要包括:对控制与影响重新定义,投资链和联属企业处理,在资产和负债基础上列示数据等)。

第四,介绍与储备有关的负债、标准化担保和未分配黄金账户,用以计量国际汇款等。

第五,第六版将"经常账户"项下的"收益"改为"初次收入",将"经常转移"改为"二次收入";确保国际账户与国民账户之间的一致性;引入"其他初次收入",将租金、产品和生产的税收和补贴划作初次收入,租金过去作为其他投资收入的一部分,产品和生产的税收和补贴过去被划入经常转移;引入二次收入,对各类经常转移进行更详细的分类,代替"经常转移"

的提法。

第六，更重视资产负债表及其脆弱性问题（由国际收支交易之外其他方面所引起的流量）。

第七，将"资本和金融账户"拆分为"资本账户"和"金融账户"，在"金融账户"中增加"金融衍生工具（储备除外）和雇员认股权"账户，强调对金融衍生工具和雇员认股权的记录。

三、国际收支平衡表：中国案例（2015—2016年）

表 3-10 2015—2016 年中国国际收支平衡表   单位：亿美元

项目	2016 年			2015 年		
	差额	贷方	借方	差额	贷方	借方
经常账户	1964	24546	−22583	3042	26193	−23151
货物和服务	2499	21979	−19480	3579	23602	−20023
货物	4941	19895	−14954	5762	21428	−15666
服务	−2442	2084	−4526	−2183	2174	−4357
初次收入	−440	2258	−2698	−411	2232	−2643
雇员报酬						
利息						
公司的已分配收益						
再投资收益						
租金						
二次收入	−95	309	−404	−126	359	−486
对所得、财富等征收经常性税收						
非寿险净保费						
非寿险索赔						
经常性国际转移						
其他经常转移						
养老金权益变化调整						
资本账户	−3	3	−6.6	3	5	−2
非生产非金融资产的取得或处置						
资本转移						
净贷出（＋）或净借入（−）（来自经常账户和资本账户）	1961	24550	−22589	3045	26198	−23153
金融账户（按职能类别）	266	2441	−2174	−915	−1010	95
直接投资						
证券投资						
金融衍生产品（储备除外）和雇员认股权						
其他投资						
储备资产						
资产或负债变化总额						
误差与遗漏净额	−2227			−2130		

资料来源：http://www.safe.gov.cn/wps/portal/sy/cbw_gjszbg。

根据表3-10，第一，2016年经常账户顺差1964亿美元，较上年下降35%；非储备性质的金融账户逆差4170亿美元，下降4%。第二，货物贸易保持较大顺差。按国际收支统计口径，2016年中国货物贸易出口19895亿美元，进口14954亿美元，分别较上年下降7%和5%；顺差4941亿美元，虽较上年的历史高位下降14%，但仍显著高于2014年度及以前各年度的水平。第三，服务贸易逆差增长趋缓。2016年服务贸易收入2084亿美元，较上年下降4%；支出4526亿美元，增长4%；逆差2442亿美元，增长12%。其中，"旅行"项下逆差2167亿美元，增长6%，增幅较上年下降6个百分点。第四，初次收入延续逆差。2016年"初次收入"项下收入2258亿美元，较上年增长1%；支出2698亿美元，增长2%；逆差440亿美元，增长7%。其中，雇员报酬顺差207亿美元，较上年下降25%；投资收益逆差650亿美元，下降6%。从投资收益看，中国对外投资的收益为1984亿美元，增长5%；外国来华投资利润利息、股息红利等2634亿美元，增长2%。第五，二次收入逆差收窄。2016年"二次收入"项下收入309亿美元，较上年下降14%；支出404亿美元，下降17%；逆差95亿美元，下降25%。第六，直接投资转为逆差。2016年直接投资逆差466亿美元，上年为顺差681亿美元。其中，直接投资资产净增加2172亿美元，较上年多增25%；直接投资负债净增加1706亿美元，较上年少增30%。第七，证券投资逆差收窄。2016年证券投资逆差622亿美元，较上年下降6%。其中，中国对外证券投资净流出1034亿美元，增长41%；境外对中国证券投资净流入412亿美元，增长512%。第八，其他投资逆差明显下降。2016年贷款、贸易信贷和资金存放等其他投资逆差3035亿美元，较上年下降30%。其中，中国对外的其他投资净增加3336亿美元，增长305%；境外对中国的其他投资净增加301亿美元，上年为净减少3515亿美元。第九，储备资产继续下降。2016年中国交易形成的储备资产（剔除汇率、价格等非交易价值变动影响）减少4437亿美元。其中，交易形成的外汇储备资产减少4487亿美元。截至2016年末，中国外汇储备余额30105亿美元。[①]

[①] 参见国家外汇管理局国际收支分析小组：《2016年中国国际收支报告》(2017年3月30日)，第11—16页。

第四章 国际收支调节和国际收支理论

学习要点

国际收支失衡与均衡,国际收支失衡的类型,国际收支的市场调节机制,国际收支的政策调节机制,弹性分析法、乘数分析法、吸收分析法、货币分析法和结构分析法等国际收支理论。重点理解和掌握:国际收支的调节机制,弹性分析法、乘数分析法、吸收分析法、货币分析法和结构分析法等国际收支理论。

第一节 国际收支失衡及类型

既然国际收支按照复式簿记原理记录,那么国际收支的差额应恒等于零,国际收支平衡表应总是平衡的。但是,这种平衡只是账面上的(book balance),是会计意义上的平衡,不具有经济学意义。实践中,我们常常碰到的是国际收支失衡即顺差或逆差状态。

一、国际收支失衡与均衡

为了避免术语的混淆,我们用"均衡"(equilibrium)表示国际收支均衡,用"平衡"(balance)表示国际收支会计上的恒等,用顺差(surplus)和"逆差"(deficit)描述国际收支失衡。

(一)国际收支平衡与失衡

要科学地确定国际收支平衡与否,可将国际收支平衡表上的各种外汇交易按照交易动机分为自主性交易和调节性交易两大类。只有通过自主性交易收支相抵而产生的平衡,才是真正的国际收支平衡,为主动平衡;而通过调节性交易实现的国际收支平衡不是真正意义上的平衡,是被动平衡。如果线上自主性交易的差额等于零,则称为"国际收支平衡";如果差额为正,则称为"国际收支顺差";如果差额为负,则称为"国际收支逆差"。后两者统称为"国际收支失衡"。

按照交易动机识别国际收支平衡与否的方法虽然在理论上很有道理,但是付诸实践却绝非易事。当然,很多交易很容易识别,如商品贸易、海运服务和证券投资等都是自主性交易,央行为稳定汇率所进行的外汇买卖必定是调节性交易。但是,假设央行正在进行一笔国际贷款的谈判,如果借款的目的是干预外汇市场提供外汇储备,就是调节性交易;而如果贷款是用于某一个开发项目,就是自主性交易,也可能两种目的同时存在。

(二)国际收支均衡

对于开放经济而言,一国的对外经济活动与国内经济活动是密切相关的。所以,除了考察浅层次的"国际收支平衡"概念外,还要研究深层次的国际收支均衡问题。后者是将国际收支流量置于一国国民经济系统中,以国际收支流量与内部经济的其他变量的协调作为国际收支均衡的定义,除了国际收支平衡外,还包括国内充分就业、物价水平稳定等条件。所谓国际收支均衡,是指国内经济处于充分就业和物价稳定条件下的国际收支平衡,它是一国达到福利最大化的综合政策目标。"国际收支均衡"概念的提出,是基于政府当局制定国际收支调节政策的需要。因此,要从政策角度把握这一概念。不同类型的国家对经济目标的侧重点不同,对国际收支均衡的具体表述和界定也不同。发达国家侧重于经济稳定,即注重充分就业和物价稳定,而发展中国家则更多地强调经济发展或增长。不管怎样,国际收支均衡这一外部目标是附属于内部目标的,是为实现内部目标服务的。一国国际收支的调节政策不仅要为实现国际收支平衡,而且要为实现国际收支均衡的目标进行努力。

二、国际收支失衡的类型

国际收支失衡是经常的、绝对的,而国际收支平衡则是偶然的、相对的。导致国际收支失衡的原因多种多样,有经济因素,也有非经济因素;有内因,也有外因;有实物因素,也有货币因素。一般来说,国际收支均衡是特例,而国际收支失衡是常态。国际收支失衡按照性质可以分为五种类型:

(一) 偶然性或临时性失衡(temporary disequilibria)

临时性失衡指短期的、季节性或偶然性因素引起的国际收支失衡。如农产品出口国,其贸易的季节性变化十分明显,由此导致的国际收支失衡常常表现为季节性失衡。这种性质的失衡一般程度较轻,持续的时间不长,具有可逆性。它一般无须政策调节,在固定汇率制度下,动用官方储备就可以克服;在浮动汇率制度下,通过市场汇率的波动也可以自行纠正。

(二) 周期性失衡(cyclical disequilibria)

周期性失衡指一国经济周期性波动所引起的国际收支不平衡。一国因经济衰退而出口不力、资本外流,会出现国际收支逆差;因经济繁荣而出口增加、资本内流,又会出现国际收支顺差。二战后,各国经济关系日益密切,一国经济衰退会加速其他国家经济衰退,一国出现对外支付危机就会牵连一系列国家。

(三) 收入性失衡(income disequilibria)

收入性失衡指经济条件的变化引起国民收入的变化,从而造成的国际收支失衡。国民收入发生变化有多种原因,可能是因周期变动,属周期性失衡;或者因货币因素导致,属货币性失衡;也可能因经济增长引起,具有长期的性质,属持久性失衡。分析收入性失衡时,必须具体情况具体分析。

(四) 货币性失衡(monetary disequilibria)

货币性失衡指在一定汇率水平下,国内货币成本和一般物价上升而引起出口货物价格相对高昂、进口货物相对便宜,必然导致出口下降、进口增加,从而导致的国际收支失衡。货币成本和物价的上升通常是由于货币供应量的过度增加所引起的。因此,国际收支失衡的原因是货币性的。货币性失衡可以是短期的,也可以是中期或长期的。

(五) 结构性失衡(structural disequilibria)

结构性失衡指国内经济、产业结构不能适应世界市场的变化而发生的国际收支失衡,通常反映在贸易账户或经常账户下。结构性失衡有两层含义:一是指因经济和产业结构变动的滞后和困难所引起的国际收支失衡。这种失衡在发达国家、发展中国家都可能发生。二是指一国的产业结构比较单一,或其产品出口需求的收入弹性低,或虽然出口需求的价格弹性高,但是进口需求的价格弹性低所引起的国际收支失衡。这种失衡在发展中国家尤为突出。结构性失衡具有长期的性质,纠正起来相当困难。

第二节 国际收支失衡的调节

以上分析了导致国际收支失衡的原因类型。虽然有些暂时性的失衡不需要采取政策调节就可以得到纠正,但是如果听任失衡状况持续下去,那么巨额的国际收支逆差或顺差就会对本国经济发展不利。持续性的逆差会成为引发货币危机的原因之一,而持续性的顺差会加剧国际贸易摩擦和冲突。所以,无论顺差还是逆差,政府当局都必须采取有效的措施进行调节。国际收支的调节方式取决于失衡的原因、本国的货币制度、经济结构等因素,大致可分为市场调节方式和政策调节方式两大类。

一、国际收支的市场调节机制

国际收支失衡的市场调节,是指在不考虑政府干预的情况下,市场系统内其他变量与国际收支相互制约和相互作用的过程。其实质是失衡引起的国内经济变量对国际收支的反作用过程。

(一)国际金本位制度下的国际收支自动调节机制

早在18世纪中叶,大卫·休谟提出了"物价—铸币流动机制"。这是金本位制度下国际收支的自动调节机制,其运作机制是:金本位制度下,若一国国际收支出现逆差,本国黄金净流出,国内货币供给减少,引起国内物价水平下跌。于是,本国商品在国外市场上的竞争力提高,而外国商品在本国市场上的竞争力会下降。结果,本国出口增加、进口减少,国际收支逆差得以改善。若一国国际收支出现顺差,则市场调节机制的结果正好相反。

(二)纸币本位的固定汇率制度下国际收支自动调节机制

根据对国际收支作用的经济变量不同,这种机制可以分为利率调节机制、收入调节机制和价格调节机制三类。具体内容为:

第一,利率调节机制或利率效应。利率调节机制,是指国际收支失衡引起的利率变动对国际收支的调节,从经常账户和资本账户两个方面发生作用。在固定汇率制度下,当一国出现国际收支逆差时,为了维持固定汇率,货币当局必须干预外汇市场,抛售外汇储备,回购本币,造成本国货币供应量相对减少,利率上升,表明本国金融资产收益率上升,从而对本国金融资产的需求增加,资金外流减少或资金流入增加,结果改善国际收支。国际收支顺差则产生相反的结果。除此之外,利率的变动还会影响国内的投资和消费、物价的涨跌,直至影响进出口的变化。

第二,收入调节机制或收入效应。收入调节机制,是指在市场经济体系中,国际收支失衡引起的国民收入自发性变动对国际收支的调节。在固定汇率制度下,当一国出现国际收支逆差时,货币当局为了维持固定汇率,必须干预汇市。这造成本国货币供给减少,利率上升,公众现金余额效应下降,继而导致国民收入下降,引起社会总需求下降,进口需求随之下降,从而改善贸易收支。同时,国民收入下降会使对外国服务和金融资产的需求下降,经常项目和资本项目收支得到改善,进而使整个国际收支得到改善。顺差情况正好相反。

第三,价格调节机制或相对价格效应。价格调节机制,是指国际收支失衡引起的一般价格水平或相对价格水平的变动对国际收支的调节。在固定汇率制度下,当一国出现国际收支逆差时,对外支出大于收入,对外币需求的增加使外币汇率上升,本币汇率下跌。货币当局为了维持固定汇率,必须干预汇市。这造成本国货币供给减少、利率上升,通过现金余额效应或收入效应下降,引起本国出口商品价格相对下降,进口商品价格相对上升,会增加出口、减少进口,改善国际收支。

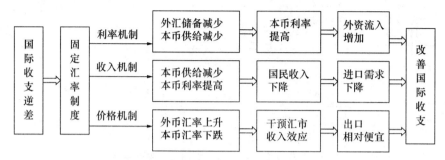

图 4-1 纸币本位的固定汇率制度下国际收支自动调节机制示意图

市场调节机制可以自发促成国际收支的平衡。但是,现实生活中,市场体系的不健全性限制了调节机制的效果。事实上,只有在纯粹的市场经济模型中才能产生理论上所描述的那些作用。一国政府的某些宏观经济政策会干扰市场调节过程,使其作用削弱或失效。正因为市场调节的局限性,各国政府往往根据各自的利益和需要,采取不同的政策调节措施。

(三) 浮动汇率制度下国际收支自动调节机制

在浮动汇率制度下,一国货币当局不对外汇市场进行干预,而任凭外汇市场上外汇供求的变动决定其汇率的变动。如果一国国际收支出现逆差,外汇需求就会大于外汇供给,外汇汇率会上升。反之,如果一国国际收支出现顺差,外汇需求就会小于外汇供给,外汇汇率会下跌。通过汇率随外汇供求变动而变动,国际收支失衡会得以消除。因为在国际收支逆差情况下,外汇汇率上升即本币贬值造成本国商品相对价格下降、外国商品相对价格上升,导致出口增加、进口减少,只要满足马歇尔-勒纳条件或者毕柯迪克-罗宾逊-梅茨勒条件,就可以改善国际收支逆差。同样,国际收支顺差通过本币升值也会自动减轻或者消除。

二、国际收支的政策调节机制

政府调节国际收支的政策主要包括需求管理政策、供给调节政策和资金融通政策。其中,需求管理政策由凯恩斯提出,一直沿用到 20 世纪 70—80 年代,主要有支出增减型政策和支出转换型政策。供给调节政策由供给学派提出,主要有产业政策(解决产业结构类型)、科技政策(科技兴国)和制度创新政策(企业制度改革)。该政策在短期内难以有显著的效果,具有长期性的特点。但是,它可以从根本上提高一国的经济实力与科技水平,达到调节国际收支失衡、实现内外均衡的目标。资金融通政策是通过国际资金融通,解决国际收支的不平衡问题,包括使用官方储备和国际信贷。具体如图 4-2 所示:

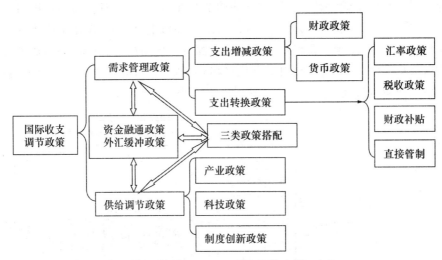

图 4-2 可供选择的国际收支调节政策示意图

以下就国际收支的各种调节政策作出具体阐释：

（一）支出增减政策（expenditure rising or reducing policy）

支出增减政策是改变社会总需求或国民经济总支出水平的政策，旨在通过改变社会总需求或总支出水平，改变对外国商品、服务和金融资产的需求，从而调节国际收支。这类政策主要包括财政政策和货币政策。前者通过调整税收和政府支出实现对国民经济的需求管理。当国际收支出现逆差时，政府运用紧缩性财政政策，削减财政预算，压缩财政开支，同时提高税率，通过支出和赋税乘数效应，减少国民收入，使物价下跌，有利于扩大出口、抑制进口，缩小国际收支逆差。后者通过调整货币供应量对国民经济需求进行管理。常见的有再贴现率（rediscount policy）、存款准备金率（required reserve on deposit policy）、公开市场业务（open market policy）三种货币政策工具。当一国出现国际收支逆差时，货币当局可以采取紧缩性的货币政策，如提高再贴现率、提高存款准备金率、在公开市场上出售有价证券等方式，紧缩信贷规模，影响利率、物价和国民收入，减少国际收支逆差。财政政策和货币政策的效应往往要通过市场机制，如利率机制、收入机制和相对价格机制三个渠道，影响国际收支，而且实施后不能立即奏效，发挥效应的过程较长。

（二）支出转换政策（expenditure switching policy）

支出转换政策，是指不改变社会总需求和总支出水平而改变其方向的政策，也就是将国内支出从外国商品和劳务转移到国内商品和劳务上来。这类政策主要包括汇率政策和直接管制政策。汇率政策包括汇率制度的变更、外汇市场干预和官方汇率贬值。汇率政策对国际收支的影响是通过改变汇率水平实施的。它通过货币的升贬值，改变进口商品和进口替代品的相对价格，调节国际收支。国际收支逆差时，可调低本币汇率或使本币贬值，起到抑制进口、刺激出口的作用。汇率政策的效果与进出口商品的需求弹性有关，缺乏需求弹性，本币汇率下降不一定能奏效。同时，通过汇率变动改善贸易收支需要一定的时间，因为存在"时滞效应"（关于这方面的内容，参见国际收支理论中的阐述）。20世纪30年代，西方许多国家为了求得国际收支盈余，竞相将本币贬值，损害了他国的利益，因此竞争性货币贬值又被称为"以邻为壑"（beggar-my-neighborhood policy）政策。

直接管制政策包括外贸管制和外汇管制。外贸管制的主要内容是各种奖出限入的措施,其中奖励出口的措施有出口信贷、出口信贷国家担保制、出口退税、出口补贴等;限制进口的措施有进口许可证制、进口配额制、进口存款预交制、各种关税和非关税壁垒等。外汇管制常用的手段有限制私人持有或购买外汇、限制资本输出入、实行复汇率制、禁止黄金输出、限制本币出境数量等(本书将在外汇管制章节中专门讨论)。直接管制政策比较灵活,可以针对不同的进出口项目和资本流动区别实施,见效快。但是,这种政策的弊端也很明显,不利于自由竞争和资源的最佳配置,而且作为一种容易察觉的歧视性措施,会遭到其他国家的报复。

（三）产业政策

产业政策旨在优化和改善产业结构,根据国际市场变化制定合理的产业结构规划,在鼓励发展和扩大一些产业的同时,调整、限制乃至取消另一些产业部门(如"夕阳产业"),增加社会产品(出口产品和进口替代品)的供给,使之适应国际市场,消除结构性的国际收支失衡。

（四）科技政策

科技是第一生产力,知识在经济增长中的核心作用已为社会所认同。对于发展中国家而言,科技政策体现为:(1)推动科技进步。企业内部要加强科学技术的研究、应用和推广,鼓励技术发明和创新;外部要引进国外先进技术,取代传统的生产方法和工艺。(2)提高管理水平。重点在于,采用先进的管理方法和管理经验,改进管理手段,培养企业家阶层。(3)加强人力资本投资。主要措施有:增加投资强度,调整教育结构,改革教育体制,鼓励国际交流,最终提高本国劳动力的素质。产业政策和科技政策是从供给角度调节的政策,其特点是长期性,在短期内很难有显著的效果,但是可以从根本上提高一国的经济实力和科技水平,从而达到调节国际收支失衡、实现内外均衡的目标。

（五）制度创新政策

制度创新政策是针对经济中存在的制度性缺陷而提出的。它主要表现为企业制度改革,包括企业创立时的投资制度改革、企业产权制度改革以及相应的企业管理体制改革。制度创新政策旨在建立富有活力、具有较高竞争力的微观经济主体,为实现内外平衡的目标服务。

（六）资金融通政策(financing policy)

资金融通政策简称"融资政策",是在短期内利用资金融通以弥补国际收支赤字,包括使用官方储备和使用国际信贷。一国政府当局运用官方储备的变动或临时向外筹借资金,抵消国际收支失衡所造成的超额外汇需求或外汇供给。资金融通政策与支出政策间具有一定的互补性和替代性,当一国发生国际收支逆差时,政府既可以用支出性政策调节,也可以采取融资政策或两者结合的办法调节。资金融通政策使用时的难点在于无法判断失衡的性质,以官方储备作为缓冲体可以解决暂时性的国际收支逆差,但是面临长期的逆差,不仅不能解决问题,反而可能造成储备的流失,延误政策调整的最佳时机。

由于每一种调节政策都会带来调节成本,所以一国政府和金融当局在运用上述各种调节政策时,必须针对国际收支失衡的性质相机抉择,并实施有效的政策搭配,争取以最小的经济和社会成本获得最大的收益。第一,按照国际收支失衡的性质选择适当的政策调节方式,如暂时性失衡可以用官方储备来弥补外汇短缺缺口,货币性失衡主要采取汇率调整政策,收入性失衡主要用财政政策来调节,结构性失衡则需要通过适当的产业政策和科技政策进行结构调整。第二,调节国际收支失衡还要兼顾国内经济平衡。每一种国际收支调节政策都会对一国宏观经济带来或多或少的调节成本,都是有代价的,为了实现内外经济均衡的目标,可以选择适当的政策搭配(关于政策搭配及其理论,后面章节有专门论述)。第三,国际收支的调节不仅要从国别入手,还必须进行国际协调,以维护世界经济的正常秩序。这主要表现为三个方面:协调经济政策、谋求恢复贸易自由和促进生产要素的自由转移。

第三节　国际收支古典理论:物价—铸币流动机制

国际收支理论是国际金融学的基本理论,它分析一国国际收支的决定因素、国际收支失衡的原因以及国际收支调节的政策含义等。最早的国际收支理论可以追溯到18世纪中期大卫·休谟提出的"物价—铸币流动机制"。20世纪初,马歇尔将需求弹性分析用于进出口贸易的分析,后经罗宾逊和勒纳发展成"弹性论"。二战后,凯恩斯经济理论在西方盛行,梅茨勒、马克卢普和哈罗德在投资乘数理论基础上提出了国际收支调节的"乘数论"。同时,亚历山大运用凯恩斯宏观经济模型提出了"吸收论"。20世纪60年代,随着货币学派的兴起,蒙代尔和约翰逊提出了国际收支的"货币论"。我们首先探究一下物价—铸币流动机制。早在1752年,休谟在其《政治论丛》中系统地提出了古典的国际收支调节理论:"物价—铸币流动机制"(price-specie-flow mechanism)。

第一,物价—铸币流动机制的前提假定。(1)国际收支等于贸易收支,不存在资本流动;(2)不存在超额黄金储备,黄金流失意味着银行信用的紧缩和物价的下跌;(3)生产和贸易对价格变动立即作出反应,价格下跌使出口总值增加,从而纠正国际收支失衡;(4)各国金融当局遵守金本位制度下的"游戏规则",即自由铸造、自由兑换、自由输出入的原则。

第二,物价—铸币流动机制的主要内容。大卫·休谟认为,如果一国发生国际收支逆差,外汇供不应求,本国汇率下跌,当跌至黄金输出点以下时,就会引起本国黄金外流,国内黄金存量随之减少,货币发行量、存款及银行信用紧缩,于是物价下跌,本国出口商品的竞争力增强,出口增加,进口减少,直到国际收支改善。如果一国发生国际收支顺差,调节机制正好相反。这一调节过程如图4-3所示。这样,国际收支失衡完全能够实现市场机制自发调节,用不着任何人为干预。

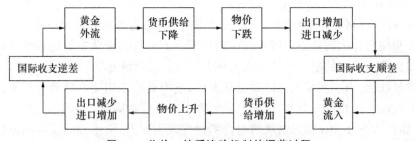

图4-3　物价—铸币流动机制的调节过程

这样,让一国货币供给变化被动地适应国际收支,意味着一国不能用货币政策来取得充分就业而没有酿成通胀。金本位的"游戏规则"要求逆差国通过进一步限制信用,顺差国通过进一步扩张信用,加强这一调节过程。

第三,对物价—铸币流动机制的评价。这是金本位制下国际收支的自动调节机制,说明了市场机制在国际收支调节中的作用。大卫·休谟是把货币数量说应用于国际收支分析方面的先驱。从理论渊源来看,这一机制对之后的学说影响是巨大的,后来流行的弹性分析法实质上就是价格变动对国际收支影响的深层次分析。

但是，物价—铸币流动机制存在明显的缺陷：第一，该理论的假设假定条件过于严格，只适用于纯粹的金本位制度。例如，黄金的输出和输入在金块本位制下就已受到政府的限制。如果贸易顺差国将流入的黄金作为超额黄金储备，那么该国的物价就不会上升；贸易逆差国也会将超额黄金储备投入流通，而不会听任本国物价下跌。第二，该理论没有考虑弹性条件。休谟从货币量变动到国内物价变动再到贸易差额变动的推理，需要满足进出口需求弹性条件。如果出口商品需求弹性较小，那么出口价格的下跌不一定会引起出口总值的增加。

第四节 弹性分析法或弹性论

弹性分析法或弹性论（the elasticity approach），是指在国民收入、利率不变的情况下，运用汇率的变动对经常项目失衡进行调节。由于这一调节机制与进出口商品的供求弹性关系密切，所以被称为"弹性论"。国际收支弹性论产生于20世纪30年代大危机和金本位制度崩溃时期，由英国剑桥大学著名经济学家琼·罗宾逊正式提出（思想来源于英国经济学家马歇尔），后来经过马克卢普和哈伯格等人的努力，发展成为国际收支理论的重要内容之一。该理论建立在马歇尔微观经济学和局部均衡的基础上，围绕进出口商品的需求弹性展开，着重讨论货币贬值成功的条件以及对贸易收支和贸易条件的影响。

一、弹性论的前提假定

第一，不考虑资本流动，贸易收支即国际收支，贬值前贸易收支账户处于平衡状态。

第二，假设非充分就业，贸易商品的供给弹性无穷大（垂直的总供给曲线）。

第三，运用局部均衡分析，不考虑利率、国民收入变动，只考虑汇率变化对进出口商品贸易的影响。

二、弹性论的基本思想

弹性论以进出口商品的供求弹性为基本出发点，假定在国民收入、利率不变的条件下，只考察汇率变动对国际收支调整的影响。通过汇率水平的变化，使进出口商品供求相对价格产生变动，以此影响出口总值和进口总值，从而调节国际收支或贸易收支不平衡。

三、马歇尔-勒纳条件

弹性论的理论依据是由马歇尔提出，并经勒纳发展而起的，简称为"马歇尔-勒纳条件"（Marshall-Lerner condition）。其前提是：假定其他条件（收入、偏好等）相同；贸易产品供给弹性无穷大；贬值前贸易账户处于平衡状态，即进出口相等；不考虑资本流动，国际收支等于贸易收支。在此假设前提下，可完成**马歇尔-勒纳条件的数学推导**：

$$B = \frac{P_X \times Q_X}{S} - P_X^* \times Q_M \tag{4-1}$$

其中，B是以外币表示的贸易差额（中国就是如此），P_X是本国出口价格水平（以本币表示），Q_X是本国出口量，S是外汇汇率（直接标价法），P_X^*是外国出口价格水平（以外币表示），不考虑贸易壁垒因素影响，即以外币计价的本国进口价格，Q_M是本国进口量。

假设本国和外国出口价格P_X、P_X^*不受汇率变动的影响，将等式两边对汇率求导可得：

$$\frac{dB}{dS} = \frac{P_X}{S}\frac{dQ_X}{dS} - \frac{P_X Q_X}{S^2} - P_X^* \frac{dQ_M}{dS} \qquad (4\text{-}2)$$

在不考虑贸易壁垒因素影响下,名义汇率变体:

$$P_X = S \times P_M^* ; \quad P_M = S \times P_X^* \qquad (4\text{-}3)$$

其中,P_M^* 是外国进口价格水平(以外币表示),P_M 是本国进口价格水平(以本币表示)。

需求价格弹性:

$$D_X = \frac{dQ_X}{Q_X} \Big/ \frac{dP_M^*}{P_M^*} ; \quad D_M = \frac{dQ_M}{Q_M} \Big/ \frac{dP_M}{P_M}$$

其中,D_X、D_M 分别表示出口需求价格弹性和进口需求价格弹性。

基于 P_X、P_X^* 不受汇率变动的影响,所以货币贬值后,依据(4-3)式,外国进口价格 $P_M^* = P_X/S$ 的变动率就等于汇率的变动率,但是符号相反;同样,本国进口价格 $P_M = S \times P_X^*$ 的变动率也等于汇率的变动率,而且两者变化方向相同。据此:

$$D_X = \frac{dQ_X}{Q_X} \Big/ \frac{dP_M^*}{P_M^*} = -\frac{dQ_X}{Q_X} \Big/ \frac{dS}{S}; \quad D_M = \frac{dQ_M}{Q_M} \Big/ \frac{dP_M}{P_M} = \frac{dQ_M}{Q_M} \Big/ \frac{dS}{S}$$

由此可得:$\frac{dQ_X}{dS} = -D_X \frac{Q_X}{S}$;$\frac{dQ_M}{dS} = D_M \frac{Q_M}{S}$。代入(4-2)式,整理得到:

$$\frac{dB}{dS} = \frac{P_X Q_X}{S^2}\left(-D_X - D_M \frac{SP_X^* Q_M}{P_X Q_X} - 1\right) \qquad (4\text{-}4)$$

根据(4-4)式,一国汇率贬值改善国际收支的充要条件是:

$$-D_X - D_M \frac{SP_X^* Q_M}{P_X Q_X} > 1 \qquad (4\text{-}5)$$

对于一般贸易品来说,由于需求量与价格反方向变动,所以需求价格弹性 D_X、D_M 都取负值(不考虑需求价格弹性为正的特殊贸易品)。这样,(4-5)式可以改写成:

$$\left| D_X + D_M \frac{SP_X^* Q_M}{P_X Q_X} \right| > 1 \qquad (4\text{-}6)$$

假设贬值前贸易账户处于平衡状态,即 $\frac{P_X Q_X}{S} = P_X^* Q_M$。代入(4-6)式,得到:

$$| D_X + D_M | > 1 \qquad (4\text{-}7)$$

据此,一国货币贬值能否改善贸易收支的充要条件是:$| D_X + D_M | > 1$。这一不等式即(4-7)式就是马歇尔-勒纳条件。所以,马歇尔-勒纳条件,是指在供给弹性无穷大的情况下,一国货币贬值能否改善贸易收支,取决于商品进出口需求弹性之和绝对值是否大于1。如果大于1,则贬值有效,能改善国际收支;如果小于1,则贬值使国际收支非但得不到改善,反而会恶化;如果等于1,则货币贬值使国际收支保持不变。在这里,如果对出口需求价格弹性、进口需求价格弹性添加负号,取 D_X、D_M 数值为正,则货币贬值能否改善贸易收支的充要条件就是:$D_X + D_M > 1$。不过,现实中,当一国国际收支处于平衡状态时,是不会发生贬值的。相反,只有在一国国际收支出现逆差时,货币当局才会考虑干预,货币贬值通常才会发生。所以,(4-6)式比马歇尔-勒纳条件更适用。

四、毕柯迪克-罗宾逊-梅茨勒条件

令 S_X、S_M 分别表示出口商品的供给弹性和进口商品的供给弹性,马歇尔-勒纳条件假定供给弹性无穷大。但是,现实中,当进出口商品供给弹性不是无穷大时,货币贬值又将如

何影响国际收支？我们通过较为复杂的数学推导，得到本币贬值使国际收支得到改善的条件：

$$\frac{S_X S_M (D_X + D_M - 1) + D_X D_M (S_X + S_M - 1)}{(D_X + S_X)(D_M + S_M)} > 0 \quad (4\text{-}8)$$

上式被称为"毕柯迪克-罗宾逊-梅茨勒条件"（Bickerdike-Robinson-Metzler condition，具体推导过程参见本章附录）。

当 $\text{Lim}S_X \to \infty$，$\text{Lim}S_M \to \infty$ 时，(4-5)式可变形为：$D_X + D_M - 1 > 0$，即 $D_X + D_M > 1$。显然，马歇尔-勒纳条件只是毕柯迪克-罗宾逊-梅茨勒条件在进出口供给弹性趋于无穷大时的一个特例。

五、J 曲线效应

现实中，即便马歇尔-勒纳条件成立，贬值也不能马上改善贸易收支。汇率变动时，进出口数量的实际变动还取决于供给对价格的反应程度，从进出口商品相对价格的变动到贸易数量的增减需要一段时间，即存在时滞。这段时间内，贬值不仅不能改善贸易收支，反而会使之恶化。整个过程用曲线表示，酷似字母"J"（如图 4-4），因此被称为"J 曲线效应"（J-curve effect）。所谓 J 曲线效应，是指在马歇尔-勒纳条件成立的情况下，短期内由于合同的时滞效应，贬值初期国际收支出现恶化，经过一段时间调整之后慢慢得到改善。如果用横轴表示时间、纵轴表示贸易收支变动，那么贸易收支对货币贬值的反应如下图所示：

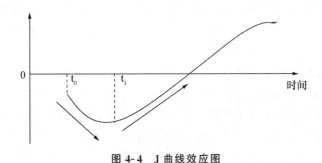

图 4-4　J 曲线效应图

在 J 曲线图中，t_1 时刻的贸易逆差大于 t_0 时刻的贸易差额，表示货币贬值后贸易收支首先恶化，随着时间的推移才逐步得以改善。这是因为：第一，**货币合同时期**（currency-contract period），在贬值前已签订的贸易合约仍然按原有的价格和数量执行。通常，贬值前签订的进出口合约以外币计价，这样贬值后出口收入减少，进口支出增加，贸易逆差进一步扩大。第二，**传导时期**（pass-through period），即便是贬值后签订的合同，伴随着汇率变动，价格发生变化，但是由于进出口需求和/或供给刚性，数量仍旧不变。结果，进口本币价值增加，而出口外币价值减少，导致短期内贸易差额恶化。第三，**数量调整时期**（quantity-adjustment period），数量和价格都发生变动，但是数量的调整没有价格的调整得那么快，归因于认识时滞、决策时滞、资源调整、生产时滞等因素的影响，需要一段时间。一般来说，出口供给的调整需要半年到一年的时间。所有这些，都会导致短期内进出口数量变化的幅度小于货币价格下降的幅度。此外，如果客户认为贬值将是进一步贬值的前奏，那么国内进口商会加速订货，而国外进口商将推迟进口，这样也会使贬值后贸易收支反而恶化。

六、W 曲线效应

米德(1988)认为,一些国家由于具有灵活的汇率浮动机制,而且经济开放程度较高,其贸易收支差额的变动能够通过外汇市场进行传导,充分地反映到汇率形成机制中,因而呈现明显的汇率变动的 J 曲线效应。当金融资产价格发生变动时,这些国家也能很快使进出口贸易等实物资产价格作出调整,并最终对国际收支状况产生影响。但是,保罗·霍尔伍德等(1996)认为,在时间滞后期内,即使能够满足马歇尔-勒纳条件,如果将回归性预期考虑在内,本币贬值和扩张也不一定产生 J 曲线效应。相反,由于时滞效应,贬值还可能产生 W 曲线效应,即贬值初期产生的负效应或其他原因可能导致另一次货币贬值,经济体产生连续性货币贬值,此时其贸易收支有可能呈现 W 曲线效应。

七、贸易条件

贸易条件(terms of trade),又称"交换比价"或"贸易比价",是指一国出口商品价格与进口商品价格之比。可用公式表示为:$T = \dfrac{P_X}{P_M}$。其中,P_X、P_M 分别表示出口和进口商品价格(以本币表示)。贸易条件的实质是一国对外经济交往中价格变动对实际经济资源的影响。当贸易条件比率上升时,贸易条件改善,表明该国出口相同数量的商品可换回更多的进口商品;当贸易条件比率下降时,贸易条件恶化,表明该国出口相同数量的商品只能换回更少的进口商品。一般而言,汇率变动会通过相对价格的变动而改变一国的贸易条件。到底汇率变动是改善还是恶化一国贸易条件,取决于该国进出口商品的供给和需求弹性。具体推导如下:

令 T 表示本国贸易条件,S 表示外汇汇率(直接标价法),P_X、P_M 分别表示本国出口和进口商品的价格(以本币表示),P_X^*、P_M^* 分别表示外国出口和进口商品的价格(以外币表示),Q_X、Q_M 分别表示本国出口量和进口量,S_X、S_M 分别表示出口和进口商品的供给价格弹性,D_X、D_M 分别表示出口和进口商品的需求价格弹性。据此:

名义汇率变体:

$$P_X = S \times P_M^* \: ; \: P_M = S \times P_X^*$$

供给价格弹性:

$$S_X = \dfrac{dQ_X}{Q_X} \bigg/ \dfrac{dP_X}{P_X} \: ; \: S_M = \dfrac{dQ_M}{Q_M} \bigg/ \dfrac{dP_X^*}{P_X^*}$$

需求价格弹性:

$$D_X = -\dfrac{dQ_X}{Q_X} \bigg/ \dfrac{dP_M^*}{P_M^*} \: ; \: D_M = -\dfrac{dQ_M}{Q_M} \bigg/ \dfrac{dP_M}{P_M}$$

在这里,对出口和进口商品的需求价格弹性添加负号,取数值 D_X、D_M 为正。

将 $P_X = S \times P_M^*$ 取自然对数后,求微分得到:

$$\dfrac{dP_X}{P_X} = \dfrac{dS}{S} + \dfrac{dP_M^*}{P_M^*} \tag{4-9}$$

将(4-9)式代入供给价格弹性 S_X,得到:

$$S_X = \dfrac{dQ_X}{Q_X} \bigg/ \left(\dfrac{dS}{S} + \dfrac{dP_M^*}{P_M^*} \right)$$

将其代入需求价格弹性 D_X,整理得到:

$$\frac{dP_M^*}{P_M^*} = -\frac{S_X}{D_X + S_X} \times \frac{dS}{S}$$

再代入(4-9)式,得到:

$$\frac{dP_X}{P_X} = \frac{D_X}{D_X + S_X} \times \frac{dS}{S} \tag{4-10}$$

同理,使用上述方法,整理得到:

$$\frac{dP_M}{P_M} = \frac{S_M}{D_M + S_M} \times \frac{dS}{S} \tag{4-11}$$

对贸易条件取自然对数后,求微分得到:

$$\frac{dT}{T} = \frac{dP_X}{P_X} - \frac{dP_M}{P_M}$$

将(4-10)式、(4-11)式代入,整理得到:

$$\frac{dT}{T} = \frac{D_X D_M - S_X S_M}{(D_X + S_X)(D_M + S_M)} \times \frac{dS}{S} \tag{4-12}$$

根据(4-12)式,若本国货币贬值,即 $\frac{dS}{S}>0$,由于 $(D_X+S_X)(D_M+S_M)>0$,因此当 $D_X D_M > S_X S_M$ 时,即出口和进口需求价格弹性之积大于供给价格弹性之积时,$\frac{dT}{T}>0$,即贸易条件改善;当 $D_X D_M < S_X S_M$ 时,即出口和进口需求价格弹性之积小于供给价格弹性之积时,贸易条件恶化;当 $D_X D_M = S_X S_M$ 时,贸易条件不变。

在现实中,由于各国的情况不同,很难作出绝对的判断。一般来说,货币贬值会使本国贸易条件恶化,而贸易条件的恶化并不一定都是由于货币贬值所引起的。

八、对弹性论的评价

(一) 理论贡献

弹性论在理论上填补了古典国际收支调节理论失效后的空白,曾在西方经济学界长期流行。根据这一理论,国际收支调节不是自动调节过程,而是政府政策起作用的过程。弹性论强调用汇率的变动来调节国际收支。它不仅指出了在纸币流通条件下,可以用货币贬值来调节国际收支,而且提出了货币贬值改善贸易收支的前提条件。

(二) 局限性

弹性论过高地估计了汇率变动的作用,所以也受到研究者的批评。(1) 弹性论假定货币贬值前贸易收支处于平衡状态,这一假定不符合实际情况。既然贸易收支已经平衡,那为什么还进行贬值操作?弹性论无法回答这一问题。(2) 弹性论建立在局部均衡分析的基础之上,假定其他条件不变,仅考虑汇率变动对进出口贸易的影响。局部均衡分析的局限性决定了它的缺陷,如忽视了贬值过程中供给条件和成本的变化,忽视了汇率变化引起的收入效应和支出效应等。(3) 弹性论假定贸易商品的供给弹性无穷大,不符合客观现实情况。(4) 弹性论把国际收支仅局限于贸易收支,未考虑劳务和国际资本流动,具有历史局限性。

第五节 乘数分析法或乘数论

乘数分析法或乘数论(the multiplier approach),是指在汇率、价格不变的情况下,只考察收入变动对贸易收支或国际收支调整的影响。由于这一调整机制与收入变动的关系密切,所以又被称为"收入论"或"收入分析法"。20世纪30、40年代,以凯恩斯主义追随者哈罗德、梅茨勒、马克卢普等为代表的经济学家,运用凯恩斯的乘数理论对汇率变动的影响作了分析,由此形成了国际收支调节的乘数论。

一、乘数论的假定前提

第一,不考虑国际资本流动,贸易收支即为国际收支;
第二,假定非充分就业,贸易商品的供给弹性无穷大;
第三,假定小型开放经济,不考虑外国回转效应,小型开放经济的出口是完全外生的;
第四,运用局部均衡分析,假定汇率、利率、价格、工资等经济变量均保持不变,只考察国民收入变动对贸易收支或国际收支调整的影响。

二、乘数论的基本思想

乘数论以凯恩斯宏观经济分析框架为基础,假定汇率、价格等经济变量不变,只考察国民收入变动对贸易收支或国际收支调整的影响。该理论阐述了国民收入的变动对贸易收支的影响,揭示出一国可以通过需求管理政策调整贸易收支或国际收支失衡。

三、乘数模型(multiplier model)

在开放经济中,国民收入 Y 是由消费 C、投资 I、政府支出 G 以及出口净额(X−M)所决定的。假设对外转移支付不存在,消费、投资和进口均为国民收入的线性函数,政府支出和出口均为自主性变量(即外生变量),则开放经济的宏观经济模型为:

$$C = C_0 + cY \tag{4-13}$$

$$I = I_0 + hY \tag{4-14}$$

$$M = M_0 + mY \tag{4-15}$$

$$Y = C + I + G + (X - M) \tag{4-16}$$

其中,C_0、I_0 和 M_0 分别表示自主性消费、投资和进口,$c(0<c<1)$、$h(0<h<1)$ 和 $m(0<m<1)$ 分别表示边际消费倾向、边际投资倾向和边际进口倾向。

将(4-13)—(4-15)式代入(4-16)式,整理得到开放经济中均衡国民收入为:

$$Y = \frac{1}{1-c-h+m}(C_0 + I_0 - M_0 + G + X) \tag{4-17}$$

由于边际储蓄倾向 s=1−c,因而代入(4-17)式,得到:

$$Y = \frac{1}{s-h+m}(C_0 + I_0 - M_0 + G + X) \tag{4-18}$$

其中,1−c−h=s−h>0。

(一) 对外贸易乘数

对外贸易乘数理论是凯恩斯的主要追随者马克卢普和哈罗德等人在凯恩斯的投资乘数原理的基础上引申提出的。因为出口与国内政府支出的自主变动对于国民收入的影响效果相同,所以在这里仅以出口的自主变动为例,讨论其对国民收入的影响。假定其他条件不变,若外国国民收入增加,引起本国出口增加,若本国出口增加了 ΔX,则它对本国国民收入的影响为:

$$\Delta Y = \frac{1}{s-h+m}\Delta X \tag{4-19}$$

(4-19)式揭示了出口增加与国民收入增加之间的数量关系。其中，$\frac{1}{s-h+m}$为对外贸易乘数。据此，假定边际投资倾向不变，边际储蓄倾向和边际进口倾向越小，则对外贸易乘数越大，国民收入的倍增幅度也越大。假定边际消费倾向、边际投资倾向在封闭经济和开放经济中一样，由于$\frac{1}{s-h+m}<\frac{1}{s-h}$，因此开放经济中对外贸易乘数作用小于准开放经济中乘数作用。开放经济中进口较准开放经济中进口更大地替代了国内生产，导致国民收入流量的更多漏出。

（二）国际收支调整

对外贸易乘数反映了出口及国内政府支出的任何自主性变动对国民收入的影响，而国民收入的变动又会影响到一国国际收支的状况。假定不考虑国际资本流动、对外转移支付，则一国国际收支差额即为贸易收支差额：

$$B = X - M = X - M_0 - mY \tag{4-20}$$

假定自主性消费、投资、进口和政府支出不变，则考虑出口和收入变动后，整理得到：

$$\Delta B = \Delta X - m\Delta Y, \quad \Delta Y = \frac{1}{s-h+m}\Delta X$$

代入得到：

$$\Delta B = \frac{s-h}{s-h+m}\Delta X \tag{4-21}$$

据此，假定其他条件不变，则一国出口增加可直接改善该国的国际收支状况。同时，由于对外贸易乘数作用，出口的增加会促使国民收入水平倍增，而国民收入水平的增加会引起进口增加，从而间接导致国际收支状况趋于恶化。所以，出口增加一方面会产生改善国际收支的直接效应，另一方面会产生恶化国际收支的间接效应。设ΔX、ΔM^*分别表示出口增加对于国际收支状况的直接效应和间接效应，则$\Delta B = \Delta X - \Delta M^*$。这里，$\Delta M^* = \frac{m}{s-h+m}\Delta X$，代入得到：$\Delta B = \frac{s-h}{s-h+m}\Delta X$。也就是说，又回到了(4-21)式。

由于$s-h>0$，因此根据(4-21)式，当一国出口增加时，其国际收支状况将会得到改善，**但是改善的程度要比出口增加的程度要小**。换句话说，**通过外贸乘数作用进行的收入调节并不能完全消除国际收支的失衡**。

当一国国内支出如消费支出、投资支出增加时，可通过乘数作用使国民收入水平提高，而国民收入水平的提高又会引起该国进口的增加，从而造成国际收支状况的恶化。因此，假定其他条件不变，若一国国内支出增加ΔA，则对国际收支产生恶化的间接效应，其关系为：

$$\Delta B = -\frac{m}{s-h+m}\Delta A \tag{4-22}$$

据此，假定其他条件不变，依据(4-22)式，当一国国内支出自主增加时，则该国的国际收支将趋于恶化，但是恶化的程度小于国内支出的增加额。

上述分析表明，一国的出口或国内支出的任何自主性变动，对该国的国民收入影响相同，但是对国际收支的影响不同，其影响效果取决于乘数效应（边际储蓄倾向、边际投资倾向和边际进口倾向）的大小。据此，对货币贬值效应而言，不仅取决于进出口供求弹性，而且受到乘数效应的影响,因而通过贬值改善贸易收支或国际收支逆差的程度变得更小。这样,当一国国际收支出现逆差时,可以通过需求管理政策,降低国民收入,减少进口支出,进而改善贸易收支或国际收支。

四、哈伯格条件(Harberger condition)

弹性论只说明了货币贬值的直接效果。但是,货币贬值引起的进出口变动除了直接影响国际收支的变动之外,还会通过国民收入的变动,间接引致进口的变动,从而进一步影响到国际收支。据此,后来的一些学者将贬值的价格效应(弹性论)与收入效应(乘数论)相结合,修正了马歇尔-勒纳条件,使之成为更富有现实意义的哈伯格条件(见(4-23)式)。哈伯格条件考虑了贬值通过收入的变动对国际收支所产生的影响。

设 m 表示贬值国的边际进口倾向,则贬值改善国际收支的**哈伯格条件**为:

$$D_X + D_M > 1 + m \tag{4-23}$$

可见,哈伯格条件是对马歇尔-勒纳条件的修正。不过,这里的(4-23)式仅适用于小型开放经济模型。如果是大国,还要考虑外国回转效应(foreign repercussion)。在有外国回转效应的两国模型中,贬值国的出口增加,非贬值国的进口增加,其国民收入随之下降(小国情形下不明显,可忽略不计),导致非贬值国进口支出减少,从而减少了贬值国向非贬值国的出口。所以,考虑到外国回转效应,将哈伯格条件进一步修正为**总弹性条件**:

$$D_X + D_M > 1 + m + m^* \tag{4-24}$$

其中,m 表示贬值国的边际进口倾向,m^* 表示贸易伙伴国的边际进口倾向。因此,在进出口供给弹性无穷大的情况下,大国只有在进出口需求弹性之和大于1,加上本国和外国的边际进口倾向时,贬值对改善国际收支才会有效。

五、对乘数论的评价

(一)理论贡献

乘数论建立在凯恩斯宏观经济分析的框架之上,阐述了对外贸易与国民收入之间的关系,以及各国经济通过进出口途径相互影响的原理,在一定程度上反映了客观经济现实。这一原理不仅对国际收支的研究具有重要意义,而且对研究一国贸易与经济增长具有重要意义。

(二)局限性

乘数论没有考虑国际资本流动,并且假定汇率、物价等因素不变,所以在分析方法上仍旧属于局部均衡分析,其对国际收支影响的分析难免有失偏颇。

第六节 吸收分析法或吸收论

吸收分析法或吸收论(the absorption approach),是从凯恩斯的国民收入方程式入手,着重考察总收入与总支出变动对国际收支的影响。20世纪50年代初,西德尼·亚历山大和詹姆斯·米德等经济学家以凯恩斯宏观经济理论为基础,提出了国际收支的吸收分析法或吸收论,着重考察总收入与总支出对国际收支的影响,并在此基础上提出了国际收支调节的相应政策主张。

一、吸收论的基本思想

吸收论以凯恩斯宏观经济理论为基础,认为国际收支与整个国民经济活动相联系,只有弄清产出变化、支出变动之后,才能理解国际收支的变化。为此,它着重考察总收入与总支出变动对国际收支的影响。

二、吸收论的理论模型

根据凯恩斯宏观经济理论,开放经济条件下的国民收入恒等式为:

$$Y = C + I + G + X - M \tag{4-25}$$

其中,Y、C、I、G、X、M 分别表示国民收入、消费、投资、政府支出、出口、进口。

移项整理得到:

$$X - M = Y - (C + I + G)$$

其中,X−M 为贸易差额,作为国际收支差额的代表,记为 B=X−M;而 C+I+G 为国内支出总额,是国民收入中被国内吸收的部分。用 A 来表示"吸收"的部分,则有:

$$B = Y - A \tag{4-26}$$

据此,贸易差额等于国内产出或国民收入减去国内吸收。当国民收入大于总吸收时,国际收支为顺差;当国民收入小于总吸收时,国际收支为逆差;当国民收入等于总吸收时,国际收支平衡。

根据吸收论的理论模型,国际收支调节政策无非就是改变总收入和总吸收的政策,即支出增减和支出转换政策。如果调节国际收支逆差,可以采用紧缩性财政货币政策以减少对进口商品的需求,同时运用支出转换政策消除紧缩性政策以降低总收入的负面影响,使进口需求减少的同时,收入能增加,从而达到内外平衡的目标。

三、货币贬值分析

由(4-26)式可得:

$$\Delta B = \Delta Y - \Delta A \tag{4-27}$$

依据(4-27)式,可以对货币贬值效应进行分析。货币贬值效应可以分为:对收入的直接效应 ΔY;对吸收的直接效应 ΔA_d;贬值通过收入对吸收的间接效应 $a\Delta Y$,a 为边际吸收倾向。据此,$\Delta B=(1-a)\Delta Y-\Delta A_d$。所以,货币贬值改善贸易收支或国际收支的条件是:

$$(1-a)\Delta Y > \Delta A_d \tag{4-28}$$

(一)货币贬值对收入的直接效应

第一,闲置资源效应(idle resources effect)。如果存在闲置资源,伴随贬值的出口增加通过外贸乘数会带来国民收入的增加。同时,国民收入的增加会增加本国投资和消费支出,使总吸收水平上升。所以,贸易收支恶化与否,取决于边际吸收倾向。

第二,贸易条件效应(terms of trade effect)。亚历山大等经济学家认为,一国出口比进口更加专业化,货币贬值导致以外币计算的出口价格下跌,而以外币计算的进口价格上升,所以贸易条件恶化,并导致该国实际收入减少。

第三,资源配置效应(distribution of resources effect)。马克卢普认为,贬值影响资源配置,在此过程中,资源从国内生产率相对较低的部门向生产率相对较高的出口部门转移,生产率的提高可以抵消贸易条件的恶化,净结果是提高实际收入。当闲置资源效应很小时,货币贬值的资源配置效应尤为重要。

（二）货币贬值对吸收的直接效应

第一，现金余额效应（real cash balance effect）。一国本币贬值会使该国物价水平上涨，如果货币供给不变，人们持有的现金余额的实际价值会减少。为了将实际现金余额恢复到原有的持有水平，人们或者被迫减少对商品和劳务的支出，消费水平下降，总吸收减少；或者将持有的金融资产变现，这会使资产价格下降，利率水平提高，消费和投资水平下降，总吸收再减少。因此，现金余额效应通过总吸收的减少，会使贸易收支得到改善。

第二，收入再分配效应（redistribution of income effect）。贬值通过改变收入再分配状况而影响吸收的作用，具体表现在三个方面：收入由固定货币收入集团向其他收入集团转移，后者可以通过增加名义收入避免价格上升的损害；收入由工资收入集团向利润收入集团转移；收入由纳税人集团向政府部门转移。这种收入再分配对吸收的影响取决于不同集团的边际吸收倾向。

第三，货币幻觉效应（money illusion effect）。这是指人们忽视价格变动对实际价值的影响而减少实际支出的现象。例如，本币贬值会使物价上涨，当价格和名义收入同等增加时，实际收入并未改变。但是，由于存在对物价的货币幻觉，就会减少消费，总支出减少。如果存在对工资的货币幻觉，就会增加消费，使总吸收增加。

第四，其他直接效应（miscellaneous direct absorption effects）。这涉及对价格进一步上升的预期（人们会增加现期支出，增加总吸收）、进口的投资品价格上升对投资产生的负面影响、进口商品的价格上涨对消费这些商品的支出施加的抑制性作用等。

（三）货币贬值对吸收的间接效应

这是货币贬值通过收入变动对吸收产生的第二轮影响，即如果贬值导致收入增加，那么吸收会增加。这种影响取决于边际吸收倾向的大小。

四、吸收论的应用

金融危机后，美国力图通过量化宽松货币政策刺激美元不断贬值，以期改善经常账户的贸易状况，而实际情况却相反。事实上，以美国为代表的发达国家面临经常账户逆差的根本原因在于国际分工地位的不平等，发展中国家主要通过对外出口原料和低附加值的初级产品赚取收入，而其资本与金融账户大多表现为逆差，资本大量外流，处于国际贸易的弱势地位。因此，发达国家单纯依靠汇率调整，试图解决国际收支失衡问题，是不能从根本上奏效的。

五、对吸收论的评价

（一）理论贡献

第一，吸收论将国际收支作为宏观经济变量，将其和整个国民经济联系起来，强调供给方面，考虑到多种因素的相互作用，属于一般均衡分析。它指出了弹性论所忽视的国际收支失衡的货币方面，强调了货币因素的重要性。在国际收支调节理论的发展过程中，吸收论起到了承前启后的作用，既是对弹性论的超越，又是20世纪70年代以后货币分析法的先驱。

第二，吸收论从贬值对国民收入和国内吸收的相对影响角度考察贬值的效应，因此具有强烈的政策搭配意向。

(二) 局限性

第一,吸收论忽略了国际资本流动在国际收支中的地位及其对宏观经济的影响。第二,吸收论假定贬值是出口增加的唯一原因,生产要素的转移机制顺畅,这与现实具有较大的差距。第三,吸收论没有阐明收入、支出与贸易收支之间的因果关系,也没有考虑相对价格变动在调整过程中的作用。

第七节 货币分析法或货币论

弹性论和吸收论都是强调实际商品贸易的理论,很少提及资本账户。但是,现今的世界是以发达的金融市场和大规模国际资本流动为特征的。为了充分理解国际经济联系,必须融入金融资产的重要作用予以考察。国际收支货币分析法是在 20 世纪 70 年代凯恩斯主义陷入困境的情况下提出的,是当代国际收支调节理论中最流行的一种。

国际收支货币分析法或货币论(the monetary approach),是把国际收支视为一种货币现象,强调货币供给和货币需求之间相互影响,决定一国的国际收支状况,依据货币存量调整,调节国际收支。其代表人物是哈里·约翰逊、罗伯特·蒙代尔和雅各布·弗兰克尔,他们将货币主义理论和方法应用于国际收支领域的研究,认为国际收支本质上是一种货币现象。国际收支失衡都可以用国内货币政策来应付,而无须改变汇率。

一、货币论的假定前提

第一,充分就业均衡状态下,一国的实际货币需求是收入、利率等变量的稳定函数。

第二,从长期看,货币需求是稳定的,货币供给量变动不影响实际产量,即货币中性。

第三,购买力平价论长期成立,国际套利活动能保证同一商品在各国间有同一价格,即贸易品价格是外生的。

第四,各国货币当局不对国际资本流动采取"冲销"政策(sterilizing policy),这意味着货币供给和国际储备同方向变动。

二、货币论的基本思想

货币论以现代货币主义理论为基础,在假定国际收支是一种货币现象、购买力平价成立、生产处于充分就业水平的条件下,从货币市场均衡角度分析对国际收支调整的影响,主张用国内货币政策来调整国际收支失衡。在货币论看来,既然国际收支是一种货币现象,那么就只能用货币工具来纠正它。

三、货币论的理论模型

由于实际货币需求是收入和利率的稳定函数,因而一国的实际货币需求函数为:

$$\frac{M_d}{P} = F(Y, i)$$

其中,M_d 是名义货币需求量,P 为本国价格水平,F 为函数关系,Y 为国民收入,i 为利率。

同期,一国的名义货币供给量可表示为:

$$M_s = m(D + R)$$

其中，M_s 为名义货币供给量，D 为商业银行基础信贷量（名义货币供给量的主体），R 为外汇储备，m 为商业银行货币创造乘数。

从长期来看，货币市场均衡有：$M_s = M_d$。为简化，若令 $m=1$，则得到：

$$R = M_d - D \tag{4-29}$$

所以：

$$\Delta B = \Delta R = \Delta M_d - \Delta D \tag{4-30}$$

(4-30)式就是国际收支货币论的基本形式，它包含以下经济学内涵：

第一，国际收支本质上是与货币供求相联系的一种货币现象。 国际收支取决于一国的货币供求，国际收支逆差就是其国内名义货币供给量超过其名义货币需求量。这样，当国际收支发生逆差时，应当采取国内信贷紧缩，使 D 下降，即 $\Delta D < 0$，从而使 $\Delta R \geq 0$。据此，国际收支失衡问题可以由国内的货币政策调整来解决。控制国内的信贷扩张，乃是纠正国际收支逆差失衡的唯一可行的方法。

第二，国际收支失衡反映了实际货币余额与理想货币余额的不一致。 当本国国内名义货币供给量超过名义货币需求量时，由于货币供应不影响实物产量，在价格不变的情况下，多余的货币需要寻找出路，对个人和企业来说，会增加货币支出，重新调整实际货币余额；对整个国家而言，表现为货币外流，即国际收支逆差。反之，当国内名义货币供给量小于名义货币需求量时，表现为国际收支顺差。

第三，国际收支的调节是实际货币余额（货币存量）对名义货币供给量的调整过程。 国际收支失衡只是暂时现象，市场调节机制和政府政策调节机制可以使之恢复平衡。货币政策和外汇储备都是政府调节国际收支的直接手段。如果一国汇率保持固定，则该国为避免持续的逆差失衡而最终会耗尽储备。

第四，国际收支失衡能够用国内货币政策而非汇率调整来解决。 汇率贬值是对减少国内信贷增长的替代，因为贬值降低了本币价值。如果导致贬值的根本货币原因没有被纠正，则需求进一步贬值以抵补该国货币的持续过度供给。

第五，增加的国民收入可经由增加货币需求而非增加国内信贷以改善一国国际收支。

可见，货币论主要用国内货币政策来调节国际收支失衡，膨胀性货币政策可以减少国际收支顺差，紧缩性货币政策可以减少国际收支逆差。如果采用贬值、外汇管制等措施改善国际收支，则必须注重信贷紧缩，其结果是用牺牲内部平衡的方式来实现外部平衡。货币论的精髓后来被波拉克应用于国际货币基金组织的国际收支调节规划中，受到了很多发展中国家的指责。

四、货币论有关货币贬值的效应

在考察货币贬值对国际收支的影响时，货币论假设一价定律成立，有 $P = S \times P^*$，则：

$$M_d = P \times F(Y, i) = S \times P^* \times F(Y, i) \tag{4-31}$$

其中，S 是外汇汇率（直接标价法），P^* 是外国价格水平。根据(4-31)式，本币贬值，即 S 上升，使得 $P = S \times P^*$ 上升，M_d 相应上升。依据(4-30)式，国际收支逆差相对减少。

货币论认为，货币贬值的效应有：(1) 在充分就业情况下，货币贬值意味着商品价格的变动，贬值国的国内价格上升，升值国的国内价格相对下跌。(2) 物价变化意味着实际现金余额的变化。在货币供给量不变的条件下，贬值国的实际货币余额需求减少，因而压缩支出，进口需求相应减少；而升值国的实际货币余额增加，因而扩大消费和投资，使得贬值国的出口需求相应增加。(3)实际货币现金余额的变化通过贸易收支差额而逐渐消失,从而恢复均衡。

综合(4-30)式、(4-31)式,货币论政策主张的核心是:货币贬值若要改善国际收支,则在贬值时,国内的名义货币供给量不能增加。

五、货币论的应用

中国从2005年7月汇改以来,人民币大幅升值,但是国际收支顺差没有得到遏制,反而不断上升。从货币论考察,由于国际收支顺差,外汇储备不断上升,货币投放量不断增加,导致国内价格上升。同时,人们对人民币升值预期长期化,也使货币需求大增,国外投机性热钱大量流入中国。研究表明,中国货币需求的收入弹性较高,有助于吸收一部分因顺差所导致的货币供给量增加;央行的冲销操作有效地控制了国际收支顺差所导致货币供给量的过快增长,这也是人民币升值条件下国际收支保持顺差的原因。

六、对货币论的评价

(一)理论贡献

第二,货币论认为国际收支本质上是一种货币现象,引发人们在进行国际收支分析中对货币因素的重视,这为政府强调货币政策在国际收支调整中的运用提供了理论依据。

第二,货币论较以前的国际收支理论前进了一大步,它引入了金融市场,补充了货币调节机制,通过对货币当局外汇储备额的变动及其决定因素的分析,把研究重点聚焦于货币层面,这是其他几种国际收支理论所没有的。

(二)局限性

第一,货币论的一些基本假设难以成立。例如,货币供给量变动不影响实际产量、一价定律成立等,都与事实情况不太相符。货币论片面强调长期均衡分析而忽视短期和中期均衡分析。

第二,货币论过分强调货币因素而忽视实际因素,将国际收支失衡看作货币供求失衡的结果,实际上很可能是因果颠倒。

第三,货币论的政策主张是,以牺牲国内实际货币余额或实际消费、投资、收入和经济增长的方式纠正国际收支逆差。这种用牺牲内部平衡的方式来实现外部平衡的做法不利于发展中国家的发展。

七、弹性论、乘数论、吸收论和货币论的比较

国际收支理论主要集中于一国国际收支的决定因素和保持国际收支平衡的政策研究,其经典理论主要包括弹性论、乘数论、吸收论和货币论。这四种调节理论各有侧重,具有一定的互补性。(1)弹性论运用局部均衡分析法,以进出口商品的供求弹性为基本出发点,假定国民收入、利率不变,只考察汇率变动对国际收支调整的影响,认为进出口商品必须满足一定条件,货币贬值才能改善国际收支。弹性论未考虑到国际资本流动与劳务进出口对国际收支的影响。(2)乘数论以凯恩斯宏观经济分析框架为基础,假定汇率、价格等不变,只考察国民收入变动对国际收支调整的影响,认为一国可以通过需求管理政策改善国际收支状况。(3)吸收论以凯恩斯宏观经济理论为基础,通过分析收入和支出变动与国民经济活动的关系,着重考察总收入与总支出变动对国际收支的影响。吸收论未考虑资本与金融账

户对一国国际收支的影响。(4)货币论以现代货币主义理论为基础,把国际收支视为一种货币现象,认为国际收支失衡是货币供求存量不平衡的结果,从货币市场均衡角度分析其对国际收支调整的影响,主张用国内货币政策来调整国际收支失衡。

相比而言:(1)从考察期限来看,弹性论、乘数论和吸收论注重中短期分析,而货币论侧重于长期分析。(2)从分析对象来看,弹性论是对商品市场的微观分析,而乘数论、吸收论和货币论是对商品市场和货币市场的宏观经济分析。(3)从政策主张来看,弹性论偏向于采用汇率政策作为纠正国际收支失衡的最有效政策,乘数论和吸收论偏向于需求管理政策,而货币论则主张用货币政策来应对国际收支失衡。(4)从贬值效应来看,弹性论、乘数论和吸收论都认为贬值在一定条件下对经济有扩张作用,而货币论则认为贬值会使国内经济紧缩。总之,前三者都是强调商品市场流量均衡在国际收支调整中的作用,而后者则强调货币市场存量均衡的作用;前三者仅注重经常账户交易,而后者则将货币供给资产流动作为考察对象,强调国际收支的综合差额。

第八节 结构分析法或结构论

结构分析法或结构论(structural approach),是在20世纪70年代作为传统的国际收支理论,特别是作为IMF国际收支调节规划的对立面出现的,其理论渊源与发展经济学密切相关,倡导者多为发展中国家或发达国家中从事发展问题研究的学者。其主要代表人物有安东尼·瑟沃尔、托尼·克列克和保罗·史蒂芬。

一、基本理论

结构论认为,国际收支失衡并不一定完全是由国内货币市场失衡引起的,国际收支逆差,尤其是长期性的国际收支逆差,既可以是由长期性的过度需求引起的,也可以是由长期性的供给不足引起的,而长期性的供给不足往往是由经济结构问题造成的。经济结构问题主要有:

第一,经济结构老化。这是指由于科技和生产条件的变化及世界市场的变化,使一国原来在国际市场上具有竞争力的商品失去了竞争力,而国内资源没有足够的流动性等因素,经济结构不能适应世界市场的变化,由此造成出口供给长期不足,进口替代的余地持续减少,结果是国际收支的持续逆差(或逆差倾向)。

第二,经济结构单一。这从两个方面导致国际收支的经常逆差:其一,出口商品单一,其价格受国际市场价格波动的影响,因而国际收支呈现不稳定现象。在出口多元化的情况下,一种出口商品价格的下降,会被另一种出口商品价格的上升抵消,整个国际收支出现稳定现象;而在出口单一的情况下,任何程度的价格下降都会直接导致国际收支的恶化。其二,经济结构单一,致使经济发展长期依赖进口,进口替代的选择余地几乎为零。例如,一个只生产锡矿的国家,其经济发展所需要的采矿机械、电力设备、交通工具等只能依靠进口。经济发展的速度和愿望越高,国际收支逆差或逆差倾向就越严重。

第三,经济结构落后。这是指一国的出口商品需求对收入的弹性低,对价格的弹性高;而进口商品需求对收入的弹性高,对价格的弹性低。当出口商品需求对收入的弹性低时,别国经济和收入的相对快速增长不能引起该国出口的相应增加;当进口商品需求对收入的弹性高时,本国经济和收入的相对快速增长却会引起进口的相应增加。在这种情况下,只会发生国际收支的收入性逆差,不会发生国际收支的收入性顺差。所以,国际收支的收入性不平衡具有不对称性。

当出口商品需求对价格的弹性高时,本国出口商品价格的相对上升会导致出口数量的相应减少。当进口商品需求对价格的弹性低时,外国商品价格的相对上升却不会导致本国进口数量的相应减少。在这种情况下,货币贬值不仅不能改善国际收支,反而会恶化国际收支,由货币和价格因素引起的国际收支不平衡也具有不对称性。

由于国际收支的结构性失衡的根本原因在于经济结构的老化、单一和落后,因此支出增减和转换政策不能从根本上解决问题,有时甚至十分有害,调节政策的重点应放在改善经济结构和加速经济发展方面,以此增加出口商品和进口替代品的数量和品种供应。改善经济结构和加速经济发展的主要手段是增加投资,改善资源的流动性,使劳动力和资金等生产要素能顺利地从传统行业流向新兴行业。经济结构落后的国家要积极增加国内储蓄。通过改善经济结构和发展经济,不仅有助于克服自身的国际收支困难,同时也能增加从经济结构先进的国家进口,从而有助于经济结构先进的国家的出口和就业的增长。经济结构先进的国家和国际经济组织应增加对经济结构落后的国家的投资。

二、对结构论的评价

结构论迥异于传统的国际收支理论及货币分析法,从结构角度探讨国际收支失衡的根源,在当代发展中国家普遍发生持续性国际收支逆差的形势下,日益受到西方学术界和国际金融机构经济学家的重视。但是,结构论也受到很多经济学家的批评,主要原因在于:(1)结构论低估了价格机制转移资源的程度,对发展中国家适应比较利益的变化向出口部门转移资源的能力表现得过于悲观;(2)结构论讲的实际上是发展问题,而不是国际收支问题,经济发展政策对国际收支失衡的调节常常行之无效或收效甚微。

本 章 小 结

如果线上自主性交易的差额等于零,则称为"国际收支平衡";否则,称为"国际收支失衡"。国际收支均衡,是指国内经济处于充分就业和物价稳定条件下的国际收支平衡,它是一国达到福利最大化的综合政策目标。"国际收支均衡"概念的提出,是基于政府当局制定国际收支调节政策的需要。

国际收支失衡按照性质可分为五种类型:偶发性或临时性失衡、周期性失衡、收入性失衡、货币性失衡和结构性失衡。对于持续性的国际收支失衡,无论顺差还是逆差,政府当局必须采取有效的措施进行调节。国际收支的调节方式大致可分为市场调节方式和政策调节方式两大类。

根据对国际收支作用的经济变量不同,纸币本位的固定汇率制度下,国际收支自动调节机制分为利率调节机制、收入调节机制和价格调节机制三类。政府调节国际收支的政策主要包括需求管理政策、供给调节政策和资金融通政策。其中,需求管理政策主要有支出增减政策和支出转换政策,供给调节政策主要有产业政策、科技政策和制度创新政策,而资金融通政策包括使用官方储备和使用国际信贷。

弹性论以进出口商品的供求弹性为基本出发点,假定国民收入、利率不变,只考察汇率变动对国际收支调整的影响。乘数论以凯恩斯宏观经济分析框架为基础,假定汇率、价格等经济变量不变,只考察国民收入变动对国际收支调整的影响,揭示出一国可以通过需求管理政策调整国际收支不平衡。吸收论以凯恩斯宏观经济理论为基础,认为国际收支与整个国民经济活动相联系,着重考察总收入与总支出变动对国际收支的影响。货币论以现代货币主义理论为基础,把国际收支视为一种货币现象,强调货币供给和货币需求之间相互影响,决定一国的国际收支状况,从货币市场均衡角度分析其对国际收支调整的影响,主张用国内货币政策来调整国际收支失衡。

结构论以经济发展为切入点,认为国际收支失衡并非完全是由国内货币市场失衡引起的,长期性的国际收支逆差既可以是由过度需求引起的,也可以是由长期性的供给不足引起的,而长期性的供给不足往往是由经济结构问题造成的。调节政策的重点应放在改善经济结构和加速经济发展方面。

关键术语

1. Balance-of-payments imbalance(国际收支失衡)—When the net sum of the items above the line is different from zero, the balance of payments is in imbalance, showing a surplus if positive, a deficit if negative.

2. Expenditure rising or reducing policy(支出增减政策)—If a country is a surplus (or deficit) in the balance of payments, an expenditure rising (or reducing) policy involves measures inducing a increase (or decrease) in residents' total expenditure by monetary or fiscal restriction.

3. Expenditure switching policy(支出转换政策)—It is of a policy aiming at restoring balance-of-payments equilibrium by effecting a switch of expenditure (by residents and foreigners) between domestic and foreign goods.

4. Price-specie-flow mechanism(物价—铸币流动机制)—The automatic adjustment mechanism under the gold standard. It operates by the deficit nation losing gold and experiencing a reduction in its money supply. This reduces domestic prices, which stimulates the nation's exports and discourages its imports until the deficit is eliminated. A surplus is opposite.

5. Elasticity approach(弹性论)—This approach purports to examine the effects of exchange rate changes on the balance of payments. The adjustment of the balance of payments through exchange rate changes relies on the effect of the relative price of domestic and foreign goods on the trade flows with the rest of the world.

6. Marshall-Lerner condition(马歇尔-勒纳条件)—If the sum of the price elasticities of the demands for imports and exports is greater than unity when the supply elasticities of imports and exports are infinite, a depreciation will improve the balance of payments. The condition of the inequality $(D_X + D_M > 1)$ is called the Marshall-Lerner condition.

7. J-curve effect(J曲线效应)—It can be explained by introducing adjustment lags, and more precisely, it denotes the time path of the payments balance, which initially decreases or deteriorates and subsequently increases or improves to a level higher than the one prior to devaluation, thus resembling a J slanted to the right in a diagram in which

time is measured on the horizontal axis and the balance of payments on the vertical one.

8. Foreign repercussions(外国回转效应)—The effect that a change in a large nation's income and trade has on the rest of the world and which the rest of the world in turn has on the nation under consideration. This is how business cycles are transmitted internationally.

9. Terms of trade(贸易条件)—It is defined by $T=\dfrac{P_X}{P_M}=\dfrac{P_X}{S\times P^*}$, where P_X, P_M represents export and import prices (in terms of domestic currency), P^* import prices (in terms of foreign currency), and S the nominal exchange rate of the country under consideration. T represents the amount of exports required to obtain one unit of imports. An increase in T is defined as an improvement in the terms of trade, as it means that a greater amount of imports can be obtained per unit of exports.

10. Multiplier approach(乘数论)—This approach purports to examine the effects of national income changes on the balance of payments.

11. Absorption approach(吸收论)—Absorption Approach states that a country's balance of payments of trade will only improve if the country's output of goods and services increase by more than its absorption, where the term "absorption" means expenditure by domestic residents on goods and services. This approach was first put forward by Alexander(1952,1959).

12. Monetary approach(货币论)—Monetary Approach is an analytical formulation which emphasizes the interaction between the supply and the demand for money in determining the country's overall balance of payments position. Any balance-of-payments disequilibrium is based on monetary disequilibrium, that is, differences existing between the amount of money people wish to hold and the amount supplied by the monetary authorities.

问题与练习

一、名词解释

国际收支失衡　　国际收支均衡　　货币性失衡　　利率调节机制　　收入调节机制
价格调节机制　　支出增减政策　　支出转换政策　　物价—铸币流动机制
资金融通政策　　弹性论　　　　　J曲线效应　　　马歇尔-勒纳条件
外国回转效应　　贸易条件　　　　哈伯格条件　　　乘数论　　　　　吸收论
货币论

二、思考题

1. 正确理解国际收支失衡与均衡。
2. 国际收支失衡的类型有哪些？
3. 国际收支失衡有何经济影响？调节措施有哪些？
4. 纸币本位的固定汇率制度下,国际收支自动调节机制如何运作？
5. 国际收支的政策调节机制的主要措施有哪些？
6. 简述古典的物价—铸币流动机制。

7. 尝试完成马歇尔-勒纳条件的数学推导。
8. 为何会产生 J 曲线效应？
9. 推导说明为何开放经济中对外贸易乘数作用小于准开放经济中乘数作用。
10. 推导说明国际收支是与货币供求相联系的一种货币现象。
11. 比较弹性论、乘数论、吸收论和货币论的异同。
12. 简述结构论对国际收支失衡分析的主要观点。
13. 查阅近期的美国和中国的国际收支报告，简述这些报告怎样帮助你理解和评价两国间不断出现的贸易冲突。

附录　毕柯迪克-罗宾逊-梅茨勒条件

令 TB 为本国贸易差额，E 为汇率（直接标价法），P_X、P_M 分别表示本国出口和进口价格，P_X^*、P_M^* 分别表示外国出口和进口价格，Q_X、Q_M 分别表示本国出口量和进口量，S_X、S_M 分别表示出口和进口的供给弹性，D_X、D_M 分别表示出口和进口的需求弹性。据此：

贸易差额：
$$TB = Q_X \times P_M^* - Q_M \times P_X^* \tag{4-32}$$

名义汇率变体：
$$P_X = E \times P_M^*; \quad P_M = E \times P_X^*$$

供给弹性：
$$S_X = \frac{dQ_X}{Q_X} \Big/ \frac{dP_X}{P_X}; \quad S_M = \frac{dQ_M}{Q_M} \Big/ \frac{dP_X^*}{P_X^*}$$

需求弹性：
$$D_X = -\frac{dQ_X}{Q_X} \Big/ \frac{dP_M^*}{P_M^*}; \quad D_M = -\frac{dQ_M}{Q_M} \Big/ \frac{dP_M}{P_M}$$

在这里，出口和进口商品的需求弹性添加负号，取数值为正。

将 $P_X = E \times P_M^*$ 取自然对数后，求微分得到：
$$\frac{dP_X}{P_X} = \frac{dE}{E} + \frac{dP_M^*}{P_M^*}$$

将其代入供给弹性 S_X，得到：
$$S_X = \frac{dQ_X}{Q_X} \Big/ \left(\frac{dE}{E} + \frac{dP_M^*}{P_M^*}\right)$$

再代入需求弹性 D_X，得到：
$$\frac{dP_M^*}{P_M^*} = -\frac{S_X}{D_X + S_X} \times \frac{dE}{E}; \quad \frac{dQ_X}{Q_X} = \frac{D_X S_X}{D_X + S_X} \times \frac{dE}{E}$$

类似地，用同样的方法可以得到：
$$\frac{dP_X^*}{P_X^*} = -\frac{D_M}{D_M + S_M} \times \frac{dE}{E}; \quad \frac{dQ_M}{Q_M} = -\frac{D_M S_M}{D_M + S_M} \times \frac{dE}{E}$$

将(4-32)式全微分，得到：
$$d(TB) = Q_X P_M^* \left(\frac{dQ_X}{Q_X} + \frac{dP_M^*}{P_M^*}\right) - Q_M P_X^* \left(\frac{dQ_M}{Q_M} + \frac{dP_X^*}{P_X^*}\right) \tag{4-33}$$

再将上述关系式代入(4-33)式，得到：

$$d(TB) = \left[Q_X P_M^* \frac{(D_X-1)S_X}{D_X+S_X} + Q_M P_X^* \frac{(S_M+1)D_M}{D_M+S_M}\right] \times \frac{dE}{E} \quad (4\text{-}34)$$

假设贬值前本国贸易差额是平衡的，即 $Q_X P_M^* = Q_M P_X^*$，代入(4-34)式，得到：

$$d(TB) = Q_X P_M^* \times \left[\frac{D_X D_M(S_X+S_M+1) + S_X S_M(D_X+D_M-1)}{(D_X+S_X)(D_M+S_M)}\right] \times \frac{dE}{E}$$

如果

$$\frac{D_X D_M(S_X+S_M+1) + S_X S_M(D_X+D_M-1)}{(D_X+S_X)(D_M+S_M)} > 0 \quad (4\text{-}35)$$

则本国货币贬值，能够改善本国贸易差额，即 $d(TB)>0$。在这里，(4-35)式就是毕柯迪克-罗宾逊-梅茨勒条件。与马歇尔-勒纳条件相比，当出口和进口供给弹性趋于无穷大，即 $\lim S_X \to \infty$，$\lim S_M \to \infty$ 时，(4-35)式变为：$D_X + D_M > 1$。这就是马歇尔-勒纳条件。因此，马歇尔-勒纳条件只是毕柯迪克-罗宾逊-梅茨勒条件在进出口供给弹性趋于无穷大时的一个特例。显然，对于马歇尔-勒纳条件来说，$D_X+D_M>1$ 是贬值改善贸易差额的充要条件；而对于毕柯迪克-罗宾逊-梅茨勒条件来说，它只是贬值改善贸易差额的充分条件，而非必要条件。

第三部分 国际金融市场问题

货币的跨国境流动、资金的国际融通产生了国际金融市场。国际金融创新催生出各种金融衍生工具，它们在避险的同时也放大了金融风险。加上屡屡发生的商业银行破产和倒闭问题，促使巴塞尔银行业监管委员会应运而生，形成国际社会对银行业统一的监管准则。这些内容构成了本书的第三部分，包括第五章"国际金融市场"、第六章"国际金融创新和银行业监管"。

第五章 国际金融市场[①]

学习要点

国际金融市场界定、分类、新特征及成因，国际货币市场的构成，国际资本市场的构成，国际黄金市场，离岸金融市场，欧洲货币市场产生、发展的原因，欧洲货币市场的主要特征，离岸金融市场的类型。重点理解和掌握：在岸市场与离岸市场，外国债券与欧洲债券，欧洲货币市场发展的原因，离岸金融市场的功能中心和名义中心，香港离岸人民币市场。

第一节 国际金融市场概述

国际金融市场是国际借贷与国际投资的重要渠道，世界经济的发展与国际金融市场的状况密切相关。20世纪80年代以来，世界经济和金融形势的巨大变化，推动了国际金融市场的巨大发展，并促使其在内部结构和功能上发生了一系列变化。进入21世纪后，国际金融更是成为世界经济的核心因素。由于金融资产的快速发展和规模影响的扩大，特别是伴随着全球流动性过剩局面中的财富效应和资产收益，国际金融刺激、拉动和带动经济发展的作用在不断上升。由此，不仅产生资本效应动力，而且刺激国际金融市场地位、作用和格局发生变化。

---

① 复旦大学经济学院2014级本科生张榕珊、奇佐临、严佳和杜妲仪参与了第五章部分数据的更新和整理。

一、国际金融市场的界定

一国居民相互之间进行资金借贷的场所称为"国内金融市场",当这种资金融通关系超越国界时,即形成了国际金融市场。国际金融市场(international financial market)有广义与狭义之分。从广义上说,国际金融市场是居民与非居民之间进行资金融通、证券买卖、外汇交易以及相关金融业务活动的场所与渠道,包括货币市场、外汇市场、证券市场、黄金市场和金融期货期权市场等。从狭义上说,国际金融市场是国家间进行资金融通或借贷活动的场所或网络,是所有国际资金交换关系的总和,也就是国家间进行金融活动的场所及其关系的总和。

目前的国际金融市场主要是无形市场,业务范围十分广泛,业务活动大多借助各种现代化的电信工具完成,金融交易者可以 24 小时不间断地从事交易活动。相比国内金融市场,国际金融市场上对金融活动的限制要少得多。国际金融市场是一个涵盖所有国际金融领域交换关系的总体概念,较少受到地理位置或范围的局限,而我们通常提到的国际金融中心(international financial center),相对来说,总是与一个大都市的名字密不可分,是一个建立在地理因素上的有形市场,可以视为国际金融市场的代表。

二、国际金融市场的分类

第一,按照经营的业务种类划分,国际金融市场可分为国际货币市场(international monetary market)、国际资本市场(international capital market)、国际外汇市场(international foreign exchange market)和国际黄金市场(international gold market)。此外,20 世纪 70 年代以来形成和发展的国际金融衍生产品市场(international financial derivative market)是国际金融市场新的组成部分。这几类金融市场相互间是密切联系的。我们还可进一步将国际货币市场按业务种类细分为银行短期信贷市场、短期证券市场、贴现市场,将国际资本市场划分为银行间中长期信贷市场、国际股票市场、国际债券市场。

第二,按照资金融通的期限划分,国际金融市场可分为国际货币市场和国际资本市场。前者是指一年以下的短期资金交易市场,后者是指一年以上的中长期资金交易市场。狭义的国际金融市场,仅指国际资金市场,包括国际货币市场和国际资本市场。其中,国际货币市场又称为"短期资金市场",是指期限在一年或一年以下的短期资金交易市场,包括银行短期信贷市场、短期证券市场和贴现市场。国际资本市场又称为"中长期资本市场",是指期限在一年以上的资金交易市场,包括银行间中长期信贷市场、国际股票市场和国际债券市场。

第三,根据国际资金流动方式划分,国际金融市场可分为外国金融市场、欧洲货币市场和外汇市场。

第四,根据金融活动是否受到金融当局的控制划分,国际金融市场可分为在岸金融市场(on-shore financial market)和离岸金融市场(off-shore financial market)。其中,在岸市场指一些境内金融市场,市场的金融活动受到所在国金融当局控制。外国债券市场和国际股票市场属于在岸市场。离岸市场指非居民相互之间以银行为中介,在某种货币发行国国境之外从事该种货币借贷的市场,又可称为"境外金融市场",其金融活动基本不受任何国家政策法规的管辖,不受任何国家金融当局的控制。欧洲货币市场和亚洲货币市场就属于离岸市场。离岸市场是目前最主要的国际金融市场。

三、国际金融市场的形成与发展

国际金融市场的形成和发展,大致可分为六个阶段:

(一)国际金融市场的萌芽

国际金融市场是伴随着国际贸易的发展而产生的。19世纪以前,国际金融市场的交易主要集中于与实物经济密切相关的国际结算、货币兑换、票据贴现等业务。外汇市场是最早的国际金融市场形式。17、18世纪,英国伦敦和荷兰阿姆斯特丹相继出现银行、股票交易所和外汇市场。这时的国际金融市场只是国内金融市场的延伸。

(二)国际金融市场的初步发展

19世纪,英国经济迅速发展,居世界首位。凭借发达的国内金融体系、坚实的经济基础、稳定的政局和国际贸易结算中心地位的优势,伦敦成为世界上最大的也是历史最悠久的国际金融中心,英镑成为贸易结算中使用最广泛的货币。发源于英国的工业革命也带来了欧洲经济的发展,区域性国际金融中心形成。19世纪末20世纪初,伦敦、纽约、苏黎世成为当时著名的三大国际金融中心。

(三)国际金融中心的调整

两次世界大战使国际金融中心的格局产生变更。一战后国际金本位体制的崩溃,特别是二战后,由于国内经济遭受严重破坏,伦敦的国际金融业务受到影响。随着布雷顿森林体系的确立,美元取代英镑成为世界主要结算货币,相应地,纽约成为世界上最大的国际金融中心。苏黎世依靠中立、安定的环境以及瑞士法郎的自由兑换,发展了外汇市场和黄金市场,进一步加强了国际金融中心的吸引力。20世纪初伦敦占明显优势的格局由此转变为三者各具特色。

(四)欧洲货币市场的形成与发展

20世纪50年代,东西方冷战升级、美元危机和美国的金融管制措施、二战后欧洲经济的恢复,促成了美元资金向欧洲市场的聚集。首先,在伦敦形成了境外美元市场。之后,国际金融市场又迅速扩散到巴黎、法兰克福、布鲁塞尔、阿姆斯特丹、米兰、斯德哥尔摩、蒙特利尔等地。这些欧洲境外货币市场的出现,使国际金融市场的发展步入一个全新的阶段,其突出表现为信贷交易的国际化。70年代以后的石油危机,又导致中东、加勒比海地区和新加坡、东京等地市场的涌现。这些市场有着共同的特征,如市场内的金融活动基本不受东道国金融法规约束并享受优惠宽松的待遇,经营高度自由,交易所涉及货币为世界主要货币;各市场联系紧密,高度统一。新型的欧洲货币市场已经成为国际金融市场体系中的主流。当时的东京、纽约、伦敦并称为国际金融市场的"金三角"。

(五)新兴金融市场的崛起和大规模扩张

20世纪70、80年代以后,全球性的放松管制、技术革新、金融创新推动了新兴市场国家经济的崛起。为了提高在国际金融市场中的地位和作用,它们发展了本国金融市场和地区的金融中心。亚洲地区的马来西亚、韩国、菲律宾、泰国、印度尼西亚和拉美地区的墨西哥、阿根廷、巴西等都是这一阶段的典型代表。例如,马尼拉于1977年7月7日正式开放离岸金融业务。

(六)国际金融市场发展的新形势

进入21世纪后,主要发达经济体继续主导着国际金融市场的格局,新兴市场经济体在国际金融市场中的份额有所上升,主要国际金融市场的成交量继续增长。全球主要金融市场后台支持系统出现明显的整合趋势,对冲基金得到快速发展,主权财富基金正成为国际金融市场的一支稳定性力量。但是,美国次贷危机、日元利差交易等加剧了国际金融市场的波动。特别是 2007 年,美元持续走弱,美元短期利率下降,而其他主要货币短期利率继续上升;主要国家中长期国债收益率先升后降;主要股指在宽幅振荡中上涨,盘中创历史或阶段新高;国际黄金、原油、农产品价格有了大幅上涨。[①] 最新的《国际金融市场报告》显示,国际金融市场发展的新态势为:第一,美元指数经过一段振荡期后,2014 年开始持续走高,表现为:欧元兑美元汇率下跌;英镑兑美元汇率先升后降;美元兑日元汇率先升后降,然后走高。第二,全球股市涨跌不一,分化与差异愈来愈大。股票市场在将来一段时间内将面临增量发展和结构调整两大问题。第三,市场利率方向难以确定。全球的利率一直都有着较大的变化,其中美联储是影响利率变化的最大的不确定因素之一。第四,国际黄金价格先上升,2012 年达到顶峰后下降,从 2016 年至今呈波动态势。第五,石油价格变动的态势明显。对石油价格影响最大的是美国,并且石油价格是与全球石油的储备量、供给量以及石油的消费情况息息相关的。

四、国际金融市场发展的新特征

当前,经济全球化已成为世界经济发展的重要特征,金融全球化是经济全球化的重要表现。在此背景下,国际金融市场的发展呈现出一些新的特征:

(一) 国际金融市场全球化和一体化(globalization and integration)

由于金融管制的放松、金融工具的创新和电信技术的发展,遍及全球的国际金融中心和金融机构正在形成一个时间和空间上高度联结的一体化市场。**首先,金融机构的跨国化和网络化。**1997 年,世界贸易组织成员方签署《金融服务协议》,把允许外国在其境内建立金融服务公司并按竞争原则运行作为加入该组织的重要条件,进一步促进了各国金融业务和机构的跨国发展。金融机构间的跨国兼并和重组造就了许多跨国超大银行。例如,1998 年 4 月 6 日,美国花旗银行和旅行者集团宣布合并为花旗银行集团(Citigroup),成立全球最大的金融服务公司。同时,金融市场也逐步走向网络化的合并,形成了全球范围内的金融信息系统、交易系统、支付系统和清算系统。金融一体化已实实在在地从仅限于金融机构间的合并跨入主权壁垒历来难以逾越的金融市场间的合并。**其次,投融资活动的国际化是全球化的另一表现。**20 世纪 90 年代以来,国际资本流动以前所未有的速度急剧膨胀。世界银行 2001 年《全球发展融资报告》显示:资本交易总值 1980 年为 5 万亿美元,2000 年达到 83 万亿美元,增长 15.6 倍;全球资本市场流量 1991 年为 7940 亿美元,2000 年为 43240 亿美元,增长 4.4 倍。另据世界银行统计,2002 年流向发展中国家的资本净流量为 1719 亿美元,2007 年上升至约 1.18 万亿美元。此后,由于金融危机的影响,对发展中国家的资本流动有所下降,2009 年下降至 7017 亿美元。不过,2010 年对发展中国家的资本流量又回升至 1.21 万亿美元。资本流量的急剧增加表明,全球化的国际金融市场一方面为企业和国家的融资提供了便利的条件,另一方面也使世界经济更具流动性、投机性和风险性。

(二) 国际金融中心呈现多元化格局(diversification patterns)

当前,国际金融中心主要分布于发达工业化国家和新兴市场经济体。各金融中心的辐射范围和功能特点不一。如表 5-1 所示,从世界范围内来看,既有伦敦、纽约、香港这样的全

---

① 参见中国人民银行上海总部:《2007 年国际金融市场报告》,2008 年 3 月,第 4 页。

球性国际金融中心,也有法兰克福、东京、新加坡等区域性国际金融中心;同时,新兴市场经济体还涌现出一些成长中的金融中心,如上海、迪拜、孟买、约翰内斯堡等。从功能上看,伦敦是全球最大的外汇和场外衍生品交易中心,纽约有全球最大的资本市场,芝加哥是全球最大的场内衍生品交易中心,法兰克福有欧洲大陆最大的资本市场、债券市场和衍生产品市场。

表 5-1 全球国际金融中心地理分布

时区	西8区	西5区	中时区	东1区	东3区	东8区	东9区
城市名称	洛杉矶、旧金山	纽约	伦敦	巴黎、苏黎世、法兰克福	巴林	香港、新加坡	东京
崛起年代	1960s	1870s	1760s	1870s	1970s	1970s	1970s
世界经济增长重心	太平洋东岸	大西洋西岸	英国	大西洋东岸		亚太地区	亚太地区

资料来源:蔡来兴主编:《国际经济中心城市的崛起》,上海人民出版社 1995 年版,第 158—168 页。

英国伦敦智库 Z/Yen 集团发布的"全球金融中心指数(GFCI)",是对全球范围内各大金融中心竞争力最为专业和权威的评价。2017 年 3 月 27 日发布的第 21 期 GFCI 显示,**伦敦、纽约、新加坡、香港和东京依次保持了全球五大顶级金融中心的地位**,前五名中亚洲囊括了三个。在三大分类中,既有伦敦、纽约、香港、新加坡、巴黎、阿姆斯特丹、多伦多、苏黎世、法兰克福等全球性金融中心,也有波士顿、芝加哥、慕尼黑、马德里、旧金山、东京、悉尼、华盛顿等跨国性金融中心,还有华沙、特拉维夫等本土性金融中心。中国内地有上海、北京、深圳、广州、青岛、大连六个城市进入榜单。由于英国"脱欧"公投的影响,受访者对伦敦的评分相比前几期已出现明显下降。

(三)金融资产证券化(securitization)

国际金融市场突出地表现为筹资证券化和贷款债权证券化。引起筹资证券化的一个重要原因是,20 世纪 80 年代上半期的发展中国家债务危机削弱了跨国银行的信用和贷款能力。证券市场作为融资渠道的重要性大大超过银行,在国际金融市场上体现为商业票据、债券和股票等有价证券的发行日益扩大。例如,票据发行便利、循环承销便利等短期票据和中长期浮动利率票据。1997 年,债券、票据和货币市场工具净额之和为 5756 亿美元,远远超出银行信贷 4650 亿美元。1985—1998 年,国际资本市场的资金投放量以年均 10% 的速度增长,而同期整个国际中长期银行信贷市场的增速平均不到 2%。另外,商业银行为了增强贷款债权的流动性,开始在二级证券市场上出售债权,形成债务—股权转换(debt-equity swap)。

(四)国际金融创新化(innovation)

国际金融创新,是指以金融机构为主的有关主体,通过将传统的商品与其他金融要素进行重新组合而创造出金融衍生产品(financial derivatives),并以新技术、新机制对其在居民与非居民间进行交易,从而开拓出新的国际金融市场。20 世纪 70 年代欧洲货币市场诞生以后,金融创新不断加快,主要体现为各种金融衍生产品创新层出不穷(见表 5-2)。

表 5-2　20世纪70年代以来国际金融市场金融创新产品概览

年份	金融创新工具名称
1972	货币期货
1973	股票期权
1975	抵押债券期货、国库券期货
1977	长期政府债券期货
1979	场外货币期权
1980	货币互换
1981	股票指数期货、中期政府债券期货、银行存款单期货、欧洲美元期货、利率互换、长期政府债券期货期权
1982	30天利率期货、循环承销便利、欧洲债券发行便利
1983	远期利率协议、利率上限和下限期权、中期政府债券期货期权、货币期货期权、股票指数期货期权
1984	交叉货币利率互换、多种成分融资便利、非承销的票据发行便利
1985	欧洲美元期权、互换期权、美元及市政债券指数期货、银行承兑票据
1987	平均期权、商品互换、长期债券期货和期权、复合期权
1989	3月期欧洲马克期货、欧洲货币单位利率期货、利率互换期货、上限期权
1990	股票指数互换
1991	证券组合互换
1992	特种互换

资料来源：陈彪如、马之騆编著：《国际金融市场》，复旦大学出版社1998年版，第274页。

20世纪90年代以来，各种金融衍生品的创新层出不穷，出现的创新工具有：长期权益参与证券、债券差价认股权证、固息浮息合成票据、股指增长票据、价差调换、杠杆价差票据、优先股购买单位、灾害保险期货和期权、衍生头寸证券化、消费信贷证券化、航空组合证券化、飞机租赁证券化、重新确定利率上下限的浮息票据、双重货币证券化、与股权业绩挂钩的证券、通胀指数化的长期国债、平行债券等。美国《幸福》杂志2000年载文称，当时国际金融市场上已知的金融衍生工具已达两千余种。

另据国际清算银行（BIS）统计，截至2016年6月，世界各交易所交易的衍生产品未平仓量为25.2万亿美元，比2015年12月增加1410亿美元；平均日成交量为5.8万亿美元，比2015年的4.6万亿增长26.1％。截至2016年6月，全球金融衍生品场外交易名义总余额已下降为544.1万亿美元，总市值也降至20.7万亿美元。尽管在遭受美欧金融危机之后，全球金融市场进一步疲软，场内外衍生品的交易均有所萎缩，但是金融衍生品仍将是全球金融市场发展的重要驱动力。从风险防范的角度，我们应该看到，金融创新是一把"双刃剑"，如运用不当，会加大风险，甚至引发危机。因金融衍生工具交易造成的银行和企业破产、倒闭在20世纪90年代之后迅速增加。1995年2月26日，有着230多年历史、在世界1000家银行中核心资本排名489位的英国巴林银行，因为新加坡巴林期货公司总经理尼克·里森进行巨额金融期货投机交易，造成9.16亿英镑的巨额亏损，被迫宣布破产。同年9月，日本大和银行纽约分行在美国债券交易上造成11亿美元的亏损。1995年，中国上海证券交易所发生了"327"国债期货交易事件。如何兴利除弊是在对待金融创新时特别需要注意的问题。

（五）机构投资者的作用日益重要

20世纪80年代以来，伴随着西方国家社会保险制度的不断完善、金融证券化和自由化的推进以及交易品种和技术的日益复杂化,机构投资者——养老基金、保险基金和投资基金等获得了迅猛发展,并在国际金融市场上发挥着日益重要的作用,主要表现为机构投资者资产额的大幅增长。根据经济合作与发展组织(OECD)统计,截至2016年第二季度,美国机构投资者资产总额高达19.1万亿美元。在德国、法国和日本,这一数字分别为1.9万亿美元、1.7万亿美元和1.4万亿美元。[1] 世界银行发布的《全球发展融资报告2015/2016:长期融资》显示,在高收入国家中,机构投资者资产占GDP的比重平均为99.2%;在中上收入国家,这一比重是24.5%;在中下收入以及低收入国家,这一比重为11.6%。[2] 机构投资者凭借其雄厚的资金实力和先进的投资技术,进行各类金融投资活动,对整个国际金融市场的结构和运行机制产生了深远的影响。

五、国际金融市场的成因或形成条件

第一,国际贸易的发展、世界市场的形成和国际借贷关系的扩大是国际金融市场发展的根本原因,国际金融活动直接源于国际贸易。

第二,美元充当世界货币,加速了各国经济的货币化,促进了市场的发展,货币经营是国际金融业务的最重要内容。

第三,比较稳定的政局,没有外汇管制或外汇管制很宽松。

第四,规避本国金融监管所致,是由于政府政策法规推动和创造国内金融市场的国际化,特别是欧洲货币市场的形成。1963年,为了逃避美国政府实施的Q项条例(规定了银行对储蓄和定期存款支付利息的最高限额),许多美国银行在国外金融中心建立分支机构,给国际金融市场提供了资金来源。

第五,现代化的国际通信设备。通信技术和清算清偿系统的电子化和现代化消除了地理空间和时间上的间隔限制,为金融市场的扩大提供了坚实的技术支持,全球性交易的深度和广度大大增强。

第六,有较强的国际经济活力。

第七,拥有具备较高国际金融专业知识水平和较丰富实务经验的专业人才。

所以,从一国角度来看,要建成国际金融中心,稳定的政局、较强的经济活力、完备的金融体系、现代化的国际通信手段、外汇管制相对宽松、拥有专业化金融管理人才是必不可少的条件。

六、国际金融市场参与者结构

国际金融市场在发展过程中,逐步形成了一批主流参与者,在定价、增强流动性、双边清算等方面发挥了主导作用,其行为影响着市场的效率与稳定。

(一)报告交易商是全球外汇市场、场外衍生产品市场的主要参与者

外汇市场、场外衍生产品市场的参与者包括报告交易商、其他金融机构、非金融客户。其中,报告交易商是主要参与者。在外汇市场,报告交易商主要是指那些积极参与本地和全球外汇市场交易的商业银行、投资银行、证券公司。它们往往与一些大客户有外汇交易往来,在外汇交易中起主导作用。在场外衍生品市场,报告交易商主要是指向货币当局或监管

---

[1] 资料来源:http://stats.oecd.org/Index.aspx? DataSetCode=QASA_7II。
[2] See World Bank, Global Financial Development Report 2015/2016: Long-Term Finance, p.32.

部门报告交易情况的金融机构,包括那些积极参与场外衍生产品市场交易的商业银行、投资银行、证券公司。2010年国际外汇市场成交量的上升主要归功于包括非报告银行、对冲基金、养老基金、共同基金、保险公司和中央银行等在内的其他金融机构参与的交易额的增长。2010年4月,报告交易商与其他金融机构间的交易额占比上升8个百分点,至48%,首次超过报告交易商之间的交易额占比(39%)。报告交易商与非金融客户间的交易额占比下降5个百分点,至13%。①

（二）债券投资人以机构投资者为主

作为大宗投资品种,债券一般通过场外市场交易,因此其投资者以机构投资者为主。债券市场上的做市商通过其市场活动增加市场流动性,维持交易价格稳定和交易连续性。债券市场上的一级交易商直接与央行进行交易,在货币政策传导中发挥重要作用。

（三）股票市场转变为由机构投资者和个人投资者共同参与的市场

在股票市场发展初期,个人投资者占主导地位。随着市场的成熟和专家理财意识的普及,股票市场逐步转变为由机构投资者和个人投资者共同参与的市场。纽约证券交易所的投资者结构变动具有代表意义。在纽约证交所上市的股份中,家庭直接持股占比1950年高达90%,1998年下降到41.1%；养老基金、共同基金等机构投资者持股比例1950年为4.5%,1998年上升至24.2%。进入21世纪,机构投资者持股比重进一步上升。

七、国际金融市场运行状况及其作用

伦敦继续保持全球最大的外汇交易中心、同业拆借市场和黄金现货交易中心的地位。2016年,伦敦在全球外汇交易中的领先地位进一步强化,但是由于英国"脱欧"的影响还未能在国际清算银行的调查中体现,估计未来将出现变动。根据国际清算银行每3年一次的调查,英国在外汇市场交易中的份额由3年前的40.8%下降到37.1%。美国虽排在第二位,但仍大大落后于英国,其市场份额2016年占19.4%。新加坡以7.9%的市场份额成为全球第三大外汇交易中心。排在第四位至第七位的分别是中国香港(6.7%)、日本(6.1%)、法国(2.8%)、瑞士(2.4%)。② 具体如表5-3所示：

表5-3 全球主要外汇交易市场份额　　　　　　单位:10亿美元

国家或地区	2007 总额	%	2010 总额	%	2013 总额	%	2016 总额	%
合计	4281.1	100.0	5043.0	100.0	6683.9	100.0	6545.5	100.0
英国	1483.2	34.6	1853.6	36.8	2726.0	40.8	2426.1	37.1
美国	745.2	17.4	904.4	17.9	1262.8	18.9	1272.1	19.4
新加坡	241.8	5.6	266.0	5.3	383.1	5.7	517.2	7.9
中国香港	181.0	4.2	237.6	4.7	274.6	4.1	436.6	6.7
日本	250.2	5.8	312.3	6.2	374.2	5.6	399.0	6.1
法国	126.8	3.0	151.2	3.0	189.9	2.8	180.6	2.8
瑞士	253.6	5.9	249.5	4.9	216.4	3.2	156.4	2.4
澳大利亚	176.3	4.1	192.1	3.8	181.7	2.7	134.8	2.1
德国	101.4	2.4	108.6	2.2	110.9	1.7	116.4	1.8
丹麦	88.2	2.1	120.5	2.4	117.4	1.8	100.8	1.5

资料来源:BIS, http://www.bis.org/publ/rpfx16fx.pdf.

---

① 参见中国人民银行上海总部:《2010年国际金融市场报告》,2011年3月,第42页。
② See BIS, Triennial Central Bank Survey: Foreign Exchange Turnover in April 2016, Txt_06.

据世界交易所联盟(WFE)统计,2015年外汇期权和期货成交量全球排名前五位的交易所分别是莫斯科证券交易所(Moscow Exchange)、印度国家证券交易所(National Stock Exchange of India)、孟买证券交易所(BSE Limited)、芝加哥商品交易所集团(CME Group)、圣保罗证券期货交易所(BM & FBOVESPA),成交量分别是100536万手、61151万手、42973万手、21992万手、11289万手。2015年全年成交量排前30名的外汇期货合约中,有5个品种出自芝加哥商品交易所集团——欧元、英镑、澳大利亚元、加拿大元和墨西哥比索期货,全年分别成交6536万手、2414万手、2338万手、1730万手、1095万手,分别较上一年增长25%、-3%、3%、15%和4%。

美国、欧盟、日本继续占据全球债券市场和股票市场的绝大多数份额,中国香港股票市场融资规模明显提高。国际债券市场方面,按发行人居住地国别划分,美国、英国、德国、荷兰、法国、西班牙发行的国际债券余额居全球前六位。股票市场方面,全球股票市值主要集中在美国、日本、欧盟和英国。据世界交易所联盟统计,2016年上半年末,全球主要证券交易所的所有股票市值约为67.22万亿美元。全球股票市值最大的五家交易所是纽约证券交易所(NYSE)、纳斯达克证券交易所(NASDAQ)、日本交易所集团(Japan Exchange Group)、上海证券交易所(Shanghai Stock Exchange)、深圳证券交易所(Shenzhen Stock Exchange)。

芝加哥商品交易所集团和欧洲期货交易所的股指期货成交量继续保持全球领先地位。据世界交易所联盟统计,2015年芝加哥商品交易所集团和欧洲期货交易所成交的股指期货合约分别为56492万手和42981万手,较2014年分别上升-0.2%和17%,居全球第一位和第二位。中国金融期货交易所(China Financial Futures Exchange)、日本交易所集团、莫斯科证券交易所的成交量分别为33478万手、31204万手、19508万手,居全球第三至五位。① 在股指期权市场中,2015年交易量全球排名前五位的交易所分别是印度国家证券交易所、韩国证券交易所(Korea Exchange)、欧洲期货交易所、芝加哥期权交易所(CBOE)、中国台湾期货交易所(TAIFEX),成交量分别是189356万手、48360万手、40139万手、26381万手、19219万手。② 其中,印度国家证券交易所全年成交量超过了排名后四位的交易所成交量总和,其发展势头不可小觑。

国际金融市场是经济国际化的产物,反过来又对世界经济的发展起了重要的作用,具体表现为:(1)促进国际贸易、国际投资和生产的国际化。通过世界各国的银行和金融机构,在国际范围内把闲置资本转化为有效资本,优化资源配置,从而促进世界经济的发展。(2)调节国际收支,支持各国经济发展。国际收支逆差国家利用国际金融市场的贷款筹措外汇资金以弥补赤字。国际金融市场可以通过汇率变动影响国际收支状况,还可以为各国特别是发展中国家的经济发展提供资金。(3)加速金融一体化进程。国际金融市场规模的扩大、营运效率的提高、功能的完善,便利了国际范围内的资金运用、调度和结算,能迅速满足各类资金融通的需求,使政府各项管制措施逐步放宽,全球金融一体化迅速发展。

国际金融市场的发展也带来一些消极影响,具体表现为:(1)国际金融市场的发展日益与实体经济脱节,成为世界经济中的不稳定因素;(2)大量积聚的跨国资本势必影响到一些国家国内金融政策的实施,同时也造成了外汇市场的波动和风险,助长了国际储备的自发增

---

① See WFE, 2015 IOMA Derivatives Market Survey, p. 15.
② Ibid., p. 13.

长；(3) 国际金融市场的一体化增加了风险在国际上传递和扩散的可能性；(4) 国际金融市场的过度借贷还可能引发外债危机。

第二节 国际货币市场

国际货币市场，又称"短期资金市场"，是国际上从事期限在 1 年或 1 年以下的短期资金借贷的场所。由于资金融通期限较短，主要目的以流动性为主，以营利性为辅。国际货币市场的主要参与者为商业银行、中央银行、政府机构或财政部门、跨国公司、票据承兑贴现公司、证券和信托投资公司以及其他跨国金融机构。国际货币市场按照业务方式可以分为银行短期信贷市场、短期证券市场和贴现市场。

一、银行短期信贷市场(short-term credit market)

银行短期信贷市场包括对外国工商企业的信贷和银行间同业拆放市场(inter-bank offer)，主要进行短期资金的拆放，其主要功能是满足国际上资金盈余单位的货币增值和资金匮乏单位的临时性短期资金需求。短期信贷市场基本上是银行间市场。银行间拆放业务，又称"批发业务"，是银行同业之间相互买卖在央行存款账户上的准备金余额，以调剂准备金头寸余缺。银行同业拆放的特点是：金额大，少则几十万美元，多则几百万美元；期限短，最短为隔夜拆借(overnight offer)，最长不超过 1 年，一般为 1 周、3 个月和 6 个月；无须签订贷款协议，也无须提供担保品，完全凭借款人的信用进行拆放；利率主要依据伦敦银行同业拆放利率(LIBOR)，这是国际金融市场上的基准利率。同时，还有美国大商业银行的优惠利率(prime rate)。其他常用的银行同业拆借利率有：香港同业拆放率(HKIBOR)、新加坡同业拆放率(SIBOR)、欧洲货币单位银行同业拆放率(ECUBOR)、巴林银行同业拆放率(BIBOR)等。2007 年 1 月 4 日，中国人民银行正式推出上海银行间同业拆借利率(Shibor)。目前，对社会公布的 Shibor 品种包括隔夜、1 周、2 周、1 个月、3 个月、6 个月、9 个月及 1 年。Shibor 报价银行团现由 18 家商业银行组成。报价银行是公开市场一级交易商或外汇市场做市商，在中国货币市场上是人民币交易相对活跃、信息披露比较充分的银行。经过多年建设、培育，Shibor 的报价质量不断提高，应用范围不断扩大，其货币市场基准利率的地位已初步确立。

二、短期证券市场(short-term security market)

短期证券市场是国际上进行短期证券发行和交易的市场，交易对象包括：

(一) 国库券(treasury bills)

国库券是国家财政部门发行的短期债券，用来应付国库的季节性财政需要。国库券在西方发行量很大，是短期证券市场上的主要信用工具。

(二) 大额可转让定期存单(transferable certificate of deposit-CDs)

大额可转让定期存单是银行发行的表明金额、期限、浮动或固定利率的接受存款的凭证，不记名，可以在二级市场上自由转让交易。它既可以使投资者获得定期存款利息，又可以像活期存款一样具有较高的流动性。美国最早在 1961 年开始发行大额可转让定期存单，期限不超过 1 年，标准面额有 25 万美元、50 万美元、100 万美元以及 100 万美元以上。

(三) 商业票据(commercial bills or commercial papers)

商业票据是信誉卓著的大企业和非银行金融机构为筹集资金，凭借信用发行的短期无担保的票据，期限一般在 30 天到 1 年不等，以 30—60 天居多。商业票据的特点是：发行金额较大，固定到期日，票据可以转让，发行手续简便易行，利率通常稍高于国库券。其利率取决于市场供求状况、面值、期限、发行人信誉、银行借贷成本等因素。

(四) 银行承兑汇票(bank acceptance bills)

银行承兑汇票是由出口商或出口方银行签发的，经进口方银行承兑，保证到期付款的汇票。银行承兑汇票由于有出票人和银行双方的保证，信用风险较低，金额不限，可以背书转让。

(五) 货币市场基金(money market funds，MMF)

货币市场基金是投资于货币市场上短期(1 年以内，平均期限 120 天)有价证券的一种投资基金。该基金资产主要投资于短期货币工具，如国库券、商业票据、银行定期存单、银行承兑汇票、政府短期债券、企业债券等短期有价证券。MMF 虽是一种基金，但其交易具有货币市场的性质。

三、贴现市场(discount market)

贴现，是指票据所有人以未到期票据向银行交换现金而贴以利息。银行买入未到期的票据债权，获得相当的利息。贴现市场由票据贴现所(discounting house)、商业票据行(commercial paper house)、票据经纪商(brokers)、票据承兑所(accepting house)、商业银行和中央银行组成。贴现的票据有国库券、银行票据和商业票据等，贴现率一般高于银行利率。对银行来说，经营贴现业务比普通放款有利，因为资金回收快，利息优厚。央行可用再贴现业务来调节信用、调节利率并调节经济。对工商企业来说，票据贴现可以解决资金周转困难，促进企业发展。20 世纪 60 年代以前，贴现市场曾在英国的货币市场上占有特殊而重要的地位。伦敦货币市场传统上就是贴现市场，经营者是 13 家贴现事务所、2 家贴现经纪行。该市场的独特之处在于，它是英格兰银行和商业银行之间的桥梁，为贸易和政府开支提供短期资金。各国银行也通过贴现市场购买英国政府公债和承兑票据作为投资，同时又用它来筹措资金。

相比而言，国际货币市场的特点为：(1) 融资期限短，为短期资金流动提供了方便；(2) 信用工具品种多，灵活且流动性强；(3) 利率多变性容易引起长期资本市场的利率变动；(4) 提供短期信贷不限定用途，借款者可以自行安排。国际货币市场对国际政治、经济和金融局势的变化极为敏感，各国的国内利率、汇率、物价、国际收支状况和金融政策都会与该市场的交易规模、利率水平、期限结构、资金流动方向等产生相互影响。所以，这一市场的存在，在提供资金便利的同时，也不可避免地带来了一定的负面影响。

第三节　国际资本市场

国际资本市场，又称"中长期资金市场"，是提供期限在 1 年以上的中长期资金借贷和投资的场所(通常，1—5 年称为"中期"，5 年以上称为"长期")。主要参与者有国际金融组织、跨国银行、国际证券机构、跨国公司以及各国政府等。国际资本市场的特点有：(1) 资金周转期限长，最长可以达到 20—30 年，而股票投资则没有期限，借贷关系稳定。(2) 涉及风险广,如利率和汇率风险、信用风险、价格风险、市场风险、政治风险、企业经营风险等,所以注重双方的资信度、信誉以及外部环境。(3)不稳定因素较多,是导致国际金融市场动荡的原因之一。具体来看,国际资本市场分为银行中长期信贷市场、国际股票市场和国际债券市场。

一、银行中长期信贷市场

银行中长期信贷市场(long-term credit market),是国际资本市场的重要组成部分,是银行为企业等长期资本需求者提供1年以上的中长期贷款的市场。银行中长期信贷具有金额大、期限长、利率浮动、需要担保、贷款条件严格等特点。银行中长期信贷金额相当大,独家银行的贷款一般在几千万美元以上,银团贷款可达上亿美元。贷款期限有提款期(draw down period)、宽限期(grace period)和偿还期(repayment period)之分。利率为市场利率,通常以伦敦银行同业拆放利率再加一个附加利率。加息率的大小则根据贷款数额、期限的长短、市场资金供求情况、贷款所用货币以及借款人资信的高低而有所不同。双方签订的协议中,中心内容由贷款的利息费用、币种的选择和贷款的期限构成。银行中长期贷款方式主要采取双边贷款和银团贷款。银团贷款(consortium loan),又称"辛迪加贷款"(syndicate loan),是由一家或几家银行牵头,联合几家甚至几十家国际银行组成一个银团,共同向某客户或某工程项目进行贷款的融资方式。银团贷款起源于20世纪60年代,经历了三个主要发展阶段:一是以支持基础设施建设为主的项目融资,主要为公路、电力、石化和通信等基础设施建设提供融资;二是杠杆融资,特别是并购融资快速增长,促进了银团贷款业务快速发展;三是银团贷款与证券市场融合,这是以资产证券化和贷款二级市场交易为主的金融创新。商业银行在银团贷款业务中加入证券融资的某些特征以增强竞争。英国伦敦和中国香港是国际银团贷款的主要市场。

自20世纪70年代以来,银团贷款已成为国际信贷市场上的主要融资方式。全球银团贷款发展迅速,1992年贷款额为1941亿美元,至1997年已发展至超过1万亿美元。1997年亚洲金融危机后,银团贷款的发展陷入停滞状态,贷款额始终在1万亿美元上下浮动。银团贷款从2004年开始新一轮的高速发展,至2007年发展至顶峰,当年全球银团贷款额达2.77万亿美元。新一轮的美欧金融危机再次给全球银团贷款的发展带来重创,直至2010年才开始走出低谷。20世纪80年代,银团贷款这种新型贷款模式被引入中国市场。2016年第一季度末,银团贷款余额占中国全部对公贷款余额比重为11.20%,与2006年的1.72%相比,提高了9.48个百分点,并呈现稳步升高的趋势。[①] 在世界经济走向集团化、区域化的大趋势下,银团贷款已成为全球信贷市场的主流业务。

表 5-4　银团贷款:全球范围内的贷款安排　　　　　　　单位:10亿美元

年份	1992	1993	1994	1995	1996	1997	1998	1999	2000	2001
总额	194.1	279.4	477.1	697.7	900.9	1136.3	872.0	1025.2	1274.0	1164.1
年份	2002	2003	2004	2005	2006	2007	2008	2009	2010	2011
总额	1086.6	975.8	1346.8	1725.1	2064.0	2770.0	1471.0	1022.6	1723.7	2492.2

资料来源:BIS, http://www.bis.org/statistics/qcsv/anx10.csv。

[①] 参见中国银行业协会银团贷款与交易专业委员会:《中国银团贷款市场2016年第一季度分析报告》,2016年8月。

银团贷款的方式有直接银团贷款和间接银团贷款。直接银团贷款是银团内各成员行直接或间接通过代理行与借款人签署贷款协议,每一银行的贷款义务仅限于它在银团贷款协议中承诺的部分。间接银团贷款是由一家银行与借款人先签订贷款协议,然后再将其债权以银团贷款参与权的形式转让或出售给其他银行。银团贷款中的银行包括牵头银行、代理行、经理银行和参加银行。牵头银行(leading bank)是贷款的主要承办行,任务是与借款人协商贷款条件、贷款期限以及安排其他银行参与贷款和评估市场条件等;代理行(agent bank)通常是主办银行,向借款人收取利息和本金,并根据各银行提供贷款的资金比率,将贷款本息分配给各银行;经理银行(managing bank)是参加银行中提供资金较多的银行,可参与协助或提供意见给主办银行参考;参加银行(participants)是接受邀请参加银团贷款的银行。

资产证券化是20世纪国际金融领域一项重要的金融创新活动。狭义的资产证券化即指信贷资产证券化,在产生初期是为了解决银行流动性不足问题。最早的资产证券化产品是1970年美国政府国民抵押贷款协会发起的住房抵押贷款支持证券。20世纪90年代的金融创新不断推动资产证券化的发展,使其背离了创立初衷,将套利作为主要目的,导致担保债务权证快速发展。资产证券化产品的滥用和基础资产质量的恶化成为引致次贷危机爆发的重要因素。自此,全球范围内,各国和地区均开始加强对资产证券化业务的监管。中国资产证券化试点从2005年才开始起步,在2007年次贷危机后戛然而止。2012年5月,中国资产证券化试点重启。2014年12月,中国资产证券化正式由审批制改为备案制,进入快速发展的通道,市场广度和深度都进一步提高。2016年2月,中国人民银行等八部委联合印发《关于金融支持工业稳增长调结构增效益的若干意见》,强调信贷资产证券化。

二、国际股票市场

国际股票市场(international stock market),是指在国际金融市场上通过发行股票筹集资金的市场。国际股票市场包括初级市场和二级市场。初级市场(primary market),又称"一级市场"或"发行市场",是股票的发行市场,主要由投资银行、信托公司和证券商构成,专门从事证券的发行和分销业务。发行股票的方式有公募(public offer)和私募(private placement)两种。二级市场(secondary market)是已发行的证券交易和买卖的场所,由证券交易所、证券商、经纪人和证券管理机构组成。证券交易所(security exchange)是股票市场场内交易的核心,有固定的交易时间和交易场所。证券商和经纪人是证券市场的主要活动者。场外交易(over-the-counter transaction)是在证券交易所外进行的交易,没有正式的组织,交易的股票是未在交易所上市的股票。股票和债券虽然同属有价证券,都是发行者集资的手段,都能使投资者获得收益,但是两者又有所区别:(1)债券持有人与发行人是债权债务关系,而股票是所有权凭证;(2)债券的收益固定,期限固定,到期还本付息,而股票的收益与筹资者收益状况有关;(3)债券持有人在法律上没有管理企业的权力,没有表决权,而股票则相反;(4)债券的风险总体上小于股票,但是流动性较差。

国际股票市场在主要交易所分布地点和时间上已形成全天候交易。全球范围内,共有60个主要证券交易所,超过93%的全球股票市场集中在亚洲、欧洲和北美洲三个地区。如前文所述,全球股票市值最大的五家交易所为纽约证券交易所、纳斯达克证券交易所、日本交易所集团、上海证券交易所、深圳证券交易所。其中,日本交易所集团是由日本最大股票交易平台的运营商东京证交所(Tokyo Stock Exchange)与竞争对手大阪证交所(Osaka

Securities Exchange)合并成立的控股公司。2013年7月,日本两大证交所合并现货市场,总市值在全球位列第三。美国证券与衍生品市场的全球运营商 Bats Global Markets 是一家给美国和欧洲交易所提供电子服务的运营商,现已成为美国第三大交易所电子交易运营商。如表5-5所示,据世界交易所联盟(WFE)统计,2015年全球股票市场总成交金额同比上升了40.57%,其中上海证券交易所总成交金额同比上升了250.74%,深圳证券交易所总成交金额同比上升230.1%。亚太股票交易的总价值在2015年接近54万亿美元,同比上升127%。2014年7月以来,中国股票市场快速上涨,上海证券交易所总市值排名居全球第四位。2016年之后,全球股市、债市及汇市都出现剧烈波动。

表5-5 全球股票市场交易量　　　　　　　　　　　单位:万亿美元

年份	2006	2007	2008	2009	2010	2011	2012	2013	2014	2015
总额	60.87	89.23	92.01	69.32	74.24	79.45	62.30	68.93	80.91	113.80
NYSE	21.80	29.11	27.65	17.52	17.80	18.03	13.44	13.70	15.87	17.48
Nasdaq	10.70	13.77	23.84	13.61	12.66	12.72	9.78	9.58	12.24	12.51
TSE	5.40	6.02	5.24	3.70	3.79	3.97	3.46	6.30	5.44	5.54
LSE	2.81	4.32	3.84	2.72	2.74	2.84	2.19	2.23	2.77	2.65
BATSG	—	—	1.09	6.28	8.49	13.16	10.97	11.72	13.16	14.22
上海	0.73	4.03	2.58	5.06	4.50	3.66	2.60	3.73	6.09	21.34
深圳	0.41	2.05	1.24	2.77	3.57	2.84	2.37	3.86	5.94	19.61

资料来源:WFE, http://www.world-exchanges.org/home/index.php/statistics/monthly-reports。

三、国际债券市场

国际债券市场(international bond market),是指国际金融机构、政府和企业在国际金融市场上发行国际债券以筹集资金,以及经营国际债券业务的市场。国际债券是一国政府、金融机构、工商企业或国家组织为筹措和融通资金,在国外金融市场上发行的,以外国货币为面值的债券。国际债券的重要特征是发行者和投资者属于不同的国家,筹集的资金来源于国外金融市场。目前,世界上主要的国际债券市场是伦敦市场、纽约市场、东京市场、法兰克福市场、瑞士市场、卢森堡市场、新加坡市场等。

(一)国际债券的发展状况

2007年次贷危机前,全球国际债券发行快速增长,债券余额年均增长20%左右。金融危机后,国际债券发行量大幅波动,债券余额年均增长速度仅为1.6%。截至2015年上半年,全球国际债券余额为21.6万亿美元,占所有债券余额的比重下降到22.1%。究其原因,一方面是因为美元升值导致其他货币计价的国际债券缩水,另一方面是因为全球金融市场博弈给国际债券市场带来了冲击。2015—2016年,发达国家的长期国债市场表现出两个典型特征:一是债券收益率屡创历史新低,德国、日本、瑞士、荷兰等国的长期国债首次出现负收益率;二是国债市场变化呈现出较高的同步性。与此同时,发展中国家的国际债券融资却在快速增加。一方面,在欧美各大央行长期低利率和量化宽松政策的刺激下,国际资本纷纷涌入新兴市场,显著压低了融资成本;另一方面,发展中国家实体经济并未受到国际金融危机的显著影响,许多国家的企业国际化扩张步伐加快,掀起海外并购与融资浪潮。这些因素推动了发展中国家在国际债券市场上的融资快速发展。发展中国家发行的国际债券规模从 2008 年的 1.2 万亿美元增长到 2015 年上半年的 2.8 万亿美元，占所有国际债券未偿余额的比例从 6.1% 上升到 13.2%。截至 2015 年 6 月，发行国际债券余额最高的四个发展中和新兴国家是中国、巴西、俄罗斯、墨西哥。

（二）中国国际债券市场

中国债券市场从 20 世纪 90 年代以来不断发展壮大，已成为世界第三大债券市场。人民币国际债券市场起步较晚。2005 年 10 月，国际金融公司和亚洲开发银行在中国发行以人民币计价的债券"熊猫债"。2007 年，国家开发银行在香港首发离岸市场上的人民币债券"点心债"。2010—2014 年，中国境内债券市场加速对境外开放，银行间债券市场作为对外开放的主渠道地位已确立，境外投资者债券持有量很快超过较早开放的股票持有量。2014 年 3 月，戴姆勒股份公司人民币定向债务融资工具在银行间债券市场成功发行，这是首家境外非金融企业在中国银行间债券市场发行的首个债务融资工具。据中国银行间市场交易商协会统计，截至 2016 年 8 月底，共有 17 家境外发行人在中国银行间市场获得"熊猫债"发行核准或进行"熊猫债"注册，金额共计 1255 亿元，发行主体日益丰富。但是，对人民币汇率高度敏感的离岸人民币债券受 2015 年央行汇改、人民币看跌预期等影响，发行量明显萎缩。

2016 年 10 月，人民币正式纳入特别提款权（SDR）货币篮子，为中国债券市场的开放发展提供了新的机遇。当年 8 月，世界银行获准在中国发行额度为 20 亿、以人民币认购的 SDR 计价债券"木兰债"。在中国仍处于资本管制的情况下，SDR 计价债券为境内投资者提供了一个配置外汇资产而不涉及跨境资本流动的途径。但是，对于投资者来说，SDR 只是多种货币组合中的一种，相对固定的货币权重限制了其投资的灵活性。

（三）外国债券和欧洲债券

国际债券按照是否以发行地所在国货币标示面值，可以分成外国债券（foreign bond）和欧洲债券（euro bond）。

外国债券，是指发行者在外国金融市场上，通过所在国金融机构发行的，以发行地所在国货币为面值的债券。例如，1982 年 1 月中国国际信托投资公司在日本东京发行的 100 亿日元债券就是外国债券。发行外国债券必须得到发行地所在国证券管理机构的同意，并受到该国金融法令的制约。外国债券的发行和担保由发行地所在国证券机构承担，并在该国的主要市场上进行销售。常见的外国债券有：在美国发行的美元债券，称为"扬基债券"（Yankee bond）；在日本发行的日元债券，称为"武士债券"（samurai bond）；在英国发行的英镑债券，称为"猛犬债券"（bulldog bond）；在荷兰发行的外国债券，称为"伦布兰特债券"（Rembrandt bond）。

欧洲债券，是指发行者在另一国以第三国货币为面值发行的债券。例如，美国公司在英国发行的以日元计值的债券。欧洲债券的发行人、发行地以及面值货币分别属于三个不同的国家。欧洲债券的发行既不受债券发行国金融监管部门的管制，也不受筹资国金融监管的限制，利息收入免税。相对于外国债券而言，欧洲债券的发行手续简便，通常不记名（bearer bond），费用低廉，目前其发行量已超过外国债券。欧洲债券产生于 20 世纪 60 年代，是随着欧洲货币市场的形成而兴起的一种国际债券。它最初主要以美元为计值货币，发行地以欧洲为主。70 年代后，随着美元汇率波动幅度增大，以德国马克、瑞士法郎和日元为计值货币的欧洲债券的比重逐渐增加。同时，发行地开始突破欧洲地域限制，在亚太、北美以及拉美等地发行的欧洲债券日渐增多。

外国债券与欧洲债券的本质差异：外国债券要受发行国和所在国金融监管当局的限制，

并接受金融法规的约束;而欧洲债券不受发行国和所在国金融监管当局的限制,无须接受金融法规的约束,具有较大的自由度。简言之,两者的差异表面上看是面值问题,实质上则为是否接受金融法规约束的问题。

在国际债券市场上,欧洲债券所占比重远远超过了外国债券。欧洲债券之所以对投资者和发行者有如此巨大的魅力,主要原因有:(1)欧洲债券的发行完全自由,既不需要向任何监督机关登记注册,又无利率管制和发行数额限制,还可以选择多种计值货币;(2)发行欧洲债券筹集的资金数额大、期限长,而且对财务公开的要求不高,方便筹资者筹集资金;(3)欧洲债券通常由几家大的跨国金融机构办理发行,发行面广,手续简便,发行费用较低;(4)欧洲债券的利息收入通常免交所得税;(5)欧洲债券以不记名方式发行,并可以保存在国外,适合一些希望保密的投资者需要;(6)欧洲债券发行者多为大公司、各国政府和国际组织,对投资者来说是比较可靠的,安全性高,且收益率也较高。

(四)国际债券的种类

国际债券主要有以下几个种类:(1)固定利率债券(straight bond),又称"普通债券"或"直接债券",一直居国际债券发行量的首位,利率固定,期限一般在 3—7 年。(2)浮动利率债券(floating rate note,FRN),是 20 世纪 80 年代以来出现的新品种,利率不固定,随某种短期利率变化作定期调整。(3)可转换债券(convertible bond),综合了债券和股票的优点,是有固定利率和期限的债券,同时拥有可转换的权利。除按期还本付息外,它还允许债券持有人在一定时期将债券转换为发行公司的等值股票。(4)附认股权证券(bonds with warrants),授予持票人一种权利,可以根据协定条件购买其他资产。授权证可以与债券分开,单独在市场上交易。(5)零息票债券(zero coupon bond),不附带息票,购买者不收利息,按较大的票面价值折扣购买债券,在到期日实现资本收益。(6)合成债券(synthetic bond),由固定利率债券和利率互换合同组合而成。(7)双重货币债券(dual currency bond),以一种货币发行和付息,而以另一种货币还本的债券。(8)延期付款债券(deferred purchase bond),指债券发行时只需支付一部分款项或免付款的债券。(9)商品指数债券(commodity indexed bond),投资报酬取决于某些商品市场价格。(10)垃圾债券(rubbish bond),是一种风险大、安全性低的债券,最早兴起于美国。在杠杆收购中,收购者没有巨额资金,通过向银行借款,或者发行以被收购公司资产做抵押的高息债券筹集资金去从事收购活动,这种债券属于垃圾债券。

第四节　国际黄金市场

一、国际黄金的供求

国际黄金市场上的供给主要来自:(1)采金国的黄金开采。这是黄金的最主要供给渠道,称为"原生供应"(primary supply),约占黄金年销售总量的60%。(2)各国政府、国际组织和私人抛售的黄金。官方抛售黄金是为了换取外汇,是一种被动的黄金供给。(3)其他来源。例如,商业银行抛售偿还贷款时支付的黄金,中央银行进行的黄金抵押和黄金互换交易,发行黄金证券等。

国际黄金市场上的需求按用途可分为:(1)工业用金。黄金作为贵金属,有特殊的工业用途。(2)储备用金。黄金非货币化的实施虽然使黄金储备的重要性日益降低,但是在各国的官方储备资产中,黄金仍然占有一定的比重。(3)投资用金。各国金融机构和投资者会出于规避风险的动机,购买黄金用于储存等。(4)投机用金。国际市场上大宗商品价格、利率、汇率走势的频繁变动,使国际游资在黄金市场上的投机行为大大增加。

表5-6反映了2006—2015年世界黄金市场的供求状况。总的来看,黄金市场的供求状况没有出现明显的不平衡。2011年全球矿产金增长迅猛,创下了历史新高。2002—2011年,十年之久的黄金牛市是产量持续增长的背后原因。2011年,投资需求再次成为推动黄金价格上升的主要驱动因素,黄金均价达到了1571.52美元,比2010年高出28.3%,年平均价格为2001年的5.8倍。2009—2014年,世界黄金市场上,矿产金供给持续增长。但是,到2015年下半年,矿产金停止增长,当年全球产量仅略高于2014年同期水平。

表5-6　2006—2015年世界黄金供给和需求　　　　　　　　　　　　单位:吨

	年份	2006	2007	2008	2009	2010	2011	2012	2013	2014	2015
世界黄金供给	矿产金	2497	2498	2427	2608	2734	2829	2850	3042	3131	3158
	再生金	1189	1029	1387	1764	1744	1705	1701	1303	1158	1173
	净对冲	−434	−432	−357	−234	−106	18	−40	−39	104	−24
	总供应量	3252	3095	3457	4138	4372	4552	4511	4306	4394	4306
世界黄金需求	制造业(首饰)	2334	2458	2338	1849	2064	2064	2036	2470	2242	2166
	制造业(工业)	482	489	475	423	476	468	425	418	399	361
	官方净购买	−365	−484	−235	−34	77	457	544	409	466	483
	零售投资	429	437	924	844	1231	1572	1356	1790	1101	1115
	总需求量	2880	2899	3501	3082	3848	4560	4361	5087	4207	4124
黄金价格(美元/盎司)		604	695	872	972	1225	1572	1669	1411	1266	1160

注:因独立取整的缘故,有关数字相加可能与总计有出入。
资料来源:汤森路透黄金矿业服务公司(GFMS);《黄金年鉴2016年》,第7页。

影响黄金价格的因素比较复杂。其中,黄金的供求是影响黄金价格的基本因素。此外,世界政治经济局势、各国央行对黄金储备的态度和买卖行动、大宗商品价格波动(如石油)、通货膨胀状况、美元汇率走势、替代性(金融)商品价格变动等都会对金价产生一定的影响。2012年全球黄金均价为1668.98美元,为近10年来的黄金价格峰值。其后,黄金价格持续走低。到2015年时,黄金均价下降到1160.06美元,黄金行业利润空间大幅收窄。再生金的供应是对黄金价格最敏感的因素。2014年、2015年再生金的成交量远低于前几年的水平。2015年世界黄金总需求量下降了2%,绝对总需求量也降至2011年以来的最低水平。

二、黄金市场交易

黄金分为商品性黄金和货币性黄金。在黄金非货币化的条件下,黄金开始由货币属性主导阶段向商品属性回归阶段发展,市场机制在黄金流通以及黄金资源配置方面发挥出日益增强的作用。国际黄金市场的交易方式主要有两种:现货交易和期货交易。现货交易又有定价交易和报价交易两种。定价交易只在规定时间内报出单一价格,没有买卖差价,成交后经纪人或金商收取佣金,是伦敦金市特有的交易方式。报价交易则是由买卖双方自行达成,有买卖差价。期货交易根据双方签订的合约,交付押金,在预约日期办理交割,一般为3月、6月或1年。在黄金的期货交易中,还派生出许多创新工具,如黄金担保(gold warrants)、黄金杠杆合同(gold leverage contracts)、黄金券(gold certificate)、黄金存单(depository orders)等。在20世纪80年代,又出现了黄金期权交易,最早开办这一业务的是荷兰的阿姆斯特丹交易所。80年代中期,又产生了黄金贷款。黄金互换(gold swaps)则是另一种方式,指黄金持有者把金条转让给交易者,换取货币,协议期满,再按约定价格购回黄金。

黄金ETF(exchanged traded fund),是指以黄金为投资对象的交易所交易基金,属于实物黄金投资工具。其运行是由大型黄金生产商向基金公司寄售实物黄金,随后由基金公司以此实物黄金为依托,在交易所内公开发行基金份额,销售给各类投资者,投资者在基金存续期间内可以自由赎回。2003年4月,第一只黄金ETF在澳大利亚股票交易所上市交易。2004年,占目前黄金ETF市场一半以上规模的黄金ETF——SPDR Gold Trust在纽约证券交易所上市发行。随着金价的持续走强,世界各地ETF产品迅速增加。经过十几年的发展,黄金ETF基金持仓量的变动情况已成为左右黄金价格的重要因素。当黄金ETF基金持仓量达到新高点的时候,黄金价格也会随之上升;当黄金ETF基金持仓量大幅缩水时,黄金价格也会受到打压。据《黄金年鉴2016年》统计显示,黄金ETF在产生后的十年中一直保持增持状态,直到2013年才开始出现连续三年的减持。2015年世界黄金投资需求总量为990吨,相比2014年上升5%。

三、境外主要黄金市场

伦敦黄金市场是世界上最大的黄金现货交易市场和黄金场外交易中心,占全球黄金交易总量的80%。其次是纽约、苏黎世、东京、悉尼和香港。市场黄金的供应者主要是南非。每日两次的定价是世界黄金行市的"晴雨表"。在每一交易日(周一至周五的9:00—17:00)的10:30和15:30,伦敦五大金行——罗斯柴尔德父子公司(Rothschild & Sons Co., Ltd.)、莫卡特和歌德斯米德公司(Mocatta & Goldsmid Ltd.)、塞缪尔·蒙塔古公司(Samuel Montagu & Co., Ltd.)、夏普·皮克斯利公司(Sharp Pixley Co., Ltd.)、约翰逊·马塞公司(Johnson Matthey Co., Ltd.)——在定盘会议室举行秘密会议,决定金价。其下午的定价主要是为吸引美国投资者开设的。定价以外的时间采取的是报价制度。2007年伦敦金银市场协会的黄金成交清算量为51.26亿盎司(约145320吨),同比下降6.7%;黄金清算金额为3.6万亿美元,同比增长8.1%。在场外市场方面,2010年伦敦贵金属协会(LBMA)的黄金成交清算量为46.29亿盎司,较上年下降10%;黄金清算金额为5.7万亿美元,较上年上升14%。

根据纽约商品交易所的界定,其期货交易分为NYMEX和COMEX两大部分,前者负责能源、铂金及钯金交易,后者负责黄金、银、铜、铝的期货和期权合约交易。黄金的交易所市场交易主要在纽约商品交易所的COMEX进行。此外,上海期货交易所(SHFE)、东京工业品交易所(TOCOM)和印度多种商品交易所(MCX)也是重要的黄金期货交易所。纽约商品交易所和芝加哥国际货币市场(IMM)是在20世纪70年代中期发展起来的,主要以从事黄金期货交易为主。COMEX是世界上最大的黄金期货交易市场,于1982年创立黄金期权。1989年世界黄金期货期权交易总量为40836吨,相当于当年新黄金供给的21倍,COMEX占90%。虽然该数目可与伦敦黄金市场的成交量相媲美,但是只有不到1%的黄金进行了实物交割,说明期货市场上买空卖空的投机交易十分盛行。美国黄金期货市场上的黄金交易数量巨大,也使得伦敦黄金现货价格的权威性受到一定的挑战。上海黄金交易所(SGE)是全球最大的黄金现货场内交易所。伦敦金银市场协会(LBMA)2015年的黄金日均清算量为1785万盎司,约为506吨。

由于瑞士特殊的银行体系和辅助性的黄金交易服务体系,设在苏黎世的黄金市场成了世界上新产黄金的最大中转站和私人新黄金的最大存贮中心。每年大约9%的世界新黄金供应量流入瑞士的金库。该市场的营业时间是周一至周五的9:30—12:00和14:00—16:00。苏黎世黄金市场没有正式的组织机构,主要由组成黄金总库的瑞士三大银行,即瑞士银行(Swiss Bank Corporation)、瑞士联合银行(Union Bank of Switzerland)(1997年12月,瑞士银行和瑞士联合银行合并)和瑞士信贷银行(Credit Swiss)联合操纵。市场上的联合清算系统对银行的不公开、不记名头寸进行加总,每日按相关头寸的变动而设定价格。这一联合定价既是市场上的官方黄金价格,也对黄金总库成员形成约束力,并对市场上其他银行产生指导作用。

香港黄金市场至今已有百余年的历史,其黄金大多来自欧洲等地,主要的买主则来自东南亚国家。它由三部分组成:一是传统的香港金银业贸易场,是195个固定华人成员组成的交易所;二是20世纪70年代中期才形成的当地伦敦金市场;三是1980年8月开业的黄金期货市场。香港黄金市场的营业时间是周一至周五的9:30—12:30和14:00—16:00,周六不停业(10:30—12:00)。由于地理位置、时差因素以及与伦敦、美国市场的密切业务关系,这一市场在国际黄金市场的地位逐步提高。

其他一些地区性的国际金融中心,其黄金市场发展迅速,如欧洲的法兰克福、巴黎、日内瓦、阿姆斯特丹、米兰;亚洲的新加坡、东京、贝鲁特、曼谷、雅加达、澳门、迪拜;非洲的开罗、达喀尔、卡萨布兰卡、亚历山大;北美的多伦多、旧金山、底特律、温尼伯;拉美的墨西哥、布宜诺斯艾利斯等。

四、中国黄金市场发展

中国是黄金生产和消费大国。2015年,中国黄金行业生产和消费保持了平稳发展态势。据中国工业与信息化部统计显示,2015年中国黄金总产量为450吨,在全球黄金总产量中占比14%,黄金产量已连续9年居全球首位。中国也是黄金首饰等产品加工第一大国,加工产量占全球的60%左右。另据中国黄金协会统计,2015年中国黄金消费量为986吨,比上年增长了3.66%。此外,据世界黄金协会统计,截至2016年11月,中国黄金总储备量为1838.5吨,是全球第五大黄金储备国。

1993年9月,中国在黄金价格方面作了重大调整,将每日公布国家黄金收购价改为由市场决定的浮动定价方式,但是黄金行业仍维持计划管理体制。2002年10月30日,上海黄金交易所(以下简称"金交所")正式挂牌成立,标志着中国的黄金管理体制发生了本质性变革。金交所实行会员制,现有会员两百多家,会员单位年产金、用金量占全国的90%,冶炼能力占全国的95%。金交所建立了竞价交易、询价交易和借贷业务为一体的市场体系,交易的品种以合约的形式标准化,主要合约形式包括:现货实盘合约、现货即期合约、现货延期交收合约(又称"T+D合约",T代表交易,D代表递延)。交易方式有两种:黄金、白银等贵金属的标准化合约以集中竞价的方式进行交易,按照"价格优先、时间优先"的原则撮合成交;其他标准化合约通过询价方式进行交易,实行"自主报价、协商成交"。会员单位一般通过交易专线及网络,以远程方式进行交易;个人和机构客户则通过会员单位的代理,以代理会员提供的方式参与交易所的交易。2003年11月,金交所为适应市场需要,推出T+5延期交易。T+5延期交易具有黄金的远期合约和期货合约的某些特点,但是不能有效地管理黄金价格的风险。2012年12月,金交所试运行银行间黄金询价业务,并通过上海黄金交易所进行清算与交割。2015年2月,金交所推出询价期权业务,国内首个交易所现货期权产品上市,中国黄金场外市场建设进一步走向标准化、规范化。2016年1月,金交所启动银行间黄金询价市场做市业务,银行间黄金市场做市商制度正式确立,对提升中国黄金市场国际定价权起到了积极作用。

2016年4月19日,金交所推出以人民币标识、交易和结算的黄金集中定价机制,被称为"上海金"。"上海金"定价业务是指在上海黄金交易所的平台上,以1公斤、成色不低于99.99%的标准金锭为交易对象,以人民币/克为交易单位,通过多轮次"以价询量"集中交易的方式,在达到市场量价相对平衡后,最终形成"上海金"人民币基准价格。截至2016年9月底,"上海金"集中定价交易业务已累计成交384.26吨,成交金额为1054.52亿元。2016年10月28日,金交所授权迪拜黄金与商品交易所使用"上海金"基准价,是"上海金"在国际金融市场的首次应用。

从国际上看,个人黄金投资是黄金市场的重要组成部分。2003年11月18日,中国银行率先推出了个人纸黄金业务。个人黄金业务包括凭证式黄金和实物黄金交易两种,其中凭证式黄金业务俗称"纸黄金",个人投资者只要凭一张银行存折,就可投资黄金,收益主要通过低吸高抛实现。由于国内黄金市场以实物黄金交易为主,投机性交易比重比较低,因而价格弹性小于国际市场,当国际金价大幅度变化时,国内金价变动相对滞后。据《2010年国际金融市场报告》统计显示,2010年全年上海黄金交易所242个交易日中,有206个交易日国内金价高于国际金价,平均幅度为0.94元/克;36个交易日国内金价低于国际金价,平均幅度为0.29元/克。在1月、11月、12月几个临近春节的用金旺季,国内外差价明显拉大,最高达到3.55元/克;而4月至7月,差价幅度则较小,一般不会超过1元/克。随着国内和国际市场交易渠道的畅通,相信国内外金价将会基本趋同。

2013年6月,中国首批黄金ETF国泰、华安黄金ETF产品正式发行。除此之外,目前中国还有博时黄金ETF和易方达ETF。2016年上半年,中国黄金ETF增持量达到24.4吨。黄金ETF与纸黄金具有很大的相似性,不用担心实物金的储藏、运输、保管、安全等问题,申购和赎回均很便捷。黄金ETF有实物黄金做支撑,并且允许用股票账户参与黄金投资,极大地便捷了投资者。

第五节 离岸金融市场和欧洲货币市场

离岸金融,是指设在某国境内,却与该国金融制度无甚联系,且不受该国金融法规管制的金融机构所进行的资金融通活动。从严格意义上讲,离岸金融就是不受所在地金融当局制定的国内银行法管制的资金融通,无论这些活动发生在境内还是在境外。例如,美国的国际银行便利(IBF)和日本的东京离岸金融市场的业务活动等,均属离岸金融。离岸金融市场(off-shore financial market)又称"境外金融市场",是经营境外货币存储和贷放的市场,采取与国内金融市场相分离的形态,使非居民在筹集资金和运用资金方面不受所在地税收和外汇管制以及国内金融法规的影响,可进行自由交易。作为新型的国际金融市场,所有的离岸金融市场联结成整体,就是欧洲货币市场。

一、欧洲货币市场及其与传统国际金融市场的差异

传统上,欧洲货币被理解为货币发行国境外经营的货币,欧洲货币市场被理解为进行这

类货币交易的市场。但是,随着市场的发展,特别是美国国际银行便利的出现和发展,用交易货币的特殊性来界定欧洲货币和欧洲货币市场已不再确切。现代意义上的欧洲货币既包括外国货币,也包括本国货币。现代意义上的欧洲货币市场既经营非市场所在国发行的货币,也经营市场所在国发行的货币。欧洲货币(Euro currency),是指在高度自由化和国际化的金融管理体制和优惠的税收体制下,主要由非居民持有并参与交易的自由兑换货币。欧洲货币市场(Euro currency market),是指在高度自由化和国际化的金融管理体制和优惠的税收体制下,由非居民参与的、以自由兑换货币进行资金融通的场所。离岸金融是这种形式下的资金融通。可见,"非居民参与"才是欧洲货币市场这种离岸市场普遍和基本的特性。

对欧洲货币市场的理解,要注意以下几点:(1)"欧洲"实际上是"境外""离岸"的同义词,只是表明离岸业务最早起源于欧洲。相应地,经营欧洲货币业务的银行称为"欧洲银行"(Euro bank),是离岸金融市场的银行或其他金融组织,其业务只限于与其他境外银行单位或外国机构往来,而不允许在国内市场经营业务。(2)欧洲货币市场的区域概念已大大拓展,欧洲货币市场不再局限于欧洲市场,已扩展到亚洲和拉丁美洲,出现了亚洲货币市场和拉丁美洲货币市场。(3)欧洲货币市场经营的业务也由短期货币市场扩展到中长期信贷市场和债券市场,既涉及货币市场又涉及资本市场,既涉及信贷市场又涉及证券市场。

欧洲货币市场与传统国际金融市场之间有着重要的区别:(1)市场监管不同。传统国际金融市场要受当地金融法规或市场运行惯例的制约;而新型的欧洲货币市场的经营活动可以不受任何国家金融法规、条例的制约,独立于市场所在国政策制度之外,自成体系。(2)交易类型不同。传统国际金融市场上的交易包括境内债权人和境外债务人的交易、境内债务人和境外债权人的交易,而离岸金融市场上主要是境外债权人和债务人的交易。(3)交易主体不同。传统国际金融市场由居民和非居民参与交易,而欧洲货币市场交易主体主要是非居民。(4)市场结构不同。传统国际金融市场包括短期资金市场(货币市场)、长期资金市场(资本市场)、外汇市场和黄金市场等四种形式,而新型的欧洲货币市场主要包括经营欧洲货币的银行存贷款的存贷市场和欧洲债券市场。

二、欧洲货币市场的形成和发展

(一)欧洲货币市场的起源

欧洲货币市场的前身是产生于20世纪50年代的欧洲美元市场。欧洲美元指的是存放于美国境外的外国银行及美国银行海外分行的美元存款,或是存储在美国以外的银行、以美元为面值并以美元支付的存款。欧洲美元的出现最早"归功于"苏联。1950年,由于朝鲜战争中美国冻结中国在美国的资产,因此苏联和部分东欧国家将在美国的美元存款转移到在法国巴黎开设的北欧商业银行、在伦敦开办的欧洲国家商业银行和开在伦敦的莫斯科国民银行。"欧洲银行"(Euro Bank)这个专有名词最初是苏联掌握下的巴黎银行的电传代码。于是,欧洲美元市场便出现了。

(二)欧洲货币市场的发展

此后的一系列政府措施和市场环境的变化促成了欧洲货币市场的崛起和发展,主要有:(1)1957年,英国政府为了克服英镑危机,禁止国内商业银行用英镑对非英镑区居民之间的贸易进行融资。于是,英国的商业银行另谋生路,转而以美元提供融资。(2)美国政府为了限制资金过度外流,于1963年对购买外国证券的美国居民开征利息平衡税(IET),这一措施促使美国银行将其大量资金转至设在欧洲的分行以避免税负。(3)1965年,美国实施了一项对外信用限制方案（FCRP），以限制美国银行对外放款，并要求美国公司自动限制对外投资，迫使很多借款人到欧洲美元市场寻求资金。（4）20世纪60、70年代，美国出台了Q项条例，规定了美国所有的储蓄存款及定期存款的利率上限，而欧洲美元无利率上限，从而激励美国银行把存款转移到欧洲美元市场。（5）20世纪60年代，美国因越南战争的军费开支和对外贸易赤字，国际收支出现大幅度逆差，使美元大规模流向海外。（6）20世纪70年代，石油输出国组织（OPEC）在石油提价中得到了巨额"石油美元"（Petrol Dollar），并将其存放在欧洲银行获取利润，为欧洲美元市场提供了雄厚的资金。（7）国际电信技术和计算机技术的迅速发展也使美元存款的国际交易更加便捷。由此可见，欧洲货币市场的形成和发展，其原因是多方面的，但是归根结底，是布雷顿森林体系下美元—黄金本位制的产物。1960年，欧洲美元市场的规模仅为40亿美元；到1988年，高达30552亿美元（见表5-7）。

表5-7 欧洲美元市场的规模（1960—1988年） 单位：亿美元

年份	1960	1966	1970	1976	1980	1984	1986	1988
金额	40	130	480	2850	11993	19565	26149	30552

（三）欧洲货币市场的扩张

20世纪60年代以后到70年代末期，欧洲美元市场上交易的货币不再局限于美元，已扩大到瑞士法郎、马克等币种，原来的欧洲美元市场演变为"欧洲货币市场"。在地理位置上，欧洲货币市场也扩张到西欧地区和发展中国家。例如，1968年10月1日，美洲银行新加坡分行设立"亚洲货币单位"。同时，欧洲货币市场的模式呈现多样化，出现了走账型市场。欧洲货币市场的重大突破发生在1981年，美国建立了国际银行便利（IBF）这一分离型的离岸金融市场。90年代以后，欧洲货币市场步入稳定发展期，亚太地区进一步发展了一些离岸金融中心，如1992年泰国设立曼谷国际银行便利（BIBF），韩国也发展了首尔离岸金融中心。

（四）欧洲货币市场产生和发展的原因

第一，根本原因——经济国际化。第二次世界大战后，随着世界经济一体化和资本流动国际化的发展，传统的国际金融市场已不能满足需要，借贷关系必须进一步国际化。

第二，政治因素。第二次世界大战后，东西方冷战，对社会主义国家的封锁和制裁，使得这些国家出现美元资产转移到欧洲。

第三，经济因素。美国出现持续的国际收支逆差，大量的美元和黄金外流，欧洲美元大量累积。

第四，石油美元。大量美元集中在石油产出国，无出路。

第五，存贷利差优势。欧洲货币市场的贷款利率比较低，而存款利率比较高，其间差额较小，故吸引了大量美元资产。

第六，金融管制因素。相对于西方主要国家对资本流动的控制，欧洲货币市场很少受所在国金融法规的约束，导致欧洲货币市场不断扩大。

总之，欧洲货币市场的形成和发展有其深刻的国际政治、经济背景，经济国际化是其首要因素，政府金融管制措施是其推动因素，科技革命和金融创新是其促进因素。

三、离岸金融市场的类型

随着欧洲货币市场的迅速扩展，全球范围内已形成几十个世界特色的离岸金融中心。

如巴哈马,拥有世界上最多注册船只的离岸金融市场;百慕大,拥有世界上最多注册保险公司的离岸金融市场,是世界第二大离岸基金所在地;英属维尔京群岛,拥有最多离岸公司,总量超过 80 万,在第 20 期全球金融中心指数(GFCI 20)中列全球离岸金融中心第一位;开曼群岛,是美国证券市场中影响最大的离岸金融市场;直布罗陀,在多个领域都是离岸金融市场中的佼佼者;泽西岛,在欧洲证券市场和欧洲不动产投资信托公司(REIT)市场中扮演支配性角色;卢森堡,被公认为欧洲最大的离岸债券发行地。具体而言,全球离岸金融中心的地理分布如表 5-8 所示:

表 5-8 全球离岸金融中心的地理分布

离岸中心群	核心圈	外围圈
西欧群	伦敦、苏黎世、卢森堡、法兰克福	直布罗陀、马恩岛、泽西岛、安道尔、马耳他、圣马力诺、摩纳哥、列支敦士登、都柏林、格恩西岛、瑞士
中东群	巴林	塞浦路斯、贝鲁特、科威特、迪拜
亚太群	东京、香港、新加坡	马尼拉、台北、曼谷、拉班、纳闽、首尔、悉尼、瓦努阿图、瑙鲁、汤加、西萨摩亚、库克群岛、澳门、马绍尔群岛、纽埃、关岛、马里亚纳
北美群	纽约	加利福尼亚、佛罗里达、伊利诺斯
加勒比群	巴哈马、开曼群岛、巴拿马、百慕大	哥斯达黎加、安圭拉岛、安提瓜、阿鲁巴岛、巴巴多斯、英属维尔京群岛、尼维斯岛、荷属安的列斯、蒙特塞拉特、特克斯和凯科斯群岛、圣文森特、波多黎各、格林纳达、圣卢西亚

资料来源:IMF Offshore Financial Centers, http://www.imf.org/external/np/mae/oshore/2000/eng/back.htm。

根据离岸金融市场是否从事实际性业务,可将其分为功能中心(functional center)和名义中心(paper center)。功能中心是集中了众多外资银行和金融机构,从事具体存储、贷放、投资、融资业务的区域或城市。功能中心又可分为一体型(integrated center)和分离型(segregated center)。前者是内外投融资业务混合在一起,金融市场对居民和非居民开放,伦敦和中国香港属于此类。后者限制外资银行和金融机构与居民往来,只准非居民参加离岸业务,典型的代表是美国的国际银行便利(IBF),日本也在 1986 年 12 月 1 日开放了东京离岸金融市场(JOM)。

具体来说,伦敦离岸金融市场的特征如下:一是交易的币种属于非本币;二是参与者界限比较模糊,未对参与者的经营范围进行限制,也没有严格划分在岸业务和离岸业务;三是国际化特征非常明显,境内金融市场与境外金融市场的业务合为一体。1981 年 12 月 3 日,美国正式允许欧洲货币在其境内通过国际银行便利进行交易,即美国境内银行根据法律可以使用其国内的机构和设备,但是要单独设立账户,向非居民提供存款和放款等金融服务。国际银行便利的业务与国内业务是分开的,分属不同账户,客户只能是非本国居民或者其他国际银行便利。同时,这些境外货币业务不受美联储规定的法定现金准备率、贷款利率等条例的限制。国际银行便利吸收的存款也不必加入美国联邦存款保险。不仅美国的银行,而且所有的外国银行在美国的分支行以及某些非银行金融机构,都可以通过设立国际银行便利从事境外货币业务。

除了美、日这种严格的分离型离岸金融市场外,还有一类以分离为基础的渗透型市场,即允许在岸和离岸账户有一定的渗透,具体有三种情形:(1) 允许非居民账户所吸收的非居民存款向在岸账户贷放,但是禁止资金从在岸账户流入离岸账户。目前,印尼雅加达、泰国曼谷和马来西亚纳闽岛均为此类。(2) 取消资金从境内流出的限制,允许在岸账户资金向离岸账户流动,但是禁止离岸账户向境内放贷。(3) 允许离岸账户与在岸账户之间双向渗透,居民既可以用离岸账户投资,又可以从离岸账户获得贷款。目前,新加坡的亚洲货币单位(Asian Currency Unit)属于这种情况。

名义中心是纯粹的记载金融交易的场所,只从事借贷投资业务的转账或注册等事务手续,不从事具体的金融业务,相当于记账结算中心。为了适应保密性和"逃税"的特殊要求,许多跨国金融机构在免税或无监管的城市设立"空壳"分支机构(shell branches)或纸银行(paper bank)。例如,1994年巴哈马欧洲货币中心拥有记账银行249家,占银行总数的60%,以将其全球性税务负担和成本降至最低。位于美国迈阿密以南475公里的开曼群岛也是个"避税天堂",有约45家银行和信托公司、2万家公司和300家保险公司。这类城市又被称为"避税港型"或"走账型"离岸金融中心,主要有开曼、巴哈马、巴拿马、百慕大、维尔京群岛、泽西岛、安第列斯群岛、波多黎各等一些岛国和地区。表5-9列出了部分离岸金融中心税率。

表 5-9　世界部分离岸市场税率表　　　　　　　　　　　单位:%

国家/地区	个人所得税	公司所得税	资本利得税	利息、股息预扣税
巴哈马	无	无	无	无
百慕大	无	无	无	无
巴林	无	无	无	无
开曼	无	无	无	无
中国香港	2—17（平均为15）	16.5	无	无
卢森堡	0—43.6	29.22	按所得税率	无,15
新加坡	20	17		15,无

资料来源:巴哈马的数据来自 IMF Country Report No. 14/17, pp. 9-46;其余国家的数据来自普华永道会计师事务所"Worldwide Tax Summaries 2016", http://taxsummaries.pwc.com/uk/taxsummaries/wwts.nsf/ID/PPAA-85RDKF。

四、离岸金融市场的监管

离岸金融市场是高度国际化的市场,具有真正意义上的国际性,在一笔交易中可能涉及多个国家或地区,与传统金融市场监管存在较大的区别。其监管需要国际协调合作,具有多头性。概括起来,各国对离岸金融市场的监管主要表现为预防型监管,包括对市场准入的监管和对业务经营的监管。

第一,对市场准入的监管。准入监管是监管的第一道防线。离岸金融市场准入,是指市场所在国金融监管当局依照法律规定的标准,审核并决定是否允许有关金融机构获得进入本国市场从事离岸金融业务的从业资格。[①] 其主要作用是,将不合格的金融机构挡在金融市场之外。由于离岸金融业务具有高度复杂性和风险性,各离岸金融市场所在国对进入其离岸金融市场的机构设置了较为严格的准入标准,这些标准主要涉及准入主体范围、准入主体形式以及准入许可方式等方面。

---

① 参见罗国强:《论离岸金融市场准入监管法制》,载《上海金融》2010年第6期。

就准入主体范围而言,有的国家规定非常严格。如日本,根据大藏省 1986 年《部分修改外汇及外贸管理法的法案》,参与日本离岸市场的机构是得到大藏省批准的、公认的外汇银行,包括外国银行在日本的分行,证券公司、一般性法人和个人不包括在内。有的国家所规定的主体范围则比较宽泛,除了银行外,其他的非银行金融机构也被允许参与离岸市场。在美国,允许进入离岸市场的主体包括商业银行、储蓄银行、储蓄信贷社、外国银行在美国的分支行和代理机构、埃奇法公司(Edge Act Company)等。

就准入主体形式而言,跨国银行进入离岸金融市场有三种形式:一是分行,是不具有独立法律地位而属于外国银行总行一部分的经营实体。二是银行子公司,是一种依离岸市场所在国法律成立的,由一家外国银行拥有全部或多数股权,从事银行业务的独立法律实体。三是合资银行,是由两个及以上的金融机构(至少有一家为外国银行共同出资)在东道国境内依法成立的,经营银行业务的法律实体。例如,日本、新加坡欢迎外资银行以分行的形式进入本国市场,加拿大则要求外资银行以设立子公司的形式进入本国市场。

就准入许可方式而言,美国采取的是传统的"申请—审批—经营"模式;中国香港实行二级银行制,可从事离岸金融业务的包括持牌银行、有限持牌银行和接受存款公司三类机构;新加坡采取的是发放牌照兼传统审批制的形式,对全能型银行、限制型银行、离岸银行的准入采取发给牌照的方式,对证券银行的准入则采取传统审批制。

第二,对业务经营的监管。这是对业务经营活动的各个方面进行监管。例如,日本把离岸业务的范围限定在传统的银行业务上,禁止离岸账户资金从事外汇、证券、票据、期货交易等。另外,为了吸引资金、扩大信贷,国际离岸金融中心毫无例外地采取了放松金融管制额的做法,各国管理当局在准备金、外汇管制、利率、存贷限额和税收等方面采取相对宽松的政策。在监管机构的选择方面,大部分国家选择已有的在岸监管主体对离岸金融市场进行监管。例如,新加坡离岸金融市场的监管机构是新加坡货币管理局,中国香港离岸金融市场的监管机构是香港货币管理局,巴哈马离岸金融市场的监管机构是巴哈马中央银行。

五、欧洲货币市场的主要特征

欧洲货币市场的主要特征有:

第一,欧洲货币市场不受市场所在国金融法规的管辖和限制,资金借贷自由,调拨方便。实际上,这是一个超国界的资金市场,所在国为了吸引资金,扩大信贷,还会采取种种优惠措施,如免缴存款准备金等。

第二,欧洲货币市场有独特的存贷利差优势(存高、贷低),可以降低融资者的成本。其存款利率高于货币发行国国内存款利率,贷款利率低于国内贷款利率。影响货币供给和需求的最重要因素是存款人追求最高收益和借款人追求最低成本的动机。由于欧洲银行不受上缴存款准备金和利率上限的限制,因此可以较高利率吸收存款,并以较低利率放贷。

第三,欧洲货币市场上的借贷关系为非居民之间的关系,主要参与者包括国际商业银行、非银行金融机构、跨国公司、政府部门和国际性组织等。

第四,欧洲货币市场范围广阔、资金量大,借贷业务中使用的币种繁多,金融创新活跃,其规模之大是一般国际金融市场所无法比拟的。

六、欧洲货币市场的业务活动

欧洲货币市场的主要业务活动包括提供短期信贷、中长期信贷和发行欧洲债券。参与欧洲货币市场业务经营的有各国工商企业、跨国公司、跨国银行、外汇投机者等。其中,各国工商企业、跨国公司是欧洲货币市场最基本的资金供求者。

(一) 欧洲短期信贷市场

欧洲短期信贷市场是期限在1年以内(包括1年期)的短期欧洲货币的借贷市场,接受欧洲货币存款和提供1年以内的短期欧洲货币贷款。欧洲货币资金市场上的大量交易是在银行间进行的,银行同业拆借利率是主要参考利率。欧洲货币存款是欧洲银行业的主要资金来源之一,有通知存款、普通定期存款和可转让欧洲货币存单(ECD)三种形式。欧洲短期信贷市场包括银行同业拆借和可转让定期存单,参与者多为大银行和企业机构。

发行浮动利率票据是另一重要资金来源。欧洲货币市场上常见的融资工具是票据发行便利(NIF),这种新型票据由美国花旗银行于1979年首创,是借款人在欧洲货币市场上凭信用发行的短期票据。它主要有四种类型:(1)非承销欧洲票据,包括非承销的票据发行便利和非承销的欧洲商业票据。一些政府、政府机构或大公司凭借信用的无抵押借款凭证,以商业信用为基础进行交易。(2)承销性票据发行便利,是银行提供承销承诺的欧洲票据。银行不直接向借款人提供担保,而是以承销或备用信贷方式帮助借款人发行3—6个月的短期票据;如果不能全数出售,则银行买进票据或提供贷款。(3)循环承销便利(RUF),出现于1982年,是票据发行便利,允许融资额度在约定时期内(通常2—7年)循环使用,更便于将短期资金延期为中期资金。(4)多种选择融资便利(MOF),1984年由瑞典首先采用,允许借款人以多种方式提取资金,包括短期贷款、浮动信用额度、银行承兑票据等。

(二) 欧洲中长期信贷市场

欧洲中长期信贷指期限在1年以上至10年左右的贷款,主要是银团贷款。其资金来源主要是短期欧洲货币存款、发行各种欧洲票据筹得的资金以及银行内部的资金调拨。可见,欧洲银行业"借短放长"的特征十分突出。欧洲中长期贷款一般都要签订合同,有的还需借款国官方机构或政府担保,数额巨大的贷款多用银团贷款方式。欧洲中长期信贷具有金额大、期限长、利率浮动、需要担保、贷款条件严格等特点,具体而言:(1)必须签订贷款协议;(2)利率确定灵活,通常以伦敦银行同业拆放利率(LIBOR)为基础,再加上一个加息率(margin)进行计算;(3)联合贷款,即银团贷款;(4)有的贷款需要由借款方的官方机构或政府担保。欧洲银行贷款主要有两种形式:期限贷款(term credits)和转期循环贷款(revolving credits)。

(三) 欧洲债券市场(见前述相关内容)

七、欧洲货币市场的作用

欧洲货币市场对世界经济产生了深远的影响,促进了金融市场的一体化和各国的经济发展,其作用具体表现为:(1)欧洲货币市场打破地域限制,加速国际资本流动,使资本得到更加有效的配置,提高金融市场效率。(2)这种资金转移对满足发展中国家和发达国家的资金需求,缓解许多国家的国际收支问题以及国际贸易的迅速增长发挥了巨大作用。(3)欧洲货币市场作为一个高度竞争的市场,为金融创新提供了广阔的发展空间和强烈的市场需求。但是,也应该看到其缺点:(1)当前欧洲货币市场上的资金来源中绝大部分是1年以下的短期资金,比例超过90%,这对国际金融市场的稳定性构成威胁。(2)欧洲货币市场没有融资的最后贷款人,也没有设立存款保险机构,所以使得欧洲银行的安全性缺乏保障。(3)欧洲货币市场在扩大国际信贷的同时,加剧了世界性通货膨胀,助长了投机活动,使国际金融市场动荡不安,也使有关国家的国内金融政策失灵。可以预见,今后欧洲货币市场仍将有一定程度的发展,但是也将受到较多的控制,国际银行业在这一市场上的竞争将更为激烈。

八、亚洲货币市场

亚洲货币市场是亚太地区银行经营境外货币的借贷业务所形成的市场,货币主要包括美元、英镑、欧元、日元等,其中境外美元占90%,所以又称为"亚洲美元市场"。亚洲货币借贷市场分为短期和中期信贷市场。短期借贷以3—12月为主,银行同业、政府机构和公司企业是主要借款人。亚洲货币市场在1975年前基本上是短期信贷市场,70年代中期以后开始发展中期信贷市场,以3年以上期限为多,也有长于10年的。信贷对象以亚太地区发展中国家的各国政府和企业为主,用于筹集长期建设资金,一般采用浮动利率筹资方式。亚洲货币债券市场是长期资金借贷市场。亚洲债券是亚太地区发行的,以境外美元、日元、欧元等可兑换货币为面值货币,由区内银行和其他金融机构承销的一种国际债券。亚洲债券分为两种,一种在亚洲地区上市和销售,另一种同时在亚洲和欧洲证券交易所上市和销售,期限一般为6—15年,浮动利率,货币多为美元,其次为日元,其他货币不普遍。

亚洲货币市场中心在新加坡,还包括香港、东京、马尼拉以及巴林等地。它一方面为国际金融资本在亚太地区的投资、投机活动提供了新的场所,另一方面为推动该地区的经济发展起到了积极作用。亚洲货币市场最早出现在新加坡。1968年10月,新加坡政府把"亚洲货币单位"的经营执照发给美洲银行新加坡分行,允许其以与欧洲货币市场同样的方式接受非居民的外国存款,并提供非居民的外汇交易以及资金借贷等各项交易。1970年,新加坡政府又批准了16家银行从事境外业务。之后,亚洲货币市场扩展到香港。1977年,马尼拉的亚洲货币市场正式营业。1984年7月,台北仿效新加坡模式建立境外货币市场。1986年12月1日,东京正式成立亚洲货币市场。80年代末,它成为仅次于伦敦的世界第二大离岸金融中心。进入90年代,因为受到"泡沫经济"的影响,该市场发展缓慢。

第六节　香港离岸人民币市场

随着对外贸易的发展,中国跨境贸易不断攀升,离岸人民币市场业务迅速发展起来。离岸人民币市场的发展加大了人民币作为结算和投资货币的需求,增强了人民币作为结算、投资与储备货币的市场基础。从2009年4月跨境贸易人民币结算试点启动以来,通过跨境人民币结算净流入香港的人民币资金成为香港人民币存款增长的最主要渠道,为香港离岸人民币市场的发展奠定了基础。香港离岸人民币市场的作用:一是在中国开放其国内金融市场和进行金融改革前争取时间,以为市场提供各种人民币金融产品,为人民币国际化作好准备;二是引导那些预期人民币升值的热钱流入香港,减轻这些短期游资流入中国内地带来的压力。但是,香港作为离岸人民币市场的发展也遭遇到一些问题。

一、香港离岸人民币市场发展的现状

中国于2004年在香港建立了最早的离岸人民币市场。美国次贷危机后,中国加强了开拓离岸人民币市场的举措,包括在伦敦和新加坡建立了离岸人民币结算中心。目前,中国香港是拥有境外人民币清算功能的最重要的国际金融中心,成为首家离岸人民币清算银行中

心,负责清算与内地市场的人民币交易,已经发展成为资金池规模最大的离岸人民币市场与最主要的离岸人民币债券市场。2011年,香港人民币跨境贸易结算额达16000亿元,占全球人民币跨境贸易结算总额的83%。截至2015年9月,香港人民币存款为8954亿元,占全部离岸人民币存款余额的一半以上。香港在全球人民币支付中占比超过70%。2015年6月末,香港人民币债券余额为5849亿元,占人民币离岸债券总量的74.6%。2014年11月,"沪港通"正式上线。2016年12月,"深港通"正式开通,全球投资者可通过香港投资内地股市,并允许内地投资者通过上海和深圳投资香港股市。2015年7月,两地资本市场合作取得新突破,基金互认正式实施。香港也是离岸人民币市场的枢纽,为其他离岸人民币市场发展提供金融基础设施等重要支持。同时,随着香港人民币资金的集聚,人民币境外使用范围与规模的扩大,香港离岸人民币市场业务也逐渐发展起来。香港离岸人民币市场的总体结构以及各类人民币离岸金融业务是离岸人民币市场运行的基础。根据离岸金融业务的不同种类,香港离岸人民币市场包括离岸人民币的零售及公司业务、资本市场、货币及外汇市场、保险市场等。

(一)香港人民币离岸债券市场

2007年6月8日,中国人民银行和国家发改委联合颁布《境内金融机构赴香港特别行政区发行人民币债券管理暂行办法》。该办法规定,经中国人民银行和发改委审批,政策性银行和国内商业银行可在香港发行人民币债券。当月,国家开发银行首次在香港发行了50亿元离岸人民币债券。2010年,发行主体进一步扩大到国内公司、香港公司、外国公司、外国银行和国际金融机构。理论上,全球所有企业与机构均能到香港发行人民币债券,香港人民币债券的发行主体已经由中国内地政策性银行和商业银行逐渐扩展到中国财政部、香港本地公司、跨国公司、外国金融机构与国际金融组织等。2010年10月,亚洲开发银行在香港发行12亿元人民币债券;2011年1月,世界银行也在香港发行人民币债券5亿元。2010年8月16日,中国人民银行发布了《关于境外人民币清算行等三类机构运用人民币投资银行间债券市场试点有关事宜的通知》,允许境外中央银行或货币当局、港澳人民币业务清算行和境外参加行使用依法获得的人民币资金投资内地银行间债券市场。这为境外持有人民币的机构提供了新的投资渠道,将拓宽香港离岸人民币市场的投资选择。香港金管局2016年3月公布的《货币与金融稳定报告半年报》称,2015年香港离岸人民币债务发行总量达到3506亿元,比上年下降19.3%,自2007年以来首次下降。未来人民币债券市场发展仍然具有较大的不确定性。在供给方面,较低的借款成本可能成为内地企业发行在岸人民币债券的重要因素;在需求方面,鉴于人民币对美元汇率的走低,投资者对"点心债"的需求可能会有所下降。但是,从长期来看,人民币加入SDR会推动人民币债券市场的长期发展。

(二)香港人民币衍生金融资产市场

20世纪90年代中期以来,香港人民币衍生金融资产交易日趋活跃。目前,主要有四个品种:一是无本金交割人民币远期(简称"NDF");二是2006年推出的无本金交割人民币期权(简称"NDO");三是2007年8月推出的无本金交割人民币掉期(简称"NDS");四是2010年7月推出的传统形式的人民币远期。2010年9月,香港推出人民币本金可交割远期(DF)。2012年9月17日,香港交易所(简称"港交所")推出首只人民币本金可交割期货。2012年初,香港财资市场公会(TMA)开始公布三大发钞行(中银香港、汇丰银行和渣打银行)的人民币同业拆借定盘利率,预计基于该定盘利率的人民币利率互换、交叉货币互换等利率类衍生产品将会相继推出。2014年4月7日,港交所于收市后交易时段推出人民币货币期货交易。2016年5月30日,港交所推出新一批人民币货币期货,即欧元兑人民币、日元兑人民币、澳大利亚元兑人民币和人民币兑美元期货。新增以人民币计价、现金结算的系列人民币货币期货将能满足市场对人民币兑欧元、日元和澳大利亚元日益增加的风险管理需求。同年8月15日,香港交易及结算所有限公司子公司香港场外结算有限公司宣布推出交叉货币掉期结算服务,并将首先为离岸人民币对美元货币掉期提供结算服务。香港场外结算有限公司是全球首家为离岸人民币对美元货币掉期提供结算服务的国际结算所。

(三)其他类型资产交易市场

2010年,香港推出以人民币计价的存款证、基金和贷款。存款证是一种由银行等金融机构发行的类似于短期票据和定期存单的融资工具。2010年8月11日,以人民币计价的公募基金——海通环球人民币收益基金在香港发行。2011年4月11日,汇贤房地产信托投资基金公开招股。2012年2月14日,香港恒生银行推出以人民币计价的黄金交易所买卖基金(ETF)和由人民币合格境外机构投资者(RQFII)发行的人民币A股ETF。在港银行自2010年开始尝试性发放人民币贷款,年末贷款余额达18亿元,2011年末迅速增大到308亿元。2013年到2016年,香港人民币存款和存款证发展保持平稳,未偿还人民币贷款余额逐年增加,但是人民币存款占存款总额的比重有所下降。2014年4月10日,中国内地和香港证券监管部门发布联合公告,批准开展沪港股票市场交易互联互通机制(简称"沪港通")试点。据统计,港交所的ETF市场成交量在2015年获得强劲增长,全年平均每日成交额达88亿港元,较2014年上升86%,再创历史新高。ETF也占港交所证券市场2015年总成交额的8.3%,2014年则为6.8%。2015年5月22日,中国证监会与香港证券会发布联合公告,决定开展内地与香港公开募集证券投资基金互认工作(简称"基金互认"),自2015年7月1日起正式实施。基金互认是"场外市场"的互通互联,是中国内地资本市场与香港资本市场相互开放的重要进程。同年7月10日,"黄金沪港通"正式打通沪港两地的黄金交易市场。2016年9月29日,在沪港通试点的基础上,将互联互通扩展至深港通。

二、香港离岸人民币市场发展的问题

(一)香港离岸市场人民币资金来源和人民币资金池问题

中国人民银行海口中心支行金融研究处课题组(2011)认为,离岸人民币资金来源相对单一,绝对规模较低,难以保障人民币产品的发行与交易。中国虽然与多个国家和地区货币当局签署了本币互换协议,但是协议的签署并不等同于实际人民币的流出,当前人民币流出的最大正规渠道为跨境贸易人民币结算。中国在国际分工体系中议价能力低、人民币资本账户未开放等因素,导致跨境贸易人民币结算发展前景有限。人民币离岸中心必须有足够大的资金池和流动性,以支撑离岸金融市场的扩张和金融产品发展,否则,离岸市场的发展必然受限。

(二)香港离岸市场人民币金融产品问题

在香港市场上,以人民币计价和结算的金融产品太少,人民币的资产池也太小。目前,香港人民币资产主要是规模有限的债券市场,少量的保险产品、理财产品和金融衍生品等。据香港金管局统计,2010年香港发行人民币债券总值为360亿元,人民币债券发行主体主要是内地财政部、政策银行、大型国有银行等。由于香港人民币债券规模极为有限,占人民币债券总额的比例很小,因而又被称为"点心债"(dim sum bonds)。目前,主要参与者为与中国内地有贸易关系的进出口企业、境外清算行、境外代理行、中资金融机构的香港分公司等。从市场深度看,香港市场人民币存量有待提高,人民币产品规模和流动性有待改进。彭文生等(2007)认为,NDF市场具备良好的流动性,但是NDF的定价与金融基本面联系不够;在芝加哥商品交易所(CME)市场上,人民币衍生产品在交易量和结算时间上缺乏弹性。

(三)香港离岸市场人民币回流机制问题

人民币回流机制不健全是香港离岸人民币金融市场发展的最主要障碍之一。目前,香港人民币存款绝大部分(超过80%)是以存款方式存在香港银行,香港银行又将其存到中银香港。作为清算行的中银香港最后将人民币存款存到中国人民银行深圳分行。香港人民币绝大部分是以现钞渠道回流至内地的。人民币回流渠道不畅可能导致"出境"人民币成为投机和非法套利的载体,而大量离岸人民币汇"回境"内时会影响境内金融市场和宏观经济政策的稳定性。王世光、王大贤(2012)分析了人民币回流渠道不畅的制约因素:境外人民币的运用渠道狭窄,境内资本账户的严格管制,境内银债市场只向境外三类机构限制性开放,境外机构境内人民币银行结算账户(non-resident account)资金的境内运用方式受限。

三、离岸金融市场在人民币国际化中的作用[①]

美国次贷危机后,人们意识到单一主导货币的国际货币体系是非常危险的。美元短缺会导致全球金融市场的不稳定,并严重影响国际贸易市场。为回应全球的流动性紧缩,中国开始主动减少对美元的依赖性,在国际贸易中寻求使用人民币的机会。国际货币基金组织的一项研究认为,人民币是国际市场上可以抗衡美元的三大货币之一(另外两种是日元与欧元)。人民币国际化推进迅猛的一个主要原因是离岸人民币市场的建立。离岸人民币市场始于2004年的香港,在创立伊始发展比较缓慢。在美国次贷危机后,中国加强了开拓离岸人民币市场的举措。目前,中国已在伦敦和新加坡建立离岸金融中心,共同推进离岸人民币业务。

在香港开展的离岸人民币业务是中国最早开始探索人民币国际化的举措,加上政策方面的支持,香港的离岸人民币规模和人民币产品迅速扩张。从2010年7月到2011年11月,香港离岸人民币存款从1034亿元上升到6273亿元,翻了5倍。这个增长率让人民币迅速成为香港离岸金融市场上紧跟在美元之后第二受欢迎的货币。人民币的贸易结算量从2010年开始也迅速上升,从2010年7月到2013年不到3年的时间中几乎上涨31倍。中国还致力于在香港建设离岸人民币债券市场。2007年,国家开发银行首次在香港发行被称为"点心债"的人民币债券,开启了离岸人民币市场的新篇章。从2010年10月到2015年1月,人民币在主要离岸中心(包括香港、新加坡、伦敦、台北、首尔、巴黎、卢森堡)的存款已经超过16万亿元。尽管发展迅猛,但是人民币在全球市场上所占的份额相较于美元仍然不大。根据BIS数据,2013年人民币在全球贸易中仅占2.2%,而美元占到87.0%。尽管如此,由于人民币的巨大潜力,离岸人民币业务已吸引到世界上许多国际金融中心的目光,如伦敦、新加坡、台北、卢森堡、迪拜、东京、悉尼等。

---

① See Cheung, Yin-Wong (2014), The Role of Offshore Financial Centers in the Process of Renminbi Internationalization, ADBI Working Paper Series No. 472.

本 章 小 结

国际金融市场,是指国际上进行资金融通或借贷活动的场所或网络,是所有国际资金交换关系的总和。国际金融市场可分为国际货币市场、资本市场、外汇市场、黄金市场以及金融衍生产品市场。其中,国际货币市场细分为银行短期信贷市场、短期证券市场和贴现市场,国际资本市场细分为银行中长期信贷市场、国际股票市场和国际债券市场。根据金融活动是否受到金融当局的控制划分,国际金融市场可分为在岸金融市场和离岸金融市场。

国际金融市场发展的新特点有:国际金融市场全球化和一体化、国际金融中心呈现多元化格局、筹资证券化和贷款债权证券化以及国际金融创新化。从一国角度来看,建成国际金融中心必不可少的条件是:稳定的政局、较强的经济活力、完备的金融体系、现代化的国际通信手段、外汇管制相对宽松以及拥有专业化的金融管理人才。

外国债券,是指发行者在外国金融市场上,通过所在国金融机构发行的,以发行地所在国货币为面值的债券。欧洲债券,是指发行者在另一国以第三国货币为面值发行的债券。两者的差异表面上看是面值问题,实质上则为是否接受金融法规约束的问题。

二战后,国际金融市场发展的重要标志是欧洲货币市场的兴起和发展。离岸金融市场是经营境外货币存储和贷放的市场,采取与国内金融市场相分离的形态,使非居民在筹集资金和运用资金方面不受所在地税收和外汇管制以及国内金融法规的影响,可进行自由交易。欧洲货币市场,是指在高度自由化和国际化的金融管理体制和优惠的税收体制下,由非居民参与的、以自由兑换货币进行资金融通的场所。它区别于传统国际金融市场的最大特征是不受市场所在国的金融法规管制,是"超国界"的市场。

欧洲货币市场的形成和发展有其深刻的国际政治、经济背景,经济国际化是其首要因素,冷战、美国长期逆差、石油美元、政府金融管制措施是其推动因素,科技革命和金融创新是其促进因素。

根据离岸金融市场是否从事实际性业务,可将其分为功能中心和名义中心。功能中心是集中了众多银行等金融机构,从事具体存储、贷放、投资和融资业务的区域或城市。功能中心又可分为一体型和分离型。其中,一体型是内外投融资业务混合在一起,金融市场对居民和非居民开放;分离型限制外资银行和金融机构与居民往来,只准非居民参加离岸金融业务。名义中心是纯粹的记载金融交易的场所,只从事借贷投资业务的转账或注册等事务手续,不从事具体的金融业务,相当于记账结算中心。

欧洲货币市场的主要特征有:不受市场所在国金融法规的管辖和限制,资金借贷自由,调拨方便;有独特的存贷利差优势,可以降低融资者的成本;借贷关系为非居民之间的关系;市场范围广阔、资金量大,借贷业务中使用的币种繁多,金融创新活跃。

香港是首家离岸人民币清算银行中心,负责清算与内地市场的人民币交易,成为离岸人民币市场中心。其作用表现为:一是在中国开放其国内金融市场和进行金融改革前争取时间,以为市场提供各种人民币金融产品,为人民币国际化作好准备;二是引导那些预期人民币升值的热钱流入香港,减轻这些短期游资流入中国内地带来的压力。但是,香港作为离岸人民币市场的发展也遭遇到一些问题,如人民币资金来源问题、人民币金融产品问题和人民币回流机制问题等。

> 关键术语

1. International financial market(国际金融市场)—International financial market encompasses a complex web of financial instruments and institutions. Its structure and functioning are affected in fundamental ways by the macroeconomic environment, the regulatory and technological environment, and fundamentals driving the real sector of the international economy, and are reflected in patterns of trade and production, mergers, acquisitions and corporate restructurings.

2. Euro currency(欧洲货币)—It refers to commercial bank deposits outside the country of their issue. For example, a deposit denominated in U.S. dollars in a British commercial bank is called a Eurodollar.

3. Euro currency market(欧洲货币市场)—Euro currency market is the market where Euro currencies are borrowed and lent. This activity originated in Europe but now takes place throughout the world, especially Asia and Caribbean. Three broad classes of financial items are involved: bank deposits and credits; primary securities in the form of Euro bonds and Euro notes and derivative securities such as foreign currency options or futures on Eurodollar instruments.

4. International banking facility, IBF(国际银行便利)—Dollar deposits at international banking facility (IBF) are subject to a lower regulatory burden than ordinary dollar deposits in US. IBF deposits are tantamount to Euro deposits, but they are available only to nonresidents, and IBF accounts may not be used to conduct transactions within the U.S.

5. Petro dollar(石油美元)—Eurodollar deposits arising from OPEC trade surpluses.

6. Foreign bond(外国债券)—Foreign bond is bond sold by a foreign issuer and denominated in the currency of the country of issue. For example, US$ obligations of non-U.S. firms that are underwritten and issued in the U.S. market are called Yankee bonds. Japanese yen obligations of non-Japanese firms that are underwritten and issued in the Japanese market are called samurai bonds. And British pound sterling obligations of non-U.K. firms that are underwritten and issued in the U.K. market are called bulldog bonds.

7. Euro bond(欧洲债券)—Euro bond is issued in offshore market but denominated in a currency other than the currency of the country in which the bond is issued.

8. Hong Kong RMB offshore market(香港离岸人民币市场)—By defining HK as a RMB offshore center, it intends to promote regionalization of the RMB. In July 2010, Chinese monetary authorities and Hong Kong Monetary Authority revised the RMB Clearing Agreement, by which the policy of separating the offshore RMB market from the domestic has been implemented. The HK RMB offshore market has two important roles: One is to gain time before opening domestic markets and financial reforms by offering a variety of financial products for the internationalization of the RMB. The other is to induce hot money anticipating the RMB appreciation into HK, easing the pressure for such short-term capital to flow into China.

问题与练习

一、名词解释

国际金融市场　国际货币市场　国际资本市场　在岸市场　离岸市场
欧洲货币　欧洲货币市场　国际银行便利　石油美元　银团贷款
外国债券　欧洲债券　功能中心　名义中心
香港离岸人民币市场

二、思考题

1. 什么是国际金融市场？它由哪些部分构成？
2. 20世纪90年代以来，国际金融市场有哪些变化趋势或新特征？
3. 国际金融市场的形成需要具备哪些条件？
4. 国际货币市场有哪些主要金融工具？
5. 简述国际银团贷款的特点和操作方式。
6. 试比较外国债券和欧洲债券。
7. 黄金价格受到哪些因素的影响？
8. 如何理解欧洲货币市场？其产生和发展的原因是什么？其主要特征有哪些？
9. 离岸金融市场主要有哪些类型？其差异何在？
10. 欧洲货币市场的主要业务活动有哪些？
11. 中国在香港建立人民币离岸金融市场的作用是什么？

附录　中国金融市场的新发展[①]

第一，货币市场。 货币市场交易规模再创历史新高，但增速有所下滑。2016年，中国货币市场交易持续活跃，银行间市场信用拆借、回购交易成交总量697万亿元，同比增长33.6%，增速较上年降低65.6个百分点。

第二，外汇市场。 外汇市场成交持续活跃，人民币对外币挂牌币种增加。2016年，中国银行间外汇市场共成交16.97万亿美元，同比增长24.12%。其中，人民币外汇市场成交16.85万亿美元，同比增长24.36%；外币对市场成交1159.44亿美元，同比下降3.55%。从产品结构看，外汇即期成交6.01万亿美元，同比增长21.76%；外汇衍生品成交10.96万亿美元，同比增长25.45%。截至2016年末，人民币已实现与包括南非兰特、韩元、沙特里亚尔、阿联酋迪拉姆、加拿大元、匈牙利福林、丹麦克朗、波兰兹罗提、墨西哥比索、瑞典克朗、土耳其里拉和挪威克朗等在内的多种货币直接交易。

第三，债券市场。 现券成交量同比大幅增长，债券指数有所上升。2016年，中国银行间市场现券累计成交127.1万亿元，日均成交5063亿元，日均成交同比增长45.4%。交易所现券累计成交5.3万亿元，同比增长54.7%。截至2016年末，中国银行间市场债券指数174.44点，较年初上升1.9%；交易所市场国债指数达159.79点，较年初上升3.31%。债券市场走势先强后弱，收益率整体上行；市场投资者结构更加多元，境外机构参与程度加大。截至2016年末，银行间市场各类参与主体共计14127家。其中，境内法人类参与机构2329

[①] 参见中国人民银行金融稳定分析小组：《中国金融稳定报告(2017)》，中国金融出版社2017年版，第67—71页。

家,境内非法人类机构投资者 11391 家;境外机构投资者 407 家。

第四,股票市场。股票市场在 2016 年初大幅波动后企稳。2016 年 1 月,沪、深两市实行指数熔断机制,由于存在机制性缺陷,A 股市场在实行熔断机制后的第一周即两次触发全天熔断,股票市场大幅快速下跌,成交活跃度明显降低。2016 年,沪、深两市累计成交 127.4 万亿元,日均成交金额 5221 亿元,同比下降 50.1%。沪市和深市股票换手率较上年分别降低 167.59 个和 406.36 个百分点,市场活跃度明显降低。

第五,期货期权市场。期货成交量快速增长,股指期货受政策限制成交大幅降低。截至 2016 年末,境内期货市场共有期货品种 52 个。其中,商品期货品种 46 个,金融期货品种 5 个,金融期权品种 1 个。全年境内期货市场期货成交量 41.38 亿手,同比增长 15.71%;成交金额 195.63 万亿元,同比减少 64.69%。其中,商品期货累计成交 41.19 亿手,同比增长 27.34%;成交金额 177.42 万亿元,同比增长 30.17%。金融期货累计成交 0.18 亿手,同比减少 94.62%;成交金额 18.22 万亿元,同比减少 95.64%。商品期货价格大幅上涨,金融期货价格走势较为平稳。2016 年,受大宗商品价格见底、需求提振以及供给侧结构性改革等因素影响,国内商品期货价格出现较大幅度上涨。截至 2016 年末,中国商品期货指数收于 1340.58 点,较上年末上涨 51.34%;上证 50 指数期货主力合约报收 2 286.90 点,较上年末下跌 5.53%。股票期权市场运行平稳。2016 年,上证 50 ETF 期权市场稳步增长。

第六,票据市场。票据市场利率先下后上。2016 年,金融机构累计贴现 84.5 万亿元,同比下降 17.2%;期末贴现余额 5.5 万亿元,同比增长 19.6%。票据融资增长放缓,2016 年末比年初增加 8946 亿元,同比少增 7684 亿元。

第七,人民币利率衍生品市场。人民币利率衍生品交易量继续增加。2016 年,人民币利率互换市场达成交易 87849 笔,同比增长 35.5%;名义本金总额 9.92 万亿元,同比增长 19.9%。从期限结构来看,1 年及 1 年期以下交易最为活跃,名义本金总额达 7.87 万亿元,占总量的 79.3%。从参考利率来看,人民币利率互换交易的浮动端参考利率主要包括 7 天回购定盘利率和 Shibor。

第八,黄金市场。黄金价格大幅上行后回落,交易规模保持较快增长。2016 年,黄金价格反弹后再度回落。国际黄金价格最高 1366.25 美元/盎司,最低 1077.00 美元/盎司,2016 年末收于 1159.10 美元/盎司,同比上涨 9.12%。上海黄金交易所黄金 Au9999 最高价 300 元/克,最低价 181.2 元/克,年末收盘价 263.9 元/克,同比上升 18.42%。上海黄金交易所全年黄金累计成交 4.87 万吨,同比增长 42.88%;成交金额 13.02 万亿元,同比增长 62.58%。国际板业务方面,上海黄金交易所国际板成交金额 1.10 万亿元,同比下降 4.33%;国际会员成交量占国际板总成交量的 40%,同比上升 22 个百分点。

第六章　国际金融创新和银行业监管

> **学习要点**
>
> 金融创新定义、类型和诱因，金融创新工具，主要金融创新理论，金融衍生产品定义、特点和交易类型，中国与美国金融衍生产品市场发展比较，国际银行业监管，巴塞尔资本协议，新巴塞尔资本协议和巴塞尔资本协议Ⅲ，中国银行业现行监管制度与巴塞尔资本协议Ⅲ比较。重点理解和掌握：金融创新的主要类型，主要金融创新理论，四类金融衍生产品交易，巴塞尔资本协议、巴塞尔资本协议Ⅱ和Ⅲ的核心监管内容，中国银行业监管对策。

第一节　国际金融创新

"创新"概念首先是由美籍奥地利经济学家约瑟夫·熊彼特于1912年在其名著《经济发展理论》中提出，并在其1939年所著的《经济周期》一书中系统地完成的。按照熊彼特的观点，创新就是建立一种新的生产函数，包括新产品的开发、新生产方式或者技术的采用、新市场的开拓、新资源的开发和新的管理方法或者组织形式的推行。熊彼特的创新理论原本阐释的对象是广义的经济发展中的创新。但是，创新理论自被提出后，已得到广泛拓展和应用。随着西方金融创新浪潮的掀起，"金融创新"的概念应运而生。国际金融创新就是金融创新活动在国际金融领域内的拓展和延伸，它是20世纪以来国际金融市场上最重要的特征之一。

一、金融创新的含义和类型

金融创新（financial innovation），是指引进金融要素或对已有的金融要素进行重新组合，在最大化原则的基础上构造出新的金融函数的过程。从广义上讲，国际金融创新是整个金融领域出现的新创造和新发展，包括新的金融市场、新的金融工具、新的金融机构、新的金融制度和新的金融交易技术等方面的创新；而狭义的国际金融创新则是指金融产品的创新，就是把金融工具或产品原有的收益、风险、流动性、数额和期限等方面的特性予以分解，然后重新安排组合。金融创新可以粗略地分为五大类：金融产品与服务创新、金融技术创新、金融机构创新、金融市场创新和金融制度创新。

（一）金融产品与服务创新

金融产品与服务创新是金融创新的核心内容。按照不同的标准，可以将金融产品或工具创新分成不同的类别。1986年4月，国际清算银行在一份综合报告中将名目繁多的金融创新按照创新金融产品满足的目的不同，分为六种类型：（1）风险转移型创新，如浮动利率债券、金融期货、期权、货币与利率互换交易等；（2）增加流动性型创新，如大额可转让存单、资产证券化和垃圾债券等；（3）信用创造型创新，如商业票据、票据发行便利NIFs、平行贷款、信用额度等；（4）股权创造型创新，如可转换债券、附有股权认购证债券；（5）规避管制型创新，如可转让支付命令账户（Now）、超级可转让支付命令（super Now）、自动转账服务

(ATS)和回购协议等;(6)降低融资成本型创新,如欧洲货币、项目融资、贷款承诺和租赁等。2016年初,联合国环境规划署发布的《金融与可持续发展报告》中列出了清洁饮水、洁净能源、气候变化、海上生物及农业生物保育等"绿色金融"范畴。中国绿色金融产品创新有:环保产业指数产品、环保节能融资产品和碳金融产品。

(二) 金融技术创新

金融技术创新包括融资技术、交易过程和交易方式以及国际资金清算和交易系统的创新。新技术的运用,特别是计算机、互联网的发展及其在金融业的广泛应用,使得金融信息数据的收集、存储、处理、传递、应用都发生了巨大的变化。新的融资技术主要有票据发行便利(NIFs)、各种新型的欧洲债券以及美国存托凭证(ADR)和全球存托凭证(GDR)等。① 新的交易过程和交易方式主要是指由于新的科技成果(计算机网络和远程通信技术)的引入,传统手工的金融交易模式已向现代化的交易模式转化,同时新的国际资金清算和交易系统先后出现。其典型代表性表现为各个股票交易所交易系统的更新以及全球外汇网络交易的建立。总之,新技术的采用,特别是计算机、通信技术的发展及其在金融业的广泛应用,为金融创新提供了物质和技术上的保证,这是促成金融创新的主要原因。

国际上,三项主要的金融技术创新是:(1)区块链技术。区块链(block chain)是一串使用密码学方法相关联所产生的数据块,每一个数据块中包含过去一段时间内所有网络传输的信息,用于验证其信息的有效性(防伪)和生成下一个区块。区块链超越了传统和常规意义上需要依赖中心的信息验证范式,降低了全球"信用"的建立成本。(2)机器学习技术。机器学习是人工智能的核心,用机器学习来分析互联网金融中的一些问题,使得金融风险控制更加有效。(3)风险管理技术。在互联网金融时代,线下的人为审核逐步转为线上的智能审核,风险控制系统更加信息化和智能化。

金融技术创新的特征有:(1)自助服务。筹资者可自行发布资金需求的信息,投资者通过浏览信息决定投资金额,从而实现自助式金融交易。(2)信息共享,交易成本降低。基于网络平台的互联网金融模式利用云计算等工具,提供更多的信息资源共享,减少投资者搜寻投资机会成本及监督成本,以降低交易成本。(3)金融脱媒,融资延伸。新兴互联网金融技术和制度能更好地解决陌生人之间的信任问题而降低信用担保成本,金融脱媒成为一种发展趋势。

(三) 金融机构创新

金融机构创新,是指建立新型的金融机构,或者是对原有的金融机构进行重组,变革现有的组织结构及管理方式,使其更好地适应内外部环境变化的创新活动。为适应金融综合经营的需要,世界金融业在金融机构的组织创新方面发展迅猛,并逐渐形成以德国式"全能银行"、英国式"银行控股公司"和美国式"金融控股公司"为代表的三大模式。一是"金融联合体或全能银行"出现,即一种能向顾客提供几乎包括任何金融服务的"金融超级市场",现已逐步遍及西方世界。二是银行控股公司(bank holding corporation),已成为国际商业银行的主要组织形式。三是金融控股公司模式下,银行、证券、保险三者都是控股公司的子公司,互为并列关系。此外,还出现了其他新的金融机构,如对冲基金、养老基金、风险投资公

---

① 存托凭证是国际性的存托银行(depositary bank)为已经在本国发行的股票,在外国发行的交易凭证。凭证如果在美国发行,就是美国存托凭证(American depositary receipt, ADR);如果在欧洲发行,就是欧洲存托凭证(EDR)。全球存托凭证(global depositary receipt, GDR),泛指在上述两个国际主要市场交易的存托凭证。

司、新的金融公司、企业集团财务公司、邮政金融机构、互助基金、银行持股公司、金融租赁公司、住宅金融机构等。新的金融机构为满足人们日益多样化的金融需求提供了极大的便利，同时也使传统银行业与非银行金融机构的业务界限逐渐模糊，市场竞争日趋激烈。

（四）金融市场创新

金融市场创新既包括20世纪50年代欧洲货币市场的出现和发展，也包括20世纪80年代国际金融衍生产品市场的兴起。前者的主要代表是欧洲证券市场，后者的主要代表则是金融期货市场。

（五）金融制度创新

金融制度创新，是指作为金融管理法律法规的改变以及这种变革所引起的金融经营环境与经营内容上的创新，包括金融组织制度的创新与金融监管制度的创新。传统的金融监管主要通过三种方式进行：一是降低利率，增加银行信贷；二是公开市场操作，把货币直接从中央银行投放给金融机构；三是中央银行作为"最后贷款人"角色。随着国际金融的发展，国际上出现了新的监管制度。

二、国际金融创新的原因

对国际金融市场金融创新的动因分析的代表性观点有：金融创新的供给和需求论、金融创新的内因和外因论。

（一）金融创新的供给和需求论

实践中，金融创新是来自供给和需求两方面多种因素共同促成的产物。

1. 供给方面的因素

（1）新技术革命、信息技术的出现推动了金融创新。以电子计算机为代表的电信、信息处理等信息技术的飞速发展，是金融创新的主要原因。一方面，金融电子化、信息化降低了银行成本，也促成了众多新的金融工具的诞生和推广应用。另一方面，信息技术克服了金融运作时间和空间上的障碍，使金融工具的交易可在24小时内连续地在任何市场进行，实现了金融市场的全球一体化。

（2）政府的严格管制诱发了金融创新。西方各国对金融业的严格管制，是金融创新产生的重要诱因。例如，美国的Q条例、《格拉斯-斯蒂格尔法》的颁布，给银行带来了巨大的压力。为了规避管制，金融机构设法发掘金融管制政策的监管真空和漏洞，开发新的业务和产品，以谋求更大的生存空间和利润。

（3）金融自由化促进了金融创新。20世纪70年代中期以来，西方金融管制出现逐渐放松的趋势。美国1974年取消对资本输出的管制，1980年又取消对商业银行定期存款利率上限的限制。英国1979年取消外汇管制。日本自1984年起采取了二十多项放宽管制的措施，实现了欧洲日元债券、东京外国债券以及东京股票市场的开放。各国金融管制的逐步放松，使许多国际金融创新业务涌现。20世纪70年代以来，国际金融市场利率、汇率以及主要西方国家物价等动荡不安，各国试图规避金融资产价格的变动，更推动了金融创新的步伐。

2. 需求方面的因素

（1）金融机构适应市场激烈竞争的内在需求。竞争主要表现在两个方面：一是不同国家金融系统间的竞争，二是各国金融系统中银行与非银行金融机构间的竞争。竞争的加剧促使金融机构更加愿意创造新的金融工具，并按有利于潜在最终用户的条件提供服务。

(2) 金融机构规避风险的客观需要。由于国际金融市场的金融自由化进程的推进,利率、汇率的频繁波动产生了巨大的风险;同时,20世纪80年代后期,随着银行经营风险的增加,各国金融当局普遍要求商业银行保持必要的资本充足性比率。于是,有效地转移和降低风险,成为推动金融创新的内在动力。

(3) 金融机构追求盈利的本质要求。营利性是金融机构经营的基本目标之一,为了更好地实现这一目标,一方面需要降低融资成本,另一方面要扩大金融产品与服务的销售。金融市场的变化给金融机构带来了巨大的挑战。为此,金融机构必须进行创新,开拓新的融资渠道,引进新技术,开发新的金融产品。

(4) 金融机构迎合客户需求的动因。金融机构客户的需求是多样化且不断变化着的,主要包括增加金融资产的流动性、更好地利用信用、降低交易成本、转移交易风险、将债务股权化等。只要还存在着未能满足的需求,就会推动金融机构进行相应的创新活动。

(二) 金融创新的内因和外因论

理论上,不同学者分析金融创新出现的主要原因的视角不同,大体上可分为内因论和外因论。

1. 内因论

内因论认为,导致金融创新活动出现的主要原因,是金融企业为了追求更大的利润,降低自身风险,满足市场对金融服务的新需求,对生产技术(包括新产品和新方法)和生产组织(制度)作出的改进。例如,格林鲍姆和海伍德(1973)认为,社会财富的增长会直接导致人们对新的金融产品和服务的需求,金融机构只有通过金融创新活动才能满足市场的新需求,进而才能参与分享社会财富增长带来的好处,实现利润的持续增长。尼汉斯(1983)认为,在市场竞争水平不断提升的情况下,金融企业利润的持续增长有赖于企业成本的不断降低,而科技进步为金融企业降低生产成本创造了便利。利用新技术降低交易成本是金融创新的主要原因。

2. 外因论

外因论主要从外部环境的变化对金融制度调整和生产技术调整影响的视角,解释金融创新的主要动力。外因论又可分为三种观点:一是认为金融创新是适应外部经营环境变化的结果,或者说是金融组织依据外生变量的变化对经营管理内生变量的调整。比如,20世纪70年代,通货膨胀率、汇率和利率变动频繁,刺激了金融组织致力于有关稳定投资回报率方面的产品创新。二是认为金融创新是对科技进步的积极吸收,如信息技术在银行业的采用是导致金融创新的主要因素。三是规避监管说,认为20世纪70年代形成金融创新风潮最主要的原因是金融组织试图规避管制。政府管制在本质上等同于一种隐性税负,当某一时期管制外的盈利机会足够大时,金融机构为了规避管制,就会热衷于金融创新。当创新活动对金融体系的稳健性产生较大不利影响时,管理当局就会进一步严格管制,进而形成一个两者不断交替的相互推动过程。

三、主要金融创新工具

以下将简要介绍两种主要的金融创新工具,作为金融创新工具的其他主要金融衍生产品将在后文作具体介绍。

(一) 票据发行便利(note issuance facilities,NIF)

票据发行便利,是指银行与借款人之间签订的,在未来的一段时间内由银行以承购连续性短期票据的形式向借款人提供信贷资金的协议。它是 1981 年才出现的新型金融工具，兼具银行贷款与证券筹资的功能。具体而言，票据发行便利是银行等金融机构以承购或备用信贷的形式，支持借款人发行 3 个月至 6 个月的短期票据；若票据不能全部销出，则由银行买进所余票据或提供贷款。它是一种融资方法，借款人通过循环发行短期票据，以达到中期融资的效果。

票据发行便利对借款人和承购银行双方都有好处。对借款人而言，一是由于有银行承诺和包销，提高了企业的信用度；二是循环的短期票据实际上成为中期信贷，节省了融资成本，利率比同档银团贷款要低；三是灵活性大，比银团贷款的融资方式更灵活。对银行而言，一是风险小，传统的银行贷款中，有关银行需提供大量资金；而票据发行便利把信用风险由持票人和承诺银行共同担负。二是可获得表外业务收入，对于信用等级高的借款人，银行一般不需提供资金，能在不改变资产负债比率的情况下获得较高的收入。对投资者而言，票据发行便利具有收益高、风险小和流动性大等特点。对整个金融活动而言，票据发行便利把间接融资变成了直接投资。

据此，借款人可以稳定地获得连续的资金来源，而承购包销的银行无须增加投资就增收了佣金费用。票据发行便利的优越性还在于，它把传统的欧洲银行信贷的风险由一家机构承担转变为多家机构分担。

(二) 远期利率协定 (forward rate agreements, FRA)

远期利率协定，是指交易双方商定从未来某一时间开始算起的一定期限的协议利率，在未来的清算日，按照规定的期限和本金额，由一方向另一方支付协议利率与市场利率之差的贴现金额。它是一种金融衍生工具——远期合约，是在当前签订一项协定，对未来某一段时期内的利率水平予以约定。该交易的目的是锁定未来借款利率，从而规避远期借款利率上升的风险。本质上，远期利率协定是不管未来市场利率是多少，都要支付或收取约定利率的承诺。同时，远期利率协定是一种资产负债平衡表外的工具，不涉及实质性的本金交收。交易双方都要承担对方未来潜在的信用风险，但是只涉及利差的风险，因而信用风险低。远期利率协定主要用于银行机构之间防范利率风险，它可以保证合同的买方在未来某一段时期内以固定的利率借取资金或发放贷款。

远期利率协定是有约束力的合约，没有双方的同意，不可撤销，也不可转让给第三方。与其他有约束力的合约工具一样，它可利用有冲销作用的合约平盘。远期利率协定交易的起点金额一般为等值 500 万美元，也可以根据客户的实际需要进行调整；远期利率协定报价的最长期限通常不超过两年，以一年以内的远期最为常见，也可以根据客户的实际需要进行变通安排；交易一经成交，即不可撤销或提前终止；银行有权要求客户交纳一定金额的保证金。

远期利率协定可用来对未来的利率变动进行套期保值。远期利率协定分为利率上限和利率下限。利率上下限协议实质上是以利率为对象的期权交易。利率上限，是指双方签订协议，商定一个固定利率作为利率上限，买方支付一笔费用给卖方；如果市场利率超过利率上限，则由卖方支付市场利率与上限利率的差额给买方。它主要适用于有浮动利率债务的负债人和有固定利率存款的存款人，用于减少市场利率上升所带来的损失。利率下限，是指买方向卖方支付一笔费用，获得在一定期限内由卖方支付市场利率低于协议利率的差额的交易。它主要适用于有固定利率债务的负债人和有浮动利率存款的存款人，用于减少市场利率下跌所带来的风险。

四、国际金融创新的影响

(一) 国际金融创新的积极影响

第一,金融创新促进了金融机构运作效率的提高,增加了经营效益。这主要表现为:(1) 金融创新使金融活动能力的影响增大。一方面,金融业务的创新和金融机构的创新,使得金融机构的服务功能不再局限于信用中介和信用创造,服务领域大大拓宽。另一方面,金融创新使金融机构的渗透力大大增强。(2) 金融创新使金融服务消费者的满意程度提高。金融创新使新的金融工具、服务品种、金融交易不断涌现,金融机构提供的金融商品与服务不断增加。金融业务的创新和金融机构的创新,可以满足不同类型消费者以及不同层次的消费需求。金融创新使金融机构间的竞争加剧,金融机构服务的成本会下降,消费者支出也会相应减少。(3) 金融创新使金融机构的经营效益不断提高。当代金融创新进程中,金融机构资产的增长速度和盈利水平不断提高。

第二,金融创新丰富了金融市场的交易品种,促进了金融市场一体化。这主要表现为:(1) 金融工具的创新使金融市场的交易品种增加,投资者的选择余地增大。(2) 金融市场交易品种的增多,增强了投资者防范风险的能力。(3) 金融市场品种的增多、交易手段和技术的创新以及与其相伴的交易风险的防范,降低了金融市场的交易成本。(4) 金融创新促进了金融市场一体化。金融市场自身的创新,无论是欧洲货币市场发展,还是金融衍生市场扩张,都促进了金融市场的一体化趋势。金融制度的创新从宏观上为金融市场一体化打开了方便之门。

第三,金融创新促进了金融改革,推动了经济发展。从理论上讲,金融创新是以金融资产的运作更有效率为前提的,也是以金融资产获取更高利润为目的的。因此,金融创新必然会促进经济的发展。从市场角度来看,对广大投资者而言,金融创新提高了持有金融资产的收益,增加了金融资产的流动性,能够享受更方便、更完善的金融服务。对筹资者而言,金融创新使金融市场的融资渠道、融资成本下降、融资方式灵活,可以在时间、空间、数量、成本等多方面满足筹资者的需要。因此,金融创新促进了经济的发展。

第四,金融创新提高了金融产业在国民经济中的地位和作用。当代国民经济产业结构有两个明显的变化:一是总体上看,三大产业增长率中,第三产业高居第一位,服务业产值的比重在整个GNP中的比重迅速上升;二是在第三产业产值增长中,又以金融服务业的增长最为显著。

第五,金融创新可以让宏观风险在一定程度上降低,促进信用市场的繁荣。但是,如果投资者不理智,选择了更高风险的产品,将会导致金融系统的不稳定。

(二) 国际金融创新的消极影响

第一,金融创新使金融体系的稳定性下降。金融创新+金融自由化→金融机构间竞争加剧→金融业务多元化和金融机构同质化→金融体系的稳定性和安全性下降→金融机构破产数量急剧上升和金融机构不良资产的迅速增加。

第二,金融创新使金融体系面临的风险加大。在当代金融创新过程中,随着金融自由化、资产证券化以及金融市场全球一体化,各种信用形式得到充分运用,金融市场的价格呈现高度的易变性,金融业面临的风险相应增加。

第三,金融创新使金融监管的有效性被削弱。相对于金融机构的业务和工具创新,金融监管措施的创新显得滞后,传统的监管措施的有效性被大大削弱。

第四，金融创新使财务报表的信息披露功能受到影响。随着金融创新的发展，特别是金融机构对表外业务的大量运用，现行财务报表所提供的信息已远远无法满足财务报表使用者对创新金融工具的信息需求。

第五，金融创新影响了各国货币政策的实施。金融创新产生了许多高流动性的金融资产，一方面模糊了传统货币定义，使货币供应的统计变得十分困难与复杂，削弱了各国政府对货币供应量的调控能力；另一方面又使国际游资大量增加，降低了银行和非银行金融机构对中央银行利率和存款准备金调整的敏感性，削弱了金融当局运用货币政策的自主性。

第六，金融创新刺激了"泡沫经济"的膨胀。金融创新除了在一级市场的交易外，在二级市场的买卖大多是脱离实体经济活动的虚拟资本交易。这种虚拟资本交易会刺激"泡沫经济"的膨胀，导致虚假的经济繁荣，一旦"泡沫"破灭，就会给实体经济造成严重的破坏。

第七，金融创新者为了卖出更多的金融产品，很可能会隐藏这些产品的负面信息。这让许多金融产品的市场价值大于其公允价值，而这些产品的回报率是低于零的，最终将给金融产品消费者和金融市场带来不利的影响。

第二节 金融创新的主要理论

20世纪50年代以来，金融创新一直呈现蓬勃发展的态势。究竟是什么力量使金融创新具有如此旺盛的生命力？为此，西方学者对金融创新现象进行了大量的研究，提出了许多不同的理论和观点。在这里，仅就几个主要理论加以阐述。

一、早期经典的金融创新理论

从20世纪50年代至80年代中期，早期经典的金融创新理论主要有：技术推进理论、财富增长理论、约束诱导理论、规避管制理论、货币促成理论、制度改革理论、金融中介理论和交易成本理论。

（一）技术推进理论

技术推进理论认为，新技术革命的出现，特别是电脑、电信工业的技术和设备成果在金融业的应用，是促成金融创新的主要原因。其理由是，由于高科技在金融业的广泛应用，出现了金融业务的电子计算机化和通信设备现代化，为金融创新提供了物质上和技术上的保证。新技术在金融领域的引进和运用促进金融业务创新的例子很多。例如，信息处理和通信技术的应用，大大减少了时空的限制，加快了资金的调拨速度，降低了成本，促使全球金融一体化，使24小时全球性金融交易成为现实。又如，自动提款机和终端机极大地便利了顾客，拓展了金融业的服务空间和时间。

汉农和麦克道威尔从技术创新的角度探讨金融创新的动因，他们通过实证研究发现，20世纪70年代美国银行业新技术的采用和扩散与市场结构的变化密切相关，因此新技术的采用，特别是计算机、通信技术的发展及其在金融业的广泛采用，为金融创新提供了物质和技术上的保证，这是促成金融创新的主要原因。但是，这两位学者的研究对象过于集中，对金融创新的相关性研究不足，因而他们的研究是局部的、不系统的。此外，促成金融创新的因素是多方面的，技术推进理论无法解释因竞争和政府放宽管制而出现的金融创新。

（二）财富增长理论

财富增长理论认为，经济的高速发展所带来的财富的迅速增长是金融创新的主要原因。

财富的增长加大了人们对金融资产和金融交易的需求,促发了金融创新,以满足日益增长的金融需求。格林鲍姆和海伍德是该理论的代表人物,他们在研究美国银行业的发展历史时发现,财富的增长是决定对金融资产和金融创新之需求的主要因素。他们认为,科技进步引起财富的增加,人们要求规避金融风险的愿望增强,对金融资产的需求增加,从而促进金融业的发展及金融创新的出现。

但是,财富增长理论主要是从金融需求角度探讨金融创新的成因,这是片面的。首先,单纯的需求并不一定能推动新金融产品的出现,还要有金融管制的放松。其次,金融供给也是不可或缺的因素,主动的供给才能使金融创新得以推广和持久。另外,财富的替代效应也会影响金融创新。显然,该理论也是不完善的。

(三) 约束诱导理论

约束诱导理论认为,金融业回避或摆脱内部和外部制约是金融创新的根本原因。因此,它主要是从供给方面讨论金融创新。该理论认为,金融机构之所以推出种种新的金融工具、交易方式、服务种类和管理方法,其目的在于摆脱或逃避所面临的种种内部和外部制约。内部制约是指金融机构内部传统的增长率、波动资产比率、资本率等管理指标。外部制约是指金融当局的种种管理和制约,以及金融市场上的一些制约。当经济形势的变化使这些内、外部制约阻碍了金融机构实现其利润最大化的终极目标时,势必迫使金融机构探索新的金融工具、服务品种和管理方法,以回避制约,增强其实力和竞争力。

西尔柏是约束诱导理论的代表人物,他从寻找利润最大化的金融机构创新这个表象开始研究,发现金融创新是微观金融组织为寻找最大的利润,减轻外部对其产生的金融约束而采取的"自卫"行为。西尔柏具体阐述了内、外两方面的金融约束:其一是外部的管理控制。这种因外部条件变化而导致的金融创新要付出很大代价。这又分为两种情况:一种情况是因外部条件变化而产生的金融约束,它使金融机构的效率低下,金融机构必须努力通过创新提高效率,从而弥补这部分损失。另一种情况是金融约束使金融机构付出的机会成本越来越大。创新是对金融约束的反应,创新的代价与外部约束造成的机会成本增长是一致的。因此,金融机构通过逃避约束,尽量降低机会成本增加所带来的损失。其二是由内部加强的约束。为了保证资产在具有流动性的同时还有一定的偿还率,以避免经营风险,确保资产营运的安全,金融企业建立了一系列的资产负债管理制度。这些规章制度虽然确保了金融企业的运营稳定,但是形成了金融业的内部约束,影响了效率。对以上两方面的金融约束,特别是因外部条件变化而产生的金融约束,实行最优化管理和以利润最大化为目标的金融企业将会从机会成本与金融企业管理的影子价格和实际价格的区别角度,寻求最大程度的金融创新。

约束诱导理论也有其局限性。首先,西尔柏的创新理论关于金融创新成因的探讨过于一般化,不能充分体现金融创新的特征和个性。其次,该理论过分强调"逆境创新",使得金融创新的内涵过窄。最后,该理论也没有谈到与金融企业相关联的市场创新以及宏观经济环境引发的金融创新。实际上,金融创新并非金融企业的孤立行为,它是金融领域内各种要素的重新组合。因此,该理论不能全面完美地解释形式多样的金融创新。

(四) 规避管制理论

规避管制理论认为,金融创新主要是由于金融机构为了获取利润而回避政府管制所引起的。许多形式的政府管制与控制,在性质上等于隐含的税收,阻碍了金融机构的盈利机会。因此,金融机构会通过金融创新以逃避政府管制。当金融创新可能危及金融和货币政策时,金融当局又会加强管制,而新管制又会导致新的创新,两者交替,形成一个相互推动的过程。

凯恩是规避创新理论的主要代表人物。他认为,规避管制就是回避各种金融控制和管理行为。当外在市场力量和市场机制与机构内在要求相结合,回避各种金融控制与规章制度就会产生金融创新行为。金融控制阻碍了金融企业获取利润,因而金融企业通过创新以逃避政府管制。但是,金融创新又会改变金融格局,危及金融系统的稳定,此时政府或金融当局就会制定新的法律、法规以加强监管。创新与管制之间不断交替,也形成了螺旋式发展的过程。规避管制型创新在某种程度上是对西尔柏主张的约束诱导创新和制度创新的折中。

(五) 货币促成理论

货币促成理论认为,货币因素的变化促成了金融创新的出现。20 世纪 70 年代通货膨胀率、利率和汇率反复无常的波动,是金融创新的重要成因。例如,70 年代出现的可转让支付指令账户(NOW)、浮动利息票据、浮动利息债券、与物价指数挂钩的公债、外汇期货等对通货膨胀率、利率和汇率具有高度敏感性的金融创新工具的产生,就是为了抵御通货膨胀率、利率和汇率波动造成的冲击,使投资者获得相对稳定的收益。

米尔顿·弗里德曼是货币促成理论的代表人物。他认为,国际货币体系的特征及其变动是促成金融创新不断出现并形成减轻金融市场管理压力的主要原因。可以说,货币方面因素的变化促成了金融创新的出现。

货币促成理论能够解释 20 世纪 70 年代布雷顿森林体系解体后出现的各种转嫁价格风险和市场风险的金融工具,但是对在此以前的规避管制以及 20 世纪 80 年代出现的信用和股权类金融创新却无法解释。

(六) 制度改革理论

制度改革理论认为,金融创新是一种与经济制度互相影响、互为因果的制度改革,因而金融体系的任何因制度改革而引起的变动都可以视为金融创新。政府为稳定金融体制和防止收入不均而采取的一些措施,如存款保险制度,也是金融创新。该理论认为,金融创新的成因可能是降低成本以增加收入,也可能是稳定金融体系以防止收入不均的恶化。

制度经济学派的经济学家是这一理论的主要代表,如诺思、戴维斯、塞拉、韦斯特等。这些学者主张从经济发展史的角度研究金融创新,认为金融创新并不是 20 世纪电子时代的产物,而是与社会制度紧密相关的。计划经济制度下虽然也存在科技发展、通货膨胀、财富增长、内外制约等可以触发金融创新的因素,但是高度集中、统一和严格的计划管理极大地阻碍和限制了金融创新。制度经济学派的金融创新理论实际上有两个内涵:一是政府的管制和干预行为本身就暗含着金融制度领域的创新;二是在市场活跃、经济相对开放以及管制不很严格的经济背景下,政府的管制和干预直接或间接地阻碍着金融活动,市场上出现各种规避和摆脱管制的金融创新行为,当这些金融创新行为对货币当局实施货币政策构成威胁时,政府必然要进行一系列有针对性的制度创新。

制度改革理论将政府行为也视为金融创新的成因,实际上是将金融创新的内涵扩大到包括金融业务创新与制度创新两方面。相对于其他理论,它对金融创新的探讨范围更广。但是,这种将金融创新与制度创新紧密相连,并视其为金融创新的一个组成部分,特别是将带有金融管制色彩的规章制度也视为金融创新的观点也是颇有争议的。金融管制本身就是金融创新的阻力和障碍,因而作为金融管制象征的规章制度无疑应是金融深化的对象。

（七）金融中介理论

金融中介理论的主要代表人物是格利和肖。他们认为，金融中介是经济增长过程中一个必不可少的部分。金融创新是货币赤字单位的融资偏好，是与金融部门提供的服务相匹配的结果，即满足实际部门的需要是金融创新的根源。肖还认为，当旧的融资技术不适应经济增长的需要时，表现为短期金融资产的实际需求保持不变。因此，必须在相对自由的经济环境中，用新的融资技术对长期融资进行革新。事实上，经济增长本身为长期融资创造了市场机会，而金融创新就是对这种机会作出的反应。在利润激励的趋势下，金融部门不断推出新的金融产品以满足消费者的需求。因此，金融中介部门是金融创新的主体，在金融创新过程中起着不可替代的作用。该理论主要从金融产品的供求视角来分析金融创新的动因，与前几种理论一样只具有一定的说服力。

（八）交易成本理论

交易成本理论认为，金融创新的支配因素是降低交易成本。其含义包括两方面：第一，金融创新的首要动机是降低交易成本，交易成本的高低决定了金融业务和金融工具创新是否具有价值；第二，金融创新实质上是对科技进步使交易成本降低的反映。

希克斯和尼汉斯是交易成本理论的主要代表人物。他们认为，交易成本是作用于货币需求的一个重要因素，不同的需求产生对不同类型的金融工具的要求，交易成本高低使经济个体对需求预期发生变化。不断降低的交易成本会刺激金融创新。交易成本理论把交易成本的降低作为金融创新的主要动因，并侧重于从微观经济结构的变化角度研究金融创新，说明金融创新的根本原因在于微观金融结构的逐利行为。但是，该理论过分强调金融微观结构变化引起的交易成本下降，有一定的局限性。因为竞争也会使交易成本下降，促进金融创新。

二、金融创新理论的新发展

20世纪80年代中期以来，对金融创新的动因和过程又有了更加深入的研究，主要理论有：不完全市场理论、金融创新的一般均衡模型。

（一）不完全市场理论

许多学者把金融创新看作在不完全市场上对金融产品打包和解包的过程，其主要代表人物有尼汉斯、杜菲、杰迪、德塞、娄等。尼汉斯认为，即使是最复杂的金融安排，也能被描述成金融系统提供三种标准产品或服务的打包：第一种服务由现在货币对将来货币的兑换组成，第二种服务是将信贷双方组合在一起，第三种是代表顾客付款的执行。杜菲和杰迪认为，金融创新大部分由新的基本服务的打包方式发展而成。尽管打包和解包都存在无限的可能性，基本产品本身没有很大的改变，但是大多数金融产品能用一些具体特征如定价、期限和流动性等进行描述，金融创新就是这些特征的不同组合。英国经济学家德塞和娄认为，金融创新是实现金融市场完善性的手段，它不过是现有的金融产品不同特征的重新组合，只要有需求，这种不断的组合过程就为金融创新提供了无限的可能性。金融产品的主要特征是收益性和流动性，而金融创新就是由收益性和流动性决定的特征需求所致。他们还认为，监管、通货膨胀、利率易变性、技术进步、经济活动水平的变化以及金融学术研究的进展都会改变现有的特征之间的边际替代率，或发掘出新的特征，从而创造出对新组合的需求，促进金融创新。

（二）金融创新的一般均衡模型

金融创新的一般均衡模型主要从供求均衡分析的角度，研究金融创新的变迁、机会和激励。一种金融产品的推出，既反映了金融创新的需求，也反映了金融市场上供给者的意愿和能力大小时，才达到了金融创新的均衡。佩森多费尔认为，有两个原因推动着金融创新的进行：一是对风险分担、风险集中、套期保值以及对当前不可得财富的跨期或空间转移机会的需求，二是降低交易成本的需求。为此，金融中介机构先购入一种证券组合，再根据该组合的收益发行一种金融产品集。在佩森多费尔建立的均衡模型中，金融中介机构沿两个维度最优化地行事：首先，在创新集合给定的情况下，选择一种最优化的生产和营销方案；其次，选择一种最优的创新集合。考虑到营销成本，金融中介机构将创造能使客户根据所交易证券的数量以及每种证券的交易量实现经济化的工具，所创造的工具将导致"过剩"。该理论从金融市场的不完全性入手，由追求利润的金融中介机构通过金融创新捕获因市场不完全性而产生的盈利机会，从而使不完全市场不断向完全市场收敛，而金融创新在市场逐渐趋向均衡的过程中发挥着重要作用。

（三）利益集团论

在经济封闭的情况下，现任统治者可以通过压制金融创新而获取垄断利益。当外界进入后，外界带来的竞争压力可以促使现任统治者和受益者组成利益集团，推广金融创新，进而对抗外来压力和利用新的商业机会。

三、对金融创新理论的简要评述

西方学者对金融创新首先提出理论解释的是约束诱导理论和规避管制理论。技术推进理论认为，新技术革命的出现，特别是电脑、电信工业的技术和设备成果在金融业的应用，是促成金融创新的主要原因。财富增长理论认为，经济的高速发展所带来的财富的迅速增长是金融创新的主要原因。约束诱导理论认为，金融业回避或摆脱内部和外部的制约是金融创新的根本原因。规避管制理论认为，金融创新主要是由于金融机构为了获取利润而回避政府的管制引起的。货币促成理论认为，货币因素的变化促成了金融创新的出现。制度改革理论认为，金融体系任何因制度改革而引起的变动都可以视为金融创新。金融中介理论认为，金融中介部门是金融创新的主体。交易成本理论认为，金融创新的支配因素是降低交易成本。不完全市场理论认为，新金融产品仅仅是金融工具特定因素组合的变化。金融创新的一般均衡模型从金融市场的不完全性入手，主张金融创新在市场逐渐趋向均衡的过程中发挥着重要作用。

实际上，任何事物都有其历史局限性，仅就某个阶段或某个领域的金融创新来看，各种金融创新理论关于金融创新成因的剖析都有一定的合理性。但是，西方的金融创新理论对金融创新的研究主要侧重于金融创新的生成动因，而对金融创新的效应和后果则很少涉及，因而其研究有待深入。此外，各种理论没有将宏观、微观层面以及供给、需求因素结合起来研究。目前，尚无金融创新领域内普遍认可和统一的理论框架。

第三节　国际金融衍生产品市场

金融创新最显著的表现是金融衍生产品的飞速发展。20世纪70年代以来，金融衍生产品已逐渐走向成熟，其使用规模迅速扩展，在国际金融市场上发挥着越来越重要的作用。

一、金融衍生产品的含义

经济合作与发展组织（OECD）对金融衍生产品（financial derivatives）所下的定义是：一份双边合约或支付协议，其价值是从基本的资产或者某种基础性的利率或指数上衍生出来的。衍生产品依赖的基础主要是货币、外汇、利率、汇率、股票及其指数。美国财务会计准则公告第119号"金融衍生工具和金融工具价值的揭示"中，将金融衍生产品定义为：价值由名义规定的，衍生于所依据的资产或指数的业务或合约。这里，"所依据的资产"是指货币、债券、股票等基本金融工具。所以，金融衍生产品是指以货币、外汇、利率、汇率、股票、债券等传统金融产品为基础衍生出来作为买卖对象的，旨在为交易者提供转移风险、增加收益的金融工具。按照交易方法，金融衍生产品可以分成四大类：远期合约、期货合约、期权合约和互换合约。现代意义上的金融衍生产品交易开始于1972年美国芝加哥商品交易所（CME）的国际货币市场分部（IMM）的第一份外汇期货合约。1973年4月，芝加哥期货交易所（CBOT）正式推出股票期权。1975年，利率期货问世，在70年代产生的主要是期货和期权交易。到了80年代，互换交易获得了长足的发展。90年代后，金融衍生产品发展迅猛，已逐渐成为国际金融市场的主角。根据同花顺iFind，到2016年上半年，全球金融衍生产品名义价值为544万亿美元，市值为20.7万亿美元。其中，美国金融衍生产品名义价值在2016年上半年占到全球金融衍生产品名义价值的35%，市值为189.8万亿美元。

二、金融衍生产品的特点

金融衍生产品市场既包括标准化的交易场所，也包括非标准化的场外交易场所。金融衍生产品的主要特点有：(1) 虚拟性，指金融衍生产品所具有的独立于现实资产运动之外，却能给持有人带来一定收入的特性。虚拟性所产生的后果是，金融衍生产品市场规模远远超出甚至脱离基础工具市场。(2) 风险性，指金融资产或权益在未来发生不可预期损失的可能性。金融衍生产品的风险包括运作风险（operation risk）、交割风险（delivery risk）、信用风险（credit risk）、流动性风险（liquidity risk）、法律风险（legal risk）和市场风险（market risk）等。(3) 杠杆性，指以较少的资金成本可以得到较多的投资以提高收益。总之，金融衍生产品特性复杂，多具有财务杠杆作用，产品设计具有灵活性，产品交易活动具有特殊性，产品具有高风险性。

三、金融衍生产品交易的类型

按照交易方法，金融衍生产品可分成四类：远期合约、期货合约、期权合约和互换合约。

（一）远期合约（forward contract）

远期合约，是指买卖双方承诺在未来以预定的价格和日期提供和购买一定数量的某种金融资产的合约。如果远期合约中规定的交割价格（delivery price）和履约时的现货价格不一致，就会使买卖双方产生损益。如果交割价格低于现货价格，合约买方可以在期货市场上以交割价买入，同时将之在现货市场按较高的现货价格卖出，从而获得盈利，合约卖方则会亏损；反之，亦然。远期合约中，交易最大的优点是能根据双方的具体需求确定交割对象的数量和期限，是量体裁衣式交易，但是也带来了合约非标准化的缺点，即二级市场的流动性不强。

(二) 期货合约(futures contract)

期货合约是标准化的远期合约,交易的品种、规格、数量、期限、交割地点和时间等都已标准化,唯一需要协商的是价格。期货合约的标准化大大加强了其流动性,95%以上的期货合约在到期日之前就通过购买一份内容相同、方向相反的合约对冲了。

1. 期货交易的特征

期货交易的特征主要有:(1)交易的合约内容是标准化的;(2)交易双方必须通过交易所采用公开喊价的方式成交;(3)交易双方必须缴纳一定数额的保证金(margin);(4)交割时间是未来的某一特定日期,交易所需要每天结算客户账面盈亏。期货交易是典型的以小博大的交易,交易者只要交付较小比例的保证金就可以进行7—20倍的交易。保证金制度在很大程度上预防了客户的违约。保证金可以分为清算所向会员客户收取的清算保证金(clearing margin)和会员或期货经纪商向客户收取的客户保证金。由于期货价格和基础资产的现货价格在一般情况下呈同方向变动,因此期货合约可以作为套期保值和投机的工具。

2. 金融期货交易(financial futures)

金融期货交易是一种合同承诺,签订期货合同的双方或合同的买方和卖方在特定的交易场所,约定在将来某一时刻,按现时同意的价格,买进或卖出若干标准单位数量的金融资产。在期货交易中,金融期货交易的比重远远大于商品期货交易。现代金融期货交易是20世纪70年代和80年代初期国际金融市场最重要的创新与发展之一。金融期货交易市场是国际货币交易风险急剧增加的产物,被看作风险市场。

金融期货市场的构成:(1)期货交易所,是金融期货市场的核心,其组织形式是会员制。交易所本身不参加交易,也不影响和确定价格,只是提供场所和必需的交易设施,制定交易规则和操作规范,监督交易所内业务活动和提供信息资料,以保证交易公平、连续、活跃地进行。(2)清算所,又称"结算所",是期货交易的保证和清算机构,同时执行交割次序,提供会员间的风险担保。(3)经纪公司,是代理客户进行期货交易的公司,在交易所内具体执行客户交易指令,代理进行期货合约的买卖。(4)市场交易者,可分为商业性交易商和非商业性交易商,前者包括证券商、商业银行等金融机构,后者包括期货商、投资信托者和个人投资者。

金融期货市场的功能:(1)为商业性交易提供套期保值;(2)为非商业性交易提供投资机会。投机交易分为先买后卖的多头交易和先卖后买的空头交易两种。

3. 金融期货交易的类型

按照交易的金融产品划分,金融期货交易主要有四类:外汇期货、利率期货、股票价格指数期货和黄金期货。在后文"金融期货和金融期权交易"中,将对这四类期货交易作出具体阐述。

(三) 期权合约(option contract)

期权合约,是指持有者在规定的期限内具有按交易双方商定的协议价格(strick price)购买或出售一定数量某种金融资产工具的权利,是一种选择权合约。期权合约给予合约持有人的是一种权利而非义务,这是它区别于其他交易的重要特征。现代金融期权交易是20世纪70年代和80年代初期国际金融市场最重要的创新与发展之一。金融期权交易市场是国际货币交易风险急剧增加的产物。所以,金融期权市场往往也被看作风险市场。

1. 期权合约按照期权购买者的权利划分,可分为看涨期权和看跌期权

看涨期权(call option),又称"买进期权"或"买权",是指在约定的未来时间内按照双方

协定价格赋予期权买者购买若干标准单位标的金融资产合约的权利。看跌期权(put option),又称"卖出期权"或"卖权",是指在约定的未来时间内按照双方协定价格赋予期权买者卖出若干标准单位标的金融资产合约的权利。合约中的协定价格被称为"敲定价"(strike price)。无论是买权还是卖权,合约的买方都要付出期权费(即期权价格)。

2. 期权合约按照期权履约的灵活性划分,可分为美式期权和欧式期权

欧式期权(european option),是指期权的买者只能在期权到期日当天才能执行或放弃的期权。美式期权(american option),是指期权的买者在期权到期日前的任何工作时间都可以执行或放弃的期权。美式期权的灵活性较大,因而费用也高一些。二者的主要区别是在期权的执行时间上,美式期权合同在到期日前的任何工作时间或在到期日都可以执行合同,结算日则是在履约日之后的一天或两天;欧式期权合同要求其持有者只能在到期日履行合同,结算日是履约后的一天或两天。目前,国内的外汇期权交易都是采用欧式期权合同方式。

3. 期权合约的保险费

无论是买权还是卖权,作为选择权的代价,期权合约的买方即多头(long position)都要向期权卖方即空头(short position)支付一笔期权费。作为期权合约的保险费,无论买方是否执行期权合约,保险费都不可退还。保险费(premium),又称为"期权价格",取决于期权的内在价值(intrinsic value)和时间价值(time value)。内在价值是期权合约本身所具有的价值,即期权购买者如果立即执行该期权所获得的收益。期权合约分为三种状态:(1)价内期权或实值(in-the-money)状态:就买权而言,指交易货币的即期市场价格高于合约协定价格;卖权则相反。(2)平价期权或两平(at-the-money)状态,指交易货币的即期市场价格等于合约协定价格。(3)价外期权或虚值(out-of-the-money)状态:就买权而言,指交易货币的即期市场价格低于合约协定价格;卖权则相反。(见表6-1)期权的内在价值越高,有效期越长,保险费就越高。

表 6-1 期权内在价值

类别	看涨期权	看跌期权
价内期权(in-the-money)	市场价>协定价	市场价<协定价
平价期权(at-the-money)	市场价=协定价	市场价=协定价
价外期权(out-of-the-money)	市场价<协定价	市场价>协定价

4. 金融期权交易分为场内交易(交易所交易)和场外交易

交易所交易具有标准的合约规定和市场惯例,而场外交易的合约通常是定制的。场内交易期权分为利率期权、外汇期权和股票指数期权等。在后文"金融期货和金融期权交易"中,将对这三类金融期权交易作出具体阐述。

(四)互换合约(swap contract)

互换合约,是指交易双方通过远期合约的形式,约定在未来某段时间内互换一系列货币流量的交易。互换交易有利率互换、货币互换、股权互换、股权—债权互换等方式,其中利率互换和货币互换是国际金融市场上最常见的互换交易。最早的互换交易出现在20世纪60年代,采用的是背对背贷款方式(back-to-back loan)。互换和掉期虽然英文名称相同,但是两种不同性质的交易,主要表现为:(1)交易市场不同。掉期在外汇市场进行,互换在互换市场进行。(2)期限结构不同。掉期期限通常在一年以内,互换主要适用于中长期。

(3) 发挥作用不同。掉期交易主要运用于保值和资金头寸管理,互换是降低筹资成本、防范利率和汇率风险的工具。

1. 利率互换(interest rate swap)

利率互换,是指交易双方在债务币种同一的情况下,互相交换不同形式利率的一种预约业务,一般采取净额支付的方法结算。它往往是存在不同信用等级、筹资成本和负债差异的两个借款人,利用各自在国际金融市场上筹集资金的相对优势所进行的债务互换安排。例如,假定 A 银行和 B 公司在国际金融市场上的筹资成本如表 6-2 所示:

表 6-2 A 银行和 B 公司的筹资成本

类别	固定利率	浮动利率
A 银行	10%	LIBOR
B 公司	12.5%	LIBOR+0.5%
借款成本差异	2.5%	0.5%

如果 A 银行需要 1 亿美元的浮动利率借款,而 B 公司需要 1 亿美元的固定利率借款,借助双方的比较优势,A 银行和 B 公司分别以 10% 和 LIBOR+0.5% 的利率对外借款,然后按双方约定的条件进行利率互换。假设 A 银行按 LIBOR 利率支付利息给 B 公司,B 公司按 11% 的利率支付 A 银行,互换的结果如表 6-3 所示:

表 6-3 利率互换的经济效果

类别	A 银行	B 公司
	支付 10% 固定利率	支付 LIBOR+0.5%
	收到 11% 固定利率	收到 LIBOR
	支付 LIBOR 浮动利率	支付 11%
实际支付利率	LIBOR−1%	11.5%
净收益	1%	1%

这样,通过利率互换,A、B 双方都从中获利,降低了融资成本。

2. 货币互换(currency swap)

货币互换,是指交易双方互相交换不同币种、相同期限、等值资金债务的货币及利率的一种预约业务。它是利用筹资者在不同货币资金市场上的比较优势进行的互换安排。其优点在于,不仅使双方的筹资成本都下降,而且在一定程度上可以规避汇率风险。

四、金融期货和金融期权交易

金融期货和金融期权是常见的金融衍生产品。根据美国期货业协会(FIA)发布的 Annual Volume Survey 的统计数字,2015 年全球期货、期权交易总量近 247.8 亿手。其中,金融期货、金融期权贡献了 201.8 亿手,占到 81.44%;而非金融类交易量仅占总成交量的 18.56%。可见,金融类期货和期权的快速增长,是全球期货和期权业发展的主流和支撑载体。从地区分布来看,2015 年亚太地区期货、期权交易量约为 97 亿手,占到全球交易总量的 39.2%;北美地区交易量约为 82 亿手,占到全球交易总量的 33.1%;欧洲地区交易量约为 48 亿手,占到全球交易总量的 19.3%;拉丁美洲交易量约为 14.5 亿手,占到全球交易总量的 6.4%。可见,全球期货、期权的交易活动主要集中在北美、欧洲和亚太地区。鉴于金融期货与金融期权交易的重要性,在此将对这两大类金融衍生产品或工具进行具体阐述。

(一) 金融期货交易

根据各种合约标的物的不同性质,金融期货交易可分为四类:外汇期货、利率期货、股票价格指数期货和黄金期货。其中,影响较大的期货合约有美国芝加哥期货交易所(CBOT)的美国长期国库券期货合约、东京国际金融期货交易所(TIFFE)的 90 天欧洲日元期货合约等。在浮动汇率制下,各类金融产品面临着日益严重的外汇风险,外汇期货应运而生。

1. 外汇期货(foreign currency futures)

外汇期货是以汇率为标的物的期货交易,它是一种标准化合约,对交易币种、合约金额、交易时间、交割月份、交割方式、交割地点等内容都有统一的规定,旨在用来规避汇率风险。1972 年 5 月,美国芝加哥商品交易所率先推出了外汇期货交易。从世界范围来看,外汇期货交易的主要市场在美国,基本集中在芝加哥商品交易所的国际货币市场(IMM)、中美洲商品交易所(MCE)和费城期货交易所(PBOT)。其他主要交易所还有伦敦国际金融期货交易所(LIFFE)、新加坡国际货币交易所(SIMEX)[①]、东京国际金融期货交易所(TIFFE)等,每个交易所基本上都有本国货币与其他主要货币交易的期货合约。目前,外汇期货交易的主要品种有美元、英镑、欧元、日元、瑞士法郎、加拿大元、澳大利亚元等。

外汇期货与远期外汇交易的主要区别在于:(1) 交易方式不同。远期外汇市场是各银行以电话交易构成的场外市场,没有固定的交易场所和交易时间;而外汇期货交易是在固定的期货交易所,在固定的交易时间内集中竞价交易。(2) 合约内容和流动性不同。远期外汇交易的交易内容由双方协议而定,无标准化的合约,流动性差;而外汇期货交易的合约内容是标准化的,流动性强。(3) 交易费用不同。远期外汇交易大多数不收取保证金,根据协议,在规定时间内交付全部金额;而外汇期货交易有严格的保证金制度,客户不必按照合约规定的金额全部付清,只需交纳少量的保证金。(4) 交易主体不同。远期外汇交易的双方可以直接买卖,也可以委托经纪人进行;而外汇期货交易只有交易所会员之间才可以进行,非交易所会员必须委托会员进行。(5) 参与者的信用程度不同。远期外汇交易的参与者一般都是信用程度较好的大机构;而银行、公司、财务机构或个人等各种类型和规模的投资者,都可以参加外汇期货交易。(6) 结算方式不同。远期外汇交易的盈亏没有结算机构,只有到期才结算交割;而外汇期货交易所都有专门的结算公司和保证公司,结算机构是每日结算盈亏并进行划账。(7) 管理机构不同。银行间远期外汇交易由交易双方自我管理,而外汇期货交易通常由政府机构统一管理。

虽然外汇期货的推出丰富了交易渠道和品种,但是外汇期货的交易量一直低于远期外汇市场的交易量。其原因是,交易量大的外汇交易者已经习惯利用成本低但合作日久的远期外汇进行对冲,对成本较高的外汇期货缺乏兴趣,以致外汇期货市场的交易量无法放大。

2. 利率期货(interest rate futures)

利率期货是以利率为标的物的期货合约,是以国库券(短期、中期、长期)、政府住宅抵押证券、国内定期存单、欧洲美元存款等为交易对象的期货交易。1975 年 10 月,美国芝加哥期货交易所推出了政府国民抵押贷款协会(GNMA)抵押凭证期货合约,标志着利率期货这一新的金融期货类别诞生。1976 年 1 月,芝加哥商品交易所的国际货币市场推出了 3 个月

---

① SIMEX 成立于 1984 年 9 月,是亚洲最早成立的金融期货交易所。1999 年 12 月 1 日,SIMEX 和新加坡证券交易所(SES)合并而成新加坡交易所(SGX)。

的美国短期国库券期货交易,并大获成功。1977年8月22日,美国长期国库券期货合约在芝加哥期货交易所上市,也获得了空前的成功,成为世界上交易量最大的一种合约。目前,利率期货已是全球期货商品的主流。利率期货合约种类较多,可分为两类:一类是以短期固定收入证券衍生的,如美国短期国库券期货合约、欧洲美元期货合约等;另一类是以长期固定收入证券衍生的,如中长期国库券期货合约以及政府国民抵押协会债券期货合约等。

3. 股票价格指数期货(stock index futures)

股票价格指数期货是以一些国家或地区股票市场上有代表性的股票价格指数为交易对象的期货交易。股票价格指数是通过选择若干种具有代表性的上市公司的股票,经过计算而编制出的指数,反映股票市场平均的涨跌变化情况和幅度。全球主要股价指数有:道·琼斯股价平均数(Dow Jones Averages)、标准普尔综合指数(Standard & Poor's Composite Index)、纽约证交所综合股指、主要市场指数、价值线综合股指、金融时报100种股指、日经225股指(Nikkei 225 Index)、东京证交所股指(TOPIX)和恒生指数等。

1982年2月,美国堪萨斯期货交易所(KCBT)率先推出价值线综合指数期货合约,标志着金融期货的三大类别正式形成。1983年,芝加哥期权交易所(CBOE)推出了S&P 100期权,美国股票交易所(AMEX)推出了主要市场指数(MMI)期权。此后,股指期货在全球范围内开展起来。表6-4列举了在美国与其他国家(地区)交易的主要指数期货。在金融期货的"大家庭"中,股指期货可谓"大器晚成"。但是,根据美国期货业协会(FIA)的统计,2011年全球期货、期权交易量中,股指期货、期权的交易量占金融期货、期权交易量的38.18%,占总交易量的33.9%,是交易量最大的品种。

表6-4 全球主要的指数期货合约

年份	上市之交易所	合约名称
1982	堪萨斯期货交易所(KCBT)	Value Line 指数期货
1982	芝加哥商品交易所(CME)	S&P 500 指数期货
1982	纽约期货交易所(NYSE)	NYSE 综合股价指数期货
1984	芝加哥期货交易所(CBOT)	MMI 期货
1984	伦敦国际金融期货交易所(LIFFE)	FT-SE 100 指数期货
1986	新加坡国际金融交易所(SIMEX)	Nikkei 225 指数期货
1988	大阪交易所(OSE)	Nikkei 225 指数期货
1997	新加坡国际金融交易所(SIMEX)	摩根台指期货
1997	芝加哥期货交易所(CBOT)	道琼斯工业指数期货
1998	中国台湾期货交易所(TFE)	中国台湾发行量加权股价指数期货

股票指数期货交易的特点是一种买空卖空式的保证金买卖,本质是高杠杆性,即"以小博大";另一特点是指数期货在交割时,采用现金交割的方式——就约定价格与到期时现货价格的金额差异,按持有头寸交付现金结算。股指期货的合约价值是由指数和合约单位金额的乘积而得的。以标准普尔为例,每点价格为500美元。例如,在交割日,现货指数为406点,而期货指数为403点,则卖方必须支付买方1500美元(500美元×(406-403));而若现货指数仅为397点,则买方必须支付卖方3000美元(500美元×(403-397))。

4. 黄金期货

黄金期货是以国际黄金市场未来某个时点的黄金价格作为交易标的物的期货合约,合约到期后为实物交割。黄金期货与其他商品期货一样，采取原始保证金交易制度。黄金期货交易是金融期货中唯一有实物形态的交易。美国纽约商品交易所（COMEX）是全球最大的黄金期货和期权的交易场所。所有的黄金期货通过保证金方式交易，保证金为合同金额的5%。通过COMEX交易黄金期货有以下优点：一是期货提供了对冲风险的工具，满足了市场参与者管理风险的需求；二是期货合约是标准化的，具有高度的流动性；三是采用竞价撮合的交易方式，COMEX具有较强的价格发现能力；四是交易所内的交易双方不用担心对方的信用风险，确保了清算交割的安全。

5. 期货交易与远期交易的差异

违约的可能性向远期合约交易的当事人提出了一个潜在的严重问题，解决的办法是与期货合约联系在一起的。期货合约有保证金的要求，交由公正的第三方持有。两者的差异在于：(1) 分散交易与集中交易。远期交易主要通过电话、电脑网络进行，在地理上是分散的，价格是做市商主观报出的；而期货交易集中在交易所进行，只有在特定交易时间才可以进行，价格是公开竞价的结果。(2) 个性化交易与标准化交易。远期交易是个性化的，交易人可以要求任何期限和任何规模的合约报价；而期货交易是高度标准化的，交易规模、到期日、交割条件等都是标准化的。标准化特点使期货合约更具有流动性。(3) 可变的对手风险与清算所。远期市场交易中，每个交易的当事方都要承担信用风险或违约风险；而在有组织的交易所交易的每一份期货合约都是清算所作为两个当事方之一，比银行作为当事方的风险小。

（二）金融期权交易

与金融期货相比，金融期权更具灵活性。金融期货到期必须交割，而金融期权可以放弃执行，因而降低了风险。在美国，期权交易始于18世纪后期。由于当时制度不健全，加上其他因素的影响，期权交易的发展一直受到抑制。1973年4月，芝加哥期货交易所推出了标准化股票期权合约，标志着金融期权市场场内交易的开始。同年，芝加哥期权交易所正式成立，进行统一和标准化的期权合约买卖，期权交易才开始走向繁荣。场内交易期权以利率期权为主，而场外交易期权在80年代后期开始得到迅速发展。1983年1月，芝加哥商品交易所推出了S&P 500股票指数期权，纽约期货交易所也推出了纽约股票交易所股票指数期货期权交易。芝加哥期权交易所先后推出了股票的看涨（买入）期权和看跌（卖出）期权，都取得了成功。随着股票指数期货期权交易的成功，各交易所将期权交易迅速扩展至其他金融期货交易上。金融期权交易主要集中在美国市场和英国伦敦市场，其中美国金融期权市场以芝加哥三个交易所为中心。金融期权交易主要分为三类：利率期权、外汇期权和股票指数期权。

1. 利率期权（interest rate options）

利率期权是以固定收益证券或其利率为标的物的期权，交易双方买卖的是在指定的未来日期购进或售出某种价格的有息资产的权利。买方支付一定金额的期权费后，就获得这项权利。利率期权是一项规避短期利率风险的有效工具。利率期权的购买者在买到这种权利的同时并不承担将来一定行使的义务，权利的使用与否完全由购买者根据是否对自己有利决定。短期利率期权的主要上市金融工具为欧洲美元，长期利率期权的主要上市品种有美国中长期国库券以及英国、加拿大等国的国债期权。实践中，利率期权交易可分为现货期权交易和期货期权交易。利率期货期权以利率期货为标的物。例如，芝加哥期货交易所（CBOT）推出的各种短期、中期、长期公债期货的期权。

2. 外汇期权(foreign exchange options)

费城交易所(PHLX)1982年推出外汇期权商品后,外汇期权的交易量和参与者不断增加。外汇期权合约使用的目的有两个:一是规避国际贸易和投资所产生的外汇风险,二是用于外汇投机以赚取差价。一般来说,买方只有在合约处于实值状态下才会行使期权。外汇期权价格的决定因素主要有两个:内在价值和时间价值。期权的时间价值取决于距离到期日时间的长短,以及即期汇率与协定汇率差值的多少。一般来说,距期满日时间越长,期权价值越高。内在价值是行使合约所产生的资产增值。当即期市场价格高于协定价格,合约处于实值状态时,内在价值为正。

世界主要外汇期权市场基本上由两大部分构成:以伦敦和纽约为中心的银行同业外汇期权市场与以费城(PHLX)、芝加哥(CME、CBOE)和伦敦(LIFFE、LSE)为所在地的交易所外汇期权市场。外汇期权交易可分为现汇期权交易、外汇期货期权交易和期权期货交易三种类型:(1)现汇期权交易,是指期权买方有权在期权到期日或以前,以协定的汇价购入或售出一定数量的某种外汇现货。(2)外汇期货期权交易,是指买方有权在到期日或之前,以协定的汇价购入或售出一定数量的某种外汇期货。(3)期权期货交易中,外汇期权以期货的形式进行交易,与一般期货类似;交易双方盈亏取决于期权行市变动方向;合同双方都必须交存保证金;按每天期权收市价结算。此外,还有各种场外市场的外汇期权,一般称为"新式期权"(exotic options)。例如,执行价格采取标的的币种平均价格的亚洲期权(Asian options)、同时具有多种执行标的的币种可供选择的彩虹期权(rainbow options)等新式期权。

3. 股票指数期权(stock index options)

股票期权实际上是一种选择权,即以一定的当前成本在一定的期限内按照某个既定的协定价格买进或卖出一定数量的股票的权利。股票指数期权是在股票指数期货合约的基础上产生的,期权购买者付给期权出售方一笔期权费,以取得在一定时期内按协定价格向卖方购买或出售某种股票指数期货合约的选择权。1983年3月,第一份普通股指期权合约在芝加哥期货交易所出现,该期权标的是标准普尔100种股票指数。之后,芝加哥期权交易所的标准普尔500指数期权、美国股票交易所的主要市场指数(MMI)期权和机构指数(Institutional Index)、纽约期货交易所(NYSE)的NYSE指数期权、费城交易所(PHLX)的价值线指数(Value Line Index)期权和OTC指数期权等商品相继面世。

股票指数期权以普通股股价指数作为标的,其价值决定于作为标的的股价指数的价值及其变化。股指期权必须用现金交割,清算的现金额度等于指数现值和协定价格之差与该期权的权数之积。股票指数期权交易包括股票指数期权交易和股票指数期货期权交易,其期权交易标的分别为股票指数和股票指数期货。股票指数期权合约的特点有:(1)合约标的是某种股票指数或股票指数期货;(2)合约到期日使用每月均有到期月份的期权合约,具体月份不尽相同;(3)交割采用现金方式;(4)交易的保证金要求比较高,不存在股票期权交易中出售有保护的期权头寸而不要求保证金的情形。

综上所述,经过多年的发展和壮大,金融期权市场已经发展成为一个结构完善的市场,包括现货期权市场和期货期权市场,以及相应的现货、期货金融商品。目前,外汇期货期权交易主要集中在国际货币市场,短期利率期货期权交易集中在芝加哥商品交易所,中长期利率期货期权交易集中在芝加哥商品交易所。

五、金融衍生产品交易的风险及监管

（一）金融衍生产品交易的风险[①]

按照巴塞尔银行监管委员会的分类，与金融衍生产品交易相关的基本风险主要包括市场风险、信用风险、流动性风险、操作风险和法律风险。其中，市场风险是最为普遍和最为经常的风险，它存在于每一种金融衍生产品交易之中。在很大程度上，正是因为有了市场风险，才会出现信用风险和流动性风险。

市场风险又称为"价格风险"，是指由标的资产如商品、股票指数、利率、汇率等价格变动等因素所引致的金融衍生产品价格变动的不确定性。从商业银行看，具有金融衍生产品交易业务的银行均存在因金融衍生产品标的资产价格波动带来的市场风险，并且将随着交易的进行而增长。

信用风险又称为"违约风险"，是指金融衍生产品交易中因合约的一方出现违约而引起损失的风险。信用风险又可分为两类：一类是对手风险，是指衍生合约交易的一方可能出现违约而给另一方造成损失的可能性；另一类是发行者风险，是指标的资产的发行者可能出现违约而给衍生交易参与者带来损失的可能性。由于金融衍生产品交易的特殊性，交易对手出现财务危机并不必然导致信用风险的发生，而仅在合约持有者持有盈利部位(in the money)且交易对手违约的情况下才发生信用风险。信用风险主要关注风险暴露以及对方违约发生的概率。不同交易场所交易的衍生产品的信用风险有明显差异。金融衍生产品交易的信用风险等于其敞口头寸乘以交易对手方违约的可能性，衍生产品到期期限越长，其信用风险也就越大。

流动性风险的大小取决于合约标准化程度、市场交易规模和市场环境的变化。场外交易产品是根据客户的特殊需要设计的，其市场流动性比标准化的产品小，可能在平仓时不容易及时找到合适的交易对手，或者得不到合理的价格。因此，场外交易比场内交易有更大的流动性风险。

操作风险，是指金融衍生产品交易时，由于商业银行内部管理不善，操作系统、内控系统、信息系统不完善，人为错误等原因而造成损失的风险。操作风险主要考察主观因素造成的风险。金融衍生产品交易从操作过程和结果来看是一种表外业务，所以在合约未被执行前往往无法事先确定盈亏。如果银行内部缺乏有效的内控机制和外部监督，交易员可以很容易地隐瞒真实交易，并会在亏损发生后引发交易员的道德风险，不断加大持仓比例以期望市场能反转而降低亏损，甚至扭亏为盈，最终导致损失积聚增长，造成恶性事件的发生。在巴林银行事件中，交易员尼克·里森在日经指数期货上的违规操作，最终直接导致了巴林银行陷入破产的绝境。从风险控制的角度看，前台交易人员是否严格按照相关的授信、授权规定进行操作，中台人员能否及时对前台交易进行监控等，也都存在操作风险。因此，操作风险是国内商业银行开展金融衍生产品交易面临的主要风险之一。

法律风险，是指因法律或法规不明确或不适用、交易不受法律保护、交易对手不具备从事衍生产品交易的资格，从而使合约无法履行，给交易商带来损失的风险。由于金融衍生产品的创新速度大大快于市场制度的建设，所以很多法律、法规都不很健全。由于衍生产品涉

[①] 参见寿梅生：《金融衍生产品交易三大风险》，载《中国外汇管理》2005年第3期；范敏娟：《金融衍生产品风险控制与交易机制创新》，载《现代财经》2006年第7期。

及不规则现金流、净额轧差等复杂的交易内涵,而且金融衍生产品交易涉及不同交易对手所在国家的法律也有很大的差异,因而很容易造成法律风险。法律风险主要考察合约能否履行的风险。国内商业银行开展金融衍生产品交易同样面临很大的法律风险问题。

现实中,金融衍生产品交易的各种风险往往交叉反映,相互作用、互相影响,使金融衍生产品交易的风险加倍放大,给交易个体造成重大损失。随着金融衍生产品交易市场的不断扩大,金融衍生产品交易的风险日益增大。因此,迫切需要对金融衍生产品交易的风险进行有效管理。

(二) 对金融衍生产品交易风险的监管

实践中,金融衍生产品交易的快速发展,确实给国际金融市场带来了极大的不稳定性。一些国际性金融监管组织,包括巴塞尔银行监管委员会、国际证券委员会组织(IOSCO)、保险业国际监管组织(IAIS)、设在国际清算银行之下的支付与清算体系委员会(CPSS)以及国际货币基金组织等,都采取了加强合作的行动,共同应对全球金融衍生产品交易中放大的金融风险问题。1994年,巴塞尔银行监管委员会发布了《衍生产品风险管理指南》,旨在加强对金融衍生产品的监管。巴塞尔银行监管委员会和国际证券委员会在1995年9月发布并于1998年9月修订了《银行与证券商衍生产品交易活动的信息监管框架》,监督银行和证券公司的信息披露并鼓励其加以改善。国际证券委员会和国际清算银行在1997年2月共同公布了"证券结算体系的披露框架"。1998年9月,美国长期资本管理公司(LTCM)陷入困境,使世界各国开始对衍生工具投资基金产生真正的警惕。针对对冲基金引致的金融风险问题,巴塞尔银行监管委员会于1999年1月28日发布报告,要求加强银行对对冲基金等高杠杆金融机构的风险管理。

在现行的国际金融体制下,加强对金融机构和业务活动的监管,防范各种金融风险,已是世界各国所面临的普遍问题,各国需要加强合作。在金融衍生产品已成为国际金融市场"重要角色"的背景下,中国的金融衍生产品才刚刚起步。随着金融开放和金融深化程度不断提高,特别是在成为世贸组织成员以后,中国以银行为主的金融机构将会越来越多地运用金融衍生产品交易以规避风险和增加收入。2004年2月4日,中国银行业监督管理委员会发布了中国第一部专门针对金融衍生产品的法规——《金融机构衍生产品交易业务管理暂行办法》,自当年3月1日起正式施行,这必将推动中国金融衍生产品市场的发展和规范。

第四节 中国与美国金融衍生产品市场发展比较[①]

从1992年上海证券交易所推出内地的第一批国债期货合约开始,到2005年推出远期债券和远期外汇,2006年推出人民币外汇掉期交易和人民币利率互换,2007年推出人民币外汇货币掉期交易和远期利率协议,再到2010年推出沪深300股指期货,中国的金融衍生产品市场经历了从无到有的艰难历程。虽然目前中国金融衍生产品发展已取得一定的成绩,但是与发达国家美国相比,中国金融衍生产品市场发展可以说是刚刚起步。

新中国金融衍生产品市场发展开始于1992年。当年12月28日,上海证券交易所首先向证券商自营推出12个品种的标准化国债期货合约。1993年,上海外汇调剂中心推出人民币兑美元的期货交易以及货币互换业务。1995年爆发"327"国债期货事件后,中央政府

---

① 复旦大学经济学院2014级本科生杨丽颖参与了本节的数据更新和整理。

于当年5月将当时15家从事国债期货交易的市场主体全部关闭。中国从1994年开始进行权证交易,而在1996年又关闭权证市场。进入21世纪后,中国在金融创新方面迈出了新步伐。2000年,上海机场(虹桥机场)、鞍钢两只规范化的可转换债券分别上市。2004年2月4日,中国银行业监督管理委员会发布了《金融机构衍生产品交易业务管理暂行办法》。2005年7月21日央行实行人民币汇率形成机制改革以来,中国又陆续开展了一些金融衍生产品交易。例如,2005年推出的远期债券和远期外汇,以及重新开始的权证交易;2006年出现的人民币外汇掉期交易和人民币利率互换;2007年推出的人民币外汇货币掉期交易和远期利率协议;2008年1月全面推出的人民币利率互换业务;2010年,中国金融期货交易所推出了沪深300指数期货,标志着中国第一款股指期货诞生;2011年2月,为给企业和银行提供更多的汇率避险保值工具,中国外汇交易中心在银行间外汇市场组织开展人民币对外汇期权交易;2013年8月30日,中国证监会宣布,国债期货于9月6日上市交易;2013年11月8日,中国金融期货交易所开展股指期权仿真交易,并致力于尽快推出股指期权产品;2016年9月23日,中国银行间市场交易商协会发布《银行间市场信用风险缓释工具试点业务规则》及配套业务指引文件,第一次在银行间推出了信用违约互换(credit default swap,CDS)产品。

一、中国与美国金融衍生产品发展路径比较

中国金融衍生产品市场是由权益类衍生产品开始的,然后推出外汇类和利率类衍生产品,接着推出信用类衍生产品。从金融衍生产品交易类型来看,期货和远期衍生产品最早出现,互换衍生产品出现较晚。中美两国在金融衍生产品发展顺序上有着很大的不同,美国金融衍生产品发展是从外汇衍生产品开始的,接着是利率衍生产品和权益衍生产品,最后才出现信用衍生产品。从金融衍生产品交易类型来看,美国先有期货、期权,接着出现互换,最后才出现远期交易。具体比较参见下表:

表6-5 中国与美国金融衍生产品发展路径比较

年份	美国金融衍生产品发展	年份	中国金融衍生产品发展
1972	外汇期货	1992	国债期货
1973	外汇期权	1993	外汇期货交易和货币互换
1975	利率期货、短期债券	1994	权证交易
1981	货币互换	2000	虹桥机场、鞍钢的可转换债券
1981	股指期货	2004	《金融机构衍生产品交易业务管理暂行办法》
1987	远期外汇合约	2005	远期债券、远期外汇、权证交易
1992	利率互换	2006	人民币外汇掉期交易、人民币利率互换
1992	信用衍生品	2007	人民币外汇货币掉期交易、远期利率协议
		2008	人民币利率互换
		2010	股指期货、人民币对外汇期权交易、信用风险衍生产品
		2011	外汇期权、人民币对外汇期权交易
		2013	股指期权仿真交易、国债期货
		2016	推出银行间CDS产品

资料来源:谭燕芝:《国际金融衍生品交易——多边治理机制视角的研究》,经济管理出版社2012年版,第24—25、216—220页;巴曙松、牛播坤等:《2010年全球金融衍生品市场发展报告》,北京大学出版社2010年版,第204—221页。

二、中国与美国金融衍生产品交易规模比较

(一) 外汇衍生产品交易比较

如表6-6所示,从外汇衍生产品交易额来看,2007年美国外汇衍生品交易额为16.61万亿美元。受次贷危机的影响,2008年、2009年美国外汇衍生品交易额没有多大增加,反而有所下降,到2010年才恢复增长至约21万亿美元,2015年底达到32.1万亿美元。与其相比,2007年中国外汇衍生品交易额为1.14万亿美元,占同期美国外汇衍生品交易额的6.8%。同样受美欧金融危机的影响,2008年、2009年中国外汇衍生品交易额出现了较大的下降,在2010年出现反弹上升,增加至1.32万亿美元;2011年达到1.99万亿美元,占同期美国交易额的7.8%。自2012年达到2.61万亿美元后,中国外汇衍生品交易出现快速增长,2014年达到4.54万亿美元;至2015年又翻了一番,达到8.34万亿美元的高度,占同期美国交易额的25.43%。

表6-6 中国与美国外汇衍生品交易额比较

类别	2007年	2008年	2009年	2010年	2011年	2012年	2013年	2014年	2015年
中国外汇衍生品交易额(亿美元)	11370	5577	8116	13160	19856	26066	34323.7	45429	83372
—远期外汇	224	174	98	327	2146	866	323.7	529	372
—人民币外汇掉期	3146	4403	8018	12833	17710	25200	34000	44900	83000
—人民币外汇货币掉期		8000	1000	—	—	—	—	—	—
美国外汇衍生品交易额(10亿美元)	16614	16224	16555	20990	25436	27587	28480	33183	32100

资料来源:OCC's Quarterly Report on Bank Trading and Derivatives Activities Fourth Quarter 2013, 2015, Derivatives Contracts by Type, p.26;《中国货币政策执行报告:2013—2015年》。

(二) 利率衍生产品交易比较

从利率衍生产品交易来看,2007—2010年,美国利率衍生品交易额稳步增加,从2007年的129.57万亿美元增加到2010年的193.40万亿美元,2011年、2012年持续回落,2013年稍有提高,2014年、2015年又呈现回落趋势,2015年底降至138.40万亿美元。与其相比,2007年中国利率衍生品交易额为4715.5亿元,按当年末利率折算为645.96亿美元,仅占美国利率衍生品交易额的0.05%。2007—2012年,中国利率衍生品交易额大幅增长,虽然2013年有所回落,但是2014年、2015年增势迅猛。其中,2015年交易额达87337.7亿元,按当年末汇率折算为13458.72亿美元,占美国的0.853%。据此,虽然美国利率衍生品交易额远远大于中国,但是中国利率衍生品交易额增长迅速。在中国利率衍生品交易中,利率互换和债券远期曾经平分秋色,但是随后几年的利率互换增长很快。2015年利率互换交易额占利率衍生品的94.24%,债券远期只占0.022%,而其他标准利率衍生品占5.74%。具体参见下表:

表 6-7 中国与美国利率衍生品交易额比较

类别	2007年	2008年	2009年	2010年	2011年	2012年	2013年	2014年	2015年
中国利率衍生品交易额(亿元)	4715.5	9240.6	11232.8	18220.3	27792.7	29189.5	27279.3	40760.7	87337.7
—利率互换	2186.9	4121.5	4616.4	15003.4	26759.6	29021.4	27277.8	40347.2	82304.1
—债券远期	2518.1	5005.5	6556.4	3183.4	1030.1	166.1	1	—	19.6
—远期利率协议	10.5	113.6	60	33.5	3	2	0.5	—	—
—标准利率衍生品	—	—	—	—	—	—	—	413.5	5014
中国利率衍生品交易额(亿美元)	645.96	1352.94	1644.63	2752.31	4411.54	4640.62	4460.32	6661.33	13458.72
美国利率衍生品交易额(10亿美元)	129491	175895	181454	193399	187866	177650	193084	174010	138402

资料来源:OCC's Quarterly Report on Bank Trading and Derivatives Activities Fourth Quarter 2013, 2015, Derivative Contracts by Type, p.26;《中国货币政策执行报告:2013—2015年》。

(三)金融衍生产品种类比较

美国金融衍生产品种类丰富,覆盖绝大多数金融衍生产品,期限全覆盖,数据齐全,市场流动性好。中国现有的金融衍生产品有认股权证、利率及汇率类基础掉期及远期产品、套嵌在众多结构性理财产品中的复杂衍生产品,其中真正具有自主定价及平盘能力的市场仅仅是利率及外汇掉期及远期市场。从期限来看,大多数产品最多只能覆盖10年,而真正活跃的成交期限仅限于中短端。具体来看,中国金融衍生产品包括5大类产品:利率类、权益类、货币类、商品类和信用类;20多种小类产品:利率期权、利率期货、利率互换、个股期权、股票期权计划、权证、股指期货、股指期权、人民币对外汇期权、人民币对外汇期权组合、外汇远期、人民币外汇掉期、外汇期货、货币掉期、商品期货、商品期权、信用风险缓释凭证、信用风险缓释合约、资产证券化、信用联系票据、房地产投资信托基金和理财产品等。

第五节 国际银行业监管与巴塞尔资本协议演进

一、国际银行业监管的必要性

金融监管是金融监管主体为了实现监管目标,运用法律、法规和政策手段,对金融业的准入和退出以及一切金融业务活动进行的监督和管理。金融监管旨在保证金融体系的稳定,保护存款人和投资者的利益。金融市场的垄断性和不完全信息、金融体系的公共产品特征和破产的外部性以及银行体系的脆弱性和"多米诺效应"(domino effect),极易引发金融危机。这些金融业的独特性需要政府采取监管措施,防范金融体系运行引发的危机风险。随着金融自由化和全球化趋势的加强,国际金融市场风险加剧,对国际金融监管的要求变得愈发迫切。这主要是因为:(1)金融自由化加剧了资产价格尤其是利率和汇率的过度波动;(2)金融创新促进了全球金融自由化,也加剧了全球金融市场的脆弱性;(3)国际金融的自由化使资本市场呈现出"无边界的扩张",加大了金融风险的生成;(4)随着经济一体化和金融全球化的发展,银行开展离岸业务,削弱了国家对银行监管的力量;(5)金融领域内严格分业经营的界限正逐渐被打破,迫使各国金融管理当局对监管范围、监管手段、监管模式、监管体系进行相应的调整;(6)各国货币金融监管的相对滞后性加大了金融风险发生的可能性。

二、巴塞尔银行监管委员会与国际银行业监管

(一) 巴塞尔银行监管委员会

1974年,联邦德国赫尔斯塔银行(Herstatt Bank)和美国富兰克林国民银行(Franklin National Bank)的倒闭,使监管机构开始全面审视拥有广泛国际业务的银行监管问题,促使银行监管的国际合作从理论认识上升到了实践层面。1975年2月,来自比利时、加拿大、法国、德国、意大利、日本、卢森堡、荷兰、瑞典、瑞士、英国和美国的代表汇聚瑞士巴塞尔,讨论跨国银行的国际监督与管理问题,成立了"巴塞尔银行监管委员会"(简称"巴塞尔委员会")。巴塞尔委员会的成立,为国际银行业监管问题提供了一个讨论场所和合作的舞台。自成立以来,巴塞尔委员会主要致力于三方面的工作:提高监督管理国际银行的技术效能;提出可能对国际银行产生影响的问题,改善全球性银行工作;与世界各国管理机构交换意见和信息。

巴塞尔委员会的一项重要任务是"堵塞"国际监管中的漏洞,在开展工作过程中始终遵循着两项基本原则:(1)没有任何境外银行机构可以逃避监管;(2)监管必须是充分有效的。这两个基本原则已得到越来越广泛的认同。巴塞尔委员会不具备任何凌驾于国家之上的正式监管特权,其文件从不具备也从未试图具备任何法律效力。但是,它制定的许多监管标准和指导原则、提倡的最佳监管做法,已为许多国家银行业所接受。巴塞尔委员会鼓励采用共同的方法和标准,但是并不强求成员国在监管技术上保持一致。

(二) 巴塞尔银行监管委员会制定的国际银行业监管规定

自成立以来,巴塞尔委员会制定了一系列重要的银行业监管规定,主要有:(1)1975年《库克协议》。该协议对海外银行监管责任进行了明确的分工,监管的重点是现金流量与偿付能力。这是国际银行业监管机构第一次联合对国际商业银行实施监管。(2)1983年的《对银行国外机构的监管原则》,又称《巴塞尔协议》(Basel Concordat)。它包含两个基本思想:任何海外银行都不能逃避监管,任何监管都必须是充分有效的。(3)1988年《巴塞尔资本协议Ⅰ》(The Basel Capital Accord)。该协议通过对银行资本充足率的规定,使银行业监管机关可以加强对商业银行资本及风险资产的监管,也对金融衍生工具市场的监管有了量的标准。(4)1992年7月的声明。该声明中设立了对国际银行的最低监管标准,使各国银行监管机关可以遵循这些标准完成市场准入、风险监管、信息取得的要求。(5)1997年《有效银行监管的核心原则》。至此,虽然巴塞尔委员会不是严格意义上的银行监管国际组织,但是事实上已成为银行监管国际标准的制定者。(6)1999年6月,巴塞尔委员会发布了《新的资本协议征求意见稿》,以期在《有效银行监管的核心原则》的基础上对《巴塞尔协议》作进一步调整和完善。(7)2004年6月,十国集团一致同意公布《统一资本计量和资本标准的国际协议:修订框架》,即《新巴塞尔资本协议》或《巴塞尔资本协议Ⅱ》,明确了新的资本监管协议的三大支柱:最低资本要求、监管当局的监督检查和市场纪律。(8)2010年9月12日,巴塞尔银行监管委员会就旨在加强银行业监管的《巴塞尔资本协议Ⅲ》达成一致。

总之,从1975年9月的《库克协议》到1988年7月的《巴塞尔资本协议Ⅰ》,再到2004年6月的《巴塞尔资本协议Ⅱ》,最后到2010年9月推出的《巴塞尔资本协议Ⅲ》,几十年来,该协议的内容不断丰富,所体现的监管思想也不断深化。在《巴塞尔资本协议Ⅱ》确定的三

大支柱的基础上,《巴塞尔资本协议Ⅲ》强化了资本定义,明确了储备资本和逆周期资本,提高了损失吸收能力,同时提出杠杆率作为资本补充,扩大了风险覆盖范围,补充了流动性监管要求,提出了宏观审慎监管理念。这具体包括:(1)继续完善政策框架。2015年,《巴塞尔资本协议Ⅲ》的政策框架进一步完善:一是修订信用风险标准法和内部评级法,对内部模型的使用施加限制,以降低风险加权资产计量的差异性;二是修订完成市场风险框架,并开展定量影响测算;三是基于银行业务收入和操作风险历史损失制定标准计量法;四是探讨是否应对全球系统重要性银行(G-SIBs)设置更高的杠杆率要求。(2)推动执行《巴塞尔资本协议Ⅲ》。巴塞尔委员会对成员方政策执行情况进行持续监测,已完成22个成员方关于风险资本要求的监管一致性评估。(3)强化对系统重要性金融机构的监管。2015年11月,金融稳定理事会(FSB)公布了基于2014年末数据测算的G-SIBs名单,30家银行入选。中国四大国有商业银行均入选。①

巴林银行(Barings Bank)倒闭事件及教训

1762年,弗朗西斯·巴林爵士在伦敦创建了巴林银行(Barings Bank),这是世界首家"商业银行"。20世纪初,巴林银行荣幸地赢得了一个特殊客户:英国皇室。由于巴林银行的卓越贡献,巴林家族先后获得了五个世袭的爵位,奠定了巴林银行显赫地位的基础。巴林银行的业务专长是企业融资和投资管理。20世纪90年代开始,巴林银行向海外发展,在新兴市场开展广泛的投资活动,仅1994年就在中国、印度、巴基斯坦、南非等地开设办事处,业务网点主要在亚洲及拉美新兴国家和地区。截至1993年底,巴林银行的全部资产总额为59亿英镑。然而,具有233年历史、在全球范围内掌控270多亿英镑资产的巴林银行,却毁于新加坡巴林期货公司的职员尼克·里森之手。

里森于1989年7月10日正式到巴林银行工作。进入巴林银行后,由于富有耐心和毅力,善于逻辑推理,他的工作很有起色。里森被视为期货与期权结算方面的专家,伦敦总部对他在印尼的工作相当满意,并允诺在海外给他安排一个合适的职位。1992年,巴林总部决定派里森到新加坡分行成立期货与期权交易部门,并出任总经理。从制度上看,巴林银行最根本的问题在于交易与清算角色的混淆。作为一名交易员,里森本来的工作是代客户买卖衍生性产品,并替银行从事套利工作,基本上没有太大的风险。不幸的是,里森却一人身兼交易与清算两职。如果里森只负责清算部门,那么他便没有必要也没有机会为其他交易员的失误行为瞒天过海,也就不会造成最后不可收拾的局面。1995年2月26日,英国中央银行英格兰银行宣布:巴林银行不得继续从事交易活动并将申请资产清理。10天后,这家拥有233年历史的银行以1英镑的象征性价格被荷兰国际集团收购,这意味着巴林银行倒闭。

---

① 参见中国人民银行金融稳定分析小组:《中国金融稳定报告(2016)》,中国金融出版社2016年版,第113页。

表 6-8　巴林银行倒闭过程

时间	事件
1992 年 7 月	里森利用"88888"错误账户掩饰失误,未经授权便开始期货投机交易
1993 年 12 月	巴林银行通过该账户在新加坡国际货币交易所(SIMEX)及日本市场投入的资金超出英格兰银行对英国银行的海外总资金 25% 的限制
1994 年 7 月	损失达 5000 万英镑,总部调查时对资产负债表反映出的问题视而不见
1994 年 8 月	巴林银行内部审计报告提出了职责分开的具体建议,未得到实施
1995 年 1 月初	新加坡期货交易所致函巴林银行,质疑"88888"账户资金,未引起重视
1995 年 1 月 18 日	东京日经指数因地震暴跌,里森遭受巨额损失,同时购买更庞大数量的日经指数期货合约,并卖空日本政府债券
1995 年 2 月 23 日	损失达 9.6 亿英镑,远超资本总额
1995 年 2 月 26 日	宣布申请资产清理
1995 年 3 月 8 日	被荷兰国际集团收购,继续以"巴林银行"的名字开展经营

巴林银行倒闭事件的经验教训:**第一,因轻视金融衍生产品的风险而敞口过度。**巴林银行倒闭的直接原因是里森错误的判断,买入价值 70 亿美元的日经股指期货及期权,并在日本债券和短期利率合同期货市场上进行涉及 200 亿美元的空头投机。从理论上讲,金融衍生产品若能被恰当地用以进行套期保值,可为投资者提供一个有效的降低风险的对冲方法。若投资者纯粹以买卖图利为目的,一旦控制不当,这种投机行为的损失将不可估量。里森在整个交易过程中一味希望赚钱,在已遭受重大亏损时仍孤注一掷,结果使巴林银行成为金融衍生产品的牺牲品。**第二,巴林银行内部管理漏洞。**按照岗位分离原则,交易和清算属于不相容岗位,而在新加坡分行,"里森一人身兼两职,既掌握实权,同时又具体操作,这是巴林银行管理的一个致命弱点。"①这样,在清算交易时,他很容易隐瞒交易风险和损失。**第三,企业高层对内控认识不足。**董事长彼得·巴林曾公开表示资产负债表组成在短期内就可能发生重大变化,并没有什么作用。在 1994 年 7 月损失达到 5000 万英镑时,巴林银行总部曾派人调查里森的账目,资产负债表中也记录了这些亏损,但是并未引起高层重视。**第四,金融衍生产品操作风险管理缺陷。**巴林银行倒闭前,对金融风险的认识尚停留在对信用风险、市场风险等单一风险的关注上。巴林银行的资本充足率在 1993 年底时远超过 8%,1995 年 1 月还被认为是安全的,到 2 月末却宣告破产。这使人们认识到,仅靠资本充足率不足以充分防范金融风险,金融风险是由信用风险、市场风险、操作风险共同作用造成的。②

三、巴塞尔资本协议的演进

(一)《巴塞尔资本协议Ⅰ》(The Basel Capital Accord)

1988 年 7 月,巴塞尔银行监管委员会通过《关于统一国际银行资本衡量和资本标准的协议》,即《巴塞尔资本协议》,学术界一般称为《巴塞尔资本协议Ⅰ》或《旧巴塞尔资本协议》。该协议的主要内容有:(1) 银行资本的界定。它把资本分为核心资本(core capital)和附属资本(supplementary capital)。核心资本包括股本和公开储备,至少要占银行资本的 50%;附属资本总额不超过核心资本总额的 100%,包括未公开的储备、重估储备、普通准备金或

---

① 上官雨时:《从巴林银行倒闭看金融衍生工具的作用及其风险管理》,载《现代财经》1996 年第 5 期。
② 参见宁霞:《巴林银行倒闭敲响对金融衍生工具加强监管的警钟》,载《世界经济》1995 年第 5 期。

普通呆账准备金、长期次级债务和带有债务性质的资本工具。(2) 银行资产风险的界定。银行资产风险主要指银行面临的信贷风险,将风险权数设置为5级:0、10%、20%、50%和100%。(3) 资本充足率(capital adequacy ratio)的确定。它要求到1992年底,银行的资本对加权风险资产的目标标准比率达到8%,其中核心资本比例至少为4%。

1988年《巴塞尔资本协议Ⅰ》是影响最大、最具代表性的监管准则,其实质性进步体现在:(1) 监管视角的转变。此前的协议都注重为银行的稳健经营创造良好的国内国际环境,对银行本身没有提出相关标准和要求;而《巴塞尔资本协议Ⅰ》的监管角度由银行体外转向体内,从资本标准和资产风险角度提出明确的标准,使监管有章可循。(2) 监管中心的转变。它从对母国和东道国监管责任的分配转移到对银行资本充足性的监控上来,真正认识到国际银行体系的安全和稳定,其重要条件是各国银行的监管标准必须统一。同时,这种安排要充分考虑到银行的国别差异,防止不公平竞争。但是,1988年《巴塞尔资本协议Ⅰ》也有明显的缺陷:(1) 重点考虑信用风险、国家风险,而忽略了市场风险、利率风险、流动性风险、操作风险、法律风险、声誉风险等风险管理;(2) 没有征求发展中国家的意见,考虑发展中国家金融市场很不够;(3) 被业界认为风险敏感度严重不足。

(二)《巴塞尔资本协议Ⅱ》或《新巴塞尔资本协议》(The New Basel Capital Accord)

20世纪90年代中后期,亚洲金融危机导致国际银行业风险日益复杂化,为了提高资本监管标准的风险敏感性,减少监管套利行为,巴塞尔委员会从1998年开始启动资本监管标准的修订。2001年1月16日,巴塞尔委员会发布了第二次征求意见稿,提出国际监管的三大支柱:最低资本充足要求、加强外部监管、信息披露和市场纪律,以此强化银行风险管理。2003年4月,巴塞尔委员会发布了第三次征求意见稿,计划于2006年底在成员国实施该协议,这必然会对全球银行业产生深远的影响。2004年6月26日,巴塞尔委员会一致同意公布《统一资本计量和资本标准的国际协议:修订框架》,为银行业提议一项新的资本充足率规定框架,以修正1988资本协定在信用风险方面的缺陷,该提议被称为《新巴塞尔资本协议》或《巴塞尔资本协议Ⅱ》。

《新巴塞尔资本协议》的核心内容是三大支柱:

第一支柱,最低资本充足要求(minimum capital requirements)。

以资本充足率为核心的监管思路,将最低资本充足要求视为最重要的支柱。《新巴塞尔资本协议》详细界定了对信用风险和操作性风险的最低资本要求,使资本充足比率和各项风险管理措施更能适应当前金融市场发展的客观要求。新协议的资本要求已经发生了极为重大的变化,具体体现在:(1) 风险范畴的拓展。在新协议关于银行最低资本要求的公式中,分母由原来单纯反映信用风险的加权资本加上了反映市场风险和操作风险的内容。信用风险采用标准法或基于内部评级法确定。(2) 计量方法的改进与创新。首先,OECD成员国的标准地位退居次要位置,主要是按外部信用评级的高低进行风险权重的计量,基本上消除了风险权重上的国别歧视。其次,增加了风险级次,在原有风险权重的基础上,增加了50%和150%两个级次,提高了银行资产的风险敏感度。① 最后,巴塞尔委员会在新协议中更主张有条件的大银行提升自己的风险评估水平,即内部评级法。将内部评级法用于资本监管是新协议的核心内容。(3) 资本约束范围的扩大。新协议对诸如组织形式、交易工具等变

---

① 这是指在原有风险权重的基础上,增加了B—以下的150%和未评级的50%。原有的50%是针对BBB+至BBB—的。

动提出了相应的资本约束对策,重新制定了资本金要求,要求银行提全、提足各种类、各形式资产的最低资本金。

第二支柱,监管当局的监督检查(supervisory review process)。

巴塞尔委员会希望监管当局担当起三大职责:(1)全面监管银行资本充足状况。首先,判断银行是否达到充足率的要求,判断的依据主要有银行所处市场的性质、收益的可靠性和有效性、银行的风险管理水平以及以往的风险化解记录;其次,根据银行风险状况和外部经营环境的变化,提出高于最低限度的资本金要求;最后,在资本规模低于最低要求时,适当进行必要的干预。(2)培育银行的内部信用评估体系。巴塞尔委员会鼓励银行使用基于内部信用评级的风险计量方法。这种方法分为初级和高级两个层次。对每个银行来说,都有一个由基础法向高级法过渡的阶段。此外,还要及时检查银行的内部评估程序和资本战略,使银行的资本水平与风险程度合理匹配。(3)加快制度化进程。2001年发布的新协议修改稿特别要求,商业银行除了按照《新巴塞尔资本协议》的规定行事之外,还必须向监管当局提交完备的资产分类制度安排、内部风险评估制度安排等,从而使与新形势相适应的新方法得到有力的制度保证。

第三支柱,信息披露与市场纪律(information disclosure and market discipline)。

旧协议出台时,曾有经济学家指出,信息的不对称是银行可能损害社会利益,从而需要监管的重要原因。但是,巴塞尔委员会更多采纳的是银行信息不宜公开的观点,认为银行是一个高负债经营的特殊行业,信息公开会影响到银行乃至整个银行业的安全与稳定。新协议摒弃了这些观点,强调以市场力量约束银行,认为市场是一股强大的推动银行合理、有效配置资源并全面控制经营风险的外在力量。作为公众公司的银行只有建立了现代公司治理结构,确立了内部制衡和约束机制,才能真正建立风险资产与资本的良性匹配关系,从而在接受市场纪律的同时赢得市场。新协议以推进信息披露确保市场对银行的约束效果。巴塞尔委员会提出**全面信息披露**的理念,认为不仅要披露风险和资本充足状况的信息,而且要披露风险评估和管理过程、资本结构以及风险与资本匹配状况的信息;不仅要披露定性的信息,而且要披露定量的信息;不仅要披露核心信息,而且要披露附加信息。同时,信息披露本身也要求监管机构加强监管,并对银行的信息披露体系进行评估。

在三大支柱的基础上,《新巴塞尔资本协议》呈现出三个主要特点:(1)坚持和完善以资本充足率为核心的监管思路;(2)各国监管机构改变监管方式和重点,从原来单一的最低资本充足要求转向银行内部的风险评估体系建设;(3)强化信息披露,引入市场纪律。

不过,《新巴塞尔资本协议》也引发了一些争议:(1)对风险的认识仍不够全面,如主权风险问题。虽然降低了国别标准,但是主权风险在银行的资产选择中具有的影响力不容忽视。(2)风险权重问题。在风险权重影响因子的选择中,不确定因素很多。(3)计量方法问题。内部评级法方案难以具备广泛适用性,多数银行难以摆脱对外部评级以及当局建议指标的依赖。(4)准备金问题。新协议对准备金的研究不够,准备金必须与资本充足率一起进行研究和统一规定。(5)对金融创新引致的监管套利行为应对不力。(6)伴随着风险敏感性的提高,"顺周期性"问题凸显并广受诟病。

(三)《巴塞尔资本协议Ⅲ》或《新新巴塞尔资本协议》(New New Basel Capital Accord)

2007年、2009年美欧金融危机的爆发,暴露出《巴塞尔资本协议Ⅱ》的三大支柱对现有银行监管的不足。2010年9月12日,巴塞尔委员会就旨在加强银行业监管的《巴塞尔资本协议Ⅲ》达成一致:一是强化现行的资本充足率监管标准;二是着力建立流动性监管标准;三是加强对具有系统重要性银行的监管；四是设立"资本防护缓冲资金"，包括"资本留存缓冲"和"逆周期资本缓冲"。据此，通过提高资本充足率和流动性比率，对每家银行都实施监管；同时，通过对系统重要性银行实行特殊的监管，以达到监管点和监管面的结合。

具体而言，《巴塞尔资本协议Ⅲ》的主要内容是：**第一，强化资本充足率监管要求。**(1) 更严格的最低资本要求。为提高资本吸收损失的能力，该协议规定一级资本只包括普通股和永久性优先股，并要求各家银行最迟在 2017 年底完全达到针对一级资本的严格要求。其中，核心一级资本（普通股本和公开储备）不得低于风险加权资产的 4.5%，2013 年 1 月 1 日至 2015 年 1 月 1 日之前实现；一级资本不得低于风险加权资产的 6.0%；总资本充足率的最低要求仍为 8.0%；而总资本充足率加资本留存缓冲的最低要求将在 2019 年达到 10.5%。(2) 扩大资本覆盖风险的范围。2009 年 7 月以来，巴塞尔委员会调整风险加权方法以扩大风险覆盖范围：一是大幅提高证券化产品的风险权重；二是大幅提高交易业务的资本要求；三是大幅提高场外衍生产品交易和证券融资业务交易对手信用风险的资本要求。**第二，资本留存缓冲要求。**《巴塞尔资本协议Ⅲ》引入 2.5% 的资本留存缓冲（capital conservation buffer），由扣除递延税项及其他项目后的普通股权益组成。引入这一资本留存缓冲，目的在于确保银行持有缓冲资金，用于在金融危机时期"吸收"损失。一旦银行的资本留存缓冲比率达不到该要求，监管机构将限制银行拍卖、回购股份及分发红利等。该规定自 2016 年 1 月起适用，并于 2019 年 1 月生效。**第三，逆周期资本缓冲要求。**这一新的缓冲比率为普通股或其他能完全"吸收"亏损资本的 0—2.5%，各国根据情况具体执行。对一国而言，这一缓冲仅仅在"信贷增速过快并导致系统范围内风险积累"的情况下才会生效。**第四，杠杆率要求。**2007 年、2009 年美欧金融危机的一个重要特征是银行体系内外杠杆率的过度累积。《巴塞尔资本协议Ⅲ》提出，要控制银行体系杠杆率的累积。2013 年 1 月至 2017 年 1 月，即过渡期内，将按 3% 的最低要求进行杠杆率测试，并希望在 2018 年 1 月 1 日进入新协议的第一支柱。**第五，流动性风险监管要求。**《巴塞尔资本协议Ⅲ》引入流动性覆盖率（liquidity coverage ratio，LCR）和净稳定融资比率（net stable funding ratio，NSFR）作为银行流动性风险监管强制标准。**第六，全球系统重要性银行(G-SIBs)的监管要求。**巴塞尔委员会认为，具有系统重要性银行的损失"吸收"能力应更高于前述协议的标准，包括附加资本（capital surcharges）、或有资本（contingent capital）、自救债务工具（bail-in debt）等。2011 年 11 月，巴塞尔委员会发布了《全球系统重要性银行：评估方法与附加资本吸收要求》，旨在降低 G-SIBs 的系统性风险。基于 G-SIBs 评估方法，依据系统重要性的五个银行特征——跨境活动、规模、互联性、可替代性/金融机构基础设施、复杂性——进行打分，确定系统重要性。中国银行 2011 年被列入 G-SIBs，中国工商银行、中国农业银行、中国建设银行也分别于 2013 年、2014 年、2015 年被列入 G-SIBs。

2013 年，美国监管机构无法按计划出台资本管理法规。直至当年 7 月，美国最终通过了《巴塞尔资本协议Ⅲ》征求意见稿并作了部分修正，自 2014 年 1 月 1 日起生效。这标志着后危机时代美国资本制度的一次加固。欧盟版《巴塞尔资本协议Ⅲ》放宽了核心资本的计算标准，而且对流动性监管这一创新性监管举措的规定相当模糊。欧盟新框架对银行资本金的要求自 2014 年 1 月 1 日起生效。欧盟面临的挑战在于，制定规则需要平衡不同成员国之间大大小小的银行，从一些地方性很小的银行到全球系统重要性银行。总之，巴塞尔委员会提出的一系列原则和协议是当今国际银行业监管发展的主要线索，其中体现出国际银行业监管的新趋势，即逐步向以市场为基础的监管转移。这在巴塞尔委员会的《有效银行监管核心原则》中已经得到充分的体现。

专栏 6-2

全球系统性重要银行(global systemically important banks, G-SIBs)

2011年11月,巴塞尔银行监管委员会(BCBS)正式发布了《全球系统重要性银行:评估方法与附加资本吸收要求》,提出了G-SIBs的评估方法与附加资本吸收要求,以降低G-SIBs的系统性风险。对于全球系统重要性,应以全球性银行的倒闭对全球金融系统以及全球经济造成多大影响进行衡量,而不是以银行倒闭的可能性进行衡量。因此,BIS评估G-SIBs是根据影响系统重要性的银行特征对银行进行打分,确定系统重要性评分,再利用聚类方法以及监管判断确定G-SIBs。选择的特征指标共分为五类:跨境活动、规模、互联性、可替代性或金融机构基础设施和复杂性(2013年11月以后的G-SIBs评分采用2013年7月BIS发布的《全球系统重要性银行:更新的评估方法和更高的资本吸收要求》,其五项特征指标与2011年相同,子指标略有不同)。

从2012年起,每年11月,金融稳定委员会(FSB)和BCBS会联合发布当年全球系统性重要银行的名单,同时采用分档法把这些银行划分为五个层级。如表6-9所示,每一个层级都对应着更高的总损失吸收能力(TLAC)的要求,分别适用1.0%—3.5%的附加资本要求,以0.5%每级递增,而且附加资本必须由普通股权益构成。银行所处的层级越高(数字越大),其重要性就越大,需要持有的资本也就越多。从2011年中国银行被列入G-SIBs之后,到2015年,中国四大国有商业银行都被列入G-SIBs最低层级,适用1%的附加资本要求。2016年11月公布的G-SIBs名单中,中国工商银行被提高了一个层次,进入第二层次,附加资本要求提高到1.5%。同时,各银行需要遵守更为严格的国际金融监管准则,在诸如信息披露等方面面对更大的国际金融监管压力,对银行的资本、合规成本、风险管理和应对同业竞争都提出了更高的要求。

表6-9 全球系统性重要银行分档及各档对应的附加资本要求(2016年11月)

分档	每一档按字母顺序排列(英中文对照)	
5档 (3.5%)	—	无
4档 (2.5%)	Citigroup, JP Morgan Chase	花旗银行,摩根大通
3档 (2.0%)	Bank of America, BNP Paribas, Deutsche Bank, HSBC	美国银行,法国巴黎银行,德意志银行,汇丰银行
2档 (1.5%)	Barclays, Credit Suisse, Goldman Sachs, Industrial and Commercial Bank of China Limited, Mitsubishi UFJ FG, Wells Fargo	巴克莱银行,瑞信银行,高盛银行,中国工商银行,三菱东京日联银行,富国银行

(续表)

分档	每一档按字母顺序排列(英中文对照)	
1档 (1.0%)	Agricultural Bank of China, Bank of China, Bank of New York Mellon, China Construction Bank, Groupe BPCE, Groupe Crédit Agricole, ING Bank, Mizuho FG, Morgan Stanley, Nordea, Royal Bank of Scotland, Santander, Société Générale, Standard Chartered, State Street, Sumitomo Mitsui FG, UBS, Unicredit Group	中国农业银行,中国银行,纽约梅隆银行,中国建设银行,法国BPCE银行,法国农业信贷银行,ING银行,瑞惠银行,摩根士丹利,瑞典北欧联合银行,苏格兰皇家银行,桑坦德银行,法国兴业银行,渣打银行,美国道富银行,三井住友银行,瑞士银行,裕信银行

资料来源:The Financial Stability Board (FSB), 2016 List of Global Systemically Important Banks (G-SIBs), 2016-11-21。

为了解决所谓"大而不倒"问题,2014年11月,FSB发布了一系列针对G-SIBs提高吸收损失能力的原则及条款清单,要求各国监管机构对G-SIBs保留相当规模的缓冲资本,持有相当于风险加权资产16%—20%的股权和可取消债务。监管机构将这项规定视为解决所谓"大而不倒"问题的一种途径,这是防止救助大型银行并避免纳税人为破产银行买单的关键一步。根据该计划,30家G-SIBs的TLAC应该至少占到其风险加权资产的16%—20%。此外,这些银行持有的资本占其全部资产的比重也应该至少是巴塞尔杠杆率要求的两倍,即6%。

第六节 《巴塞尔资本协议Ⅲ》与中国银行业监管对策

一、《巴塞尔资本协议Ⅲ》的强化与中国银行业监管的演进

2010年12月16日,巴塞尔委员会正式发布了旨在加强银行业监管和风险管理的《巴塞尔资本协议Ⅲ:流动性风险计量、标准和监测的国际框架》,提出了流动性覆盖率(LCR)和净稳定融资比率(NSFR)的监管要求。巴塞尔委员会于2011年6月1日发布了《巴塞尔资本协议Ⅲ:更有弹性的银行及银行系统全球监管框架》,11月4日发布了《全球系统重要性银行:评估方法和额外损失吸收要求》。2013年7月3日,巴塞尔委员会发布了《全球系统重要性银行:新评估方法和更高的额外损失吸收要求》。2014年10月,巴塞尔委员会发布了《巴塞尔资本协议Ⅲ:流动性覆盖率和净稳定融资比率》。2015年,《巴塞尔资本协议Ⅲ》政策框架进一步完善。全球系统重要性银行(G-SIBs)和国内系统重要性银行(D-SIBs)资本框架从2016年1月开始实施。

2009年3月,中国加入巴塞尔委员会,自此开始承担起会员方的责任。《巴塞尔资本协议Ⅲ》成为中国货币当局监管商业银行的通行准则。从2002年开始,中国人民银行开始构建初步的商业银行信息披露框架,于当年5月15日发布了《商业银行信息披露暂行办法》。2003年4月28日,中国银监会正式挂牌成立,强调对银行业监管的独立性。2004年,中国银监会发布了《商业银行资本充足率管理办法》,按照《新巴塞尔资本协议》的三大支柱,对资本充足率的信息披露提出了具体的要求。自2008年10月1日起,中国银监会正式施行新资本协议监管指引。美欧金融危机爆发后,针对《巴塞尔资本协议Ⅲ》,2011年4月27日,

中国银监会发布了《关于中国银行业实施新监管标准的指导意见》。同年，中国银监会发布了《商业银行杠杆率管理办法》，强化对商业银行的审慎监管。2012年7月，中国银监会发布了《商业银行资本管理办法》，这是为落实《巴塞尔资本协议Ⅲ》相关要求出台的最为综合和权威的监管制度。2014年、2015年，中国银监会相继发布了《商业银行流动性风险管理办法(试行)》和《商业银行杠杆率管理办法(修订)》。2016年9月，中国银监会又发布了《银行业金融机构全面风险管理指引》，引导银行业树立全面风险管理意识，健全风险管理架构和要素，提高风险管理水平。

二、《巴塞尔资本协议Ⅲ》对中国银行业及监管制度的影响

(一)《巴塞尔资本协议Ⅲ》对中国银行业监管制度的影响

为强化《巴塞尔资本协议Ⅲ》在中国金融监管中的作用，2011年4月底，中国银监会发布了《关于中国银行业实施新监管标准的指导意见》，成为中国实施《巴塞尔资本协议Ⅲ》的纲领性指南。其中，对中国银行业提出了比国际标准略高的监管要求，核心一级资本、一级资本、总资本的最低要求分别是5%、6%、8%，同时设定2.5%的留存超额资本(即资本留存缓冲)和0—2.5%的逆周期超额资本，对系统重要性银行设定1%的附加资本，并对这一系列监管要求设定了过渡时期安排，明确要求银行业按照既定的时间安排去达标。从最低资本要求上看，中国现行的资本监管方案与《巴塞尔资本协议Ⅲ》的要求没有差距，甚至略高些。但是，从资本定义和资本结构来看，中国当前对一级资本、二级资本及其扣减项的界定与《巴塞尔资本协议Ⅲ》的规定仍存在一定的差异。

(二)《巴塞尔资本协议Ⅲ》对中国银行业的影响

第一，在资本充足率要求上，短期内，《巴塞尔资本协议Ⅲ》对中国银行业不会产生较大的影响。因为无论是普通股核心资本、一级资本，还是总资本，中国银监会的要求已达到甚至高于《巴塞尔资本协议Ⅲ》的标准。贾飙等(2015)指出，《巴塞尔资本协议Ⅲ》的资本充足率要求在短期内不大可能对中国经济产生较大的负面影响，但是其长期影响不可小觑，因为资本充足率规则将加大中国银行业筹集足够资本金以支撑经济高速增长的难度。据《中国银行业监督管理委员会2015年报》统计，2010—2015年，中国商业银行的最低资本充足率和核心资本充足率指标均已达标，且基本上呈上升态势。但是，从长期来看，更为严格的资本计提要求和杠杆率要求将大大抑制中国商业银行的信贷扩张，会对中国银行的盈利能力造成冲击。

第二，在杠杆率要求上，中国银监会的要求是不低于4%，高于《巴塞尔资本协议Ⅲ》不低于3%的要求。在达标时间上，中国银行业杠杆率实施时间早于《巴塞尔资本协议Ⅲ》的要求。这会对中国银行业资本补充施压，增强中国银行抵御系统性风险的能力。

第三，在流动性监管要求上，《巴塞尔资本协议Ⅲ》新增两个流动性监管指标：流动性覆盖率和净稳定融资比率，将约束银行的经营行为，使银行业增速放缓。中国银监会要求流动性覆盖率和净稳定融资比率均不得低于100%。中国银行业规定的开始实施时间和达标时间都要早于《巴塞尔资本协议Ⅲ》的要求，这将会减缓中国银行业的增速(具体见表6-10)。

表 6-10　中国与《巴塞尔资本协议Ⅲ》的银行监管指标比较

指标体系	具体指标	中国监管要求	《巴塞尔资本协议Ⅲ》要求	达标时间 中国监管要求	达标时间 《巴塞尔资本协议Ⅲ》监管要求
资本充足率	普通股核心资本	≥5%	≥4.5%	2012年开始实施，系统重要性银行2013年底达标，其他2016年底达标	2013年开始实施，2018年底达标
资本充足率	一级资本	≥6%	≥6%		
资本充足率	总资本	≥8%	≥8%		
资本充足率	资本留存缓冲	2.5%	2.5%		
资本充足率	逆周期资本缓冲	0—2.5%	0—2.5%		
资本充足率	系统重要性银行附加资本	1%	1%		
杠杆率	核心资本/未加权表内外资产	≥4%	≥3%	2012年开始实施，2016年底达标	2013年开始实施，2018年底达标
流动性	流动性覆盖率	≥100%	≥100%	2012年开始实施	2015年开始实施
流动性	净稳定融资比率	≥100%	≥100%		2018年开始实施

资料来源：中国银监会：《关于中国银行业实施新监管标准的指导意见》，银监发〔2011〕第44号，2011年4月27日；Basel Ⅲ: A Global Regulatory Framework for More Resilient Banks and Banking Systems (June 2011)。

三、参照《巴塞尔资本协议Ⅲ》，当前中国银行业监管存在的种种问题

与国际同类银行相比，中国商业银行面临着资本结构单一、业务模式简单、资本补充渠道狭窄且有限的问题。从审慎监管来看，较低的总损失吸收能力（TLAC）资本工具可能会导致资本工具被频繁地触发，而过高的TLAC资本工具又会要求银行承担较高的成本。具体来看：

第一，与《巴塞尔资本协议Ⅲ》监管理念的差距。虽然中国银监会的监管工作已从合规性监管转到风险性监管，但是与《巴塞尔资本协议Ⅲ》所要求的持续性、宏观审慎和微观审慎监管原则相比还存在许多不规范之处，仍偏重于运动式监管、整顿监管以及事后处置监管，尚未真正树立以风险监管为本的宏观审慎、微观审慎的监管理念。美欧金融危机爆发后，危机的传染性、资本充足管理的顺周期性等问题让人们认识到微观审慎并不一定会实现宏观层面的金融稳定。在此背景下，宏观审慎政策框架的建立有待完善，中国监管部门也明确提出要加强宏观审慎监管，将微观层面的监管机制纳入宏观审慎监管框架之下。

第二，监管法规不健全，缺乏完善的风险管理体系。目前，中国的金融法律有15部，金融法规有40多部，中国人民银行和中国银监会已发布的银行业管理规章和规范性文件数以千计，但是存在着很大的操作难度。国内对风险管理和业务发展关系的认识不全面，在对风险的识别及计量上，方法和技术比较落后，风险管理手段单一。

第三，国内商业银行存在着资本结构单一、核心资本占比过高、附属资本构成不合理的问题。同时，国内商业银行存在着信贷收入占比过高，与发达国家商业银行主要经营方式相异的问题。对此，必须提早防范，及时改善商业银行的资本融资渠道现状，适当发展表外业务。

第四，非标准化业务的过度扩张。2013年以来，中国商业银行以各种非标准化表外业务、同业业务等为代表的金融创新活动日益活跃。非标准化业务的发展在给商业银行带来

业务规模扩张和利润增长的同时,也给商业银行自身和整个金融系统带来较大的潜在风险。针对商业银行非标准化表外业务、同业业务的快速发展,中国银行业监管部门不断推出新的监管规则和条例,以控制银行业快速金融创新的风险,维护金融稳定。

第五,中国银行内部评级体系和风险管理专业人才缺乏。《巴塞尔资本协议Ⅲ》中的标准法需要使用外部评级,而国际评级机构无法给予中国银行公正评级,因而国内商业银行很难使用标准法计量风险资本。内部评级法要求银行具备先进的内部评级系统。据此,中国商业银行必须着手收集相关数据和信息,加快风险信息系统的建设,同时大举引入和培养专业风险管理人才。

四、加强中国银行业监管的具体对策

中国银监会和商业银行自身应客观正视《巴塞尔资本协议Ⅲ》下本国商业银行存在的种种问题,尽快找出应对这些问题的相应策略,以提高商业银行风险管理水平和整体金融稳定性。具体而言,中国银监会应要求各银行着手收集借款人和债项的所有必要信息,为今后采用定量分析方法监测、管理信用风险做好基础性工作;同时,应鼓励中国工商银行、中国建设银行、中国银行和中国交通银行四家银行尽快按照《巴塞尔资本协议Ⅲ》的要求,应用内部评级法的初级法进行内部风险控制,其他商业银行应尽可能多地引进信用风险管理的实践。

加强中国银行业监管的具体对策有:(1)从最低资本要求来看,收缩资产规模,提高风险管理水平和盈利能力,可通过发行次级债券、降低税收、注入资本和剥离不良资产等政策充实资本,改善资本结构;同时,加强对商业银行不良资产处置的监管,建立完善的银行内部风险管理模型,应用内部评级法的初级法进行内部风险控制。(2)从监督检查来看,加强金融立法,改进现有的监管方式和监管手段,提高监管效率,积极主动介入银行业风险管理过程;深化商业银行的产权改革,建立法人治理结构,鼓励有条件的商业银行上市,造就商业银行市场主体地位。从长远来看,应建立一个专门从事综合金融监管的机构,负责统一制定法律、法规,协调监管政策和监管标准,进一步改善监管机制;建立与各国和地区监管当局的定期磋商和交流制度,有效地加强跨境监管。(3)从市场纪律来看,建立完善、统一的银行会计制度和准则,加强银行业信息采集技术和数据库的建设,对银行风险管理制度和程序、资本构成、风险披露的评估和管理程序、资本充足率等领域的关键信息准确核算并及时披露,加强对信息披露的评估和稽查管理;同时,推动银行改制、上市,进一步规范证券市场和债券市场。信息披露不仅仅是外部强加而成,也是商业银行传递自身良好信誉的信号机制。(4)建立逆周期资本监管框架。一要健全周期性的贷款损失准备制度;二要建立逆向的资本监管要求,防止周期性波动过度;三要建立及扩展逆周期超额资本要求,严防由银行信贷过度扩张而引发的系统性风险。(5)建立合理的杠杆率评判标准。要在实践中积极探索银行风险加权资产的计量方法,以有效识别各种风险;监管部门在实施杠杆率监管的过程中,应注意保留一定的弹性。(6)提升并表监管能力。在金融机构国际化和综合化经营的环境下,并表监管是最重要的监管工具和监管方法之一。要针对金融风险跨业、跨境、跨市场"传染"的特征,从原先各自盯住辖内金融机构的平行监管模式,更多转向针对金融集团的自上而下的监管模式;不仅要加强集团内部重点业务和重点机构的监管,而且要关注集团并表管理框架的完善。

本 章 小 结

国际金融创新是金融创新活动在国际金融领域内的拓展和延伸,它是20世纪以来国际金融市场上最重要的特征之一。国际金融创新可以分为五大类:金融产品与服务的创新、金融技术的创新、金融机构的创新、金融市场的创新、金融制度的创新。关于国际金融市场金融创新的动因,主要观点有:金融创新的供给和需求论、金融创新的内因和外因论。

票据发行便利兼具银行贷款与证券筹资的功能,是银行等金融机构以承购或备用信贷的形式向借款人提供的一种融资方法。远期利率协定是一种资产负债平衡表外的工具,不涉及实质性的本金交收,信用风险低。

早期经典的金融创新理论主要有:技术推进理论、财富增长理论、约束诱导理论、规避管制理论、货币促成理论、制度改革理论、金融中介理论和交易成本理论。金融创新理论的新发展主要有:不完全市场理论、金融创新的一般均衡模型。

金融衍生产品分为四类:远期合约、期货合约、期权合约和互换合约。远期合约交易最大的优点是能根据双方的具体需求确定交割对象的数量和期限,是量体裁衣式交易,但是其流动性不强。期货合约的标准化大大加强了合约的流动性。期货合约可以作为套期保值和投机的工具。期权合约给予合约持有人的是一种权利而非义务,这是期权合约区别于其他交易的重要特征。互换和掉期的主要区别是:交易市场、期限结构以及发挥的作用不同。

与美国相比,中国金融衍生产品市场的发展可以说是刚刚起步。中美两国在金融衍生产品发展顺序上有很大的不同。虽然美国外汇衍生品和利率衍生品的交易额远远大于中国,但是中国外汇衍生品和利率衍生品的交易额增长迅速。

根据巴塞尔委员会的分类,与金融衍生产品交易相关的基本风险主要包括市场风险、信用风险、流动性风险、操作风险和法律风险。其中,市场风险是最为普遍和经常的风险。现实中,金融衍生产品交易的各种风险往往相互作用、相互影响。

巴塞尔委员会遵循着两项基本原则:第一,没有任何境外银行机构可以逃避监管;第二,监管必须是充分有效的。《巴塞尔资本协议Ⅰ》的内容包括银行资本的界定、银行资产风险的界定和资本充足率的确定。《巴塞尔资本协议Ⅱ》的核心监管内容有三大支柱:一是最低资本要求,二是监管当局的监督检查,三是信息披露与市场纪律。《巴塞尔资本协议Ⅲ》的主要内容有:一是更严格的最低资本要求,如核心一级资本4.5%、一级资本6.0%、总资本充足率8.0%;二是资本留存缓冲要求,为2.5%;三是逆周期资本缓冲要求,为0—2.5%;四是杠杆率要求,最低为3%;五是引入流动性覆盖率和净稳定融资比率作为银行流动性监管强制标准。

当前,中国银行业监管问题重重。基于《巴塞尔资本协议》Ⅱ和Ⅲ的要求,中国银监会应要求各银行着手收集债权债务数据信息,为采用定量分析方法监测、管理银行信用风险做好基础准备;同时,鼓励国有商业银行尽快按照《巴塞尔资本协议》Ⅱ和Ⅲ的要求,应用内部评级法的初级法进行内部风险控制,其他商业银行应尽可能多地引进信用风险管理的实践。

关键术语

1. Financial innovation(金融创新)—Broadly speaking, financial innovation is the act

of creating and then popularizing new financial instruments as well as new financial technologies, institutions and markets.

2. Financial derivatives(金融衍生产品)—Financial derivatives are financial instruments that are linked to a specific financial instrument or indicator or commodity, and through which specific financial risks can be traded in financial markets in their own right, Their value derives from the price of the underlying item and, unlike debt instruments, no principal amount is advanced to be repaid and no investment income accrues.

3. The New Basel Capital Accord(《新巴塞尔资本协议》)—On June 26, 2004, the Basel Committee on Banking Supervision issued a proposal for a New Basel Capital Accord that, once finalized, will replace the old 1988 Capital Accord. The proposal is based on three mutually reinforcing pillars that allow banks and supervisors to evaluate properly the various risks that banks face. The New Basel Capital Accord focuses on the three pillars: minimum capital requirements, supervisory review process, and information disclosure and market discipline.

4. Minimum capital requirements(最低资本要求)—Under the New Accord, the minimum required ratio of 8% is not changing. The modifications are occurring in the definition of risk-weighted assets that is in the methods used to measure the risks faced by banks. The new approaches for calculating risk-weighted assets are intended to provide improved bank assessment of risk and thus to make the resulting capital ratios more meaningful. The old Accord explicitly covers only two types of risks: credit risk and market risk. The New Accord envisions this treatment remaining unchanged. The New Accord has two primary elements: substantive changes to the treatment of credit risk; and the introduction of an explicit treatment of operational risk.

5. Supervisory review(监管当局的监督检查)—The second pillar of the New Accord is based on a series of guiding principles, all of which point to the need for banks to assess their capital adequacy positions relative to their overall risks, and for supervisors to review and take appropriate actions in response to those assessments. Feedback received from the industry and the Committee's own work has emphasized the importance of the supervisory review process. The inclusion of a supervisory review element in the New Accord, therefore, provides benefits through its emphasis on the need for strong risk assessment capabilities by banks and supervisors alike.

6. Market discipline(市场纪律)—The purpose of pillar three is to complement the minimum capital requirements of pillar one and the supervisory review process addressed in pillar two. The Committee has sought to encourage market discipline by developing a set of disclosure requirements that allow market participants to assess key information about a bank's risk profile and level of capitalization. By bringing greater market discipline to bear through enhanced disclosures, pillar three of the new capital framework can produce significant benefits in helping banks and supervisors to manage risk and improve stability.

7. Leverage ratio(杠杆率)—A leverage ratio requirement is intended to constrain leverage in the banking sector, thus helping to mitigate the risk of the destabilising delever-

aging processes; and introduce additional safeguards against model risk and measurement error by supplementing the risk-based measure with a simple, transparent, independent measure of risk.

8. Liquidity coverage ratio, LCR(流动性覆盖率)—The LCR is intended to promote resilience to potential liquidity disruptions over a thirty day horizon.

9. Net stable funding ratio, NSFR(净稳定融资比率)—The NSFR requires a minimum amount of stable sources of funding at a bank relative to the liquidity profiles of the assets, as well as the potential for contingent liquidity needs arising from off-balance sheet commitments, over a one-year horizon.

问题与练习

一、名词解释

金融创新　　　　票据发行便利　　远期利率协定　　金融衍生产品　　远期合约
期货合约　　　　期权合约　　　　看涨期权　　　　看跌期权　　　　美式期权
欧式期权　　　　互换合约　　　　金融期货交易　　金融期权交易
利率互换　　　　货币互换　　　　《巴塞尔资本协议Ⅰ》
最低资本要求　　《巴塞尔资本协议Ⅱ》　《巴塞尔资本协议Ⅲ》

二、思考题

1. 金融创新的含义是什么？主要类型有哪些？
2. 促成国际金融创新的主要诱因有哪些？
3. 票据发行便利和远期利率协定的作用是什么？
4. 早期经典的金融创新理论有哪些？其核心观点是什么？
5. 金融衍生产品的主要特点是什么？有哪些金融衍生产品交易类型？
6. 金融期货市场有哪些主要的交易？各自的特点是什么？
7. 外汇期货与远期外汇交易的差异是什么？
8. 比较期货交易与远期交易的差异。
9. 金融期权交易主要有哪些类型？各自的主要内容是什么？
10. 互换交易有哪些主要方式？
11. 金融衍生产品交易的风险有哪些？
12. 《新巴塞尔资本协议》的核心监管内容是什么？
13. 比较《巴塞尔资本协议Ⅰ》《巴塞尔资本协议Ⅱ》和《巴塞尔资本协议Ⅲ》的内容差异。
14. 比较中国银行业现行监管制度与《巴塞尔资本协议Ⅲ》监管要求的差异。
15. 参照《巴塞尔资本协议Ⅲ》监管内容，试析当前中国银行业监管存在的问题及应对策略。

附录　花旗银行(Citibank)的金融创新

第一，花旗银行的创新发展。花旗银行的历史可追溯到1812年，在从单一传统的商业银行向混业经营的全能银行发展的过程中,金融创新起到了至关重要的作用(如表 6-11 所示)。从 1933 年美国颁布《银行法》即《格拉斯-斯蒂格尔法案》以来,美国金融业实行严格的分业经营管理。以花旗银行为代表的美国商业银行开始通过金融产品创新,规避金融监管的法律和法规的限制。花旗银行不仅从 20 世纪 60 年代初就推出一系列新业务并向世界各地推广,还注重根据当地客户需要和实际情况进行产品创新。例如,在日本,花旗银行开设了多重货币账户,提供一篮子货币产品和网上汇款业务等;在韩国,花旗银行引入了记账卡服务。另外,花旗银行在各国都设有以英语和东道国语言操作的 ATM 机。1998 年 4 月 6 日,花旗银行与旅行者集团宣告合并。新"花旗集团"总资产达到 7000 亿美元,成为世界上规模最大的全能金融集团公司。"花旗银行的商业银行业务和旅行者公司的证券、保险业务融合起来,开创了美国金融界'超市式服务'的先河。"[①]2000 年,花旗集团资产规模已达 9022 亿美元,一级资本为 545 亿美元。花旗银行被《银行家》杂志评为 2001 年全球 1000 家大银行的第一位。2001 年 4 月,美国《福布斯》公布了 2000 年全美 500 强企业,花旗集团登上榜首。同年 7 月 30 日,美国《商业周刊》将花旗银行评为 100 个品牌榜中金融行业的第一位。2012 年 9 月 19 日,花旗银行(中国)有限公司于上海宣布在中国的信用卡业务正式运作。

表 6-11 花旗银行创新之演进

年份	重要金融创新事件
1812	花旗银行的前身"纽约城市银行"(City Bank of New York)成立
1897	成为美国首家设立专门的外汇交易部的银行
1904	开创"旅行支票"业务
1928	成为美洲首家给存款人提供无质押个人贷款的银行
1961	推出第一张大额可转让存单(CD)
1964	推出首次租赁业务
1965	开始使用信用卡
1966	推出欧洲美元存单
1967	推出自己的信用卡服务系统——万能卡
1974	推出浮动利率票据业务
1986	推出花旗统一账户,把支票透支账户、信用卡、支票账户合并在一起

第二,花旗银行的创新动因。**一是始终以市场需求为导向提供专业化的金融服务。**以市场需求为导向让花旗银行总是率先抓住市场中出现的机会,总是在率先进入某一领域之后,大力发展,为客户提供最专业化的服务。这是花旗银行始终能在与其他银行的竞争中取得优势的原因。**二是妥善处理与利益相关者之间的关系。**从史蒂尔曼时期开始,花旗银行的服务就得到各种机构客户的肯定。在此后的发展过程中,无论是在国际业务还是针对个人消费的业务上,花旗银行都凭借其专业性形成了良好的品牌效应。在处理与竞争对手的关系时,花旗银行往往采取尽量避免正面冲突,与竞争对手共同成长的策略。凭借不断发展的规模和良好的信誉,花旗银行往往能够赢得竞争对手的尊重。**三是金融制度方面的创新。**

[①] 巴曙松:《全能"超级银行"时代——评美国银行业大规模兼并新浪潮》,载《国际贸易》1998 年第 5 期。

花旗银行推出了最具代表性的可转让存单,另一个推动美国金融行业发展的产品创新是信用卡业务。尽管花旗银行不是最早从事银行卡业务的银行,但是它在把信用卡业务真正推广起来方面发挥了关键性作用。在规避现有监管的创新上,花旗银行的突破性尝试就是改变组织形式,扩大银行经营的业务范围。面对复杂形势,花旗银行在金融产品和组织制度方面都进行了大胆创新,并通过兼并收购的方式不断扩大自己的经营范围。可以说,花旗银行引领着美国银行界的创新,不断地突破过于保守的金融监管制度。**四是混合经营发展。**推动美国金融业走上混业经营发展之路的关键因素,是1998年花旗银行与旅行者集团的合并,由此成为一个金融控股型的综合性金融企业。这不仅是花旗银行建设成为全能银行,提供综合金融服务进程的开始,更推动了美国《金融服务现代化法案》的出台。

第四部分
国际资本流动和货币危机问题

20世纪70、80年代,金融创新和金融自由化浪潮导致西方主要国家放松金融管制,使国际、国内金融市场连为一体,极大地促进了资本跨国境流动,由此引出国际资本流动和货币危机问题。由于货币危机形成的机理不同,因而发展出第一代、第二代和第三代货币危机模型。2007年、2009年美欧金融危机爆发后,对于美国次贷危机和欧洲主权债务危机的研究逐渐成形。这些内容构成本书第四部分,包括第七章"国际资本流动"、第八章"货币危机理论"。

第七章 国际资本流动

学习要点

国际资本流动的实质、类型及其新的特征,国际资本流动的动因及管理措施,发展中国家债务危机新特点,债务危机的三种解决方案,主要国际投资理论,中国利用外资的三次争论及其政策调整,中国资本外逃的诱因、测算方法及控制措施,国际"热钱"流入的动因、测算方法及控制措施,外债的概念,外债的监控指标。重点理解和掌握:国际资本流动的类型及动因,垄断优势论,产品生命周期论,国际生产综合论,中国资本外逃,国际"热钱"流入的动因,外债的监控指标,中国外债状况。

第一节 国际资本流动概述

一、国际资本流动的现状

20世纪90年代以来,全球资本流动一直保持稳定增长:在90年代初增长较为缓慢;1998—2000年增长加速;2001年规模下降;2003年、2004年均呈现快速增长;2006年规模达1.36亿美元;在遭受2007年、2009年美欧金融危机冲击后,2010年出现了恢复性增长,总规模为1.39万亿美元;2014年增加至2.13万亿美元;2015年降至1.98万亿美元。

从全球资本流动的方向来看,发达国家整体上在20世纪90年代初表现为高额的经常项目逆差和资本净输入地区。在发达国家和地区中,除1991年表现出少量的资本净输出以外,美国始终是最大的资本净输入国,其资本净输入占全球资本净输出的比重保持在70%左右。新兴市场与发展中国家和地区在整个20世纪90年代一直处于资本净输入状态,2000年开始转为资本净输出,并呈现出稳定上升的趋势。其中,亚洲发展中国家和地区是主要的资本输出来源,而中国的资本输出占据了绝大部分。2010年,新兴市场国家的资本流出总量为1万亿至1.2万亿美元,其中中国占据最大的一部分,约为3800亿美元。2016年,流向发达经济体的资本进一步增加,达到1万亿美元;同时,发达经济体在全球外国直接投资(FDI)流入中的份额提高到了59.1%。

从全球FDI来看,在遭受2007年、2009年美欧金融危机后,2011—2014年全球FDI流动的增长基本处于停滞状态,甚至出现下降。据《2017年世界投资报告》统计,2010年全球FDI流量才出现恢复性小幅回升,2011年超过了危机前的均值,达到1.59万亿美元。全球FDI流出量2014年下降至1.32万亿美元,2016年又增至1.75万亿美元。其中,2016年流入发达经济体的直接外资达1.03万亿美元,占比59.1%;流入发展中经济体6460.3亿美元,占比37.0%;流入转型经济体680.2亿美元,占比3.9%。2016年发达经济体直接外资流出1.04万亿美元,占比71.9%;发展中经济体直接外资流出3834.29亿美元,占比26.4%;转型经济体直接外资流出251.49亿美元,占比1.7%。[①] 据此可知,国际资本流动规模的变化与全球经济周期的关联性日益增强。

近十年来,国际证券投资保持快速增长的趋势。但是,在相对于国际直接投资流动的增长方面,不同经济体和地区有着不同的表现。美国为对外证券投资增长最快,欧元区为跨国银行信贷和贸易融资增长最快,新兴市场经济体则为对外直接投资增长最快。各种形式的国际资本流动在促进有关经济体经济增长的同时,也引起了金融风险的放大乃至金融安全问题。

二、国际资本流动的概念、形式和实质

(一)国际资本流动的内涵和特征

国外对国际资本流动的概念和方式的划分大多承袭了美国著名经济学家金德尔伯格和马克卢普的观点。金德尔伯格在1937年出版的《国际短期资本流动》一书中,侧重从期限角度研究了国际短期资本,主张按照投资者的目的将资本流动区分为短期资本流动和长期资本流动。马克卢普在1943年《国际贸易与国民收入乘数》一书中,从研究国际资本流动效应角度出发,把国际资本流动划分为三种形式:自发资本运动、引致资本运动和净资本输出。较具普遍接受性的是,约翰·威廉姆森在《新帕尔格雷夫经济学大辞典》中提出,当一国居民(资本输出者)向另一国居民(资本输入者)提供贷款或者购买财产所有权时,就形成了国际资本流动。国内界定国际资本流动的权威性观点是钱荣堃、陈彪如教授提出的。综合这些观点,可以将国际资本流动(international capital flows)定义为:资本在各国(或地区)之间以及国际金融组织之间的移动,即资本的跨国界、跨地区流动,主要反映在一国国际收支平衡表的资本与金融账户中。

国际资本流动以盈利或平衡国际收支为目的,以使用权转让为特征。国际资本流动与国际资金流动、国际资本输出入是既相互关联又相互区别的概念。国际资本流动与国际资金流动的区别在于:国际资本流动是可逆转的双向资本转移,如投资或借贷资本的流出将引

---

① See UNCTAD(2017),World Investment Report 2017: Investment and the Digital Economy,pp. 222-225.

起投资本金和收益、贷款本金和利息的返还;国际资金流动则是不可逆转的单向资金转移,如投资收益的支付。国际资本流动与国际资本输出入的区别在于:国际资本输出入仅包含与投资和借贷活动相关的资本转移;而国际资本流动包含的内容不仅如此,还包括以黄金、外汇等弥补国际收支逆差的资本流动。

(二) 国际资本流动的表现形式

国际资本流动从流向上可以分为资本流入和资本流出。资本流入是指资本从国外流向国内,通常表现为国际经济交易的四种形式:(1)外国在本国的资产增加;(2)外国对本国的负债减少;(3)本国对外国的负债增加;(4)本国在外国的资产减少。资本流出是指资本从国内流向国外,其国际经济交易也有四种形式:(1)外国在本国的资产减少;(2)外国对本国的负债增加;(3)本国对外国的负债减少;(4)本国在外国的资产增加。

(三) 国际资本流动的内容和实质

国际资本流动的实质是资本的国际化,即资本的循环与增值运动从一国范围向国外延伸。国际资本流动的内容包括:(1)资本的流向,包括资本流出和资本流入;(2)资本流动规模,包括流出额、流入额、总额和净额;(3)资本流动种类,包括长期资本流动和短期资本流动;(4)资本流动性质,包括官方资本流动和私人资本流动;(5)资本流动方式,包括直接投资、间接投资和贷款等。

三、国际资本流动与国际收支的关系

(一) 国际资本流动对国际收支的影响

在国际收支平衡表中,经常项目首先是资本项目差额(资本流入-资本流出)抵补,若经常项目为顺差,可用资本项目的资本净流出抵减;若经常项目为逆差,则可用资本项目的资本净流入抵补。若经常项目为顺差,加上资本净流入,则国际收支顺差增大;若经常项目为逆差,加上资本净流出,则国际收支逆差增大。可见,一国的国际资本流动对其国际收支有着直接的影响。

(二) 国际收支对国际资本流动的影响

若一国的国际收支持续逆差,则该国货币汇率必然下跌,货币贬值的可能性很大,从而导致资本从这个国家流出。若一国的国际收支持续顺差,则该国货币汇率必然上升,货币升值或币值上升的可能性很大,从而导致外国资本流入该国。不过,国际资本流动对国际收支构成影响需具备两个条件:(1)放松直至取消外汇管制;(2)具有健全、完善的国际金融市场。

第二节 国际资本流动的类型

按照期限划分,国际资本流动可以分为中长期资本流动(大于一年)和短期资本流动(小于等于一年)两大类。

一、中长期资本流动

中长期资本流动,是指使用期限在一年以上或者未规定期限(如股票投资)的资本流动。其特点是,多与生产要素的国际转移结合在一起,有着完整的资本循环与增值过程,具有相对稳定性。按照资本流动的方式,它又可分为国际直接投资、国际间接投资和国际贷款

三种。

(一) 国际直接投资(international direct investment)或外国直接投资

按照国际货币基金组织、联合国跨国公司与投资公司的定义,国际直接投资指一国(或地区)的居民或实体(对外直接投资者或母公司)与在另一国(或地区)的企业(国外直接投资企业、分支企业或国外分支机构)建立长期关系,具有长期利益,并对之进行控制的投资。国际直接投资最显著的特点是,投资不仅转移了资源,而且获取了控制权。扩大公司控制权是国际直接投资的根本目的。

国际直接投资主要有三种类型:(1) 开办新企业。(2) 收购并拥有国外企业的股权达到一定的比例。IMF 和中国规定的比例均为 25%。(3) 利润再投资(reinvestment)。再投资是指母公司把国外子公司的部分或全部利润作为新投资追加在原项目上或投资于新项目。再投资方式可以避免国际金融市场上汇率变动带来的风险,对东道国而言,可以吸引更多的外资。可见,直接投资有时也不涉及资本在国家间的实际移动。

(二) 国际间接投资(portfolio investment)

国际间接投资也叫"国际证券投资",是指在国际证券市场上购买股票、债券所进行的投资。这对于购买股票、债券的国家来说是资本流出,对于股票、债券的发行国来说是资本流入。20 世纪 80 年代以后,间接投资逐渐成为国际上最重要的投融资方式。

国际直接投资与证券投资的区别在于:(1) 是否拥有投资企业的控制管理权。这是两者的最大区别。国际直接投资更多与国际贸易相联系,通常用于购买机器设备、厂房等实物资产。即便是收购股权达到一定比例的方式,也是为了控制目标公司并能参与其经营活动。国际间接投资的对象主要是国际金融资产和国际金融衍生工具。(2) 稳定性和风险性不同。只要东道国的投资气候和条件不发生变化,国际直接投资一般不会轻易撤资。国际间接投资的期限较短,具有较强的流动性和变现性。由于对象和来源的特殊性,国际间接投资往往将追逐高利润作为唯一目的,因而风险也大。

(三) 国际贷款(international credit)

国际贷款主要包括政府贷款、国际金融机构贷款、国际银行贷款和出口信贷等。

第一,政府贷款(government credit),是一国政府向另一国政府提供的双边优惠贷款。其特点是:(1) 通常建立在良好的政治外交关系的基础上,是政府间的借贷行为;(2) 一般附带条件或指定用途;(3) 政府贷款的利率较低,期限也长,资金来源于国家财政预算资金。

第二,国际金融机构贷款,是世界性国际金融机构(如 IMF、WB 和国际开发协会等)和区域性国际金融机构向成员国政府提供的贷款。这种贷款具有国际援助的性质,但是往往限定用途。IMF 发放贷款的特点是:贷款的对象限于成员国政府;贷款的用途限于弥补因经常项目收支而发生的国际收支逆差;贷款采取用成员国货币购买外汇的形式;贷款具有条件性等。典型的条件包括削减政府预算、增加税收和抑制货币量的增长。世界银行的贷款一般为项目贷款(project loan),用于借款国的电力、交通、运输、水利、港口建设等基础设施项目或农业、教育建设。

第三,国际银行贷款,是国际商业银行提供的贷款,可以由独家银行提供,也可以是银团贷款。这种贷款以营利为目的,不限定贷款用途,借款人可以自由运用资金;数额可以很大,时间可以很长,贷款利率较高。此外,除了利息,国际商业银行还要求借款人承担与借贷协议的签署、贷款资金的调拨和提取等有关的一系列杂项费用。

第四,出口信贷(export credit),是一种中长期贸易信贷方式,是出口国为了支持本国资本货物(capital goods)的出口,鼓励本国银行对本国出口商或外国进口商(或进口方银行)提供利率较低的贷款。其目的是解决本国出口商资金周转的困难,或满足外国进口商支付货款的需要。有时,出口信贷与政府贷款或赠款混合贷放,叫作"混合贷款"(mixed credit)。出口信贷分为卖方信贷和买方信贷两种形式。卖方信贷(seller's credit)是为了便于出口商以赊销方式出售商品,出口商所在地银行对出口商提供的信贷。出口商利用卖方信贷可以允许进口商延期付款,相当于在银行信用基础上提供的商业信用。延期付款的货价一般高于现汇价格3%—4%。实践中,卖方信贷并不流行。买方信贷(buyer's credit)是出口方银行对进口商或进口商所在地银行提供的信贷,用于向出口商支付货款。买方信贷方式便于进口商了解真实货价,讨价还价的余地较大,所以是常用的出口信贷方式。

二、短期资本流动

短期资本流动,是指期限为一年或一年以内的资本流动。其特点是,大多借助于短期政府债券、可转让银行定期存单、商业票据、银行承兑汇票、银行活期存款凭证等信用工具,不涉及生产要素的转移,没有完整的资本循环与增值过程,资本流量大,流动频繁,复杂多变,可以迅速和直接地影响一国的货币供应量。

金德尔伯格将短期国际资本流动按照投资者的动机分为以下几类:(1)贸易性资本流动,又称"贸易资金融通",是由国际贸易引起的国际资本流动。为结清国际贸易往来所产生的债权债务,货币资本必然从一国流向另一国,从而形成贸易性资本流动。(2)金融性资本流动,指因各国经营外汇的银行和其他金融机构之间的资金融通而引起的国际资本转移,包括套汇、套利、头寸调拨、同业拆借等形式。它主要为金融机构相互调剂资金余缺服务。(3)保值性资本流动,又称"资本外逃"(capital flight),是金融资产持有者为了保证资金的安全性或保持其价值不下降,进行资金调拨转移而形成的短期资本流动。(4)投机性资本流动,指投资者利用国际金融市场上利率、汇率、金价、证券和金融商品价格的变化与差异性,进行各种投机活动而引起的国际资本转移。这种资本流动以获取差价收益即投机盈利为根本目的。这种短期投机性资本常被称为"游资"或"热钱"(hot money),具有非常强的流动性、敏感性、虚拟性、投机性和破坏性,目前已经成为一支重要力量,对全球经济产生了巨大的影响。

第三节 国际资本流动的发展特征、动因、影响及管理

一、国际资本流动的发展特征

第二次世界大战结束后,国际资本流动重新走上全球化发展道路,呈现出几个重要的阶段性发展特征:

(一)欧洲资本时期(1945年至20世纪60年代)

欧洲资本的首要来源是二战结束后欧洲大规模的重建引起的官方资本的流动。美国政府实施的"马歇尔计划"和"第四援助计划"导致美元大量流入欧洲。在二战结束后很长一段时期内,国际资本流动的主流是大规模的国际援助以及逐渐复兴的直接投资。欧洲资本的第二个来源是欧洲美元。该阶段的国际资本流动与欧洲美元的产生和大量使用有直接关系。这一时期,美国在官方资本流动中居于主导地位,也是私人资本流动的主体。

(二) 石油资本时期(20世纪70年代初到80年代初)

对国际资本流动产生决定性影响的是1973—1974年和1979—1980年的石油危机以及石油美元的产生。石油美元时期的国际资本流动进一步推动了欧洲资本市场的发展。

(三) 债务危机及国际资本流动的收缩期(1982—1987年)

进入20世纪80年代,由于多数中等收入的发展中国家成为债务沉重的借款国,面临着债务还本付息的困难,国际资本流动开始显现出收缩迹象。

(四) 全球资本时期(1988年至今)

1988年以来,国际资本流动进入一个全球化发展阶段,其发展呈现出许多新的特征:

1. 国际资本流动的规模迅速扩大

20世纪80—90年代,国际资本流动增速明显,远远超过了国际商品和劳务贸易的增速。世界银行2001年《全球发展融资报告》显示:资本交易总值1980年为5万亿美元,2000年达到83万亿美元,增长15.6倍;全球资本市场流量1991年为7940亿美元,2000年为43240亿美元,增长4.4倍;外国直接投资1991年为1600亿美元,2000年达11180亿美元。据统计,1991—1997年,发展中国家的国际长期资本流入额的年平均增长率达到了17.2%,是世界出口贸易年平均增长率的2.3倍,是GDP年平均增长率的2.7倍。

2. 国际资本净输入国家趋于集中,而净输出国趋于分散

美国多年来一直是世界上最大的资本输入国。近年来,其资本净输入占全球资本净输入总量的比率不断上升。据IMF统计,美国资本净输入占全球之比1995年为33%,2000年上升到61%,2005年进一步上升到65.1%。虽然发达国家整体直接外资流入量2010年略微下滑,但是美国的流入量强势逆转,增长了40%以上。世界前五大资本净输入国的资本净输入占比从1995年的57%上升到2005年的82%。20世纪90年代,日本成为全球最大的资本输出国。日本资本净输出的全球占比1995年达39%,2005年降至14%;而世界最大5个资本输出国同年的资本净输出占比则为70%,2005年降至53%。资本净输出较多的国家趋于分散。

3. 资本净流出的地区发生变化,新兴市场国家成为重要的资本输出国

新兴市场国家由资本净流入国成为重要的资本净流出国。新兴市场国家1995年资本净流入927亿美元,2000年变为资本净流出796亿美元,2006年资本净流出进一步上升至5867亿美元。对于新兴市场国家而言,在所有4种国际资本流动方式中,只有外国直接投资(FDI)还保持净流入状态。亚洲新兴市场国家和中东石油输出国资本净流出增长。1995年,亚洲国家(不包括日本)整体为资本净流入地区,当年资本净流入408亿美元。2006年,亚洲成为资本净流出地区,当年资本净流出1486亿美元。近些年来,国际原油价格大幅上涨,中东石油国家资本净流出由1995年的38亿美元上升到2006年的2821亿美元。

4. 国际资本流动的产业结构转变

国际资本流动由资源开发、劳动密集型产业转向资本和技术密集型产业,由制造业转向高新技术产业和服务业。例如,从FDI存量看,服务业FDI占全部FDI的比重1990年为49%,2002年上升到60%,2014年上升到64%。发达国家、发展中经济体均呈现出同样的发展格局,且发展中经济体服务业比重上升得更快(见表7-1)。2011年服务业部门直接外资有所反弹,约达5700亿美元,占比40%,而制造业部门的比重则相对收缩。其主要原因在于,1995年WTO成立后,《服务贸易总协议》的实施,使金融、电信和保险等服务业的准入障碍不断减少,同时世界范围内私有化浪潮兴起,这些都为外资的进入提供了便利。

表 7-1　不同产业占 FDI 流入存量比重(%)

类别	2011 年			2012 年				2013 年			2014 年			
	第一产业	制造业	服务业	第一产业	制造业	服务业	未列	第一产业	制造业	服务业	第一产业	制造业	服务业	未列
全球	14	46	40	7	30	63	4	5	38	57	7	27	64	2
发达经济体	9	43	48	6	44	50		6	42	52	6	27	65	2
发展中经济体	13	49	38	7	47	46		11	46	43	8	27	64	2

资料来源：UNCTAD, Global Investment Trends, World Investment Report, 2013, 2015。

5. 国际间接投资增幅加快

全球外国直接投资的总量 2000 年已达 11000 多亿美元，2011 年增加到 1.5 万亿美元，但是仍比 2007 年的峰值低约 23%。这是因为，随着金融自由化的加强，许多国家放松了资本市场的管制，促进了国际间接投资的发展，直接投资的相对比重有所下降，间接投资的比重相对上升。国际债券的发行额 1993 年为 4180 亿美元，到 1997 年增加到 8316 亿美元，增加了一倍。1998 年，国际债券和长期票据市场的发行额高达 11425 亿美元。国际间接投资种类增长最快的是外汇交易、债券、股票交易和其他期权、期货、套期等金融衍生产品交易。到 2012 年上半年，全球金融衍生产品的名义价值已达 638.9 万亿美元，市值为 25.4 万亿美元。

6. 跨国公司是资本流动的主要载体

20 世纪 90 年代以来，跨国公司对外直接投资已经突破单一股权安排，逐步形成独资、合资、收购、兼并及非股权安排等多样化投资格局。跨国兼并和收购(merge & acquisition) 成为国际直接投资的最主要方式。兼并是指一个以上的企业为经营发展的需要，并入另一个存续企业的法律行为。收购是某企业以现金、债券或股票等购买另一家企业的部分或全部资产或股票，从而获得对该企业在法律上的控制权。联合国贸发会议将金额达到 10 亿美元的交易列为大型跨国并购。2005 年全球企业并购交易总额达到 2.9 万亿美元，比上年增长 40%。据联合国贸发会议统计，2004 年全球跨国公司已达 7 万家，其海外分支机构共 93 万家。它们掌握着全球 2/3 的国际贸易和 90% 的外国直接投资。跨国公司 2010 年共持有 5 万亿美元现金，最大的 100 家跨国公司拥有超过 5000 亿美元可用于投资，约占全球直接外资流量的 1/3。可见，跨国公司是资本流动的主要载体。

7. 流入发展中经济体的直接投资占比出现下降

随着美国经济复苏、美元加息预期增强，世界范围内的直接投资出现新变化。根据联合国贸发会议发表的《2017 年世界投资报告》统计，2011 年流入发展中经济体的直接投资为 6875.11 亿美元，2015 年上升为 7523.29 亿美元，2016 年又降至 6460.3 亿美元。这样，发展中经济体吸收的直接投资占世界比重从 2011 年的 43.2% 下降至 2016 年的 37%。同期，流入发达经济体的直接投资占世界比重却从 2011 年的 51.8% 上升至 2016 年的 59.1%。2011 年发达经济体对外直接投资净流出 3056.43 亿美元，2016 年下降至 115.11 亿美元。2011 年发展中经济体净流入直接投资为 2970.68 亿美元，2016 年下降至 2626.01 亿美元。相比来看，流入发达经济体的直接投资占比在上升，而流入发展中经济体的直接投资占比在下降。发达经济体对外直接投资净流出已出现大幅下降，发展中经济体的净流入直接投资也出现下降。

二、国际资本流动的动因

(一) 宏观因素

宏观因素包括经济全球化趋势的加强、各国(地区)政策的调整、技术通信手段的现代化等。

1. 经济全球化趋势的加强

按照国际货币基金组织的定义,"经济全球化(globalization)是跨国商品与服务交易、国际资本流动规模和形式的增加,以及技术的广泛传播使世界各国经济的相互依赖性增强"。国际资本流动是经济全球化的重要内容,同时也是经济全球化最有力的推动力量,而经济全球化为国际资本流动提供了发展的基础环境。

2. 各国(地区)政策的调整

各国(地区)政策的调整,如金融管制或自由化政策、提供融资便利、税收优惠、风险担保、研发费用等,对资本流动会产生强有力的推动或阻碍作用。例如,资本管制与国际资本流动具有负相关关系,资本自由化与国际资本流动具有正相关关系,可以通过对新兴市场的资本管制与资本流动的样本分析加以论证。

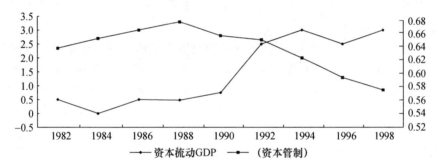

图 7-1 新兴市场的资本管制与资本流动

资料来源:国际货币基金组织:《汇率安排与汇率限制年报》和《世界经济展望》。

如图 7-1 所示,资本控制指数参看右轴,变化范围是 0—1,数值减小表示资本管制的放松。资本流动/GDP 参看左轴,可以发现,进入 20 世纪 90 年代以后,新兴市场显著放松了资本管制,资本流动的数量迅速上升,说明资本管制程度与国际资本流动有着负相关关系。

3. 技术通信手段的现代化

科技革命促进了生产力的发展,交通、通信的现代化和管理的计算机化为大规模的国际资本流动提供了必要的物质条件。表 7-2 说明国际资本大规模流动已不存在技术障碍。

表 7-2 通信费用和计算机价格的变动(1960—2000 年) 单位:美元

年份	纽约到伦敦的 3 分钟通信费 (按 2000 年美元不变价计算)	计算机及辅助设备的实际价格 (以 2000 年为基期)
1960	60.42	1869004
1970	41.61	199983
1980	6.32	27938
1990	4.37	7275
2000	0.40	1000

资料来源:IMF:World Economic Outlook, May 1997, Table 11, Updated to 2000; U. S. Commerce Department, Bureau of Economic Analysis。

(二) 微观因素

微观因素是投资者为了自身的利益和发展进行对外投资的动机,主要因素有:

第一,为寻求稳定的资源供应和利用廉价资源,降低成本。

第二,避开关税和非贸易壁垒,克服贸易限制和障碍。例如,企业通过向第三国或进口国直接投资,在进口国当地生产或在第三国生产后再出口到进口国,以避开进口国贸易限制和壁垒。

第三,获得规模经济效益。当企业的发展受到国内市场容量的限制而难以达到规模经济效益时,可通过对外直接投资,将其相对闲置的生产力转移到国外,以实现规模经济效益。

第四,利用国家间的汇率和收益率差异,谋求高利润。利率决定了金融资产的收益率,汇率的高低可以改变资本的供求,为了保值增值,国家间的收益率差异将造成资本在国际上的流动。

第五,追求政治稳定,分散风险。例如,规避和分散政局动荡、国有化、政策变动等政治风险,以及汇率、利率和通货膨胀率等经济风险。

第六,转移环境污染。一些发达资本主义国家针对环境污染问题,严格限制企业在国内从事易造成污染的产品生产,促使企业将污染产业转移。化工业、石油和煤炭产品、冶金、制浆造纸是四大高污染行业。

第七,与同行竞争,开拓海外市场,避开本国过度竞争的市场。这是跨国公司的固有属性使然。在本国市场上,来自于其他国家的竞争非常激烈,特别是在其本身所具有的优势不足以与他国竞争时,投资者为了避其锋芒而将眼光瞄准海外。一些投资者投资于海外,一方面旨在为其产品创造市场,另一方面是为了充分利用闲置资源,并使其专有技术资本化。

(三) 证券投资国际分散化的动因

资本报酬差异只能说明资本从低利率国流向高利率国的单向流动。在现实中,资本在多数国家之间是相互或双向流动的。这表明,投资者除了关心投资收益之外,还注重投资收益的稳定性,关注投资风险的差异,包括政治风险、经济风险、金融风险。证券投资国际分散化将更利于改善风险管理和提高收益。

三、国际资本流动的经济影响

国际资本流动对世界经济的影响有利有弊,以下从长期资本和短期资本两个角度讨论其影响。

(一) 长期资本流动的经济影响

1. 对世界经济的影响

长期资本流动对世界经济的积极影响主要体现为:(1)增加世界总产量,提高总福利。按照国际资本流动的一般模型,国际资本流动可以使各国的资本边际产出率趋于一致,从而提高总产量和福利水平。如图7-2所示,AA'是A国的资本边际线,BB'是B国的资本边际线,OE是A国的资本量,O_1E是B国的资本量,OO_1是资本总量。国际资本流动前,A国用OE的资本量生产出ATEO的产出,B国用O_1E的资本量生产出$BCEO_1$的产出。两国的资本边际生产力(资本价格)分别为ET、EC,因为ET小于EC,因此导致资本从A国流向B国,直到两国资本边际生产力相等于PS为止。资本流动的结果是,A国产量由ATEO变为APSO,减少了SETP,而其国民收入没有减少,其对外投资获得的收益是PDES。所以,A国的收益增加PDT。相应地,B国增加的收益是PCD。两国通过资本自由流动,增加的总收益为 PCT。这说明,国际资本流动可以增加世界总产量。(2)加速经济全球化进程。经济全球化分为贸易自由化、生产国际化和金融全球化三个层面。在这三个层面上,国际资本流动一直与经济全球化存在着紧密联系、相互促进的关系,是经济全球化的第一推动力。首先,国际资本流动有力地推进了国际贸易的发展。其次,国际资本流动特别是国际直接投资促成了生产国际化,以跨国公司对外直接投资为核心的国际生产体系正在快速形成。最后,国际资本流动是金融全球化的主要内容,为各国发展经济和弥补财政赤字提供了便利的渠道,为发展中国家的经济增长做出了贡献。

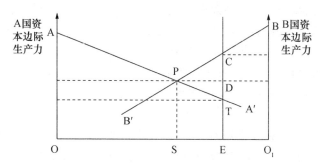

图 7-2　国际资本流动的效应分析

2. 对资本输入国的影响

长期资本流动对资本输入国的积极影响主要表现为:(1)弥补输入国资本不足,缓解资金短缺的困难,加快经济发展。(2)创造就业机会,增加国家财政收入。(3)引进先进技术与设备,加速结构改造,提高工业化水平。(4)增强出口创汇能力,改善国际收支。资本输入国可以利用外资所带来的先进技术和海外销售渠道,扩大本国产品的出口,提高国际市场竞争力。

但是,长期资本流动同时也会给资本输入国带来消极影响,主要表现为:(1)形成沉重的外债负担,引发发展中国家的债务危机。(2)加深对外资的依赖性,影响民族经济的发展。有些关系国计民生的命脉部门如果被国际垄断资本控制,可能会使资本输入国丧失经济政策自主权。(3)加剧国内市场竞争,掠夺资源,强占市场。外国投资建立的经济实体如果对当地资源实行掠夺性开采,同时挤占当地销售市场,会加剧市场竞争,影响本国经济的正常运行。

3. 对资本输出国的影响

长期资本流动对资本输出国的积极影响主要表现为:(1)有助于促进商品输出,带动贸易的发展。(2)提高输出国的国际经济地位。(3)解决闲置资本的出路问题,实现投资收益的增加。(4)绕开贸易保护主义的壁垒,成为维持和扩大海外市场份额的有效途径。

但是,长期资本流动同时也会给资本输出国带来消极影响,主要表现为:(1)使经济效益转移,妨碍国内经济的发展。(2)面临较大的投资风险。一旦政局不稳、市场容量有限、投资安全系数不高,资本就要撤出。(3)培养潜在竞争对手。长期资本流动不仅输出了货币资本,还带动了先进的技术、管理经验等生产要素的总体转移,促进了资本输入国的经济发展,孕育出潜在竞争者。

(二)短期资本流动的经济影响

短期资本流动的目标是追求营利性和流动性。由于短期资本流动的不确定性、投机性会对资本造成运用风险,因而应对短期资本的跨境流动趋势予以密切关注。巨额的国际短期资本流动会对一国、一定区域乃至整个国际金融市场产生深刻的影响。

1. 影响国际金融市场

短期资本流动有助于增强市场流动性,对国际金融市场的培育和发展有积极作用,特别是推动了金融衍生市场的发展和壮大。国际游资的频繁套汇、套利活动使国际金融市场的价格趋向一体化,使各国经济的金融相关性增强,加速了世界经济一体化进程。但是,投机资本的大规模流动,也会导致市场汇率、利率更加大起大落,造成国际金融市场的动荡不安。

2. 影响国际收支和汇率水平

当一国国际收支出现暂时性逆差时,该国货币汇率下跌,如果投机者认为这种下跌是暂时的,就会出现短期资本流入,有助于弥补国际收支逆差。当一国国际收支出现暂时性顺差时,该国货币汇率上升,如果投机者认为这种上升只是暂时的,就会形成短期资本外流。所以,短期资本流动可以调节暂时性的国际收支失衡。另外,这种投机性的资本流动使汇率差异缩小,从而起到稳定一国货币汇率的作用,因而被称为"稳定性投机"(stabilizing speculation)。

当一国国际收支出现持续性逆差时,该国货币汇率持续下跌,如果投机者认为汇率可能进一步下跌,就会卖出该国货币,造成资本外流,进一步扩大国际收支逆差。当一国国际收支出现持续性顺差时,该国货币汇率持续上升,投机者预期汇率可能进一步上升,就会买入该国货币,形成资本流入,国际收支顺差会进一步扩大。所以,短期资本流动会加剧国际收支不平衡。此外,这种投机性资本流动使得本国货币汇率更加不稳定,波动幅度增大,因而被称为"破坏稳定性投机"(destabilizing speculation)。

3. 影响一国金融政策的独立性和经济发展

(1) 影响一国国内货币政策。当短期资本大量涌入时,会导致本国货币升值,而市场利率、汇率下跌会导致短期资本迅速抽逃,使汇率暴跌。为稳定汇率,中央银行会增加基础货币的投放,买进外汇,这会导致货币供给的大幅增加,形成通货膨胀压力。(2) 扩张一国国内金融体系规模。大量短期资本流入银行体系将使银行资产规模膨胀,银行会出现过度贷款的倾向。当贷款质量不高而形成坏账时,会加大银行体系风险。中央银行也会增加储备积累以稳定货币,而向国内投放大量本币资产会促使国内金融资产膨胀,加剧金融体系的脆弱性。

实践中,短期资本外逃会降低一国国内的储蓄水平,造成投资下降和生产萎缩。如果该国为了维持一定的生产和消费能力,则势必引起外债负担的迅速累积。另一方面,短期资本流动期限短,变化速度快,对货币政策敏感。当一国为了控制通货膨胀而采取紧缩性货币政策时,由于利率提高,会带来短期内大量资本的涌入,从而破坏货币政策的紧缩力度;反之,膨胀性的货币政策又会因短期资本的抽逃而削弱实施效果。

四、国际资本流动管理

由于短期资本流动的不确定性、投机性会给一国经济政策造成很大的负面影响,因而对国际资本流动,特别是对国际短期资本流动加强监管被提上议事日程。

(一) 现有的代表性观点

1. 赞成国际资本自由流动

这种观点认为,资本的自由流动有利于充分发挥价值规律的作用,更合理地开发利用全球的经济资源,促进先进生产技术与管理技能的转移扩散,提高劳动生产率,从而达到在全球范围内最有效地配置资源,产生最佳经济效益,推动世界经济发展的目的。因此,各国政府应该解除资本项目管制,允许资本在国际上自由流动,而不加以任何干预。经济合作与发展组织(OECD)就持这种观点。

2. 赞成国际资本流动管制

这种观点认为,当前各国经济发展很不平衡,各国政府、企业和个人的经济目的各不相同,甚至互相冲突,因而引起资本流动的因素错综复杂。资本完全自由流动不一定能最有效地分配各种经济资源和产生最佳的经济效益。相反,资本逃避以及投机性资本流动还会破坏资源的合理分配和各国经济的稳定发展。因此,对于国际资本流动,必须采取适当的措施加以管理控制,这样才更有利于世界经济的发展。

3. 本书的观点

本书认为,一方面,应主张资本流动;另一方面,要控制短期投机性资本流动。

(二) 国际资本流动管制情况

通常,发达国家的管制较松,发展中国家的管制较严;国际收支顺差国管制较宽,国际收支逆差国管制较严;对资本流入的管制较宽,对资本流出的管制较严;对长期资本的管制较宽,对短期资本的管制较严。国际货币基金组织原则上不限制会员国管制资本流动的自由,WTO也没有要求会员国完全解除对资本项目的管制。因此,各会员国有权自主决定对资本流动的管制程度和措施。国际资本流动虽然总体上利大于弊,但是所带来的负面影响也不容小视。所以,各国在制定政策时都以有利于本国经济发展为依据,对于国际资本流动的态度和政策"因国而异,因时而异"。

(三) 国际资本流动的管理措施

第一,鼓励国际资本输出的措施有:(1) 放宽对资本流动的外汇管制,允许资本自由地流出;(2) 以对外援助为手段,通过外交政策予以支持;(3) 设立专门机构提供财政信贷资金,支持本国企业海外投资;(4) 通过减免税收鼓励海外投资;(5) 实行海外投资风险保障制度。

第二,鼓励国际资本输入的措施有:(1) 努力改善投资环境,吸引外商前来投资;(2) 提供税收优惠,鼓励和引导外商投资;(3) 放宽外汇管制,提供融资便利和各种金融服务;(4) 提高金融市场的开放程度,扩大国际证券融资;(5) 引导外资投向,优化外资结构,提高利用外资的质量和效益。

第三,管制国际资本流动的措施有:(1) 实行外汇管制,防止投机行为;(2) 干预金融市场;(3) 颁布各种限制性政策、条例和法令,对资本流动进行必要的限制和干预;(4) 采用限制性贷款方式,将借款与出口创汇联系起来;(5) 限制还债能力,设立外债偿还能力临界点;(6) 进行各国国内政策的协调,促进国家间的相互合作。

第四节 国际中长期资本流动与债务危机

一、国际中长期资本流动的特点

第一,国际资本流动的规模巨大,迅速膨胀,脱离实物经济而独立增长。这主要表现为:(1) 国际资本流动的增长速度远远快于经济与国际贸易的增长;(2) 国际资本流动的增长不再受世界经济周期的影响。

第二，国际资本流动的结构与方式发生了重大变化。这主要表现为：(1) 国际资本流动方向呈多样化，投资渠道与方式大大增加；(2) 国际资本投资主体呈多元化，机构投资者成为间接投资主力军；(3) 国际资本流动的证券化趋势加强。

第三，国际投机资金流动频繁，国际外汇市场交易量庞大。2016 年 4 月，全球外汇市场日均交易量已达 5.1 万亿美元，较 6 年前的 3.7 万亿美元增加了 37.8%。外汇市场的规模已远远超过股票、期货等其他金融产品市场，成为当今世界最大的单一金融市场和投机市场。

第四，跨国公司成为推动国际资本流动的主角。据联合国贸发会议统计，2004 年全球跨国公司已达 7 万家，其海外分支机构共有约 93 万家。它们不仅掌握着全球 1/3 的生产和 70% 的技术转让，还掌握着全球 2/3 的国际贸易和 90% 的外国直接投资。可见，跨国公司是推动资本流动的主角。

第五，全球 FDI 的行业结构发生了显著的变化：第一产业的 FDI 大幅减少，第二产业的 FDI 有所增长。从全球 FDI 存量来看，服务业占比继续保持在 60% 以上。

第六，国际投资协定的数量和影响继续扩大。据《2016 年世界投资报告》统计，2015 年各国缔结了 31 个新协定，这使得全球国际投资协定总数达到 3304 项。最新签订的国际投资协定遵循不同的协定范本。同时，区域协定往往规定签约方的双边条约继续有效，从而使得投资规则体系更加复杂。截至 2016 年 5 月底，近 150 个经济体正围绕至少 57 个新的国际投资协定进行谈判。投资者和东道国之间的仲裁案数量继续增长。

二、20 世纪 80 年代发展中国家的债务危机

因为资金的使用与偿还之间存在"时间差"，所以国际资本流动蕴含发生资金偿还困难——债务危机的可能性。20 世纪 80 年代，以拉美国家为首的发展中国家的债务危机就曾给世界各国的宏观经济发展和运行带来了严重的冲击。

(一) 发展中国家债务危机的概况和特点

1982 年 8 月 12 日，墨西哥通知外国金融官员，该国不能按照原计划偿付 800 亿美元的外债，进而提出向外国政府和中央银行寻求贷款援助，请求延长偿债期限，并且要求对近日到期的债务进行重新安排。不久，巴西等一系列拉美国家相继宣布无力偿债，而从欧洲银行借入大量外债的波兰以及解体前的苏联加盟共和国的问题同样严重。许多非洲国家的债务借自官方机构，如国际货币基金组织、世界银行，也没能如期偿债。到 1986 年底，有 40 个国家遇到了严重的债务问题，世界性的债务危机爆发。此次债务危机呈现出几大新的特点：

1. 债务规模庞大

1971 年至 1983 年，发展中国家的外债总数从 900 亿美元猛增到 8170 亿美元，增加了 900% 以上。到 80 年代中期，发展中国家的外债已接近 10000 亿美元。与 1971 年相比，1982 年发展中国家偿付债务的开支增加了 1000% 以上，超过了 1310 亿美元。1985 年，这一数字达到 1408 亿美元。在所有发展中国家中，又以拉美国家的债务问题最为严重。1982 年中期，拉美国家的外债总额为 2950 亿美元。到 1985 年，拉美国家的外债总额达到 3600 亿美元，超过该地区全年国内生产总值的一半。其中，巴西外债为 1030 亿美元，居世界债务国之首，每年仅支付利息就达 120 亿美元；墨西哥外债为 960 亿美元；阿根廷外债近 500 亿美元；委内瑞拉外债超过了 400 亿美元。这 4 个国家再加上秘鲁、智利、哥伦比亚，7 个国家的负债额占了整个拉丁美洲的 80% 之多。

2. 债务结构恶化：债务以浮动利率为主

在发展中国家，特别是拉美国家所借取的外债中，多以浮动利率债务为主（见表 7-3）。如果国际金融市场的利率持续保持低水平，这些国家可能不致出现偿债危机。然而，进入 20 世纪 80 年代以后，美国等国家的利率水平高企不下，使发展中国家的债务负担明显加重。据统计，1979—1982 年，由于美国利率水平的提高，使拉美负债国多偿付 490 亿美元的债务。

表 7-3　1970—1984 年未偿付债务的构成（占债务总额的百分比）　　　单位：%

国家	官方来源债务			私人来源债务			浮动利率债务		
	1970—1972 年	1980—1982 年	1984 年	1970—1972 年	1980—1982 年	1984 年	1970—1972 年	1980—1982 年	1984 年
阿根廷	12.6	8.8	9.2	87.4	91.2	90.8	13.9	53.7	37.5
巴西	29.7	11.8	13.8	70.3	88.2	86.2	43.5	66.0	79.1
墨西哥	19.5	11.1	8.8	80.5	88.9	91.2	46.9	74.3	83.0
智利	47.2	10.5	8.8	52.8	89.5	91.2	7.6	58.1	81.2

资料来源：世界银行：《1986 年世界发展报告》，中国财政经济出版社 1986 年版。

3. 债务结构恶化：债务以商业银行贷款为主

20 世纪 70 年代，发展中国家的债务总额中，商业银行的贷款比重只有 10%；而到 1982 年，猛增到 60%。1984 年，拉美国家对商业银行的借款占其外债总额的比重高达 70.4%，15 个主要债务国对商业银行的欠款比重达到 60.3%。商业银行贷款比重的上升，使得 20 世纪 80 年代债务问题的性质有了根本的转变。因为一旦债务国发生"倒债"行为，这些靠吃借款和放款之间利差运营的商业银行便会面临破产的威胁；同时，短期债务的增加使债务国每年的到期偿还额大为增加，从而加重了债务国的负担，进一步加大了"倒债"的可能性。

4. 债务、债权主体高度集中

从债务国的角度看，在 1985 年 10000 亿美元的债务总额中，有 50% 以上的债务集中于 15 个国家，其中拉美占了 10 个。拉美九大债务国的债务额在该地区的外债总额中所占的比重为 91.7%，其中仅阿根廷、巴西、墨西哥的外债额在该地区债务总额中所占的比重就达到 66.2%，债务集中程度相当高。从债权银行的角度看，其集中程度也十分突出。据世界银行统计，在 15 个主要债务国的外债总额中，美国商业银行所占的比重为 24.5%，而美国在总的商业银行贷款中占 34.8%。阿根廷、巴西和墨西哥从美国 9 家商业银行的借款超过了这 9 家商业银行的资本总额。这种债权与债务双方的高度集中，加大了国际金融体系的不稳定性。因此，债务危机的爆发引起了国际社会的广泛关注，尤其是美国对债务危机予以强烈关注。

（二）发展中国家债务危机的成因：内因和外因

发展中国家债务危机的爆发有着深刻的内因和外因。具体来看，其内因主要有以下几点：

第一，盲目借取外债，不切实际地追求高速经济增长，致使外债规模膨胀。20 世纪 70 年代，石油价格上涨，使大量石油美元进入欧洲货币市场，发展中国家可以非常低的利率借入。这使拉美国家对国际金融市场过分乐观，急于发展自己的经济，试图以最快的速度进入发达国家的行列，因而大量举债。据统计，巴西在其 1981—1985 年的发展计划中，开列的投资总额为 3720 亿美元,其中 57.5％计划靠筹借外债。

第二,国内经济政策失误,持续实行扩张性的财政、货币政策。如表 7-4 所示,由于拉美国家持续实行扩张性经济政策,使拉美国家的通货膨胀率显著偏高,通货膨胀率最低的委内瑞拉也达到 19.3％。恶性通货膨胀对经济增长的影响是灾难性的,偿还外债自然就比较困难。没有一个较为宽松的经济环境,其他方面的经济调整与改革就难以取得实效。

表 7-4　1980 年拉美主要国家的财务状况统计

国别	国家财政赤字/GDP(％)	广义货币增长率(％)	通货膨胀率(％)
秘鲁	2.0	157.0	233.9
哥伦比亚	1.5	—	24.8
巴西	4.1	—	284.3
智利	6.7	30.3	20.5
委内瑞拉	7.4	17.8	19.3
墨西哥	3.8	62.4	70.3
阿根廷	2.6	368.5	395.2

资料来源:戴建中:《拉美债务危机与东南亚金融危机比较研究》,载《国际金融研究》1999 年第 8 期。

第三,债务管理不善,所借外债没有得到妥善管理和高效利用。首先,在实行进口替代工业化政策时期,拉美国家限制外国直接投资涉足国内许多工业部门,主要依靠对外举债解决资金短缺的问题和发展国内工业,导致对出口的忽视,从而为外债的偿还带来困难。其次,这些发展中国家存在着非常严重的资金外逃现象,难以充分利用资金。再次,大量外债被用于非生产性开支,如弥补国际收支赤字、财政赤字以及军事开支。最后,即使是被用于生产领域的外债,也主要投入国有企业,相关国家大多管理不善、效益低下,难以形成稳定的偿债资金来源。

第四,外债结构不合理,对外债缺乏宏观上统一的管理和控制。具体而言,商业贷款比重过大,外债币种过于集中,期限结构不合理。

需要指出的是,除了发展中国家的内因之外,外部国际经济环境的变化也会对债务危机的形成和恶化起到推波助澜的作用。外因具体包括:

第一,受到两次石油危机的冲击,以发达国家为主导的世界经济衰退。1973 年,世界经济受到第一次石油危机的冲击,西方发达国家经济普遍低迷,因而强化了贸易保护主义。发展中国家出口受到严重损害,国际收支恶化,只能通过举债弥补。20 世纪 80 年代初,第二次石油危机进一步加剧了世界经济衰退,西方国家通过贷款利率、贸易比价等渠道,向发展中国家转嫁其经济危机,加大了拉美国家的经常项目收支逆差,使其举债规模不断扩大。

第二,国际金融市场上美元利率和汇率的上浮。20 世纪 80 年代早期,工业化国家的反通胀政策引起了国际利率的迅速增加。发展中国家面临的贷款名义利率与实际利率变动情况详见表 7-5。同时,发展中国家的外债一般以外币计价,又以美元为主,美元汇率升值与利率上升双重因素使这些国家原有债务的实际利率大幅提高,利息偿还很快占到许多国家出口价值的 30％以上,债务偿还出现困难。

表 7-5　发展中国家的债务利率变动情况　　　　　　　　　　　　　单位:%

年份	名义 LIBOR	实际 LIBOR	年份	名义 LIBOR	实际 LIBOR
1972	5.4	−3.5	1979	12.0	−7.4
1973	9.3	−17.5	1980	14.2	−5.8
1974	11.2	−29.4	1981	16.5	19.9
1975	7.6	14.1	1982	13.3	27.5
1976	6.1	−1.8	1983	9.8	17.4
1977	6.4	−3.8	1984	11.2	8.4
1978	8.3	12.5	1985	8.6	9.3

资料来源:姜波克:《国际金融新编》(第三版),复旦大学出版社 2001 年版,第 297 页。

第三,国际商业银行贷款政策的失误。发展中国家的外债主要是主权贷款。用花旗银行前总裁沃尔特·沃里斯顿的话来说,"国家是永远不会破产的"。这正是大多数商业银行发放贷款时的主导思想,导致各银行自由地对外贷款,而没有采取借贷限额等限制风险的措施。很多银行不断大量增加对发展中国家的贷款。例如,花旗银行到 1982 年底向发展中国家发放的所有贷款占其总资本的 287.5%。

三、债务危机的解决方案

面对严重的债务危机,发展中国家、国际金融组织和商业银行作出了共同的努力,制定和实施了一系列解决方案。

(一) 最初的援助措施——债务重新安排(1982—1984 年)

1982 年债务危机爆发后,美国等债权国与国际货币基金组织共同制定了债务重新安排计划,包括两方面内容:一是各国政府、银行和国际机构向债务国提供贷款,以缓解其短期内的偿债压力;二是重新安排债务,通过债权方和债务方的合作,改变偿债的条件。IMF 要求债务国实施紧缩政策;债权银行延长债务期限和偿债宽限期等,但是并不减免债务总额。这一解决方案的核心是,将债务危机视为发展中国家暂时出现的流动性困难。据世界银行统计,1975 年到 1980 年,平均每年有 5 个会员国重新安排债期,1981 年增加到 13 国,1983 年达到 31 国。毋庸置疑,达成重新安排债务或续借外债的协议可以暂时减轻债务国的清偿困难,解燃眉之急,缓和债务危机。然而,签订这些协议是有先决条件的,债务国必须实施国际货币基金组织提出的紧缩措施,包括本币贬值、停止补贴、提高公用事业的价格、控制工资的增长、提高利率、降低信贷的增长率、放松对贸易和投资的控制、采取市场导向政策等。债务国实施这些措施后,要付出巨大的代价,如经济增长速度迅速下降、物价加速上涨、人民生活水平降低、社会矛盾激化、政局动荡等。无疑,这对重债国来说是雪上加霜。

(二) "贝克计划"(Baker Plan)(1985—1988 年)

在国际货币基金组织和世界银行 1985 年 10 月召开的年会上,里根政府提出,解决国际债务问题的最好方法就是促进债务国的经济增长。世界银行应该与商业银行携手,为债务国发放大额贷款,帮助它们恢复投资和资本积累。美国前财政部长詹姆斯·贝克提出了解决债务问题的"新战略"——"贝克计划",有两大主要内容:一是要求发展中国家进行全面性的宏观经济调整,降低通货膨胀率并实现国际收支的平衡,通过恢复经济增长提高偿债能力,以此作为新增贷款的前提与条件。二是向发展中国家提供新贷款。世界银行等在 3 年内向 15 个主要债务国增加 90 亿美元的贷款,并从 IMF 的信托基金中拨出 27 亿美元,专门提供给15个主要债务国;私人商业银行在3年内向上述15个主要债务国增加200亿美元的贷款。

"贝克计划"的重点是,通过安排对债务的新增贷款,将原有债务的期限延长等措施来促进债务国的经济增长。但是,它同时要求债务国调整其国内政策,进行"综合、全面的宏观经济与结构改革"。例如,实行国有企业私有化,减少政府对经济的干预,进一步开放资本和股票市场,放松投资限制,实行贸易自由化和资本流动自由化等。拉美国家为获得更多的贷款,被迫接受了这些附加条件,开始了经济自由化改革进程。"贝克计划"实际上承认了"以发展促还债"的原则。在计划执行中,产生了一系列创新手段,如债务资本化、债权交换、债务回购等。"贝克计划"虽然得到了债权国的支持和债务国的欢迎,但是对解决发展中国家的债务危机问题收效甚微,因为它提出的援助款项对巨额债务而言可谓"杯水车薪"。实际上,每年拉美国家支付的贷款本金和利息比它们新得到的贷款要多约250亿美元,而且这些新贷款越来越少,最后并未达到200亿美元。因此,"贝克计划"被认为是一个失败的计划。

(三)"布雷迪计划"(Brady Plan)(1989年以后)

1989年3月,布什政府的财政部长尼古拉斯·布雷迪呼吁美国商业银行接受一项有序地减免债务的计划,并呼吁国际货币基金组织和世界银行改变其借贷政策以支持这一进程。相比"贝克计划"坚持所有商业银行的债务最终必须按条款归还,"布雷迪计划"承认债务国不可能完全付清债款的客观事实,提出了以由商业银行较大幅度削减发展中国家原有债务和由国际金融机构增加对债务国的支援贷款为主要内容的新债务战略。"布雷迪计划"首次同意对拉美债务国所欠债务本金予以减免,在自愿、市场导向的基础上,对原有债务进行各种形式的减免,但是要求债务国进行新自由主义发展模式的改革。

"布雷迪计划"在一定程度上接受了拉美国家提出的以债务资本化为主要形式的减债要求,其中心思想是削减债务国累积债务的余额和减轻债务国的利息负担。它将39个重债国的3400亿美元债务减免700亿美元,并由国际货币基金组织和世界银行建立金额为300亿美元的特别基金,为债务国减免债务后剩余外债还本付息提供担保,希望日本等发达国家提供新贷款以支持这项计划。"布雷迪计划"不仅减轻了债务国的偿债负担,而且提高了债务国的信用,增强了市场对这些国家的信心,增加了对发展中国家的资金流入。据统计,"布雷迪计划"共使债务国对商业银行的债务消减了32%。在国际合作的背景下,墨西哥积极配合,调整了经济结构和经济政策,收到良好效果。此后,菲律宾、哥斯达黎加、委内瑞拉、乌拉圭和尼日利亚都开始与商业银行谈判,签订债务减免协议。1990年以后,随着美国利率显著下降,对发展中国家尤其是债务危机国的资金流入开始恢复。同时,债务国进行的贸易自由化、私有化、降低通货膨胀率等措施初见成效。到1992年,在巴西、阿根廷与它们的债权国签订减免协议后,以拉美为首的发展中国家历时十年的债务危机基本宣告结束。

"贝克计划"和"布雷迪计划"的出笼,强制陷入债务危机的拉美国家按照新自由主义发展模式实施改革。由此,拉美地区掀起了转换经济发展模式的高潮,新自由主义发展模式在拉美国家广泛推行。至此,拉美国家才获得了重新安排债务和取得新贷款的机会,债务危机趋于缓解。

(四)其他偿债方案

此外,国际社会还相继提出了许多解决债务危机问题的方案,如日本的"资金回流计划"、债权银行自行设计的一些融资工具、债务国的债权/股权转换战略(debt/equity swaps)等。例如,20世纪80年代末,花旗银行将其拥有的部分智利贷款转换成比索,购买智利金矿和纸浆厂的股份。尽管债权/股权转换增加了银行卖出发展中国家债务的机会，但是由于发展中国家的部分股权投资的风险度和贷款一样，因此不一定会降低风险；同时，在发展中国家拥有股权资产的银行可能不知道如何管理这些资产。债务国则担心通过债权/股权转换，会使本国的一些主要企业被外国控制。

四、国际债务危机的启示

这场债务危机导致拉美国家经历了"失落的十年"，美国、日本等主要债权国也受到了巨大的冲击。总的来说，20世纪80年代国际债务危机爆发以后，在债权国和债务国政府、债权银行以及国际金融机构的努力下，局面很快得到了控制，危机没有进一步恶化，未出现更大规模的金融体系危机。但是，债务危机问题并没有得到真正的解决，只能说得以缓和。债务危机爆发的事实表明，用借款来平衡国际收支只能是暂时的措施，而且必须有足够的储备资产支持和稳固的偿债能力保障。国际资本的流动客观上能够起到平衡国际收支的作用，但是主观上受市场机制的驱动。一旦投资利润受到影响，私人贷款资金会立即转移。所以，国际金融市场资本流动也可能加剧国际收支失衡。

虽然借用外部资金发展本国经济是国际通行做法，本身无可厚非，但是如果利用不好，外债规模过大，结构不合理，管理失控，便会背上债务包袱，甚至引发债务危机。世界银行曾对45个债务国进行外债问题专项研究。结果表明，出现债务危机的国家，除了债务规模过大、债务增速过快、短期债务比例太高、币种选择不当等原因外，很重要的一点是外债使用不当。借了外债，经济结构却没有优化，出口创汇能力没有增强，经济实力没有显著提高，债务国便容易陷入借新债还旧债的恶性循环之中，最终当资金链条断裂时便会引发危机。这正是拉美国家债务问题的鲜明写照。所以，保持合理的外债规模和结构，适当地监管外资利用，循序渐进地开放本国资本市场，是维持一国经济健康发展的基础。

在2015年出台的投资政策措施之中，投资自由化和促进措施占比为85%，限制性或管制措施占比为15%。在国家、双边、区域、多边等多个层面，国际投资协定改革正在向强调可持续发展的目标推进，出现了新一代的投资协定。实际上，不合理的宏观经济政策往往会埋下主权债务危机的隐患。比如，冰岛经济基本面在2007年就出现了严重的问题，政府为避免危机，急速抬高本国利率，进而加剧了投资者的质疑，引发了货币危机。2008年1月至10月，冰岛克朗的跌幅超过53%。此时，冰岛三大银行背负着巨额的短期外债。当冰岛政府向三大银行注资并使之国有化时，又加重了政府的财政负担，最终形成主权债务危机。

第五节　国际投资理论

20世纪80年代以来，经济全球化趋势持续发展，证券市场国际化成为不可逆转的新潮流。国际证券投资理论主要分为古典国际证券投资理论与现代国际证券投资理论，前者主要分析国际证券投资的原因及流动规律，后者则着重阐述国际证券的选择与优化问题。

一、国际证券投资理论

（一）古典国际证券投资理论

这一理论产生于国际直接投资和跨国公司迅猛发展以前，认为国际证券投资的起因是各国之间存在的利率差异。两国的利率差异使相同收益的有价证券的价格不同，有价证券的收益率、价格和市场利率的关系可用以下公式表示：

$$C = \frac{I}{r}$$

其中，C 为有价证券的价格，I 为收益率，r 为市场利率。按照公式计算，高利率国家有价证券的价格低，低利率国家有价证券的价格高。这样，低利率国家就会投资高利率国家的有价证券。古典国际证券投资理论说明了国际证券投资的起因和流动规律，它以国际资本自由流动为前提，但是现实中却存在着对国际资本流动的各种限制。

（二）资产选择理论（portfolio selection theory）

美国经济学家马克维茨和托宾在 20 世纪 50 年代提出，任何资产都具有收益和风险的两重性，投资者通过在各种资产之间进行选择，形成最佳投资组合，分散风险，使投资收益一定时风险最小，或投资风险一定时收益最大。基于这样的考虑，投资者可能选择不同国家的证券作为投资对象，从而引起资本在各国之间的双向流动。

假设投资者持有两种证券 A、B 的证券组合，a、b 分别表示投资者持有证券 A、B 的份额。以 A、B 构成的证券组合的收益 R_p 可以表示为各种证券收益（R_a、R_b）的加权平均数：$R_p = aR_a + bR_b$。这一证券组合的预期未来收益由 A、B 的预期未来收益决定：

$$R_p^* = aR_a^* + bR_b^*$$

上式中，R_p^*、R_a^*、R_b^* 分别表示证券组合、证券 A、B 的预期收益。

证券组合的风险用方差衡量。证券组合的方差取决于每种证券在证券组合中的份额、各种证券的方差和它们的协方差：

$$Var(R_p) = a^2 Var(R_a) + b^2 Var(R_b) + 2ab Cov(R_a, R_b)$$

上式中，Var 表示方差，是某一变量围绕其中值或平均值发生变动的程度。Cov 表示协方差，是 A、B 共同变动的程度。协方差为负，有助于减少证券组合的整体方差，从而降低风险。资产选择理论将数量化研究引入证券收益与风险研究，第一次将风险分为系统性风险与非系统性风险，并主张用证券组合来消除非系统性风险，对于证券投资实践有着重大的指导意义。这一理论能够说明国际资本双向流动的原因、国际证券的选择和优化，但是它建立在资本完全自由流动和金融市场高度发达的基础上，与实际不符，并且投资者皆为风险厌恶者的假设有失偏颇。

（三）完全竞争理论（full competition theory）

麦克杜格尔（G. A. MacDougall）于 1968 年在《外国私人投资的收益与成本：一种理论分析》一文中提出完全竞争理论。后来，肯普和琼斯分别在《国际贸易与投资收益：新赫克歇尔-俄林分析法》和《国际资本移动与关税贸易理论》中对麦克杜格尔的分析加以进一步的完善。这一理论指出，国际投资是个套利过程，在完全竞争下，利率差异引起资本流动，从资本丰富的国家流向资本稀缺的国家，直到资本市场的边际收益率与市场利率相等为止。所以，利差是国际资本流动的唯一原因。在各国资本的边际生产率相同的条件下，开放经济系统中的资本利用效益远比封闭经济系统中的高，并且总资本能得到最佳利用。在开放经济系统中，资本流动可为资本充裕国带来最高收益；同时，资本短缺国也因输入资本使总产出增加而获得新增收益。在世界范围内，重新进行资本资源配置，可使世界总产值增加并达到最大化，促进全球经济的发展。该理论在一定程度上揭示了国际资本流动的一般规律，故又被称为"国际资本流动的一般模型"。但是，它所假定的"完全竞争"和"资本自由流动"是不符合客观现实的；同时，它的资本边际收益率等于市场利率，也过于理想化。

二、国际直接投资理论

20世纪60年代以前,国际贸易理论是解释对外直接投资的依据,如资源禀赋理论即赫克歇尔-俄林定理。西方产生真正意义上的对外直接投资理论是20世纪60年代以后的事情,主要以分析和解释各国跨国公司对外直接投资的决定因素作为研究重点,以史蒂芬·海默的垄断优势论为标志,该理论被认为是这一研究领域的开拓性理论。之后,理论研究重心转向直接投资行为主体跨国公司,最有影响的是约翰·邓宁的国际生产折中论或综合论。进入80年代以后,跨国公司理论研究开始运用多学科交叉性综合研究和现代研究方法,验证、补充和修正了原有的理论,同期还出现了针对发展中国家对外直接投资实践的理论研究。概括而言,跨国公司对外直接投资的理论主要有:垄断优势理论或产业组织论、产品生命周期理论、市场内部化理论、国际生产折中理论或综合论、比较优势理论、投资发展周期理论、小规模技术理论和技术地方化理论等。

(一) 垄断优势理论(monopolistic competition theory)

垄断优势理论又称为"产业组织论"(industrial organization theory),是美国学者海默于1960年在其博士论文《国内企业的国际化经营:对外直接投资的研究》中首先提出的,后经约翰逊和凯夫斯等人发展而成,由金德尔伯格加以完善。该理论认为,企业对外直接投资的动因是企业所拥有的垄断优势,之所以能够保持优势,是因为市场的不完全。企业拥有的垄断优势有:(1)产品市场优势,包括产品类别、商标、特定的销售技巧、价格操纵等;(2)要素市场优势,如专利技术、专有技术、管理和组织技能、以优惠条件获得资金等;(3)规模经济优势,企业可通过横向一体化获得内部规模经济的优势,通过纵向一体化获得外部规模经济的优势,使外部利润转化成内部利润;(4)政府管理行为带来的优势,政府有关税收、关税、利率和汇率政策也会造成市场的不完全,由于市场扭曲而给企业带来优势。

垄断优势理论的主要观点是:海外直接投资的理论依据是非完全竞争下的企业垄断优势,决定海外直接投资的原因是利润差异,而投资获利的多少则取决于垄断优势(包括实行横向一体化和纵向一体化的优势、生产要素的优势、产品市场优势、实行内部一体化管理和技术的优势)的程度。跨国公司的利润来源于这种垄断所带来的规模经济。

垄断优势理论标志着国际直接投资理论研究的开端,使其独立于国际贸易理论与国际资本流动理论。该理论分析了进行国际直接投资的条件和原因,将研究范围从流通领域转入生产领域,从全新角度解释了快速成长的国际投资现象。该理论引进了"垄断竞争"和"寡头垄断"概念,开创了一条研究国际直接投资的新思路,将不完全竞争理论引入该研究领域,摒弃了传统的完全竞争假设,用其解释美国跨国公司的直接投资行为很有见地。该理论丰富了跨国公司理论,形成了寡头垄断模式这一完整的理论体系。但是,它忽视了市场不完全性的一般形式而偏重于市场不完全性的具体形式,无法解释不具有垄断优势的发展中国家企业的对外投资行为,因而在理论上缺乏普遍意义。

(二) 产品生命周期理论(product cycle theory)

美国哈佛大学教授弗农于1966年提出这一理论。产品生命周期,是指一个产品从研制开发、投入市场到退出市场的过程,是产品的市场寿命。弗农认为,产品生命周期可划分为创新、成熟、标准化和衰退四个阶段。每一种产品都要经过这四个阶段。资本在产品生命周期的各个阶段有着不同的流动状态。企业对外直接投资是产品从研究开发到成熟,再到标准化,最终过时这一过程中的一个自然阶段。在产品周期的不同阶段,产品的比较优势和竞争条件也相应地发生变化,决定着企业对外直接投资的发生和发展。

第一阶段为创新阶段(new product stage)。在该阶段,由于企业存在着某种程度的产品垄断,新产品的需求价格弹性很低,生产成本的差异对企业生产区位的选择影响较小,所以产品生产集中在国内。企业可以利用其在生产方面的优势地位,垄断国内市场,并通过出口打进国际市场,而无须进行对外直接投资。

第二阶段为成熟阶段(mature product stage)。在该阶段,由于产品已定形,需求剧增,消费价格弹性增加,国内外出现仿制者,企业技术优势逐渐丧失,成本价格因素在竞争中的作用日益重要。为了保持原有市场、排斥竞争对手,企业被迫进行防御性的对外直接投资,所投资的通常是与本国需求结构相似的国家。

第三阶段为标准化产品阶段(standardized product stage)。在该阶段,产品的生产技术及产品本身已经完全成熟,趋于标准化,价格优势取代技术优势。企业为了降低成本,将生产转移到某些生产要素成本低廉的地区(通常为发展中国家),以获得比在国内生产更多的盈利和占领更多的产品市场份额。当对外直接投资的产品大量返销国内时,表明产品的生命周期宣告结束,投资国企业已完成由出口转向对外直接投资的过程。

第四阶段为衰退阶段(decline stage)。在该阶段,产品的市场占有率已经饱和,并走向衰退,最终为新的产品所取代。

产品生命周期理论从企业垄断优势和特定区位优势相结合的角度深刻揭示了企业从出口产品转向直接投资的动因、条件和转换过程,是动态的国际直接投资理论。该理论为投资企业进行区位市场选择和国际分工的阶梯分布提供了一个分析框架,它较好地解释了美国在 20 世纪 50、60 年代对西欧、发展中国家的直接投资活动。但是,20 世纪 70 年代以后,许多产品在创新开发阶段就已经突破国界,显示了该理论的局限性。

(三) 市场内部化理论(the internalization theory)

英国经济学者巴克利和卡森在 1976 年出版的《跨国公司未来》一书中首先提出市场内部化理论。后来,加拿大经济学家卢格曼在其 1981 年出版的《跨国公司:内部化市场经济学》一书中进一步发展了这一理论。该理论在假设市场不完善前提下,说明企业为什么要进行直接投资,而不是以其他方式获取更高的利润。他们认为,产品市场不完全,企业通过对外直接投资以内部化市场,降低交易成本,实现总体收益最大化。影响内部化的因素有产业因素、公司因素、国家因素和地区因素,其中产业因素最为关键。内部化市场可以协调生产经营,制定有效的差别价格,消除国际市场的不完全性,防止技术优势的扩散与丧失,从而提高整体经济效益。市场内部化也具有成本,只有当通过市场内部化获得的收益超过外部市场交易成本与内部化成本之和时,内部化才会进行。

内部化就是把市场建立在企业内部的过程,即企业以内部交换取代外部市场交易的过程。市场内部化理论认为,由于政府管理和控制以及信息和工艺而导致的外国市场的不完全性,致使国际贸易和投资无法顺利进行,企业进行对外直接投资的动因是获得内部化利益。由于外部市场具有不完全性,企业通过对外直接投资建立跨国公司,跨国公司将资源的外部市场配置行为转化为企业的内部配置行为,中间产品在内部市场进行转让,从而降低信息搜寻或咨询成本,提高资源的配置效率,使交易成本达到最小化,实现企业总体收益最大化。根据市场内部化理论,市场交易会产生交易成本。特别是对于有纵向生产联系的不同国家市场来说,用企业内部的过程转换来替代市场交易可以大大降低生产成本,提高企业利润。于是,通过跨国界的市场内部化过程,形成了跨国公司和海外直接投资。进入壁垒是区位选择的重要因素。

内部化理论将科斯和威廉姆森的交易费用理论引入对外直接投资分析。科斯提出,市场失效等市场不完全性必然会增加企业的交易成本,而通过跨国企业形式组织内部交易则可减少市场交易成本,降低交易费用,实现收益最大化。因此,只要某个地方国际资源配置的内部化比利用市场的成本小,在那里就会出现跨国公司。

综上,内部化理论发展了垄断优势理论,是跨国公司理论研究的一个重要转折点。该理论关于内部化发展超越国界便会产生对外直接投资和跨国公司的观点,有助于理解国际资本流动,比较合理。但是,该理论没有从国际经济一体化的高度对跨国公司的国际生产与分工进行分析,也不能对企业为什么到国外投资以及投资的地理方向作出有说服力的诠释。

(四) 国际生产折中理论(eclectic theory of international production)

英国经济学家约翰·邓宁于1977年在其代表作《国际生产和跨国企业》中对国际生产折中理论作了系统的阐述。该理论以市场不完善为前提,将产业组织论、生产内部化论和区位优势论综合起来,故又称为"国际生产综合论"。该理论的核心是跨国公司国际直接投资的OIL模式,即决定跨国公司行为和对外直接投资的是三大基本要素:所有权优势、内部化优势和区位优势。

第一,所有权优势(ownership advantage),是一国企业拥有或能够获得而国外企业没有或无法获得的资产及其所有权方面的优势,主要指独占无形资产和规模经济所产生的优势。所有权优势的大小,直接决定了企业对外直接投资的能力。

第二,内部化优势(internalization advantage),是指企业将其所拥有的所有权优势加以内部化而产生的优势。内部化优势的大小,决定了企业在直接投资、出口贸易和资源转让等国际经济形式中选择何种形式以实现其所拥有的所有权优势。

第三,区位优势(location advantage),是企业在投资区位上所拥有的选择优势,选择的标准是企业获利程度。区位优势由直接区位优势和间接区位优势组成,前者指东道国的某些有利因素所形成的区位优势,后者是由于投资国的某些不利因素所形成的区位优势。区位优势的大小,决定了企业是否进行对外直接投资和投资地区的选择。

国际生产折中理论的主要观点有:国际直接投资是由所有权优势(指企业所独享的利益,如发明创造能力、产品多样化程度、技术、管理和推销技巧、企业生产和市场多极化规模等)、内部化优势(包括多国经营、组织结构和市场机制等)以及区位优势(指地区的特殊禀赋,包括资源、政策和工艺性质、产品和竞争情形等)综合决定的,这三种优势影响着跨国公司的投资决策(直接投资、出口和许可证三种选择)。如果企业同时具有这三种优势,则发展对外直接投资是其参与国际经济活动的最佳形式,可以实现利润最大化。这三种优势的结合也决定了对外直接投资的部门结构和区域结构。如表7-6所示,跨国公司拥有优势的不同组合可以解释企业关于国际直接投资、商品出口、许可证转让技术这三种经济活动的选择行为。

表 7-6 跨国公司拥有优势的不同组合

	所有权优势	内部化优势	区位优势
国际直接投资	拥有	拥有	拥有
商品出口	拥有	拥有	不拥有
许可证转让技术	拥有	不拥有	不拥有

国际生产折中理论从动态角度分析提出,只要企业具备所有权优势、内部化优势和区位

优势，国际直接投资就可以发生，对国际直接投资作了一般解释。该理论阐明了国际直接投资并不取决于资金、技术和经济发展水平的绝对优势，而是取决于它们的相对优势，这对发展中国家利用其相对优势发展海外直接投资有着现实的指导意义。国际生产折中理论是一个重大的理论突破，被联合国跨国公司中心的文献称为"被人们最广泛接受的一种国际生产模式"，成为西方国家对外直接投资理论的主流。邓宁对西方经济理论中的产业组织理论、厂商理论、区位理论等兼容并蓄，吸收了国际经济学中的各派思潮，创立了实现国际贸易、对外直接投资和非股权转让三位一体的这一理论。该理论对发展中国家利用外资和对外直接投资政策有一定指导意义。但是，限于西方经济学微观理论的局限性，该理论对很多类型的对外直接投资现象仍然无法作出科学的解释，如无力解释发达资本主义国家间的交叉投资、混合结构类型的跨国公司对外直接投资等。

（五）比较优势理论（the theory of comparative advantage）

20 世纪 70 年代，日本学者小岛清以传统的国际分工理论为基础，发展了大卫·李嘉图的比较优势学说，提出了比较优势论。其代表作是 1987 年出版的《对外直接投资：跨国经营的日本模型》。他认为，跨国公司对外直接投资的决定因素是比较优势，应充分利用东道国的比较优势扩大两国的贸易和福利。

小岛清运用国际贸易理论的 2×2 模型，对建立在比较利益基础上的国际直接投资进行了经济分析。假设 A、B 分别为发达国家和发展中国家，两国都只生产 K 产品（资本密集型产品）和 L 产品（劳动密集型产品），其中 A 国在生产 K 产品上有比较优势，B 国在生产 L 产品上有比较优势。在完全竞争条件下，比较利润率与比较成本相关，如果 A 国企业对 B 国 L 产品进行投资，就能把 A 国的资本、技术和管理优势与 B 国劳动力低廉的优势相结合，获得较高的利润率。这种建立在比较利益基础上的直接投资不仅不会替代国际贸易，还会扩大国际贸易量，使投资国和东道国都能从中获利。如果 A 国对 B 国 K 产品进行建立在垄断优势基础上的国际直接投资，则比较利润率与比较成本相背离，会导致双方出口贸易量下降，经济福利受到损失。所以，对外直接投资应该从本国（投资国）已经处于或趋向于比较劣势的产业依次进行，而投资国比较劣势的产业正好是东道国比较优势的产业，这样可以显示东道国的比较优势，扩大两国贸易量，增加两国福利。

比较优势理论从国际分工角度解释投资行为，否认了垄断优势因素在对外直接投资方面的决定作用，较好地解释了 20 世纪 60、70 年代日本对外直接投资的特征，也在一定程度上解释了"雁阵模式"。但是，该理论对所有对外投资企业动机一致的假定过于简单，无法解释 20 世纪 80 年代以后日本大幅增加的逆贸易导向型对外直接投资现象。这种以资源导向型、劳动力导向型为主的投资对发展中国家作为东道国的长期技术进步和贸易发展也是不利的。

（六）投资发展周期理论（the theory of investment development）

邓宁于 1981 年提出，一国的对外直接投资与其经济发展水平有密切的关系，而经济发展阶段和水平的重要标志是人均国民生产总值（GNP）。对外直接投资周期的四个阶段呈现的趋势是：伴随着一国人均国民生产总值的提高，该国的直接投资流出量和流入量将同步增长，其净投资流出量曲线呈"U"字型，这就是投资发展周期模型。

第一阶段，人均 GNP 不高于 400 美元，为最贫穷国家，没有对外直接投资。第二阶段，人均 GNP 为 400—1500 美元，为发展中国家，对外直接投资仍处于较低水平，净国际直接投资流量为负值。第三阶段，人均 GNP 为 2000—4750 美元，是新兴工业化国家，对外直接投资稳定发展,净国际直接投资量仍为负值,但缺口缩小。第四阶段,人均 GNP 超过 5000 美元,主要是发达国家,净国际直接投资量为正值。

投资发展周期理论在一定程度上反映了对外直接投资具有规律性的动态发展趋势,即对外直接投资较多的国家通常也是经济发展水平较高的国家。但是,这种正相关关系与实际情况有很多不符,说明经济发展水平只是决定对外直接投资的重要因素之一,而不是唯一因素。

(七)小规模技术理论和技术地方化理论

1983年,美国经济学家路易斯·威尔斯提出小规模技术理论,用小规模技术来解释发展中国家对外投资竞争优势的来源,认为发展中国家跨国公司的主要竞争优势来自于与母国市场特征密切相关的低生产成本。由于发达国家的技术在市场容量比较小的发展中国家无法取得规模优势,所以发展中国家往往在引进技术之后,按照当地市场小批量的需求规模和多样化的需求特征,对技术进行改造。据此,发展中国家拥有为小市场服务的生产技术,特别适合小批量生产,能满足低收入国家制成品市场的需要。小规模技术理论为技术不够先进、生产规模较小的企业提供了国际直接投资的理论支持,是研究发展中国家对外直接投资的开创性成果。然而,它将发展中国家的技术创新局限于对发达国家成熟技术的消化吸收,限制了理论的适用范围。英国学者桑贾亚·拉奥于1983年提出技术地方化理论,认为发展中国家应根据自身特征将发达国家的成熟技术本土化,并将这种创新升级后的知识技术投资于与母国经济环境相似的区位,这样可形成国际直接竞争优势。

进入20世纪90年代以后,国际直接投资理论进一步完善。这主要表现为迈克尔·波特提出的国家竞争优势理论使发达国家对外投资理论更加完善。该理论核心思想是,开放经济下,一国以创新能力为来源的竞争优势动态发展起来,逐渐具备对外投资能力。国家经济发展可分为四个阶段:生产要素驱动阶段、投资驱动阶段、技术创新驱动阶段和财富驱动阶段。影响一国国际竞争力的主要因素有:生产要素,国内需求,相关和支持产业,以及企业组织、战略和竞争状态,四种因素之间的相互关系对形成国家竞争优势的作用呈钻石理论模型功效。此外,投资诱发要素组合论、市场控制论、分散风险论、提高公司形象论等理论的提出,使发展中国家对外投资理论更为丰富,国际贸易理论与国际直接投资理论日趋融合。

第六节 中国的资本流动:
利用外资、资本外逃及国际热钱流入

一、中国利用外资情况

联合国贸发会议《世界投资报告》显示,从全球比较来看,中国仍是世界上最具吸引力的投资目的地之一。2015年,中国吸引外资的全球排名从第一降到第三,居于美国和中国香港之后。中国香港的外资统计中包含大量的过境投资,实际规模并没有统计数字显示的那么大。因此,中国实际的全球排名是第二,仅次于美国。从吸收外资的存量上看,中国在全球居于第四位。

从历史来看,中华人民共和国成立之初,基本处于封闭、半封闭状态,利用外资陷入停顿。20世纪50年代,中国向苏联和东欧国家寻求援助,苏联共提供了74亿旧卢布的长期贷款,主要用于"一五"计划的156个大型骨干项目,同时引进了一大批冶金、电力、煤炭、机械、军工技术和成套设备,在较短的时间内初步建成了较完整的工业体系。60—70年代,中国与苏联和东欧国家终止了经济关系,从日本和一些西欧国家进口了一批石油、化工、冶金、矿山、电子、精密机械等方面的技术设备,其中部分项目通过卖方信贷方式实现。

1979年以后,对外开放成为中国的基本国策。从此,中国利用外资进入一个崭新的发展阶段。自1993年起,中国已连续20多年成为吸收外资最多的发展中国家。《2012年世界投资报告》显示,中国依然是投资者直接外资的首选。2011年,流向中国的直接外资达到创纪录的1240亿美元,流向服务业部门的直接外资首次超过制造业。如表7-7所示,据《2017中国统计年鉴》统计,2015年,中国实际利用外资金额创出1262.67亿美元的新高。1979—2016年,中国实际利用外资总额达19721.29亿美元,位居发展中国家之首。2012年,中国和中国香港仍然是直接接受外资的世界第二和第三大经济体。2015年,中国利用外资增长了5.5%。中国吸引外资的结构和质量不断优化,FDI投入的行业和区域结构也继续优化,质量有所提高。外资持续向资本和技术密集型行业和高附加值领域倾斜。非金融服务行业的FDI流入量持续增长,而制造业的FDI进一步转向高端。FDI成为中国产业升级的重要推动力量。

中国利用外资的结构发生了明显的变化。1979—1984年,中国实际利用的外资中只有22.6%是外商直接投资。2001年入世后,中国实际利用的外资中,外商直接投资占比已上升到94.4%,2011年为98.6%,2015年更是高达100.0%。外商直接投资已成为中国吸引和利用外资的最主要形式。改革开放以来,中国已在很大程度上融入全球经济和金融市场。不过,作为发展中国家,中国对资本流动的限制还是比较严格的,利用外资的主要类型仍然是外商对华直接投资。

表7-7 中国利用外资情况 单位:亿美元

年份	对外借款		外商直接投资		外商其他投资	
	合同利用外资额	实际利用外资额	合同利用外资额	实际利用外资额	合同利用外资额	实际利用外资额
1979—1984	281.26	181.87	97.50	41.04	13.98	10.42
1985	102.69	47.60	63.33	19.56	4.02	2.98
1986	122.33	76.28	33.30	22.44	4.96	3.70
1987	121.36	84.52	37.09	23.14	6.10	3.33
1988	160.04	102.26	52.97	31.94	8.94	5.45
1989	114.79	100.60	56.00	33.92	6.94	3.81
1990	120.86	102.89	65.96	34.87	3.91	2.68
1991	195.83	115.54	119.77	43.66	4.45	3.00
1992	694.39	192.03	581.24	110.08	6.12	2.84
1993	1232.73	389.60	1114.36	275.15	5.31	2.56
1994	937.56	432.13	826.80	337.67	4.08	1.79
1995	1032.05	481.33	912.82	375.21	6.35	2.85
1996	816.10	548.05	732.76	417.26	3.71	4.10
1997	610.58	644.08	510.03	452.57	41.82	71.30
1998	632.01	585.57	521.02	454.63	27.14	20.94

(续表)

年份	对外借款 合同利用外资额	对外借款 实际利用外资额	外商直接投资 合同利用外资额	外商直接投资 实际利用外资额	外商其他投资 合同利用外资额	外商其他投资 实际利用外资额
1999	520.09	526.59	412.23	403.19	24.26	21.28
2000	711.30	593.56	623.80	407.15	87.50	86.41
2001	719.76	496.72	691.95	468.78	27.81	27.94
2002	847.51	550.11	827.68	527.43	19.82	22.68
2003	1169.01	561.40	1150.69	535.05	18.32	26.35
2004	1565.88	640.72	1534.79	606.30	31.09	34.42
2005	1925.93	638.05	1890.65	603.25	35.28	34.80
2006	1982.16	670.76	1937.27	630.21	44.89	40.55
2007		783.39		747.68		35.72
2008		952.53		923.95		28.58
2009		918.04		900.33		17.71
2010		1088.21		1057.35		30.86
2011		1176.98		1160.11		16.87
2012		1132.94		1117.16		15.78
2013		1187.21		1175.86		11.34
2014		1197.05		1195.62		1.44
2015		1262.67		1262.67		
2016		1260.01		1260.01		
1979—2016		19721.29		17655.24		594.48

注：2000年及以前，外商投资合同金额和实际使用外资金额均含对外借款；从2007年起，商务部不再对外公布外资合同金额数据。

资料来源：国家统计局：《2017中国统计年鉴》，中国统计出版社2017年版。

(一) 间接引资状况

对外借款是最常见的间接引资方式。中国对外借款主要包括借入外国政府贷款、国际金融机构贷款、国际商业银行贷款、出口信贷、混合贷款、项目贷款以及发行国际债券融资等方式。与外商直接投资的急剧增长相比，中国对外借款的增长相对平稳，20世纪80年代每年对外借款约在50亿美元左右，90年代约在100亿美元左右，进入21世纪后统计上已没有对外借款了(见表7-7)。向中国政府提供贷款的主要有世界银行、亚洲开发银行、国际农业发展基金组织和北欧投资银行等。其中，前两者的贷款占绝大多数。外国政府优惠贷款常常与出口信贷结合，构成政府混合贷款，综合利率低于商业银行贷款。中国借用的商业贷款在方式上以双边银行信贷为主，银团贷款较少；在期限上以短中期为主；在币种上集中于美元和日元，绝大多数为固定利率。对外发行债券和股票是中国顺应国际潮流，开拓融资渠道的新突破。1982年，中国国际信托投资公司在日本发行第一笔100亿日元的私募债券，此后国际债券的发行迅速增长。1991年12月，上海电真空股份有限公司首次向境外投资者发行人民币特种股票(B股)。1993年，中国内地首批9家大型国有企业在香港发行H股。同年，中国在美国以存托凭证(ADR)方式发行股票。截至2003年底，包括财政部在内，中国机构在境外发行外币债券111亿美元。

（二）直接引资状况

自 1979 年 9 月第一份外商对华直接投资协议签订至今，外商对华投资以较高的增长率迅猛增长。从 1992 年起，外商直接投资首次超过对外借款，成为中国利用外资的主导形式。此后，这一比例一直保持在 70% 以上。中国在利用外商直接投资领域取得了世人瞩目的成就。据《2017 中国统计年鉴》统计，截至 2016 年底，中国累计实际使用外商直接投资 17655.24 亿美元，占到实际使用外资的 90% 左右。外商直接投资已成为中国吸引外资的最主要形式。2015 年，中国实际使用外资 1262.67 亿美元，连续 20 多年成为利用外资最多的发展中国家。目前，全球 500 家最大跨国公司已有 400 多家来华进行投资。

（三）外商直接投资对中国经济发展贡献巨大

第一，经济增长贡献。与中国 GDP 高速增长同步，外商直接投资也迅速增长。1990—2016 年，中国 GDP 年均增长 9.6%，其中利用外资在推动经济增长中的作用不可小觑。

第二，就业贡献。外商投资企业对中国解决就业问题具有正效应。外资的引入解决了中国约 2300 万人的就业问题。

第三，税收贡献。外商投资经济是中国不可缺少的税收来源。2002 年，"三资企业"上缴税收已占中国财政收入的 17%，外商投资经济的工商税收占工商税收总额的 20.5%，成为国内工商税收中增长最快的税源。2004 年，外资对中国税收贡献的比重占到 20.8%。

第四，对外贸易贡献。外商直接投资企业对中国对外贸易贡献巨大。据《2017 中国统计年鉴》统计，2016 年外商在华投资企业进出口总值为 16875.4 亿美元，出口 9167.7 亿美元，进口 7707.7 亿美元，分别占全国比重的 45.8%、43.7% 和 48.5%。与 2007 年相比，外商直接投资企业对中国对外贸易贡献的绝对额在增加，但是进口、出口相对占比都在下降。外资企业在很大程度上改变了中国商品的出口结构。目前，中国高新技术产品出口中，90% 以上由外资企业出口。中国高端、中端技术产品的出口竞争力随之快速提升。

第五，工业总产值贡献。外资对中国工业总产值贡献甚大。1998 年，外资企业占中国工业总产值的比重为 24.74%。2005 年，这一数字增至 31.74%。

第六，产业结构调整贡献。例如，2016 年，中国实际使用外商直接投资金额为 1260.01 亿美元。其中，第一产业实际使用外资 18.98 亿美元，仅占外资总额的 1.5%；第二产业实际使用外资 402.13 亿美元，占外资总额的 31.91%；第三产业实际使用外资 838.91 亿美元，占外资总额的 66.58%。外资在三个产业的流向与中国产业结构演进相一致。由于流入服务领域的 FDI 增加，流入制造业的 FDI 减缓，如今服务业已超过制造业而成为中国 FDI 最重要的领域。在服务业中，房地产业、租赁和商务服务业、批发和零售业一直是吸引外资的重要行业，2016 年分别占中国吸引 FDI 比重的 15.6%、12.8%、12.6%。因此，外资的大量流入对中国经济发展发挥了重要的作用，特别是在扩大投资、增加就业和税收、促进出口和开拓国际市场、转移现代技术和管理经验、发展关联产业、促进产业结构调整和产业升级等方面都起到积极的作用。

二、中国利用外资的主要方式

（一）对外借款

正如前文所述，中国对外借款主要包括外国政府贷款、国际金融机构贷款、国际商业银行贷款、出口信贷、项目贷款等方式。与外商直接投资的急剧增长相比，中国对外借款的增长相对平稳。

(二)外商直接投资

1. 中外合资经营企业

中外合资经营企业简称"合资企业",是指由外商与中国企业或个人在中国境内共同投资举办的、共同经营、共享收益、共担风险的企业。中外合资各方既可以用货币出资,也可以用建筑物、机器设备、场地使用权、工业产权、专利技术出资。合资企业利润的分配或亏损的分担按各方出资比例计算,外国合资者的出资比例一般不低于25%。中外合资经营企业是中国最早兴办和数量最多的一种利用外国直接投资的方式。利用合资企业方式引进外资,中方无须还本付息,可免去债务负担;有利于引进先进的技术设备和科学管理经验,培训中方的技术和管理人员;有利于国有企业技术改造和企业制度改革,并可借助对方的销售网络,扩大产品出口。

2. 中外合作经营企业

中外合作经营企业又称"契约式合营企业",是指中外各方在中国境内通过签订合约建立的,进行合作生产、合作销售或合作技术研发等形式的经济技术合作,并共享利润、共担风险的企业。合作经营企业是20世纪80年代出现的一种比较灵活的国际直接投资方式。它与合资企业的最大不同在于,中外各方的投资一般不折算成出资比例,利润和亏损也不按出资比例分配和分担,各方的各项权利和义务等都通过签订的合约明确规定下来。一般而言,在中外合作企业中,中国合作者提供土地、自然资源、劳动力、劳动服务、现有可利用的房屋和设备及设施等;外国合作者则提供资金、工业产权、专有技术、重要设备及材料等。

3. 外商独资企业

外商独资企业,是指外国的公司、企业、其他经济组织或个人在中国境内依法设立的,全部资本由外国投资者投资的企业,外国投资者独立经营、自负盈亏,独立承担法律责任。中方对其经营不承担任何风险,只收取规定的税收和一些劳务费用。根据《外资企业法》的规定,设立外资企业必须有利于中国国民经济的发展,并应采用国际先进技术和设备,或者其产品全部或大部分出口。外商独资企业通常对东道国的投资环境要求较高。这类企业一般适用于中国比较迫切需要、技术设备力量暂时不足,而国外对有关技术不愿意转让的项目。

4. 中外合作开发

中外合作开发,是指中外各方共同投资开发中国资源的一种国际经济合作形式。通常,中国政府(或政府经济机构、国有企业等)与国外投资者签订协议、合同,在中国指定的区域和一定期限内,与国外投资者共同勘探、开发自然资源,共同承担风险、分享利润。中外合作开发适用于大型自然资源(如石油、天然气、矿石、煤炭和森林)开发和生产项目,其最大特点是高风险、高投入、高收益。中国在石油资源开采领域的对外合作中主要采用这种方式。

5. 外商投资股份有限公司

外商投资股份有限公司又称"外商投资股份制企业",是指由中外股东共同持有公司股份的有限责任公司,其中外国股东购买并持有的股份须占公司注册资本的25%以上。它是在中国证券市场不断扩大和企业股份制改革日趋深入的背景下产生的。

6. BOT方式

BOT是"Build-Operate-Transfer"的缩写,是建设—经营—转让的一种国际投资新方式,用于基础设施建设,又称"公共工程特许权",是指投资国与东道国签订协议,由东道国政府给投资国跨国公司提供项目或工程,并授权投资者在合同规定的时间内运营,合同期满将此项目或工程转让给东道国政府。国际上著名的英吉利海峡隧道、澳大利亚悉尼港口隧道、马来西亚南北高速公路等都是采用BOT方式的典型。这种方式可以取得良好的社会和经济效益。中国利用BOT项目融资采取循序渐进的方式,从1995年开始,先在能源、交通等领域进行试点,然后逐步推广。目前,BOT方式在中国处于探索发展阶段。

(三) 其他外商投资方式

1. 对外发行证券

对外发行证券,是指发行国际债券和股票,以募集资金为中国现代化建设所用。1983年以来,中国先后在东京、香港、新加坡、伦敦和法兰克福等国际金融中心发行外国债券和欧洲债券达几十种,并向境外投资者开放了B股市场。中国对外发行证券融资主要采取三种形式:(1) 境内上市外资股,即发行B股;(2) 境外上市外资股,即发行H股、N股和S股;(3) 外资股配售筹资。从1991年至1999年10月,中国已有108家公司发行B股141.68亿股,47家公司发行境外上市股票124.54亿股,共筹集外资152.21亿美元。

2. 国际租赁

国际租赁,是指中国企业与外国租赁公司订立租赁合同,以定期支付租金为代价,在约定期限内租用其提供的机器设备的一种利用外资方式。实质上,它是以租赁方式提供的一种国际信贷。对承租人而言,国际租赁能百分之百地融通资金,可以避免因购买设备而积压资金。1980年,中国民航首次利用国际租赁从美国租进第一架波音747飞机。《世界租赁年报》相关数据显示,2005年中国租赁交易额为42.5亿美元,仅占当年实际利用外商投资总额的7.05%。租赁方式一般有四种,即经营性租赁、融资性租赁、维修性租赁和杠杆租赁。

3. 补偿贸易和加工装配

补偿贸易,是指出口方企业向进口方企业提供技术设备、专利、各种服务及培训人员等作为贷款,进口方企业待工程项目建成投产后再偿还贷款本息。补偿贸易和加工装配又称"三来一补",其主要特点是将利用外资与扩大出口贸易紧密地结合在一起,既引进了国外先进技术设备,又为国家多创了外汇。这一方式比较适合改革开放初期中国以劳动力密集型产业为主的国情,曾作为中国利用外资的主要渠道发挥了重要作用。

4. 存托凭证(DRs)

存托凭证,是指在一国证券市场流通的代表外国公司有价证券的可转让凭证。它可以流通转让,属于代表投资者对境外证券所有权的证书,是为了方便证券跨境交易和结算而设立的原证券的替代形式。存托凭证一般代表外国公司股票,有时也代表债券。目前,ADRs(美国存托凭证)的运作最规范和流通量最大,最具有代表性。

5. 利用可转换债券筹资

可转换债券是一种兼具股权性和证券性的组合金融工具,使投资者仅承受有限的风险而享受股票价格上涨带来的众多好处。它对于发行公司具有筹资容易、筹资条件有利、优化资本结构和降低汇率风险等优点;对于投资者则具有债券的安全性和股票的收益性双重优点。可转换债券分为国内可转换债券、外国可转换债券、欧洲可转换债券三种。

三、中国利用外资进程中的争论、问题及政策调整

(一) 有关利用外资问题的几次大争论

改革开放以来,中国利用外资取得了优异的成绩。由于外资在中国国民经济活动中占有重要地位,长期以来,关于中国利用外资问题一直存在着争论。大的争论出现过三次:第

一次发生在20世纪80年代中期,争论的结果是1987年4月国家成立外汇调剂中心和确定"以市场换技术"的外资战略。第二次发生在20世纪90年代中期,争论焦点集中于是大力引进外资还是重视发展民族工业,争论之后确立了吸引大型跨国公司的战略。第三次争论源于2004年上半年国内学术界对有关外资问题进行的广泛讨论,主要集中于三个争论:一是一些学者批评利用外资主要是"让渡国内市场",与"外资企业技术转移不对称"。二是有学者质疑,目前国内资金出现盈余、外汇也有较多剩余,是否必要大量利用外资。三是有人担心,由于外资已在某些行业占主导地位,可能影响到国家经济安全。例如,2004年上半年,国家工商总局完成了一份调研报告,集中反映了跨国公司在华存在的行业垄断现状、跨国公司为谋取垄断地位所采取的反竞争措施以及市场垄断将给国家经济发展和安全可能带来的种种危害。据此,第三次外资问题争论的核心问题可归纳为:中国吸收的外资是否多了,外资对中国的经济效应如何,外资政策是否需要调整以及怎样调整等。

中国投资环境的大方向是进一步开放和便利化。一是《外商投资产业指导目录》中禁止类和限制类产业不断减少,服务业以及原来对外资有所限制的一些制造行业都加大了对外资的开放程度。二是负面清单之外的外资企业的设立从审批制改为备案制,内外资企业统一注册资本制度,以及促进内外资企业公平竞争的举措,都进一步改善了外资环境,有利于外资流入的增长。三是"一带一路"倡议将吸引外国企业投资中国的优势产业,中国的出口结构转型升级也将推动外国投资进入中国的高端产品行业。

(二)引进间接投资和外商直接投资中存在的主要问题

引进间接投资中存在的主要问题有:(1)利用外资尚未形成资本约束机制,导致重复引进、举债与自身配套能力和偿付能力不相称、生产设备闲置或资金损失等局面。(2)多头借贷,造成内部竞争、谈判地位下降、筹资成本过高。(3)借贷资金成本偏高。贷款中,硬货币和固定利率贷款比重较大,利息和费用负担较重。(4)外债使用效益有待提高。

引进外商直接投资中存在的主要问题有:(1)外商投资产业结构不合理。外商投资主要集中于投资少、见效快、盈利高的第二产业,尤其是投机性强的房地产业,农业、基础设施、基础产业投资较少。(2)地区分布严重不平衡。外商投资过度集中于沿海地区,东部与中西部经济发展差距较大。(3)有些外商投资带来生态环境的负面影响。例如,印染、制革、电镀、造纸等高污染密集的产业和高能耗的产业被转移到中国来。此外,外商直接投资领域的很多问题尚存争议,如外商投资与保护民族工业问题、外商投资与中国经济安全问题等。

(三)入世后中国利用外资的政策调整

针对入世后利用外资形势的变化,中国对新时期利用外资的政策作出重要的战略调整:利用外资重点从引进国外资金向引进国外先进技术、现代化管理和专门人才转变;利用外资领域从以加工工业为主向服务领域大力推进转变;利用外资方式在以吸收外商直接投资为主的同时向多方式引资拓展;政府对利用外资的管理将从行政性审批为主向依法规范、引导和监督转变。为了更好地兴利除弊,发挥外资的积极作用,应采取以下政策进行调整:

第一,正确地选择外币,适度控制引资规模,借债要量力而行,提高资金使用效益。选择货币应遵循的原则是,力争用软货币成交,切忌进口用硬货币、出口用软货币。引资借债要掌握一定限度,考虑清偿能力,设立偿债率,并注意利息和费用。同时,必须考虑国内的配套能力和管理能力,以使外资发挥最大的经济效益。

第二,根据地区差异,加强投资产业与区域导向管理,合理引导外资投向。东部地区应以利用FDI开展一般贸易方式的高新技术产品制造业和服务业为主,中西部地区则应以利用加工贸易方式的劳动密集型产品制造业为主。外资使用的重点应向关键行业的关键技术及设备的引用倾斜,鼓励并促进外商投资企业向中西部地区投资。同时,应把引进的外资用于关键环节和薄弱环节。

第三,鼓励国内有条件的企业通过直接投资、借壳等方式到海外上市,或通过国际金融市场发行债券进行融资。应重点扶植有条件、有实力的企业到海外投资。

第四,对于内资和外资,应一视同仁,逐步对外资实施国民待遇。例如,取消外资企业在税收、外汇管理、土地使用、关税待遇、市场准入等方面的优惠政策;取消对外资企业在投资领域、行业和额度方面的限制。应逐步开放资本市场,促进外资以多种形式投资国有企业的改造,参与不良资产的处理;完善产权交易制度,为外资参与国内企业的跨国兼并、重组提供良好的制度环境;鼓励国内金融机构通过多种渠道投资。

第五,由于跨国公司投资主要以跨国并购为主,因此中国今后应坚持采用以直接投资和长期借贷资本为主的外资结构;同时,培育、完善和开放中国的资本市场,有限度地向合格的外国机构投资者开放国内股票市场,允许外资并购某些竞争性行业企业的股权,积极研究中外合资、外资企业在国内上市的可行性。

第六,进一步推进服务贸易领域对外开放,引导外商投资于一些薄弱的第三产业。外商投资是中国产业结构优化升级的重要途径,政府应加快出台新的外资产业投资指南,重点鼓励外资投向高新技术产业和先进制造业。

四、中国的资本外逃

《新帕尔格雷夫经济学大辞典》中,"资本外逃"被用来描述这样一种现象:"资金抽逃到国外,以寻求更大程度的安全。资本外逃背后的推动力包括实际存在的货币不稳定,或担心可能出现的货币不稳定、没收性赋税、战争和革命。"中国的资本外逃,是指未经批准的、违法违规的资本外流,是超出政府实际控制范围的资本流出。但是,不能把资本流出都看作资本外逃。[①] 为此,这里将资本外逃定义为:以规避风险、逃避管制和投机牟利为目的的资本非正常的国际流动。

(一)中国资本外逃的主要诱因

从中国实际情况看,资本外逃的诱因主要有以下几个方面:

第一,产权制度不完善。中国正处在由计划经济向市场经济转轨的过程中,国有企业所有权长期虚位,产权归属不明晰,缺乏人格化意义上的所有者,内部人控制现象严重,国有资产要么被内部人挪用、私分,被设法转移到国外,要么通过企业对外直接投资进行资本"外逃"。

第二,转移非法所得。例如,贪污、受贿、寻租等所获得的资金,侵吞的国有资产,从事走私、贩私、诈骗、偷漏税所攫取的巨额财富,都构成资本外逃的重要组成部分。

第三,对内外资实施差别待遇政策。中国大量的资本外逃主要是由于国内外投资者所面临的经济、政治风险不对称而产生的,其根源在于内资与外资所受到的不平等待遇。外商投资企业在诸多方面享有"超国民待遇",其中包括税收减免、土地和水电等基础设施方面的价格优惠、借用外债和资本汇出方面的政策便利等,在其他方面还得到地方政府多种或明或暗的照顾。因此,相当一部分国内投资者通过各种非正常途径形成过渡性资本外逃,先将资

---

① 参见任惠:《中国资本外逃的规模测算和对策分析》,载《经济研究》2001年第11期。

本转移至境外,再以外资身份转回国内投资,享受"超国民待遇"。

第四,逃避管制。在这方面,比较突出的是规避投资管理和外汇管理。由于中国对境外投资实行较为严格的审批制,一些企业或个人未经批准将资金转移到或截留境外,企图投资获益。同时,由于中国仍然对资本项目进行严格管制,移民的财产只能汇出收益部分,而本金部分不能转移,也会引起变相抽逃。

第五,私人财产保护制度不健全。目前,中国保障私人财产的专门法律及相应的制度不健全,出于保护财富安全的动机,不少私营企业主和居民选择将财产转移到海外。另外,实施存款实名制涉及私有产权保障及其他技术问题,也是引起资本外逃的原因之一。通过资本外逃,既可以获得国外更好的私人财产保护,也可以在国内获得对"外国投资者"的特殊保护。

(二) 中国资本外逃规模的测算

资本外逃是地下或灰色经济活动,无法将之纳入正常统计。因此,任何关于资本外逃规模的测算都只能是大致的估计,而没有精确数据。采用的方法不同,测算的结果自然相异。目前,国际上最具有代表性的测算资本外逃规模的方法有两种:一是直接法,二是间接法。

直接法是国外早期用于测算资本外逃规模的方法,就是把在官方国际收支统计中未能记录的资本流出视为资本外逃。在中国,国际收支统计中未能记录的资本外逃主要是在国际收支平衡表中"净误差与遗漏"和"贸易信贷"(即进出口贸易应收应付款轧差额)项目下的资本外逃,以及未在国际收支平衡表中记录的进出口高低报(即价格转移)形式的资本外逃。所用直接法的测算公式为:

资本外逃=(净误差与遗漏-统计误差)+(贸易信贷-来料加工贸易统计误差-正常的贸易信贷)+进出口高低报形式的资本外逃

间接法又称"余额法",由世界银行于1985年首创,是用一国正常的资金来源扣除合法的、正常的资金运用,剩余部分即视为资本外逃。由于直接法主观性较强,且正常的资本外逃数据难以量化,因而使用起来具有较大的局限性。目前,使用得比较普遍的是涵盖面较广、操作性较强的余额法,并进行必要的修正。国内学术界测算中国资本外逃规模的主要方法也是余额法。鉴于中国实际情况,需要对世界银行的基础测算公式中资金来源和运用项目分别进行调整。所用间接法调整后的测算公式为:

资本外逃=(资金来源-正常的资金运用)-资金来源项目调整-正常资金运用项目调整

(三) 中国资本外逃的渠道或方式

实践中,中国资本外逃的主要渠道包括:

第一,利用经常项目进行资本外逃。贸易渠道是中国资本外逃的重要渠道,企业通过伪造贸易凭证,以进口付汇、出口收汇的名义进行骗汇套汇或骗取国家退税资金;虚报进出口商品价格;提前或推迟贸易结算时间,把资金滞留于境外;跨国公司利用转移定价方式转移资本,或将境外投资收益直接留存境外等方式,实现资本转移。近年来,通过非贸易渠道进行资本外逃的现象有所增长。私人以支付佣金或国外旅游费用的名义,或以支付特权使用费、投标保证金、运费、国际邮政费的名义,以及以支付子女、亲友海外留学的费用等名义,向银行购汇或从其外汇账户中支出。

第二,通过资本项目进行资本外逃。中国资本主要利用金融项目(直接投资、证券投资和其他投资)进行外逃活动。部分国有企业以境外投资的名义,将国内资本转移至境外。一些境外投资企业将应当汇回国内的投资收益以外商投资的名义投入国内的母公司,再以外商投资收益的名义将国内资产转移出国。跨国经营企业通过内部价格转移,抬高进口价,压低出口价。国内外企业通过相互之间进行的平行贷款或货币互换安排逃避国内的资本管制,然后再在国外投资。

第三,通过"地下钱庄"和"手机银行"等境内外串通交割方式进行非法资本转移。"地下钱庄"的做法是,换汇人在境内将人民币交给"地下钱庄","地下钱庄"将外汇打入换汇人所指定的境外账户。"手机银行"是专做非法外汇交易的掮客,与境外机构或个人建立了非常紧密的联系,只需打个电话,就可以做成一笔汇兑生意,境内是人民币从一个账户转到另一个账户,境外是外币从一个账户转到另一个账户。

第四,金融机构和外汇管理部门通过内部违法违规操作形成的资本外逃。银行等金融机构或外汇管理部门在办理结售付汇业务或有关审批手续时,可能放宽真实性审核标准,为资本非法转移提供方便。同时,一些金融机构无单证或单证不全售汇,乱放外汇贷款,滥开信用证等,也造成了国家资产和外汇的损失。

第五,通过直接携带的方式进行资本外逃。目前,中国允许境内居民个人携带5000美元或20000元人民币现钞出境,用于境外经常项目支付。但是,如果当事人使用这笔资金购买证券或转存银行,那么就成为资本项目支出。多次合法携带的资金可能是一个较大的数目。另外,旅行支票和外币信用卡理应用作境外个人消费,但是也可能转成资本,形成资本外逃。

(四)控制资本外逃的措施

资本外逃是一个全球性的普遍问题,发展中国家和发达国家都存在。由于人民币不断升值,中国并未发生像亚洲金融危机国家那样恐慌性的、集中性的大规模资本抽逃,但是资本外逃对中国经济的负面影响不可低估。所以,加强这方面的管理不容忽视。防止和控制资本外逃的主要举措有:

第一,要健全国有资产管理体制,完善公司治理结构,加强对企业境外投资的监管,从机制上解决化公为私的国有资产转移问题。与此同时,要建立和完善有关的法规,加大对侵吞国有资产行为督察和惩处的力度,严格规范国有企业对外直接投资以及跨国并购等资产评估和财产管理。

第二,要适时改善国内投资环境,消除对外资的"超国民待遇",使内资和外资处于同等的竞争地位,在依靠良好的投资环境吸引外资的基础上,充分发挥内资和外资的作用,消除由于内资和外资享有不同政策和待遇而引起的过渡性资本外逃。

第三,要大力宣传和贯彻《宪法》和《物权法》对私人合法财产保护的有关规定,使私人合法财产与公有财产一样受到法律保障。《物权法》明确规定私人的合法财产受法律保护,该法自2007年10月1日起施行。应切实落实《物权法》的相关规定,消除因对私人财产产权风险的顾虑而发生的资本外逃。

第四,要综合运用宏观调控手段,进一步发挥利率、汇率和税率的调节作用,合理引导外汇资金流向。同时,要强化人民币的主权货币地位,正确引导居民和社会对本币的预期,改变人们对外币的迷信,从而从源头上减少非法外汇交易需求。

第五,要加强金融监督管理,特别是加强银行结汇和跨境收付监管,堵住资本外逃的渠道。例如,加强经常项目、资本项目交易的监督管理,严格规范企业对外直接投资、买卖上市以及国际并购中的资本评估和财务管理,健全外商出资撤资审核、评估制度,规范企业境外投资行为,严格执行出口跟踪结汇制度、外汇支出银行售汇制度和进口付汇核销制度。同时,要严厉打击"地下银行"的非法外汇交易等。

第六,控制资本外逃并不意味着不准境内资本合法地流出,应从制度上有效地解决境内资本流出的机制和渠道,有效保障资本合法流出。

五、国际热钱流入

近年来,由于人民币升值的压力,中国面临的资本流动问题不是上述大量资本外逃问题,而是国际巨额短期游资流入或称"热钱"问题。按照金德尔伯格(1985)的划分,这种短期游资或热钱属于短期投机性资本流动,具有非常强的流动性和易变性。由此,可将"热钱"界定为国际市场上非本国居民持有的、以投机获利为目标的、短期流动性很强的资本。热钱的特征是高短期流动性、高敏感性、高收益与高风险性、投资虚拟性以及投机性。其中,能够直接观察到的热钱的主要特征是短期流动性。据称,国际市场上有上万亿美元套利资金觊觎人民币资产,并已有几百亿美元热钱流入中国。那么,国际短期游资或热钱流入中国的诱因是什么?规模有多大?从何种渠道流入?对中国经济将产生什么样的影响?要如何控制这些热钱流入?

(一)国际热钱流入的主要诱因

第一,中国经济发展的良好表现和预期。2000年以来,中国GDP始终保持8%以上的良好增长态势。2010年,中国GDP超过日本(当年日本名义GDP为54742亿美元,比中国少4044亿美元),成为仅次于美国的世界第二大经济体。未来中国经济仍将保持较高增速。

第二,人民币不断升值的预期。加入WTO之后,中国经济持续快速增长,贸易收支持续呈巨额顺差,招致美国、日本等国频频施压,要求人民币加快升值步伐。这使得国际社会对人民币升值的预期不断增强。第二次汇率改革以来,美元对人民币名义汇率不断走低,从2005年7月的8.277下降到2011年12月的6.329,降幅达23.5%;美元对人民币实际汇率从2005年7月的8.222下降到2011年12月的5.970,降幅达27.4%。相应地,人民币对美元处于不断升值和被升值预期之中。加上中国房地产市场带来的巨大财富泡沫效应,大量的国际热钱以各种途径流入中国。

第三,中美之间的利差因素。2001年1月至2003年6月,美联储连续13次降息,联邦基金利率降到了45年来的历史低位,这使得人民币与美元的利差由负转正,形成一定的利差空间。2012年3月13日,美联储公布了第二次利率决议,联邦基金利率区间将至少在2014年末处于0至0.25%的极低水准。2007年,中国6次上调人民币存款基准利率,人民币利率比美元利率高出3%以上。中美之间的利差刺激了对人民币资产的需求,吸引了大量国际热钱流入中国进行套利。

第四,相对良好的投资回报率。跨国公司在中国较好的投资回报率,以及国外其他地区投资环境的相对恶化,使得以追逐盈利为目的的投机性资本大量流入中国。

在这些因素的驱使下,为获取利差和汇差等多重收益,大量的国际游资以各种方式流入中国,以期投机获利。

(二)国际热钱流入中国的规模测算

据一些研究报告估算,2003年有200亿到500亿美元的热钱流入中国。[①] 不过,对于国

---

① See Zhao Renfeng, No Quick Action on Forex Reserves, *China Business Weekly*, Beijing, No. 4, January 20, 2004.

际热钱流入中国的具体数额,各方有不同的计算和预测方法。由于采用的测算方法不同,因而测算的结果自然相异。根据国际通行的测算热钱流入规模的方法,当期新增外汇储备减去贸易顺差和实际外商直接投资之后的余额即为热钱流入的大致金额。以2009年为例,年末国家外汇储备余额达23991.52亿美元,比上年末增加4531.22亿美元,全年累计实现贸易顺差1956.87亿美元,实际利用外商直接投资900.33亿美元。据此估算,2009年流入中国的热钱大约为1674.02亿美元。

根据对热钱性质的界定,国家统计局倾向于使用的主要统计方法是:热钱=当年新增外汇储备-当年贸易顺差-当年外商直接投资。依照该统计方法,可计算出2001—2012年流入中国的热钱数量。如下表所示:

表7-8　2001—2012年流入中国的热钱　　　　　　　　　　　　　　　单位:亿美元

年份	2001	2002	2003	2004	2005	2006	2007	2008
新增外汇储备	465.91	742.42	1168.44	2066.81	2089.40	2474.68	4619.09	4177.81
贸易顺差	225.50	304.30	254.68	320.90	1020.00	1775.20	2643.44	2981.23
外商直接投资	468.78	527.43	535.05	606.30	603.25	630.21	747.68	923.95
热钱	-228.37	-89.31	378.71	1139.61	466.15	69.27	1227.97	272.63
年份	2009	2010	2011	2012	2013	2014	2015	2016
新增外汇储备	4531.22	4481.86	3338.10	1304.41	5097.26	217.03	-5126.56	-3198.45
贸易顺差	1956.87	1815.10	1548.98	2303.10	2590.10	3830.60	5939.00	5097.00
外商直接投资	900.33	1057.35	1160.11	1117.20	1175.90	1195.60	1262.70	1260.00
热钱	1674.02	1609.41	629.01	-2115.89	1331.26	-4809.17	-12328.3	-9555.45

注:这里的贸易顺差指货物贸易差额。
资料来源:国家统计局编:《2017中国统计年鉴》,中国统计出版社2017年版。外汇储备数据来自国家外汇管理局官网。

据表7-8,2004年、2007年、2009年和2010年有大量热钱流入中国,分别达到1139.61亿美元、1227.97亿美元、1674.02亿美元和1609.41亿美元。其中,2009—2010年流入中国的热钱达到了高峰。究其原因,可能是由于2007年美国爆发了次贷危机、2009年欧洲爆发了主权债务危机,导致国际资本需要寻找新的"避风港"所致。但是,2011年流入中国的国际热钱大幅减少,降至629.01亿美元。令人惊异的是,2012年国际热钱出现"乾坤大逆转",大规模逃离中国,当年逃离中国的资本达2115.89亿美元。从2013年中国提出"一带一路"倡议、加大对外投资后,已出现根本逆转的格局。如表7-9所示,统计上已不再有热钱流入中国,反而出现较大规模的资本流出现象。仅2015年,就有高达12328.3亿美元的资本流出中国。

从2006年的计算结果来看,似乎并没有多少热钱流入(仅69.27亿美元),但是从贸易顺差的超常增长中(由2005年的1020.0亿美元增加到2006年的1775.2亿美元)可以判断出,一些企业通过采取"高报低出""低报高进"方式将热钱从贸易项目下渗入中国。因此,在估算热钱流入规模时,要考虑到贸易顺差中的虚假贸易,以及FDI中的虚假FDI。2013年以后,由于美国逐步放弃量化宽松货币政策以及美元加息预期等因素的影响,一些企业可能采取"假投资"的方式,将资本转移出中国,从而导致2014—2016年较大规模的资本流出中国。这种现象给中国带来的金融风险不可忽视。

(三) 国际热钱流入中国的渠道

国际热钱流入中国的渠道多种多样,既包括合法途径,也包括非法途径,主要通过资本项目、贸易项目、非贸易收入、个人项目以及地下钱庄等渠道。

1. 通过资本项目渠道流入

在中国逐步放松对资本项目的管制后,资本项目成为国际投机资本进入中国的一个重要载体。国际热钱通过资本项目流入中国的渠道主要有:

一是通过招商引资流入。目前的形势是,在看重 GDP 增长和吸引外资的考核指标下,一些地方政府对吸引外资企业落户本地带来的政绩偏爱有加,各种有形和无形的政策优惠被实施;一些企业或个人利用某些地方政府实施的招商引资政策进行虚假投资,将无实体产业投资需求的资本投入投机利润较高的房地产、有价证券等领域。

二是通过"返程投资"流入。国内投资者在境外成立特殊目的公司,通过银行借款、出让公司股份、发行可转换债券等方式募集资金,进行"返程投资"。

三是通过跨国公司内部划拨或短期国际借贷的方式流入。一些国际金融机构、大型跨国公司通过从内部调拨资金或短期国际借贷的方式,将国外资本投入中国。国内外商投资企业的对外借款不受担保限制,国际短期套利资本可以国际商贷的方式,通过国内金融机构和外商投资企业借款这个渠道流入,并利用结汇管理的漏洞,在银行结汇以套取人民币资金。

四是以外商投资企业外方资本的名义流入并套取人民币资金。中国对外商直接投资的外汇流入没有过多限制,外商直接投资的外汇可以在银行开立现汇保留,也可以通过银行卖出。国际热钱可以很便利地流入,并通过银行系统兑换为人民币。此外,QFII 制度也为国际热钱以间接方式流入中国提供了可能性。

五是以外汇抵押人民币贷款方式套取人民币资金。国际热钱利用部分银行扩大外汇业务的心理,以外汇作抵押,向银行套取不计息的人民币资金;或以外汇作抵押,套取计息的人民币资金,投入证券、房地产市场套取短期高额利润;或先以外汇作抵押,取得人民币资金,然后以不能偿还为由用外汇抵偿,进行变相的结汇(谢梓平,2007;林源,2004)。

2. 通过贸易项目渠道流入

贸易项目是中国经常项目中的主要组成部分,同时也是监管难度极大的一个环节。国际热钱通过贸易项目流入的渠道主要有:

一是通过虚假贸易合同或预收货款方式流入。例如,通过与境外关联公司签订虚假贸易合同,向境内输入无实际成交货物的货款或预付款。有些预收货款无真实的贸易背景,或虽有贸易背景,但国内公司只是作为一个"生产车间",境外的几个关联公司分别负责该"生产车间"原材料、产品的供销和货款的收支。其物流与资金流相对分离,通过境内外关联企业联手操作,可以利用"高报低出"的方式,达到外汇流入的目的。

二是利用外汇局的出口收汇核销制度,以收回历年积压逾期未核销款项的形式多收汇,这样既能达到将外汇调入境内的目的,又清理了逾期未核销问题。

三是通过境外货币兑换公司流入。由于汇款人均为境外货币兑换公司,国内收汇银行难以判定真正的汇款人和款项的性质,从而使一些并未真正出口的企业非法从"地下钱庄"或通过其他途径购入外汇后,通过境外货币兑换公司汇入国内,作为出口收汇,达到骗取出口退税的目的。

3. 通过非贸易收入渠道流入

目前,非贸易收入主要指的是企业从事跨境服务所获取的劳务费用,如运输、旅游、通信、建筑、金融、广告、法律服务等项目的收入。企业非贸易收入的主要特点是名目繁多,真实性难以核实,也成为企业向境内转移投机资本的途径之一。

4. 通过个人项目渠道流入

一是通过个人贸易项目流入。个人贸易活动分散,收汇金额小,其国际收支申报的真实性难以鉴别,因而成为国际热钱流入的便利途径。

二是通过个人贸易佣金形式流入。贸易佣金是个人通过贸易中介获得的合法收入,外汇管理机构的管理难度较大。近年来,随着外汇资金流入监管力度的加大,部分企业、个人为规避外汇政策,通过关联公司开立离岸账户,再由离岸账户以佣金的名义,将外汇资金汇入个人外汇账户,以达到资金汇入国内迅速结汇并投资于证券、房地产等特殊领域的目的。

三是通过职工报酬、赡家费用等名目汇款回国。此类资金转移总额虽相对较小,但若以分散、高频率的方式进行,也可对国内市场形成一定的冲击。

通过个人项目流入的资金的主要特点是:数量繁多,资金的来源及真实性调查的难度大、成本高,且缺少相关法律法规的制约。近年来,随着人民币升值幅度的加快和国内房地产、证券市场的持续火热,一些异常资金借职工报酬、赡家费用之名流入国内,结汇后用于购买房地产或股票投资。

5. 通过"地下钱庄"流入

"地下钱庄"通过在境内和境外分别设立拥有一定资金数额的分支机构,以在国外分支机构付款、在国内分支机构取款的方式进行资金转移。这种资金转移方式主要以"地下钱庄"的信用和资金额为保证。目前,"地下钱庄"具有境内洗钱与境外热钱输入的双重职能。与以上四种方式比较,"地下钱庄"最为隐蔽,监管十分困难(荣毅宏,2008;谢梓平,2007)。

(四)国际热钱流入对中国经济的影响

大规模的国际热钱流入对中国货币供给和金融市场的稳定将构成严重威胁。如果货币当局不能有效应对,人民币的升值预期将自我实现,最终被迫不断升值。这与奥伯斯法尔德(1996)对贬值预期的分析结论一样。由于热钱流入的目的就是想把人民币作为"提款机",人民币升值之后,热钱会掉转方向,蜂拥而出,升值压力会迅速转变成贬值压力,危及国内金融体系的稳定。所以,应对热钱流入,不能简单地让人民币"一升了之",而必须依赖其他经济机制和政策,维持汇率稳定。如果维持汇率稳定的措施是可信赖的,那么升值预期将有所和缓,热钱流入规模也会收敛。[①] 具体来看,国际热钱流入会对中国经济产生严重的负面影响:

1. 恶化流动性过剩局面,助推通货膨胀压力

虽然中国政府致力于压抑过热的经济,但是由于存在过剩的流动性,加大了银行非理性信贷行为以及投资人非理性贷款和投资行为,银行的借贷行为依然保持旺盛态势。面对大量国际热钱的不断流入,为保持人民币汇率的基本稳定,避免过快升值,央行不得不发行大量人民币以维持国际收支平衡。这增加了外汇占款和基础货币供应量,通过货币乘数效应,推动了通货膨胀。同时,热钱的大量流入结汇,加大了外汇储备的压力,降低了央行货币政

---

① 参见孙华好、马跃:《化解热钱流入形成的升值压力:市场自动调节机制和政策措施》,载《世界经济》2005年第4期。

策调整的独立性和主动性,减弱了央行运用货币政策工具对冲、吸收流动性的效果,对冲成本日趋增大。

2. 催生资产价格泡沫,影响国民经济健康发展

以房地产市场为例,中国房地产市场实际利用外资已占到全国利用外资总额的 1/5 以上。在上海市 2004 年、2005 年商品住宅销售额中,国际热钱购买的比例分别约占到 33%、40%。2011 年,中国房地产市场实际利用外商直接投资占到全国利用外商直接投资的 23.2%。国际热钱主要集中在高端市场,使房地产市场供应出现结构性矛盾,造成中国房地产的政策效应严重扭曲。目前,境外专业机构仍旧继续看好中国的楼市前景,其投资价值仍将吸引大量国际热钱流入。如果美元贬值逐渐弱化,国际热钱获利后一旦对市场作出不良预期,则热钱的大规模迅速撤离会导致中国房地产市场和股票市场剧烈波动,引发金融风险。

3. 推升外汇储备增长,加大宏观调控难度

国际热钱的流入已成为推升中国外汇储备增长的重要因素之一。在外汇储备增加的同时,外汇占款不断增加,央行在相当大程度上已陷入减轻人民币升值压力与抑制货币供给增长难以兼顾的两难境地,缩小了货币政策的调整空间,加大了金融调控难度。此外,国家外汇储备的大幅增加,也造成了人民币升值压力,最终引发贸易争端、反倾销等一系列问题(李振宇,于文涛,2008)。

(五)控制国际热钱流入的措施[①]

国际热钱流入的主要诱因是国际上对人民币不断升值的预期,以及在境内有价证券、房地产等带有投机性的行业高额的投资回报率。因此,要想从源头上阻止热钱的流入,需从以下几个方面着手:

1. 要努力稳定人民币不断升值的预期

对人民币不断升值的预期主要来源于两个因素:一是美国近期经济衰退导致的美元大量外流,二是对中国房地产和股票市场的盲目自信。投资者对中国市场的信心主要来自于中国政府对这些市场采取的保护态度。因此,只有明确表示政府的中立态度,并承认以上行业存在巨大泡沫和崩溃的风险,同时限制媒体和商家的不合理炒作行为,方能有效地影响投资者的预期。

2. 要完善国内经济体制的改革

这些改革主要包括外汇储备和管理制度改革、人民币汇率形成机制改革以及建立对国际资本流动的预警机制。(1)在外汇储备和管理制度上,要努力从顺差型收支政策向平衡型收支政策转变。主要措施包括:通过实行有针对性的出口税收制度,改变"奖出限入"的外贸政策;按照国家产业政策要求,改革不合理的外资引进和管理体制;改变强行结汇售汇制度,进一步放宽对居民和企业的持汇购汇限制,鼓励居民和企业进行海外消费和投资。(2)要完善人民币汇率形成机制,努力建立稳健、有弹性的人民币浮动汇率制度。人民币汇率持续攀升、缺少弹性表明,中国人民银行和外汇管理机构在公开市场操作方面的力度仍有待加强。应采取多元化持汇策略,同时积极进行海外投资活动,以分散美元汇率变动的风险。(3)要建立起对国际资本流动的监控和预警机制,实现对资金流量和流向的准确判别,并根据国际和国内经济环境变化发布国际资本流动的预警信号,以提醒相关监管部门做好

---

① 参见荣毅宏:《国际"热钱"输入渠道、规模及监管对策》,载《金融教学与研究》2008 年第 1 期。

防范准备。

3. 要继续加大各部门对入境资金的监管力度

为解决这个问题,应成立一个由专门委员会领导、各部门配合实施的新型监管体系。同时,各部门在监管中应着重完善以下几个方面的工作:(1)外汇管理机构要进一步完善对经常项目、资本项目和外债的审查机制。在经常项目管理上,要对其真实性进行审核;在资本项目管理上,将监管重点转向对资金运用的监管;同时,要建立起一整套外债等级分类及统计监测制度。这些成为限制国际热钱流入的第一道防线。(2)海关要加强对出口环节货物的价格申报管理。在企业出口产品申报方面,要建立起一套行之有效的海关估价体系。应结合工商部门、税务部门、商会所提供的企业注册信息以及国外海关的进口结关信息,锁定涉嫌高报出口价格的对象。(3)金融监管机构要加强对外资金融机构的监管力度。中国银监会要强化银行对大额国外转账的监控,坚决打击洗钱行为。目前,对已获准经营人民币业务的外资银行加强监管。只有完善银行的账户管理体制,落实相关责任人的法律责任制度,同时改变以储蓄增加额作为业绩评定标准的做法,方能封堵国际热钱的流入途径。中国证监会要建立反股市操纵的情报系统,不仅要加强对 QFII 资格的审查力度,更重要的是防范和调查大型国外基金通过大量散户分散持股的行为。(4)公安部门要建立国际情报网络,严厉打击"地下钱庄"活动。(5)地方政府要改革现有的招商引资制度,强化对辖区内外来资本的跟踪管理。首先,要改变地方政府以招商引资数量作为衡量政绩的标准,切实依照国家产业政策指导目录引进外来资本;其次,要认真审核外商的投资背景、资本结构;最后,要促使外商按照合同条款投资。

总之,对国际热钱的监管是一个综合性、跨部门的系统工程,各监管部门应严格执法,加强协作,努力将中国面临的经济风险降至最低水平。

第七节 国际债务管理:以中国为例

一、外债的概念

(一)国际上对外债的定义

世界银行、国际货币基金组织、国际清算银行、经济合作与发展组织对外债所下的定义是:在某一给定时间内,一国居民对非居民承担的已拨付但尚未偿还的契约性债务。这种债务或需偿还本金(无论是否支付利息),或需支付利息(不论是否偿还本金)。其中,居民指境内的企业、机构及个人,非居民指境外的企业、机构及个人。对外债的理解,要注意以下几个方面:(1)外债是一定时点上已拨付但尚未偿还的外债存量。偿还性是外债的基本特征,除了偿还本金外,还要支付一定的利息。(2)契约性债务,是指在法律上承担偿还责任的负债。由口头性或意向性协议所形成的债务不是外债。(3)已拨付但尚未偿还,是指外债只包括已提用而尚未清偿的那一部分实际债务。(4)外债必须是居民与非居民之间的债务。(5)全部债务既包括货币形式的债务,也包括实物形式的债务,如补偿贸易下用产品偿还的部分。货币形式的债务既可以是外币表示的债务,也可以是本币表示的债务。

(二)中国对外债的定义

按照中国国家外汇管理局发布的《外债统计监测暂行规定》和《外债管理暂行办法》的规定,中国的外债是指中国境内的机关、团体、企业、事业单位、金融机构或者其他机构(包括国务院部委、中资金融机构、外资金融机构、外商投资企业、中资企业及其他机构等）对中国境外的国际金融组织、外国政府、金融机构、企业或者其他机构用外币承担的具有契约性偿还义务的全部债务。

根据国家外汇管理局的界定，中国对外债务的类型具体包括外国政府贷款、国际金融组织贷款、国外银行及其他金融机构贷款、买方信贷和延期付款、向国外出口商及国外企业或私人借款、对外发行债券、与贸易有关的信贷、非居民外币存款、国际金融租赁、补偿贸易中用现汇偿还的债务、贸易信贷①以及其他形式对外债务。

中国对外债的界定与国际上对外债所下定义的差异在于：（1）中国外债只指货币形式而不包括实物形式的债务，补偿贸易下返销产品为实物形式，所以不能算作外债。（2）由于人民币不可自由兑换，因此外债只指外币计价的债务，本币债务不能算作外债。（3）中国境内注册的外资银行和中外合资银行的对外债务不属于中国外债，境内外资银行向境内中资企业或机构发放的外汇贷款不能视为外债。（4）外商直接投资和企业资本不构成外债。如三资企业，国家对这类外商投资不承担偿还的义务，而是根据有关法律、企业或公司的章程、合同、契约，由参加合营、合作双方共负盈亏。但是，外国投资者的出资比例低于25%的外商投资企业所举借外债按照境内中资企业举借外债统计。虽然三资企业外汇不构成国家的债务，但是外资所得的股息、红利或应分配的收益，以及合营、合作期满后本金的汇回，都属于国家的外汇支出。中国在计算国际收支平衡时，需要将此列为外汇支出并按期支付。（5）外汇担保只有在实际履行偿还义务时才构成外债，否则应视为或有债务，不在外债监测范围之内。

二、外债的监控指标

一国举借外债的能力受制于该国的偿还能力。外债偿还能力既反映了一国的经济实力和应变能力，又决定了一国的信誉。外债的监控指标主要有：

第一，偿债率（debt service ratio），指一国当年外债还本付息额与当年贸易和非贸易外汇收入（国际收支口径）之比。其公式为：偿债率＝（一国当年外债还本付息额/当年贸易和非贸易外汇收入）×100%。偿债率是衡量外债适度规模的核心指标，国际上通行的做法是将其控制在20%以下。世界银行曾对45个债务国作过分析，在偿债率超过20%的17国中，15个国家出现了严重的债务问题，不得不重新安排债务。这一指标的局限性在于，出口创汇收入只是国际收支的一个方面，未包括国际储备状况。这也是影响一国支付能力的重要因素。另外，该指标显示的是过去的情况，缺乏预见性。

第二，负债率（liability ratio），指一国年末外债余额与当年国民生产总值（GNP）之比。不过，中国国家统计局以当年国内生产总值替代当年国民生产总值。负债率的公式为：负债率＝（一国年末外债余额/当年国内生产总值）×100%。负债率表明了一国对外负债与整个国民经济发展状况的关系，其比值的高低反映了一国GNP对外债的负担能力，国际上通常认为安全线为20%。

第三，债务率（foreign debt ratio），指一国年末外债余额与当年贸易和非贸易外汇收入

---

① 企业贸易项下的外债是指企业出口项下的预收货款和进口项下的延期付款，在国际收支统计上统称为"企业贸易信贷"（负债方，以下简称"贸易信贷"）。按照国际标准和中国对外债的定义，企业贸易信贷是居民对非居民的负债，需要将其纳入外债统计和管理。在债务期限统计上，贸易信贷被视为短期外债。

(国际收支口径)之比。其公式为:债务率＝(一国年末外债余额/当年贸易和非贸易外汇收入)×100%。债务率反映了对外举债能力的大小,是衡量一国偿还能力和风险的指标,一般控制在100%以内。

第四,短期债务比率,指一国年末外债余额中短期外债占整个外债的比率。该比率一般不超过20%—50%。国际上通常认为,一个国家的短期外债占全部外债的比率不超过25%。短期外债的比重不可过高,否则偿债期过于集中,会增大偿付压力。

上述指标能清楚地反映一国的债务负担情况,容易操作,但是就各国具体情况而言,还应具体研究各国国情,结合国内外发展变化的趋势,作出客观的判断。

三、外债的结构指标

外债结构合理主要体现为外债的种类结构、利率结构、期限结构和币种结构要合理搭配。

第一,种类结构,是各种性质的外债在外债总额中所占的比重。要有多元化的融资来源,还要根据用途和目标选择外债种类。商业银行贷款利息高、风险大,一般不得超过其债务总额的70%,应多向国际货币基金组织、世界银行和政府融资。

第二,利率结构,是各种利率的外债在外债总额中所占的比重。应尽可能利用优惠利率的贷款,并使固定利率和浮动利率的债务保持适当的比例以降低借款成本。浮动利率贷款在债务总额中的比重不可过大,应控制商业贷款和短期贷款的数额。一般而言,在国际利率趋降的情况下,可借浮动利率的贷款;而在国际金融市场利率动荡不定的情况下,可借固定利率的贷款。但是,利率风险是金融市场风险,属于系统风险,较难规避。

第三,期限结构,是各种期限的外债在外债总额中所占的比重。外债偿还期限有短期、中期、长期三种,应使债务偿还期限均匀分布,避免集中借贷和偿还。要少借利率高的短期债务(小于等于25%),切忌将短期债务用于中长期项目,避免因期限错配导致的偿债风险,与项目相联系的中长期信贷和发行国际债券为明智之举。

第四,币种结构,是各种以外币计价的外债在外债总额中所占的比重。币种适宜以收汇结算使用较多的货币为主,适当兼顾软硬货币的搭配,以避免国际金融市场上汇率频繁变动的风险。外债币种应分散化,避免因币种错配导致的币种风险。

四、中国外债管理

(一) 中国外债状况

20世纪80年代以来,中国的外债规模不断扩大。80年代初,中国外债尚不足100亿美元;80年代中后期,外债规模逐年递增。中国外债余额1995年突破1000亿美元,2003年突破2000亿美元,2010年突破5000亿美元。到2016年底,中国外债余额已高达14207亿美元。目前,中国已是世界三大债务国之一。依据表7-10中的外债风险指标,可以得出如下结论:第一,中国外债的偿债率在2000年后出现先下降后上升趋势。2008年的偿债率降至1.8%,2013年偿债率仅为1.6%。但是,2016年又回升至6.1%。第二,中国外债的负债率呈现出稳中有降再上升的趋势。1991—2002年的外债负债率大约维持在14%左右。2004年之后,外债负债率出现了下降趋势,2004年为13.5%,2009年下降至8.5%。2016年,外债负债率又回升至12.7%。第三,中国外债的债务率经历了一个先升后降、再上升的态势。1985—2002年的外债债务率一直维持在50%以上,其中1991年、1993年更是达到90%以上的峰值。2001年入世后,中国外债债务率出现了下降趋势,从2001年的67.9%下降到2008年的24.7%,2016年又回升至64.6%。参照世界银行的标准,中国的外债指标安全线应该为15%的偿债率、20%的负债率和75%的债务率。相比出口创汇能力,目前中国外债每年需要还本付息的压力较小,但是对外债务余额负担已呈中等偏上,应将外债规模控制在国力所能承受的限度之内。目前,中国偿债率尚不高,具有很强的外债偿还能力,但是近年来债务率日趋升高,外债风险已变得不可忽视。

表7-9 中国外债余额与外债风险指标　　外债余额单位:亿美元

年份	外债余额	偿债率	负债率	债务率	年份	外债余额	偿债率	负债率	债务率
1985	158	2.7%	5.2%	56.0%	2003	2088	6.9%	13.3%	45.2%
1987	302	9.0%	9.4%	77.1%	2004	2475	3.2%	13.5%	40.2%
1989	413	8.3%	9.2%	86.4%	2005	2965.5	3.1%	13.1%	35.4%
1991	606	8.5%	14.7%	91.9%	2006	3385.9	2.1%	12.4%	31.9%
1992	693	7.1%	14.1%	87.9%	2007	3892.2	2.0%	11.0%	29.0%
1993	836	10.2%	13.6%	96.5%	2008	3901.6	1.8%	8.6%	24.7%
1994	928	9.1%	16.5%	78.0%	2009	4286.5	2.9%	8.5%	32.2%
1995	1066	7.6%	14.6%	72.4%	2010	5489.4	1.6%	9.1%	29.2%
1996	1163	6.0%	13.5%	67.7%	2011	6950.0	1.7%	9.3%	33.3%
1997	1310	7.3%	13.7%	63.2%	2012	7369.9	1.6%	8.7%	32.8%
1998	1460	10.9%	14.2%	70.4%	2013	8631.7	1.6%	9.1%	35.6%
1999	1518	11.2%	13.9%	68.7%	2014	8954.6	2.6%	17.2%	69.9%
2000	1457	9.2%	12.1%	52.1%	2015	13830	5.0%	12.5%	58.6%
2001	1848	7.5%	15.3%	67.9%	2016	14207	6.1%	12.7%	64.6%
2002	1863	7.9%	13.9%	55.5%					

注:2015年,中国按照IMF公布的特殊标准(SDDS)调整了外债统计口径,并对外公布全口径外债数据,将人民币外债纳入统计,并按照签约期限划分中长期外债和短期外债。为保证数据的可比性,将2014年末的外债数据相应调整为全口径外债数据,对之前年份未作调整。

偿债率,是指当年外债还本付息额(中长期外债还本付息额加上短期外债付息额)与当年国际收支统计口径的货物和服务贸易出口收入的比率;负债率,是指年末外债余额与当年国内生产总值的比率;债务率,是指年末外债余额与当年国际收支统计口径的货物和服务贸易出口收入的比率。

资料来源:根据《中国统计年鉴(2007—2017)》整理。

(二)中国对外直接投资状况

中国的对外直接投资起步虽晚,但发展较快。改革开放后,中国才开始对外直接投资。中国对外直接投资的规模在入世后增长较快,从2002年对外直接投资27亿美元增加到2011年的746.5亿美元。中国在2013年提出"一带一路"倡议后,加快了对外投资的步伐。据《2017中国统计年鉴》统计,中国对外直接投资额2015年为1456.67亿美元,2016年增加至1961.49亿美元。截至2016年底,中国已累计对外直接投资13573.9亿美元,跃升为全球第二大对外直接投资国。具体来看,2016年中国对外直接投资中,投资于第一产业的仅占1.68%;投资于第二产业中制造业的占14.81%;投资于第三产业中服务业的占比最高,达78.49%。由于国内资源难以满足经济发展的需要,以及在加工制造业方面的比较优势,因此中国对外直接投资主要集中在服务业和制造业,且选择的区位较为集中。

中国应以优化的行业带动国内经济结构升级,实现企业微观经济与国家宏观经济的均衡利益最大化;引入或培养熟悉东道国法律法规的专业化人才,有效规避投资风险,降低交易成本,提高经济收益;利用自身比较优势,优化对外投资结构。现在,中国已摆脱纯粹依赖外国资本的增长模式,实现资本流入与资本流出同步发展的协调增长模式。

间接投资也称"证券投资",是指在国际证券市场上购买股票或债券所进行的投资。自2015年以来,中国对外间接投资总体上一直为负(除2016年第二季度外)。2015年,中国证券投资共出现665亿美元逆差,这是9年以来的首次年度逆差。2016年上半年,中国证券投资逆差为331亿美元,同比增长38%,表明境内主体继续加大全球资产配置。

（三）外债管理

外债管理,是指一国对外部债务实行有集合系统的组织管理,以达到降低外债成本,保持适度外债规模,从而确保按期还本付息的目标。中国外债管理部门为国家外汇管理局与国家发展和改革委员会。国家外汇管理局根据国家确定的方针、政策和利用国外贷款计划,行使管理外债的职能。国家发展和改革委员会负责编制利用国外贷款计划。

中国外债管理的基本原则为:(1)总量适度。借债规模要与国内资金的配套能力、偿债能力以及资金需求相适应。按照世界银行的建议,中国外债指标的安全线为15%的偿债率、20%的负债率和75%的债务率。(2)结构合理。外债的种类结构、利率结构、期限结构和币种结构要合理搭配。(3)注重效益。要通过借、用、还三个环节的良性循环,实现外债经济效益与社会效益的统一,把外债投资项目自身创汇偿债比重调整到占偿债总额的80%以上,以达到出口创汇与偿还外债平衡有余。(4)保证偿还。应按照中央统借统还与地方统借统还、自借自还的方式确定偿债责任制,做到"谁借谁还",确保对外信誉。

（四）中国外债管理中存在的主要问题和外债管理方法

中国外债管理中存在的主要问题有:国家外汇管理局的监管能力比较薄弱,外债流入速度加快,外债使用效率不高,以及隐性外债问题严重等。

建议的外债管理方法:(1)根据国内外经济形势的变化,加强对外债的宏观管理,做到短期债务和长期债务搭配合理、比例恰当;(2)区分外债清偿力与流动性,外债种类结构、利率结构、期限结构和币种结构搭配要适当;(3)严格控制外债流入,保持适度的外债规模,对外债要实行监测和预警;(4)明确借入外债的目的,对外债用途要实施监控,提高外债使用效益;(5)完善外债信息披露机制,加强对隐性外债的管理。

本 章 小 结

国际资本流动以盈利或平衡国际收支为目的,以使用权转让为特征。国际资本流动的实质是资本的国际化,即资本的循环与增值运动从一国范围向国外延伸。

国际资本流动的动因不仅有宏观方面的原因,也有微观方面的原因。其中,宏观因素包括经济全球化趋势的加强、各国(地区)政策的调整、技术通信手段的现代化等;微观因素包括为寻求资源而降低成本、避开关税和非贸易壁垒、获得规模经济效益、谋求高利润、分散风险、转移环境污染和避开本国过度竞争的市场。此外,还有证券投资国际分散化的动因。

国际资本流动对资本输入国、资本输出国乃至世界经济都会产生深远的影响,既有正面的积极影响,也有负面的消极影响。所以,各国都对国际资本流动进行适当的管理和控制,扬长避短。我们一方面主张资本流动,另一方面要控制短期投机性资本流动。

发展中国家债务危机的爆发有着深刻的内因和外因。内因有:盲目举借大量外债,外债规模膨胀；国内经济政策失误，持续实行扩张性政策；债务管理不善，外债使用效率低下；外债结构不合理，缺乏管理和控制。外因有：两次石油危机的冲击，美元利率和汇率的上浮，国际商业银行贷款政策的失误。

国际投资领域的代表性理论有古典国际证券投资理论、资产选择理论、完全竞争理论、垄断优势理论、产品生命周期理论、市场内部化理论、国际生产折中理论、比较优势理论、投资发展周期理论等，各自从不同角度对国际投资的成因和现象进行探究。

中国利用外资进程中，发生了三次大的争论。入世后，中国利用外资的政策作出重要的战略调整：利用外资重点从引进国外资金向引进国外先进技术、现代化管理和专门人才转变；利用外资领域从以加工工业为主向服务领域大力推进转变；利用外资方式在以吸收外商直接投资为主的同时向多方式引资拓展；政府对利用外资的管理将从行政性审批为主向依法规范、引导和监督转变。

中国资本外逃的主要诱因有：产权制度不完善，转移非法所得，对内外资实施差别待遇政策，逃避管制，私人财产保护制度不健全。国际上最具代表性的估算资本外逃规模的方法有两种：一是直接法，二是间接法。控制资本外逃并不意味着不准境内资本合法地流出。

国际热钱流入的主要诱因有：中国经济发展的良好表现和预期，人民币不断升值的预期，中美之间的利差因素，相对良好的投资回报率。这些因素驱使大量国际游资通过资本项目、贸易项目、非贸易收入、个人项目以及"地下钱庄"等渠道流入中国。

外债的监控指标主要有：偿债率、负债率、债务率和短期债务比率。偿债率是衡量外债适度规模的核心指标，国际上通行的做法是将其控制在20%以下；负债率高低反映了一国GNP对外债的负担能力，国际上通常认为安全线为20%；债务率是衡量一国偿还能力和风险的指标，一般控制在100%以内；国际上通常认为，短期债务比率不超过25%。参照世界银行的标准，中国的外债指标安全线应该为15%的偿债率、20%的负债率和75%的债务率。目前，中国外债每年需要还本付息的压力较小，但是对外债务余额负担已呈中等偏上，应将外债规模控制在国力所能承受的限度之内；中国偿债率尚不高，具有很强的外债偿还能力，但是近年来债务率已升高，外债风险已变得不可忽视。

关键术语

1. International capital flows（国际资本流动）—Capitals, which transfer from a country or region to another one, are reflected mainly in the Capital and Finance Account in balance sheet of international payments. International capital flows are divided into long-term and short-term capital flows, according to the duration of capital flows.

2. International direct investment（国际直接投资）—Broadly, it includes "mergers and acquisitions, building new facilities, reinvesting profits earned from overseas operations, and intra company loans". In a narrow sense, it refers just to building new facility, and a lasting management interest (10 percent or more of voting stock) in an enterprise operating in an economy other than that of the investor.

3. Portfolio investment（证券投资）—Portfolio investment is the purchase and sales of corporate stocks, corporate bonds, government bonds, or other bonds. The component of international investment has been growing rapidly and in the subject of much research.

4. External debt(外债)—Gross external debt, at any given time, is the outstanding amount of those actual current, and not contingent liabilities that require payment(s) of principal and/or interest by the debtor at some point(s) in the future and that are owed to nonresidents by residents of an economy.

5. Debt service ratio(偿债率)—Debt service ratio refers to the ratio of the payment of principal and interest of foreign debts to the foreign exchange receipts from foreign trade and non-trade services of the current year.

6. Liability ratio(负债率)—Liability ratio refers to the ratio of the balance of foreign debts to the gross domestic product of the current year.

7. Foreign debt ratio(债务率)—Foreign debt ratio refers to the ratio of the balance of foreign debts to the foreign exchange receipts from foreign trade and non-trade services of the current year.

问题与练习

一、名词解释

国际资本流动　　国际直接投资　　国际证券投资　　卖方信贷　　买方信贷
贸易性资本流动　投机性资本流动　稳定性投机　　　贝克计划　　布雷迪计划
资产选择理论　　垄断优势理论　　产品生命周期理论　市场内部化理论
比较优势理论　　国际生产折中理论　中外合资企业　　外商独资企业
补偿贸易　　　　资本外逃　　　　热钱　　　　　　中国外债　　偿债率
负债率　　　　　债务率　　　　　短期债务比率　　外债管理

二、思考题

1. 浅析国际资本流动与国际收支的关系。
2. 国际直接投资的主要方式有哪些？它与国际证券投资的区别是什么？
3. 国际资本流动的新特征有哪些？
4. 国际资本流动的主要原因是什么？对经济产生了什么样的影响？
5. 国际资本流动的管理措施有哪些？
6. 发展中国家债务危机的新特点有哪些？
7. 造成20世纪80年代发展中国家债务危机的主要原因是什么？
8. 比较债务危机的三种解决方案，简述它们给我们带来的启示。
9. 垄断优势理论、产品生命周期理论、市场内部化理论、国际生产折中理论的主要内容是什么？
10. 中国利用外资的主要方式有哪些？
11. 中国利用外资问题的三次争论的焦点各是什么？
12. 入世后，中国利用外资应作怎样的政策调整？
13. 简述中国资本外逃的诱因、测算方法和控制措施。
14. 简述国际热钱流入中国的诱因、测算方法和控制措施。
15. 什么是外债？常用的外债监控指标有哪些？试运用这些指标衡量中国的外债状况。

附录　携带外币现钞出入境管理暂行办法[①]

第一条　为了方便出入境人员的对外交往,规范携带外币现钞出入境行为,根据《中华人民共和国海关法》和《中华人民共和国外汇管理条例》,特制定本办法。

第二条　本办法下列用语含义:

"外币"是指中国境内银行对外挂牌收兑的可自由兑换货币;

"现钞"是指外币的纸币及铸币;

"银行"是指经中国人民银行批准或备案,经营结售汇业务或外币兑换、外币储蓄业务的中资银行及分支机构和外资银行及分支机构;

"出、入境人员"是指出境、入境的居民个人和非居民个人;

"当天多次往返"是指一天内出境或入境超过一次;

"短期内多次往返"是指15天内出境或入境超过一次。

第三条　入境人员携带外币现钞入境,超过等值5000美元的应当向海关书面申报,当天多次往返及短期内多次往返者除外。

第四条　出境人员携带外币现钞出境,凡不超过其最近一次入境时申报外币现钞数额的,不需申领《携带外汇出境许可证》(以下简称《携带证》),海关凭其最近一次入境时的外币现钞申报数额记录验放。

第五条　出境人员携带外币现钞出境,没有或超出最近一次入境申报外币现钞数额记录的,按以下规定验放:

一、出境人员携出金额在等值5000美元以内(含5000美元)的,不需申领《携带证》,海关予以放行。当天多次往返及短期内多次往返者除外。

二、出境人员携出金额在等值5000美元以上至10000美元(含10000美元)的,应当向银行申领《携带证》。出境时,海关凭加盖银行印章的《携带证》验放。对使用多张《携带证》的,若加盖银行印章的《携带证》累计总额超过等值10000美元,海关不予放行。

三、出境人员携出金额在等值10000美元以上的,应当向存款或购汇银行所在地国家外汇管理局各分支局(以下简称外汇局)申领《携带证》,海关凭加盖外汇局印章的《携带证》验放。

第六条　"当天多次往返"及"短期内多次往返"的出入境人员携带外币现钞出入境按以下规定验放:

一、当天多次往返的出入境人员,携带外币现钞入境须向海关书面申报,出境时海关凭最近一次入境时的申报外币现钞数额记录验放。没有或超出最近一次入境申报外币现钞数额记录的,当天内首次出境时可携带不超过等值5000美元(含5000美元)的外币现钞出境,不需申领《携带证》,海关予以放行,携出金额在等值5000美元以上的,海关不予放行;当天内第二次及以上出境时,可携带不超过等值500美元(含500美元)的外币现钞出境,不需申领《携带证》,海关予以放行,携出金额超过等值500美元的,海关不予放行。

二、短期内多次往返的出入境人员,携带外币现钞入境须向海关书面申报,出境时海关凭最近一次入境时的申报外币现钞数额记录验放。没有或超出最近一次入境申报外币现钞

[①]　国家外汇管理局、海关总署2003年8月28日印发,汇发〔2003〕102号。

数额记录的,15天内首次出境时可携带不超过等值5000美元(含5000美元)的外币现钞出境,不需申领《携带证》,海关予以放行,携出金额在等值5000美元以上的,海关不予放行;15天内第二次及以上出境时,可携带不超过等值1000美元(含1000美元)的外币现钞出境,不需申领《携带证》,海关予以放行,携出金额超过等值1000美元的,海关不予放行。

第七条　出境人员可以携带外币现钞出境,也可以按规定通过从银行汇出或携带汇票、旅行支票、国际信用卡等方式将外币携出境外,但原则上不得携带超过等值10000美元外币现钞出境。如因特殊情况确需携带超过等值10000美元外币现钞出境,应当向存款或购汇银行所在地外汇局申领《携带证》。

第八条　出境人员向银行申领《携带证》,携带从自有或直系亲属外汇存款中提取外币现钞出境的,应当持护照或往来港澳通行证、往来台湾通行证,有效签证或签注,存款证明向存款银行申请;购汇后携带外币现钞出境的,应当持规定的购汇凭证,向购汇银行申请。

银行审核出境人员提供的材料无误后,向其核发《携带证》,并留存上述材料复印件5年备查。

第九条　银行向出境人员核发《携带证》时,不得超过本行存款证明的金额或购汇金额核发《携带证》,银行核发的《携带证》每张金额不得超过等值10000美元,但可以低于5000美元。

第十条　出境人员向外汇局申领《携带证》的,应当持书面申请,护照或往来港澳通行证、往来台湾通行证,有效签证或签注,银行存款证明,确需携带超过等值10000美元外币现钞出境的证明材料向存款或购汇银行所在地外汇局申请。

外汇局审核出境人员提供的材料无误后,对符合规定条件的,向其核发《携带证》,并留存书面申请及其他材料的复印件5年备查。

第十一条　《携带证》应盖有"国家外汇管理局携带外汇出境核准章"或"银行携带外汇出境专用章",并自签发之日起30天内一次使用有效。

第十二条　《携带证》一式三联。原《携带证》是由银行签发的,第一联由携带人交海关验存,第二联由签发银行按月交当地外汇局留存,第三联由签发银行留存。原《携带证》是由外汇局签发的,第一联由携带人交海关验存,第二、三联由签发外汇局留存。

第十三条　出境人员遗失《携带证》,原《携带证》是由银行签发的,应当在出境前持第八条规定的材料到原签发银行申请补办,原签发银行应当审核出入境人员提供的材料和原留存材料无误后,向其出具《补办证明》,出入境人员凭银行出具的《补办证明》向银行所在地外汇局申请,凭外汇局的核准件到银行补办《携带证》,银行应当在补办的《携带证》上加注"补办"字样;原《携带证》是由外汇局签发的,应当在出境前,持补办申请以及第十条规定的材料向原签发外汇局申请,外汇局应当审核出入境人员提供的材料和原留存的材料无误后,为其补办《携带证》,并在补办的《携带证》上加注"补办"字样。禁止外汇局和银行在出入境人员出境后为其补办《携带证》。

第十四条　银行应当在每月终了5日内,将上月签发《携带证》的情况,以《携带外币现钞出境统计表》报送所在地外汇局。

第十五条　各外汇局应当汇总辖区内外汇局和银行签发《携带证》的情况,并在每月终了10日内以《携带外币现钞出境统计表》报送国家外汇管理局。

第十六条　银行应当严格按照本办法规定向出入境人员核发《携带证》,对违反本办法规定的银行,由外汇局给予警告、通报批评、罚款直至取消其签发《携带证》资格的处罚。

第十七条　出入境人员携带外币现钞违反本办法规定的,由海关按有关规定进行处理。

第十八条　出入境人员携带汇票、旅行支票、国际信用卡、银行存款凭证、邮政储蓄凭证等外币支付凭证以及政府债券、公司债券、股票等外币有价证券出入境,海关暂不予以管理。

第十九条　本办法由国家外汇管理局和海关总署负责解释。

第二十条　本办法自2003年9月1日开始施行。1996年12月31日国家外汇管理局、海关总署联合发布,1997年2月10日开始施行的《关于对携带外汇进出境管理的规定》；1999年6月17日国家外汇管理局、海关总署联合发布,1999年8月1日开始施行的《关于启用新版〈携带外汇出境许可证〉有关问题的通知》；1999年6月14日国家外汇管理局发布施行的《关于启用新版〈携带外汇出境许可证〉有关操作问题的通知》；1999年10月25日国家外汇管理局发布施行的《关于加强〈携带外汇出境许可证〉管理的通知》,同时废止。

第八章　货币危机理论

> **学习要点**
>
> 国际投机性资本,立体投机策略,货币危机及其类型,第一代货币危机模型,影子汇率,货币投机冲击时间的确定,第二代货币危机模型,自促成危机,非线性政府行为下投机冲击的多重均衡,第三代货币危机模型,道德风险论,金融恐慌论,理性预期多重均衡论,美国次贷危机,欧洲主权债务危机。重点理解和掌握:货币危机及类型,国际收支危机模型,预期自促成货币危机模型,道德风险论和金融恐慌论,美国次贷危机,以及欧洲主权债务危机。

自一战后金本位制度崩溃以来,世界经济不时受到货币危机的困扰。进入20世纪70年代以后,随着布雷顿森林体系的崩溃,主要工业国实行浮动汇率,汇率变动的加剧诱发了资本流动以套利和套汇,为规避风险产生了金融创新的需要。结果,20世纪80年代,在金融创新和金融自由化思想的影响下,各国开始放松资本管制,国际资本流动开始活跃起来。其中,一些短期国际资本的流动造成了对一些国家货币的投机性冲击,进而酿成了货币危机。有关货币危机的理论模型自克鲁格曼1979年发表开创性论文之后大量涌现。在2007年、2009年美欧金融危机爆发后,围绕美国次贷危机和欧洲主权债务危机的研究大量展开。

第一节　国际短期资本流动与投机性冲击

一、国际短期资本流动

国际短期资本流动,是指发生在国与国之间、期限在一年以下的资本流动。

(一) 国际短期资本与投机性资本

国际投机性资本或热钱,是指那些没有固定的投资领域,为追逐短期高额利润而在各市场间频繁流动的资本。国际投机性资本以短期资本为主,但是并非所有的投机性资本都绝对是短期资本。现代国际投机资本的特点之一是隐蔽性,它们也可能顺应市场周期做中长期投资。同样,也并非所有的短期资本都是投机性资本。比如,涉及国际贸易资金融通和结算的短期资本,以及银行的短期拆放资金、头寸调拨等业务资金,都不是投机性资本。

(二) 国际短期资本流动的特点

国际短期资本流动追逐的是短期利润,特别是短期投机性资本频繁流动于各国之间,通过套取空间或时间差价,追逐远高于平均利润的投机收益。随着科技的进步和金融创新的发展,在国际上流动的短期资本在很大程度上已经异化为专门投机性资本,具有高度的流动性、敏感性、隐蔽性和攻击性。一般来说,国际短期资本流动对经济的各种变动极为敏感,资本流动的反复性大,具有较强的投机攻击性,并且受心理预期因素的影响非常明显。由于现实经济中不确定性的影响,对未来经济形势变动的预期常常在短期内主宰了国际短期资本流动。

二、投机性冲击

从投机性冲击的历史来看,国际投机性资本对冲击一个国家或同时冲击一些国家的货币有特别的偏好,对固定汇率制度或有管理的汇率制度进行的投机性冲击或货币投机性冲击(currency speculative attacks)是最常见的投机性冲击。投机者利用各类金融工具的即期交易、远期交易、期货交易、期权交易、互换交易,同时在外汇市场、证券市场以及各种金融衍生产品市场做全方位的投机,构成了立体投机策略。

(一) 利用即期外汇交易在现汇市场上进行投机性冲击

当投机者预期某种货币即将贬值时,会着力打压,迫使其迅速贬值。投机者能否打压成功的关键之一是,能否掌握足够数量的该种货币,然后在现汇市场上强力抛售并引起恐慌性跟风抛售。通常,投机者获得该货币现汇筹码的渠道有:从当地银行获得贷款;出售持有的以该货币计价的资产;从离岸市场融资;从当地股票托管机构借入股票,并将其在股票市场上卖空。

在掌握足够的该货币现汇筹码后,投机者即在现汇市场上集中、猛烈地抛售,以换取外币。如果能够引起该货币强烈的贬值预期,并引起跟风抛售,则该货币会迅速贬值。待该货币贬值后,投机者再在即期外汇市场上以较贬值前少的外币买进原借款数额的该种货币,然后偿还各类贷款,或买入股票归还股票托管机构。

(二) 利用远期外汇交易在远期外汇市场上进行投机性冲击

如果投机者预期某种货币的远期汇率将偏离未来的即期汇率水平,即趋于贬值,就会向当地银行购买大量远期合约,抛空远期弱币。为了规避风险,与投机者签订远期合约的银行要设法轧平这笔交易的远期本币头寸。于是,银行立即在现汇市场上售出本币并购买外币,以便常规清算。这样,无疑会改变现汇市场的供求关系,造成本币的贬值压力。待该货币贬值后,投机者可以在空头远期合约到期前签订到期日、金额相同的多头远期合约作对冲,或者在到期时通过现汇市场以强币兑换弱币,再以弱币交割空头远期合约。

(三) 利用外汇期货、期权交易在期货期权市场上进行投机性冲击

如果某种货币的走势趋于贬值,投机者在现汇市场上予以打压的同时,还可以配合外汇即期交易和远期交易,利用外汇期货、期权交易进行投机。即投机者可以先购入空头弱币的期货或看跌期权。若预期的弱币在现汇即期打压、远期打压下被迫贬值,则期货价格下跌,期权溢价,投机者可以进行对冲交易,赚取汇率差价。

(四) 利用货币当局干预措施进行投机

实行固定或盯住汇率制的政府或中央银行有使本国货币汇率不变的承诺。当投机者大量抛售本币时,中央银行为了维护本币汇率平价,最常用的干预措施有:(1) 动用外汇储备直接入市干预,以缓解本币贬值压力;(2) 提高本币利率,以抬高投机性冲击的借款成本。如果投机者预期中央银行直接入市干预行动会受其外汇储备规模所限,而必然提高利率水平,则可以利用利率上升进行投机以获利。

第二节 货币危机概述

布雷顿森林体系崩溃后,在世界范围内掀起了放松管制、强化市场机制、推动经济自由化和金融深化的浪潮。相应地,国际金融市场日益自由化并呈全球一体化。加上现代化通

信手段和计算机网络技术的应用,金融衍生工具和交易手段层出不穷,国际资本流动得到了空前的发展。在资本高速流动的背景下,国际金融领域里投机性冲击频频发生:20世纪80年代初对拉美国家汇率机制的冲击;1992—1993年对欧洲货币体系的投机性冲击以及芬兰马克、瑞典克朗危机;1994—1995年墨西哥比索危机;1997—1998年泰国泰铢危机及其引发的东亚全面货币危机;1998年俄罗斯卢布危机;1999年巴西里亚尔危机;2001年土耳其里拉危机;2002年阿根廷比索危机等。

一、货币危机的界定

(一) 货币危机的内涵

如前所述,20世纪70年代后,随着布雷顿森林体系的崩溃,在金融创新和金融自由化思想的影响下,世界范围内掀起了放松金融管制、推动经济自由化和金融深化的浪潮。在现代计算机网络技术和通信手段的推动下,金融创新产品层出不穷,国内与国际金融市场日益融合。国际资本流动得到了空前的发展,流动规模日益扩大,流动速度越来越快,其中孕育的风险也越来越大。大量游资凭借各种新式金融工具和交易方式,在国际市场上自由流动以寻求获利机会。这种游资在国际金融市场上的频繁活动使得国际金融市场的动荡频频发生,造成的金融危机接连不断。我们把这种国际游资的投机性冲击给一国或多国带来的以货币大幅度贬值为症状的经济现象称为"货币危机"。

货币危机(currency crisis)分为广义和狭义两种。广义的货币危机,是指一国或地区货币的汇率变动在短期内超过一定的幅度——按照IMF的定义,如果一年内一国或地区货币贬值25%或更多,同时贬值幅度比前一年增加至少10%,那么该国或地区就发生了货币危机。狭义的货币危机,是指市场参与者通过外汇市场的操作,导致一国或地区固定汇率制度的崩溃和外汇市场持续动荡的事件。一般所说的货币危机即指狭义的货币危机。狭义的货币危机通常表现为固定汇率制度的崩溃或被迫调整(如法定贬值、汇率浮动区间的扩大等)、国际储备的急剧减少(国际收支危机)以及本币利率的大幅上升等。

(二) 货币危机与金融危机的区别

货币危机与金融危机存在着很大的差异。货币危机在广义上是指一国或地区货币的汇率变动在短期内超过一定的幅度,在狭义上是指市场参与者通过外汇市场的操作导致该国固定汇率制度的崩溃和外汇市场的持续动荡。金融危机则不仅表现为汇率变动,还包括股票市场、银行体系等国内金融市场上的价格波动,以及金融机构的经营困难、大面积破产等。货币危机可以诱发金融危机,而由国内因素引起的金融危机也会导致货币危机的发生。

二、货币危机的分类与传播

按照危机的成因,货币危机可以分为三类:第一类是由于政府扩张性财政货币政策导致经济基础恶化,从而引发国际投机资本冲击所造成的货币危机。第二类是在经济基础比较稳定时,主要由心理预期自我实现(self-fulfilling)的作用而引发的国际投机资本冲击所造成的货币危机。第三类是蔓延型货币危机。在金融市场一体化的今天,一国发生货币危机极易传播到其他国家,这种因他国货币危机传播而引发的货币危机被称为"蔓延型货币危机"。例如,东亚货币危机就是在金融市场一体化条件下泰国货币危机对邻国的货币发生"传染"所致。

货币危机最容易传播到以下三类国家:(1) 与货币危机发生国有较密切贸易联系的国

家。此类传染称为"贸易渠道传染"。货币危机发生国对该国商品的进口下降,或者对该国的出口形成巨大压力,从而导致该国贸易收支恶化,进而诱发投机攻击。(2)与货币危机发生国有相似经济结构、发展模式以及潜在经济问题(如汇率高估)的国家。此类传染称为"预期自促成传染"。投机资本一般会比较一致地对这些国家逐一攻击。(3)过分依赖国外资本流入并拥有相同债权人的国家。此类传染称为"共同债权人传染"。影响较大的货币危机发生后,国际金融市场上的投机资本一般都会调整或收缩其持有的外国资产,至少是收缩风险较大的国家的资产。若这一资本流出对该国的国际收支有重大影响,则该国就有可能发生货币危机。

三、货币危机的主要原因

第一,汇率制度不当。固定汇率制名义上可以降低汇率波动的不确定性,但是自20世纪90年代以来,货币危机常常发生在那些实行固定汇率制的国家。正因如此,越来越多的国家放弃了曾经实施的固定汇率制,如巴西、哥伦比亚、韩国、俄罗斯、泰国、土耳其等。

第二,外汇储备不足。发展中国家保持的理想外汇储备额是"足以抵付三个月进口"。由于汇率政策不当,长期锁定某一主要货币将导致本币币值高估,竞争力下降。货币危机发生前夕,往往会出现经常项目顺差持续减少,甚至会出现巨额逆差。当国外投资者意识到投资国"资不抵债"(外汇储备不足以偿还所欠外债)时,清偿危机会随之出现,从而导致货币危机。

第三,银行系统脆弱。货币危机的一个可靠先兆是银行危机。在许多发展中国家,银行收入过分集中于债款收益,却又缺乏对风险的预测能力。资本不足而又没有受到严格监管的银行向国外大肆借取贷款,再贷给国内存在问题的项目,由于币种错配、期限错配,因而累积的呆坏账会越来越多,银行系统也就越发脆弱。

第四,金融市场开放过早过快。拉美、东亚、东欧等地区的一些新兴市场国家过快开放金融市场,尤其是过早取消对资本的控制,是导致货币危机发生的主要原因。金融市场开放会引发大规模资本流入,而当国际或国内经济出现时,会在短期内引起大规模资本外逃,导致货币急剧贬值,由此引发货币危机。

第五,外债负担沉重。例如,泰国、阿根廷以及俄罗斯的货币危机都与所欠外债规模巨大且结构不合理密切相关。

第六,财政赤字严重。在发生货币危机的国家中,或多或少都存在着财政赤字问题,赤字越大,发生货币危机的可能性就越大。

第七,政府信任危机。民众和投资者对政府的信任是金融稳定的前提,同时赢得民众和投资者的支持,是政府有效防范、应对金融危机的基础。例如,墨西哥比索危机在很大程度上归咎于其政治上的脆弱性;俄罗斯金融危机的主要诱因是国内存在"信任危机"。

第八,经济基础薄弱。强大的制造业、合理的产业结构是防止金融动荡的坚实基础。产业结构的严重缺陷是造成许多国家发生货币危机的原因之一,如阿根廷和俄罗斯。

第九,危机跨国传播。由于贸易自由化、区域一体化,特别是资本跨国流动的便利化,一国发生货币危机极易引起邻近国家的金融市场发生动荡。泰国之于东亚,俄罗斯之于东欧,墨西哥、巴西之于拉美等,反复印证了这一"多米诺效应"。

第十,国际货币基金组织政策不当。20世纪80、90年代,IMF等依据与美国财政部达成的"华盛顿共识",向遭受危机、等待救援的国家硬性推出财政紧缩、私有化、自由市场和自由贸易三大政策建议。斯蒂格利茨、萨克斯等猛烈抨击了"华盛顿共识",认为IMF造成的问题比解决的还多。对IMF更深刻的批评涉及IMF的救援行动,会引起道德风险,这使得投资者和一些国家相信在遇到麻烦时总会得到国际救助。

四、货币危机的危害

货币危机无论对危机发生国还是整个世界经济都会产生严重的危害,其不利影响体现在以下几个方面:

第一,货币危机发生过程中对经济的不良影响。例如,为抵御货币危机引起的资本外流,政府会采取提高利率的措施,而且其对外汇市场的管制可能会维持很长时间,这将给经济带来严重的破坏。同时,在危机期间,大量资本会在国内外频繁流动,从而扰乱该国的金融市场,其经济秩序也往往会陷入混乱状态。

第二,货币危机发生后的危害。首先,货币危机容易诱发金融危机、经济危机乃至政治危机和社会危机。其次,外国资本往往在危机发生后大举撤出,会给危机发生国经济发展带来沉重打击。再次,货币危机会导致以本币衡量的外债大量增加。最后,货币危机发生后被迫采取的浮动汇率制度往往因为政府无力管理而波动过大,会给正常的生产、贸易带来不利的影响。

第三,货币危机发生后相当长一段时间内政府被迫采取的补救性措施的不利影响。危机发生后,紧缩性财政政策往往是最普遍的。但是,若货币危机并非由于扩张性宏观经济政策所致,这种紧缩性政策可能会给一国国民经济带来巨大的灾难。另外,为获得外国的资本援助,危机发生国政府往往会被迫接受这些援助所附加的种种条件,给本国的经济运行带来较大的风险。

五、货币危机的防范与控制

第一,选择合适的汇率制度和汇率政策。在资本高度流动的条件下,固定汇率制度有其内在的不稳定性。它不仅会因一国政府采取与固定汇率相抵触的扩张性宏观经济政策而崩溃,而且还可能因不利的预期变化而崩溃。因此,有条件的国家应选择富有弹性的汇率制度,这对提高本国竞争力、及时释放金融风险压力是非常必要的,是金融当局必须予以考虑的重大问题。就中国而言,建立更加灵活的管理浮动汇率制度,可以支持货币政策的自主性和有效性;可以转移所承担的金融风险,增加外汇投机者的风险,从而阻止国外投机性资本进入国内;可以减弱因国外资本流入而引起的国内通货膨胀压力,保持宏观经济稳定。

第二,建立健全金融体系,加强金融监管,寻求保险效果与激励效果之间的最佳平衡。应该尽可能将金融机构过度冒险的成本内部化,如使金融机构保持适当的资本充足率,将金融机构的存款保险费率与其风险状况联系起来。在存在激励扭曲的情况下,政府对金融机构实行审慎监管是至关重要的,特别要对金融机构的净外汇头寸和风险投资进行严格的限制。同时,应探索建立风险转移机制和补偿机制,通过建立存款保险制度和再保险制度,保护债权人利益,为金融体系筑起一道屏障,维护金融体系的稳定。

第三,谨慎开放资本市场。根据国际经验,实现资本项目可兑换,需要较长的准备时间。即便如法国、意大利、日本等发达国家,也是在实现经常项目可兑换二十多年之后才完全取消资本项目管制的。发展中国家全面开放金融市场时,至少应具备以下条件:比较成熟的国内市场;比较完善的法规制度;熟练的专业技术人员;比较丰富的管理经验;有效的政府管理机构和灵活机动的应变机制；与金融市场开放相适应的市场经济体制和发展规划；一定的经济实力，如足够的国际储备、充分的支付能力、有效的融通手段及能力等。

第四，确立合理的外资投向结构和方向。首先，必须制定明确的引进外资的政策和法规。其次，要建立有利于经济稳定的外资结构，即在积极引导外商直接投资的同时，限制短期投机性资本流入。最后，应加强对资本流入、流出的审查和监管，逐步开放资本市场。

第五，控制举借外债的数量，提高使用外债的质量。要根据经济发展的需要、经常项目收支状况、还本付息能力，确定引入外资的总规模，坚持外债规模与国家经济发展水平和国际收支状况相适应的原则。同时，在总量控制下，要加强对外债使用方向的宏观调控，调整举债和吸引外资的结构。应根据国家产业政策，引导外资投向国家急需发展的高新技术产业、出口创汇行业、农业以及基础设施建设。

第六，保持稳健的财政体制。阿根廷、俄罗斯等国的货币危机表明，庞大的财政赤字同样具有极大的危害性。严重财政赤字的危害为越来越多的国家所重视，最突出的要算不断扩展与深化的欧洲货币联盟，欧盟的硬性标准（年度财政赤字不得超过其GDP的3%）被普遍用作衡量一国经济与金融安全的警戒线。

第七，建立风险转移机制。一是建立存款保险制度；二是建立不良债权的担保抵押机构，降低金融机构坏账；三是通过立法迫使银行解决坏账问题等。

第八，夯实经济政治基础。一是优化产业结构，使出口多元化，不断提高劳动生产率，提高企业及其产品在国际市场上的竞争力；二是促进和扩大内需；三是确保政治与社会稳定。

关于应对货币危机，克鲁格曼曾提出两种方法：一是制定紧急贷款条款，紧急贷款的额度必须要足够大以加强投资者的信心；二是实施紧急资本项目管制，这样可以有效地、最大限度地避免资本外逃。

第三节 第一代货币危机模型

第一代货币危机模型以20世纪70年代末80年代初发展中国家发生的货币危机为考察对象，着重强调在宏观经济政策与固定汇率制度相矛盾的情况下，若采取扩张性的财政政策，最终将导致外汇储备的耗尽，从而导致固定汇率制度的崩溃。克鲁格曼（1979）提出了国际收支危机模型。弗勒德和加伯（1984）在这一模型的基础上提出了一个线性分析模型，主要探究了固定汇率制度下货币投机攻击的冲击，由此建立了第一代货币危机模型。

一、第一代货币危机：案例分析

1976年3月，阿根廷的军事政变推翻了庇隆夫人领导的政府。在军事政变发生时，阿根廷的年通货膨胀率达300%，财政赤字约为GDP的17%。新的军政府引进了一系列改革措施，旨在放松对经济部门的控制，具体包括逐渐消除资本控制、利率自由化、减少对贸易的限制等。此后，通货膨胀率明显降低，但是仍然超过100%。为了进一步控制通货膨胀，1978年12月，政府提出了以汇率政策为中心的Tablita计划。根据这个计划，从1979年1月1日开始，阿根廷比索采取对美元爬行盯住汇率制，旨在通过逐渐把汇率贬值幅度降低到零，使阿根廷的通货膨胀率逐渐与贸易伙伴国保持一致。为了提高这个计划的可信度，政府提前几个月宣布汇率的调整速度。计划实施的第一年，伴随着政府赤字的减少和国内信贷的收缩，比索的贬值幅度逐渐减小。到1979年底，公共部门的赤字减少到GDP的5%。

然而，1980年3月爆发银行债务危机时，为了挽救银行体系，阿根廷央行对银行系统的贷款迅速增加，结果弱化了人们对稳定计划的信心。1980年后半年，央行对公共部门融资的增加进一步损坏了市场对Tablita计划的信心。这种信心的丧失使得阿根廷比索存款利率上升，外汇储备大量流失。此时发达国家的反通货膨胀政策又使得阿根廷更是雪上加霜。1981年2月，政府宣布货币贬值10%，Tablita计划土崩瓦解；4月又贬值31%；6月再贬值30%。此后，阿根廷货币当局采取了双汇率制，允许资本账户汇率自由浮动。

二、第一代货币危机：理论模型

（一）理论背景和核心观点

第一代货币危机模型产生的背景是20世纪70年代末80年代初拉美地区发生的货币危机。以克鲁格曼（1979）以及弗勒德和加伯（1984）为代表的经济学家们建立了第一代货币危机模型。克鲁格曼强调了财政需求与维持固定或盯住汇率制度之间不可调和的矛盾，其结论是：实行固定或盯住汇率的国家必须严守财政、货币纪律，避免宏观经济失衡；否则，货币危机与汇率制度崩溃将不可避免。在克鲁格曼提出的货币危机模型中，假定政府为解决赤字问题会不顾外汇储备，无限制地发行纸币，而同时中央银行为维持固定汇率制度会无限制地抛出外汇，直至外汇储备消耗殆尽。在这些假定条件下，该模型认为，政府部门的赤字货币化、利率平价条件会诱使资本流出，导致本国外汇储备不断减少。当一国外汇储备减少到某个临界点时，投机者出于规避资本损失或者获得资本收益的考虑，会向该国货币发起投机冲击。这样，由于投机者的冲击，政府被迫放弃固定汇率的时间将早于主动放弃的时间，结果货币汇率制度危机会提前爆发。弗勒德和加伯在克鲁格曼所提出模型的基础上提出了一个线性分析模型。该模型主要探究固定汇率制度下货币投机攻击的冲击，假定货币市场均衡和非抛补的利率平价方程式成立，政府主要通过国内信贷扩张来为财政赤字融资。结果表明，国家为了捍卫固定汇率而采取的扩张性政策并不能维持固定汇率，而只会导致一国在外汇储备耗竭后最终或提前放弃固定汇率制度，转向其他可维持的汇率制度。

第一代货币危机理论认为，一国的经济基本面（economic fundamentals）决定了货币对外价值稳定与否，也决定了货币危机是否会爆发以及何时爆发。当一国的外汇储备不足以支撑其固定汇率的长期稳定时，该国的外汇储备是可耗竭的。政府在内部均衡与外部均衡发生冲突时，为维持内部均衡而干预外汇市场的结果必然是外汇影子汇率（shadow exchange rate）与目标汇率发生持续的偏差，而这为外汇投机者提供了牟取暴利的机会，也是投机冲击引发货币危机的开端。第一代货币危机理论表明，投机冲击和固定汇率制崩溃是微观投资者在经济基本面与汇率制度之间存在矛盾的情况下理性选择的结果，因而这类模型也被称为"理性冲击模型"（rational attack model）。我们从该理论的模型分析中可以得出一些政策建议，如通过监测一国宏观经济的运行状况可以对货币危机进行预测，并在此基础上及时调整经济运行，避免货币危机爆发或减轻其冲击力度。避免第一代货币危机的有效方法是，实施恰当的财政、货币政策，保持经济基本面健康运行，从而维持民众对固定汇率的信心。

克鲁格曼（1979）认为，在一国货币需求稳定的情况下，国内信贷扩张会带来外汇储备的流失和经济基本面的恶化，导致原有的固定汇率在投机冲击下产生货币危机。

（二）模型假设

第一代货币危机模型的前提假定有：(1) 小型开放经济国家，该国居民只消费单一的可贸易商品,该国汇率盯住其主要贸易伙伴国的货币,汇率由购买力平价决定;(2)经济主体具有完全预期,且可供本国居民选择的资产只有四种,分别为本币、外币、本国债券和外国债券;(3)货币需求非常稳定,没有私人银行,货币供给总量等于国内信贷和外汇储备之和;(4)国内信贷增长量为外生变量,固定为常数 μ;(5)政府利用其持有的外汇储备维持固定汇率制度。

(三)模型描述和演绎

克鲁格曼(1979)对货币危机的研究具有开拓性贡献,弗勒德和加伯(1984)通过一个高度简化的模型概括了克鲁格曼的思想,具体可以描述如下:

$$\frac{M_t}{P_t} = a_0 - a_1 i_t, \quad a_1 > 0 \tag{8-1}$$

$$i_t = i_t^* + \frac{\dot{S}_t}{S_t} \tag{8-2}$$

$$S_t = \frac{P_t}{P_t^*} \tag{8-3}$$

$$M_t = R_t + D_t \tag{8-4}$$

$$\dot{D}_t = \mu, \quad \mu > 0 \tag{8-5}$$

其中,M_t、P_t、i_t 分别代表 t 时该国的国内货币存量、国内价格水平、国内利率水平,a_0、a_1 是常数。(8-1)式的左边为货币供给,右边为货币需求。(8-2)式为利率平价条件,i_t^* 为外国利率水平,$\frac{\dot{S}_t}{S_t}$ 为本币贬值率。(8-3)式为购买力平价条件,P_t^* 为外国价格水平。方程(8-4)为基础货币构成,R_t 为该国持有的外汇储备,D_t 为国内信贷总量。$\dot{D}_t = \mu$ 为国内信贷固定增长率。

将(8-2)式和(8-3)式代入(8-1)式,整理得到:

$$M_t = \alpha S_t - \beta \dot{S}_t \tag{8-6}$$

其中,$\begin{cases} \alpha = a_0 P_t^* - a_1 i_t^* P_t^* \\ \beta = a_1 P_t^* \end{cases}$。如果政府采取固定汇率政策,固定汇率为 $\bar{S}$,则 $\dot{S}_t = 0$。据此,由(8-6)和(8-4)式得到:

$$M_t = \alpha \bar{S} = R_t + D_t$$

$$R_t = \alpha \bar{S} - D_t \Rightarrow \dot{R}_t = -\dot{D}_t = -\mu$$

由于国内信贷固定增长率 $\mu > 0$,所以 $\dot{R}_t < 0$。也就是说,随着国内信贷的持续增长,该国外汇储备会持续减少,从而预示固定汇率制度终将崩溃。当外汇储备消耗殆尽(即 $R_t = 0$)时,政府已无力继续维持固定汇率制度,要么本币大幅度贬值并建立新的盯住汇率制,要么允许汇率自由浮动。

(四)投机冲击时间的确定

投机者发动投机冲击的时间取决于其对投机获利的估计。投机获利的多少取决于影子汇率与实际汇率的差额。影子汇率,是指在没有政府干预下,外汇市场上汇率自由浮动时确立的汇率水平。它是本币真实价值的反映。我们用 $\tilde{S}_t$ 表示影子汇率。货币扩张会使影子汇率水平不断下降。当投机者意识到该国政府为维持固定汇率制度而持续耗费外汇储备,并判断该国外汇储备即将耗尽时,影子汇率将大于固定汇率。投机者将对本币发动攻击(抛出本币购入等量外汇储备),固定汇率制度崩溃。设该时刻为 T,投机者将能获得总额为 $(\hat{S}_T - \bar{S}_T)R_{T^-}$ 的投机利润。其中,R_{T^-} 为 T 时刻来临前夕投机者购入的外汇储备。当每个投机者都充分预计到这一点时,他们就会争先恐后购买外汇储备并抛售本币,从而将发动投机攻击的时刻 T 不断推前。

由于投机攻击,在外汇消耗殆尽时,$\dot{M}_t = \dot{D}_t = \mu$,代入 $M_t = \alpha S_t - \beta \dot{S}_t$,化简后得到的影子汇率为:$\hat{S}_t = \frac{\beta\mu}{\alpha^2} + \frac{M_t}{\alpha}$。设初始状态 t=0,此刻仍为固定汇率,因此 $\bar{S} = \frac{R_0 + D_0}{\alpha}$。如图 8-1 所示,在 t=T 时,外汇储备突然降为零,固定汇率制度崩溃。此时,$\hat{S}_T = \bar{S}, R_T = 0, M_T = R_T + D_T = D_0 + \mu T$。据此,解得:

$$T = \frac{R_0}{\mu} - \frac{\beta}{\alpha} \tag{8-7}$$

根据(8-7)式,得出投机冲击导致固定汇率制度崩溃的时刻。结论是:(1) 政府所持有的初始外汇储备 R_0 越少,固定汇率制度崩溃的时刻越早,投机冲击越容易取得成功。(2) 国内信贷增长速度越快,即 μ 越大,投机冲击发生的时间越早,固定汇率制度崩溃的时刻也越早。如下图所示:

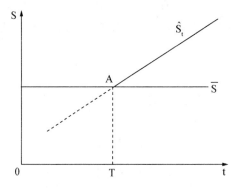

图 8-1 货币投机冲击时间的决定

在图 8-1 中,横轴表示时间,纵轴表示汇率水平(直接标价法)。在国内信贷不断扩张的情况下,储备不断流失,影子汇率 $\hat{S}_t$ 不断下跌,其轨迹为一条斜率为正的直线。固定汇率为 $\bar{S}$。A 点是影子汇率与固定汇率的交点。显然,当 t 小于 T 时,影子汇率小于固定汇率,投机者攻击后的利润为负。因此,投机者不会发动攻击。当 t 大于 T 时,影子汇率大于固定汇率,投机者按照固定汇率从该国购入外汇并按照本币贬值后的影子汇率抛出,将获得正的投机利润。投机者之间的竞争会驱使其提前发动攻击,以期获得最大化投机利润,其结果是冲击在 t=T 时发生。此时,外汇储备突然降为零,固定汇率制度崩溃。

三、第一代货币危机模型的结论及不足

根据第一代货币危机模型分析,可以得出如下结论:货币危机的发生是由于政府宏观经济政策与其维持固定汇率制度之间存在矛盾冲突所引起的。国内信贷扩张是外汇储备流失的根本原因。因此,货币危机的根源是政府扩张性的财政货币政策,投机性攻击只是催化剂,仅仅起到加速固定汇率制度崩溃的作用。在政策含义上,实施恰当的财政、货币政策,保

持经济基本面健康运行,是防止货币危机发生的唯一方法。

第一代货币危机模型的不足之处有:(1) 模型的假设条件过于简化,其理论假定与实际偏离较大,对政府在内、外均衡上的取舍与政策制定问题的论述存在很大的不足,忽略了许多重要的因素,而这些因素在现实经济生活中恰恰可能是引起货币危机的重要原因。例如,在政府应对措施上,模型假定政府完全处于被动地位,这与现实的偏差较大。尽管第一代货币危机模型较好地解释了 20 世纪 70、80 年代拉美货币危机,但是 1992—1993 年欧洲货币危机是在经济基本面较好的情况下发生的,危机爆发前英国并没有明显的货币扩张。(2) 模型设定所有的经济主体都是完全理性的,唯独政府本身是个例外,其原因无法解释。模型中,政府的行为过于简单和机械,只是按照一个固定的速度扩展信贷,实行扩张的货币政策,直至耗竭外汇储备,然后让汇率贬值。汇率制度在很大程度上是政府选择的结果,它不仅忽略了当局可用的政策,而且忽略了当局在选择过程中对成本和收益的比较权衡。(3) 经济基本面的稳定并不是维持汇率稳定的充分条件,单纯依靠对基本经济变量的预测解释危机显得单薄。由于第一代货币危机模型无法解释 1992—1993 年欧洲货币体系危机,所以经济学家们另辟蹊径,从自促成危机角度解释在经济基本面没有出现持续恶化情况下爆发危机的可能性。由此,形成了第二代货币危机模型。

第四节 第二代货币危机模型

与强调经济基本面因素的国际收支危机模型不同,第二代货币危机模型(又称"预期自促成或自我实现货币危机模型")特别强调预期在货币危机中所起的关键作用。这类模型考察了货币危机脱离宏观经济失衡的现象,解释了在经济基本面没有恶化的情况下货币危机的运行机制。其结论是:与不同的预期相对应,经济中存在着不同的均衡结果。即使政府没有执行与固定汇率制度相抵触的扩张性财政、货币政策,一种本来可以延续下去的固定汇率制度也有可能因大家都预期它将崩溃而崩溃,即货币危机预期具有自促成性质。

一、第二代货币危机:案例分析

欧洲货币体系于 1979 年 3 月 13 日正式成立,其实质是一个固定的可调整汇率制度。它的运行机制有两个基本要素:一是货币篮子——欧洲货币单位(ECU);二是格子体系——汇率制度。欧洲货币单位是当时欧共体 12 个成员国货币共同组成的一篮子货币,各成员国货币在其中所占的比重大小是由它们各自的经济实力决定的。欧洲货币体系的汇率制度以欧洲货币单位为中心,每个成员国的货币与欧洲货币单位挂钩,然后再通过欧洲货币单位使成员国的货币确定双边固定汇率。这种汇率制度被称为"格子体系"或"平价网"。欧洲货币单位的确定本身就孕育着一定的矛盾。欧共体成员国的实力不是固定不变的,一旦变化到一定程度,就要求对各成员国货币的权数进行调整。虽然按规定权数每隔五年变动一次,但是若未能及时调整,则通过市场自发调整会使欧洲货币体系爆发危机。

1992 年 9 月中旬,欧洲货币危机开始爆发,其根本原因是德国经济实力的增强打破了欧共体内部力量的均衡。当时,德国经济实力因两德统一而大大增强。尽管德国马克在欧洲货币单位中用马克表示的份额不变,但是由于马克对美元汇率升高,它在欧洲货币单位中的相对份额也不断提高。与此同时,英国和意大利的经济一直低迷,增长缓慢,失业增加,它们急需实行扩张性的低利率政策,以增加企业投资,扩大就业,并刺激居民消费以振作经济。

但是,当时德国在统一之后,财政上出现了巨额赤字,政府担心由此引发通货膨胀,引起民众不满,爆发政治和社会危机。为此,德国拒绝了七国首脑会议要求其降息的要求,反而在1992年7月把贴现率提高为8.75%。德国利率的上扬引起了外汇市场抛售英镑、里拉而抢购马克的风潮,致使里拉、英镑汇率大跌,导致了1992年欧洲货币危机。

对德国提高利率率先作出反应的是芬兰[①]。芬兰马克与德国马克自动挂钩,德国提高利率后,芬兰马克被纷纷兑换成德国马克。芬兰央行为维持比价,不得不抛售德国马克,购买芬兰马克。但是,芬兰马克仍狂泻不止。1992年9月8日,芬兰政府宣布芬兰马克与德国马克脱钩,开始自由浮动。当时,英法政府深感事态的严重而建议德国政府降低利率。但是,德国政府认为芬兰马克与德国马克脱钩微不足道,拒绝了英法政府的建议。时任德国央行行长Schlesinger在9月11日公开宣布,德国绝不会降低利率。货币市场投机者据此把投机的目标投向坚挺的德国马克。9月12日,意大利里拉告急,虽然政府曾在7日和9日先后两次提高银行贴现率,从12%提高到15%,同时还向外汇市场抛售马克和法郎,但是仍未能使局势缓和。9月13日,意大利政府不得不宣布里拉贬值,将其比价下调3.5%,而欧洲货币体系中另外10种货币将升值3.5%。这是自1987年1月12日以来欧洲货币体系比价的第一次调整。

直到此时,德国政府才出于维持欧洲货币体系的稳定运行而作出细微的让步。9月14日,德国正式宣布贴现率降低半个百分点,由8.75%降到8.25%。此举受到了美、英、法的高度赞赏。然而,就在德国宣布降息的第二天,英镑汇率一路下跌,英镑与马克的比价冲破了三道防线,达到1英镑兑2.78马克。英镑的狂跌使英国政府不得不于9月16日清晨宣布提高银行利率2个百分点,几小时后又宣布提高3个百分点,利率由10%提高到15%。英国做出这种非常之举的目的无非是吸引国外短期资本流入,增加对英镑的需求,以稳定英镑汇率。但是,市场信心已经动摇,汇率变动趋势已经难以遏阻。9月15—16日,各国央行注入上百亿英镑的资本支持英镑,也无济于事。16日,英镑与马克的比价由前一天1英镑兑2.78马克跌至1英镑兑2.64马克。时任英国财政大臣诺曼·拉蒙特于当晚宣布英国退出欧洲货币体系并降低利率3个百分点,17日上午又降低2个百分点,恢复到原来10%的水平。

意大利里拉在9月13日贬值之后,仅隔了3天,又一次在外汇市场上面临危机,马克对里拉的比价再次超过了重新调整后的汇率下浮界限。意大利政府为了挽救里拉下跌,耗费了40万亿里拉的外汇储备亦终未奏效,结果只好宣布里拉退出欧洲货币体系,让其自由浮动。之后,欧共体宣布同意英意两国暂时脱离欧洲货币体系。

二、第二代货币危机:理论模型

(一)理论背景和核心观点

第一代货币危机模型提出假定:只有在经济基本面出现问题时,投机者才会对一国货币发起攻击。然而,现实是,1992—1993年欧洲货币危机是在经济基本面较好的情况下发生的。对此,第一代货币危机模型难以解释。在欧洲货币危机发生后,以奥伯斯法尔德(1996)为代表的经济学家提出了第二代货币危机模型,认为货币危机不是由于经济基本面恶化所致,而是由于贬值预期的自促成或自我实现所致。当人们预期货币将贬值时,政府发现维持

---

① 芬兰和瑞典都于1991年采取了盯住欧洲货币单位的货币制度,以争取加入欧盟。

固定汇率的成本随之上升。达到一定水平后,政府维持固定汇率的成本超过收益,从而决定放弃固定汇率制度。货币危机完成了自我实现的过程。相反,当公众预期固定汇率将继续维持时,政府会发现,维持固定汇率的成本小于收益,因而货币汇率不会出现贬值。这样,形成了两种不同的均衡结果。所以,政府并不会机械地维持固定汇率,而会在减少失业、增加政府债务、维持固定汇率三者之间相机抉择。只要一国的失业率或政府债务压力达到一定的限度,固定汇率就可能步入随时崩溃的多重均衡区间。所以,第二代货币危机模型有两个典型的特征,即预期的自我实现和多重均衡。

(二)模型假定

第一,假定政府是主动的行为主体,在其政策目标函数之间寻求最大化组合。政府会出于一定的原因维护固定汇率制,也会由于某种原因放弃固定汇率制度。当公众预期或怀疑政府将放弃固定汇率制度时,维持固定汇率制度的成本将会大大增加。因此,放弃固定汇率制度是央行在维持和放弃之间进行成本和收益权衡后所作出的相机抉择,不一定是储备耗尽之后的被动结果。在这个前提下,货币危机预期具有自我实现的特征。

第二,引入博弈。在动态博弈过程中,央行和市场投资者的收益函数相互包含,双方均根据对方的行为或有关信息不断修正自己的行为选择,而自身的这种修正又将影响对方的行为。因此,经济可能存在一个循环过程,出现多重均衡。其特点是,自我实现的危机可能存在。所以,第二代货币危机模型又被称为"自我实现货币危机模型"。

(三)非线性政府行为与多重均衡模型

与第一代货币危机模型不同,第二代货币危机模型假定政府的货币供给行为是非线性的,是依据不同条件而变化的非常量,即在没有发生对固定汇率的投机冲击时,国内信贷以 μ_0 的速度增长;如果发生了投机冲击,则国内信贷以更快的速度 μ_1 增长。如图 8-2 所示:

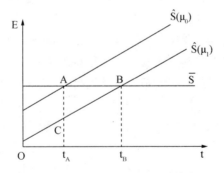

图 8-2 非线性政府行为下投机冲击的多重均衡

在图 8-2 中,对应于国内信贷增长率 μ_0 和 μ_1 的两条影子汇率轨迹线 $\hat{S}(\mu_0)$ 和 $\hat{S}(\mu_1)$ 分别与固定汇率相交于 A 点和 B 点,对应的固定汇率崩溃的时刻分别为 t_A 和 t_B。对应于不同的时刻和时间段,相应的投机冲击也有四种情况:(1)当 $t<t_A$ 时,无论是不发动投机冲击时的影子汇率 $\hat{S}(\mu_0)$,还是发动投机冲击时的影子汇率 $\hat{S}(\mu_1)$,都小于固定汇率 $\bar{S}$。由于发动投机冲击将获得负利润,因此投机者不会发动投机攻击。(2)当 $t=t_A$ 时,若影子汇率为 $\hat{S}(\mu_1)$,均衡点为 C 点;若影子汇率为 $\hat{S}(\mu_0)$,均衡点为 A 点。在 C 点,由于影子汇率小于固定汇率,投机冲击不会发生。在 A 点,影子汇率等于固定汇率,恰好是投机攻击发起之时,但是投机攻击的获利为零。此时,经济可能处在有冲击和无冲击的两个均衡点上。但是,一旦发起攻击,均衡点就从 C 点跳跃至 A 点,固定汇率制度崩溃。(3)当 $t_A<t<t_B$ 时,在该

区间存在多重均衡。当公众预期市场上没有投机冲击发生时,影子汇率为 $\hat{S}(\mu_1)$,不会有投机冲击发生;当公众预期有投机冲击发生时,影子汇率为 $\hat{S}(\mu_0)$,投机收益大于零,必然导致现实的投机冲击。可见,是否发生投机冲击完全取决于公众的预期,一旦预期发生了变化,经济就可能从无冲击的均衡点突然跳跃至有冲击的均衡点。(4)当 $t > t_B$ 时,影子汇率总是大于固定汇率,投机冲击必然会发生。

(四)投机冲击的自我实现模型

奥伯斯法尔德从政府行为和私人投资者行为之间相互影响和相互决定的关系入手,强调投机冲击的"自我实现"特征,即公众对汇率贬值的预期会影响政府的反应函数,并促成政府采取相应的政策,导致顺应公众预期的现实货币贬值最终发生。换句话说,公众的贬值预期自发促成了实际上的货币贬值,而经济基本面的恶化已经不是诱发货币危机发生的主要原因。在自我实现模型中,公众的预期因素包含在一些经济变量的决定中,如利率、通货膨胀率、工资水平等。一旦公众预期贬值,这些变量就会发生相应的变化,如利率提高、工资水平上升等,从而对政府的政策行为施加极大的压力。在这种情况下,政府顺应公众的预期实施贬值政策,将有助于缓解因利率提高或工资水平上升所带来的经济调节成本的上升,使得政府债务和劳动力部门的压力得以减轻。

奥伯斯法尔德在《货币危机的逻辑》一文中建立了两个模型:(1)利率是政府债务的决定因素,而贬值预期导致政府债务负担的加重,促使政府最终放弃固定汇率制度。(2)劳动者的工资合同受到汇率预期的影响,由于工资水平是决定产出的成本因素之一,因此当贬值预期上升时,高工资、低就业、低产出会促使政府放弃固定汇率制度。对模型推导过程,本书不作详细介绍。

奥伯斯法尔德认为,投机者之所以发起投机冲击,并不是由于经济基本面的恶化,而是由于公众贬值预期的自我实现所致。从理论上讲,当投机冲击发生后,政府可以通过提高本国利率以抵消市场的贬值预期,同时吸引资本流入以维持固定利率。但是,提高利率是有成本的,如果提高利率以维持固定利率的成本高于维持固定利率所获得的收益,那么政府会放弃固定汇率制度。所以,固定汇率制度是否能够维持,取决于政府行为的成本—收益比较的结果。

政府提高利率以维持固定汇率的收益包括:(1)消除汇率自由浮动给国际贸易与投资带来的不利影响;(2)发挥固定汇率的"名义锚"遏制通货膨胀的作用;(3)政府通过维持固定汇率,能获得保持政策一致性的名声,而对于具有理性预期的公众来说,声誉能确保政府以后的政策实施收到既定成效。相应地,政府通过提高利率以维持平价的成本包括:(1)高利率加重了政府债务的负担;(2)高利率意味着经济紧缩,代价是经济衰退和高失业率。在经济中,股票市场、房地产市场状况与利率密切相关,如果因为利率过高而导致股市暴跌、房地产萎缩,那么将使整个经济陷入萧条乃至危机的境地。

在图8-3中,纵轴代表维持固定汇率制度的成本,横轴代表本国利率水平。CC' 曲线是成本线,代表维持固定汇率制度所需成本随利率变化的情况。假定经济中存在最优的利率水平 i_0,此时维持固定利率的成本为零,随着利率水平不断提高,成本也不断上升,因此 CC' 线向上倾斜。B线表示维持固定汇率制度的收益,根据上述分析,它与利率水平无关,因此是一条水平线。当利率为 i_1 时,成本与收益相等。从图中可以看出,当维持固定汇率制度所需要的利率水平低于 i_1 时,成本低于收益,固定汇率得以维持;当维持固定汇率制度所需

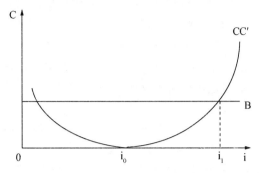

图 8-3　维持固定汇率制的成本与收益

要的利率水平高于 i_1 时，成本高于收益，固定汇率制度崩溃，货币危机爆发。

综上所述，第二代货币危机模型认为，在公众预期货币贬值时，货币危机的发生机制表现为一种恶性循环：政府通过提高利率以维持平价→政府维持固定利率的成本上升→加强公众的贬值预期→促使利率进一步上升→维持供给利率的成本超过收益→政府放弃固定利率制度→固定汇率制度崩溃→货币危机爆发。

三、第二代货币危机模型的贡献与不足

（一）第二代货币危机模型的主要贡献

第一，货币危机发生的前提是经济中多重均衡的存在。经济中有两种均衡，分别对应于公众对固定汇率所持的不同预期，每种预期都具有自我实现的性质。当公众的贬值预期为零时，汇率顺应预期将保持稳定。当公众抱有贬值预期并达到一定程度时，政府将不断提高利率以维持平价，直至最终放弃，均衡结果即发生货币危机。由于在现实生活中公众往往持有消极预期，因此后一种均衡发生的概率大得多。

第二，注重危机的自我实现性质。该模型认为，依靠稳健的国内经济政策不足以抵御货币危机，固定汇率制度的先天不足使其易受投机冲击，若选择固定汇率制度，必须配之以资本管制或者限制资本市场交易。

第三，提出了预期的重要作用，拓展了货币危机理论对现实的解释能力。

第四，多重均衡区间的存在，实际上暴露了国际金融体系的内在不稳定性。因为即使没有执行与固定汇率不相容的财政货币政策的国家，也有可能因市场心理的作用而遭遇货币危机。

（二）第二代货币危机模型的不足

第一，没有对投机攻击的时间选择作出解释。在许多情况下，如欧洲货币危机和墨西哥比索危机，一国货币在危机发生之前很长一段时间内都满足受攻击的条件，公众也对固定汇率制度的崩溃产生很强的预期。在此期间，投机者任何一次集中的投机攻击都会提高政府的维持成本，最终迫使其放弃固定汇率制度。但是，为什么投机攻击恰好是在那一点发生，而不是提前一点或推后一点？上述理论将其归因于危机理论模型之外的因素，不具有说服力。

第二，没有深入分析预期的影响因素，即没有分析预期是由哪些因素决定的，又是如何形成的。也没有提出建设性的政策意见。奥伯斯法尔德认为，由于预期是自我实现的，所以只要改变公众的贬值预期，就能防止货币危机的发生。但是，他又指出，预期是由模型之外

的因素决定的。因此,对于如何影响和改变公众预期,该模型没有回答。

除了这类主流理论外,另有少数学者认为,货币危机可能根本不受经济基本面的影响,受冲击国家所出现的宏观经济的种种问题是投机者投机行为带来的结果,而非投机行为的原因。这些学者对危机的解释一般从两个角度出发,即通常所说的"羊群行为"和"传染效应",一般也被归于第二代货币危机模型。这些模型的主要阐释可参见珍妮(1997)以及科尔和基欧(1996)等的论著。

羊群行为(herding behavior),是指由于市场参与者在信息不对称情况下行为的非理性,导致金融市场的不完全有效。这是该理论与第一代、第二代货币危机理论的重要区别。第一代、第二代货币危机理论均假定市场参与者拥有完全信息,因而金融市场是有效的。花车效应(bandwagon effect)与市场收益和成本的不对称性容易造成羊群行为。由于存在信息成本,投资者的行为建立在有限的信息基础之上,各有其信息优势。投资者对市场上的各种信息(包括谣言)的敏感度极高,任何一个信号的出现都可能改变投资者的预期。花车效应会导致经济基本面可能没有问题的国家遭受突然的货币冲击;同时,会人为地创造出热钱,加剧危机。市场上的任何风吹草动都会导致出现羊群行为。政府在考虑是否维持固定汇率制度时应充分估计到这一点。

传染效应(contagion effect)主要从国家间的关联角度出发解释危机。由于全球一体化以及区域一体化的不断加强,区域内国家间的经济依存度日益增高,危机将首先在经济依存度高的国家间扩散。一国发生货币危机会给出一定的市场信号,改变投资者对其经济依存度高或者与其经济特征相类似的国家货币的信心,加大这些国家货币危机发生的可能性,甚至导致完全意义上的自我实现式货币危机的发生。

经济学家认为,在金融市场上存在着操纵市场行为。不论是在由理性预期导致的自我实现危机中,还是在由非理性的羊群行为造成的危机中,都存在着大投机者操纵市场,从而获利的可能。大投机者利用羊群效应,使热钱剧增,加速了危机的爆发,加剧了危机的深度和危害。

第五节 第三代货币危机模型

尽管第一代、第二代货币危机模型较好地解释了一些货币危机现象,但是它们都无法对1997年亚洲新兴市场货币危机作出解释。因为危机发生国在危机前既没有第一代模型强调的扩张性财政货币政策,也没有第二代模型关注的失业或政府债务问题,从而不能说明发生危机时存在突发性预期变化的原因。据此可知,亚洲货币危机蕴含不少新的货币危机内涵。与前两代危机模型相比,第三代货币危机模型的一个特点是,从企业、银行、外国债权人等微观主体的行为角度探讨危机发生的原因。[①]

一、第三代货币危机:案例分析

1997年1月,以乔治·索罗斯为首的国际投机商开始对觊觎已久的东南亚金融市场发动"攻击",他们抛售泰铢,买进美元,致使泰铢直线下跌。东南亚一些国家房地产、外汇储备、金融市场管理的混乱与失控,也给投机者提供了机会。他们先从不堪一击的泰国、印度

---

① 参见吴有昌:《货币危机的三代模型》,载《世界经济》2000年第3期。

尼西亚、马来西亚入手，进而搅乱亚洲"四小龙"中的新加坡、韩国、中国台湾，最后瞄准中国香港，引发"羊群心理"，形成"多米诺效应"。1997年5月，国际投机商开始大举抛售泰铢，泰铢兑美元汇率大幅下跌。对此，泰国央行与新加坡央行联手入市，三管齐下，企图捍卫泰铢。它们动用了120亿美元吸纳泰铢，禁止本地银行拆借泰铢给离岸投机者，同时大幅度提高利率，暂时保住了泰铢。然而，国际投机商对此进行了强有力的反击，他们狠抛泰铢。结果，泰铢兑美元汇率屡创新低，泰国政府并未能阻止泰铢"节节失利"。6月，国际投机商再度向泰铢发起"攻击"。此时，泰国央行仅有的300亿美元外汇储备消耗殆尽。7月2日，泰国央行被迫宣布实行浮动汇率制，放弃了实施13年之久的泰铢盯住美元汇率制。当天，泰铢重挫20%。7月29日，泰国央行行长宣布辞职。8月5日，泰国央行决定关闭42家金融机构。至此，泰国全面爆发货币危机。

与此同时，菲律宾央行一周之内4次加息，并宣布扩大比索兑美元汇率的波动幅度，竭力对抗国际投机商。1997年7月11日，菲律宾央行宣布允许菲律宾比索在更大幅度内波动。结果，比索大幅贬值，菲律宾也爆发货币危机。之后，马来西亚林吉特、印度尼西亚盾也成为投机者攻击的目标，林吉特、印尼盾兑美元比价一再创低。在国际投机商的强势攻击下，东南亚诸国纷纷放弃了捍卫行动，任由本币在市场上浮动。由此，东南亚货币危机全面爆发。

8月5日，危机重重的泰国同意接受IMF附带苛刻条件的备用贷款计划及一揽子措施。IMF和亚洲一些国家和地区承诺为泰国提供总共160亿美元的融资计划。8月21日，国际清算银行（BIS）宣布给予泰国总值33亿美元的临时贷款。此前一天，东南亚各国货币汇率暂时回稳。然而，仅仅几天后，国际投机商再度集中"火力"进行"攻击"。直到11月上旬，东南亚历时4个多月的"黑色风暴"才渐趋平静。这场金融风暴不仅使泰国损失惨重，也使韩国、中国香港等国家和地区的经济受到了严重的影响。

二、第三代货币危机：理论模型

1997—1998年亚洲新兴市场货币危机结束后，理论界对此进行了大量研究，主要理论有：麦金农和皮尔（1998）提出了"道德风险论"；拉德莱特和萨克斯（1998）提出了"金融恐慌论"；克鲁格曼（1999）提出了"理性预期多重均衡论"；米什金（1999）用不对称信息分析来解释东亚货币危机和汇率制度崩溃，强调此次危机主要是由于经济基本面，特别是金融部门中资产平衡表的恶化所造成的。但是，这些理论尚无法独自对亚洲货币危机作出全面的解释。我们将这些理论不太严格地统称为"第三代货币危机模型"。如前所述，第一代货币危机模型着重强调经济基本面，阐明在固定汇率制度下，恶化的财政状况是如何导致固定汇率制度崩溃的。第二代货币危机模型的重点放在危机本身的性质、信息与公众的信心上，强调政府行为的非线性使得多重均衡可能存在，并说明了市场预期的改变是如何影响政府在固定汇率政策和其他政策目标之间的取舍（trade-off），从而导致一种自我实现危机的。然而，这两类模型都没有明确地将银行等私人部门纳入其中，因而缺乏银行和其他金融中介的微观基础。实际上，20世纪90年代后，许多国家在经受货币危机的同时，也遭受了银行危机。第三代货币危机模型与第一代、第二代货币危机模型相比，有一个显著的不同，即在理论模型中，企业、银行、金融中介机构、外国债权人等微观主体起到了重要作用。以下就道德风险论、金融恐慌论和理性预期多重均衡论作出具体论述。

（一）道德风险论

1. 理论背景

道德风险论最初出现于对 20 世纪 80 年代初美国存贷款危机的文献研究中。如果政府对存款进行保险，而对金融机构缺乏有效的监管，则金融机构就会产生道德风险。在亚洲，这种道德风险表现得更为复杂。政府与金融机构之间长久以来保持着错综复杂的资本、业务和人事关系。例如，印尼政府和金融机构高层管理人士的"裙带关系"，以及韩国政府要求金融机构向国内大企业集团发放指令性贷款等。由此，双方形成共识：一旦发生危机，政府一定会施以援手。由于这种所谓的"担保"缺乏确凿的根据，我们将其称为"隐性担保"。隐性担保的存在使道德风险的危害更为严重。麦金农和皮尔（1998）认为，新兴市场货币危机是由银行道德风险所引发的过度借贷综合征（over-borrowing syndrome）所造成的。道德风险，是指因当事人的权利和义务不相匹配而可能导致他人的资产或权益受到损失。在货币危机中，道德风险表现为政府对金融机构的隐性担保和监管不力，导致金融机构存在严重的道德风险问题。

2. 主要内容

根据道德风险论，货币危机的产生及发展包括以下几个阶段：

第一阶段，金融机构在隐性担保条件下进行投资决策。假定市场上有两个成本相同的项目可供金融机构选择，成本皆为 90 万美元。第一个项目的回报率是确定的，为 107 万美元。第二个项目具有风险性，如果成功，就能产生 120 万美元；如果失败，则只能收回 80 万美元。假定成功和失败的概率都为 50%，预期收益就为 100 万美元（120×50%＋80×50%）。很明显，风险中性的投资者会根据预期收益的大小选择第一个项目。对于金融机构而言，它在成功的时候将得到超额收益，即在最优情况下得到 120 万美元的回报；如果失败，损失的并不是其自有资本，而是金融机构的存款者。因此，金融机构将选择风险性较高的投资项目。

第二阶段，尽管金融机构进行了扭曲的投资决策，但是由于隐性担保的存在，人们仍然放心地将资本贷放给这些机构，进一步激发了金融中介的过度借贷。这使各种资产的价格迅速上涨，引起了整个经济的"投资"热潮，"金融泡沫"由此产生。更严重的是，资本市场的开放加剧了过度投资行为。因为开放的资本市场意味着能从国际资本市场上得到资本，使投资（或投机）需求不断膨胀，并将风险扩散到国际市场。如果在资本市场开放的同时还维持着固定汇率制度，那么居高不下的利率会使外资不可遏止地涌入国内。

第三阶段，在泡沫经济持续一段时间之后，金融机构对因资产价格上涨而形成的"良好"财务状况开始产生警觉。这种警觉渐渐演变为普遍的金融恐慌。高风险的投资项目出现漏洞，泡沫开始破裂。在此过程中，首当其冲的就是一直扶摇直上的资产价格。资产价格的下降使中介机构的财务状况迅速恶化，出现偿付危机。此时，金融机构的经营状况已岌岌可危，而人们所期待的政府担保并未出现，破灭了的希望很快引起金融市场的动荡，资产价格进一步下降。金融机构的偿付力问题很快蔓延开来，金融体系崩溃，金融危机爆发。

为了进一步阐述道德风险模型，克鲁格曼提出了"金融过度"的概念，这一概念主要是针对金融机构而言的。当金融机构可以自由进出国际金融市场时，金融机构的道德风险会转化为证券金融资产和房地产的过度积累，这就是金融过度。金融过度会加剧一国金融体系的脆弱性。事实上，东南亚国家的一些金融机构、大企业集团与政府有着紧密的联系，享受着事实上的政府担保。这种隐性的政府担保使得金融机构可以很容易地以较低的利率从国际市场借入资金,同时在具有高风险的领域,如股票、房地产等,进行过度放款,以获取高额利差,从而在客观上推动了资产泡沫的膨胀。在特定的条件下,当金融机构的过度金融行为使资产泡沫难以为继时,资产泡沫就会破灭,由此所导致的巨大规模的呆账会使得政府难以承担,外资和部分内资就可能退出和外流,从而推动资产价格的下跌,最终导致汇率制度的崩溃。与第一代货币危机模型不同的是,在道德风险模型中,即使在财政状况良好、国内银行体系运行正常的情况下,货币危机也会发生。

道德风险论的结论是:政府的隐性担保导致的道德风险是引发危机的真正原因,货币价值的波动只不过是危机的一个表现而已。所以,防范危机的关键在于,尽可能减少政府与金融机构之间的"裙带关系"和过于密切的往来,同时加强对金融体系和资本市场的监管。

3. 对道德风险论的评价

道德风险论对亚洲货币危机具有一定的解释力。近年来,亚洲各国政府对金融机构的隐性担保存在过度投资和过度借贷,当其中几家财务状况出现问题时,就会引发大规模的金融恐慌。可以说,隐性担保引起的道德风险是危机的根源之一。但是,道德风险论忽略了许多重要的因素,从而削弱了其解释力,主要是:(1)道德风险论建立在三个重要的前提之上:一是存在政府隐性担保时,金融机构必定会过度投资;二是风险性投资行为一定会"挤出"金融机构和其他经济部门的全部"正当"投资行为;三是外资必然会优先考虑具有政府隐性担保的企业或金融机构。但是,在危机发生之前,亚洲国家所有类型的投资行为都有所上升,还有半数以上的国际银行贷款和几乎所有的证券或直接投资进入没有国家担保的非银行企业。所以,道德风险论的前提假定与现实不符。(2)没有说明是什么因素促使危机突然爆发,忽略了国际游资的恶意攻击。

随着亚洲货币危机的发展,克鲁格曼(1999)开始对自己先前提出的道德风险模型表示怀疑,认为银行体系不是问题的关键,应该在第三代货币危机模型中考虑传染、传递问题,即资本流动对实际汇率乃至经常账户的影响以及资产负债表等问题。

(二) 金融恐慌论

1. 理论背景

虽然道德风险论对危机作出一定的解释,但是遭到了拉德莱特和萨克斯(1998)的有力抨击。他们指出,危机发生前,这些国家的过度投资并不十分明显,不能用危机发生后的投资损失来说明先前的投资决策是错误的。有相当一部分外资是以不可能有任何政府担保的股权投资的形式流入这些国家的,这些外资流入显然不能用道德风险来解释。他们用戴蒙德和戴维格(1983)创设的银行挤兑模型来解释亚洲金融危机,认为金融恐慌[①](financial panic)是造成东亚货币危机的基本因素,危机的核心是大规模国外资本流入金融体系,使得金融体系对金融恐慌变得脆弱。当外币定值的短期债务大量增加,外汇储备减少时,投资者便会产生心理恐慌结果,市场预期的变化造成资本流动逆转,引致自促成危机。即使经济基本面足够健康,能够保证外币定值的长期债务不违约,也无法规避危机。罗伯特·张和贝拉斯特(1998)进一步论证了拉德莱特和萨克斯(1998)的观点。他们认为,在汇率固定且中央银行承担最后贷款人角色的情况下,对银行的挤兑将转化为对中央银行的挤兑,新兴市场货

---

① 早在1983年,戴蒙德等经济学家就指出,金融恐慌会导致并恶化危机。所谓金融恐慌,是指由于某种外在的因素,短期资本的债权人突然大规模地从尚具有清偿能力的债务人那里撤回资本,并且这不是个别行为,而是一种集体行为(collective action)的心理恐慌。

币危机的主要根源在于投资者的金融恐慌所导致的金融部门短期流动性不足。

2. 主要内容

金融恐慌论认为,亚洲各国在危机前大多经历了一个资本迅速内流的过程,但是外资的流入是很脆弱的,极易受到金融恐慌的影响而发生逆转,一旦发生大规模逆转,危机就会爆发。金融恐慌论对资本流动恶化危机的作用进行了比较完整的论述。

第一,在危机爆发前一段较短的时间内,外资的迅速流入潜伏着巨大的风险。亚洲各国自20世纪80年代初开放资本市场后,以其高速增长的经济潜力吸引了大量外资。这些外资最初进入生产性较强的实物经济领域,促进了经济发展。但是,90年代以后,亚洲各国经济形势出现了巨大的变化,金融市场开始成熟,投机需求不断增长,外资流入迅猛攀升。同时,这些外资多为短期投机性资本,大多投向风险性很强的房地产和金融部门,因此极易发生逆转。

第二,危机爆发前后,金融市场上出现了一系列导致金融恐慌的触发事件(triggering events)。这些事件包括金融机构和企业的破产、政府违背自己的承诺、金融市场上投机者的恶意炒作等。例如,1997年1月,韩国韩宝钢铁厂在60亿美元债务的压力下宣告破产,成为近10年来第一个破产的韩国财团;2月,韩国起亚公司遭受了同样的命运。这些大企业集团的破产使对其提供担保的韩国各大商业银行遭受了巨大的压力。同年,泰国Samprasong房地产公司将大量金融公司带入噩梦之中,其中包括泰国第一金融公司,导致其破产。这些事件引发了货币信心危机,加上国际游资对各国货币发起了猛烈的"攻击",最终致使危机爆发。

第三,危机爆发后,一系列因素使金融恐慌不断放大,进一步恶化了危机。盲目而短期的防治措施以及危机爆发后的诸多经济问题放大了金融恐慌,加速了资本外逃,使一些国家的金融市场和经济在一个很短的时间内彻底崩溃。

金融恐慌论研究的结论及其政策建议包括:首先,资本市场会发生多重均衡,所以要对金融体系进行改革,使其健康发展,防患于未然。其次,国际金融市场容易受到金融恐慌的影响,因此必须由一个适当的组织充当最后贷款人,及时防止金融恐慌的爆发和扩大。最后,政策制定者必须全面而又谨慎地制定和采取措施,并在危机初露端倪时就采取有效的防范措施,防止短期行为对市场情绪产生不利的影响。

3. 造成金融恐慌的主要因素

具体来看,造成金融恐慌的主要因素有:(1)危机发生国政府和国际社会的政策失误。各国政府以外汇储备为代价捍卫固定汇率制度,并采取了其他一些激进的措施,远远超出了其自身的承受能力,使公众对固定汇率制度的可维持性产生了怀疑。例如,印度尼西亚政府要求国有企业从银行体系提出存款并购买中央政府票据,加剧了挤兑压力,直接提高了利率水平,影响了正在进行的投资项目。马来西亚政府在股市剧烈动荡时宣布成立一个大型基金以推高股价,但是由于资本和实力不足,不久就放弃了这个计划。泰国和韩国政府向濒临破产的金融机构注入大量资本,结果只是扩大了财政赤字。以上种种不成熟的政府行为使投资者对政府维持市场秩序的能力丧失了信心。(2)资本外逃本身加剧了金融恐慌的严重性,形成恶性循环。货币贬值和股市动荡等经济条件的恶化使资本大量外逃,引发了新一轮的货币贬值、银行挤兑和利率上涨。汇率风险和融资成本的上升恶化了一些本来业绩良好的公司和银行的经营状况,使离岸债权人对其投资项目产生了疑虑,不愿意将其短期债务进行延期。同时,为了恢复资本充足率,一些流动性较强的跨国或国内银行也开始限制贷款的发放。为了偿还美元短期贷款,优先争取流动性资本,银行挤兑加剧,使银行的资产质量和公司的财务状况迅速恶化,资本进一步外逃。(3)危机在亚洲地区的"传染"。亚洲经济结构具有较强的相似性,贸易、资本和业务往来都非常密切,因此局部问题会扩散到整个亚洲。(4)亚洲一些国家政局出现动荡,信用评级机构对其信用作了降级处理,加剧了市场信心的崩溃和金融恐慌。以上种种因素都使市场参与者的恐慌与日俱增,结果资本不断外逃,最终恶化了危机。

4. 对金融恐慌论的评价

金融恐慌论认为,恐慌源于一国的基本经济面恶化,是由一系列突发性金融和经济事件引发的,并由于该国政府和国际组织对危机的处理不当而不断膨胀,最终导致危机。这一观点结合了基本因素论和道德风险论等理论的诸多优点,引入市场情绪这一新变量,突出了国际资本流动逆转的触发作用,对危机的恶化作出新的解释。虽然这些以银行体系和金融机构为中心的观点抓住了亚洲金融危机的某些特点,但是它们对解释整个危机的突发性和严重性是远远不够的,仅仅通过去除银行体系的弊端并不能遏制整个货币危机风险。

(三)理性预期多重均衡论

以上简要论述了第三代货币危机模型中的两种主要流派:道德风险论和金融恐慌论。随着亚洲金融危机的发展,克鲁格曼(1999)对自己先前提出的道德风险论表示怀疑。他基于资本流动、汇率、经常账户、企业净值和融资能力以及外国债权人预期之间的互动关系,提出了理性预期多重均衡论。

这一理论将伯南克和格特勒(1989)等人对企业净值(资产减负债)与企业融资能力关系的研究应用到了开放经济环境中。假定外国债权人只愿意提供高于企业净值一定比例的贷款,但是由于外资流入的数量会影响到本国的实际汇率,从而影响到企业外币负债的本币价值,所以企业的净值又取决于外资的流入量。这就导致多重均衡:当外国债权人预期本国企业有较高净值时,资本流入,本币升值,本国企业的外币负债价值下降,外国债权人的预期得到证实,因此构成一个理性预期均衡。当外国债权人预期本国企业净值较低时,资本流入减少,本币贬值,本国企业的外币债务加重,外国债权人的预期同样得到证实,这也构成一个理性预期均衡。因此,克鲁格曼认为,亚洲货币危机的关键在于企业,由于销售疲软、利息升高和本币贬值,企业的资产负债表出现财务困难,这种困难限制了企业的投资行为。这一问题并非银行本身的问题,即使银行重组,对金融状况大大恶化的公司来说也于事无补,一个谨慎的银行体系并不足以保持开放经济下不受自我实现式金融崩溃风险的威胁。所以,金融体系在货币危机中发生崩溃并不是由于先前投资行为失误,而是由于金融体系的脆弱性。

由于出发点不同,上述三个模型的政策建议也迥然不同。根据**道德风险模型**,危机是危机发生国制度扭曲的必然结果,这个苦果只能由危机发生国自己来消化,外界的援助只会使国际层面的道德风险问题更加严重,而危机的预防也只能通过取消政府担保和加强金融监管实现。根据**金融恐慌模型**,危机处理中最重要的就是避免恐慌性的资本流出,通过对短期资本流入的适当限制,建立国际层面的最后贷款人机制和债务协商机制,实现对危机的防范。**理性预期多重均衡模型**预示着一种更为艰难的政策选择,在危机袭来时,政府选择贬值会使企业因外债加重而破产,政府用紧缩政策来保卫固定汇率则又会使企业因国内经济萧条而破产。据此,克鲁格曼提出,可考虑实行暂时的资本管制,以此切断利率与汇率之间的联系;不仅短期外债应该受到限制,而且所有以外币定值的债务都应该受到限制。

第六节 三代货币危机模型比较

第一代货币危机模型认为,一国的经济基本面决定了其货币对外价值稳定与否,也决定了货币危机是否会爆发。该模型强调了财政需求与维持固定或盯住汇率制度之间不可调和的矛盾,结论是:实行固定或盯住汇率的国家必须严守财政、货币纪律,避免宏观经济失衡;否则,货币危机与汇率制度崩溃将不可避免。

第二代货币危机模型认为,货币危机不是由于经济基本面恶化所致,而是由于贬值预期的自促成或自我实现所致。政府并不会机械地维持固定汇率,而会在减少失业、增加政府债务、维持固定汇率三者之间相机抉择。只要一国的失业率或政府债务压力达到一定的限度,固定汇率就可能步入随时崩溃的多重均衡区间。

无论是第一代模型还是第二代模型,都无法对1997年的亚洲金融危机作出解释,因为危机发生国在危机前既没有第一代模型强调的扩张性财政货币政策,也没有第二代模型关注的失业或政府债务问题。因此,与前两代模型相比,第三代货币危机模型的一个特点是,将银行部门和金融中介机构纳入模型中,从企业、银行、外国债权人等微观主体的行为角度探讨危机的原因。其主要代表有道德风险论、金融恐慌论和理性预期多重均衡论。

道德风险论认为,政府的隐性担保导致的道德风险是引发危机的真正原因,防范危机只能通过取消政府担保和加强金融监管实现。金融恐慌论认为,金融恐慌源于一国的基本经济面恶化,危机处理中最重要的是避免恐慌性的资本流出,建立国际层面的最后贷款人机制和债务协商机制,实现对危机的防范。理性预期多重均衡论认为,可考虑实行暂时的资本管制,限制所有以外币定值的债务。

这些模型通过观察和处理不同的影响变量,揭示出造成货币危机和汇率制度崩溃的原因,并提出了不同的理论解释,但是它们有一个共同的结论:在开放经济条件下,若允许资本自由流动,则固定或盯住汇率制更易遭受到理性投机攻击,在市场预期和市场信心看坏的作用下,往往会导致货币危机和汇率制度崩溃。这为中国人民币资本账户的改革开放提供了有益的经验启示。

不过,货币危机理论仍属于一种发展中的理论,远未成熟。例如,第一代国际收支危机模型所预言的投机攻击时间只是在一种高度简化的环境中得出的,远远无法预言现实中投机攻击的发生时间。第二代预期自促成危机模型虽然向我们揭示了国际金融体系的某些内在不稳定性,但是没有解释经济是如何从一个均衡"跳"到另一个均衡的。第三代道德风险模型仍只是一种理论上的假说,有待用确实的经验证据来证明其重要性。

总之,在经济全球化、金融一体化的今天,货币危机已与银行危机、债务危机、信用危机等密不可分,单单从某一视角进行局部均衡分析并不能对货币危机作出完整的解释。在国际经济一体化日益加强的态势下,国际货币危机发生的原因和机理更为复杂,三代货币危机模型的理论解释大多是"事后"行为,这些理论对解释特定的国际货币危机有一定的说服力,但是当新的货币危机爆发时又会显得无能为力。目前,还没有一个理论能囊括多种导致国际货币危机发生的因素,因而有关货币危机的理论研究还将会继续。

第七节　美国次贷危机和欧洲主权债务危机比较

美国次贷危机又称"次级债危机",是指发生在美国,因次级抵押贷款机构破产,投资基金被迫关闭,股市剧烈震荡引起的金融危机。美国次贷危机是从 2006 年开始逐步显现的,以 2007 年 4 月美国第二大次级按揭贷款公司 New Century 申请破产保护为标志,由房地产市场蔓延到信贷市场,进而演变为金融危机。2007 年 8 月,金融危机席卷美国、欧盟和日本等世界主要金融市场。2009 年后,希腊等欧盟国家发生了政府债务危机。

一、美国次贷危机或次级债危机:案例分析

2007 年 2 月 7 日,汇丰控股表示其在次级抵押贷款业务方面存在的问题超过预期,并宣布将为美国次级抵押贷款坏账拨备 106 亿美元,较市场预期高出 20%。由此,引发了美国次级债风险的全球"多米诺效应"。同年 3 月 16 日,美国房贷公司 Ameriquest 宣布关闭分支机构而停业。4 月,美国第二大次级按揭贷款公司 New Century 公司申请破产保护。8 月 6 日,美国第十大按揭贷款公司 American Home Mortgage 宣布申请破产保护。从 2006 年下半年发端的美国次级债危机进入 2007 年 8 月后,骤然形成席卷全球金融市场的风暴。到 2007 年 8 月 31 日,发达国家中央银行已向市场上注入超过 5500 亿美元的流动性资金,注资的广度和规模都是前所未有。那么,在美国曾经一度被认为是最赚钱的次级住房抵押贷款,为何会引发美国次级债危机?

(一) 什么是次级债

次级债,全称是"次级住房抵押贷款证券",是相对于优先级抵押贷款证券而言的。抵押贷款证券按获得本金与利息支付的优先次序划分为不同的等级。其中,优先级证券的信用等级高,收益稳定,可吸引风险规避型的投资者;次级证券的风险较高,但是收益也比优先级证券高,较适合机构投资者。作为次级抵押贷款证券标的物是次级抵押贷款,它是指一些贷款机构向信用程度较差和收入不高的借款人提供的贷款。与传统意义上的标准抵押贷款不同的是,次级抵押贷款对借款者信用记录和还款能力的要求不高,贷款利率相应地比一般抵押贷款高出很多。那些因信用纪录不好或偿还能力较弱而被银行拒绝提供优质抵押贷款的人,会申请次级抵押贷款购买住房。其后,商业银行将大量的次级住房抵押贷款的收益权打包出售给一个具有风险隔离功能的特殊目的机构(SPV),并由这一机构公开发行以此为基础资产支持的抵押贷款支持证券(mortgage-backed securities,MBS)。由于这些非标准的次级住房抵押贷款的信用等级低、风险较高,要打包出售,就需提高其风险溢价水平。由此,便形成了有别于 MBS 主体债的次级债。房地产金融机构在投资银行的帮助下,通过一系列信用增级(credit enhancement)措施,开发出一种新型的 MBS——担保债务凭证(collateralized debt obligation,CDO)。这样,MBS 借助信用评级机构的较高评级,容易获得机构投资者的青睐。一旦房地产金融机构将 MBS 及 CDO 出售给机构投资者,那么与该 MBS 及 CDO 相关的抵押贷款资产池的所有收益和风险都转移给资本市场上的机构投资者,房地产金融机构不再承担任何相关风险。

(二) 美国次级债危机爆发的原因

导致此次美国次级债危机爆发的原因很多,归纳起来主要有以下几点:

1. 宽松的住房贷款标准和创新的贷款品种

触发此次危机的导火索是美国房地产的次级抵押贷款市场出现问题。在住房抵押贷款市场上,优质贷款市场主要面向信用等级高的优良客户;而次级贷款市场(sub-prime loan market)主要面向那些收入较低、负债较重的人,其中大多是中低收入阶层或新移民。ALTA(alternative A)贷款市场是介于二者之间的庞大灰色地带,主要面向一些信用记录不错却缺少固定收入、存款、资产等合法证明文件的人。2001—2005年,美国房地产市场进入繁荣期,房地产金融机构在盈利动机的驱使下,对住房抵押贷款的要求和条件越来越宽松,开始将眼光投向原本不够资格申请住房抵押贷款的潜在购房者群体,即次级抵押贷款市场。据统计,2006年美国新发放的抵押贷款中,优质贷款只占36%,而次级债却占到21%,ALTA贷款占25%。

针对次级债申请者大多收入水平较低的特点,房地产金融机构开发出多种抵押贷款品种。2006年新增的次级抵押贷款中,90%左右是可调整利率抵押贷款。其中,大约2/3属于"2+28"混合利率产品,即偿还期限为30年,头两年以明显低于市场利率的固定利率计息,进入第三年,利率开始浮动,并采用基准利率加风险溢价的形式。这意味着几年后借款者的还款压力会骤然上升,很可能会超过低收入还款者的承受能力,进而酿成次级债危机。

2. 抵押贷款证券化的规模不断扩大,信用评级偏高

美国抵押贷款证券化的发展使得这一市场日益庞大而复杂,以购买证券方式投资抵押贷款的市场参与者从数目到种类都急速上升,导致投资者日益分散化。截至2003年底,美国抵押资产证券化金额已达5.3万亿美元,非抵押资产证券化余额接近1.7万亿美元,两项总和占美国债务市场的32%。这其中就包括以信用等级较低的次级抵押贷款为担保发行的次级债券。这个市场主要以机构投资者为主,一旦市场出现变化,将会带来巨大的市场波动。事实上,美国已经有一些次级贷款放贷机构因次级债危机而破产或倒闭。①

证券化是将一部分住房抵押贷款债权从自己的资产负债表中剥离出来,以这部分债权为基础发行住房抵押贷款支持证券。根据抵押贷款的资产质量的差异,房地产金融机构会发行几种完全不同的债券,包括优先级(senior tranches)、中间级(mezzanine tranches)和股权级(equity tranches)。优先级债券往往能够获得AAA评级,购买方多是风险偏好较低的商业银行等;中间级债券购买方多是风险偏好较高的对冲基金和投资银行;股权级债券往往没有信用评级,通常由发起人持有。投资银行以中间级MBS为基础发行的债券被称为"担保债务凭证"。在市场繁荣期,信用评级机构有时候通过提高信用评级的方式讨好客户,降低了信用评级的标准。此外,很多机构投资者对证券化产品的定价缺乏深入了解,完全依赖产品的信用评级进行投资决策。结果,证券化产品偏高的信用评级导致机构投资者非理性追捧,最终导致信用风险的累积。②

3. 基准利率不断提高,房价不断下跌

自2004年6月30日以来,美国进入加息通道。2006年6月29日,美联储第17次加息。加息行为逐渐刺破了美国房地产市场泡沫。从2006年开始,美国房价渐趋平抑,部分地区房价开始下降。2007年,美国住宅房地产销售量和销售价格继续下降,二手房交易下跌程度最高,二季度整体房价创下20年来的最大跌幅。由于次级贷款和超A贷款是以浮

---

① 参见蒋先玲:《美国次级债危机剖析及其对中国的启示》,载《金融理论与实践》2007年第11期。
② 参见何帆、张明:《美国次级债危机是如何酿成的》,载《求是》2007年第20期。

动利率贷款为主的,因而购房者的负债压力迅速上升,直接导致美国房价下挫,楼市交易也由火热转向低迷。对于投资购房者和困难家庭来说,唯一的选择就是停止还款,放弃房产,这直接导致了次级贷款的逾期率上升。这种次级住房抵押贷款立刻成为高危品种。一方面,房子出手越来越难;另一方面,卖房所得未必能还清贷款。结果,坏账率不断上升。数据显示,2006年11月,美国被打包成抵押贷款证券的次级贷款中,有近13%的贷款逾期60天以上无法偿还,这一比例较上年同期上扬了8.1%。

以克鲁格曼为代表的新凯恩斯主义者认为,从美国经济制度角度分析,此次危机的根源是美国政府近30年来奉行新古典主义政策的结果,主要体现在解除对金融业的管制和新自由主义造成的美国日益严重的贫富分化两个方面。

二、欧洲主权债务危机:案例分析

2009年10月,希腊新政府上台之后,公布了被上届政府掩盖的真实财政状况,将财政赤字由预期的6%上调至12.7%,公共债务的比重也升至113%,大大高于《稳定与增长公约》中规定的3%和60%的上限。同年12月,由于担忧希腊主权债务的偿还能力,惠誉、标准普尔和穆迪三大国际评级机构相继下调了希腊的主权信用评级,希腊的债务危机愈演愈烈,并成为欧洲主权债务危机的导火索。受此影响,投资者开始抛售希腊国债,并造成爱尔兰、葡萄牙、西班牙等国的主权债务收益率大幅上升,出现融资困难。随着事态的发展,欧洲其他国家如比利时也开始陷入窘境。至此,整个欧盟都受到主权债务危机的困扰。面对主权债务即将违约的形势,2010年4月23日,希腊正式向欧盟和IMF申请援助。4月27日,标准普尔在希腊政府公布高于预期的预算赤字后,将其债务评级从"BBB+"降到"BB+"级,即正常情况下根本得不到融资的垃圾级。到2011年7月27日,标准普尔又将希腊的债务评级下调至"CC"级,意味着希腊债务重组计划实际上已承认"选择性违约"。同时,意大利、西班牙、葡萄牙、爱尔兰等国也纷纷出现不同程度的债务危机。至此,欧盟经济前景变得愈发扑朔迷离。那么,此次欧元区主权债务危机产生的根源是什么?

(一) 欧洲主权债务危机爆发的原因

造成欧洲主权债务危机爆发的原因很多,主要有以下几点:

1. 内生经济基本面因素

保建云(2011)认为,欧洲主权债务危机爆发的直接原因在于,以希腊为代表的欧元区南部国家的整体经济竞争力较弱,这些小规模开放经济体国家的财政赤字持续累积,直接导致其政府信用下降和债务违约。

2. 外生次贷危机冲击

美国次贷危机致使拥有大量美国次级证券的欧洲银行系统遭到重创。为了维护欧洲金融系统的稳定,各国政府向国内银行系统注资,导致政府债务攀升。同时,扩张性的货币政策和财政刺激计划,加上财政收入锐减,致使政府财政负担加重,助推主权债务危机发生。

3. 欧元区自身制度缺陷

一是统一的货币政策和各国分散的财政政策难以协调。克鲁格曼认为,欧元区债务危机爆发的核心原因是欧元的不灵活性,欧元区成员国货币政策上的统一与财政政策和劳工市场方面未融合的矛盾引发了难以收拾的乱局。二是欧元区对财政纪律的监督机制缺失。尽管《稳定与增长公约》对各成员国财政健康状况作了严格的规定,但是由于缺乏有效的监督和检查机制,这样的规定形同虚设。三是危机解决机制缺失。《马斯特里赫特条约》没有设立成员国有序重组的机制,也没有设立向成员国提供紧急流动性支持的机制。

4. 高福利制度与人口老龄化

高福利制度与人口老龄化使得欧盟国家在自身财政实力不足以支撑高福利时,选择对外举债,一旦对外举债不可持续,欧债危机即爆发。

5. 评级机构因素

美国三大评级机构将希腊等国主权债务评级下调是引爆欧洲主权债务危机的导火索。欧盟官员曾将矛头直指美国三大评级机构,认为评级机构不合时宜地调低欧元区处于困境中国家的评级,是导致主权债务危机爆发的元凶之一,加剧了欧元区债务危机的恶化。不过,这种"以邻为壑"的方式成为增强美元、美国国债避险魅力的"重要支撑"。

(二) 应对欧洲主权债务危机的举措

何帆(2010)提出,欧盟应解决的最迫切的问题包括:第一,欧盟应对各国的财政预算进行更准确的评估、更严格的监督。例如,那些债务余额占GDP比例超过60%的国家若要发行债券,就必须缴纳惩罚的税收。第二,欧盟可考虑对各成员国的债券进行适度的统一管理。例如,欧盟可将成员国中债务占GDP的比例没有超过60%的部分汇总起来,形成一种统一的欧元债务,即"蓝色债券"。所有加入"蓝色债券"机制的国家,一旦其债务余额占GDP的比例超过60%,多出的部分将成为"红色债券"。"红色债券"的苛刻条件会迫使相关国家更注重财政纪律。第三,欧盟可考虑引入惩罚机制。

三、美国次贷危机和欧洲主权债务危机:比较分析

美国次贷危机和欧洲主权债务危机的债务风险似乎意味着国家违约的风险已经超出传统的发展中国家的范畴。美国次贷危机和欧洲主权债务危机的相同之处在于:(1)在危机爆发前,危机发生国政府都保持着较高的财政赤字;(2)都是由债务危机引发的,其结果都造成国家债务信用评级下降,进而影响到其他领域;(3)在某种程度上,欧洲主权债务危机是美国次贷危机的延续。

美国次贷危机和欧洲主权债务危机的不同之处包括:第一,从危机爆发的根源来看,美国次贷危机是由于美国房地产泡沫遇到经济加息周期及利率上扬,导致大量次级抵押贷款违约,房地产泡沫破灭所致。欧洲主权债务危机则是由于几个欧洲国家长期的财政赤字积累到一定程度,再加上经济环境恶化,经济基本面出了问题所致。第二,从危机爆发的过程来看,美国次贷危机从房地产市场泡沫破灭开始,进而波及银行、金融领域。过度的金融创新是这次危机的"放大器",也是导致危机蔓延至保险、金融机构,进而波及世界的主要原因。欧洲主权债务危机最先由希腊爆发,进而波及意大利、西班牙等政府赤字较为严重的国家。公众对欧元、危机发生国政府的信心丧失是欧债危机迅速蔓延并演变得难以收拾的主要原因。第三,从危机救助措施来看,美国拥有独立的财政政策和货币政策,美国债务为本币债务,加上美元为世界货币,美国通过量化宽松的货币政策,用美元贬值来缓解危机带来的压力。欧元区危机发生国无独立的货币政策,欧洲央行在颁布援助措施时又面临众口难调的局面,欧债为主权债务,即外币债务,各国只得采取财政紧缩措施,后期主要依靠国际援助。第四,从危机影响方面来看,美国次贷危机最终演变成了全球性金融危机。但是,由于美元的世界货币地位,美国的实体经济并没有遭到实质性破坏,人们依旧对美元拥有信心。欧洲主权债务危机引发了危机发生国政坛动荡,加上人们对欧元部分失去信心,欧洲危机发生国要摆脱危机还有很长的路要走。第五,从危机爆发后美欧金融监管治理方面来看,美国强调

防范系统性金融风险和加强对消费者的保护,监管重点包括消费者金融保护、新的破产清算授权、把投资银行与商业银行业务分离、新的资本充足率要求、高管薪酬和企业治理结构、投资者保护、弥补监管漏洞等。欧盟则强调加强对金融衍生产品市场特别是卖空交易的监管,并加强对对冲基金的监管,防止放大风险。同时,欧盟各国将各自征收银行税。

四、美国次贷危机和欧洲主权债务危机对中国的影响和启示

(一) 美国次贷危机对中国的影响和启示

至少从目前来看,美国次贷危机对中国金融机构、资本市场和中国经济的影响并不显著。以中国银行为例,2007年半年报显示,该行投资美国次级抵押贷款证券89.65亿美元,占证券投资总额的3.51%,其中"AAA"级占75.38%,"AA"级占21.70%,"A"级占2.92%。据此可知,即使这些证券的市场价值显著缩水,由于次级债投资规模相对于中国国有商业银行的海外总投资规模或者总资产而言比率很低,因此对其整体运营并不构成显著的影响。从短期来看,如果美国次贷危机升级,引起大量的日元套利资金撤出美国而回流日本,则可能造成全球主要货币汇率发生大幅调整。这一方面影响到人民币汇率的稳定,另一方面会引发以美元资产为主的中国外汇储备资产的缩水。从中长期来看,美国次贷危机升级将使美国经济陷入全面衰退,会导致美国市场对中国出口商品的需求下降,不仅会加剧中美贸易摩擦,而且会使得中国的对外出口和相关投资进入观望期,致使中国出口企业面临更加严峻的经营局面。

美国次贷危机给中国的借鉴和启示:第一,中国商业银行应充分重视住房抵押贷款背后隐藏的风险。目前,房地产抵押贷款在中国商业银行的资产中占有相当大的比重。一旦房地产市场价格普遍下降和抵押贷款利率上升的局面同时出现,购房者的还款违约率将会大幅上升,将对中国商业银行造成严重冲击。第二,应尽快开展中国商业银行住房抵押贷款证券化的全面试点和推广工作,通过开展住房抵押贷款证券化,让资本市场上的机构投资者和商业银行共担信用风险。第三,中国商业银行在提供住房抵押贷款时,应实施严格的贷款条件,严格保证首付政策的执行,采取严格的贷款审核制度。第四,政府应前瞻性地判断房地产市场的走势,提前采取宏观调控手段,以避免或缓解房价大幅下跌的不利影响。[①]

(二) 欧洲主权债务危机对中国的影响和启示

何帆(2010)认为,发达国家如何应对债务危机,不仅关系到全球经济的健康发展,也影响到中国经济发展的前景。欧洲主权债务危机暂时告一段落之后,我们更加清楚地看到,美国仍然是导致全球经济不稳定的最主要因素。美国的国债中50%以上依靠国外投资者,而中国已成为美国最大的债权国。规避潜在的美国政府违约风险、调整中国传统的经济发展战略,是中国经济面临的重大挑战。余永定(2010)提出,强大的欧洲经济和强大的欧元符合中国利益,中国政府和中国人民银行自欧洲主权债务危机爆发后所释放出的一系列支持欧洲、支持欧元、支持欧洲金融市场的信号是完全正确的。欧洲主权债务危机问题值得中国重视和警惕,中国需要积极制定相应的政策措施,防止欧洲主权债务问题对中国经济造成冲击,如欧洲主权债券的直接缩水风险、汇率风险、中国出口萎缩和经济增长放缓等风险。同时,中国应从外汇储备、贸易结构、外债负担以及整体债务状况等方面更加全面地审视中国的债务问题。中国地方债务问题也应引起高度重视,政府应防范具有系统重要性的部门和

---

① 参见张明:《透视美国次级债危机及其对中国的影响》,载《国际经济评论》2007年第5期。

机构出现重大的坏账,如大型国有企业和金融机构的不良资产。

本 章 小 结

国际投机性资本以短期资本为主,但是并非所有的投机性资本都是短期资本;同样,也并非所有的短期资本都是投机性资本。国际短期资本流动的特点是:对经济的各种变动极为敏感,具有较强的投机性;受心理预期因素的影响非常明显。

按照 IMF 的定义,如果一年内一国或地区货币贬值 25% 或更多,同时贬值幅度比前一年增加至少 10%,那么该国或地区就发生了货币危机。狭义的货币危机,是指市场参与者通过外汇市场的操作,导致一国或地区固定汇率制度的崩溃和外汇市场持续动荡的事件。货币危机可以诱发金融危机,而金融危机也会导致货币危机的发生。

第一代货币危机模型表明,货币危机的发生是由于政府宏观经济政策与其维持固定汇率制度之间存在矛盾冲突所引起的。国内信贷扩张是外汇储备流失的根本原因。因此,货币危机的根源是政府扩张性的财政货币政策,投机性攻击只是催化剂,仅仅起到加速固定汇率制度崩溃的作用。在政策含义上,实施恰当的财政、货币政策,保持经济基本面健康运行,是防止货币危机发生的唯一方法。

第二代货币危机模型认为,货币危机不是由于经济基本面恶化所致,而是由于贬值预期的自促成或自我实现所致。货币危机发生的实质原因主要是内外均衡的矛盾。所以,政府并不会机械地维持固定汇率,而会在减少失业、增加政府债务、维持固定汇率三者之间相机抉择。第二代货币危机模型有两个特征,即预期的自我实现和多重均衡。

与第一代、第二代货币危机模型相比,第三代货币危机模型有一个显著的不同,即在理论模型中,纳入银行部门和金融中介机构,从企业、银行、外国债权人等微观主体的行为角度探究货币危机的成因。其主要代表有道德风险论、金融恐慌论和理性预期多重均衡论。

在经济全球化、金融一体化的今天,货币危机已与银行危机、债务危机、信用危机等密不可分,单单从某一视角进行局部均衡分析并不能对货币危机作出完整的解释,因而有关货币危机的理论研究仍将会继续下去。

美国次贷危机爆发的原因主要有:宽松的住房贷款标准和创新的贷款品种;抵押贷款证券化的规模不断扩大,信用评级偏高;基准利率不断提高,房价不断下跌。欧洲主权债务危机爆发的原因主要有:内生经济基本面因素,外生次贷危机冲击,欧元区自身制度缺陷,高福利制度与人口老龄化,评级机构因素。我们从危机爆发的根源、危机爆发的过程、危机救助措施、危机影响方面以及危机爆发后美欧金融监管治理方面,分析比较了美国次贷危机和欧洲主权债务危机的差异。

关键术语

1. Currency crisis(货币危机)—Currency crisis is defined as a large exchange rate depreciation or a large international reserve loss, or both. Using the monthly data for each country, they normalize (i. e., divided by standard deviation so each variable has unit variance) the changes in the exchange rate and international reserves. It may also be possible to use high short-term interest rates as an additional indicator—because depreciation,

intervention (losing reserves) and high interest rates are the three common responses to currency attacks.

2. First generation models(第一代货币危机模型)—In the early 1980s, the first generation models of currency crisis were constructed. The idea is a very simple one. The model assumes that there is something wrong with economic fundamentals: a policy inconsistent with a fixed exchange rate is adopted (for example, excessive monetary growth). If that policy persists, the exchange rate will ultimately have to collapse. The question is "exactly when will it collapse?"

3. Second generation models(第二代货币危机模型)—The second generation models of currency crisis are a bit more complex to explain. Attack may come even if economic fundamentals are good. If so, good policy does not necessarily protect you from attacks. These models capture the inherent instability of the private currency market. Technically, the model is based on some kind of non-linearity in the policy reaction function. If the policy is linear (roughly speaking, the policy is the same before and after the attack), there is usually only one solution to the model. But if it is not linear (the policy changes before and after the attack), there is a possibility of multiple equilibriums: an equilibrium with attack and an equilibrium without attack are both possible.

4. Self-fulfilling attack(自促成冲击)—If the market decides to attack, a currency crisis will occur. If the market chooses not to attack, a crisis will not happen. Any news or rumor (whether true or false) that affects the market sentiment may start a crisis. Whether the country's policy is good or bad is, in this sense, irrelevant.

5. Herding behavior(羊群行为)—Currency traders and international investors may behave like a herd of buffalos. If the leader goes in one direction, all others will follow without thinking. As a result, all of them may go over a cliff. Their behavior is not rational or based on solid facts. Investors invest in fashionable assets, but they do not really know very much about these assets.

6. Bandwagon effect(花车效应)—The bandwagon effect is the observation that people often do (or believe) things because many other people do (or believe) the same. Without examining the merits of the particular thing, people tend to "follow the crowd". The bandwagon effect is the reason for the bandwagon fallacy's success. Literally, a bandwagon is a wagon that carries the band in a parade. Riding on the bandwagon is popular since one can enjoy the music, conveniently without walking. The phrase "jumping on the bandwagon" is therefore used in the sense of "joining an increasingly popular trend".

7. Moral hazard(道德风险)—Moral hazard is a situation where a person or firm takes excessive risks ex ante due to the existence of insurance or guarantee against a bad situation ex post. And in the case of banking, if the government guarantees to pay the depositors in full in case of crisis, banks will be less careful in selecting projects and borrowers. They want to lend to very risky but seemingly high return projects. If the project succeeds, banks receive high returns. If the project fails, banks can ask the government to bail them out.

8. Financial panic(金融恐慌)—A self-fulfilling prophecy. If people believe that the bank will be unable to pay, they will all attempt to withdraw their money. This in itself will ensure that the bank cannot pay, and it will go bankrupt.

9. The subprime loan crisis(美国次贷危机)—The U.S. subprime mortgage crisis was a set of events and conditions that led to a financial crisis and subsequent recession that began in 2007. It was characterized by a rise in subprime mortgage delinquencies and foreclosures, and the resulting decline of securities backed by said mortgages. Several major financial institutions collapsed in September 2008, with significant disruption in the flow of credit to businesses and consumers and the onset of a severe global recession.

10. The european sovereign debt crisis(欧洲主权债务危机)—It (often referred to as the Eurozone crisis) is an ongoing financial crisis that has made it difficult or impossible for some countries in the Euro area to repay or re-finance their government debt without the assistance of third parties. The crisis did not only introduce adverse economic effects for the worst hit countries, but also had a major political impact on the ruling governments in 8 out of 17 Eurozone countries, leading to power shifts in Greece, Ireland, Italy, Portugal, Spain, Slovenia, Slovakia, and the Netherlands.

问题与练习

一、名词解释

国际投机性资本　　货币危机　　影子汇率　　国际收支危机模型
自促成危机模型　　羊群行为　　传染效应　　花车效应　　美国次贷危机
自促成冲击　　多重均衡　　道德风险　　金融恐慌
欧洲主权债务危机

二、思考题

1. 简述国际短期资本与投机性资本之间的关系。
2. 立体投机性冲击有哪些策略？
3. 货币危机有哪些类型？它与金融危机的关系如何？
4. 简述第一代货币危机模型的主要内容，并指出它的政策含义。
5. 第二代货币危机模型的特征和主要内容是什么？
6. 第三代货币危机模型的主要代表有哪些？简述其主要观点。
7. 试比较第一代、第二代和第三代货币危机模型。
8. 比较美国次贷危机和欧洲主权债务危机的异同点。
9. 试述美国次贷危机和欧洲主权债务危机对中国的启示。

附录　美国量化宽松的货币政策及其对中国经济的影响

量化宽松(quantitative easing, QE)是一种货币政策，由中央银行通过公开市场操作以提高货币供应量，被认为是间接增印钞票。其操作是中央银行通过公开市场操作购入证券等，使银行在中央银行开设的结算户口内的资金增加，为银行体系注入新的流动性。

一、美国量化宽松的货币政策：QE1—QE4

QE1：2008年11月25日，美联储宣布将购买政府支持企业（简称"GSE"）房利美、房地美（合称"两房"）以及联邦住房贷款银行与房地产有关的直接债务，还将购买由"两房"、联邦政府国民抵押贷款协会（Ginnie Mae）所担保的抵押贷款支持证券（MBS）。这标志着美国首轮量化宽松（QE1）货币政策的开始。美联储指出，最高将购买1000亿美元的GSE直接债务，最高将购买5000亿美元的MBS，定于2008年底前启动。2009年3月18日，美联储宣布扩大QE1，将2009年购买机构MBS最高增至1.25万亿美元，购买机构债最高增至2000亿美元。此外，最高再购买3000亿美元的较长期国债证券。2010年4月28日召开的美联储利率会议标志着首轮量化宽松货币政策结束，总计为金融系统及市场提供了1.725万亿美元的流动性。

QE2：2010年11月3日，美联储在结束为期两天的利率会议后宣布，启动第二轮量化宽松计划，总计将采购6000亿美元的资产。美联储宣布将维持0—0.25%的基准利率区间不变。具体而言，美联储将在2011年第二季度前采购6000亿美元的债券，以刺激美国经济复苏。2011年6月22日，美联储宣布将在6月底结束去年推出的QE2，并维持将到期的国债本金，进行再投资。在美联储6月30日向美国财政部购买了49.09亿美元国债之后，QE2正式结束。但是，由于美国国内有效需求不足，QE2新增流动性并未迅速进入实体经济，而是流入国内外的金融市场。借助美元的地位，很大一部分流动性以热钱方式涌入新兴经济体，推动通货膨胀率飙升，并催生资产泡沫。QE2导致的美元贬值实际上稀释了美国债务，使美国国债的持有国面临汇兑损失。同时，美元的逆转将会直接戳破新兴市场的资产泡沫，可能引发金融动荡。

QE3：为支持美国经济强劲复苏，寻求促进就业最大化和物价稳定的目标，2012年9月13日，美联储推出QE3政策，具体包括：(1)每月将在二级市场购买400亿美元机构MBS，直到美国失业率降至7%以下；(2)继续延长扭转操作（OT）至2012年底，扭转操作和购买MBS，使得美联储每月购买的长期债券达到850亿美元；(3)继续维持联邦基金利率在0—0.25%的区间，时限延长到至少2015年中。与先前QE政策的不同在于，QE3的资产购买主要集中于机构MBS，而非像先前集中购买美国长期国债，说明QE3给予房地产市场更多的关注。

QE4：2012年12月12日，美联储宣布从2013年起，每月购买450亿美元的美国长期国债（即启动QE4），以替代将要到期的扭转操作（OT）工具。无期限、无限量、无底线的开放式资产购买，构成了美联储第四轮量化宽松货币政策的显著特点。

二、美国QE1—QE4货币政策对中国经济可能的影响

第一，从政府角度来看，中国政府的首要目标是控制通货膨胀，然后是保持经济的平稳增长。前一个目标的实现会受到美国QE1—QE4强烈的负面冲击，后一个目标的实现会因为进口上游产品成本的新一轮上涨而对中国就业、收入增长等产生新的负面影响。

第二，从央行货币政策来看，中国人民银行将继续被动地跟随美联储进行货币政策调整。如果中国人民银行不跟随美联储的量化宽松货币政策，那么人民币将可能面临更大的升值压力，带来更多的热钱流入。如果中国人民银行跟进美联储的货币政策，而中国的家庭和金融机构并不存在去杠杆化问题，就会使得中国货币供应量十分充裕，将进一步导致中国的资产价格泡沫。

第三，从外汇储备来看，中国作为美国的第一大债权国，目前拥有3万多亿美元的外汇储备资产,美国接连推出 QE1—QE4 货币政策,使得美元的真实购买力不断缩水,将会直接侵蚀中国外汇储备的实际购买力。这其实是美国对国际债权人的隐性赖账,使中国外汇储备资产蒙受损失。

第四,从企业角度来看,美国接连推出 QE1—QE4 货币政策,会使全球流动性过剩的矛盾更加突出,引发能源、大宗原材料等国际商品价格上涨,带动中国上游进口商品价格上涨,对国内总供给面带来负面冲击。同时,国际热钱流入的可能性也将增大,对中国通货膨胀的预防和控制形成更大的压力。

第五,在国际金融市场高度一体化的背景下,美国 QE1—QE4 货币政策给其他国家带来了显著的溢出效应,可能会引发"以邻为壑"的全球主要货币竞相贬值,加剧整个国际贸易、投资体系的不稳定性,不利于中国的对外贸易和投资。

第五部分
开放经济下宏观经济政策问题

在开放经济条件下,各国对汇率风险认识和管理能力的差异、追求相机抉择的内外平衡目标以及其他经济结构差异等决定着一国汇率制度的选择。选择了不同的汇率制度,就需要遵从相应的国际储备政策。如果一国获取国际储备的能力有限,则会产生外汇管制问题。贸易和资本的跨国界或跨地区流动会产生内外部平衡问题。若想实现内外部平衡目标,就需要寻求宏观经济政策的有效搭配。于是,产生了开放经济下宏观经济政策搭配理论、调控原理以及国际宏观经济政策协调。这些内容构成了本书的第五部分,包括第九章"汇率制度"、第十章"国际储备政策"、第十一章"外汇管制"、第十二章"开放经济下内外平衡理论与模型"。

第九章 汇率制度

学习要点

汇率制度及其功能,国际汇率制度及其变迁,国际金本位制的特征,布雷顿森林体系的核心内容,特里芬两难,牙买加体系下的混合汇率制度,固定对浮动二分法及优劣比较,名义分类,1999年实际分类,2009年实际分类,"中间空洞化"假说,影响汇率制度选择的主要因素,外汇市场干预的类型,人民币汇率制度变迁与选择,人民币汇率形成机制改革要点,做市商制和竞价制,1994年与2005年人民币两次汇率改革比较,以及香港联系汇率制度。重点理解和掌握:固定与浮动汇率制度优劣比较,1999年与2009年实际分类比较,影响汇率制度选择的主要因素,人民币汇率形成机制改革要点,以及人民币两次汇率改革比较。

第一节 汇率制度及国际汇率制度变迁

一、汇率制度及其功能

传统意义上,汇率制度被界定为有关汇率决定及其调节的一系列制度性安排。例如,姜波克(2001)对汇率制度作出如下定义:"汇率制度是指一国货币当局对本国汇率水平的确定、汇率变动方式等问题所作的一系列安排或规定。"[①]潘英丽、马君潞(2002)也对汇率制度作了相似的定义:"汇率制度又称汇率安排,是指一国货币当局对本国汇率变动的基本方式所作的一系列安排或规定。"[②]细究一下,这些定义强调汇率制度是外生的正式规则或规定,而没有涉及市场经济主体对汇率制度存在的内生习惯或偏好,即非正式规则。因此,为了强调汇率制度不仅是由外生的正式规则构成的,而且离不开市场经济主体内生的非正式规则,我们将汇率制度定义为:一国或地区货币当局有关汇率的确定、维持、调整和管理的一系列制度性安排和规则(正式规则和非正式规则)。

在理解汇率制度内涵的基础上,我们可以将汇率制度的功能概括为:(1)建立外汇市场秩序,提高交易效率,降低交易成本;(2)强化外汇市场信息流的稳定性,形成共有汇率预期;(3)降低外汇市场参与者目标和行为的不确定性;(4)减弱外部性,带来汇率制度收益;(5)作为协调经济的一种手段。具体到工业国中,"汇率制度现在日益被看作金融市场关于货币政策的信号"[③]。显然,这些都是汇率制度的正向功能。但是,汇率制度是通过提供信息和激励影响市场参与主体的目标和行为,进而对经济结果产生作用的。因此,汇率制度是一把双刃剑,它既可以带来非中性汇率制度收益,也可能造成经济低效。在一般意义上,汇率制度表现为一种货币经济体为适应国内外金融环境变化的挑战而制定汇率政策应对的结果。

二、国际汇率制度的变迁

作为国际货币制度的核心组成部分,国际汇率制度自然要受到国际货币制度的影响和制约。可以说,有什么样的国际货币制度,就要求有什么样的国际汇率制度,以便使一国货币与他国货币之间的汇率能够按照相应的规则确定和维持,从而达到促进国际贸易和金融活动的目的。具体而言,国际汇率制度是指国际社会普遍认同的一整套关于各国汇率关系的国际性规则和组织形式,它主要包括四方面内容:各国汇率的确定方式、汇率波动的界限、汇率调整的手段以及维持汇率稳定的措施。一百多年来,国际货币制度经历了多种形态的演变,国际汇率制度相应地也经历了多种形态的变迁。

(一)国际金银复本位和金本位制度下内生的固定汇率制度

19世纪70年代以前,国际货币制度处于金银复本位制度下,其主要特征有:(1)各国用黄金或白银规定了其货币所代表的价值,每一货币单位都有法定的含金或含银量;(2)国内流通的金币或银币可以用等值的金银交由铸币厂自由铸造;(3)金币或银币具有无限法偿权利,可以在国际上自由输出或输入;(4)官方随时准备按照本国金币或银币固有的价格进行买卖。这样,在金银复本位制度下,货币供求具有自动调节机制,货币之间的汇率具有内生的稳定性,因而可称为"内生的固定汇率制度"。

英国最先从金银复本位制度过渡到金本位制度。1821年,英国正式确立了金本位制度。到19世纪70年代末,世界上主要的经济大国都相继实行金本位制度,国际货币制度才正式过渡到国际金本位制度(见表9-1)。

---

① 姜波克:《国际金融新编》(第三版),复旦大学出版社2001年版,第135页。
② 潘英丽、马君潞主编:《国际金融学》,中国金融出版社2002年版,第321页。
③ Wolf, H. (2001), Exchange Rate Regime Choice and Consequences, NBER Working Paper, October 2001, p. 2.

表 9-1 主要国家实行金本位制度的时间

国家	英国	加拿大	德国	瑞典	挪威	丹麦	荷兰	芬兰
年份	1821	1867	1873	1874	1874	1874	1874	1874
国家	法国	瑞士	比利时	意大利	美国	奥匈帝国	日本	俄国
年份	1878	1878	1878	1878	1879	1892	1897	1897

资料来源：Panic, M. (1992), *European Monetary Union: Lessons from the Classical Gold Standard*, New York: St. Martin's Press, pp. 34-35。

我们可以1880年作为国际货币制度的分水岭，1880年以前为国际金银复本位制度时期，1880—1914年为国际金本位制度时期。国际金本位制度的主要特征有：(1)所有参加国的货币均以一定数量的黄金定值，金币可以由铸币厂自由铸造；(2)本国货币当局随时准备以本国货币固定的价格买卖黄金，即可自由兑换黄金；(3)黄金能够自由地输出或输入。据此，国际金本位制度下，各国货币之间的汇率也是内生地固定的，或只在极小的范围内（黄金输送点之间）波动。所以，国际金本位制度下的汇率制度也是内生的固定汇率制度。

(二) 两次世界大战之间动荡的浮动汇率制度

1918—1925年：自由浮动汇率制度。由于一战造成的巨额军费开支和财政赤字，战后各国相继放弃了金本位制度，停止纸币与黄金兑换，禁止黄金输出或输入，实行自由浮动的汇率制度，致使汇率处于剧烈的波动之中。主要工业国货币之间的汇率是自由浮动的，特别是英镑和美元之间的汇率大体上随着市场力量自行波动，政府基本上没有干预（见表9-2）。

表 9-2 英镑对美元汇率　　单位：1英镑合美元数

时间	一战前	1919年中	1920年初	1922年初	1925年初
汇率	4.86	3.40	3.18	4.20	4.78

由表9-2可见，在这段时期内，英镑汇率有较大浮动。类似地，其他国家货币之间的汇率也有较大浮动，并且各国中央银行都没有意图通过干预外汇市场稳定汇率，而是采取"仁慈的忽视"(benign neglect)态度。不过，这一期间的浮动汇率只被人们认为是为恢复一战前的金本位制度而作的准备，缺乏一个完整的国际货币制度载体。

1925—1931年：国际金汇兑本位制度下的固定汇率制度。由于浮动汇率制度下大幅的汇率波动直接影响到各国之间正常的经贸往来和投资，因而一战后各国政府当局和工商企业界都希望恢复战前的金本位固定汇率制度，以保证有一个稳定的汇率预期。但是，一战结束后，世界黄金供给不足和分配不均的问题依然存在，因而恢复传统的金本位固定汇率制度显然不可能。1922年，29个国家在意大利热那亚召开了世界货币会议，建议各国采用金汇兑本位制度。金汇兑本位制度是一种试图通过金本位制度以保持本国货币与黄金间接联系的国际货币制度。其主要特点是，各国货币仍有法定的含金量，但是不能在国内兑换黄金，只能购买外汇，而外汇在国外可以兑换成黄金。与国际金银复本位制度和金本位制度下内生的固定汇率制度相比，在金汇兑本位制度下，黄金不能自由兑换，也不能自由输出和输入，使得这种固定汇率制度缺乏内生的稳定基础。

1931—1939年：货币集团间的浮动汇率制度。由于1929—1933年世界经济大危机导致国际金汇兑本位制度崩溃，许多国家的货币汇率重又进入自由浮动状态，同时另一些国家选择盯住有关基准货币。这样,在竞争性货币贬值浪潮中,形成了以英镑、美元和法国法郎为中心的相互对立的货币集团。各货币集团之间普遍存在着外汇管制,货币不能自由兑换。虽然汇率浮动,但是各国随时准备干预外汇市场,并且货币贬值时常发生。因此,1931—1939年,国际货币制度是动荡不定的,甚至可以说不存在一个国际货币制度。与1918—1925年的自由浮动汇率制度相比,这种浮动汇率可称为"货币集团间浮动汇率制度"。

(三) 布雷顿森林体系下可调整的或外生的固定汇率制度

虽然两次世界大战之间曾短暂实行浮动汇率制度,但是浮动汇率的经历给世界经济和国际贸易所带来的混乱和无序使得各国决策者深感浮动汇率的缺陷。同时,曾试图恢复金汇兑本位制度的经历也使得决策者否定了建立完全无弹性的固定汇率制度的可能性。这样,在二战结束前夕,根据英国提出的"凯恩斯方案"和美国提出的"怀特方案",1944年7月,在美国新罕布什尔州布雷顿森林召开了有44个国家参与的国际货币会议,正式通过《布雷顿森林协定》,由此建立起布雷顿森林体系下的国际货币制度。

根据该协定,(1) 美元与黄金挂钩,直接盯住黄金。美国政府承诺各国中央银行可以按35美元兑换1盎司黄金向美国兑现黄金。(2) 其他各国货币按固定比价与美元挂钩,各国政府承诺其各自货币与美元自由兑换,并且各国货币当局有义务通过干预外汇市场使汇率波动不超过±1%的幅度。(3) 成员国汇率的变动接受IMF的统一安排和监督,只有当成员国国际收支出现"根本性不平衡"时,才可以调整与美元的固定平价。但是,当调幅超过10%时,必须在获得IMF批准后才能调整汇率。可见,在布雷顿森林体系下,一国往往在汇率制度选择上有较少的自由。由此,确立了以"美元—黄金"为本位的可调整的固定汇率制度。与国际金银复本位和金本位制度下内生的固定汇率制度相比,布雷顿森林体系下,由于美元与黄金汇价以及其他货币与美元汇价都是由政府外生决定的,因此我们把可调整的固定汇率制度称为"外生的固定汇率制度"。

布雷顿森林体系下外生的固定汇率制度既不能像内生的固定汇率制度那样可以吸引大量的私人资本流入,也不能像浮动汇率制度那样可以依靠市场自发力量缓和暂时的国际收支困难。所以,布雷顿森林体系从诞生的那一天起就遭到许多经济学家的批判,如弗里德曼(1953)、特里芬(1961)等。特里芬提出了著名的"特里芬两难"(Triffin's dilemma)[①]命题,预言以"美元—黄金"为本位的布雷顿森林体系将不可避免地崩溃。尽管布雷顿森林体系从诞生的那一天起就遭到来自各方的批判,但是这一体系毕竟成功地运行了将近30年。究其原因,主要在于布雷顿森林体系的存在是与当时的国际经济环境密不可分的。"在20世纪50年代和60年代初,工业化国家的通货膨胀率很低而且相近;外汇的预期价格也或多或少地接近于平价。国与国之间的利率变化不大。资本流动主要是随各国在储蓄与投资率上的差别而发生的。与商品流动相比,为维持贸易项目大致平衡所需的资本流动水平上的汇率,在波动幅度上也不是很大的。"[②]因此,正是这种国际经济环境使布雷顿森林体系下可调整的固定汇率制度能够得以长期维持。

然而,20世纪60年代以后,美国在固定汇率的维持上开始变得力不从心,越来越多地

[①] "特里芬两难",是指为了保证美元信誉,美国需要维持国际收支平衡,却使得世界缺乏国际清偿手段;而为了供给国际清偿手段,满足其他国家越来越强的外汇储备需要,美国需要通过持续的国际收支逆差以促使美元外流,又使得美元信誉下降。

[②] 〔英〕约翰·伊特韦尔等编:《新帕尔格雷夫经济学大辞典》(第二卷:E-J),刘建忠等译,经济科学出版社1996年版,第229页。

面临来自资本流出的巨大压力。实际上,从 1960 年开始,美国黄金储备就已经少于其对外流动性债务(见表 9-3)。

表 9-3　1959—1971 年美国黄金储备和对外流动性负债　　　单位:10 亿美元

年份 类别	1960	1961	1962	1963	1964	1965	1966	1967	1968	1969	1970	1971
黄金储备	17.80	16.95	16.06	15.06	15.47	14.07	13.24	12.07	10.89	11.86	11.07	11.08
对外流动性负债	21.03	22.94	24.27	26.39	29.36	29.57	31.02	35.67	38.47	45.91	46.46	67.81

资料来源:马君潞:《国际货币制度研究》,中国财政经济出版社 1995 年版,第 73 页。

同时,这一时期,金融创新的广度与深度大大增强,各国政府开始放松管制,形成了金融自由化的趋势。结果,在巨额的国际短期投机资本流动的冲击下,布雷顿森林体系下可调整的固定汇率制度开始趋于崩溃。1971 年 8 月 15 日,时任美国总统尼克松宣布美国停止履行美元可兑换黄金的义务,美元公开与黄金正式脱钩,标志着布雷顿森林体系的两大支柱之一被破坏。1973 年 3 月 19 日,6 个欧共体成员国对美元实行联合浮动,标志着以"美元—黄金"为本位的布雷顿森林体系彻底瓦解,宣告了以美元为中心的可调整的固定汇率制度全面崩溃。

(四)牙买加体系下混合汇率制度

布雷顿森林体系下可调整的固定汇率制度崩溃后,国际货币制度由"美元—黄金"本位制过渡到信用货币本位制,取而代之的是浮动汇率。不过,当时在欧洲仍旧广泛存在这样的观点:浮动汇率应该仅仅是暂时性的。这种观点以法国坚持的"法郎—欧洲"为强有力的代表。[①] 然而,1973—1974 年,在石油输出国组织把世界石油价格提高 4 倍的冲击下,欧共体在货币制度和汇率制度方面创新的努力归于失败。由于美国赞成继续实行浮动汇率,因此在 1976 年 1 月于牙买加召开的 IMF 临时委员会会议上,一致通过了《IMF 协定第二次修正案》,达成了《牙买加协定》,批准了浮动汇率制度。由此,国际货币制度进入牙买加体系。

根据《牙买加协定》,IMF 成员国在汇率制度选择上有更大的自由。IMF 成员国可以:(1)将货币与特别提款权、其他主要货币或某一货币篮子挂钩(不包括黄金);(2) 达成货币合作安排;(3) 维持所选择的汇率安排,包括浮动汇率安排等。可见,牙买加体系下,一个国家有更多的自由根据本国经济特征以及与世界经济之联系去选择适合本国的汇率制度,因而汇率制度安排成为一个国家确定其对外经济关系的重要政策手段。牙买加体系对汇率制度认识的创新之处在于:"第一,通过基本的货币和财政政策的稳定而不是通过盯住方式来寻求汇率的稳定。第二,浮动汇率应该是一个受到国际货币基金严格监督的过程。"[②] 牙买加体系下,欧洲汇率机制的发展最为显著。1979 年 3 月,欧共体蛇形浮动被重新命名为"欧洲货币体系"(EMS)。EMS 引入了关于汇率风险由欧洲经济共同体共同负担的思想,为 1999 年欧元诞生以及欧洲货币联盟(EMU)成员国最终消除内部汇率制度而取得一致对外的浮动汇率制度奠定了基础。

---

① See Brian Tew (1982), *The Evolution of the International Monetary System: 1945 - 1981*, 2nd Edition, Hutchinson & Co. Ltd., p.184.

② 〔英〕约翰·伊特韦尔等:《新帕尔格雷夫经济学大辞典》(第二卷:E-J),刘建忠等译,经济科学出版社 1996 年版,第 990 页。

国际汇率制度是由构成国际经济核心的少数几个国家决定的。布雷顿森林体系崩溃后,"人们认为世界已经放弃了固定汇率制度,而选择了浮动汇率,尽管全世界 100 多种货币中的绝大多数仍然盯住某种主要货币或'货币篮子'上。关键性的变化是美元、联邦德国马克和日元彼此之间的关系现在是浮动的。另外,几种次重要的货币,如英镑和瑞士法郎,也同样是浮动的"[①]。因此,牙买加体系下浮动汇率制度并非像金本位下固定汇率制度以及布雷顿森林体系下可调整的固定汇率制度那样是一个基本统一与完整的国际汇率制度。实际上,牙买加体系下,国际汇率制度是多种汇率制度形式相互并存,并注重区域货币合作的一种混合汇率制度。这表现为:(1) 独立浮动汇率制度,包括美国、欧盟、日本和部分新兴市场经济体;(2) 固定汇率制度,包括货币局制度和传统的固定盯住汇率制度,以及已取消法定货币的国家,如欧盟内部和实行美元化的国家;(3) 中间汇率制度,即各种介于浮动汇率和固定汇率之间的安排,如爬行盯住制、区间内浮动制和管理浮动制等。

综上所述,国际货币制度的演变决定着国际汇率制度的变迁。我们将国际货币制度演变形态与所对应的国际汇率制度变迁形态列成下表:

表 9-4 国际货币制度演变和国际汇率制度变迁

类别	国际金银复本位和金本位时期		两次世界大战之间的动荡时期			布雷顿森林体系时期	牙买加体系时期
	1880 年前	1880—1914 年	1918—1925 年	1925—1931 年	1931—1939 年	1944—1973 年	1976 年以后
国际货币制度	国际金银复本位制	国际金本位制	动荡不定	国际金汇兑本位制	货币集团并存	美元—黄金本位制	信用货币本位制
国际汇率制度	内生的固定汇率制度		自由浮动汇率制度	固定汇率制度	货币集团间浮动汇率制度	可调整的或外生的固定汇率制度	混合汇率制度

根据表 9-4,一百多年来,国际货币制度经历了稳定的国际金本位制→两次世界大战之间的动荡不定→稳定有序的布雷顿森林体系→动荡无序的牙买加体系。相应地,国际汇率制度也经历了国际金本位制下内生的固定汇率制度→两次世界大战之间的动荡不定→布雷顿森林体系下可调整的或外生的固定汇率制度→牙买加体系下混合汇率制度。根据国际汇率制度的变迁,各国都是从本国现实的经济状况和内外金融制度环境出发,选择汇率制度的。正是现实中各汇率制度选择的多因素差异性,决定了牙买加体系下多种汇率制度形式并存。

三、国际汇率制度变迁对人民币汇率制度改革的启示

从 2003 年以来,要求人民币升值的压力从未停止过。人民币汇率制度改革需要回答两个基本问题,即采取什么样的汇率制度和如何改革现行的汇率制度。以史为鉴,根据上述国际汇率制度的历史变迁,可以得到如下启示:

第一,人民币汇率制度改革的长期目标是实行浮动汇率制度。随着国际经济金融一体化过程加快,国际汇率制度从固定汇率制度转向浮动汇率制度的历史趋势不可逆转。不管是金本位下固定汇率制还是布雷顿森林体系下固定汇率制度,要保持一国汇率制度的稳定,

---

① 〔英〕约翰·伊特韦尔等编:《新帕尔格雷夫经济学大辞典》(第二卷:E-J),刘建忠等译,经济科学出版社 1996 年版,第 409 页。

该国货币最终都要与黄金挂钩。由于黄金的供给量是十分有限的,因此造成货币供应不足。但是,世界经济贸易迅速发展,加上各种金融衍生产品和虚拟经济的杠杆式放大,对货币的需求在不断扩大。货币供给满足不了实际货币需求,实行固定汇率制度的后果只能是交易萎缩,产出下降。从历史趋势看,国际汇率制度正一步步走向浮动汇率。同时,中国在不断完善社会主义市场经济体制,市场机制要成为资源配置的基础方式。相应地,人民币汇率形成机制必须变革并已经改革,改以市场供求为基础。所以,人民币汇率制度改革的最终目标是实行浮动汇率制度。

第二,目前应实行真正的管理浮动汇率制度。发展中国家的货币危机表明,成熟的外汇市场、市场化的交易主体以及与之配套的市场交易制度是货币浮动的基础,也是分散汇率波动风险的基础。中国是一个经济大国,却是一个金融小国,市场体系还远未完善,外汇市场的建设任重道远。目前,人民币需要的是一个更加灵活的汇率形成机制,而非彻底放开,可行的方法是实行真正的管理浮动汇率制度。其表现是外汇交易较自由,外汇市场较发达,汇率基本上由私人部门供求变化所决定,政府的干预较少。

第三,人民币汇率制度改革应是基于中国经济内外平衡自主决定的。历史经验表明,没有单一的汇率制度适合于同一时期所有国家或同一国家所有时期。牙买加体系下,IMF 成员国在汇率制度选择上已获得更大的自由。据此,人民币汇率形成机制要与时俱进,人民币汇率制度的选择最终要反映中国的国家利益,是基于中国经济内外平衡所作出的自主决定(喻桂华,2004)。

第二节 汇率制度的分类

有关汇率制度的分类,存在着两种情形:一是官方宣布的汇率制度,称为"名义汇率制度"或"法律上汇率安排"(de jure arrangements);二是 IMF 确认的成员方实际汇率安排(de facto arrangements)。传统意义上,根据汇率决定及其调节的方式,将汇率制度划分为两类,即固定汇率制度和浮动汇率制度。其中,固定汇率制度(fixed exchange rate regime),是指以货币的含金量作为制定汇率的基准,两国货币具有法定兑换比率并基本保持稳定,汇率只能围绕法定比率在一定幅度内波动的汇率制度。由于这种汇率一般不轻易变动,具有相对的稳定性,故称为"固定汇率制度"。浮动汇率制度(flexible exchange rate regime),是指政府不再规定本国货币与外国货币的黄金平价,不规定汇率波动的上下限,央行也不承担维持汇率波动界限的责任,市场汇率根据外汇市场供求情况而自由波动的汇率制度。固定汇率制度与浮动汇率制度的优劣比较如下:

第一,固定汇率制度的优点和缺点。固定汇率制度的优点主要有:(1)央行政策具有纪律性以及可抑制通货膨胀倾向;(2)汇率稳定能够促进国际经贸和投资发展;(3)一定程度上可以抑制国际货币投机行为;(4)限制政府不负责任的宏观经济政策。固定汇率制度的缺点主要有:(1)部分丧失货币政策的独立性;(2)促进通货膨胀的国际传播;(3)容易造成汇率制度的僵化;(4)由于政府存在多重目标相机抉择的可能性,开放经济下难以规避投机性攻击。

第二,浮动汇率制度的优点和缺点。浮动汇率制度的优点主要有:(1)央行具有货币政策的自主性;(2)汇率决定存在对称性,都由市场决定;(3)汇率具有内在自动稳定器功能;(4)国际收支均衡得以自动调整实现;(5)减少或无须国际储备,提高了金融资源的利用效率。浮动汇率制度的缺点主要有:(1)央行会缺乏纪律性;(2)导致不稳定的投机行为和货币市场动荡;(3)不利于国际贸易和国际投资的发展;(4)造成互不协调的经济政策;(5)产生货币自主权错觉,更有通货膨胀倾向。

陈庚辛和魏尚进(2013)通过1971—2005年170个国家的数据发现,随着汇率制度灵活性的减弱,经常账户的调整速度呈现先减慢后增快的趋势,即在中间汇率制度下,经常账户调整最慢,因而汇率制度的灵活性与经常账户的调整速度之间并非线性关系。现实中,汇率制度分类所依据的都是名义汇率的灵活程度和政府或货币当局对汇率的干预程度。根据IMF采用的分类方法,汇率制度的分类大致经历了六个阶段:一是布雷顿森林体系和史密森调整下二分法,二是1975年名义分类法,三是1977年名义分类法,四是1982年名义分类法,五是1999年实际分类法,六是2009年实际分类法。①

一、布雷顿森林体系和史密森调整下"固定对浮动"二分法(1944—1974年)

布雷顿森林体系下,IMF成员方被要求保持其汇率围绕中心平价(par value)在±1%之内波动,即实行固定汇率制度。中心平价是与美元或一定量及成色的黄金相挂钩的。尽管未被IMF协定的条款明确许可,但是这一期间仍有18个国家采用了汇率浮动安排。

史密森调整下,IMF成员方被要求保持其汇率围绕中心平价在±2.25%之内波动。中心平价是与任何成员国货币、黄金或特别提款权(SDR)相挂钩的,而不再被限定与美元挂钩。虽然在史密森协定中没有被明确许可,但是这一期间一些国家保持着灵活的汇率安排。随着布雷顿森林体系的崩溃,这一传统的"固定对浮动"二分法已越来越难以反映各国汇率制度的情况。

二、1975年名义分类法(1975—1976年)

布雷顿森林体系崩溃后,在《IMF协定第二次修正案》的基础上,IMF根据各成员方官方宣布的名义汇率安排对各成员方汇率制度进行了分类,即名义分类。据此,1975—1976年,汇率制度被划分为五类:第一,盯住单一货币(a single currency)。成员方保持其汇率围绕对单一货币的中心汇率在±2.25%之内波动。第二,盯住合成货币(a composite,如SDR)。成员方保持其汇率围绕对一篮子货币或SDR的中心汇率在±2.25%之内波动。第三,参考一套指标调整浮动(adjusted floating)。成员方保持其汇率围绕中心汇率在±2.25%之内波动,货币当局基于指标或定期调整汇率的中心值。第四,共同界限内浮动(common margins' floating)。在合作汇率安排中,几个国家保持其汇率围绕对其他货币的中心汇率在±2.25%的汇率带内浮动,通过干预支撑其自身和其他货币。这些货币合在一起的外部值是由涉及的国家联合决定的。第五,独立浮动(independently floating)。这一制度允许偏离中心汇率超过±2.25%。

三、1977年名义分类法(1977—1981年)

1977—1981年,汇率制度被分为四类:第一,盯住单一货币。第二,盯住合成货币。第三,参考一套指标调整(adjusted according to a set of indicators)。货币当局设定短期间隔

---

① See Habermeier, K., Kokenyne, A., Veyrune, R. and Anderson, H. (2009), Revised System for the Classification of Exchange Rate Arrangements, IMF Working Paper No.09211, pp.1-18.

内的汇率,如日汇率或周汇率,然后基于某些预先指标决定的汇率,在狭窄带内公开买卖外汇。第四,合作汇率安排(cooperative exchange arrangements)。一组国家保持其汇率围绕对其他货币的中心汇率在±2.25%的汇率带内波动,干预的目的在于支持本国与其他外国货币。这些货币合在一起的外部值是由涉及的国家联合决定的。

四、1982年名义分类法(1982—1998年)

1982年,IMF依据各成员方官方宣布的名义汇率安排对各成员方汇率制度进行了分类。1982—1998年,汇率制度被分成七类:第一,盯住单一货币。成员方保持其汇率围绕对单一货币的中心汇率在0或者很少超过±1%的狭窄幅度内波动。从1992年7月开始,充分美元化的国家属于此类。第二,盯住合成货币。成员方保持其汇率围绕对一篮子货币或SDR的中心汇率在0或者很少超过±1%的狭窄幅度内波动。第三,对单一货币有限灵活(limited flexibility)。成员方保持其汇率对另一方货币或SDR在±2.25%的界限内波动。第四,对合作汇率安排有限灵活。一组国家保持其套算汇率在±2.25%的界限内波动,是基于单一货币表示的中心汇率而言。第五,参考一套指标调整。第六,其他管理浮动(other managed floating)。这是指未被参考一套指标调整和独立浮动涵盖的灵活汇率安排。第七,独立浮动。货币当局允许汇率持续波动以反映市场力量。如果货币当局干预,将通过买卖外汇以实现其影响,无法完全抵消汇率的波动。综合来看,这七类汇率制度又可归为三大类:(1)盯住汇率,包括盯住单一货币和盯住合成货币;(2)有限灵活汇率,包括对单一货币有限灵活、对合作汇率安排有限灵活和参考一套指标调整;(3)更加灵活汇率,包括其他管理浮动和独立浮动。根据这种分类,IMF成员方保持盯住汇率的比率已从1975年的77%下降到1997年的36%,而采用自由浮动汇率的比率却从1975年的12%增加到1997年的25%。同时,中间汇率制度,如有限灵活汇率和管理浮动汇率,也有所增长。[①] 可见,IMF把管理浮动汇率划归为中间汇率制度。但是,这种名义分类方案并不能反映成员方的实际汇率安排情况。一些宣称自己实行浮动汇率制度的国家,特别是新兴市场国家,往往由于国内金融市场不完善而害怕浮动(fear of floating)。还有一些国家为其反通胀目标树立信誉而在事实上盯住其他国家货币。

五、1999年实际分类法(1999—2008年)

1999年欧元的诞生引发了对已有汇率制度分类的巨大冲击及重新划分问题。考虑到原有汇率制度之名义分类方案的缺陷以及欧元的诞生,从1999年1月1日开始,IMF重新依据实际汇率制度而不是官方宣布的名义汇率安排,对各成员方汇率制度进行了新的实际分类。实际分类主要是根据各成员方实际的名义汇率灵活程度和货币当局干预程度进行的,它很可能与一国宣告的汇率制度不同。根据IMF实际分类,主要分为八类:第一,无独立法定货币的汇率安排(exchange arrangements with no separate legal tender, NS),指一国采用另一国货币作为唯一法定货币,或者成员方属于货币联盟,共有同一法定货币,包括美元化和货币联盟。第二,货币局制度(currency board arrangements, CBA),指货币当局暗含法定承诺,按照固定汇率承兑指定的外币,并通过对货币发行权的限制以保证履行法定

[①] See Johnston, B. (1999), Exchange Rate Arrangements and Currency Convertibility: Developments and Issues, IMF Working Paper, p.23.

承兑义务。第三，其他传统的固定盯住制(conventional fixed peg arrangements，FP)，指汇率波动围绕着中心汇率上下不超过1%，包括按照固定比率盯住单一货币、盯住货币篮子和盯住合成货币SDR。第四，盯住平行汇率带(pegged exchange rates within horizontal bands，HB)，指汇率被保持在官方承诺的汇率带内波动，其波幅超过围绕中心汇率上下各1%的幅度，如欧洲货币体系下的欧洲汇率机制(ERM)。第五，爬行盯住(crawling pegs，CP)，指汇率按照固定的、预先宣布的比率作较小的定期调整，或对选取的定量指标的变化作定期调整。第六，爬行带内浮动(exchange rates within crawling bands，CB)，指汇率围绕着中心汇率在一定幅度内上下浮动，同时中心汇率按照固定的、预先宣布的比率作定期调整，或对选取的定量指标的变化作定期调整。第七，不事先宣布汇率路径的管理浮动(managed floating with no predetermined path for the exchange rate，MF)，指货币当局通过在外汇市场上积极干预以影响汇率的变动，但是不事先宣布汇率的路径。货币当局用来管理汇率的指标包括国际收支状况、国际储备、平行市场发展以及自行调整。第八，独立浮动(independently floating，IF)，指汇率基本上由市场决定，偶尔的外汇干预旨在减轻汇率变动或防止汇率过度波动，而不是为汇率确定一个基准水平。[1]

可见，IMF新的汇率制度分类主要关注的是中间汇率制度的区分，使它们与各成员方的实际汇率制度情况更加相符，增加各成员方汇率制度安排的透明度，从而增强IMF对各成员方汇率政策和汇率制度安排的监督。根据IMF新的汇率制度分类，1999年1月1日，在IMF的185个成员方中，实行严格固定汇率制度的有45个，实行独立浮动汇率制度的有47个，实行中间汇率制度的有93个。[2] 在这里，严格固定汇率制度包括IMF无独立法定货币的汇率安排和货币局制度；中间汇率制度包括IMF其他传统的固定盯住制、盯住平行汇率带、爬行盯住、爬行带内浮动和管理浮动；独立浮动或自由浮动汇率制度指IMF独立浮动。IMF其他传统的固定盯住制、盯住平行汇率带、爬行盯住、爬行带内浮动统称为"盯住汇率制度"，管理浮动和独立浮动统称为"更加灵活的汇率制度"。每一种汇率制度都有其自身的优点和缺点，以下作具体阐释。

(一) 严格固定汇率制度

严格固定汇率制度具体包括美元化、货币联盟和货币局制度。

美元化，是指一国或地区采用"锚货币"(主要是美元)逐步取代本币并最终自动放弃本国货币和金融主权的过程。美元化实质上是一种彻底而不可逆转的固定汇率制。截至2008年，完全实现美元化的国家有厄瓜多尔、萨尔瓦多、马绍尔群岛、密克罗尼西亚联邦、帕劳、巴拿马、东帝汶等。美元化的优势主要有：(1) 降低外汇交易成本和汇率风险，增加对外贸易，吸引外国投资，并增强国外贷款意愿，最大限度地规避游资的威胁；(2) 降低通货膨胀率及通胀预期，增强宏观经济政策的有效性；(3) 降低国内利率水平及其波动，增强国内金融市场、金融体系的稳定性和深化度；(4) 增进本国经济和世界经济的融合，减轻经济周期的严重性，推动本国经济的发展。但是，美元化也存在严重的缺陷，主要有：(1) 本国货币当局将丧失独立的货币政策，并且无法担当"最后贷款人"角色；(2) 铸币税收入损失，本国货币铸币税收入将流入货币发行国；(3) 会受到货币发行国"货币战"的威胁；(4) 退出成本高

---

[1] See Johnston, B. (1999), Exchange Rate Arrangements and Currency Convertibility: Developments and Issues, IMF Working Paper, p.36.

[2] See IMF (1999), International Financial Statistics.

昂,一旦发生银行挤兑,货币当局将别无选择,只得冻结美元提款,重新启用本国货币,结果又面临原先存在的问题。

货币联盟,是指成员国共有同一法偿货币。目前,在规模上最重要的是欧元区,从1999年开始作为一个共同货币联盟运行;其他还包括东加勒比美元区(Eastern Caribbean dollar area)和CFA法郎区。货币联盟也是一种彻底而不可逆转的严格固定汇率制。货币联盟的优势主要有:(1)实现区域市场完全一体化,推动生产要素在区域内自由流动,实现资源最优配置;(2)降低外汇交易成本和汇率风险,增强成员国之间相互贸易及区域外贸易,并吸引区域外投资,最大限度地规避游资的威胁;(3)谋求政治和经济上的趋同性以获取所期望的共同利益。货币联盟的缺陷主要有:(1)成员国将丧失独立的货币政策;(2)由于汇率灵活性丧失,成员国遭受非对称冲击的成本将非常高昂;(3)货币联盟要求成员国货币政策与财政政策达到相当程度的协调,如《马斯特里赫特条约》中就严格规定了五个趋同标准:低通胀率、低利率、稳定的汇率、低赤字和低公债额,这就使得某些成员国不得不做出较大程度的牺牲。

萨克斯(1998)认为,美元化和货币联盟的主要区别在于,美元化下货币当局无法担当"最后贷款人"角色,而共同货币联盟能够担当"最后贷款人"角色。基于这一点,他不赞成美元化而倾向于支持货币联盟。

货币局,是指货币当局暗含法定承诺即按照固定汇率承兑指定的外币,并通过对货币发行权的限制以保证履行法定承兑义务。截至2008年,实行货币局的国家或地区有吉布提、多米尼加、格林纳达、中国香港(1983)、波斯尼亚和黑塞哥维纳(1997)、保加利亚(1997)、爱沙尼亚(1992)、立陶宛(1994)、布鲁内-达拉斯萨拉姆(1967)等。货币局是一种可以逆转的严格固定汇率制度,其优势主要有:(1)增强货币当局固定汇率制度的可信性,降低投机攻击程度;(2)保证法定汇率稳定,抑制通货膨胀,实现经济金融稳定发展。但是,货币局的缺陷也是明显的,主要有:(1)丧失货币政策独立性,货币当局失去货币调控职能,无法用货币操作来熨平极短期利率波动;(2)货币当局丧失"最后贷款人"角色;(3)货币当局丧失国内信用扩张政策,无法救助陷入困境的银行,也暗含着铸币税收入较低;(4)无法抵御恶性货币投机攻击。因此,一国是否选择货币局制度至少要考虑以下两个因素:(1)国内是否具有稳健的银行体系,因为货币当局无法扩展信用以救助陷入困境的银行;(2)当局能否实施谨慎的财政政策,因为央行被禁止向政府贷款。根据这些因素,发展中国家很难实行货币局制度。货币局和美元化的主要区别在于,货币局下保留了铸币税收入,而美元化下铸币税收入流入"锚货币"国家;货币局下保留了退出选择权,而美元化下丧失了退出选择权。

(二)中间汇率制度

中间汇率制度包括其他传统的固定盯住制、盯住平行汇率带、爬行盯住、爬行带内浮动和管理浮动。

其他传统的固定盯住制又称为"固定但可调整的盯住制",具体可分为盯住单一货币、盯住货币篮子、盯住合成货币SDR。与盯住单一货币相比,盯住货币篮子有降低名义和实际汇率易变性的优势。但是,盯住货币篮子可能比盯住单一货币缺乏透明度。在其他传统的固定盯住制下,货币当局通过干预、限制货币政策灵活度以维持固定平价。但是,相对于货币局或货币联盟来说,货币政策的灵活度还是更大。同时,传统的中央银行功能仍旧可能具备,货币当局能够调整汇率水平,尽管实际上很少发生。其他传统的固定盯住制的优势主要有:(1)降低交易成本和汇率风险,促进国际贸易和投资;(2)投资者稳定的汇率预期会起到熨平汇率波动的作用;(3)利用固定盯住汇率的传递效应抑制通货膨胀;(4)为货币政策提供可信的"名义锚",消除通货膨胀偏见;(5)促进与主导贸易伙伴之间贸易交易的扩张,对于贸易集中度高的国家特别如此。但是,其他传统的固定盯住制的缺陷也是明显的,主要有:(1)限制了央行货币政策的独立性,使得货币当局难以救助陷入困境的银行,结果银行部门结构的脆弱性造成危机,导致难以维持固定盯住制;(2)限制了本币升值的可能性,结果增强了单向贬值的投机压力;(3)大规模资本流入可能导致货币高估或失调,增加经常账户赤字,减少外汇储备;(4)汇率稳定的信誉导致国外投资者的道德风险;(5)捍卫汇率所需的大量外汇储备带来成本。

盯住平行汇率带,是指汇率被保持在官方承诺的汇率带内波动,其波动幅度超过围绕中心汇率上下各1%的幅度。盯住平行汇率带往往是通过间歇性的一系列较小的贬值予以重新调整,因而被称为"爬行带"(crawling band)或"滑行带"(sliding band)。

爬行盯住,是指汇率按照固定的、预先宣布的比率作较小的定期调整或对选取的定量指标的变化作定期调整。货币当局往往依据过去的通货膨胀差异,定期调整其货币平价,并且不允许汇率波动超过一个狭窄的幅度,以期保持不变的实际汇率。爬行盯住在20世纪60、70年代盛行于拉美,被用作控制加速式通货膨胀的政策工具。但是,盯住平行汇率带也存在着两个严重的缺陷:(1)容易产生通货膨胀惯性,使得货币政策失去"名义锚"作用;(2)货币平价调整的幅度和频度有限,无法吸收实际均衡汇率的变化。

爬行带内浮动又称为"汇率目标区"(target zone),是指汇率围绕着中心汇率在一定幅度内上下浮动,同时中心汇率按照固定的、预先宣布的比率作定期调整,或对选取的定量指标的变化作定期调整。可见,爬行带内浮动要比盯住平行汇率带或爬行盯住具有更大的汇率灵活性。其优势在于,有助于经济吸收对经济基本面造成冲击的各种干扰源。其缺陷在于,当汇率达到爬行带界限时,可能引起投机性货币攻击。结果,为防止投机性货币攻击,要求爬行汇率带进一步扩展,类似于管理浮动;而为维持盯住汇率的可信性,则要求爬行汇率带不能进一步扩展。因此,爬行带内浮动面临着难以克服的内在矛盾。

管理浮动又称为"肮脏浮动",是指货币当局通过在外汇市场上积极干预以影响汇率的变动,但是不事先宣布汇率的路径。货币当局用来管理汇率的指标包括国际收支状况、国际储备、平行市场发展以及自行调整等。管理浮动的优势主要有:(1)央行具有独立的货币政策,能够担当"最后贷款人"角色,从而规避投机性货币攻击;(2)外汇市场积极干预能够规避汇率剧烈波动;(3)不需要盯住汇率下充足的外汇储备,极大地降低了外汇储备成本。但是,管理浮动也存在着缺陷,主要有:(1)对于金融监管松弛的国家具有内在的通货膨胀倾向;(2)需要承受一定的外汇储备持有成本;(3)无法有效地规避投机性货币攻击。

(三)独立浮动或自由浮动汇率制度

独立浮动又称为"自由浮动",是指汇率基本上由市场决定,偶尔的外汇干预旨在减轻汇率变动,防止汇率过度波动,而不是为汇率确定一个基准水平。其优势主要有:(1)央行具有独立的货币政策,能够担当"最后贷款人"角色,从而有效规避投机性货币攻击;(2)汇率依据市场供求力量浮动,避免汇率暴跌引起本币定值的外债急剧增加;(3)汇率浮动对市场力量和各种干扰源作出反应,避免实际经济变量的变动造成国内经济动荡;(4)不需要外汇储备,极大地降低了外汇储备持有成本。但是,独立浮动汇率制度的缺陷也是明显的,主要有:(1)如果贸易缺乏弹性,那么汇率浮动会频繁而剧烈,直接对国际贸易和投资造成负效应;(2)不能促进各国经济政策的相互协调;(3)对于金融监管松弛的国家具有内在的通货膨胀倾向;(4)没有稳定的汇率预期,对于金融市场发展不完全的发展中国家,无法规避汇率投机造成汇率的大幅波动。

六、2009 年实际分类法(2009 年以后)

2007 年美国次贷危机爆发后,为应对金融冲击风险,IMF 各成员方加强了对自身汇率的干预。由此,从 2009 年开始,IMF 根据成员方实际(de facto)汇率安排而非官方宣布的名义(de jure)汇率安排,对各成员方的汇率制度进行了新的实际分类,将原先的八分类扩展成新的十分类。新的实际分类主要是根据市场决定汇率的程度,而非官方宣布的名义汇率。

哈伯迈尔等(2009)将汇率制度分为十种类型:(1)无独立法定货币的汇率安排。新的分类是基于共同货币的行为,而先前这一分类是基于无独立的法定货币,因而仅仅反映出定义上的变化。(2)货币局制度。这一分类是基于明确在法律上承诺国内货币与特定外币按固定汇率进行兑换,限制了货币发行权,以确保履行法定义务。(3)传统盯住制(conventional pegged arrangement, CPA)。货币当局通过直接干预和间接干预随时准备维持固定平价,虽然没有承诺坚守平价,但是经验上证实此汇率安排围绕中心汇率在不到±1%的狭窄幅度内波动。(4)稳定性安排(stabilized arrangement, SA)。此分类必须将即期市场汇率保持在 2% 波幅内为 6 个月及以上。同时,此分类需求满足统计上的标准,汇率保持稳定是官方干预的结果,并不暗含政策承诺。(5)爬行盯住。此分类是对选取的数量指标变化作出反应,或者参考固定汇率作小量调整。(6)类似爬行安排(crawl-like arrangement, CLA)。此分类必须保持汇率在 2% 的狭窄幅度内波动,统计上确认趋势在 6 个月及以上。(7)盯住平行汇率带。此分类保持汇率围绕固定中心汇率在超过±1%的波动幅度内,或者汇率波幅超过 2%,如欧洲货币体系下的 ERM。(8)浮动汇率(floating rate, FR)。此分类汇率主要是由市场决定的,没有汇率的预期路径,表现出或多或少的汇率波动性,取决于冲击大小。(9)自由浮动(free floating, FF)。如果货币当局只是偶尔干预,旨在解决无序的市场条件,或货币当局能够提供信息或数据证实干预仅限于 6 个月内至多 3 次,且每次持续不超过 3 个交易日,则归为自由浮动。(10)其他管理安排(other managed arrangement, OMA)。当一种汇率安排无法满足任何其他类别的标准时,就将其纳入此类;那些频繁转换的汇率安排也属于此类。[①]

综合来看,这十类又可归纳为四大类:第一,严格盯住(hard pegs),包括无独立法定货币的汇率安排和货币局制度;第二,软盯住(soft pegs),包括传统盯住制、稳定性安排、爬行盯住、类似爬行安排和盯住平行汇率带;第三,浮动汇率制度,包括浮动汇率和自由浮动;第四,其他管理安排。[②]

七、1999 年与 2009 年实际分类比较

我们将 1999 年和 2009 年两种实际分类法划分的汇率制度构成类别列成表 9-5 进行比较。根据哈伯迈尔等(2009)的分类,与 1999 年实际分类法相比,2009 年实际分类法在三个方面取得了进展:第一,用两个新的类别即浮动汇率和自由浮动,取代了以前的管理浮动和

[①] See Habermeier, K., Kokenyne, A. Veyrune, R. and Anderson H. (2009), Revised System for the Classification of Exchange Rate Arrangements, IMF Working Paper No. 09211, pp. 11-14.

[②] See IMF Annual Report 2009, Appendix II: Financial Operations and Transactions, pp. 8-9.

独立浮动之间的区分。第二,定义了稳定性安排、类似盯住或类似爬行,借此区分正式固定、爬行盯住和类似盯住或类似爬行的汇率安排。第三,新增了一个剩余类别——其他管理安排。第四,相关制度基于可以利用明确信息执行的规则,增加了制度的透明性,对主观判断有着更加明确的限制作用。总之,2009年实际分类法考虑了跨国间汇率制度分类更大的一致性和客观性,促进了分类的进步,改进了透明性,有利于IMF双边和多边监督。

表 9-5　1999 年和 2009 年 IMF 实际分类法及其汇率制度构成类别比较

2009 年 4 月末实际分类	合计	1999 年 4 月末实际分类	合计
严格盯住或硬盯住	23	严格固定汇率	45
——无独立法定货币的汇率安排	10	——无独立法定货币的汇率安排	37
——货币局制度	13	——货币局制度	8
软盯住	65	软盯住	67
——传统盯住制	42	——其他传统固定盯住制	44
——稳定性安排	13	/	
——爬行盯住	5	——爬行盯住	6
——类似爬行安排	1	——爬行带内浮动	9
——盯住平行汇率带	4	——盯住平行汇率带	8
浮动汇率制度	79	浮动汇率制度	73
——浮动汇率	46	——管理浮动	25
——自由浮动	33	——独立浮动	48
其他管理安排	21	/	
总计	188	总计	185

资料来源:IMF Annual Report 2009,Appendix II: Financial Operations and Transactions,pp. 8-9;IMF Annual Report 1999,Appendix II: Financial Operations and Transactions。

综上所述,各种汇率制度一方面由于各自的优势,决定了它们在一定时期内的一定条件下具有特定的合意性,可以并存;另一方面,由于各自固有的缺陷,以及各国经济金融和制度环境等多因素差异性与变动性,决定了它们难以长期维持。因此,牙买加体系下,多种汇率制度形式并存与相互转换。

第三节　汇率制度的分布格局和"中间空洞化"假说

一、全球汇率制度的分布格局

弗兰克尔(1999)指出,理论上,没有一种汇率制度是普遍适用的,没有一种汇率制度对于一个国家任何时期都是适用的,最优汇率制度要因时、因地、因情况而变。现实中,2001年,有50个国家采用自由浮动汇率制度。但是,到2014年,采用该汇率制度的国家下降到29个。鉴于2009年的分类标准调整基本上不涉及采用自由浮动汇率制度的国家,这一变化真实反映了采用自由浮动汇率制度国家数量的减少。将采用严格固定盯住和自由浮动汇率制度的国家加在一起,可以发现,两极汇率制度不仅没有增加,反而有所减少。2001年,共有71个国家采用两极汇率制度(含21个严格固定盯住国家+50个自由浮动汇率制度国家)。到 2014 年,选择两极汇率制度的国家已下降到 53 个(24 个严格固定盯住国家+29 个自由浮动汇率制度国家)。可能的原因是,亚洲金融危机发生后,受两极论的影响,一部分发展中国家选择了自由浮动汇率制度,但是进入 21 世纪后,其中的一些国家又重新采用中间汇率制度。

从区域分布来看,2001—2014 年,第一,全球各区域选择固定汇率制度的国家数量变化不明显。其中,欧洲和非洲选择固定汇率制度的国家有所下降,亚洲和美洲基本保持不变,大洋洲略有上升。可能的原因是,大洋洲岛国经济规模小,主要依靠旅游业支撑经济,因而固定汇率制度能够确保汇率稳定,对其服务贸易发展更为有利。第二,全球各区域选择自由浮动汇率制度的国家数量变化较为明显。除欧洲之外,其他四大洲选择浮动汇率制度的国家数量总体上是下降的。选择自由浮动汇率制度的国家大多为成熟的发达国家,因为这些国家的经济发展稳定,金融开放程度和市场化程度较高,政府对经济的管控能力较强,选择自由浮动制度变得可行且更有利。第三,全球各区域选择中间汇率制度的国家最多,主要集中在非洲和亚洲,其次为拉丁美洲和欧洲,大洋洲最少。除了欧洲之外,其他四大洲选择中间汇率制度的国家数量有所增加。可能的原因是,由于经济增长较慢且发展不稳定,市场化程度较低,政府对经济的控制力较弱,这些非洲和亚洲的国家既期望用汇率稳定国内经济,又期望运用汇率政策调节外部经济,因而选择较为灵活的中间汇率制度是十分必要的。①

二、"中间空洞化"对"两极化"假说

在 IMF 对各成员方汇率制度进行重新分类的同时,也有不少经济学家根据自身研究的需要对汇率制度进行了分类。例如,一些经济学家在围绕"中间空洞化"汇率制度假说进行论战时就是如此,主要有:一是奥伯斯法尔德和罗戈夫(1995)把汇率制度划分为三类:(1) 共同货币和美元化,即严格固定汇率;(2) 固定或盯住汇率,包括汇率目标区、爬行盯住、传统的可调整固定盯住制和货币局;(3) 浮动汇率,包括管理浮动和自由浮动。在奥伯斯法尔德和罗戈夫看来,中间汇率制度指固定或盯住汇率,包括货币局、传统的可调整固定盯住制、爬行盯住、汇率目标区。他们认为,在资本高度流动的情况下,汇率承诺具有不可持续性,故"固定对浮动"之间的中间地带几乎不存在。二是萨默斯(2000)把两极汇率制度界定为固定汇率和浮动汇率,把中间汇率制度界定为可调整的固定盯住制。同时,他使用"三元悖论"理论进一步解释了中间汇率制度为何会消失。三是弗兰克尔(1999)把汇率制度划分为九类:货币联盟、货币局、真正固定汇率、可调整固定盯住制、爬行盯住、货币篮子盯住、汇率目标区、管理浮动和自由浮动(或独立浮动)。其中,中间汇率制度包括可调整固定盯住制、爬行盯住、货币篮子盯住、汇率目标区和管理浮动。弗兰克尔对"三元悖论"作为中间汇率制度消失论的理论根据提出质疑,认为尚不存在足够的理由证明汇率稳定与货币政策独立性不能折中;两极汇率制度并不适用于所有国家,对于有些国家而言,中间汇率制度可能更为适用。四是马森(2000)依据平价变动的程度把汇率制度划分为三类:(1) 严格固定汇率,包括货币联盟、货币局和美元化;(2) 中间汇率制度,包括可调整盯住、爬行盯住、爬行带内浮动、管理浮动;(3) 浮动汇率,仅包括独立浮动。马森认为,对于大多数发展中国家而言,由于金融市场不够发达,相关制度不健全,自由浮动汇率制度是不可行的,只有选择中间汇率制度。五是费希尔(2001)依据 IMF 新的汇率制度分类把汇率制度划分为三类:(1) 严

---

① 参见张三宝、周宇:《全球汇率制度选择的主要特征及启示》,载《新金融》2017 年第 6 期。

格固定汇率,包括 IMF 无独立法定货币的汇率安排和货币局制度;(2)中间汇率制度,又称为"软盯住",包括 IMF 其他传统的固定盯住制、盯住平行汇率带、爬行盯住和爬行带内浮动;(3)浮动汇率,包括 IMF 不事先宣布汇率路径的管理浮动和独立浮动。因此,在费希尔看来,中间汇率制度不包括管理浮动。

表 9-6 汇率制度的分类比较

IMF/经济学家	中间汇率制度	严格固定汇率或硬盯住	浮动汇率/自由浮动
IMF（2012）	传统盯住制、稳定性安排、爬行盯住、类似爬行安排、盯住平行汇率带、其他管理安排	无独立法定货币的汇率安排、货币局制度	浮动汇率、自由浮动
IMF（1999）	其他传统的固定盯住制、盯住平行汇率带、爬行盯住、爬行带内浮动、管理浮动	无独立法定货币的汇率安排（货币联盟和美元化）、货币局	独立浮动
奥伯斯法尔德和罗戈夫（1995）	货币局、传统的可调整固定盯住制、爬行盯住、汇率目标区	共同货币、美元化	管理浮动、自由浮动
萨默斯（2000）	可调整固定盯住制	固定汇率	浮动汇率
弗兰克尔（1999）	可调整固定盯住制、爬行盯住、货币篮子盯住、汇率目标区、管理浮动	货币联盟、货币局、真正固定汇率（美元化）	自由浮动
马森（2000）	可调整盯住、爬行盯住、爬行带内浮动、管理浮动	货币联盟、美元化、货币局	独立浮动
费希尔（2001）	其他传统的固定盯住制、盯住平行汇率带、爬行盯住、爬行带内浮动	无独立法定货币的汇率安排（货币联盟和美元化）、货币局	管理浮动、独立浮动

注:表中"自由浮动"与"独立浮动"为同一含义。
资料来源:IMF Annual Report 2012,Appendix II: Financial Operations and Transactions,pp.14-16;沈国兵:《汇率制度的选择:兼论对人民币汇率制度的启示》,经济科学出版社 2003 年版,第 37 页。

由表 9-6 可见,经济学家在围绕"中间空洞化"汇率制度假说进行论战时并没有遵循一个一致的中间汇率制度内涵界定,因而也就难以判断谁是谁非,大大地削弱了其应有的论证说服力。为此,我们根据研究需要,采用 IMF（1999）对中间汇率制度的合理界定,即中间汇率制度包括其他传统的固定盯住制、盯住平行汇率带、爬行盯住、爬行带内浮动和管理浮动。这样,在一致的内涵界定的基础上论证"中间空洞化"汇率制度假说是否成立才具有充分的说服力。

自 1973 年布雷顿森林体系崩溃后,许多退出固定汇率制度的国家都选择某种中间汇率制度,采用中间汇率制度国家的比重从 1972 年的 14.1% 增加至 1996 年的 57.4%。然而,20 世纪 90 年代发生的亚洲金融危机使经济学界逐渐形成"共识",认为在资本自由流动条件下,采用中间汇率制度是不明智的,新兴市场经济国家与发展中国家应选择浮动汇率或固定汇率制度,这被称为"汇率制度两极化"或"中间空洞化"。这类研究认为,中间汇率制度无法长期维持,并容易导致危机。但是,近期一些研究对"中间空洞化"观点提出了质疑,认为汇率制度"两极化"现象被夸大,中间汇率制度并不是在所有国家都容易导致危机。

实际上,根据 1999 年汇率制度实际分类法,1999 年 1 月 1 日,IMF 的 185 个成员方中,严格固定汇率 45 个,独立浮动汇率 47 个,中间汇率制度 93 个（包括其他传统的固定盯住制

39个、盯住平行汇率带12个、爬行盯住6个、爬行带内浮动10个和管理浮动26个）。[①] 这样，两极汇率制度合计92个，约占总数的49.7%，而中间汇率制度约占总数的50.3%。两相比较，"中间空洞化"汇率制度假说难以成立。我们再根据经济发展水平，分别以1999年12月31日、2001年12月31日为样本时点，对IMF成员方的汇率制度安排进行明细分类比较，见表9-7：

表9-7　IMF成员方汇率制度明细分类　　　　　　　　　　　　　　　　单位：个

类别		1999年12月31日				2001年12月31日
		发达市场经济体	新兴市场经济体	所有其他国家	合计	IMF所有成员方
严格固定	NS+CBA	11	3	31	45	48
中间汇率制度	FP	—	7	38	45	41
	HB	1	1	4	6	5
	CP	—	1	4	5	4
	CB	—	5	2	7	6
	MF	2	3	22	27	42
独立浮动	IF	8	13	29	50	40
合计（个）		22	33	130	185	186

资料来源：IMF Annual Report 2000 and 2002, Appendix II: Financial Operations and Transactions。

根据表9-7，如果仅以发达市场经济体和新兴市场经济体为样本，则在55个国家中，严格固定汇率为14个，中间汇率制度为20个，独立浮动为21个。这样，两极汇率制度合计占63.6%，中间汇率制度仅占36.4%，因而汇率制度两极化趋势是比较显著的。在某种意义上，"中间空洞化"汇率制度假说不是空穴来风。但是，在IMF的185个成员方中，1999年12月31日，两极汇率制度合计占51.4%，中间汇率制度占48.6%，两者近乎相当。2001年12月31日，两极汇率制度合计占47.3%，中间汇率制度占52.7%，中间汇率制度所占比例略大。因此，从IMF所有成员方来看，现阶段中间汇率制度仍占据重要地位，"中间空洞化"汇率制度假说难以成立（沈国兵，刘义圣，2001），从而证实了多种汇率制度形式并存的客观现实。

那么，2009年IMF实际分类法调整前（2005—2008年）、调整后（2009—2016年），IMF所有成员方的汇率制度分布状况又是怎样的？为此，我们采用IMF（2009—2016年）对汇率制度的统计加以稳健性说明，见表9-8：

表9-8　2009年实际分类法调整前后IMF成员方汇率制度实际分类　　　　单位：个

年份\类别	严格固定汇率		中间汇率制度					独立浮动汇率	合计
	NS	CBA	FP	HB	CP	CB	MF	IF	
2005	41	7	42	5	5	1	52	34	187
2006	41	7	49	6	5	0	53	26	187
2007	10	13	70	5	6	1	48	35	188
2008	10	13	68	3	8	2	44	40	188

---

① See IMF(1999), International Financial Statistics.

(续表)

类别 年份	严格盯住		中间汇率制度或软盯住						浮动汇率		合计
	NS	CBA	CPA	SA	HB	CP	CLA	OMA	FR	FF	
2009	10	13	42	13	4	5	1	21	46	33	188
2010	12	13	44	24	2	3	2	21	38	30	189
2011	13	12	43	23	1	3	12	17	36	30	190
2012	13	12	43	16	1	3	12	24	35	31	190
2013	13	12	45	19	1	2	15	19	35	30	191
2014	13	12	44	21	1	2	15	18	36	29	191
2015	13	11	44	22	1	3	20	10	37	30	191
2016	14	11	44	18	1	3	10	20	40	31	192

注：表中每年统计的时间节点是4月30日。
资料来源：IMF Annual Report on Exchange Arrangements and Exchange Restrictions (2006—2016)。

依据表9-8，按照1999年实际分类法，2006年，IMF所有187个成员方中，严格固定汇率为48个，中间汇率制度为113个，独立浮动为26个，两极汇率制度合计占39.6%，中间汇率制度占60.4%。2008年，严格固定汇率为23个，中间汇率制度为125个，独立浮动为40个，两极汇率制度合计占33.5%，中间汇率制度占66.5%。同时，参照2009年实际分类法，根据IMF(2009—2016)对中间汇率制度的统计，2010年，严格盯住或硬盯住汇率为25个，中间或软盯住汇率为96个，浮动汇率为68个，两极汇率制度合计占49.2%，中间汇率制度占50.8%。2016年，严格盯住汇率为25个，中间汇率制度为96个，浮动汇率为71个，两极汇率制度合计占50%，中间汇率制度占50%。因此，从纵向比较来看，2009年实际分类法调整前后，中间汇率制度并没有出现"中间空洞化"现象。

所以，从IMF所有成员方来看，当前中间汇率制度仍占据十分重要的地位，这进一步支撑了多种汇率制度形式并存的客观现实，也为现阶段人民币汇率制度改革中选择管理浮动汇率制度提供了强有力的实证支持。

第四节 汇率制度选择的主要影响因素

一个国家应该选择固定或灵活的汇率，还是某种中间汇率，这是经济学中最古老的政策问题之一，也是国际金融领域内争论不休的一个重要问题。20世纪50年代，西方学者对汇率制度的选择争论进入白热化阶段，以金德尔伯格为代表的一批学者极力推崇固定汇率制，认为浮动汇率造成汇率不稳定；而以弗里德曼(1953)为代表的另一批学者则极力主张浮动汇率制，认为"浮动汇率不必是不稳定的汇率，即使汇率不稳定，也主要是因为主导国际贸易的经济基础是不稳定的。固定汇率尽管名义上是稳定的，但它可能使经济中其他因素的不稳定性变得持久和强化"[1]。在"固定对浮动"优劣之争相执不下的情况下，蒙代尔(1961)另辟蹊径，提出了"最佳货币区"(OCA)理论。1973年，麦金农和肖提出了"金融抑制论"和"金融深化论"以后，经济学家们开始关注发展中国家汇率制度的选择，提出了"经济论"和"依附

---

[1] Friedman, M. (1953), The Case for Flexible Exchange Rates, *Essays in Positive Economics*, Chicago University Press, p.173.

论"。20世纪80年代末苏东剧变后,转型国家经济制度、产权制度的变革引起汇率制度的变迁与选择。

20世纪90年代以后,新兴市场货币危机、欧元诞生等使得汇率制度的选择再度成为研究的热点,"中间与两极"之争开始出现。艾肯格林(1994)基于欧洲货币危机,提出了"中间汇率制度消失论"。奥伯斯法尔德和罗戈夫(1995)、萨默斯(2000)等也认为中间汇率制度不可维系。但是,弗兰克尔(1999)认为,尚不存在足够的理由证明中间汇率制度不能维系,最优的汇率制度因情况而变,中间汇率制度对某些国家可能更为适用。2007年、2009年美欧金融危机爆发,使得研究汇率制度的选择与金融发展联系起来。由于理论视角不同,研究者往往有不同的选择标准,在此进行梳理和阐释。

一、影响汇率制度选择的主要因素

从现有文献来看,影响汇率制度选择的因素很多,在这里,选取几个主要因素加以阐述。

(一)经济结构特征与汇率制度选择

蒙代尔(1961)从生产要素流动性或要素市场一体化角度提出了"最佳货币区"理论,认为不能笼统而抽象地谈论汇率制度的优劣,应当结合某种经济特征进行汇率制度的选择。其后,麦金农(1963)从经济开放度与经济规模,凯南(1969)从经济多元化与产品多样化,英格拉姆(1969)从金融市场一体化,托尔和威利特(1970)从政策相似性,哈伯勒(1970)和弗莱明(1971)从通胀率相近性,明兹(1970)和科恩(1993)从政治一体化等多种角度,补充和发展了"最佳货币区"理论。1973年,麦金农和肖提出"金融抑制论"和"金融深化论"之后,经济学家开始关注发展中国家汇率制度的选择。赫勒于1978年提出了"经济论",认为一国汇率制度的选择主要取决于经济结构特征因素,如经济规模、经济开放程度、进出口贸易的商品结构与地域分布、相对通货膨胀率以及与国际金融市场一体化程度等。一些发展中国家经济学家提出了"依附论",认为发展中国家汇率制度的选择取决于其经济、政治等对外依赖关系;至于采用何种货币作为"锚货币",取决于该国对外经济、政治关系的集中程度。在此基础上,美国经济学家格雷厄姆·伯德提出了十个方面的因素作为发展中国家是否采用浮动汇率制的参考标准,具体是:一国经济波动主要来自于国外、经济开放程度不高、商品多样化、贸易分布广、资金市场一体化程度高、相对通货膨胀率差异大、进出口价格弹性高、国际储备少、社会更倾向于收入增长以及存在完善的远期外汇市场。只要具备这些因素中的多数,就适宜选择浮动汇率制;反之,则适宜选择固定汇率制。①

在新近的文献中,艾森曼和豪斯曼(2000)提出,汇率制度的选择是与金融结构交织在一起的,国内资本市场与全球金融市场的分割程度越大,盯住汇率制越适合;与全球资本市场一体化程度越高,则更加灵活的汇率制度越适合,并能减少对国际储备的需求。普瓦尔松(2001)研究指出,影响汇率制度选择的决定性因素主要有:通货膨胀率、外汇储备水平、生产和产品多样化、贸易冲击脆弱性、政治稳定性、经济规模或GDP大小、资本流动、通货膨胀诱因或失业率以及外币定值债务等。沃尔夫(2001)概括指出,选择盯住汇率国家的经济特征是:较小经济规模、更大开放度、低通货膨胀、外部贸易条件较小变动、更大通货膨胀诱惑、更高出口集中度、政治稳定。反之,则适宜选择浮动汇率。我们将上述经济结构特征与汇率制

---

① 参见陈岱孙、厉以宁主编:《国际金融学说史》,中国金融出版社1991年版,第553—554页。

度选择列表如下:

表 9-9 经济结构特征与汇率制度选择

类别	选择固定或盯住汇率制度		选择浮动汇率制度	
	长 期		长 期	
经济结构特征	经济规模小	金融市场发育不完全	经济规模大	金融市场发展完善
	经济开放程度高	政策相似性高	经济开放程度低	政策相似性低
	人均 GDP 低	进出口价格弹性低	人均 GDP 高	进出口价格弹性高
	中 期		中 期	
	贸易集中度高	生产要素流动性高	贸易分布分散化	生产要素流动性低
	贸易产品多样化程度低	通货膨胀率相近	贸易产品多样化程度高	通货膨胀率差异大
	金融市场一体化程度低	资本流动受限制	金融市场一体化程度高	资本流动较为频繁
	外债货币错配程度高	本币国际借债能力低	外债货币错配程度低	本币国际借债能力高
	政治稳定		政治不稳定	
	短 期		短 期	
	低通货膨胀	国际储备充足	高通货膨胀	国际储备少
	随机因素		随机因素	
	经济波动主要来自国内	低贸易条件变动	经济波动主要来自国外	高贸易条件变动

我们仅以经济规模、经济开放度和经济发展水平为例,阐明经济结构特征对汇率制度选择的影响。

1. 经济规模与汇率制度的选择[①]

经济规模是以国内生产总值(GDP)衡量的。一般而言,一国的经济规模越大,越倾向于选择浮动汇率制度,因为大国一般不愿意为了维持汇率固定而放弃国内货币政策的独立性。相反,经济规模较小的国家为了规避汇率变动给经济带来的冲击,多倾向于选择与其主要贸易伙伴国货币保持汇率固定或盯住。现实中,选择固定汇率制国家的经济规模与选择独立浮动制国家的经济规模相比,差距很大。如表 9-10 所示,2010 年,22 个采用严格固定汇率制度国家的平均经济规模为 214.51 亿美元,73 个采用中间汇率或软盯住制度国家的平均经济规模为 1326.30 亿美元。65 个采用浮动汇率制度国家的平均经济规模为 7508.13 亿美元,是采用软盯住汇率制度国家的 5.7 倍,是采用严格固定汇率制度国家的 35 倍。另从 2015 年来看,23 个选择严格固定汇率制度国家的 GDP 平均规模为 259.61 亿美元,74 个采用中间汇率或软盯住汇率制度国家的 GDP 平均规模为 694.07 亿美元。70 个采用浮动汇率制度国家的 GDP 平均规模为 7799.75 亿美元,是采用软盯住汇率制度国家的 11.2 倍,是采用严格固定汇率制度国家的 30 倍。这与 2010 年相比,基本上是一致的,即一国经济规模与其选择的汇率制度的联系是比较明确的。也就是说,一国经济规模越大,越倾向于选择浮动汇率制度;反之,则倾向于选择严格固定或硬盯住汇率制度。

[①] 复旦大学经济学院 2014 级本科生钱雨桐参与了经济规模、经济开放度、经济发展水平与汇率制度部分的数据更新。

表 9-10　2010 年、2015 年末不同汇率制度国家或地区的经济规模对比

汇率制度	2010 年		2015 年	
	国家(地区)数量(个)	GDP 平均规模(亿美元)	国家(地区)数量(个)	GDP 平均规模(亿美元)
严格固定汇率(或硬盯住)	22	214.51	23	259.61
中间汇率(或软盯住)	73	1326.30	74	694.07
——软盯住(除中国外)	72	521.06		
浮动汇率	65	7508.13	70	7799.75
其他(或其他管理安排)	24	1574.23	19	6625.96

注：2010 年，阿鲁巴岛、库拉索和圣马丁、马绍尔群岛、密克罗尼西亚、科索沃、帕劳、索马里、叙利亚等 8 个国家/地区在 WEO Database 中数据不完整，被排除在外；2015 年，阿鲁巴岛、库拉索和圣马丁、科索沃、瑙鲁、索马里、叙利亚等 6 个国家/地区的数据在 WEO Database 中不完整，被排除在外。中国 2010 年末属于软盯住，而 2015 年末属于其他管理安排。

资料来源：IMF, World Economic Outlook Database, October 2012 and October 2016; IMF, Annual Report on Exchange Arrangements and Exchange Restrictions, 2016。

2. 经济开放度与汇率制度的选择

经济开放度是以进出口总额与 GDP 的比值衡量的。一般来说，一国经济规模越小，经济对外界依赖性越大，就越容易开放。就汇率制度而言，一国经济开放度越高，汇率变化对国内经济的影响就越大，加上经济开放度较高的国家经济规模往往较小，抵御冲击的能力较弱，因此为了规避由汇率变动对经济带来的冲击，多采用固定汇率制。但是，若一国经济开放度高，其国内金融市场与国际金融市场一体化程度深，国际资本流动频繁，政府对资本流动的管制较少，则对于经济规模较大的国家，即使经济开放度高，但是实行浮动汇率制度可能更合适。2001 年，全球平均经济开放度为 40%。相比而言，实行独立浮动汇率的国家或地区平均经济开放度最低，为 27.6%，这主要是由于这些国家或地区经济规模较大所造成的；而实行固定汇率的国家或地区平均经济开放度为 50.9%，除中国之外，平均经济开放度上升到 63.1%。

2015 年，全球平均经济开放度为 55.3%。相比来看，实行浮动汇率的国家或地区平均经济开放度为 53.4%，略低于全球平均水平，这主要是由于这些国家或地区经济规模较大所造成的；实行固定汇率的国家或地区平均经济开放度最高，为 244.4%，即使除中国香港外，严格固定汇率制国家或地区的平均开放度也有 81.2%，大大高于全球平均水平(见表 9-11)。所以，小型开放经济多采用固定汇率制度，而大型开放经济则实行浮动汇率制度更适宜。

表 9-11　2015 年末不同汇率制度国家或地区的经济开放度对比

汇率制度	国家(地区)数量(个)	GDP 平均规模(亿美元)	进出口规模(亿美元)	经济开放度(%)
严格固定汇率(或硬盯住)	12	490.85	1199.82	244.4
——硬盯住(除中国香港外)	11	254.34	206.43	81.2
中间汇率制度(或软盯住)	46	820.28	776.20	94.6
浮动汇率	66	8234.62	4399.69	53.4
其他管理安排	15	8369.63	3590.83	42.9
——其他(除中国外)	14	980.64	651.64	66.5
全球平均	—			55.3

资料来源：IMF, Annual Report 2016, IMF Balance of Payments Statistics Dataset。其中，53 个国家(地区)的进出口贸易数据在 IMF Data 中不完整，被排除在外。

3. 经济发展水平与汇率制度的选择

经济发展水平是以人均国内生产总值即人均GDP衡量的。一般而言,经济发展水平高的国家更倾向于选择浮动汇率制度。因为经济发展水平高的国家,其经济、金融发展程度高,金融机构和金融制度较为完善,资本管制较少。但是,高收入国家中的某些靠石油资源致富或经济规模小的国家,则倾向于实行固定汇率制度。2010年,65个实行浮动汇率国家或地区的人均GDP高达13525.39美元,73个实行中间汇率制度或软盯住国家或地区的人均GDP为4356.82美元。2015年,70个实行浮动汇率国家或地区的人均GDP高达13919.93美元,74个实行中间汇率制度或软盯住国家或地区的人均GDP仅为3971.48美元(见表9-12)。所以,一般来说,经济发展水平越高的国家,越倾向于选择浮动汇率制度。不过,高收入的小型开放经济体则另当别论,有可能更倾向于选择严格固定汇率制度。

表9-12 不同汇率制度国家或地区的经济发展水平对比

汇率制度	2010年			2015年		
	国家数量	GDP总规模(亿美元)	人均GDP(美元)	国家数量	GDP总规模(亿美元)	人均GDP(美元)
严格固定汇率(或硬盯住)	22	4719.24	7592.57	23	5971.13	9480.24
中间汇率制度(或软盯住)	73	96819.95	4356.82	74	51361.08	3971.48
——软盯住(除中国外)	72	37516.02	4256.65			
浮动汇率	65	488028.65	13525.39	70	545982.81	13919.93
其他	24	37781.62	4279.62	19	125893.19	6613.34
全球	184	627349.46	9259.11	186	729208.21	10153.04

注:阿鲁巴岛、瑙鲁、索马里、库拉索和圣马丁、叙利亚、科索沃等6个国家或地区的数据在WEO Database中不完整,被排除在外。

资料来源:IMF, World Economic Outlook Database, October 2012 and October 2016。

真实世界存在的具有多样的汇率制度证实了汇率制度的选择取决于特定国家或地区特定的经济结构特征,没有绝对最好的汇率制度。青木昌彦(Aoki, 2001)曾指出:"即使面对相同的技术知识和被相同的市场所联结,制度安排也会因国家而异。"[①]同样,汇率制度也会因具有特定经济结构特征的国家而异。

(二) 政策配合与汇率制度选择

蒙代尔(1960,1963)在《固定与浮动汇率下国际调整的货币动态分析》和《固定与浮动汇率下资本流动与稳定政策》两篇论文中,提出了开放经济条件下货币政策与财政政策的有效性分析理论。弗莱明(1962)在《固定与浮动汇率下国内财政政策》、蒙代尔(1968)在《国际经济学》中,最终提出了M-F模型。该模型是在开放经济条件下,采用短期、需求分析法,引入对外贸易和资本流动因素,分析固定汇率和浮动汇率制度下货币政策和财政政策的不同作用。该模型的假定前提有:(1) 开放经济条件下经常账户、资本账户开放;(2) 国内外所有货币、证券资产充分替代,即资本自由流动;(3) 国内产出供给富有弹性;(4) 小国开放模型。在给定前提下,研究表明,固定汇率制度下,财政政策有效,货币政策无效;而浮动汇率制度下,货币政策有效,财政政策无效。这样,M-F模型已蕴含"三元悖论",即资本自由流动、固定汇率与货币政策独立性三者之间存在着"不可能三角"(impossible triangle)。弗兰

[①] 〔日〕青木昌彦:《比较制度分析》,周黎安译,上海远东出版社2001年版,第3页。

克尔(1999)将其形式化为"不可能三角"模型,提出了"半独立、半稳定"的组合。易纲、汤弦(2001)将"不可能三角"扩展,提出了"扩展三角假说"。沈国兵、史晋川(2002)在"不可能三角"模型中引入本币国际借债能力变量,将"不可能三角"模型扩展为"四面体假说",并且证实"不可能三角"模型是"四面体假说"的一个特例。在此基础上,根据现实中各国汇率制度选择的多因素差异性与变动性,沈国兵、史晋川指出汇率制度的选择将是多种汇率制度形式并存与相互转换的。

现实中,一国可寻求一种宏观经济政策,使其通货膨胀率与打算将货币盯住的国家的通货膨胀率保持一致。如果中心货币提供了一个稳定的"锚",国内经济对稳定的价格能泰然处之,那么这个盯住汇率政策就很好。同样,一国可采取一种汇率制度安排,确保固定汇率的承诺具有持续的可信性。例如,用货币局来取代中央银行,取消其为财政赤字融资的能力,可以很好地实现这个目的。另外,共同货币可以保证完全的可信性。但是,中国不宜实行盯住美元的汇率制度。约翰·威廉姆森(2004)认为,中国不是一个小国,与美国的贸易并不占绝对多数,是否愿意为了(真正的)固定汇率制度而放弃货币主权尚不明朗。

(三)经济冲击与汇率制度选择

20世纪90年代以后,在经济全球化、金融市场一体化背景下,新兴市场经济体频频爆发货币金融危机,使得经济冲击对汇率制度的选择影响愈发明显。吉富胜和白井早由里(2000)认为,如果经济冲击是货币因素,比如货币需求的变化和影响价格水平的冲击,那么就应偏向固定汇率,因为所有商品和服务的价格成比例的变动不会改变它们的相对价格,使用汇率变动作为改变支出的政策是不必要的。相较而言,如果经济冲击主要是实际因素,比如偏好的改变或者影响国内商品与进口商品相对价格的技术的变化,那么更加灵活的汇率制度是合意的,因为相对价格的频繁变动使得有必要用汇率作为政策工具来调整经济,以对实际冲击作出反应。沃尔夫(2001)给出了一个模型用于研究经济冲击与汇率制度的选择。结果显示,在央行没有激励创造意外通货膨胀下,若既有实际冲击,也有货币冲击,则汇率制度的选择取决于不同汇率制度下损失大小的比较;若只有实际冲击,没有货币冲击,即经济冲击是实质因素时,则浮动汇率制度更可取;若只有货币冲击,没有实际冲击,即经济冲击是货币因素时,则盯住汇率制度更可取;若既没有实际冲击,也没有货币冲击,即没有经济冲击时,则需要在模型之外依据其他决定因素选择汇率制度。另一方面,在央行有激励创造意外通货膨胀下,若既有实际冲击,也有货币冲击,则汇率制度的选择取决于不同汇率制度下损失大小的比较;若只有实际冲击,没有货币冲击,即经济冲击是实质因素时,则浮动汇率制度在一定条件下更可取;若只有货币冲击,没有实际冲击,即经济冲击是货币因素时,则盯住汇率制度更可取;若没有实际冲击,也没有货币冲击,即没有经济冲击时,则在央行有激励创造意外通货膨胀下盯住汇率制度更可取(沈国兵,2003年)。

可见,从经济冲击来看,汇率制度的选择取决于实际冲击、货币冲击以及央行有无激励创造意外通货膨胀。虽然依据经济冲击类型考虑汇率制度的选择在理论上是有用的,但是在实践中由于很难区分各种冲击干扰源类型,因而也就难以确定选择哪种汇率制度相对更优。

(四)政府信誉与汇率制度选择

阿根诺和马森(1999)、弗兰克尔等(2000)以及沃尔夫(2001)从政府信誉与公众预期角度研究了汇率制度的选择。阿根诺和马森以1994年12月墨西哥比索危机为例,探究了信誉因素在危机中的作用,结论是:几乎没有实证证据能把比索贬值的预期归因于经济基本面因素影响到的信誉的演进;相反,市场似乎严重低估了比索贬值的风险。尽管存在着早期预警信号,如实际汇率升值和经常账户恶化,但是直到当局宣布比索贬值15%之后,市场信心似乎才崩溃。弗兰克尔等(2000)针对中间汇率制度正在消失的假说,提出了一种可能的理论解释,即中间汇率制度缺乏所需要的政府信誉作为保证。这样,如果央行宣布汇率作为中间目标,那么公众就能够通过所观察到的数据判断货币当局是否守信以及遵循其宣布的政策。由此,政府信誉直接关系到汇率制度的维持和选择。沃尔夫(2001)认为,对于至少享有适度的货币稳定和政策信誉的国家而言,严格盯住是过于限制的,而传统盯住又过于风险,因此适宜选择浮动汇率制度。当央行有激励制造意外通货膨胀时,即政府信誉存在问题,则盯住汇率比浮动汇率更好。反之,当政府信誉不是问题,实际冲击占据主导地位时,则浮动汇率制度可能更好。

(五) BBC规则与汇率制度选择

这一研究方向由威廉姆森(1965,1985)提出的爬行盯住和汇率目标区理论所开创。其后,克鲁格曼(1989,1991)、多恩布什和帕克(1999)以及威廉姆森(2000)进一步发展了爬行盯住和目标区理论。威廉姆森(1965)认为:"如果平价盯住的改变趋向于导致汇率未来可持续信心的累积性降低,那么可调整盯住是不可能无限期可行的。因为如果盯住易于变动,则增强的不稳定投机将会发生;如果僵化不动,则又中止了可调整。"[1]据此,他提出,需要采用一种不易遭受投机压力的汇率制度——爬行盯住制。20世纪80年代初,浮动货币之间反复出现的主要汇率失调使人们深信,问题不在于浮动汇率被管理的方式,而在于浮动汇率不被管理时发生的情况,市场并没有力量将汇率推向均衡。在此背景下,威廉姆森(1985)主张建立一个中心汇率上下各10%的汇率目标区。目标区的维持不需要太多的努力,货币当局的干预只是偶尔为之。克鲁格曼(1989,1991)则把这种汇率目标区思想加以理论化、形式化,形成了经典的克鲁格曼汇率目标区理论模型。1997—1998年东亚新兴市场汇率制度危机后,有关汇率制度的选择研究又形成了新的高潮。其中,沿着爬行盯住和目标区理论路径,经济学家们提出了"爬行带"以取代爬行盯住和汇率目标区。之后,多恩布什和帕克(1999)将篮子(basket)平价、爬行带(band)和爬行(crawl)盯住统称为"BBC规则"(the BBC rules)。

威廉姆森(2000)从防范危机的角度出发,对角点汇率制度和中间汇率制度进行了深入研究,结果显示角点汇率制度同样可能允许货币危机形成。通过对中间汇率制度中参照汇率(reference rates)、监控汇率带(monitoring bands)和BBC规则的比较研究,威廉姆森认为,参照汇率最不受冲击影响,但是汇率可能会失调;BBC规则易受冲击影响,但是政府干预可能使汇率保持在汇率带内;监控汇率带则具有两者的优点,当局没有义务捍卫汇率带,但是同时暗含着一种假定行动以防止汇率偏离均衡汇率。至于另一种中间汇率制度——管理浮动,威廉姆森认为其有两大缺陷:一是缺乏透明度,二是没有预期的中心汇率。据此,他主张监控汇率带。奥伯斯法尔德和罗戈夫(1995)认为,汇率目标区虽然可以减少央行承受单方面博弈的风险,同时排除极端的汇率波动,但是汇率目标区仍旧只能推迟汇率遭受攻击的时间,而无法规避之,当汇率达到目标区的界限时,便面临着与固定汇率同样的问题。

---

[1] Williamson, J. (1965), The Crawling Peg, *Princeton Essays in International Finance*, No. 50, p. 8.

(六) 价格确定与汇率制度选择

Friedman(1953)极力主张浮动汇率,认为从长期来看,汇率制度没有显著的实际效果,其理由是汇率制度最终是货币制度的选择。货币政策在长期内对实际数量并不重要,只是在短期内显得重要。这样,如果内部价格像汇率一样不灵活,那么由汇率变化还是由同等的内部价格变化所实现的调整在经济上没有什么差别。但是,若没有直接的行政管制,则汇率具有潜在的灵活性。相比而言,内部价格是具有高度黏性的。因此,弗里德曼主张以浮动汇率作为获知国际相对价格快速变化的一种手段。不过,弗里德曼所处的时代很少有资本流动,浮动汇率保持经常账户零差额,隔绝了外国冲击的任何传递途径。但是,蒙代尔(1960,1961,1963)证实,在存在资本流动的情况下,浮动汇率的隔离特性缩减,因而固定汇率与浮动汇率孰优孰劣变得更加复杂。弗里德曼和蒙代尔都假定生产者以本币确定价格,当汇率变化时,商品价格没有调整,因而在他们的研究模型中一价定律有效。但是,克拉维斯和利普西(1978)证实,一价定律可能失灵,相对价格随汇率变动,弱币国有着较低的价格。利普西和斯韦登伯格(1996)证实,甚至对于高度贸易化商品,影响相对价格跨国变动的显著暂时性因素是汇率变动。由此,利普西等把价格确定与汇率制度初步联系起来。

新近文献中,德弗罗和恩格尔(1999)以及恩格尔(2000)承认一价定律失灵,作出其他定价假定,从价格确定角度探究了汇率制度的选择问题。德弗罗和恩格尔(1999)研究发现:(1)如果遵从传统的文献假定,以生产者货币定价,一价定律有效,那么何种汇率制度更可取没有明确的答案。当一国规模较小,或者非常厌恶风险,则偏向于选择固定汇率;否则,若国家足够大或不太厌恶风险,则偏向于选择浮动汇率。(2)如果生产者在不同的市场确定不同的价格,也就是以消费者货币定价,并且对需求冲击缓慢调整,则明确地偏向于选择浮动汇率,因为浮动汇率允许国内消费隔离外国货币冲击。恩格尔(2000)得出结论:(1)汇率制度的稳定特性和汇率制度对经济效率水平的影响取决于价格确定的类型。同时,价格确定行为的类型是与金融市场的完全程度相互影响的。(2)如果一国对于本币状况几乎没有控制,那么持久固定汇率更可能是合意的。(3)资本流动程度对于汇率制度选择的重要性取决于产品如何定价。虽然固定汇率可能减小或消除国家间特有的风险,但是该国总的风险可能不受影响或者增加。(4)如果有汇率传递途径输入价格,当冲击仅仅是货币冲击时,浮动汇率有自动稳定的特性。但是,汇率传递到最终产品价格越小,固定汇率越合意。

(七) 金融发展与汇率制度选择

一国汇率制度安排属于该国货币金融政策的一部分,因而汇率制度选择自然与一国金融发展水平相关。艾金等(2009)研究发现,一国金融越发达,它在更灵活的汇率制度安排下增长越快;在金融欠发达国家,生产率增长与汇率灵活性呈显著的负相关,而在绝大多数金融发达经济体中并没有这种关系。此外,实际汇率波动性和汇率制度灵活性产生的增长效应随着一国金融发展水平的不同而异。斯拉夫切娃(2015)提出,在浮动汇率制度下,金融欠发达国家的通货膨胀率更高,金融中介持有更多的存款作为准备金,而高通货膨胀率和高准备金都不利于生产率的增长的浮动汇率制削弱了金融欠发达国家的生产率增长。相反,固定汇率制度对应着低通货膨胀率、低准备金和更高的生产率增长。江阪太郎(2010)探究了汇率制度、资本管制与货币危机之间的关系,发现中间汇率制度并不比"两极论"更显著地导致发生货币危机。同时,资本账户开放的固定汇率制度比资本管制的中间汇率及自由浮动汇率制度导致发生货币危机的可能性更低。林曙和叶海春(2011)考察了金融发展水平对一国汇率制度选择的影响,经研究发现,一国固定汇率制度选择与其金融发展水平呈显著的负相关,即一国金融发展水平越低,越可能采用固定盯住汇率制度。同时,随着一国金融的发展,可能退出现在的固定汇率制度安排。据此,一国在选择汇率制度时,应考虑自身的金融发展水平。当一国金融发展到一定程度时,它应该考虑退出既有的固定汇率制度。

综上所述,影响汇率制度选择的因素很多,如经济结构特征、政策配合、经济冲击、政府信誉、BBC规则、价格确定和金融发展水平等。正是由于影响因素纷繁复杂,而研究者所取的主要影响因素不同,因而得出汇率制度选择的不同标准。那么,汇率制度的选择方向究竟如何?

二、汇率制度的选择:简要评述及一种预测

根据文献综述,影响汇率制度选择的因素复杂多样,而对于不同经济发展水平的国家,这些影响因素本身又存在着很大的差异性,因而由多因素差异性决定的汇率制度必然呈现多样化。这样,不同的经济学家从各自所取的影响因素出发对汇率制度的选择得出的研究结论就出现了悖论。从静态局部均衡角度看,按照他们所取的有限影响因素得出的汇率制度选择结论可能是合意的;而从动态角度看,多因素差异性与变动性决定了他们的研究结论是有问题的。从文献来看,除弗兰克尔(1999)和马森(2000)外,大多数经济学家都是从静态角度研究汇率制度的选择。我们认为,汇率制度的选择不仅仅是一个静态问题,更重要的是一个动态问题,因为影响汇率制度选择的因素复杂多样,这些因素本身随着政治、经济和金融等发展变化而不断地变化,因而作为这些因素综合作用的结果——汇率制度也应该不断地变迁。所以,从短期、中期来看,汇率制度的选择取决于讨论中一国的具体情况而相机抉择,不仅取决于传统的最佳货币区因素(如经济结构特征),而且取决于政治经济因素(如政治不稳定和通货膨胀诱因)和恐惧浮动因素(如本币定值债务)等。像其他经济政策一样,汇率制度变迁与选择可能反映了政策决策者和公众偏好的改变。从长期来看,汇率制度的选择不是一劳永逸的,没有单一的汇率制度适合于同一时期所有国家或同一国家所有时期,各国都会自愿或非自愿地改变其汇率制度,特定的汇率制度可能只适合特定时期特定国家的需要。

现实中,官方宣布的名义汇率制度与其实行的实际汇率制度存在着较大的差异,各国都是从本国的经济状况和内外部经济环境等多因素综合考虑而选择汇率制度的。各国汇率制度选择的多因素差异性决定了多种汇率制度形式并存。同时,随着各国经济市场化和资本开放程度的不断加大,决定汇率制度选择的多因素差异性在不断地"冲撞"和"耦合",因而汇率制度的选择又必然是一个动态的转换过程。沃尔夫(2001)选取1975—1999年作为样本期间,将汇率制度分为六类,研究了汇率制度相互转换的数量和久期(见表9-13)。

表9-13 1975—1999年汇率制度相互转换的数量和久期 久期单位:年

原有汇率制度	退出到①	退出到②	退出到③	退出到④	退出到⑤	退出到⑥	退出合计	久期均值
① 严格盯住	—	0	0	0	0	0	0	14.9
② 单一货币盯住	14	—	53	20	34	26	147	9.5
③ 货币篮子盯住	0	11	—	6	27	20	64	9.9

(续表)

原有汇率制度	退出到①	退出到②	退出到③	退出到④	退出到⑤	退出到⑥	退出合计	久期均值
④ 基于规则干预的浮动	11	3	6	—	11	12	43	6.2
⑤ 审慎干预的管理浮动	2	20	10	20	—	30	82	4.5
⑥ 轻微或没有干预浮动	3	5	2	9	35	—	54	6.2
进入合计(次)	30	39	71	55	107	88	310	—

资料来源：Wolf, H. (2001), Exchange Rate Regime Choice and Consequences, NBER Working Paper, October 2001, p.16. 该资料经过重新整理。

依据表9-13,1975—1999年,传统的单一货币盯住退出合计为147次,而进入合计仅为39次。两者巨大的差额表明,单一货币盯住已渐失坚持者。与此相反,其他汇率制度的退出合计数量都比对应的进入合计数量要小。值得注意的是,严格盯住尚无退出现象,而其他汇率制度退出到严格盯住合计有30次。总体而言,这一期间内,每种汇率制度既有退出也有进入,只是数量不同而已。这表明,汇率制度的选择是一个动态的转换过程(沈国兵,2002)。

同时,从每种汇率制度实际维持的时间来看,严格盯住制度的久期最长,均值为14.9年;单一货币盯住和货币篮子盯住的久期次之,均值约为9—10年;而浮动汇率制度的久期较短,均值约为5—6年。因此,从汇率制度的久期来看,也证实了特定汇率制度的有限可维持性。也就是说,随着决定汇率制度的主导影响因素的变化,原有的汇率制度必然面临着重新选择。所以,根据现实中各国汇率制度选择的多因素差异性与变动性,我们预测,汇率制度的选择是多种汇率制度形式并存与相互转换的。

最后,需要指出的是,由于多视角之间的独立性较强,目前理论界还很难将这些差异性因素纳入一个统一的分析框架,因而每一视角的局部均衡分析虽然已经给出汇率制度的选择依据,但是其结论对于汇率制度的选择不具有一般性指导作用,这有待于进一步研究。不过,如果选取某个视角作为主导影响因素,则由此得出的结论对于汇率制度的选择还是有现实指导意义的。

专栏 9-1

汇率制度的选择——几个争议性假说[①]

影响汇率制度选择的因素很多,由于研究者所取的主要影响因素不同,因而得出汇率制度选择的不同标准。相应地,关于汇率制度的选择争论也就难以避免。在选择争论中,逐渐形成了几个争议性假说:

一、原罪论(doctrine of the original sin)

豪斯曼等(2000)认为,一国由于金融市场的不完全,导致本国货币不能用于国际借贷,甚至在本国市场上也不能用本币进行长期借贷。这样,本国企业或政府在用外币进行借贷

---

① 参见沈国兵:《汇率制度的选择》,载《世界经济》2003年第12期。

或投资时,便会面临一种"魔鬼的选择"(the devil's choice)[①],这便是原罪论的内涵。如果出现货币错配,当本币贬值时,就会使已借款的本币成本上升,结果容易陷入财务困境,直至破产;如果出现期限错配,当利率上升时,其借款成本也会大增,便会有一大批对外借债企业由于资产缩水、资不抵债而陷于破产。所以,原罪的存在导致理性的政府和企业都不愿汇率变动,更不愿本币贬值,博弈的结果使得汇率软盯住直至固定盯住。对于金融市场发展不完全的非工业经济,正是由于原罪的存在,使得它们无论选择何种汇率制度都会有问题,而原罪造成的种种不利后果都会存在。根据原罪论,张志超(2002)认为,对于发展中国家来说,应当干脆没有汇率,方法是放弃本国货币而采用某种国际货币,实行美元化或某种类似于欧元的制度。但是,我们认为,这种汇率制度选择方案至多对于一些小型开放经济可能是适合的,因为原罪论是以金融市场不完全为前提基础的。对于发达市场经济而言,其金融市场相对完全;对于封闭经济而言,不存在汇率和利率的传递机制。因此,依据该假说得出的结论对于这两类经济是无法成立的。原罪论至多只是提供了对现实世界可能的局部解释,而无法解释在局部之外汇率制度的选择。

二、稳定霸权论(stabilizing hegemony)与汇率变动转移论(volatility-transfer)

金德尔伯格(1973)提出了稳定霸权论。他认为,大萧条是因为当时缺乏经济主导国,英国变得虚弱,美国尚未崛起。主导力量的存在会对经济起稳定作用,因为它能够与其伙伴国进行某种合作,同时承受绝大部分成本。金德尔伯格强调霸权在实施合作、非对称承担成本方面的作用,认为主导国的任务之一就是实行相对稳定的汇率制度。但是,贝纳西-奎里和科尔(2000)指出,霸权稳定的效果源自于霸权国相对较低的开放度,而随着霸权国开放度的增加,现今国际货币体系似乎处于霸权体系与平衡两极体系之间。弗拉蒂安尼和冯·哈根(1990)提出了汇率变动转移论。他们认为,汇率是可调整的变量,固定汇率把调整的负担转移给其他变量,容易造成国际收支失衡,从而导致不稳定的经济环境。贝纳西-奎里和科尔(2000)证实,从长期来看,对于欧元/美元组合最稳定的货币体系将是总体浮动,这与汇率变动转移论是相一致的。于是,产生了浮动论与恐惧浮动论之争。

三、浮动论与恐惧浮动论(fear of floating)

莱因哈特(2000)指出,持浮动论者把过去几年中新兴市场经济爆发的货币和银行危机都归咎于固定汇率,特别是软盯住,建议新兴市场加入美国和其他工业国行列,允许其货币自由浮动。罗伯特·张和贝拉斯科(2000)认为,"对于大多数新兴市场经济,已不再是浮动或不浮动的问题,而是如何浮动的问题"[②]。但是,在实际运作中却出现了恐惧浮动论。例如,卡尔沃和莱因哈特(2000)以及莱因哈特(2000)研究发现:(1)那些声称允许汇率浮动的国家多半并没有浮动,似乎传染了一种"恐惧浮动症";(2)这些国家相对较低的汇率变动率是稳定汇率的政策行动有意识造成的结果;(3)这些国家的名义和实际利率变动率明显高于真正实行浮动汇率的国家,这表明它们不但在外汇市场进行干预,而且利用利率变动进行干预;(4)那些被划归为管理浮动的国家大多类似于不可信的盯住汇率(incredible pegs)。因此,所谓"固定汇率消亡"的说法只是一种虚幻(myth),甚至在一些发达国家中也存在着"恐惧浮动症"。许多国家声称放弃了可调整的盯住汇率制度,实际上并非如此。由于恐惧

---

① 要么借外币而招致货币错配(currency mismatch),要么用短期贷款来做长期用途而出现期限错配(maturity mismatch)。

② Chang, R. and Velasco, A. (2000), Exchange-Rate Policy for Developing Countries, *American Economic Review*, Vol. 90, No. 2, p. 71.

浮动,许多声称实行浮动汇率的国家其实采用的是软盯住。于是,又引出了中间空洞论与反中间空洞论之争。

四、中间空洞论(hollowing-out of intermediate regimes)与反中间空洞论

奥伯斯法尔德和罗戈夫(1995)、萨默斯(2000)以及费希尔(2001)等依据资本高度流动使汇率承诺变得日益脆弱,提出了"两极"或中间空洞化假说,即介于严格固定汇率与自由浮动汇率之间的中间汇率制度已变得不可维持。然而,对于中间空洞化假说,也有不少经济学家提出了异议。例如,弗兰克尔(1999)认为:"对于许多国家来说,中间汇率制度通常比角点汇率制度可能更合适,特别对于大规模资本流动尚不构成问题的发展中国家更是如此。同时,对于适合建立共同货币的区域,中间汇率制度比角点汇率制度更可行。"马森(2000)则运用马尔柯夫链和变迁矩阵作为分析工具,引用两种汇率制度分类数据检验"两极"或中间空洞化假说。结果发现,中间空洞化假说被选取的样本数据否决,中间汇率制度将继续构成未来实际汇率制度选择的重要组成部分。贝纳西-奎里和科尔(2000)经实证分析认为,很明显,国际货币体系并没有转向总体浮动汇率制度,它仍旧是多种汇率制度并存,甚至在遭受亚洲货币危机较大的冲击后仍是如此。

由上可见,经济学家对于汇率制度的选择理论争议很大,并没有形成一致的观点。其中,一派主张中间空洞论,认为中间汇率制度不再可行,汇率制度的选择应该转向"两极"。这派包括原罪论、汇率变动转移论、浮动论和中间空洞化假说。另一派则否认中间空洞论,认为中间汇率制度仍然适用,而且对于某些国家可能更加合意,汇率制度的选择并非呈现两极化。这派包括稳定霸权论、恐惧浮动论和反中间空洞论。

第五节 汇率水平管理与外汇市场干预

一、实际汇率管理与国际收支调整

汇率政策所需管理的不是名义汇率,而是实际汇率。外向实际汇率用于分析国内外商品的价格竞争力,被定义为外国商品用本国商品表示的价格。内向实际汇率用于分析国内的资源配置和消费结构,被定义为贸易品用非贸易品表示的价格。内向实际汇率的上升使贸易品的生产更有利可图,从而引导资源转移到贸易品部门,同时促使消费者减少贸易品消费而用非贸易品替代。这样,生产从非贸易品部门转向贸易品部门,支出从贸易品转向非贸易品,有利于改善经常账户收支。

但是,实际汇率不是政策变量或工具,政策制定者不能直接改变实际汇率。理论上,政府能够通过调整名义汇率和运用货币政策工具等影响国内价格水平,以改变实际汇率。但是,经验显示,实际汇率错位的矫正主要依靠名义汇率的调整。名义汇率贬值在多大程度上引起实际汇率贬值,又在多大程度上传递到国内价格水平上,还取决于货币政策和财政政策的约束,否则贬值只会引发价格上涨。所以,若想实现对实际汇率的管理,则名义汇率贬值要注重货币政策和财政政策的配合协调,并采取措施抑制通货膨胀,如此才能实现实际汇率贬值,达到改善国际收支的目的。

二、政府对外汇市场的干预

(一) 政府干预外汇市场的目的

政府干预外汇市场的目的主要有:(1) 防止汇率在短期内过分波动;(2) 避免汇率水平在中长期内失调;(3) 进行政策搭配,调节内外经济的需要;(4) 增加外汇储备等。

(二) 政府干预外汇市场的类型

第一,按干预手段,分为直接干预与间接干预。直接干预,是指货币当局直接入市买卖外汇,改变原有的外汇供求关系,以引起汇率变化的干预。间接干预,是指货币当局不直接进入外汇市场而进行的干预。其具体做法有:(1) 通过改变利率等国内金融变量的方法,使不同货币资产的收益率发生变化,从而达到改变外汇市场供求关系乃至汇率的目的;(2) 通过公开宣告的方法影响外汇市场参与者的预期,进而影响汇率。

第二,按是否引起货币供应量的变化分为冲销式干预与非冲销式干预。冲销式干预,是指政府在外汇市场上进行交易的同时,通过其他货币政策工具(主要是公开市场业务),以抵消前者对货币供应量的影响,从而使货币供应量维持不变的外汇市场干预行为。为抵消外汇市场交易对货币供应量的影响而采用的政策措施被称为"冲销措施"。非冲销式干预,是指不存在相应冲销措施的外汇市场干预。这种干预会引起一国货币供应量的变动。这种分类方式是政府对外汇市场进行干预的最重要的分类,它们各自的效力是关于外汇市场干预的讨论中最受关注的问题。

第三,按干预策略,分为熨平每日波动型干预、砥柱中流型或逆向型干预、非官方盯住型干预。熨平每日波动型干预,是指货币当局在汇率日常变动时在高价位卖出,在低价位买进,以使汇率变动的波幅缩小的干预形式。砥柱中流型干预,是指货币当局在面临突发因素造成的汇率单方向大幅度波动时,采取反向交易的形式,以维护外汇市场稳定的干预方式。非官方盯住型干预,是指货币当局单方向非公开地确定所要实现的汇率水平及变动范围,在市场汇率变动与之不符时入市干预的干预形式。

第四,按参与干预的国家,分为单边干预与联合干预。单边干预,是指一国对本国货币与某外国货币之间的汇率变动,在没有相关的其他国家的配合下独自进行的干预。联合干预,是指两国乃至多国联合协调行动,对汇率进行的干预。

(三) 政府干预外汇市场的效力

第一,干预的资产调整效应。通过外汇市场及相关的交易(如公开市场业务),改变各种资产的数量及组成比例,从而对汇率产生影响。一般认为,非冲销式干预有效,冲销式干预效果有限或无效。

第二,干预的信号效应。通过干预行为本身向市场发出信号,表明政府的态度以及可能采取的措施,以影响市场参与者的心理预期,从而达到调整汇率水平的目的。实现干预的信号效应需要满足的条件有:(1) 政府对外汇市场信息的干预不存在其他目的;(2) 干预必须比其他传递信息的方式在改变市场干预方面更具有优势;(3) 干预所预示的未来政策必须能够引起汇率的相应变动;(4) 政府必须建立起言行一致的良好声誉,从而使政府发出的信号具有可信度。总之,干预的信号效应一般在市场预期混乱、投机猖獗时特别明显。

现实中,政府的口头表达是一种市场信号,赵志钜等(2016)就中国政府对人民币汇率口头干预的信号效应进行了检验,发现尽管口头干预不涉及外汇市场操作,但是政府对人民币预期的官方表达在一段时间内是有效的,可以引导汇率向政府倾向的方向变动。但是,口头

三、中国外汇市场干预

中国人民银行在1993年7月首次使用经济手段对外汇市场进行干预。当时，随着外汇需求增加，加上一些投机因素和不合理心理预期的影响，人民币汇率出现加速下跌的趋势。1993年7月，国家出台了一系列宏观调控措施，中国人民银行积极运用经济手段，介入外汇市场进行干预，取得了稳定人民币汇率的成效。1994年4月，中国银行间外汇市场正式运行，中国人民银行以普通会员身份参与外汇市场交易，以此作为调控外汇市场、贯彻货币政策的手段。由此，中国人民银行初步形成了干预外汇市场的一整套运行机制。

干预初步达到了稳定人民币汇率的基本目标，比较有效。但是，由于政策目标的制约、跨境资本持续流入的压力、央行承担过多的责任、央行独立性不够等因素的影响，中国人民银行的干预带有较强的内生性。冲销干预属于央行对宏观经济微调的手段，可以低成本地解决暂时性的资本内流问题，或纠正人民币汇率的短暂失衡与偏离。但是，若将其内生化和持续化，则需付出相当大的代价。尽管央行持续的冲销干预可以有效地保持人民币汇率稳定，但是其干预的经济成本日益突出，表现为增加了央行实施货币政策的难度，通过影响利率对经济运行产生了负面作用，制约了外汇市场的活力。

第六节 人民币汇率制度变迁与选择

改革开放以来，随着经济、金融体制改革的不断深化，市场机制已逐步在中国社会主义市场经济中确立了资源配置的基础性作用。在此情况下，作为市场机制尚未"征服"的"最后堡垒"之一——人民币汇率机制便成为众多学者关注与研究的焦点。

一、影响人民币汇率制度变迁与选择的主导因素

假定其他影响因素不变，则决定人民币汇率制度变迁与选择的主导因素有：(1) 汇率制度变迁与选择的经济环境，包括国际与国内经济环境；(2) 汇率制度变迁与选择主体——政府的目标函数；(3) 汇率政策目标；(4) 利率与汇率市场化程度；(5) 前期汇率制度。可用模型表示为：

$$ERR = F(H, U, P, M, ERR_{-1})$$
$$H = H(h_1, h_2)$$
$$U = U(x_1, x_2, x_3)$$
$$P = P(n, r)$$
$$M = M(i, e)$$

其中，ERR表示当期汇率制度变迁与选择的结果；ERR_{-1}表示前期汇率制度；H表示汇率制度变迁与选择的经济环境，h_1表示国际经济环境，h_2表示国内经济环境；U表示汇率制度变迁与选择主体——政府的目标函数，x_1表示稳定，x_2表示效率，x_3表示意识形态刚性；P表示汇率政策目标，n表示名义锚，r表示实际目标；M表示利率与汇率市场化程度，i表示利率，e表示汇率。

由此，在给定利率与汇率市场化程度以及前期汇率制度下，根据经济环境(H)、政府目标函数(U)和汇率政策目标(P)之间的可能搭配，可得：(1) $h_1 \cap x_1 \cap n \rightarrow$ 六种可能的结果，

包括无独立法定货币的汇率安排(货币联盟、美元化)、货币局、其他传统的固定盯住制、盯住平行汇率带、爬行盯住、爬行带内浮动。其中,后四种统称为"盯住汇率制度"。现阶段,具体到中国特有的国内经济环境(h_2)后,则 $h_1 \cap x_1 \cap n \cap h_2 \rightarrow$ 盯住汇率制。因为中国作为一个发展中大国,难以和其他国家保持经济周期基本一致,不可能放弃自己的货币,所以不可能实行无独立法定货币的汇率安排和货币局制度。这样,在政府目标函数偏向稳定的情况下,必然采用盯住汇率制度。(2) $h_1 \cap x_2 \cap r \rightarrow$ 两种可能的结果,包括管理浮动汇率制度和独立浮动汇率制度。现阶段,具体到中国特有的国内经济环境(h_2)后,则 $h_1 \cap x_2 \cap r \cap h_2 \rightarrow$ 管理浮动汇率制度。因为中国资本账户尚未开放,人民币尚不能自由兑换,若实行独立浮动汇率制度,则不但不能获取所期望的最优效率,反而会造成汇率稳定损失。同时,现阶段由于人民币利率与汇率尚未实现市场化,即使选择实际目标也只是名义上的,现实中往往由于没有基准的实际目标可循,不得不陷入名义汇率盯住。即使在政府目标函数偏向效率的情况下,采用了管理浮动汇率制度,也只是名义上的。所以,要引入汇率的市场形成机制。

在弄清了汇率制度变迁与选择的主导影响因素之后,我们可以据此阐释人民币汇率制度的变迁与选择,以期对中国汇率制度的选择起到借鉴作用。

二、入世前人民币汇率制度的变迁与选择(1949 年至 2001 年 12 月)

1948 年 12 月 1 日,中国人民银行成立,并发行了统一的货币——人民币。1949 年 1 月 18 日,中国人民银行在天津首次正式公布人民币汇率。在不同的历史时期,由于国际与国内经济环境的变化,人民币汇率安排(exchange rate arrangement)有着不同的特点。根据国际与国内经济环境、政府目标函数、利率与汇率市场化程度以及人民币汇率政策目标等多因素互动,可将入世前人民币汇率制度的变迁与选择划分为两大时期、六个阶段。在历时性分析的基础上,可得出现阶段人民币汇率制度应该转向更加灵活的汇率制度之结论。

(一)改革开放前人民币汇率制度的变迁与选择(1949 年至 1978 年)

这一时期分为三个阶段:

第一阶段(1949—1952 年),没有真正的汇率制度。从国际经济环境来看,中华人民共和国刚刚成立,尚未得到西方资本主义国家的承认,处于被封锁状态,也就谈不上和这些国家进行正常的经贸往来。从国内经济环境来看,中国尚处于国民经济恢复时期,经济运行很不稳定,物价起伏较大,对外经贸工作刚刚起步,尚未步入正轨,侨汇是当时外汇收入的重要来源。由此,从 1949 年到 1950 年 3 月,中国实行"奖出限入、照顾侨汇"的政策方针,人民币汇率频繁下调。短短一段时间内,人民币共进行了 52 次调整,贬值了 525 倍,国内通货膨胀非常严重。从 1950 年 3 月到 1952 年底,国家财政经济工作才开始步入正轨,当时实行"鼓励出口、兼顾进口、照顾侨汇"的政策方针,结果人民币汇率逐步上调。到 1952 年 12 月,人民币汇价调高至 1 美元兑换 26170 元旧人民币。这一阶段,政府目标函数在很大程度上取决于当时的国际与国内经济环境,人民币汇率政策的目标主要是维护国内经济和政治稳定,顺应经济发展和侨汇需要。当时,中国并没有形成一个全国统一的人民币汇率。在这种情况下,人民币汇率制度尚处于起步阶段,没有真正的汇率制度。

第二阶段(1953—1973 年),可调整的固定汇率制度或可调整的固定盯住制度。从国际经济环境来看,1944 年 7 月至 1973 年 3 月,国际汇率制度处于布雷顿森林体系下,称为"可调整的固定汇率制度"。由于以美元为中心的固定汇率制度的确立,各国之间的汇价在一定程度上保持相对稳定。从国内经济环境来看,自 1953 年起,物价趋于全面稳定,对外贸易开始由国营企业统一经营,主要产品的价格被纳入国家计划。计划经济本身要求对人民币汇价采取基本稳定的政策,以利于企业内部的核算与各种计划的编制和执行。1953—1956年,中国完成了社会主义经济改造。在当时国内物价水平趋于稳定的情况下,中国进行了1949年以来首次人民币币制改革。1955年3月1日,中国人民银行开始发行新人民币,新旧人民币折算比率为1:10000。采用新人民币后,形成了全国统一的人民币汇率。这一阶段,中国借鉴苏联模式,建立了高度集中的中央计划经济体制。受计划经济模式的影响,政府当局否定了社会主义经济的商品属性,排斥市场机制的作用。相应地,政府目标函数中的意识形态刚性决定人民币汇率政策目标。结果,人民币汇率与市场严重脱离,仅作为一种计划手段和记账单位,已丧失应有的经济意义。这一阶段,人民币汇率制度的主要特点是:(1)实行可调整的固定汇率制度,保持汇率高度稳定;(2)人民币汇率不仅与市场供求无关,而且与对外贸易调节作用无关,仅作为一种计划手段和记账单位,已丧失应有的经济杠杆作用。

第三阶段(1973—1978年),盯住货币篮子。从国际经济环境来看,1973年3月以后,布雷顿森林体系下可调整的固定汇率制度已经崩溃,西方资本主义国家普遍实行浮动汇率制度,各国货币汇率随外汇市场供求关系自由涨落,变动十分频繁和剧烈。从国内经济环境来看,中国仍实行高度集中的计划经济,因而政府目标函数要求人民币汇率保持稳定。但是,由于受到国际经济环境变动的影响,中国政府已开始意识到人民币汇率在经济和对外贸易发展中的重要性,因而对人民币汇率的调整原则作了新的规定。在计算人民币汇价时,采用了盯住加权的一篮子货币办法,所选用的"篮"中货币都是在中国对外贸易的计价货币中占比重较大的外币。可见,这一阶段,政府目标函数中已朦胧地出现了"两难",即稳定与效率如何权衡。人民币汇率政策目标虽说是"名义锚",但已开始考虑到实际目标。因此,多因素互动效应决定了人民币汇率采用盯住货币篮子。

可见,从20世纪50年代中期到70年代末期的整个中央计划经济时期,由于特定国际与国内经济环境的影响、政府目标函数中强烈的意识形态刚性,人民币汇率政策从属于经济计划特别是贸易计划政策,汇率被随意设定,而没有考虑到外汇资源的相对稀缺性;汇率的主要作用仅仅是作为连接外贸与国内经济的一种计划手段和记账单位,而没有注重汇率应有的经济杠杆作用。

(二)改革开放后人民币汇率制度的变迁与选择(1979年至2001年12月)

改革开放后至2001年12月,人民币汇率制度安排经历了三个重要发展阶段:

第一阶段(1979—1984年),官方汇率与贸易内部结算汇率并存的双重汇率制度。从国际经济环境来看,中国已得到西方资本主义国家的正式承认,并与这些国家逐步开始了正常的经贸往来。1980年,中国正式恢复了在国际货币基金组织中的合法地位。按照IMF的有关规定,其成员方可以实行多种汇率,但是必须尽量缩短向单一汇率过渡的时间。从国内经济环境来看,70年代末期发起的总体经济改革激发了众多学者对人民币汇率政策的热烈争论。1979年8月,国务院决定改革外汇管理体制,除官方汇率外,决定从1981年1月1日起开始试行贸易内部结算汇率(IRTS),从而形成了人民币双重汇率或"汇率双轨制"。贸易内部结算汇率是以全国出口平均换汇成本再加一定的利润计算出来的,当时为1美元兑换2.80元人民币,而官方汇率为1美元兑换1.52元人民币。引入贸易内部结算汇率后,形成了人民币双重汇率,而双重汇率被国际社会认为是贸易不公平的主要表现形式,因而常常成为西方国家对中国实行经济报复的借口。这样,外在的压力使得中国外汇管理体制变革不得不转向官方汇率本身。1981年后,人民币频繁地发生贬值,有时是大规模的贬值(见表9-14)。1984年底公布的人民币外汇牌价已调至1美元兑2.7963元人民币,与贸易外汇内部结算价基本持平。

表9-14 人民币名义贬值

时间	贬值百分比	贬值次数
1981年1月3日至1981年12月23日	13.6	23
1982年1月1日至1982年12月29日	9.7	28
1983年	没有贬值,尽管汇率波动	0
1984年1月4日至1984年12月28日	28.6	56
1985年1月1日至1985年10月30日	14.3	80

资料来源:IMF, International Financial Statistics, May 1999;《中国日报》的相关报道。

第二阶段(1985—1993年),官方汇率与外汇调剂市场汇率并存的双重汇率制度。这一阶段又可分为两个分阶段:(1) 1985—1991年为有限灵活汇率制度。从国际经济环境来看,主要社会主义国家都在进行经济体制改革,以达到市场机制与社会主义经济制度相容。这种国际经济环境对中国既有推力也有压力。从国内经济环境来看,1985年1月1日起,中国取消了贸易内部结算汇率,恢复单一汇率。虽然在名义上实行单一汇率,但是由于外汇调剂市场汇率的存在,形成了官方汇率与外汇调剂汇率并存的局面。外汇调剂市场①诞生于1980年10月,1986年后经历了快速成长,结果形成了以外汇调剂市场为基础的全国性外汇交易网络。外汇调剂市场的基础是外汇留成制度。由于外汇调剂市场汇率逐渐放开,因而汇率波动暗含着有效汇率实际上是灵活的。这一阶段的汇率制度可称为"有限灵活汇率制度",市场汇率的调节作用显得越来越大。(2) 1991—1993年为外汇调剂市场汇率主导的浮动汇率制度。1991年4月9日起,中国正式对人民币官方汇率实施有管理的浮动汇率运行机制。这一阶段很短暂,以外汇调剂市场汇率占据主导地位。据统计,到1993年末,中国外汇交易中近80%都是通过外汇调剂市场进行的。然而,作为过渡机制,外汇调剂市场也引发了许多问题。更严重的是,汇率双轨制不符合国际惯例,不利于中国正常的对外经贸往来。因此,进行外汇管理体制变革,尽快结束汇率双轨制,实行单一汇率制度势在必行。

第三阶段(1994—2001年12月),有管理的浮动汇率制度。从国际经济环境来看,市场经济在全球范围内得到了极大程度的扩展。中国要想加入WTO、融入全球经济一体化、发展市场经济,就必须按照国际惯例改革外汇管理体制,尽早结束人民币汇率双轨制。从国内经济环境来看,社会主义市场经济体制已初步建立,官方汇率与外汇调剂汇率并存的汇率双轨制引发的问题愈发显著。在此种情况下,政府目标函数发生了重大改变,直接决定着中国外汇管理体制变革。1994年1月1日起,中国外汇管理体制进行了重大改革,具体包括:(1) 实现人民币官方汇率与外汇调剂市场汇率并轨,实行单一汇率,人民币对美元汇率定为1美元兑8.70元人民币。并轨后的人民币汇率实行以市场供求为基础的、单一的、有管理的浮动汇率制度。(2) 取消外汇留成制度,实行银行结售汇制度,人民币在经常账户下有条件可兑换。(3) 建立银行间外汇交易市场,改革汇率形成机制。1994年外汇管理体制变革

---

① 外汇调剂市场,是指由外汇交易中心、外汇管理局、进出口企业和其他外汇供需者共同构成的外汇额度市场,并非严格意义上的外汇市场。其目的是,调节外汇供求,稳定调剂价格,引导外汇投向,制止外汇投机活动。

的创新之处在于,确立了统一的汇率,建立了以市场为基础的管理浮动汇率制度,明确了人民币在经常账户下有条件可兑换。但是,由于实行银行结售汇制,人民币汇率并未实现完全意义上的汇率市场化。1996年12月1日起,中国政府正式宣布接受《国际货币基金组织协定》第八条款,实现人民币经常账户下可自由兑换。

从改革开放后的三个发展阶段来看,中国外汇管理体制变革遵循着渐进式路径,但是完全意义上的汇率市场化尚未实现。

由上可见,从20世纪70年代末期到2001年12月的整个市场化改革与经济转型时期,国际与国内经济环境发生了重大改变,相应地,中国政府目标函数也发生了重大转变。随着市场化改革的不断深入,政府目标函数主要表现为稳定与效率之间的"两难",并由此决定着利率和外汇管理体制变革。因此,中国利率和外汇管理体制变革总体上得益于二十多年富有成效的利率市场化和汇率市场化改革。"在某种意义上,中国选择管理浮动汇率制度是政策决策者在其目标函数中赋予市场竞争力相对更高权重的结果。"[①]

经过多年的市场化改革,中国汇率市场化程度已有了很大的提高。但是,1997—1998年亚洲货币危机造成固定或盯住汇率制度崩溃及重新选择,对中国震动很大。1997年末以来,人民币汇率呈现出近乎盯住美元汇率制,失去了应有的灵活性。这可归因于东亚货币危机和金融危机造成的冲击,政府目标函数中汇率稳定暂时胜过了效率。在中国正式加入WTO后,对外汇管理体制进行市场化重构的任务十分紧迫。同时,按照加入WTO后金融市场开放时间一览表,中国外汇管理制度将逐步由准外汇管理向宏观间接外汇管理转变,并逐步实现资本账户下人民币可自由兑换[②]。在这种情况下,根据"不可能三角"理论,中国要想保持独立的货币政策,就必须放弃实际实行的汇率制度——单一货币盯住,而转向更加灵活的汇率制度。那么,入世后,中国究竟应该选择管理浮动汇率制度还是独立浮动汇率制度?

三、入世后人民币汇率制度的选择

随着中国正式加入WTO,人民币汇率制度安排成为经济界关注的热点,当时存在着三种主要观点:(1)张五常(2001)认为,人民币汇率应该可以自由浮动,因为就算你不让它自由浮动,在黑市里,它也是可以自由浮动的。当然,政府可以通过禁止黑市限制它的浮动。当人民币汇率下跌的时候,你可以用外汇管制来帮它。(2)郭建泉(2001)认为,目前人民币汇率改革最现实的安排是,尽快实现由盯住美元汇率制度向盯住一篮子货币的固定汇率制度转变。(3)胡祖六(2000)认为,人民币应该有序地退出当前"锚住"美元的盯住汇率制,转向更加灵活的汇率制度,即重归有管理的浮动汇率制度。综观之,第一种观点存在着比较严重的缺陷,它可能既导致市场效率损失又造成汇率不稳定。第二种观点是逆汇率制度变迁趋势而行,因为在正式加入WTO后,按照规则,中国必须逐步开放金融市场,包括资本市场。这样,根据"不可能三角理论",中国要想保持独立的货币政策,就必须放弃固定汇率制度。因此,相较而言,我们更倾向于第三种观点,但是胡祖六并没有给出充分的理论论证。为此,从汇率制度变迁理论角度可给出下列解释:

---

① Zhang, Z. (2000), Exchange Rate Reform in China: An Experiment in the Real Targets Approach, *The World Economy*, Vol. 23, No. 8, p.1078.
② 宏观间接外汇管理表现为汇率完全市场化,经常账户和资本账户开放,货币可自由兑换。准外汇管理介于直接外汇管制与宏观间接外汇管理之间,表现为汇率有限市场化,经常账户开放,资本账户管制,货币有条件自由兑换。

首先，根据汇率制度变迁的共性动力因素，从经济增长来看，1995—2016 年，中国 GDP 保持较高的增长速度，年均增长率为 9.4%。但是，2010 年之后，中国 GDP 增长率持续下降，2016 年只有 6.7%（见表 9-15）。尽管如此，中国经济相对快速的增长导致国内经济利益格局发生了重大变化，现阶段非国有经济已占到 GDP 的 2/3 强。这些非国有企业的资源配置市场化程度很高，迫切要求实现人民币利率市场化和汇率市场化。由此，它们内在地希求人民币汇率由盯住汇率转向管理浮动汇率，以反映外汇市场资金供求的真实价格。

表 9-15　1995—2016 年中国 GDP 增长率　　　　　　单位：%

年份	1995	1996	1997	1998	1999	2000	2001	2002	2003	2004	2005
GDP 增长率	11.0	9.9	9.2	7.8	7.7	8.5	8.3	9.1	10.0	10.1	11.4
年份	2006	2007	2008	2009	2010	2011	2012	2013	2014	2015	2016
GDP 增长率	12.7	14.2	9.7	9.4	10.6	9.5	7.9	7.8	7.3	6.9	6.7

资料来源：中华人民共和国国家统计局编：《2017 中国统计年鉴》，中国统计出版社 2017 年版。

从制度变迁本身来看，从 20 世纪 50 年代中期到 70 年代末期的整个中央计划经济时期，中国实行的是统收统支的外汇管理制度，对应的汇率制度为固定盯住制。改革开放后，中国外汇管理制度改为强制性外汇计划，对外汇实行留成制度，对应的汇率制度为双重汇率制度。1994 年，中国对外汇管理制度进行了重大改革，取消强制性外汇计划，实行银行结售汇制度；同时，允许人民币在经常项目下有条件可兑换。与此相对应，中国实现了人民币汇率并轨，并轨后的人民币汇率实行以市场供求为基础的、单一的、有管理的浮动汇率制度。因此，从制度变迁的共同动力因素来看，人民币汇率制度需要退出盯住汇率制，重归管理浮动汇率制。

其次，根据汇率制度变迁独特的主导影响因素和直接动力因素，我们可以推导出入世后人民币汇率制度也应由盯住汇率制重归管理浮动汇率制。同时，这种汇率制度变迁属于需求诱致性汇率制度变迁。普瓦尔森（2001）指出，影响汇率制度变迁的主导因素有：通货膨胀率、外汇储备水平、生产和产品多样化、贸易开放度、贸易冲击脆弱性、政治不稳定、经济规模、经济发展水平、贸易地理集中度、GDP 增长率、失业率或通货膨胀诱因、资本流动、外币储蓄/M2 或美元化以及外币定值债务等。根据这些影响指标可以得出结论：中国合意的汇率制度应该在 HB、CP、CB、MF 或 IF 中选择。[①] 实际上，如表 9-16 所示，1995—2005 年，人民币汇率逐年变动幅度非常小，除了 2005 年 7 月 21 日人民币升值调整外，都介于±1%之间，表现为 IMF 传统的固定盯住制，具体为盯住单一货币美元。可见，1995—2005 年，中国实际实行的汇率制度与其合意的汇率制度完全不符。但是，2005 年人民币汇率改革之后，2006—2015 年，各年度人民币汇率变化相对较大，介于−8.67%与 1.39%之间，年均变化为 −2.67%。据此，"二次汇改"后，人民币汇率制度已由盯住汇率制重归有管理的浮动汇率制度。

[①] 1999 年，IMF 汇率制度分类把成员方汇率制度划分为八类：无独立法定货币的汇率安排（NS）、货币局制度（CBA）、其他传统的固定盯住制（FP）、盯住平行汇率带（HB）、爬行盯住（CP）、爬行带内浮动（CB）、不事先宣布汇率路径的管理浮动（MF）和独立浮动（IF）。

表 9-16　1995—2015 年人民币汇率及其逐年变动幅度

年份\类别	1995	1996	1997	1998	1999	2000	2001	2002	2003	2004	2005
S	835.10	831.42	828.98	827.91	827.83	827.84	827.7	827.7	827.7	827.68	819.17
ΔS/S	—	−0.44	−0.29	−0.13	−0.01	0.00	−0.02	0.00	0.00	0.00	−1.03

年份\类别	2006	2007	2008	2009	2010	2011	2012	2013	2014	2015
S	797.18	760.4	694.51	683.1	676.95	645.88	631.25	619.32	614.28	622.84
ΔS/S	−2.68%	−4.61%	−8.67%	−1.64%	−0.90%	−4.59%	−2.27%	−1.89%	−0.81%	1.39%

注：S 为人民币年平均汇率,单位 100 美元兑人民币元；ΔS/S 为人民币汇率逐年变动幅度,单位％。
资料来源：《国家外汇管理局年报(2011)》,第 83 页；《国家外汇管理局年报(2015)》,第 87 页。

最后,现阶段人民币汇率制度的选择无非是货币当局在实践中重归真正的管理浮动汇率制度。尽管中国实际实行的汇率制度与其合意的汇率制度完全不符,但是由于中国实行严格的资本管制,人民币不可自由兑换,因而阻止了资本外逃,隔离了外来游资对汇率制度的冲击,从而"幸运地"规避了货币危机和汇率制度崩溃。但是,在正式加入 WTO 后,中国要遵照执行加入 WTO 后金融市场开放时间一览表：(1) 2001 年 12 月 11 日正式加入后,取消外资银行办理外汇业务的地域和客户限制,外资银行可以对中资企业和中国居民开办外汇业务。(2) 银行及证券 2003 年开放银行间人民币往来。(3) 2004—2005 年,A、B 股合并,允许外资参股中资银行、基金管理,并开放人民币汇率政策。(4) 逐步取消外资银行经营人民币业务的地域限制和客户对象限制；入世后 5 年内,允许外资银行对所有中国客户办理人民币业务,允许外资银行设立同城营业网点,审批条件与中资银行相同；到 2006 年,外资银行获准全面进入中国市场。由此可见,在外资银行获得全面准入的未来,人民币利率和汇率都将逐步走向市场化,中国外汇管理制度将完成由准外汇管理向宏观间接外汇管理转变,并逐步实现资本账户下人民币可自由兑换。在此种情况下,根据"不可能三角"理论,中国要想保持独立的货币政策,就必须转向更加灵活的汇率制度。

事实上,2005 年 7 月 21 日启动的人民币汇率形成机制改革就是中国重归真正有管理的浮动汇率制度。2010 年 9 月,中国人民银行公布的人民币汇率制度是：以市场供求为基础、参考一篮子货币进行调节、有管理的浮动汇率制度。它包括三方面内容：一是以市场供求为基础的汇率浮动,发挥汇率的价格信号作用；二是根据经常项目,主要是贸易平衡状况,动态调节汇率浮动幅度,发挥"有管理"的优势；三是参考一篮子货币,即从一篮子货币的角度看汇率,不片面地关注人民币与某个单一货币的双边汇率。

第七节　汇率改革后人民币汇率形成机制

1994 年汇率并轨以来,人民币汇率的市场形成机制一直在不断发展和扩大。1994 年,中国外汇交易中心成立初期,只有美元和港币两种币种交易；1995 年,增加了日元兑人民币交易；2001 年,开启新版的外汇交易系统；2002 年,增加欧元兑人民币交易品种,并在小币种上试行做市商制度,为金融机构推出外币拆借中介服务；2004 年,在外汇衍生品的研发上,中国外汇交易中心和芝加哥商品交易所合作,于当年 10 月成功加入 SWIFT 系统。2005 年 5 月,中国外汇交易中心正式推出银行间外币买卖业务,通过先进的电子交易和清算平台,为境内金融机构的外币交易和清算提供了便利。同年7月21日,中国人民银行又适时进行了人民币汇率形成机制的重大改革。中国人民银行发布公告,自2005年7月21日起,人民币对美元即日升值2%,人民币汇率不再盯住单一美元,开始实行以市场供求为基础、参考一篮子货币进行调节、有管理的浮动汇率制度。这是继1994年人民币汇率并轨改革之后,人民币汇率制度进行的又一次大变革。

一、人民币升值、退出盯住单一美元的改革背景

1994年汇率并轨改革之后,中国官方宣称的是实行以市场供求为基础的、单一的、有管理的浮动汇率制度,但是由于现实中管理有余、浮动不足,被IMF认定为盯住单一美元汇率制。2001年12月入世后,中国对外贸易取得了长足的发展,经常账户和资本账户双顺差持续扩大。由于现有的结售汇制度,到2005年12月末,中国外汇储备已高达8188.72亿美元。这不仅加剧了中国国际收支失衡,而且持续的对外贸易顺差加剧了中国对外贸易摩擦,特别是中美贸易摩擦。由此,为缓解中国现阶段对外贸易不平衡,扩大内需,提升中国产业结构及企业国际竞争力,提高整体经济对外开放水平,适当调整人民币汇率水平,改革人民币汇率形成机制势在必行。

2005年6月26日,时任国务院总理温家宝在天津召开的亚欧财长会议上重申人民币汇率改革是中国的内政,并强调指出人民币汇率改革必须坚持**主动性、可控性和渐进性**的整体策略。主动性,就是根据中国自身改革和发展的需要,决定汇率改革的方式、内容和时机。汇率改革要充分考虑对宏观经济稳定、经济增长和就业的影响,考虑金融体系状况和金融监管水平,考虑企业承受能力和对外贸易等因素,还要考虑对周边国家、地区以及世界经济和金融的影响。可控性,就是人民币汇率的变化要在宏观管理上能够控制得住,既要推进改革,又不能失去控制,避免出现金融市场动荡和经济大的波动。渐进性,就是有步骤地推进改革,不仅要考虑当前的需要,而且要考虑长远的发展,不能急于求成。

此次人民币汇率制度改革虽是应时之需,但选择的契机适宜。当前,中国外汇管理逐步放宽,主要表现为:取消了一些对资本账户交易不必要的管制;资本市场对外开放程度稳步扩大;对个人和企业经常项目下交易的限制进一步放宽;市场准入及业务限制进一步放宽。同时,外汇市场建设不断加强,市场工具逐步推广,各项金融改革取得了实质性进展。例如,2003年底,国家对中国银行和中国建设银行进行了财务重组和股份制改造等;2005年,中国又对中国工商银行进行了财务重组和股份制改造。2003—2005年,中国对3万家农村信用社进行了改造。再者,近年来,中国宏观经济调控成效显著,国民经济继续保持平稳较快的增长势头。这些都为人民币汇率改革提供了有利的条件。

二、人民币汇率形成机制改革的主要内容

第一,自2005年7月21日起,中国开始实行以市场供求为基础、参考一篮子货币进行调节、有管理的浮动汇率制度。人民币汇率不再盯住单一美元,而是参考一篮子货币,同时根据市场供求关系浮动,形成更富弹性的人民币汇率机制。

第二,中国人民银行于每个工作日闭市后公布当日银行间外汇市场美元等交易货币对人民币汇率的收盘价,作为下一个工作日该货币对人民币交易的中间价格。

第三,2005年7月21日19时,美元对人民币交易价格调整为1美元兑8.11元人民币,即人民币对美元即日升值2%,以这一价格作为次日银行间外汇市场上外汇指定银行之间

交易的中间价。外汇指定银行可自此时起调整对客户的挂牌汇价。

第四,现阶段,每日银行间外汇市场美元对人民币的交易价仍在中国人民银行公布的美元交易中间价上下 0.3% 的幅度内浮动,欧元、日元和港币等非美元货币对人民币的交易价在中国人民银行公布的该货币交易中间价上下 3% 的幅度内浮动。

第五,中国人民银行将根据市场发育状况和经济金融形势,适时调整汇率浮动区间。

经过此次汇率改革,人民币汇率不再盯住单一美元,而是按照中国对外经济发展的实际情况,选择若干种主要货币,赋予相应的权重,组成一个货币篮子;同时,根据国内外经济金融形势,以市场供求为基础,参考一篮子货币,计算人民币多边汇率指数的变化,对人民币汇率进行管理和调节。参考一篮子货币表明外币之间的汇率变化会影响人民币汇率,它还需要将市场供求关系作为另一重要依据,据此形成调节自如、管理自主、以市场供求为基础、更富有弹性的人民币汇率机制。从长远来看,新的人民币汇率机制的建立,将有利于推进人民币汇率市场化改革进程,最终为人民币在资本账户下实现可兑换创造条件。

三、1994 年和 2005 年 7 月人民币两次汇率改革比较

第一,相同点:(1) 主张建立以市场供求为基础的、单一的、有管理的浮动汇率制度;(2) 建立银行间外汇市场,主张改进人民币汇率形成机制,保持合理稳定的人民币汇率。

第二,不同点:(1) 背景不同:1994 年汇改面临的主要问题是人民币汇率双轨制问题,复汇率不符合国际惯例,易于引发贸易争端;2005 年汇改面临的主要问题是美国施加的人民币升值压力和外汇占款造成国内的通胀压力。(2) 核心实质不同:1994 年汇改后,官方名义上宣布的是有管理的浮动汇率制度,但是 IMF 根据人民币实际汇率变动情况,将人民币汇率仍旧归类为盯住美元汇率制度。相比而言,2005 年汇改后,人民币汇率可以升值或贬值,不再盯住单一美元,而是参考一篮子货币,同时根据市场供求关系进行汇率浮动。(3) 人民币汇率中间价的形成方式不同:1994 年汇改采用会员制,实行撮合成交集中清算制度,体现价格优先、时间优先的原则。2005 年汇改在即期外汇市场上引入询价交易机制和做市商制度。(4) 贡献不同:1994 年汇改的主要贡献是实现了人民币汇率并轨,消除了复汇率,实行单一汇率。2005 年汇改则允许美元对人民币交易价小幅浮动,在中间价上下 0.3% 的幅度内浮动,部分解决了人民币汇率的弹性问题。(5) 欠缺不同:1994 年汇改后,人民币汇率完全受控于央行,虽然避免了如外汇调剂市场那样剧烈的价格波动,但是市场对汇率的作用也变得微乎其微。2005 年汇改后,人民币进入升值通道,升值预期强化带来的大规模资本流入加大了央行宏观调控的成本和风险。

四、人民币汇率中间价的形成方式——询价交易和撮合交易方式

为贯彻主动性、可控性和渐进性原则,2005 年 8 月,中国人民银行在银行间人民币远期市场率先推出场外交易。为了进一步发展外汇市场,完善人民币汇率形成机制,提高金融机构的核心竞争力,中国人民银行发布公告:自 2006 年 1 月 4 日起,在银行间即期外汇市场上引入询价交易方式(简称"OTC 方式"),改进人民币汇率中间价的形成方式。银行间外汇市场参与主体可在原有集中授信、集中竞价交易方式的基础上,自主选择双边授信、双边清算的询价交易方式。此举旨在完善人民币汇率形成机制,为外汇市场主体提供多样的交易模式。其主要内容有:

第一,自 2006 年 1 月 4 日起,在银行间即期外汇市场上引入询价交易方式,同时保留撮

合方式。银行间外汇市场交易主体既可选择以集中授信、集中竞价的方式交易，也可选择以双边授信、双边清算的方式进行询价交易。同时，在银行间外汇市场引入做市商制度，为市场提供流动性。

第二，自2006年1月4日起，中国人民银行授权中国外汇交易中心于每个工作日上午9时15分对外公布当日人民币对美元、欧元、日元和港币汇率中间价，作为当日银行间即期外汇市场（含OTC方式和撮合方式）以及银行柜台交易汇率的中间价。

第三，引入OTC方式后，人民币兑美元汇率中间价的形成方式将由此前根据银行间外汇市场以撮合方式产生的收盘价确定的方式改进为：中国外汇交易中心于每日银行间外汇市场开盘前向所有银行间外汇市场做市商询价，并将全部做市商报价作为人民币兑美元汇率中间价的计算样本，去掉最高和最低报价后，将剩余做市商报价加权平均，得到当日人民币兑美元汇率中间价，权重由中国外汇交易中心根据报价方在银行间外汇市场的交易量及报价情况等指标综合确定。

第四，人民币兑欧元、日元和港币汇率中间价由中国外汇交易中心分别根据当日人民币兑美元汇率中间价与上午9时国际外汇市场欧元、日元和港币兑美元汇率套算确定。

第五，银行间即期外汇市场人民币对美元等货币交易价的浮动幅度和银行对客户美元挂牌汇价价差幅度仍按现行规定执行。即每日银行间即期外汇市场美元对人民币交易价在中国外汇交易中心公布的美元交易中间价上下0.3‰的幅度内浮动，欧元、日元、港币等非美元货币对人民币交易价在中国外汇交易中心公布的非美元货币交易中间价上下3%的幅度内浮动。

此次公告在银行间即期外汇市场上引入询价交易方式和做市商制度，同时保留竞价撮合交易方式，旨在进一步完善人民币汇率市场形成机制，拓宽市场交易主体。初始，获准在银行间即期外汇市场上从事人民币交易的做市商银行有13家。截至2011年12月31日，已有34家中外资银行取得了在银行间外汇市场从事人民币对外汇即期交易的做市商资格。总的来看，自2006年1月4日实施银行间外汇市场做市商制度以来，已取得良好的绩效，市场主体参与交易的自主性增强，对汇率行情的反应更加敏感和快捷，人民币汇率形成机制的灵活性得到进一步改善。做市商数量的增加，有利于推动外汇指定银行增强报价能力，提高银行间外汇市场的市场化程度和交易效率。

相比来看，OTC方式和撮合方式的主要差别体现在：一是信用基础不同，OTC方式以双方信用为基础，需要建立双边授信后才能交易，而撮合方式以外汇交易中心为所有交易的对手方，因而集中承担了信用风险；二是价格形成方式不同，OTC制度双方可以协商定价；三是清算安排不同，OTC方式由交易双方自行清算，而撮合方式由外汇交易中心负责集中清算。

五、外汇市场交易的两种模式——做市商制和竞价制

做市商制是OTC交易方式的核心，是国际外汇市场的基本市场制度。大机构承担做市职能，为市场提供流动性，逐渐成为外汇市场上人民币汇率的主要报价来源。

第一，根据价格形成方式的不同，外汇交易的模式可以分为做市商制和竞价制。在做市商市场中，投资者之间并不进行交易，而是由做市商报出外汇的买入、卖出价及其交易数量，承诺在此价位上进行交易，双向报价，以此维持市场的连续性和流动性。所以，做市商制又叫作"报价驱动制度"。世界上绝大多数外汇市场都采用做市商制度。在竞价市场中，买卖

双方向市场提供委托指令或订单,交易系统根据一定的指令匹配规则进行撮合,成交价格由投资者订单的竞争关系决定。买卖委托的流量是推动价格形成和流动性的根本动力,所以竞价制又叫作"订单驱动机制"。除了纯粹的报价驱动机制和指令或订单驱动机制外,还有兼有两种特征的混合机制。目前,中国的外汇市场就是这两种交易机制的混合。

第二,做市商制和竞价制由于价格发现的过程不同,因而流动性的提供机制也不一样。在做市商市场中,做市商作为市场的核心和组织者,提供连续报价,从而为外汇市场提供流动性。在竞价市场中,来自于交易者的委托订单根据预先决定的规则匹配成交,从而为市场提供流动性。竞价交易采取分别报价、撮合成交方式。交易系统对买入报价和卖出报价分别排序,按照价格优先、时间优先的原则撮合成交。因此,竞价制能够更加有效地发现价格,价格能够反映可以获得的信息;而做市商制被认为能够较好地提供流动性。在给定价格下,交易可以很快地执行,在提供流动性的同时,也获得市场的定价权。做市商的确为市场提供了连续性,但是他们经常在每天结束时保持一定的头寸或者轧平头寸。只有认为自己积累的外汇头寸能够有将来的买入者或者卖出者出现时,他们才愿意提供头寸。所以,从这一点来看,认为做市商能够提高市场流动性的观点打了一点折扣。总的来说,做市商制相对于竞价制的优点是:外汇市场流动性好,价格稳定性好。但是,其缺点是:透明性差,运作成本较高,可能增加监管成本。

六、人民币汇率形成机制改革的新进展

2008年8月修订通过的《中华人民共和国外汇管理条例》第27条规定:"人民币汇率实行以市场供求为基础的、有管理的浮动汇率制度。"如表9-17所示,为推进人民币汇率形成机制改革,中国人民银行宣布:"从2014年3月17日起,银行间即期外汇市场人民币兑美元交易价浮动幅度由1%扩大至2%,即每日银行间即期外汇市场人民币兑美元的交易价可在公布的当日人民币兑美元中间价上下2%的幅度内浮动。外汇指定银行为客户提供当日美元最高现汇卖出价与最低现汇买入价之差不得超过当日汇率中间价的幅度由2%扩大至3%……"人民币汇率浮动幅度是逐步扩大的,1994年为0.3%,2007年为0.5%,2012年扩大至1%,2014年再扩大至2%。此次扩大汇率波动幅度,意在加大市场决定汇率的力度。中国人民银行将遵循主动性、可控性和渐进性原则,继续完善人民币汇率市场化形成机制,发挥市场在汇率形成中的作用。2014年6月18日,中国外汇交易中心宣布在银行间外汇市场开展人民币对英镑直接交易;9月29日,又宣布在银行间外汇市场开展人民币对欧元直接交易。至此,人民币已实现与三大主要货币美元、欧元和英镑在银行间外汇市场直接交易,这有利于促进双边贸易和投资。

2015年8月11日,中国人民银行发布关于完善人民币兑美元汇率中间价报价的声明。9月30日,中国人民银行又宣布,为推动中国外汇市场对外开放,境外央行类机构进入中国银行间外汇市场有三种途径:通过人民银行代理、通过中国银行间外汇市场会员代理以及直接成为中国银行间外汇市场境外会员。境外央行类机构可自主选择一种或多种途径进入中国银行间外汇市场,开展包括即期、远期、掉期(外汇掉期和货币掉期)和期权在内的各品种外汇交易,交易方式包括询价方式和撮合方式,无额度限制。

2016年以来,以市场供求为基础,参考一篮子货币进行调节的人民币汇率形成机制有序运行,"收盘汇率+一篮子货币汇率变化"的人民币兑美元汇率中间价形成机制进一步完善。人民币兑美元双向浮动弹性显著增强,对一篮子货币汇率在保持基本稳定的同时,也显

现出明显的双向波动态势,市场供求在人民币汇率的决定中作用显著。2016年末,CFETS人民币汇率指数为94.83,全年下行6.05%,人民币对一篮子货币汇率略有贬值。当年10月1日,人民币加入SDR货币篮子正式生效。2017年5月,针对全球外汇市场和中国宏观经济运行出现的新变化,外汇市场自律机制核心成员一致同意,在"收盘汇率+一篮子货币汇率变化"的人民币兑美元汇率中间价形成机制的基础上,在中间价报价模型中增加"逆周期因子",适度对冲外汇市场情绪的顺周期波动,防范可能产生的"羊群效应"。由此,"收盘价+一篮子货币汇率变化+逆周期因子"的中间价报价机制初步确立。结果,当年人民币对美元双边汇率弹性进一步增强,双向浮动特征更加显著。2017年末,中国外汇交易中心发布的CFETS人民币汇率指数为94.85,全年上涨0.02%。当年人民币对美元汇率中间价比上年末升值6.16%。

表9-17 人民币汇率形成机制市场化改革的进展

时间	主要内容
1994年1月1日	将双重汇率改为单一汇率制度,将1美元兑5.8元人民币的官方汇率调整为1美元兑8.7元人民币,允许人民币汇率在较小范围内浮动
1996年12月1日	中国允许用于贸易的人民币与外币完全可兑换,但是对买卖外币进行贷款和投资仍有规定和限制
1997年至1999年	中国在亚洲金融危机期间坚守人民币不贬值的承诺,人民币兑换美元汇率固定在1美元兑8.28元人民币,维护了亚洲经济稳定
2001年至2005年	加入世界贸易组织后,中国开始逐渐放松资本管制,国际社会日益施压,推动人民币更快升值,以帮助平衡全球贸易
2004年2月	中国允许香港银行提供有限的人民币零售银行服务,以促进跨境旅游消费
2005年7月21日	将与美元挂钩的汇率制度改为参考一篮子货币进行调节、有管理的浮动汇率制度
2007年7月	首批人民币计价债券在香港发售
2008年7月至2010年6月	随着全球金融危机恶化,中国事实上将人民币兑换美元汇率固定在1美元兑换6.83元人民币,作为稳定中国经济的紧急措施
2009年7月	中国在指定城市开展允许公司以人民币结算进出口贸易的试点项目,指定香港为内地以外人民币结算的试点城市。
2010年6月19日	中国承诺增强人民币交易的灵活性,结束两年来与美元挂钩的制度,重新采取参考一篮子货币进行调节、有管理的浮动汇率制度
2010年7月19日	中国人民银行与香港金融管理局同意扩大人民币在香港的结算范围,离岸人民币交易正式启动
2010年8月20日	麦当劳成为首家在香港发行人民币债券的非金融类外资公司
2010年10月1日	中国开展试点项目,允许指定出口商将部分外币收入留在境外
2011年1月12日	中国银行向美国消费者放开人民币交易
2011年1月13日	中国启动试点项目,允许国内公司使用人民币在境外投资
2012年4月14日	银行间即期外汇市场人民币兑美元交易价浮动幅度由0.5%扩大至1%,买卖汇价之差不得超过当日汇率中间价的幅度由1%扩大至2%

(续表)

时间	主要内容
2014年3月17日	银行间即期外汇市场人民币兑美元交易价浮动幅度由1%扩大至2%,外汇指定银行为客户提供当日美元买卖现汇价之差不得超过当日汇率中间价的幅度由2%扩大至3%
2014年6月18日	人民币对英镑直接交易
2014年7月2日	取消银行对客户美元挂牌买卖价差管理,市场供求在汇率形成中发挥更大作用,人民币汇率弹性增强,央行基本退出常态外汇干预
2014年9月29日	人民币对欧元直接交易
2015年8月11日	做市商在每日银行间外汇市场开盘前向中国外汇交易中心提供的报价应主要参考上日银行间外汇市场的收盘汇率,并结合上日国际主要货币汇率变化以及外汇供求情况进行微调
2015年9月30日	境外央行类机构可通过三种途径进入中国银行间外汇市场,依法合规参与中国银行间外汇市场交易,无额度限制
2015年11月9日	中国外汇交易中心宣布在银行间外汇市场开展人民币对瑞士法郎直接交易
2015年11月30日	IMF决定将人民币纳入特别提款权(SDR)货币篮子,人民币在篮子中的权重为10.92%,新的SDR篮子将于2016年10月1日生效
2015年12月11日	中国外汇交易中心(CFETS)在中国货币网发布CFETS人民币汇率指数,该指数是一种加权平均汇率,货币篮子有13种货币,权重是与中国大陆的贸易权重,基期为2014年12月31日
2016年1月4日	银行间外汇市场交易系统每日运行时间延长至北京时间23:30;境外参加行申请成为银行间外汇市场会员后,可以进入银行间外汇市场,丰富参与主体,拓宽交易渠道,促进境内外一致的人民币汇率
2016年6月17日	中国外汇交易中心宣布自6月20日起,在银行间外汇市场正式开展人民币对南非兰特直接交易
2016年6月24日	中国外汇交易中心宣布自6月27日起,在银行间外汇市场正式开展人民币对韩元直接交易
2016年9月23日	中国外汇交易中心宣布在银行间外汇市场开展人民币对阿联酋迪拉姆直接交易,人民币对沙特里亚尔直接交易
2016年10月1日	人民币加入SDR货币篮子正式生效
2016年11月14日	中国人民银行在银行间外汇市场推出人民币对加拿大元直接交易
2017年5月26日	中国货币网发布《自律机制秘书处就中间价报价有关问题答记者问》,宣布在人民币兑美元中间价报价模型中加入"逆周期因子"
2017年12月27日	中国人民银行办公厅批复同意中国外汇交易中心引入境外银行参与银行间外汇市场区域交易

资料来源:《中国社会科学报》2014年10月20日A07版;中国人民银行网站公布的人民币国际化大事记。

七、汇率形成机制改革后人民币汇率的未来走势

在以市场供求为基础、参考一篮子货币进行调节、有管理的浮动汇率制度下,很多因素共同影响并决定着人民币汇率水平,要想精确地分析出人民币汇率的走向几乎是不可能的。但是,根据一些经济理论和经济指标对人民币汇率中短期内可能的走势作出预测还是有益的。第一,经常账户状况。盈余时,人民币走强;而赤字时,人民币走弱。第二,物价水平变动情况。物价持续上升时,人民币走弱;而物价持续下跌时,人民币趋强。第三,资本流入和流出状况。当资本持续净流入时,人民币走强;而当资本持续净流出时,人民币趋弱。第四,货币篮子的走势。由于参考一篮子货币,因此占中国贸易份额较大的国家或地区,其货币的不同走势必将影响到人民币汇率水平。第五,市场预期。当市场预期人民币短期内将会升值时,交易的结果通常是人民币汇率趋强;反之,亦然。

  2014年3月进行扩大汇率浮动弹性改革后,人民币汇率形成机制改革会继续朝着市场化方向迈进,加大市场决定汇率的力度,促进国际收支平衡;发展外汇市场,丰富外汇产品,扩展外汇市场的广度和深度,更好地满足企业和居民的需求;根据外汇市场发育状况和经济金融形势,增强人民币汇率双向浮动弹性,保持人民币汇率在合理均衡水平上的基本稳定;进一步发挥市场汇率的作用,建立以市场供求为基础、有管理的浮动汇率制度。2015年12月11日,中国人民银行又强调,看人民币汇率要关注一篮子货币。做市商在向央行就人民币对美元汇率中间价报价时,要考虑"收盘汇率+一篮子货币汇率变化"两个部分,收盘汇率主要反映市场供求变化,一篮子货币汇率变化则在一定程度上保持与上一日汇率的稳定。2017年5月26日,中国外汇交易中心宣布在人民币兑美元中间价报价模型中加入"逆周期因子"。引入"逆周期因子"后,人民币汇率中间价的决定因素就由两个变为三个,这为人民币汇率走势增添了更多的变数。影响人民币汇率走势的第一个因素是收盘汇率代表的外汇市场供求状况;第二个因素是一篮子货币汇率,主要观察美元指数的走势;第三个因素是"逆周期因子",其政策意图是希望人民币汇率的走势能够更准确地反映经济基本面的变化,减少顺周期行为。问题在于,"逆周期因子"有效引导市场需要两个前提条件:一要能够准确预判市场走势,二要能够通过制度安排切实影响市场走势。

第八节 香港联系汇率制度:案例分析

一、香港汇率制度的变迁与选择

  从历史来看,香港实行过不同类型的汇率制度,历经银本位制、英镑汇兑本位制和浮动汇率制,最后发展到现今的联系汇率制度。香港的银本位制始于19世纪。1863年,香港政府宣布银元为香港的法定货币。1866年,香港开始发行银元,实行银本位货币制度,采用了与当时内地相同的银本位制度。到1935年,由于全球性白银危机,香港被迫放弃了银本位制,开始实行英镑汇兑本位制,将港元与英镑挂钩,并规定1英镑兑16港元。二战后,由于英国经济衰退和经常性国际收支失衡,英镑连续贬值。1972年,英国爆发了国际支付危机。同年6月,英国宣布英镑自由浮动。为避免英镑自由浮动对港元的不利影响,同年7月,港府放弃英镑汇兑本位制,取消了港元与英镑的固定汇率。港元开始转而与美元挂钩,汇率为1美元兑5.65港元。1973年2月,汇率又改为1美元兑5.085港元。1974年,国际外汇市场波动剧烈,港府对外汇基金干预乏力。为了减少不利影响,香港从1974年11月25日起改为自由浮动汇率制度。

  但是,浮动汇率制度并没有给香港带来货币汇率政策的稳定,货币当局既无法控制基础货币,又难以实施独立的货币政策。结果,在外来冲击下,港元利率和汇率发生大幅波动。由于投机冲击活动,加上1982年开始的中英谈判引发对香港前途的担忧,1983年9月,港元创历史新低,跌至1美元兑9.60港元的低价。此时,香港的金融体系已处于全面崩溃的边缘。面对港元危机的压力,香港政府为了稳定港元汇价,于1983年10月15日颁布了新货币政策,从 10 月 17 日开始,将港元按 1 美元兑 7.80 港元的固定汇率再度与美元挂钩,结束了浮动汇率制度,联系汇率制度应运而生。具体变迁与选择见下表:

表 9-18 香港汇率制度的变迁与选择

时间	汇率制度	参考汇率
1863 年至 1935 年 11 月 4 日	银本位制	银元为法定货币
1935 年 12 月至 1967 年 11 月	英镑汇兑本位制(与英镑挂钩)	1 英镑兑 16 港元
1967 年 11 月至 1972 年 6 月	英镑汇兑本位制(与英镑挂钩)	1 英镑兑 14.55 港元
1972 年 6 月至 1973 年 2 月	与美元挂钩,干预上下限±2.25%	1 美元兑 5.65 港元
1973 年 2 月 14 日	与美元挂钩	1 美元兑 5.085 港元
1974 年 11 月 25 日	自由浮动	1 美元兑 4.965 港元
1983 年 9 月 24 日	自由浮动	1 美元兑 9.60 港元
1983 年 10 月 17 日至今	按固定汇率与美元挂钩	1 美元兑 7.80 港元

资料来源:香港金管局资料《香港的联系汇率制度》。

二、香港联系汇率制度的运作

香港没有中央银行,是世界上由商业银行发行钞票的少数地区之一。港币是以外汇基金为发行机制的。外汇基金是香港外汇储备的唯一场所,是港币发行的准备金。发钞银行在发行钞票前,必须以百分之百的外汇资产向外汇基金交纳保证,换取无息的负债证明书(certificates of indebtedness),以作为法定的发行准备。换取负债证明书的资产先后是白银、银元、英镑、美元和港币。香港实行联系汇率制度后,再次规定必须以美元换取。1983 年 10 月 15 日,香港货币当局颁布的货币政策中一项重要的措施就是重新安排发钞程序。发钞银行在发行钞票前,必须以 1 美元兑 7.80 港元的汇率向外汇基金交纳等值美元,以换取负债证明书作为法定的发行准备;同时,发行银行可以负债证明书向外汇基金赎回美元,从而奠定了香港联系汇率制度的基础。在香港历史上,无论以何种资产换取负债证明书,都必须是十足的,这是港币发行机制的一大特点,而实行联系汇率制度则依然沿袭。

香港自 1983 年 10 月 17 日起实行联系汇率制度。联系汇率制度属于货币发行局制度,其核心内容便是港元与美元挂钩,维持 1 美元兑 7.80 港元的固定汇率。在联系汇率制度下,基础货币的流量与存量均需得到外汇储备的足额支持。在香港,基础货币主要包括:(1)负债证明书,用以支持发钞银行发行的纸币和流通硬币;(2)银行总结余,为银行在金管局开设的结算户口结余;(3)外汇基金票据及债券,由金管局代表政府发行。

香港的纸币由汇丰、渣打和中银 3 家发钞行共同发行,发钞时须按 1 美元兑 7.80 港元的固定汇率向金管局提交等值美元,并记入外汇基金账目,以赎买负债证明书作为所发行纸币的支持。因此,港元得到外汇基金持有的美元提供的十足支持。相反,回收港元纸币时,金管局会赎回负债证明书,银行则自外汇基金收回等值美元。这一机制也被引入同业现钞市场,即当其他持牌银行向发钞行取得港币现钞时,也要以百分之百的美元向发钞行进行兑换;而其他持牌银行把港元现钞存入发钞行时,发钞行也要以等值美元付给它们。这两个联系方式对港元的币值和汇率起到了重要的稳定作用,是联系汇率制度的重要特点。港元硬币由金管局负责发行,并由代理银行负责储存及向公众分派硬币,金管局与代理行之间的交易也按 1 美元兑 7.80 港元的汇价,以美元结算。在货币发行局制度下,资金流入或流出会令利率而非汇率出现调整。若银行向货币发行局出售挂钩的外币美元,以换取本地货币港元,即资金流入,则基础货币便会增加。若银行向货币发行局买入外币,即资金流出,则基础货币便会收缩。基础货币扩张或收缩,会分别使本地利率下降或上升,这种货币状况的转变会自动抵消原来资金流入或流出的影响,而汇率则一直保持稳定。这是一个完全自动的机制,金管局无须行使酌情权(参见表9-19)。

表9-19 货币发行局调节机制

资金流入	资金外流
港元汇率保持稳定	资金外流
利率下跌	市场人士沽出港元
基础货币扩张	港元汇率面对下调压力
货币发行局沽出港元	货币发行局买入港元
港元汇率面对上升压力	基础货币收缩
市场人士买入港元	利率上升
资金流入	港元汇率保持稳定

需要指出的是,在香港的公开外汇市场上,港元的汇率是自由浮动的。港元联系汇率只适用于发钞行与外汇基金之间以及发钞行与其他持牌银行之间的港元现钞交易,而发钞行与其他银行的非现钞交易以及银行同业之间、银行与客户之间的一切交易均按市场汇率进行,由市场的供求状况来决定。联系汇率与市场汇率、固定汇率与浮动汇率并存,是香港联系汇率制度最重要的机理。一方面,政府通过对发钞行的汇率控制,维持整个港币体系对美元汇率的稳定联系;另一方面,通过银行与公众的市场行为和套利活动,使市场汇率一定程度地反映现实资金供求状况。

实践中,为了减少利率过度波动,金管局会通过贴现窗提供流动资金。银行可利用外汇基金票据和债券及其他合格证券作为抵押品,订立回购协议,通过贴现窗向金管局借取隔夜流动资金。贴现窗的基本利率,即计算回购协议适用的贴现率的基础利率,是按预先公布的公式厘定的,该公式以美国联邦基金目标利率与香港银行同业拆息为依据。由于外汇基金票据及债券有外汇储备的足额支持,因此这个过程所产生的港元流动资金自动得到外汇储备支持,完全符合货币发行局制度的运作原则。

香港货币发行局制度由外汇基金咨询委员会辖下的货币发行委员会监察。委员会定期举行会议,监察货币发行局制度的运作,并研究改进措施。委员会成员包括专家学者、市场专业人士以及金管局高层人员。委员会的会议记录和文件大部分公布于《金融管理局季报》。

三、香港联系汇率制度的作用与局限

对于香港来说,联系汇率制度是较为可取的货币制度。由于实行百分之百的发钞准备制度,联系汇率制度本身具有抑制通货膨胀的效应。一方面,可避免信用发行制度下滥发钞票行为的发生;另一方面,可避免通过发行货币弥补财政赤字情况的发生。这便从制度上杜绝了人为因素造成的通货膨胀。此外,联系汇率制度具有内在的套戥机制,可使市场汇率自动地向发钞汇率靠拢。"套戥"是指当市场上美元汇率升至1美元兑7.80港元以上时,一般持牌银行会以1∶7.8的汇率将多余的港元现钞交还发钞行,然后把换回的美元按市场价格

抛出并赚取其中的差价。发钞银行也会用港元以 7.80 港元的汇价向外汇基金兑换美元,然后以高于 7.80 港元的汇价出售美元。这样,市场上美元供给就会增加,港元逐渐减少,即"通货的自动收缩"。结果,美元汇率下降,港元汇率逐渐上升,市场汇率逐渐向联系汇率水平回笼。同时,套戥活动引起港元供应量的收缩,导致港币短期利率上升,引发套利活动,对港币的需求增加,港元的市场汇率也会相应上浮。相反,在港元升值时,反向操作。因此,香港联系汇率制度具有内在的自动稳定机制。

联系汇率制度的优点是,减少了因投机而引起的汇率波动,减少了经济活动中的不确定性,便于成本核算、盈利估计和结算,有利于促进国际贸易的发展和国际资本的流动。此外,联系汇率制度可以束缚政府,使其理财小心谨慎,不仅从外汇基金角度稳定了港元,还从发行的调控上间接控制了通货膨胀。在过去二十多年的运作中,联系汇率制度基本实现了最初目标——稳定港元汇价,进而稳定整个金融体系,这也是联系汇率制度最本质、最主要的作用。实践证明,联系汇率制度所提供的稳定的汇率环境,是过去二十多年香港地区进出口迅速发展的关键,是股市吸引外资来港投资的根本条件。联系汇率制度不仅技术上简单可行,而且经受了一系列考验:1984—1987 年 5 次大的港元投机风潮,1990 年海湾战争,1995 年初墨西哥货币危机触发的对港元的冲击,以及 1997—1998 年亚洲金融危机对港元的冲击等。

但是,无论哪种货币制度,都会有其局限性。香港的联系汇率制度也不例外,其主要缺陷表现为:第一,在联系汇率制度下,货币管理局不能通过汇率变动调节国际收支状况。与实施自由浮动汇率制度的情况相比,香港在面对竞争对手货币的大幅贬值、出口市场经济衰退等海外或本地事件对经济造成冲击时,由于实施联系汇率制度,其内部成本/价格结构可能作出更大幅度的调整。第二,在联系汇率制度下,香港货币政策的独立性丧失。由于汇率的原因,香港要跟随美国的货币政策,但香港与美国的经济周期不尽一致。这样,没有什么空间让金管局运用独立的利率政策,以达到价格稳定或促进经济增长的目标。例如,1991 年港府曾尝试将港元利率提高,以抑制通货膨胀。但是,此时美联储不断减息,严重冲击了联系汇率制度。结果,1991—1992 年,香港虽为高通货膨胀所困扰,但不得不随美元而降息,使得香港经济损失惨重。第三,在联系汇率制度下,香港的外汇储备不能完全满足兑付要求。流通中的港元现钞虽有百分之百的外汇储备支撑,但银行贷款却没有美元作担保。银行贷款的乘数作用使货币供应量增加,远远超出了基础货币的数量。如果市场对港元失去信心,将港元全部兑换为美元,则现有的美元储备无法支撑联系汇率。因此,联系汇率制度存在着一个制度上的缺陷,就是实际上不能保证港元有百分之百的外汇储备作为担保,良好的经济前景所带来的市场信心是维持联系汇率制度的根本保障。尽管如此,由于香港经济结构灵活,能够迅速适应不断变化的内外环境,所以在联系汇率制度下,香港经济一直表现出色。

四、其他改革方案

由于联系汇率制度具有内在的缺陷,因此每当香港出现财政及经济问题时,人们便会对这一制度产生质疑。在此基础上,其他一些方案相继被提出。具体来说,主要有以下方案:

(一)与美元挂钩,但是修改现行汇率或调整汇率弹性

修改现行汇率虽然可以部分缓解经济调整压力,但是作为挂钩支点的名义汇率一旦动摇,就会影响到香港货币发行局制度的公信力,同时也会使公众产生再度修改联系汇率的预

期,结果将直接影响香港经济和货币的稳定。同时,货币贬值在一定程度上会妨碍香港经济体系继续调整以争取更高生产力的动力,不利于香港的长远利益。但是,对于目前香港经济基本面与美国经济周期的不一致所导致的汇率失调,在适当的时候增加汇率弹性,对经济受到的冲击会起到一定的缓冲作用。

（二）与一篮子货币挂钩

如果港元改与一篮子货币挂钩,则香港经济将更少受美元汇率及利率大幅波动的影响。但是,与一篮子货币挂钩将会使香港货币政策的透明度降低,市场对港元的运作机制将缺乏十足信息,从而可能影响公众对港元的信心。

（三）港元自由浮动

若港元自由浮动,则金管局可以获得更大的货币政策运作空间,以实现其经济目标。但是,由于香港是高度开放的小型经济体,容易受到国际资金流动的冲击影响,因此若港元汇率浮动,将会增加对香港投资和贸易的风险,不利于香港经贸的发展。同时,在浮动汇率制度下,金管局仍然需要定出政策架构,以达到货币稳定。但是,金管局对市场利率的影响力已难以像联系汇率制度下那样有效且具有公信力。

（四）港币美元化

美元化虽然可能有助于稳定香港的货币和金融制度,但是涉及重大的法律、技术以及政策过渡问题。这些问题的解决不是一朝一夕能够实现的。同时,美元化将使金管局不再能享有发钞利润。一旦实行美元化后,退出成本高昂,纵使美元化也无法解决香港物价和成本结构的调整问题。

此外,从短期、中期来看,人民币替代美元作为"锚"货币仍不太符合目前香港经济环境的现实需要。港元只有实现与作为国际货币的"锚"货币完全自由和大量的兑换,才可以提供信心保证和维持汇率稳定。总之,这些方案与联系汇率制度一样,由于其内在的缺陷,很难更好地取代现行的联系汇率制度。

本 章 小 结

汇率制度,是指一国或地区货币当局有关汇率的确定、维持、调整和管理的一系列制度性安排和规则（正式规则和非正式规则）。

国际汇率制度经历了国际金银复本位和金本位制度下内生的固定汇率制度、两次世界大战之间动荡的浮动汇率制度、布雷顿森林体系下可调整的外生的固定汇率制度和牙买加体系下多种汇率制度形式并存的混合汇率制度。

根据 IMF 的分类方法,汇率制度的分类大致经历了六个阶段:一是布雷顿森林体系和史密森调整下二分法,二是 1975 年名义分类法,三是 1977 年名义分类法,四是 1982 年名义分类法,五是 1999 年实际分类法,六是 2009 年实际分类法。1999 年实际分类法主要关注的是中间汇率制度的区分,使它们与各成员方的实际汇率制度情况更加相符,增加各成员方汇率制度安排的透明度。2009 年实际分类法考虑了跨国间汇率制度分类更大的一致性和客观性,促进了分类的进步,改进了透明性,有利于 IMF 双边和多边监督。从 IMF 所有成员方来看,现阶段,中间汇率制度仍占据重要地位,"中间空洞化"汇率制度假说难以成立,多种汇率制度形式并存是客观现实。

影响一国或地区汇率制度选择的因素很多,主要有经济结构特征、政策配合、经济冲击、政府信誉、BBC规则、价格确定和金融发展水平等。正是由于影响因素纷繁复杂,而研究者所取的主要影响因素不同,因而得出汇率制度选择的不同标准。

从短期、中期来看,汇率制度的选择取决于讨论中一国的具体情况而相机抉择,不仅取决于传统的最佳货币区因素,而且取决于政治经济因素和恐惧浮动因素等。从长期来看,没有单一的汇率制度适合于同一时期所有国家或同一国家所有时期,各国都会自愿或非自愿地改变其汇率制度,特定的汇率制度可能只适合特定时期特定国家的需要。根据多因素差异性与变动性,可以预测,汇率制度的选择是多种汇率制度形式并存与相互转换的。

理论上,政府能够通过调整名义汇率和运用货币政策工具等影响国内价格水平,以改变实际汇率。但是,经验显示,实际汇率错位的矫正主要依靠名义汇率的调整。若想实现对实际汇率的管理,则名义汇率贬值要注重货币政策和财政政策的配合协调,并采取措施抑制通货膨胀,如此才能实现实际汇率贬值,达到改善国际收支的目的。

影响人民币汇率制度变迁与选择的主导因素有:经济环境、政府的目标函数、汇率政策目标、利率与汇率市场化程度和前期汇率制度。根据这些多因素互动,在历时性分析的基础上,可得出现阶段人民币汇率应该转向更加灵活的汇率制度之结论。2005年7月21日,人民币汇率形成机制改革就证明了这一点。之后,中国开始实行以市场供求为基础、参考一篮子货币进行调节、有管理的浮动汇率制度。自2006年1月4日起,中国在银行间即期外汇市场上引入询价交易方式和做市商制度,旨在进一步完善人民币汇率市场形成机制。

香港的联系汇率制度属于货币发行局制度。港元联系汇率只适用于发钞行与外汇基金之间以及发钞行与其他持牌银行之间的港元现钞交易,而发钞行与其他银行的非现钞交易以及银行同业之间、银行与客户之间的一切交易均按市场汇率进行,由市场的供求状况来决定。联系汇率与市场汇率、固定汇率与浮动汇率并存,是香港联系汇率制度最重要的机理。尽管联系汇率制度存在内在缺陷,但是在联汇制度下,香港经济一直表现出色。

关键术语

1. Exchange rate regime(汇率制度)——Exchange rate regime is defined as a series of arrangements and rules (formal and informal rules) on the determination, maintenance, adjustment and regulation of exchange rate.

2. Exchange arrangements with no separate legal tender(无独立法定货币的汇率安排)——The currency of another country circulates as the sole legal tender, or the member belongs to a monetary or currency union in which the same legal tender is shared by the members of the union. Adopting such regimes implies the complete surrender of the monetary authorities' control over domestic monetary policy.

3. Currency board(货币局制度)——A monetary regime based on an implicit legislative commitment to exchange domestic currency for a specified foreign currency at a fixed exchange rate, combined with restrictions on the issuing authority to ensure the fulfillment of its legal obligation. This implies that domestic currency be issued only against foreign exchange and that new issues are fully backed by foreign assets, eliminating central bank functions such as monetary control and the lender of last resort and leaving little scope for discretionary monetary policy.

4. Other conventional fixed pegs(其他传统固定盯住制)—The country pegs its currency at a fixed rate to a major currency or a basket of currencies, where a weighted composite is formed from the currencies of major trading or financial partners and currency weights reflect the geographical distribution of trade, services, or capital flows. In a conventional fixed pegged arrangement the exchange rate fluctuates within a narrow margin of at most ±1 percent around a central rate. The monetary authority stands ready to maintain the fixed parity through intervention, limiting the degree of monetary policy discretion.

5. Managed floating with no pre-announced exchange rate path(不事先宣布汇率路径的管理浮动)——The monetary authority influences the movements of the exchange rate through active intervention in the foreign exchange market without specifying, or pre-committing to, a pre-announced path for the exchange rate. Indicators for managing the rate are broadly judgmental, including the balance of payments position, international reserves, parallel market developments, and the adjustments may not be automatic. Intervention may be direct or indirect.

6. Independently floating(独立浮动)—The exchange rate is market determined, with any foreign exchange intervention aimed at moderating the rate of change and preventing undue fluctuations in the exchange rate, rather than at establishing a level for it. In these regimes, monetary policy is in principle independent of exchange rate policy.

7. Sterilization(冲销)—Sterilization is the process of neutralizing the effect of a balance of payments deficit (surplus) by creating (retiring) enough domestic credit to offset the fall in the foreign exchange reserves.

8. Stabilized arrangement(稳定性安排)—This classification entails a spot market exchange rate that remains within a margin of 2% for six months or more, and is not floating. It requires that the statistical criteria are met, and that the exchange rate remains stable as a result of official action. The classification does not imply a policy commitment on the part of the country authorities.

9. Crawl-like arrangement(类似爬行安排)—The exchange rate must remain within a narrow margin of 2% relative to a statistically identified trend for six months or more, and the exchange rate arrangement cannot be considered as floating.

10. Impossible triangle(不可能三角)—also known as the impossible trinity is a trilemma in international economics which states that it is impossible to have all three of the following at the same time: a fixed exchange rate, free capital movement, and an independent monetary policy.

11. Hong Kong's linked exchange rate system(香港联系汇率制度)—Since 1983, the Hong Kong dollar has been linked to the U.S. dollar at the rate of HK＄7.80 to one U.S. dollar. The link is maintained through the operation of a strict and robust currency board system.

问题与练习

一、名词解释

汇率制度　　　国际汇率制度　　特里芬两难　　固定汇率制度　　浮动汇率制度
传统固定盯住制　不可能三角　　　美元化　　　　货币联盟　　　　货币局制度
汇率目标区　　　管理浮动　　　　独立浮动　　　稳定性安排　　　类似爬行安排
外向实际汇率　　冲销式干预　　　内向实际汇率　非冲销式干预　　做市商制
外汇调剂市场　　竞价制　　　　　联系汇率制度

二、思考题

1. 汇率制度的功能主要有哪些？
2. 简述国际汇率制度的变迁历程。
3. 比较布雷顿森林体系与金本位制度下固定汇率制度的差异。
4. 试析牙买加体系下汇率制度规则的改变。
5. 比较固定汇率制度与浮动汇率制度的优劣。
6. 根据 IMF 的分类方法，汇率制度的分类大致经历了哪些阶段？
7. 1999 年 IMF 汇率制度的实际分类主要有哪些？其内涵是什么？
8. 2009 年后 IMF 汇率制度的实际分类有哪些？
9. 试对 1999 年和 2009 年汇率制度的实际分类进行比较。
10. 试论"中间空洞化"汇率制度假说。
11. 影响汇率制度选择的主要因素有哪些？
12. 政府实际汇率管理的核心思想是什么？
13. 影响人民币汇率制度选择的主导因素有哪些？
14. 试析入世后人民币汇率制度的选择方向。
15. 如何理解人民币汇率改革必须坚持主动性、可控性和渐进性？
16. 人民币汇率形成机制改革的要点有哪些？
17. 比较 1994 年人民币汇率改革与 2005 年 7 月汇率改革的异同点。
18. 比较外汇市场交易的两种模式——做市商制和竞价制。
19. 简述香港联系汇率制度的特点、运作方式和局限性。

附录　英国金本位制的确立[①]

1717 年英国议会将金几尼（Guinea）的价格故意定高的行为，造成了劣币金几尼驱逐良币银便士，引起白银外流，并在不到 30 年的时间里使白银成为事实上的辅币。1774 年，议会通过第一个旨在使银币成为辅币的法令。但是，随后发生的对法战争却使信用货币"纸英镑"成为广泛流通的货币。1816 年，议会的法令使金币正式成为英国的本位货币。英国进入真正意义上的金本位时期，是从 1821 年恢复黄金兑换开始的，直至一战期间的 1914 年。

一、英国银本位时期

公元 450—600 年，也就是盎格鲁-撒克逊人征服不列颠后，英国流行的货币是罗马铜

[①] 参见沈国兵主编：《国际金融》，北京大学出版社 2008 年版，第 358—361 页，徐端丰编写。

币。不过,征服者很快就开始铸造自己的货币,并且出现了"便士""先令"和"英镑"等货币名称。英镑是金币,先令和便士是银币。[①] 自那时起,直至 1300 年,银便士的含银量很少有变动。但是,由于铸币技术粗糙,货币的重量很不稳定,甚至新铸的货币也是这样。1100 年,1 个新便士的实际重量仅为 22.5 克冷。但是,根据官方规定,"便士的重量"应该为 24 克冷。1290 年,盖屋顶工人助手的工资为每天 1 便士,相当于 4/5 只母鸡或旺季 30 至 40 只鸡蛋的价格。从 1300 年开始,新便士的含银量开始大幅下降:1300 年降为 22 克冷,1412 年降至 15 克冷,1527 年降到只有 10.5 克冷。不过,由于白银相对稀少,其购买力有所提高。因此,物价的涨幅并不如看上去那么大。但是,白银的需求刺激了 15 世纪末期欧洲的银矿开采业。不过,在 1500 年后大量新货白银出现在英格兰之前,这些新开采的白银还没有影响到一般物价。

二、英国金银复本位时期

斯图亚特王朝的君主遵照古老的惯例,曾经铸造过相当多的金币。亨利七世首次铸造了价值为 20 先令的"金币"(正好是 1 英镑);詹姆斯一世于 1604 年发行了攸尼梯(亦译为"尤奈特",即 Unite),上面有两个王冠,象征英格兰和苏格兰两个王国的联合;查理二世于 1663 年发行了几尼(亦译为"畿尼",即 Guinea),因用几内亚黄金铸成而得名。当时,金币是按照银币定值的。攸尼梯有两种:一种的价值发行不久就在 20 先令以上,另一种较轻的也很接近 20 先令。1661 年,官方公告将较重的攸尼梯定值为 23 先令 6 便士,将较轻的定值为 21 先令 4 便士。Guinea 根据较轻的攸尼梯规定铸造,自规定后 150 年内,其重量和成色都没有变动过(从此开始,银币反而根据金币定值了)。由于对银币进行的剪切和其他欺诈行为,到 1695 年,一个金币的价值已达到 30 先令。

1696—1698 年是大铸银币时期,大量的新银币使几尼与银币的比价逐步降低到 21 先令 6 便士。1717 年,造币厂负责人牛顿爵士在一个报告中指出:根据市场标准,正确比价应该是 1 个几尼兑换 20 先令 8 便士。不过,那年议会"宁愿"把它定值为 21 先令。于是,劣币驱逐良币现象发生。新先令常常被熔化或输出,市面上只剩下已经磨损的银币。到 1760 年时,银先令的平均重量已降低到法定重量的 5/6,6 便士银币的重量降至 3/4 左右。由此,银币逐渐变为辅币。1730 年,一造币厂厂长这样说:"在英格兰,9/10 或者更多的支付现在都用金币结算了",这是一种更为便利、"更加贵重"的货币。尽管根据法律规定,任何人仍旧可以用白银支付大宗债务,但是实际上并不能这么做(由于银币严重磨损)。如果一个人这样做,他在社会上或商业上的声誉将受到损害。

三、英国金本位的初步确立

1774 年,英国议会采取了将银币变为辅币的第一个措施,即规定 25 英镑以上的花费不得用银币支付。1816 年,议会通过决定,规定银币作为法币支付时,最多不能超过 40 先令;金币被宣布为唯一的价值标准和法币,支付时不受任何限制;新的金币改名为"沙弗林"(Sovereign)。不过,如上文所述,金币实际上早在 1750 年前就取代了银币的本位币地位。

四、英国金本位的暂时中断

从 17 世纪开始,一些伦敦的金首饰商开始向银行转型,他们吸收存款并发放贷款。1694 年,英格兰银行在战时设立,把全部资本 120 万英镑贷给政府,以此换得了合股银行业

[①] 英国的货币单位:1971 年 2 月 15 日前,1 英镑=20 先令,1 先令=12 便士。英国的质量单位:1 克=15.4324 克冷(grain,又译"格令"),即 1 克冷=64.8 毫克。

务的垄断权(其他银行的合伙人不能超过6个)。英格兰银行经营所有银号经营过的业务(包括存款、贴现和发行钞票),经营对东印度公司、哈得逊湾公司等的半官方业务。更重要的是,它还经营对政府的贷款。通常,在发生金融危机的时候,乡镇银行从伦敦的银行获得所需的黄金,伦敦的银行又从英格兰银行获得所需的黄金。但是,在1793年金融危机发生的时候,英格兰银行却拒绝为可靠的银行提供帮助,这使得危机变得更加严重,却使其自身成为唯一能够提供帮助的银行。渐渐地,英格兰银行成为英国的中央银行。

  1793年前,英格兰银行是伦敦维持钞票发行的独家银行,并且只发行不小于10英镑面额的钞票。这些钞票可以在伦敦商业区和周边30英里范围内自由流通,并可以随时在银行的柜台上兑换成金币。1793年,英国对法战争开始。战争造成国际收支逆差,加上法国大革命造成法国富户把大量黄金运到伦敦又运回,英格兰银行遭遇挤兑,无力满足公众对黄金的需要。1797年2月27日,在小威廉·皮特政府的允许下,咨询枢密院不经议会同意颁布了一项敕令,宣称英格兰银行取消支付黄金的义务。这就是《暂停黄金支付决定》(The Bank Restriction Act)。当年5月,议会确认了这项立法,并在战争期间和战后多次修改这项法律,直至1821年。这样,1797年至1821年间,英国流通的货币就成了信用货币"纸英镑"(paper pound)。

五、英国金本位的正式确立

  在"纸英镑"流通的年代,英镑对欧洲外汇的比价下降了,黄金对英镑的比价大幅上涨,不列颠出现了通货膨胀。当时,人们认为,这是过多发行纸币与国内购买力降低的结果。1810年8月,英国下议院一个小型特别委员会针对锭金价格猛涨做了著名的调查报告《锭金报告》(Bullion Report,1919年埃德温·坎农再版此报告时,将名称改为《1797—1821年的纸英镑》,The Paper Pound of 1797—1821)。该委员会把过量发行钞票的责任归咎于英格兰银行而不是乡镇银行,建议英格兰银行迅速恢复黄金支付,重新办理客户随意将纸币兑换成黄金的业务,并使纸币的发行量与黄金储备有一个严格的比例。《锭金报告》代表了包括大卫·李嘉图在内的有识之士的意见,但是议会和政府中的大多数成员拒绝采纳报告所建议的措施,因为当时拿破仑战争已经达到白热化的程度,国家正处于存亡的紧要关头,必须暂停黄金支付以维持国家的开支。从国家的安全利益角度出发,不列颠必须忍受物价飞涨的弊端。

  战后,1810年发布《锭金报告》的委员会占了上风。在部分恢复支付黄金和议会的进一步干预下,1821年,货币自由兑换黄金恢复了,金本位正式在英国确立下来,并一直维持到1914年。然而,对英格兰银行战时政策的争论从未停止过。巧合的是,英国金本位制的下一次中断和最后终止,恰恰也是由于战争造成的。

第十章　国际储备政策

> **学习要点**
>
> 国际储备及其特征，国际储备的构成，特别提款权，国际储备的作用，国际储备规模管理，国际储备的供给与需求，国际储备结构管理，最佳国际储备量及其确定方法，多元化储备体系的成因，国际储备体系的前景，中国国际储备管理问题。重点理解和掌握：国际储备和国际清偿力差异，最佳国际储备量确定方法，中国外汇储备规模不断扩大的成因。

第一节　国际储备的特征及构成

一、国际储备的内涵和特征

国际储备(international reserves)，是指一国货币当局持有的，用于国际支付，平衡国际收支差额和干预外汇市场，维持货币汇率稳定的国际可接受资产。能够作为国际储备的资产必须具备三个特征：(1) 可获得性(availability)。作为国际储备的资产必须是一国货币当局完全有能力获得的资产(一般是中央银行或财政部集中掌握的)。非官方金融机构、企业和私人持有的资产不能算作国际储备。从这一点来说，国际储备又被称为"官方储备"(official reserve)。(2) 充分流动性(liquidity)。国际储备应有充分的变现能力，在一国出现国际收支逆差或干预外汇市场时可以随时动用。例如，存放国外的活期可兑换外币存款、有价证券等。(3) 普遍接受性(acceptability)。国际储备必须在外汇市场和政府间清算国际收支差额时得到普遍认同和接受。

现实中，国际储备分为广义国际储备和狭义国际储备。广义国际储备包括自有储备和借入储备，两者构成了国际清偿力。所谓国际清偿力(international liquidity)，是指一国金融当局干预外汇市场的总体能力，由自有储备和借入储备构成。狭义国际储备仅指自有储备，是我们通常所说的国际储备，其数量多少反映了一国在国际货币金融领域中的地位。

大多数经济学家认为，国际储备和国际清偿力有所不同。国际清偿力不仅包括国际储备，还包含其他一些资产。美国经济学家弗莱德·伯根斯坦指出，能够体现一国对外支付能力的资产，首先是该国政府的自有国际储备，其次是该国政府的无条件提款权和借入储备，另外还有私人部门(商业银行)的短期外汇资产和一国对外长期债权。随着国际经贸往来的日益密切，国际货币基金组织现在把国际储备以及具有国际储备特性的借入储备都统计在国际清偿力的范围内。借入储备资产包括备用信贷、互惠信贷协议、借款总安排、互换支付协议等临时性的筹款协议，以及本国商业银行的对外短期可兑换货币资产。所以，国际储备和国际清偿力是有区别的，后者的内涵更广，它强调的是对外支付能力而不是所有权关系。例如，临时性的筹款协议虽未形成现实的国际储备资产，但只要协议达成，便构成一国的国际清偿力。

二、国际储备的构成

一般来说,国际储备仅指狭义国际储备,它由四种资产构成:货币黄金储备、外汇储备、在国际货币基金组织的储备头寸以及特别提款权贷方余额。

(一)货币黄金储备(gold reserve)

货币黄金储备,是指一国货币当局持有的货币化黄金(monetary gold),不包括为了满足工业用金和民间藏金的需求而作为商品储备的黄金。在国际金本位制度和布雷顿森林体系下,黄金一直是最重要的储备资产。黄金是最可靠的保值手段,是理想的财富化身。黄金储备完全是一国范围内的事,可以自动控制,不受任何超国家权力的制约。但是,世界黄金产量增长有限,黄金储备的流动性欠缺;同时,由于持有的机会成本比较高,使得黄金储备的吸引力受到影响。特别是1976年《牙买加协议》实施以后,随着黄金的"非货币化",它已不再是货币制度的基础,也不能用于政府间的国际收支差额清算。从严格意义上说,黄金已不再是国际储备资产了。然而,由于历史上形成的习惯,大多数国家货币当局仍持有黄金。国际货币基金组织在统计和公布成员方的国际储备时,也把黄金储备列入其中。从世界黄金储备的规模及其分布变化来看(见表10-1),国际货币基金组织成员方的总体黄金储备呈小幅上升态势,但是各成员方的黄金储备实物量分布并无很大变化。发达经济体的黄金储备在2006—2016年呈现出平稳且小幅下降态势,而新兴和发展中经济体的黄金储备在此期间则保持着小幅增长的态势。中国在2009年和2015年持有的黄金储备出现跳跃性增加。2016年末,发达经济体持有的黄金储备占黄金总储备的比重为66%,新兴和发展中经济体的占比为23.8%。其中,中国的占比为5.5%,较先前有所增加。相比来看,发达经济体持有的黄金储备实物量远远超过新兴和发展中经济体,中国持有的黄金储备份额相对较低。

表10-1 国际货币基金组织成员方的黄金储备分布 单位:百万盎司

年末	2006	2007	2008	2009	2010	2011	2012	2013	2014	2015	2016
世界	978.88	962.66	963.23	980.1	990.84	1002.6	1017.88	1023.44	1029.13	1051.96	1069.76
发达经济体	733.57	716.96	708.25	704.72	704.5	705.61	706.44	706.92	706.81	706.71	706.56
新兴和发展中经济体	136.34	137.83	147.54	173.79	179.77	190.91	204.24	214.87	223.27	251.38	254.09
中国	19.29	19.29	19.29	33.89	33.89	33.89	33.89	33.89	33.89	56.66	59.24

资料来源:IMF, International Financial Statistics Yearbook 2017, p.27。

(二)外汇储备(foreign exchange reserve)

外汇储备,是指各国货币当局所持有的以储备货币表示的流动资产,其形式表现为货币、欧洲货币单位、银行存款、政府的有价证券、中长期债券、货币市场工具、衍生金融工具、以股本证券形式持有的对非居民的债权等。外汇储备是当今国际储备的主体。就金额而言,它超过所有其他类型的储备资产。如表10-2所示,2006—2016年,发达经济体、新兴和发展中经济体的外汇储备额都呈明显的增加态势。其中,发达经济体的外汇储备从2006年的15100亿SDR增加至2016年的30778亿SDR;新兴和发展中经济体的外汇储备从2006年的19819亿SDR增加至2016年的48901亿SDR。其中,中国的外汇储备从2006年的7088亿SDR增加至2016年的22394亿SDR。发达经济体的外汇储备占比从2006年的43.2%下降至2016年的38.6%,而新兴和发展中经济体的外汇储备占比则从2006年的

56.8%上升至2016年的61.4%。中国的外汇储备占比也从2006年的20.3%上升至2016年的28.1%。相比来看,2016年,新兴和发展中经济体持有的外汇储备是发达经济体持有量的1.6倍;中国持有的外汇储备份额从单个国家来看很高,超过了世界份额的1/4还多。新兴市场国家大量增加外汇储备,除了经济发展的因素之外,美联储和其他中央银行在金融危机后实行的量化宽松货币政策,也直接导致大量热钱流入新兴市场国家。不过,从2015年开始,随着世界外汇储备额的下降,中国外汇储备额和所占世界份额都出现了缩水现象。

表10-2　国际货币基金组织成员方外汇储备分布　　单位:10亿特别提款权

年末	2006	2007	2008	2009	2010	2011	2012	2013	2014	2015	2016
世界	3494.9	4243.0	4769.7	5208.4	6016.1	6647.2	7125.8	7586.9	7996.9	7878.6	7967.9
发达经济体	1510.0	1555.8	1635.1	1792.2	2031.9	2244.7	2422.0	2493.8	2673.1	2871.3	3077.8
新兴和发展中经济体	1981.9	2687.2	3134.7	3416.2	3984.3	4402.5	4703.8	5093.0	5323.8	5007.3	4890.1
中国	708.8	967.1	1263.4	1530.4	1848.6	2072.0	2154.7	2481.4	2652.5	2403.3	2239.4

资料来源:IMF, International Financial Statistics Yearbook 2017, p.24。

作为储备货币,必须具备三个条件:(1)在国际货币体系中占有重要的地位;(2)能自由地兑换成其他货币;(3)内在价值比较稳定。外汇储备的供给状况直接影响世界贸易和国际经济往来能否顺利开展。如果供给太多,会增加世界性的通货膨胀;反之,很多国家将被迫实行外汇管制或采取其他不利于国际贸易的措施。所以,外汇储备供给量如何保持适度规模,储备货币发行国有何制约机制,是国际金融亟待研究的课题。

外汇储备都是些"硬通货",若储备货币发行国的经济在全球经济中所占的比重上升,则其他国家持有这些货币的比重也会上升。有统计证明,当储备货币发行国占全球生产总值的比例上升1%,该货币在全球各国的外汇储备总量中的比例也会上升0.8%。20世纪70年代布雷顿森林体系崩溃以前,外汇储备主要依赖于美元的供应。随着历次美元危机的爆发,美元的信用不断恶化,在美国经济实力相对下降的同时,日本、联邦德国的经济逐步恢复上升,日元、德国马克和瑞士法郎成为"硬通货"。为了规避风险,人们不再"把鸡蛋放在一个篮子里",而是将储备资产分散化,从而出现了储备货币的多元化趋势。1999年1月1日正式启动的欧元显示出强大的潜力,美元在外汇储备中的重要性相对下降,但是依然在国际储备货币中占据非常独特的地位。这里有历史原因,也有当代国际经济发展趋势的原因。

(三)在国际货币基金组织的储备头寸(reserve positions in IMF)

储备头寸又叫"普通提款权"(general drawing rights),是成员方在IMF的普通账户中可以随时自由提取和使用的资产,包括成员方在IMF储备部分提款权余额和IMF对成员方货币的净使用。按照IMF的规定,成员方加入时必须缴纳份额(quota),其中25%用可兑换货币缴纳,75%用本国货币缴纳,缴纳的份额使成员方获得向IMF的普通提款权。成员方发生国际收支困难时,有权以本国货币为抵押向IMF申请提用可兑换货币,最多可以达到份额的125%,每25%为一档,条件逐档严格。成员方以可兑换货币缴纳的部分,称为"储备部分提款权",这部分提款权在成员方发生国际收支逆差时可以随时无条件地提取使用,不需要经过IMF批准。其余四档为信用提款权,实际上是IMF向成员方提供的可兑换货币贷款。如表10-3所示,2006—2016年,IMF储备头寸的规模及分布状况是:所有成员方在IMF的储备头寸在2007年次贷危机爆发年跌到了最低点,此后有了较大增加。自2014

年1月起,美国量化宽松货币政策开始逐步退出。美元流动性的缩减使得各成员方在IMF的储备头寸在2015年又降到低点,2016年出现回升。2016年,发达经济体在IMF的储备头寸占比为66.5%;新兴和发展中经济体的储备头寸占比为33.5%,其中中国的储备头寸占比为9.0%。相比来看,2013—2016年,发达经济体的储备头寸占比在下降,而新兴和发展中经济体的储备头寸占比在上升。

表 10-3 在 IMF 的储备头寸表　　　　　　　　　　　　单位:亿 SDR

年末	2006	2007	2008	2009	2010	2011	2012	2013	2014	2015	2016
世界	175.1	137.3	251.0	386.8	488.1	982.6	1032.4	975.1	817.4	634.5	790.5
发达经济体	125.1	93.3	181.1	274.4	345.3	739.1	776.5	732.0	606.4	461.2	525.6
新兴和发展中经济体	50.0	44.1	70.0	112.3	142.8	243.5	256.0	243.1	211.0	173.3	264.9
中国	7.2	5.3	13.2	28.0	41.5	63.7	53.2	45.8	39.3	32.8	71.4

资料来源:IMF, International Financial Statistics Yearbook 2017, p.21。

(四)特别提款权贷方余额(special drawing rights,SDR)

国际货币基金组织于1969年创立特别提款权(SDR),并于次年设立特别提款权账户,按照成员方的份额进行首次分配。特别提款权是国际货币基金组织为补充成员方储备资产而创设并无条件分配给成员方的一种账面资产,是分配给成员方的一种使用资金的权利。成员方发生国际收支逆差时,可用SDR向IMF指定的其他成员方换取外汇,以偿付国际收支逆差或偿还IMF贷款,还可与黄金、自由兑换货币一样充当国际储备。SDR可用于清偿与IMF之间的债务、作为成员方之间的互惠信贷协议、充当国际储备等。但是,SDR的使用仅限于政府之间,不可以用于支付商品和劳务的款项,不能用于贸易和非贸易的结算,也不可以兑换成黄金。它具有人为创造、无偿分配、使用受到限制的特征。

如表10-4所示,2009年,IMF进行了特别提款权的普遍分配和一次性特别分配,使得各方持有的SDR出现急剧跨越式增长。具体而言,2009年8月,IMF进行了第三次SDR普遍分配,分配了1612亿SDR,折合2500亿美元;9月,又进行了一次性特别分配,额度为215亿SDR。2009年的SDR分配旨在减轻美欧金融危机的影响,并修正在1981年之后加入IMF的成员方从未得到过SDR分配的问题。2016年,发达经济体持有的SDR占比为58.5%;新兴和发展中经济体持有的SDR占比为27.0%,其中中国持有的SDR占比为3.5%。相比来看,发达经济体持有的SDR将近是新兴和发展中经济体的2.2倍。

表 10-4 IMF 成员国的 SDR　　　　　　　　　　　　单位:亿 SDR

年末	2006	2007	2008	2009	2010	2011	2012	2013	2014	2015	2016
世界	214.8	214.8	214.5	2040.7	2042.9	2040.7	2041.8	2041.8	2041.8	2041.8	2041.8
发达经济体	137.9	140.4	142.0	1298.5	1297.3	1265.9	1257.2	1257.9	1255.3	1261.1	1194.7
新兴和发展中经济体	44.6	43.5	46.6	709.3	699.1	672.6	657.6	652.4	643.4	622.8	551.3
中国	7.1	7.5	7.8	79.8	80.2	77.2	73.9	72.6	72.2	74.2	71.9

资料来源:IMF, International Financial Statistics Yearbook 2017, p.18。

三、国际储备的作用

国际储备的作用体现在以下几个方面:

（一）清算国际收支差额，维持对外支付能力

国际储备可以作为应对国际收支逆差的缓冲体。如果国际收支逆差是因偶然性因素或季节性因素导致的暂时性国际收支困难，动用国际储备弥补差额，可以避免采取影响整个宏观经济的财政货币政策，同时避免由此产生的不利影响。如果国际收支逆差是长期性的、巨额的，虽然动用国际储备不能从根本上解决问题，但是至少可以为政府赢得时间，减少因猛烈的调节措施而带来的经济震荡。

（二）干预外汇市场，支持本国货币汇率稳定

一国国际储备量的多少，在一定程度上反映出该国政府干预外汇市场能力的强弱。当本国汇率发生波动，特别是投机因素造成的不稳定时，政府通常利用国际储备（主要是外汇储备）对外汇市场进行干预，使本国货币汇率稳定在与国内经济政策相适应的水平。通过出售储备购入本币，可使本国货币汇率上升；反之，通过购入储备抛出本币，可增加市场上本币的供应，从而使本国货币汇率下浮。但是，国际储备的数量毕竟有限，所以干预活动对汇率的影响只是短期的。

（三）充当一国对外举债的信用保证

国际储备是衡量一国经济实力和偿付能力的标志之一。一方面，国际储备是维护本国货币信用的基础，持有足够的国际储备，在客观上和心理上都能提高本国货币的信誉，有利于支持本国货币价值稳定的信心。另一方面，国际储备可以作为政府对外借款和偿债的信用保证。一国自有储备越充裕，政府筹措外部资金的能力越强，有可能获得的借入储备越多。充足的国际储备还可以加强一国的资信，吸引外资流入，促进本国经济的发展。

专栏10-1

特别提款权（special drawing rights, SDR）

一、特别提款权创立的背景

特别提款权的创立之日，正是布雷顿森林体系风雨飘摇之时。为了挽救这一体系，国际货币基金组织从20世纪60年代中期开始讨论国际储备问题。经过几年的激烈争论，1968年，国际货币基金组织在十国集团斯德哥尔摩会议上达成协议。1969年，第24届IMF年会通过协议，正式创立特别提款权。《国际货币基金协定》第15条第1款明确写道："当发生需要时，IMF有权将特别提款权分配给参与特别提款权账户的会员方，以补充现有储备资产之不足。"在SDR创立后不久，1970年、1971年和1972年进行了SDR的第一次分配，总额为93亿SDR。1979年、1980年和1981年进行了第二次分配，总额为121亿SDR。此后，没有进一步分配。1997年，IMF第四次修正案进行了一次特别的分配，总额为219亿SDR。IMF按成员方在IMF的份额向其分配SDR，分配方式主要有两种：一是周期性普遍分配方式，每隔5年根据全球储备货币的长期需要决定是否进行新的分配；二是一次性特别分配方式，分配需要得到SDR参与方85%以上的投票赞成。2009年，IMF进行了特别提款权的第三次普遍性分配和一次性特别分配，将全球SDR累计额提高至2041亿SDR。

二、特别提款权的定值

起初，特别提款权是为了支持布雷顿森林体系而创设的一种储备资产和记账单位。特

别提款权规定有黄金保值,最初每单位特别提款权含金量被定义为 0.888671 克黄金,1 单位特别提款权等于当时 1 美元的价值,但是不能按此兑换成黄金,所以又被称为"纸黄金"。布雷顿森林体系崩溃以后,从 1974 年 7 月 10 日开始,转而用加权平均的方法来确定特别提款权的价值。第一阶段使用的货币篮子包括 16 种货币。第二阶段从 1981 年 1 月 1 日起,使用 5 种货币的加权,即美元、德国马克、日元、英镑和法国法郎。以 5 国各自对外贸易在国家总贸易中的百分比作为权数,分别乘以 5 国货币计算日当日(或前一天)在外汇市场上对美元的比价,求得特别提款权当日的美元价值,然后再通过市场汇率,套算出特别提款权对其他货币的比价。如表 10-5 所示,定值货币篮子每 5 年评估后调整一次,参照 1996 年 1 月 1 日。1999 年 1 月 1 日欧元诞生后,德国马克和法国法郎在 SDR 篮子中的货币数量分别由等量的欧元代替,依据的汇率是欧洲理事会在 1998 年 12 月 31 日宣布的欧元与德国马克、法国法郎之间固定的兑换率。特别提款权的构成比例已发生变化。实际上,SDR 的币值是由一篮子主要货币,如美元、欧元、日元和英镑,基于市场汇率,折算成美元加权价值决定的。SDR 币值是每日计算的。由于这几种货币是世界上的主要货币,因而 SDR 的价值比较稳定。两次调整分别发生在 2006 年 1 月 1 日和 2011 年 1 月 1 日。

表 10-5 特别提款权的定值

货币	1996 年 1 月 1 日	货币	2006 年 1 月 1 日	货币	2011 年 1 月 1 日	货币	2016 年 10 月 1 日
美元	39%	美元	44%	美元	41.9%	美元	41.73%
德国马克	21%	欧元	34%	欧元	37.4%	欧元	30.93%
法国法郎	11%					人民币	10.92%
日元	18%	日元	11%	日元	9.4%	日元	8.33%
英镑	11%	英镑	11%	英镑	11.3%	英镑	8.09%

资料来源:国际货币基金组织 1996 年、2006 年和 2011 年年报。

依据表 10-5,特别提款权价值的计算公式为:

以美元表示的 SDR 价值 = 1×39% + 美元/马克比价×21% + 美元/法国法郎比价×11% + 美元/日元比价×18% + 美元/英镑比价×11%

2011 年 1 月 1 日后,特别提款权价值的计算公式为:

以美元表示的 SDR 价值 = 1×41.9% + 美元/欧元比价×37.4% + 美元/日元比价×9.4% + 美元/英镑比价×11.3%

2015 年 11 月 30 日,IMF 执董会批准人民币加入 SDR 货币篮子。执董会认为,人民币符合所有现有标准,自 2016 年 10 月 1 日起,将被认定为可自由使用货币,并将作为第五种货币,与美元、欧元、日元和英镑一道构成 SDR 货币篮子。SDR 价值将由包括美元、欧元、人民币、日元和英镑在内的篮子货币的加权平均值决定。从 2016 年 10 月 1 日起,人民币在 SDR 货币篮子中的权重为 10.92%,美元、欧元、日元和英镑的权重分别为 41.73%、30.93%、8.33% 和 8.09%。IMF 认为,将人民币纳入 SDR 货币篮子可使货币篮子更加多元化和更能代表全球主要货币,有助于提高 SDR 作为储备资产的吸引力。[①]

三、特别提款权的用途

特别提款权的使用仅限于政府之间,可用于政府间结算。在 IMF 范围内,特别提款权有下列用途:经货币发行国同意后,可以划账的形式换取可兑换货币;清偿与 IMF 之间的债

---

① 资料来源:http://www.imf.org/external/np/exr/facts/sdrcb.htm,2015 年 12 月 1 日访问。

务；缴纳份额；向 IMF 捐款或贷款；作为本国货币汇率的基础；成员国之间的互惠信贷协议；IMF 的记账单位；充当储备资产。但是，特别提款权只是 IMF 按成员方基金份额无偿分配的一种账面资产，它不可以支付商品与劳务的款项，不能被用于贸易和非贸易的结算，也不可以兑换成黄金。特别提款权的特征是：人为创造、无偿分配、使用受到限制。

四、特别提款权发展中面临的障碍

首先，特别提款权是一种虚构的国际清偿能力，本身没有价值，人们对它作为国际储备资产的信心不足。其次，特别提款权发行数量和分配有限。特别提款权迄今为止的两次分配总额，在世界总储备中所占的比例很小，还不到 5%，发展中国家分到的就更少。再次，特别提款权的使用范围相当有限。特别提款权没有流通手段的职能，不是一种完全的世界货币。虽然 IMF 扩大 SDR 的使用范围，并将其扩展到一些私人领域，并用 SDR 计值来发行债券，但是由于涉及货币数量、货币政策等问题，绝大多数国家不同意使用 SDR。最后，美国的态度问题。特别提款权代替美元作为国际储备货币以缓解美元的压力，但是美国又尽力保持美元的国际地位。一旦美元的压力减轻，美国就对 SDR 采取种种限制措施。这主要表现为，1995 年 IMF 曾想进行第三次 SDR 普遍性分配，但是由于美国反对而夭折。美欧金融危机爆发后，为应对危机压力，2009 年 IMF 进行了第三次 SDR 普遍性分配，并进行了一次性特别分配，至今才累计分配 2041 亿 SDR。分配新的特别提款权是国际货币基金组织的重大问题，需 85% 的多数票才能通过，而美国有近 20% 的投票权，一家就能否决议案，这对于加强特别提款权的地位十分不利。

第二节 国际储备管理：规模和结构

国际储备管理，是指一国货币当局对国际储备的规模、结构和储备资产的运用等进行调整和控制，以达到储备资产规模的适度化、结构的最优化和效益的最大化，并实现调控国民经济和国际收支的目标。在这里，主要考察国际储备规模管理和国际储备结构管理。

一、国际储备规模管理

（一）国际储备规模管理的必要性

国际储备过多，会牺牲经济增长的机会成本，使本币存在升值的压力，本国还潜伏通货膨胀的危机。反之，储备不足，又会引起国际收支支付危机，缺乏对突发事件的应变能力。分析一国国际储备应维持在何种水平才算适度，首先要探讨国际储备的供给和需求因素。

（二）国际储备的供给

国际储备的供应来源主要有：

1. 国际收支顺差

国际收支盈余是国际储备最主要和最直接的来源。在汇率固定的情况下，一国国际收支顺差意味着其国际储备存量的增加。从来源上说，经常项目盈余比资本项目盈余更为可靠。资本项目下的资本净流入虽然也可以增加国际储备，但是还本付息和短期资本的频繁流动制约了储备积累的稳定性。

2. 外汇市场干预

一国对外汇市场的干预活动可以改变其国际储备的存量。例如，货币当局进入外汇市场抛售本币收购外汇，可以增加国际储备；反之，抛售外汇收购本币，会减少国际储备。但是,这种市场操作往往是被动式的,很少用这种方法来增加储备。

3. 收购黄金

一国收购黄金主要有两条渠道:一是用本国货币在国内收购(称为"黄金的货币化"),二是从国际黄金市场上收购。从黄金的供应来看,高昂的产金成本使得黄金产量有限。从黄金的需求来看,工业用金、艺术、保值等用金需求日益增长,增加黄金储备有实际困难。同时,由于大多数国家的货币不可自由兑换,收购黄金必须动用外汇储备,因此,这种收购只能改变国际储备的构成,而不能增加储备总量。

4. 在国际货币基金组织的储备头寸和特别提款权

一国在国际货币基金组织的债权,可以增加国际储备,但是仅限于少数几个发达国家,大多数会员方的货币在现实中并无需求。特别提款权则因为发行数量有限,分配机制还不完善,所以无法成为储备增加的主要来源。

(三)国际储备的需求

国外金融理论在分析一国持有国际储备的需求动机时,大多从交易性、预防性和营利性三个角度进行研究。交易性需求,指持有国际储备主要是为了满足公共或者私人部门对于交易与流动性的外汇需求之融通。预防性需求,指货币当局在外汇市场上出现大幅度波动时,为了及时干预市场而持有国际储备。营利性需求,指利用国际储备进行国际金融市场投资或风险管理,以获得更高的收益或者降低风险水平。还有一种相对虚无的"马克卢普夫人衣橱理论",认为外汇储备规模完全由金融当局含糊不清的偏好决定。金融当局基本上是年复一年地希望扩大外汇储备规模,就像马克卢普夫人每年增添新的服装一样。按照这种理论,外汇储备规模与任何经济变量不存在直接的联系。实际上,国际储备的决定并不是随意的。具体来说,影响一国国际储备需求的主要因素有:

第一,国际收支状况。首先,一国国际储备需求与国际收支赤字出现的规模和频率呈正相关关系,国际收支状况越不稳定,对国际储备的需求越高。其次,一国国际储备需求与国际收支失衡的性质有关,面临的国际收支逆差越偏向于短期性,需要的国际储备越多。最后,国际收支的调节机制和政策也会影响国际储备需求。国际储备需求与国际收支调节机制的效率成反比,自动调节机制和调节政策的效率越高,国际储备需求就越小。

第二,汇率制度。国际储备需求与汇率制度密切相关。固定汇率制度下,政府需要较多的国际储备以应对国际收支危机和汇率波动。浮动汇率制度下,一国汇率变动越灵活,越富有弹性,该国对国际储备的需求越小;反之,汇率变动越缺乏弹性,对国际储备的需求越大。

第三,融资能力。一国对国际储备的需求与其融资能力呈负相关关系。发达国家融资能力较强,具有较高的资信等级,可以方便迅速地筹措、利用国际金融市场的信贷资金,或者获得国际金融机构或外国政府的贷款,所以对储备的需求较小。而发展中国家外部融资能力相当薄弱,这就决定了发展中国家一般要求较高的国际储备量。

第四,国际资本流动状况。国际储备传统上用于国际收支差额的支付,而在当今资本流动规模日益扩大,同时各国又实行金融自由化的情况下,其作用更多地体现为应对国际资本流动对一国国际收支的冲击。1997年东南亚金融危机中,大多数危机发生国由于储备有限,被迫放弃维系固定汇率制度的努力;而遭受同样境遇的香港,依靠充足的外汇储备和完善的金融体系,最终成功捍卫了港元的联系汇率制度。因此,发展中经济体,特别是新兴体,为了增强本国或本地区经济抵御外部冲击的能力,需要持有较多的国际储备。

第五,政府政策选择偏好。如果一国以经济增长和提高国民收入为首要目标,偏好膨胀性的经济政策,持有较多的国际储备有利于经济和收入的稳定。如果一国的对外开放度较高,对外贸易规模很大,该国对国际储备的需求也会相应增加。其他因素如外汇管制的宽严、就业率、汇率弹性、对投资风险管理的态度等,都会对国际储备需求量有一定的影响。

第六,本币的国际地位。如果一国货币为主要国际储备货币,则该国在调节国际收支不平衡时就具有一个有利的条件,即可以用本币对外支付和清偿债务。因此,国际储备货币发行国无须保持规模过大的国际储备。不过,国际储备货币发行国必须具有强大的经济实力以维持其货币的国际地位。

第七,金融市场的发育程度。一国金融市场越落后,该国调节国际收支需要的自有国际储备越多。

第八,持有国际储备的机会成本。持有国际储备是要付出代价的,因为这代表了一国对外国经济资源的购买力,如果用于进口急需的外国商品、技术或劳务,可增加本国的投资,促进国民收入的提高和国内就业。所以,持有国际储备的机会成本越高,对国际储备的需求越低。

第九,国际政策协调和国际货币合作状况。一国与其他国家之间开展的经济合作和国际政策协调,可以有效地减少对国际储备的需求。有良好国际货币合作关系的国家一般对自有国际储备的需求较少。

二、国际储备结构管理

在讨论了一国国际储备的规模管理后,还需要进一步研究国际储备的合理结构。国际储备结构管理,是指确定国际储备资产最佳的分布格局,即使黄金储备、外汇储备、普通提款权和特别提款权之间,以及使外汇储备的各种储备货币之间,保持适当的比例关系。国际储备结构管理的内容包括:(1) 如何持有和运用这些储备资产;(2) 各类储备资产的结构如何安排;(3) 外汇储备中不同的币种结构如何确定;(4) 如何进行恰当的资产组合和资金调度。国际储备结构管理的基本任务是,以灵活的管理策略和方法,合理地调度和分布储备资产,在动态变化中实现国际储备安全性、流动性和营利性的统一,使国际储备获得最大的效益。

(一)国际储备结构管理必须遵循安全性、流动性和营利性

国际储备结构管理的基本原则是,坚持安全性、流动性和营利性的合理统一。

1. 安全性

安全性,是指储备资产的构成要合理,价值要尽可能不受损失。这与储备货币的币值稳定性有关。由于不同储备货币的汇率以及通货膨胀率的不同,所以要根据储备货币的汇率和通货膨胀率的实际走势,经常地转换货币,合理搭配币种,以使收益最大化或损失最小。

2. 流动性

流动性,是指储备资产要有较高的变现能力,一旦有对外支付或干预市场的需求,能随时兑现,灵活调拨。各国在安排外汇储备资产时,应根据对本年度外汇支付的时间、金额、币种的估算,将外汇储备做短、中、长期的投资,以使各信用工具的期限与国际经贸往来中对外支付的日期相衔接。

3. 营利性

营利性,是指在满足安全性和流动性的基础上,尽可能地使储备资产获得较高的收益,实现资产增值。不同储备货币的资产收益率不同,选择时要注重分析利率、通货膨胀率和汇

率的变化趋势。另外,同一币种的不同投资方式,其收益率也不同,应当进行合理的投资组合,使风险最小化、收益最大化。

(二) 国际储备结构管理策略

1. 多元化资产组合法

又称"资产组合选择法",是指将各种储备资产根据风险、收益和流动性进行分类,再根据一定的原则加以权衡比较,确定不同类别储备资产的分配比例,以实现储备资产最佳组合的方法。

2. 比例搭配保值法

又称"比例控制法",是指在调整储备资产结构时,将黄金储备、各种不同的储备货币、特别提款权和储备头寸按一定的比例进行搭配,以分散和降低外汇风险的方法。采取这一方法首先要确定黄金储备的比例,其次要对储备货币的币种进行选择,即确定各种不同储备货币的比例关系。各国在确定不同货币的比例时,一是要考虑储备货币发行国的经济、金融形势和国际收支状况,从而预测其货币汇率的发展趋势;二是要考虑本国在对外支付中所需要的币种结构;三是要考虑不同货币的预期收益率。

3. 市场预测调整法

又称"相机调整法",是指根据对国际金融市场汇率、利率变动趋势的预测,相机调整国际储备结构的方法。其基本思想是,一国储备管理当局必须根据其对国际金融形势的发展和对市场利率、汇率的预测,随时调整不同储备货币和资产形式的构成,以最大限度地减少风险和取得最好的效益。

(三) 四种储备资产的结构管理

国际储备的四种资产在实现国际储备的职能方面各有优劣,其具体构成情况会影响到一国国际储备的使用效率。外汇储备资产的流动性最高,使用时随时可以变现;缺点是,因为汇率、利率风险,价值不稳定,安全性较差。黄金储备安全性较好,但是流动性差,使用时必须先兑换成外汇资产,所以被列为高收益、低流动性的三级储备。SDR 兼备外汇储备和黄金储备的优点,它的定值是按五种货币加权平均计算,比外汇储备的价值稳定,流动性又高于黄金储备,可以视同二级储备。储备头寸则类似于一级储备,但是它和 SDR 的数量并不能由一国政府决定,所以无法在储备资产中占据主导地位。对一国政府来说,储备资产构成,主要是指确定黄金储备和外汇储备资产所占的比例。如表 10-6 所示,从世界国际储备资产的发展来看,2009—2016 年外汇储备在国际储备中占据绝对份额,虽然 2010—2012 年外汇储备相对份额有所下降,但是 2013—2016 年外汇储备占比都在 87% 以上。同期,黄金储备在总的国际储备中的占比呈现出小幅升降交替态势,其中,2012—2013 年有一次明显的下降。其原因在于,这期间世界黄金价格和国家储备量因美国货币政策变化而出现了较大波动。

表 10-6　世界国际储备资产的构成

年份 项目	2009	2010	2011	2012	2013	2014	2015	2016
黄金(伦敦市价折算)	680.4	904.9	1000.5	1102.8	801.0	857.2	805.2	912.4
外汇储备	5208.4	6016.1	6647.2	7125.8	7586.9	7996.9	7878.6	7967.9
IMF 储备头寸	38.7	48.8	98.3	103.2	97.5	81.7	63.5	79.1

(续表)

项目\年份	2009	2010	2011	2012	2013	2014	2015	2016
特别提款权	204.0	204.0	204.1	204.2	204.2	204.2	204.2	204.2
总的国际储备	6128.2	7169.5	7940.0	8523.6	8676.6	9126.0	8935.9	9133.6
黄金占比	11.10%	12.62%	12.60%	12.94%	9.23%	9.39%	9.01%	9.99%
外汇储备占比	84.99%	83.91%	83.72%	83.60%	87.44%	87.63%	88.17%	87.24%
IMF储备头寸占比	0.63%	0.68%	1.24%	1.21%	1.12%	0.90%	0.71%	0.87%
特别提款权占比	3.33%	2.85%	2.57%	2.40%	2.35%	2.24%	2.29%	2.24%

注：黄金、外汇储备、IMF储备头寸、特别提款权和总的国际储备，其单位为10亿SDR。
资料来源：IMF Annual Report 2017：Appendix I.1.：Official Holdings of Reserve Assets。

值得注意的是，中央银行对国际储备资产管理的侧重点不同于一般商业银行。一般商业银行通常把追求利润放在首位，而中央银行通常将安全性和流动性放在首位。只有在安全性和流动性得到充分保证的前提下，中央银行才考虑其投资的营利性。

(四) 外汇储备的结构管理

外汇储备是国际储备中最重要的组成部分，所以外汇储备管理是国际储备管理的核心所在。外汇储备管理的总体目标是：保持流动性，减轻或避免资产损失，促进资产收益增长。外汇储备结构管理的主要内容是外汇储备的币种管理与外汇储备的资产形式管理。

1. 外汇储备的币种管理

西方学者对外汇储备的币种管理作过一些实证研究，如资产选择模型、海勒-耐特模型、杜利模型等。实证分析显示，一国的贸易结构、外债结构和汇率安排是决定其外汇储备币种分配的主要因素，对储备资产的管理具有一定的指导意义。自20世纪70年代以来，随着国际货币制度的重大变化，储备货币从单一的美元转变为多种储备货币并存的局面，各种储备货币在汇率、利率和通货膨胀率上存在着很大的差异，使得储备货币之币种管理的重要性凸显。在进行外汇储备的币种选择时，应考虑以下标准：(1) 应尽可能与弥补赤字和干预外汇市场所需的货币保持一致，确保外汇储备的使用效率。(2) 应尽可能与一国国际贸易结构和国际债务结构相匹配，从而在一定程度上避免兑换风险，节约交易成本。(3) 应尽可能选择和增加硬通货的储备量，减少软通货的储备量。为此，货币当局要做好对储备货币汇率变动趋势的预测工作，尽可能选择和增加汇率波动幅度较小的储备货币。(4) 应充分考虑安全性、流动性和营利性三性原则，保持储备货币的多元化，不要"把鸡蛋放在一个篮子里"。

2. 外汇储备的资产形式管理

确定外汇储备的资产形式，是外汇储备结构管理的又一重要内容。根据流动性，可将外汇储备资产分为三类：(1) 一级储备，即现金或准现金，如活期存款、短期国库券或商业票据等，流动性最高，营利性差。(2) 二级储备，如各种定期存单和政府中期债券。(3) 三级储备，主要包括长期债券、AAA级欧洲债券等，流动性最差，营利性最高。从储备的职能出发，为了应付对外支付和市场干预，货币当局必须持有足量的一级储备；对于自然灾害等偶发变动，还必须拥有一定数量的二级储备以备急用；剩余的部分才可以考虑进行长期投资。

根据国际储备结构管理的基本原则，参照安全性、流动性和营利性需求，可将外汇储备划分为政策性储备、交易性储备和收益性储备，对不同用途的储备资产制定不同的管理目标，并确定不同的管理机构，选择不同的投资工具。

第三节　最佳国际储备量的确定方法

关于最佳或最适度国际储备量,学界有不同的定义。例如,弗莱明提出:"如果储备库存量和增长率使储备的缓解程度最大化,则该储备存量和增长率就是适度的。"巴洛的定义是:"在现有的资源存量和储备水平既定的条件下,如果储备增长能促进经济增长率的最大化,则该储备的增长率是适度的。"阿格沃尔也对最佳国际储备量提出了自己的看法,即"使发展中国家能够在既定的固定汇率条件下,为一个计划期中出现的短期和非预期的国际收支逆差融通资金,同时使这个国家持有的储备获得的收益等于其机会成本"。赫勒(1966)提出,持有国际储备会产生机会成本,它是国内生产性投资的收益与国际储备资产收益之差。同时,持有国际储备也会带来收益,即动用国际储备弥补国际收支逆差,能避免收入调整政策带来的经济冲击。将持有国际储备的收益减去持有国际储备的机会成本,并使净收益最大化,即可得到最佳国际储备水平。

综合这些定义,我们认为,最佳国际储备量是指当国际储备的边际成本等于边际收益时,一国政府或货币当局所持有的国际储备量。实践中,关于一国最佳国际储备量的确定,目前主要有如下几种方法:

一、比率分析法

对于外汇储备规模的合理数量,国际通行的度量方法主要是储备进口比率法。美国耶鲁大学教授特里芬开创了使用此法研究国际储备的先河。他指出,一国持有的储备额与它的进口额之间存在着一定的比例关系,可以用储备与进口的比率来计算一国的储备需求水平。一国储备的合理数量约为该国年进口总额的20%—50%。对大多数国家而言,保持储备占年进口总额的20%—40%是比较合理的。一般认为,国际储备额应该能够满足3个月的进口需要。这个数额按全年储备与进口的比率计算,约为25%左右。20世纪60年代初,比率分析法成为测度最佳国际储备量的标准方法。

由于IMF在这方面给各成员方提供了现成的计算数据,加上绝大多数国家的国际收支失衡是由于贸易项目下的失衡造成的,所以特里芬认为,储备进口比率是比较可行的方法。用这一方法来确定最佳国际储备水平具有简便易行的优点。但是,这也存在明显的不足:仅考虑了对外贸易支付,忽略了资本项目变动对储备的需求和影响;以资金的单向流动衡量储备量,忽视了国际收支中资金对流的实质。事实上,储备量的变动与调整还取决于国民收入、货币供应量、政府意愿等多种因素,它是由多种经济变量共同决定的多元函数。此外,该比率忽视了储备使用的规模经济效应,可能高估国际储备量。

关于如何判断一国或地区的储备是否足够的问题,刘遵义(2007)提出,需要考虑以下几个因素:一是能够维持一国或地区一段时间(如6个月)进口所需的外汇。二是到期的外债的数量,主要指的是短期(一年之内到期)的外债。三是外商的证券投资(foreign portfolio investment),而不是直接投资(FDI)。需要强调的是,证券投资不是指流量,而是指存量。这样,6个月的进口加上一年之内到期的外债和证券投资的存量,再与一国或地区持有的外汇储备相比较,就可以判断该国或地区的储备是否足够,以及是否有足够的能力应付可能存在的外汇需求。[①]

二、回归分析法

20世纪60年代以后，弗兰克尔等西方经济学家运用回归技术，建立了许多经济计量模型，对影响一国最佳国际储备量的因素进行了分析。回归分析法将对储备的分析从单纯的规范分析转向实证分析，引入诸多经济变量，主要包括：(1) 国民收入；(2) 货币供给量；(3) 国际收支变量；(4) 进口水平；(5) 边际进口倾向；(6) 持有储备的机会成本，如长期利率等。这一方法使得储备水平的分析更为全面。但是，回归模型的建立主要依赖于过去的经验数据，因此预测未来储备量还要与其他理论结合起来进行综合分析。

三、成本—收益分析法

该理论认为，一国之所以持有储备，是因为储备带来收益，主要表现为融资成本和调节成本的节约。随着储备持有额的增加，储备的边际收益递减，图10-1中的MR为储备的边际收益线。另一方面，持有储备也要付出代价和成本，表现为一国资本生产力和储备资产收益率之差。持有储备的边际成本随着储备的增加而增加，图10-1中的MC表示边际成本递增趋势。只有当持有储备的边际收益等于边际成本时，才会达到储备量的均衡点，此时是最佳国际储备量水平。尽管理论上的确定没有问题，但是实践中如何准确衡量持有储备的收益和成本十分困难，再加上对政治等非经济因素的考虑，进一步增加了难度。

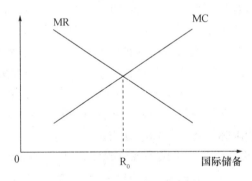

图10-1　成本—收益分析法

四、区间分析法

由于实际操作中要维持在一个确定的最佳储备水平比较困难，因此人们选择一个适度国际储备量的目标区间，使储备额在此区间内以较小的幅度波动。目标区间的上限是一国保险储备量，它既能满足一国在国际收支逆差时的对外支付，又能保证国内经济增长所需要的实际经济资源投入，而不会引起通货膨胀。目标区间的下限是一国经常储备量，以保证正常经济增长所需的进口不因储备不足而受到影响。只要一国的储备量保持在这一区间内，就可以认为国际储备量是最佳的。最佳国际储备量应根据经济发展的情况，确定在二者之间的某个最佳水平上。

---

① 参见刘遵义：《十年回眸：东亚金融危机》，载《国际金融研究》2007年第8期。

五、定性分析法

20 世纪 70 年代,西方经济学家卡鲍尔和范提出,影响一国储备需求量的因素有:一国储备资产的质量,各国经济政策的合作态度,一国国际收支调节机制的效力,一国支付采取调节措施的谨慎态度,一国所依赖的国际清偿能力的来源及稳定程度,一国国际收支动向以及经济状况等。定性分析法虽然大大丰富了储备适度规模理论的研究,但是没有对最佳国际储备量作出精确的量化分析,无法在具体实践时提供指导。

以上是从一国的角度研究国际储备的规模,而从国际角度确定最佳国际储备量水平也很重要,因为世界储备量充足与否,关系到世界经济的发展与稳定,影响到国际货币体系改革的走向。在西方学术界,这方面具有代表性的理论有三种:(1)特里芬的供给决定论。他认为,二战后,外汇储备主要是美元,美元供给主要取决于美国国际收支赤字减去各国增加的储备中要兑换黄金的部分。(2)阿里伯尔和麦金农的需求决定论。他们指出,各国都有一种希望的储备增长率,美国赤字主要是世界其他国家积累储备的愿望所决定的剩余数。因此,国际货币基金组织控制特别提款权创造率的能力并不是控制总储备增长率的力量,而只是影响储备构成的力量。(3)阿伯施拉的派生资产论。他把黄金和国际货币基金组织的储备头寸看作储备货币,外汇储备是派生的流动资产,一定量基础货币会产生一定量派生的流动资产,就像通常的银行存款倍数一样。这些理论都存在不同程度的缺陷,目前还没有被普遍接受的理论。从表 10-7 可见,除了 2015 年之外,世界储备资产的规模逐年递增,所以国际储备管理将长期成为国际金融领域内的难题。相比来看,发达经济体持有的国际储备比重比较稳定,约在 40% 左右,近年来有所上升;而新兴和发展中经济体持有的国际储备比重约在 59% 左右,2016 年出现下降。

表 10-7 世界国际储备资产的分布   单位:10 亿 SDR

类别\年份	2009	2010	2011	2012	2013	2014	2015	2016
世界	6128.2	7169.5	7940.0	8523.6	8676.6	9126.0	8935.9	9133.6
发达经济体	2438.7	2839.4	3149.4	3390.8	3246.3	3448.2	3584.6	3852.1
新兴和发展中经济体	3619.1	4232.8	4684.8	5016.7	5350.8	5595.3	5279.4	5188.6
发达经济体占比	39.8%	39.6%	39.7%	39.8%	37.4%	37.8%	40.1%	42.2%
新兴和发展中经济体占比	59.1%	59.0%	59.0%	58.9%	61.7%	61.3%	59.1%	56.8%

资料来源:IMF Annual Report 2017:Appendix I.1.:Official Holdings of Reserve Assets。

第四节 国际储备体系的变迁

一、国际储备体系的演变

国际储备体系,是指在一种国际货币体系下,国际储备资产的构成及其相互关系。其核心问题是以什么货币作为国际货币体系的中心。随着国际货币体系的变迁,国际储备体系也经历了一系列的演变过程。在国际金本位制度下,黄金是货币体系的基础,发挥着世界货币的职能。后来,英国在资本主义世界占据了统治地位,英镑随之成为比肩黄金的储备货币。这一时期的国际储备体系被称为"黄金—英镑储备体系",中心货币是实物货币。一战爆发后,该体系瓦解。1944年布雷顿森林体系建立以后,美元被赋予等同于黄金的地位,成为国际货币体系的中心。此时的国际储备体系变成美元—黄金储备体系,中心货币是信用货币。这一体系建立的基础是美国的经济实力和美国承诺用美元兑换黄金的信用保证。20世纪60、70年代,美元的中心地位发生动摇,美元—黄金储备体系也宣告结束。布雷顿森林体系崩溃后,德国马克、日元、法国法郎和瑞士法郎等相继跻身于国际货币之列。1999年,欧元诞生,替代德国马克和法国法郎等货币成为重要的国际储备货币。2003年以来,随着美元贬值,欧元等其他主要货币坚挺,国际储备体系形成了由多种储备货币组成的多元化储备体系。2007年、2009年美欧金融危机对世界市场造成了严重破坏,许多贸易导向的国家的国内生产总值急剧萎缩,债务水平高的国家也遭受重创,许多国家被迫实施本币贬值或消耗其外汇储备。国际储备体系的演变过程如下图所示:

图10-2 国际储备体系的演变

二、多元化储备体系的成因

多元化储备体系,是指以美元为主导、其他主要货币作为补充的多元化国际货币金融体系。多元化的外汇储备带来的相互竞争可以形成新的约束机制,有助于提高国际货币体系的可持续性。目前,多元化储备货币格局的形成源于多种原因:

第一,美元—黄金体系存在着不可克服的内在缺陷。在该体系中,一方面,美元的数量必须不断增长,以满足国际流通的需要;另一方面,随着美元数量的不断增长,美元和黄金之间的可兑换性难以维持,出现"特里芬两难"。这种制度给了美国"过度的特权",使之尽享"免费午餐",所以信用危机的产生难以避免,人们不得不在美元之外寻找新的国际储备来源。

第二,主要工业国的经济实力发生相对变化。在美元爆发危机的同时,随着西欧和日本经济的崛起,日元和德国马克等货币成为硬通货,许多国家纷纷将美元储备兑换成日元、德国马克和瑞士法郎,使储备资产分散化。这些货币发行国也转变了态度,采取了很多促进本国货币国际化的措施,进一步加强了国际储备多元化的趋势。欧元诞生后,成为非常重要的国际储备货币。依据表10-8,从1999年到2009年,欧元在国际外汇储备货币中所占的比重不断上升,由17.9%上升到27.66%。同期美元在国际外汇储备货币中所占的比重则在下降,由1999年占比71.01%下降到2009年的62.05%。1999—2009年,日元在国际储备货币中所占的比重也在下降。与之相反,英镑所占的比重有所上升。2009年末触底反弹之后,美元在国际储备货币中所占的比重也有所上升,2016年为65.73%;欧元在国际储备货币中所占的比重呈现下降趋势,2016年降至19.13%。自2016年10月1日起,人民币被认定为SDR的第五种货币,当年在国际外汇储备货币中的占比为1.08%。国际外汇储备货币多元化的构成及演进见下表:

表 10-8　IMF 成员方外汇储备货币的构成及演进　　　　　单位:%

类别\年份	1999	2006	2007	2008	2009	2010	2011	2012	2013	2014	2015	2016
美元	71.01	65.04	63.87	63.77	62.05	62.14	62.59	61.47	61.24	65.14	65.73	65.34
欧元	17.90	24.99	26.14	26.21	27.66	25.71	24.40	24.05	24.20	21.20	19.13	19.13
英镑	2.89	4.52	4.82	4.22	4.25	3.94	3.83	4.04	3.98	3.70	4.71	4.34
日元	6.37	3.46	3.18	3.47	2.90	3.66	3.61	4.09	3.82	3.54	3.75	3.95
瑞士法郎	0.23	0.17	0.16	0.14	0.12	0.13	0.08	0.21	0.27	0.24	0.27	0.16
人民币	—	—	—	—	—	—	—	—	—	—	—	1.08
其他币种	1.6	1.81	1.83	2.20	3.04	4.43	5.49	3.26	2.84	2.83	2.86	2.37

资料来源:Currency Composition of Official Foreign Exchange Reserves (COFER), International Financial Statistics (IFS)。

第三,浮动汇率制度下规避汇率风险的要求。1973 年西方国家普遍实行浮动汇率制度以后,外汇市场上汇率的波动越来越频繁,外汇风险明显加大。出于保值增值的需要,各国有意识地将储备货币分散化,推动了国际储备体系走向多元化。此外,欧洲货币市场的迅速发展,国际经济社会对国际储备资产缺乏有效的国际管理,以及欧元计划的推进,也是导致国际储备体系多元化的重要原因。

三、多元化储备体系的利弊影响

(一)多元化储备体系的优点

1. 摆脱了对美元的过分依赖

外汇供给来源的增加相对解决了国际清偿能力的不足,使国际货币体系不再过分依赖于单一储备货币,缓和了美元危机。美元作为储备货币的一种,与其他储备货币相互竞争的结果,将会限制美元储备的创造和美国对其他国家转嫁危机。

2. 增加了国际储备资产的选择余地

储备货币多元化提供了多样化的外汇储备资产形式,各国进行外汇管理可以根据需要灵活调整,从而更有效地分散和防范汇率风险。

3. 有利于促进国际金融领域内的合作和协调

多元化储备体系下,任何储备货币发行国都不能听任其国际收支逆差无限度扩大。所以,国际货币纪律将得到加强,必须互相协作和约束,共同干预和管理,从而促进国际金融领域内的国际合作,改善国际经济关系。

(二)多元化储备体系的缺点

1. 没有从本质上解决"特里芬两难"问题,潜伏着储备货币的信用危机

"特里芬两难"是储备货币同时充当世界货币和储备货币所在国本币的双重身份所造成的两难。多元化储备体系下,仍然没有建立一种权威性的、有实际约束力的储备供应监督和协调机制,储备货币的发行量完全依赖于储备货币发行国的货币政策和对外负债的变化,当维护世界金融秩序和维护本国经济目标发生冲突时,很难保证储备货币供应的适度性。所以,这种多元化储备体系仍具有内在的不稳定性,仍有可能导致储备货币的信用危机。

2. 加剧国际金融市场上的汇率风险,影响各国经济稳定

多元化储备体系下,任何一个储备货币发行国的经济及其政策发生变动,都会使其汇率发生变动,引起官方储备结构的调整,从而加剧国际金融市场的动荡,致使短期资金流动频

繁,给一些国家尤其是储备货币发行国的经济管理和宏观调控带来巨大困难,破坏其经济政策效力。

3. 增加储备管理难度,削弱各国金融政策效力

在单一货币储备构成情况下,各国只需根据一种货币的汇率变化安排储备资产,统计、核算储备资产的价值;而多元化储备构成则要求各国随时根据每种货币的汇率变化及其影响因素进行相应的调整,大大增加了储备管理的难度,而且储备货币国的货币政策往往难以实施。

4. 发达国家与发展中国家储备分配不合理

现行多元化储备体系下,国际储备的分配很不合理。一方面,少数发达国家的货币是储备货币,因而能够保持充足的国际清偿力;另一方面,广大发展中国家却只有很少的储备资产,其国际清偿能力匮乏的矛盾非常突出。为了扩大国际清偿能力,发展中国家不得不向发达国家借债,接受沉重的债务负担,以致陷入债务危机。所以,发展中国家强烈要求改变目前的国际储备分配办法,建立一种公正合理的新国际储备体系。

四、国际储备体系的前景

第一,黄金的地位。黄金仍将作为一种重要的储备资产和最终的国际支付手段发挥作用,但是其重要性将继续降低。

第二,特别提款权的地位。特别提款权仍将是重要的储备资产,但是由于前述种种缺陷,将很难在短期内发展成为中心储备货币。

第三,美元的地位。尽管美元目前仍占有很大优势,但是随着世界经济多极化的发展,可以预见它在储备体系中的地位将进一步下降。日元等其他储备货币在短期内尚难以获得与美元和欧元抗衡的地位。目前,产生多元化储备体系的因素依然存在,并且将长期发生影响。所以,可以预见,在未来相当长的一段时间内,储备货币多元化的局面还将继续下去。

第四,欧元的地位。1999年欧元的诞生对国际储备体系产生了深远的影响。特别是2004年5月东欧十国的加盟,更增强了欧盟在国际经济中的地位,使欧元成为主要的国际储备货币有了坚实保证。随着欧元在国际支付结算、国际信贷投资领域内的逐步推广和使用,它在国际储备体系中的重要性将大大增强,有望挑战美元的霸主地位,大有"两分天下"之势。

第五,人民币的地位。目前,人民币在越南、泰国、缅甸、朝鲜、蒙古、俄罗斯、巴基斯坦、尼泊尔等国家作为支付货币和结算货币被普遍接受,孟加拉国、马来西亚、印度尼西亚、菲律宾、老挝、柬埔寨、新加坡、韩国等已经接受人民币存款并办理人民币其他业务。据估计,人民币的境外滞留量已经达到数千亿元的规模,且仍在逐年增加。任何在境外流通的人民币,即使尚未成为官方持有的硬通货储备,只是停留在民间层面上,也一样充当了区域性国际货币,当然也会为货币发行国带来现实的经济利益。对比主要国际货币的国际化路径,类似美元和英镑那样,凭借着世界领先的经济基础,挟大国之势,以国际协议确定其国际货币体系中心货币的地位,这样的机遇在今天的国际金融舞台上很难再现了。目前,人民币出现的国际化发展趋势并不是政府主动行为的结果,而是中国实体经济发展以及国际经济环境演变的自然反映(陈雨露,王芳,杨明,2005)。

第五节 中国国际储备问题研究

一、中国国际储备资产：直观描述及问题

中国自1977年起开始公布有关黄金储备和外汇储备的情况。1980年恢复在IMF的合法席位后，中国正式加入国际储备体系，并正式公布本国国际储备各个组成部分的具体情况。中国国际储备资产包括黄金、外汇储备、在IMF中的储备头寸和分配的特别提款权。

如表10-9所示，据《国际金融统计年鉴2017》统计，2016年中国外汇储备达30105.2亿美元，储备头寸达96亿美元，SDR余额为96.6亿美元，黄金储备达59.2百万盎司。总体来看，中国国际储备增长迅速，但是各组成部分增长十分不平衡。其中，黄金储备量基本保持稳定，只是在2009年和2015年出现了跳跃性增持。外汇储备从2006年至2014年一直保持较为迅猛的增加，而2015年和2016年出现了明显下滑。这是因为，随着美国逐步退出量化宽松的货币政策以及美元加息预期，人民币出现了贬值预期，导致部分资本外逃。尽管如此，中国储备资产中，外汇储备仍占主导地位。

表10-9 中国国际储备的构成

年份 类别	2006	2007	2008	2009	2010	2011	2012	2013	2014	2015	2016
外汇储备	10663	15282	19460	23992	28473	31811	33116	38213	38430	33304	30105
储备头寸	10.8	8.4	20.3	43.8	64.0	97.9	81.8	70.6	57.0	45.5	96.0
SDR余额	10.7	11.9	12.0	125.1	123.4	118.6	113.6	111.7	104.6	102.8	96.6
黄金储备	19.3	19.3	19.3	33.9	33.9	33.9	33.9	33.9	33.9	56.7	59.2

注：黄金储备单位为百万盎司，其他储备单位为亿美元。
资料来源：IMF, International Financial Statistics Yearbook 2017, p.243。

另据《国际金融统计年鉴2017》统计，中国的外汇储备在2006年就已超越日本，跃至世界第一。2014年，中国的外汇储备达到最高值，约38430亿美元，是同期日本外汇储备的3.2倍。相比来看，中国在IMF中的储备头寸和特别提款权余额都比同期日本的持有额要少得多。不过，在2009年IMF增资扩容时，中国也大幅增持了储备头寸和SDR余额。之后，中国不断地调整两者的金额。现阶段，由于外汇储备占据中国国际储备的绝对份额，因而中国国际储备管理问题实质上已成为外汇储备管理问题。如何有效地管理中国外汇储备以使其效益最大化，已成为一个重要的问题。

当前，中国外汇储备增长过快带来的真正困扰是，中央银行的货币调控操作遭遇了很大困难。中国央行的货币政策目标是维持价格稳定，这对基础货币供应总量构成了基本的限定。官方储备是由货币当局购买并持有的，因而外汇储备的变化对基础货币数量有着重要的影响。外汇储备大幅增加意味着货币当局从外汇占款渠道投放的基础货币大幅增加。这造成了由外汇储备规模增加形成的人民币升值的外部压力与由基础货币投放过多形成的通货膨胀的内部压力，致使中国人民银行陷入调控的两难境地。

二、中国国际储备的管理

中国在改革开放以前实行的是由中国人民银行集中管理、统一经营的国际储备管理体

制,国际储备管理很不规范。1983年中国人民银行专门行使中央银行职能后,储备管理开始实行集中管理下的分工负责制:中国人民银行负责制定国家的国际储备宏观管理政策和经营原则,并直接管理储备头寸、黄金和特别提款权;中国银行作为国家外汇专业银行,主要负责外汇储备的技术性运营,并具体监督企业及个人的外汇收支活动,以保障储备资金的流动性和完整性;国家外汇管理局受中国人民银行的委托,具体制定有关外汇储备管理的制度、法规和规章,并负责对外汇储备收支活动进行全面监督。

1986年国务院发布的《银行管理暂行条例》明确规定,国际外汇储备由中国人民银行管理。1995年3月颁布的《中华人民共和国中国人民银行法》进一步将"持有、管理、经营国家外汇储备、黄金储备"作为中国人民银行的重要职责之一。1977—1992年,中国外汇储备一直由国家外汇库存和中国银行外汇结存两部分构成。严格说来,中国银行的外汇结存只有使用权而没有所有权,不能算作外汇储备。但是,由于中国银行的国有性质,中国一直将之列入外汇储备的范畴。1993年起,为了规范国际储备管理,中国重新确立了外汇储备统计口径,中国银行对反映贸易和非贸易外汇收入余额的账户实行余差分账,库存划给中国人民银行,新公布的国家外汇储备不再包括中国银行外汇结存。

目前,中国迫切需要进一步改革和完善现行的国际储备管理体制和营运机制。一方面,应强化中国人民银行对国际储备管理的职能,明确国家外汇储备的管理和经营权限的划分。另一方面,应逐步将强制结汇制转变为意愿结汇制。同时,还应根据国民经济发展规划和国际收支变动趋势,确定国际储备的适度规模,制定明确的国际储备管理目标,改善外汇储备的结构。

三、中国国际储备管理的问题及对策

现阶段,由于外汇储备占据中国国际储备的绝对性份额,因而中国国际储备管理问题实质上成为外汇储备管理问题。外汇储备管理一直是中国国际储备资产管理最主要的内容,主要有外汇储备规模管理、外汇储备结构管理和外汇储备管理制度。

(一)外汇储备规模管理

从外汇储备规模来看,中国各项指标均突破了国际通行标准,远远高于发展中国家的平均水平。储备充足显示了中国经济实力的增强,但是关于中国外汇储备的适度规模问题一直是社会各界较有争议的话题。争议焦点有:(1)外汇储备增长过快导致外汇占款增加过多,外汇占款成为央行基础货币投放的主要渠道。这部分货币的投放具有结构性偏差,在地区上流向外汇供求顺差地区,在行业上偏向于出口行业。外汇储备的激增干扰了央行货币政策的制定和实施。(2)外汇储备过多,构成了严重的资源浪费。(3)高储备与高外债并存的局面是否合理。

持有过多的外汇储备也会带来高昂的成本,包括:(1)官方外汇储备大多投资于发达国家债券,而债券的收益率一般低于直接投资带来的收益率,因而过多的外汇储备需要投入更高的机会成本,容易导致资源浪费。(2)官方储备是货币当局购买并持有的,因而外汇储备的增加意味着货币当局从外汇占款渠道投放的基础货币大幅增加,由此造成人民币外部升值压力和内部通货膨胀压力并存,使得中国人民银行货币政策的自主性受到限制。因此,外汇储备并不是越多越好,中国应将外汇储备控制在合理的范围之内。

中国外汇储备规模的大幅增长在很大程度上来源于出口创汇。雄厚的外汇储备提高了中国整体的对外信誉,企业融资成本降低。当然,这并不意味着外汇储备越多越好,可以无限制地积累储备。外汇储备规模是否适度,关键要看一国是否实现了内外平衡。

立足于外汇储备的需求,考虑中国的外汇储备规模时,至少不能忽视以下这些因素:(1)中国的进出口规模虽日益扩大,但出口商品结构和档次偏低,国际竞争力不强,易受市场变化的影响。(2)中国累计利用外商投资,将逐渐进入投资回报阶段,而且不少投资是投向不创汇的基础设施和基础产业,需向银行购汇返还利润。(3)中国是债务大国,截至2016年末,对外债务余额为14207亿美元(不包括港澳台地区的对外负债),比上年末增加了377亿美元。中国累积的外债及其增长问题,相应地需要持有较大的外汇储备规模予以解决。一国短期债务比率的上限,一般应为当年外债余额的25%。(4)当前中国国内企业正处于转轨改制阶段,市场适应能力较弱,因此需要保持汇率的相对稳定,也要较多的外汇储备予以支撑。(5)政府政策实施需要适量的外汇储备,一来要干预外汇市场,稳定人民币汇率;二来要满足 IMF 第八条款下兑换经常项目交易的需要。(6)人民币还不是自由兑换的硬通货,不能直接用于对外支付,且中国实行银行结售汇,外汇储备基本上集中体现了总体对外支付能力。(7)中国处于经济转轨时期,有较多不可测因素,为了应付意外风险,也要持有一定的外汇储备。

因此,总体上看,中国外汇储备的增长是与发展经济、稳定金融的战略目标相一致的。目前,中国保持适当充裕的外汇储备规模是必要的。外汇储备的较快增长对中国经济的积极影响体现在:(1)有利于增强国内外对中国经济前景和人民币稳定的信心,吸引更多的外商来华投资。(2)有利于增强中国对外清偿能力。2004年末,中国外汇储备能满足13个月的进口,日本为22个月,俄罗斯为13个月,印度为16.5个月。综合来看,中国外汇储备在高储备国家中居于中间位置,还不能说是严重过剩。(3)有利于中国稳健货币政策的执行。外汇储备的大幅增长增加了外汇占款形式的基础货币的投放,通过结售汇市场将之转化为企业的人民币存款,从而保证了货币供应量。(4)有利于夯实改革开放和经济结构调整的物质基础。中国拥有充足的外汇储备,可以推动结构调整、深化改革和提升技术,而且为进一步履行世贸承诺提供了政策空间,是经济持续、健康发展所必需的物质保障。

总的来看,衡量外汇储备是否充足和适度,除了考虑进口因素之外,还要考虑债务特别是到期债务量、国外投资者收益汇出、未分配利润以及潜在的资本外逃等因素。尽管从理论上难以确定外汇储备适度规模的具体金额,但是毫无疑问,目前中国的外汇储备存在一定程度的过度。因此,控制外汇储备规模进一步增加以及扩大外汇储备运营范围已成为当务之急。化解中国外汇储备规模过快增长难题的具体应对策略参见本章第六节。

(二)外汇储备结构管理

从外汇储备的结构来看,中国外汇储备的币种构成历来以美元为主。据专家推测,在中国外汇储备的构成中,相当大的比重为高流动性的美国国债,美元在中国外汇储备中占绝对比重。美元贬值势必增加外汇储备中美元资产储备的损失风险。同时,中国对日本的贸易比重一直较大,对欧洲地区的贸易也在不断扩大,现在欧盟是中国第二大出口市场和第一大进口来源地,而且交易货币的多样化也要求各种储备货币的合理搭配和调整。另一方面,中国外汇储备资产组合也存在一定的缺陷,表现为对长期非货币金融资产缺乏避险工具,储备资金投放国内的渠道单一,外汇风险防范技术落后,影响了储备资产的保值和风险规避。因此,中国外汇储备结构管理应努力做到:(1)认识到持有巨额美国国债是风险和收益并存。美国财政部于2008年3月15日公布的数据显示,虽然当年1月中国减持美国国债167亿美元,但是仍为美国第一大债权国,持有的美国国债总额为1.1682万亿美元。截至2018年

1月底,外国主要债权人持有的美国国债总额为6.2604万亿美元。同时,中国居民户和四大国有商业银行也持有大量的美元资产。由此,基于经济实力原则、币值稳定性原则和交易匹配原则,应保持多元化的货币储备,以分散汇率变动的风险,而合理持有美国国债成为中国优化外汇储备结构的重要措施。(2)根据支付进口商品所需的货币币种和数量,确定不同货币在外汇储备中的比例。(3)选择储备货币的资产形式时,既要考虑收益率,又要考虑流动性和安全性;在减持美国国债的同时,可以适当增加美国的机构债券和公司债,但是这意味着中国外汇储备的风险也会提高。(4)外汇储备的币种与交易结算货币匹配是很重要的。中国的主要交易区是亚洲、欧洲和北美,结算货币主要是美元、欧元、日元、英镑和港币。因此,应密切注意国际市场汇率变动的趋势,随时相机调整各种储备货币的比例。(5)在大宗战略性物资价格合理的时候,中国可以将部分外汇储备用于购买战略性物资,在一定程度上减少因汇率变动带来的储备损失。(6)进一步完善金融市场,加速金融创新。

总之,外汇储备结构管理一直是国际储备管理中重要的一环,要在保障安全性、流动性的前提下争取更高的收益。中国应通过多样化外汇储备币种、增加黄金储备和战略性物资购买等措施,提高安全性、流动性;通过部分减持美国国债、增加对高信用等级的投资工具和海外股权投资等措施,提高外汇储备的收益,优化调整外汇储备结构。

(三)外汇储备管理制度

从外汇储备管理制度来看,中国当前采取的是以中国人民银行为主体,以国家外汇管理局和外汇指定银行为分支的相对分散化的管理格局,虽然改革初步理顺了管理主体和经营主体之间的关系,但是还缺乏进一步的协调和监督。2001年12月11日入世后,中国资本项目下的兑换管制逐步放开,进口、非贸易和资本往来交易更加多元化。中国国际储备管理应采取的战略性措施包括:(1)协调好外汇储备管理主体和经营主体之间的关系。中国人民银行要处理好政策制定和监督经营主体政策执行的关系,外汇管理局要处理好实施监督和政策贯彻之间的关系,外汇指定银行要处理好经营外汇储备和管理自身外汇结存的关系。(2)构筑外汇储备多级"蓄水池"。可以通过放宽企业或个人持汇和保留外汇账户的限制、扩大外汇银行结售汇周转头寸限额等,创造外汇储备多级"蓄水池",以缓解国际收支影响储备对货币供应产生的压力。(3)促进金融市场创新,加快建设金融市场,加强金融监控。2016年3月,国务院批转发改委《关于2016年深化经济体制改革重点工作的意见》,提出要完善外汇储备管理制度,建立健全外债和资本流动管理体系。

(四)外汇储备管理的一般原则

由于国际储备的特殊作用和属性,各国在选择国际储备资产结构时必须遵循基本原则:在保证国际储备的安全性和流动性的前提下,兼顾投资的营利性。据此,外汇储备资产首先应考虑低风险、高流动的金融资产,然后在满足整体安全性和流动性的前提下,将部分储备投资于高收益的金融资产和具有战略意义的战略性资源储备。中国外汇储备管理的新安排,在本质上就是一种基于收益差别的投资组合选择问题。2008年《外汇管理条例》第10条规定,国务院外汇管理部门依法持有、管理、经营国家外汇储备,遵循安全、流动、增值的原则。有鉴于此,面对外汇储备不断增长的局面,中国应当提出的策略是促进外汇储备多渠道使用。综合别国经验和本国实践,这既包括外汇资产持有机构的多元化,也包括外汇资产投资领域的多样化。

第六节 中国外汇储备规模由不断扩大转向
减少的成因及对策

改革开放以来,中国外汇储备的规模迅速扩大,并表现为几个显著的阶段性跳跃式数量增长。那么,造成中国外汇储备规模不断扩大的原因是什么？应当如何应对？

一、中国外汇储备数量呈现阶段性跳跃式增长,但是近年来出现下滑

从中国外汇储备数量增长来看,可以将1980年至2016年的外汇储备划分为以下四个阶段(见表10-10)：

(一) 第一阶段:20世纪80年代,外汇储备严重不足

改革开放之初的1980年,中国外汇储备逆差近13亿美元。整个20世纪80年代,中国外汇储备较低,尚未达到90亿美元;同时,各年间数量增减不稳定。外汇储备严重不足成为制约中国经济发展的因素之一。

(二) 第二阶段:20世纪90年代,外汇储备不断增长

20世纪90年代,中国外汇储备在不断地增长。特别是1994年,出现了一个明显的跳跃式增长,当年外汇储备为516.2亿美元,较上一年新增304.21亿美元。究其原因,是因为1994年中国外汇管理体制进行了重大改革:取消经常项目下的外汇流程制度,实行银行结售汇制度;允许人民币在经常项目下有条件可兑换;实现了人民币官方汇率与外汇调剂市场汇率并轨,并轨后人民币汇率发生大幅贬值,由1美元兑5.8元人民币贬值到1美元兑8.7元人民币。人民币汇率大幅贬值带动了中国出口大幅增长,在强制性结售汇制度下表现为外汇储备的大幅增加。1996年,中国外汇储备已突破千亿美元,达1050.29亿美元,成为仅次于日本的第二大外汇储备国。1998—2000年,由于受亚洲金融危机的影响,中国外汇储备的增长速度放缓,但是依然保持稳步增长的态势。

(三) 第三阶段:2001—2014年,外汇储备呈现跳跃式增长

进入21世纪之后,中国外汇储备出现了明显的跳跃式增长。入世后仅仅一年,2002年就比2001年多增了742.42亿美元。2003—2014年,中国外汇储备以年均新增2964亿美元的速率在累积。到2014年末,中国外汇储备规模已高达38430.18亿美元。其中,2006年,中国外汇储备就已超过日本,一跃成为世界上最大的外汇储备国,达10663亿美元。究其原因,是因为2001年12月11日,中国经过长达十几年漫长的磋商和谈判后正式加入WTO。入世后,原先强加于中国身上的各种不合理的贸易壁垒和限制措施被逐步取消,贸易的确定性和预期的看好,加上中国自身独特的贸易比较优势,以及与主要贸易伙伴间的互补性贸易,这些因素一起促使中国对外贸易出现了大幅增长。这样,在人民币升值预期和外管局结售汇制度下,必然表现为外汇储备的巨额增加。

(四) 第四阶段:2014年至今,外汇储备出现较大下滑

2014年开始,随着美国逐步退出量化宽松货币政策的实施,国际金融市场对美元加息的预期不断强化,使得流入中国的资本减弱,甚至出现资本外流。结果,2015年较2014年,中国外汇储备出现了较大下滑,仅仅一年间就减少了5126.56亿美元;2016年又比2015年减少了3198.45亿美元。这一方面是由于美国逐步退出量化宽松货币政策的结果,另一方面也是中国偿还外债、企业和个人持有更多外汇和境外资产、"一带一路"倡议下中国对外直

接投资增加、资本外流加剧等多种因素共同作用的结果。尽管如此,现阶段,中国外汇储备在总量上仍处于世界最高水平。

表 10-10　中国外汇储备数量的增长　　　　　　　单位:亿美元

年末	外汇储备	年末	外汇储备	年末	外汇储备	年末	外汇储备
1980	−12.96	1990	110.93	2000	1655.74	2010	28473.38
1981	27.08	1991	217.12	2001	2121.65	2011	31811.48
1982	69.86	1992	194.43	2002	2864.07	2012	33115.89
1983	89.01	1993	211.99	2003	4032.51	2013	38213.15
1984	82.20	1994	516.20	2004	6099.32	2014	38430.18
1985	26.44	1995	735.97	2005	8188.72	2015	33303.62
1986	20.72	1996	1050.29	2006	10663.40	2016	30105.17
1987	29.23	1997	1398.90	2007	15282.49		
1988	33.72	1998	1449.59	2008	19460.30		
1989	55.50	1999	1546.75	2009	23991.52		

资料来源:中华人民共和国国家统计局编:《2017 中国统计年鉴》,中国统计出版社 2017 年版。

二、中国外汇储备规模不断扩大的原因

中国外汇储备的迅速增长,是由一系列国际和国内因素造成的。就国际而论,全球经济失衡是主要原因;就国内而言,储蓄过剩并由此形成的国际收支顺差则是最重要的根源。由于国际因素是外生的,无法作出改变,因而在这里仅就国内影响因素进行研究。

(一)中国外汇储备增长的制度因素

1. 强制性结售汇制度

1994 年,中国进行了外汇管理体制改革,实行强制性银行结售汇制度,这成为中国累积巨额外汇储备规模的制度性基础。在这一制度下,央行是银行间外汇市场最大的接盘者,本应由企业或银行持有的外汇资产转移成为央行的外汇储备。为了缓和强制性结售汇制度带来的不利影响,2008 年《外汇管理条例》修订中,明确企业和个人可以按规定保留外汇或者将外汇卖给银行,即将强制结售汇改变为意愿结售汇。

2. 偏向稳定的汇率政策

从 1994 年人民币汇率并轨直到 2005 年 7 月 21 日,中国实行了长达 12 年之久的人民币汇率稳定政策。加上廉价的劳动力成本和政府给予的出口退税政策,使得中国商品在国际市场上的竞争力大大增强,成为世界制造工厂,而贸易出口顺差造成外汇储备大量累积。但是,人民币汇率浮动的幅度实际上极为有限:各外汇指定银行之间只能在基准汇率上下 0.3% 的幅度内买卖外汇,对客户的外汇买卖在基准汇率上下 0.25% 的幅度内浮动。同时,央行在外汇市场上购买因外贸和外资增长带来的美元外汇,以实现政府维持汇率稳定的宏观经济目标,这导致了外汇储备的增长。

3. 外向型的经济发展战略

外向型战略是在中国改革开放初期的社会经济条件下形成的。中国鼓励企业出口,实行出口退税、优惠信贷等政策,强调出口创汇和吸引外资。入世后,中国同世界各国的经贸往来越来越密切,不断扩大外商投资领域。同时,长期持续快速的经济增长、较高的投资回报率、人民币稳定以及政治环境安定等,使得中国成为全球最具投资竞争力的国家之一。截

至 2016 年底,中国吸引外商直接投资已累计达 17655.24 亿美元。

(二) 中国外汇储备增长的经济因素

中国外汇储备急剧增长的深层次原因,主要是目前中国经济运行中特有的经济因素,即高投资、高储蓄和低消费。郭树清(2004)认为,中国对外经济不均衡本质上是国内经济运行不均衡的外在反映。根据对 1994 年人民币汇率并轨以来中国储蓄率和投资率的分析,中国的储蓄率始终大于投资率,特别是 2005 年储蓄率减投资率缺口创出新高,达 5.5 个百分点。储蓄大于投资主要是由消费不足造成的。这正是近年来中国外汇储备持续高速增长的宏观经济根源。① 现实中,中国外汇储备增长在国际收支上具体表现为:

1. 经常项目持续大幅顺差造成外汇储备大幅增长

国际收支中对外贸易顺差是一国外汇储备最重要、最稳定的来源。中国经常项目差额中占绝对主导地位的是货物和服务贸易差额中的货物贸易差额。1994 年人民币汇率并轨以来,中国进出口贸易的形势一直较好,经常项目中的货物贸易差额连续保持较大的顺差(见表 10-11),这为外汇储备大幅增长奠定了基础。

表 10-11　中国货物贸易差额　　　　　　　　单位:亿美元

年份	货物贸易差额	年份	货物贸易差额	年份	货物贸易差额	年份	货物贸易差额
1994	53.9	2000	241.1	2006	1775.2	2012	2303.1
1995	167.0	2001	225.5	2007	2639.4	2013	2590.2
1996	122.2	2002	304.3	2008	2981.3	2014	3830.6
1997	404.2	2003	254.7	2009	1956.9	2015	5939.0
1998	434.8	2004	321.0	2010	1815.1	2016	5097.1
1999	292.3	2005	1020.0	2011	1549.0		

资料来源:中华人民共和国国家统计局主编:《2017 中国统计年鉴》,中国统计出版社 2017 年版。

2. 资本和金融项目中外国直接投资不断增长造成外汇储备大幅增长

中国入世后,外商对华直接投资继续保持良好的上升态势,通过银行结汇和中国外汇交易市场交易的方式进入国家外汇储备,使得中国外汇储备出现大幅增长。中国对外债务和国内金融机构外汇贷款的不断增加也是国家储备不断增长的重要因素之一。

3. 大量国际游资在人民币升值的预期下流入中国造成外汇储备大幅增长

随着中国经济持续增长和对外贸易的发展,国际上逐渐形成了人民币升值的预期。这导致大量投机性资金为追求高回报而通过各种渠道进入中国市场。

三、中国外汇储备规模由不断扩大转向减少的成因

随着美国经济从次贷危机中逐渐复苏和增长,美联储决定,自 2014 年 1 月起,美国开始逐步退出量化宽松的货币政策。由此,美联储加息的预期日渐上升,人民币出现了相对贬值的预期。加上 2008 年中国取消了强制结售汇制度,以及 2015 年以来中国对世界外贸出口形势变得严峻,从 2014 年中开始,中国的外汇储备规模出现了月度显著地减少、下滑态势:从 2014 年 6 月最高峰值的 39932.13 亿美元连续减少、下滑至 2015 年 12 月的 33303.62 亿美元;至 2016 年 12 月,又下滑至 30105.17 亿美元。

---

① 参见赵庆明:《我国外汇储备增长根源及治理研究》,载《国际金融研究》2007 年第 8 期。

表 10-12　中国外汇储备规模月度变化(2013 年 1 月—2016 年 12 月)　　　　单位:亿美元

年月	外汇储备	年月	外汇储备	年月	外汇储备	年月	外汇储备
2013.01	34100.61	2014.01	38666.41	2015.01	38134.14	2016.01	32308.93
2013.02	33954.18	2014.02	39137.39	2015.02	38015.03	2016.02	32023.21
2013.03	34426.49	2014.03	39480.97	2015.03	37300.38	2016.03	32125.79
2013.04	35344.82	2014.04	39787.95	2015.04	37481.42	2016.04	32196.68
2013.05	35148.01	2014.05	39838.90	2015.05	37111.43	2016.05	31917.36
2013.06	34966.86	2014.06	**39932.13**	2015.06	36938.38	2016.06	32051.62
2013.07	35478.10	2014.07	39662.67	2015.07	36513.10	2016.07	32010.57
2013.08	35530.43	2014.08	39688.25	2015.08	35573.81	2016.08	31851.67
2013.09	36626.62	2014.09	38877.00	2015.09	35141.20	2016.09	31663.82
2013.10	37365.87	2014.10	38529.18	2015.10	35255.07	2016.10	31206.55
2013.11	37894.51	2014.11	38473.54	2015.11	34382.84	2016.11	30515.98
2013.12	38213.15	2014.12	38430.18	2015.12	33303.62	2016.12	30105.17

资料来源:中国人民银行网站。

中国外汇储备规模由不断扩大转向减少的成因可以概括为制度因素和经济因素。制度因素体现在 2008 年中国取消了强制结售汇制度,改为意愿结售汇制度,这为中国外汇储备在经济因素负向冲击下出现急剧反转提供了制度可能。经济因素主要包括:(1)中国经济增长出现下滑,美元加息预期形成对人民币贬值的强烈预期。《2017 中国统计年鉴》显示,2013 年、2014 年、2015 年和 2016 年,中国经济增长率呈现出持续下滑的态势,分别为 7.8%、7.3%、6.9% 和 6.7%。投资和消费增速下降,房地产等金融风险使得人们对中国经济增长预期看低,以及同期人们对美联储加息的预期,形成了对人民币贬值的预期。中国人民银行不得不进行必要的外汇干预,以防止人民币汇率大幅波动。(2)中国进出口理念和跨境结算方式发生变化。中国从前依靠企业大规模出口获得大规模贸易顺差,形成累积的外汇储备;而现在强调进口与出口一样重要、企业走出去投资以及跨境人民币结算等,直接削弱了外汇供给能力。(3)由于土地、劳动力和环境保护等成本上升,加上中国提高了引进外资标准,使得中国吸引外资能力相对减弱;同时,国家又鼓励有条件、有能力的企业开展对外投资,使得中国资本与金融账户处于逆差状态。结果,中国外汇储备规模下降。(4)中国企业、居民、金融机构的资产配置更加丰富,增加外汇存款和对外资产,部分"藏汇于民"。

四、对策措施

第一,转变经济发展战略和对外贸易增长方式,实现国内外经济基本平衡发展。中国外汇储备非平衡增长的一个主要原因是实行外向型经济发展战略,而忽视国内需求的培育和发展,造成国内有效需求不足,特别是消费需求不足,进而形成外汇储备的大量累积。当然,在国内收入水平较低的情况下,过分强调用国内消费需求来拉动也是有问题的。为了适当降低外贸顺差的增长速度,中国需要转变对外贸易增长方式,优化出口贸易结构,提高出口产品增加值,使对外贸易从数量扩张向质量提高和国际竞争力提升转变。

第二,明确中国外汇储备的适度区间,优化外汇储备结构,完善外汇储备管理体系。一是充分考虑影响中国外汇储备变化的经济与非经济因素、宏观和微观因素,而且适度的外汇储备区间是动态调整的。二是促进外汇储备结构多元化,促进资产全球配置与资产结构优化。三是加强外汇储备多层次管理,依法管理外汇储备。

第三,进一步推进人民币汇率和中国外汇管理体制改革,完善人民币汇率形成机制,实现国家外汇资产持有者分散化,保持外汇储备规模的可持续性。中国外汇管理制度和人民币汇率政策是外汇储备非平衡增长的制度性因素,只有进一步改革外汇管理体制和完善人民币汇率形成机制,才能改变中国外汇储备非平衡增长的制度基础。就外汇持有主体多元化而言,要将原先集中由中国人民银行持有并形成官方外汇储备的格局,转变为由货币当局(形成"官方外汇储备")、其他政府机构(形成"其他官方外汇资产")与企业和居民(形成"非官方外汇资产")共同持有的格局。汇金公司的设立,标志着中国外汇资产持有主体的多样化进程已经展开。

第四,转变利用外资战略,提高外资利用效果。中国外汇储备中有较大的比例是由外商直接投资转化而来的,在当前中国内资外资"双溢出"的情况下,应该在继续积极引进外资的同时,转变利用外资的战略,实现内外资同等待遇,提高外资利用效果,确保经济金融安全。

第五,实施"藏汇于民"政策,扩大储备持有范围。目前,要想既缓解央行货币投放压力,同时又保有巨额的外汇储备,可行的办法是:在资本项目实施一定程度管制的前提下,通过推进意愿结售汇制度以实现上述目的。微观外贸企业和商业银行可以持有更多的外汇资产,这样能够缓解中央银行由于持续增加外汇储备而产生的货币投放压力。需要强调的是,在资本项目实施一定管制的前提下,居民账户中的外汇头寸除了正常的经常项目需要外,是不能完全自由流动的。因此,可以把这一部分外汇头寸视为有一定国际储备特性的外汇资产,从而实现"藏汇于国"向"藏汇于民"的转变。这就需要进一步健全完善外汇市场,拓宽外汇的投资渠道,增加外汇交易品种和金融投资产品,以保证持有外汇的企业和居民有投资渠道及增值途径。

第六,实施外汇资产多样化策略。要对官方外汇资产作出明确的功能划分,并确定相应的管理机构,同时规定适当的监管框架。总体上,将国家外汇资产划分为两个部分:一是流动性部分,其投资对象主要集中于发达国家具有高流动性和高安全性的政府债务。这部分外汇资产形成"官方外汇储备",继续由中央银行负责持有并管理,主要功能是为货币政策和汇率政策的实施提供资产基础。二是投资性部分,主要投资于更具收益性的金融资产。其中,一部分可交由其他政府经济部门管理,形成"其他官方外汇资产",主要用于贯彻国家对外发展战略调整;其余的外汇资产可"藏汇于民",配合外汇管制放松的步调,鼓励企业和居民购买并持有。

第七,划定中央银行持有的"官方外汇储备"规模。外汇储备管理体制改革的内容之一,就是将一部分外汇资产从中央银行的资产负债表中移出,形成其他官方外汇资产和非官方外汇资产。这种分割的关键在于,合理地确定应由中央银行持有并作为官方外汇储备的外汇资产规模。适度外汇储备规模可根据"短边原则"予以确定。[①]

第八,可借鉴日本、新加坡和中国香港外汇基金管理的经验,发行以国家外汇储备为资产基础的外汇储备债券。可用发行所得向中央银行购买超额的外汇储备资产,然后用其出资建立"国家投资控股公司",具体运营外汇资产管理。可向社会发行人民币定值的外汇储备债券,使中央银行得以回笼与这笔外汇资产相对应的高能货币。这样,能起到"一石三鸟"的作用,既缓解了累积的外汇储备压力,又抑制了通货膨胀压力,还可实现外汇资产持有主

[①] 参见中国社科院金融所课题组:《关于我国外汇储备管理体制改革的建议》,载《中国经贸导刊》2007年第4期。

体多元化。

第九,"一带一路"倡议下对外直接投资和推进人民币国际化都需要中国保持充足的外汇储备。在"一带一路"倡议下,中国企业"走出去",需要国家保持充足的外汇储备。同时,推进人民币国际化,就需要保持人民币币值总体上呈现出稳中有升的态势。这更需要中国保持充足的外汇储备,支持人民币汇率稳定,成为人民币国际化的有力支撑。一方面,人民币国际化的深入推进有利于缓解中国外汇储备规模压力;另一方面,人民币作为国际货币,将大大化解中国累积的巨额外汇储备带来的风险。

本 章 小 结

国际储备,是指一国货币当局持有的,用于国际支付,平衡国际收支差额和干预外汇市场,维持货币汇率稳定的国际可接受资产。其主要特征有可获得性、充分流动性和普遍接受性。国际清偿力的内涵更广,它强调的是对外支付能力而不是所有权关系。例如,临时性的筹款协议虽未形成现实的国际储备资产,但却构成一国的清偿能力。

国际储备包括四类资产:货币黄金储备、外汇储备、在 IMF 的储备头寸和特别提款权贷方余额。其中,外汇储备是国际储备的主体。国际储备的作用如下:清算国际收支差额,维持对外支付能力;干预外汇市场,支持本国货币汇率;充当一国对外举债的信用保证。

特别提款权是为了支持布雷顿森林体系而创设的一种储备资产和记账单位。1999 年欧元诞生后,特别提款权的构成比例已发生变化。SDR 的币值是由一篮子主要货币,如美元、欧元、日元和英镑,基于市场汇率,折算成美元加总价值决定的。SDR 币值是每日计算的。

国际储备管理分为国际储备规模管理和结构管理。国际储备结构管理的基本原则是,坚持安全性、流动性和营利性的合理统一。最佳国际储备量,是指当国际储备的边际成本等于边际收益时,一国政府或货币当局所持有的国际储备量。确定最佳国际储备量的基本方法有比率分析法、回归分析法、成本—收益分析法、区间分析法和定性分析法等。其中,特里芬提出的比率分析法最为有名。

国际储备体系经历了黄金—英镑储备体系、美元—黄金储备体系和多元化储备体系三个阶段。多元化储备体系的产生是历史发展的必然产物,它对世界经济的影响有利有弊。近年来,中国外汇储备总量全球排名第一,而在 IMF 的储备头寸和特别提款权余额相对较少。外汇储备管理是中国国际储备资产管理最主要的内容,分为外汇储备规模管理、外汇储备结构管理和外汇储备管理制度。中国外汇储备管理遵循安全、流动和增值的原则。

雄厚的外汇储备提高了中国整体的对外信誉,降低了企业融资成本。但是,这并不意味着外汇储备越多越好。外汇储备规模是否适度,关键要看一国是否实现了内外平衡。现阶段,中国外汇储备的迅速增长是由一系列国际和国内因素造成的。控制外汇储备进一步增加和扩大外汇储备运营范围已经成为当务之急。

中国外汇储备规模不断扩大的成因:一是制度因素,包括强制性结售汇制度、偏向稳定的汇率政策以及外向型的经济发展战略;二是经济因素,包括经常项目持续大幅顺差、资本和金融项目中外国直接投资不断增长以及大量国际游资在人民币升值预期下流入中国。

> **关键术语**

1. International reserve(国际储备)—Countries hold reserves to act as a buffet between what happens in their international transactions and in their domestic economies. The reserve buffet which may be reinforced, but cannot be replaced, by reliance on foreign credit mitigates the impact on the home economy of shocks originating abroad, and it directs abroad part of the shocks originating at home.

2. International liquidity(国际清偿力)—From the point of view of an individual country, international liquidity is total assets of a country's monetary authority that can be used to finance balance of payments deficit.

3. Foreign exchange reserves(外汇储备)—Foreign exchange reserves are the stock of official assets denominated in foreign currencies helping primarily to make foreign payments without the need to sell domestic currency in the market. In some countries, reserves also provide a degree of cover for the servicing of official foreign currency borrowing and in some there is an element of saving for future generations. Yet in others, reserves are built up and run down to help to protect the exchange rate from seasonal variations in payment flows.

4. Special drawing rights, SDR(特别提款权)—Special drawing rights, which some of its sponsors looked on as the cornerstone of a reformed Bretton Woods System in which additions to international reserves and conversions from one reserve medium to another would be managed by international agreement. In that system, SDR allocations would ensure that the acquisition of dollar claims by foreign official holders could be much reduced without the growth of international reserves becoming insufficient for non-inflationary growth of world trade.

5. Reserve position(储备头寸)—More precisely, the reserve position is the sum of outstanding borrowing by the IMF from the member, if any, and the member's reserve positions in IMF.

> **问题与练习**

一、名词解释

国际储备　　　储备头寸　　　特别提款权　　　国际储备管理
国际清偿力　　进口储备比率　国际储备体系　　最佳国际储备量

二、思考题

1. 比较国际储备和国际清偿力。
2. 一国国际储备的构成有哪些？
3. 国际储备有什么作用？20世纪,不同国际储备资产的相对重要性发生了什么变化？为什么会出现这种变化？
4. 什么是IMF特别提款权？怎样使用？

5. 一国国际储备的供应有哪些来源？

6. 简述影响一国国际储备需求的主要因素。

7. 国际储备结构管理涉及哪些主要内容？管理策略有哪些？

8. 什么是最佳国际储备量？衡量一国或地区最佳国际储备量的确定方法有哪些？

9. 国际储备体系多元化的成因和影响是什么？

10. 如何理解中国外汇储备的规模问题？需要考虑哪些因素？

11. 简述中国外汇储备规模由不断扩大转向减少的原因，并谈谈针对这一问题的对策措施。

附录　审慎看待当前中国外汇储备规模及其变动[①]

截至 2016 年末，中国外汇储备余额为 30105 亿美元。尽管已从峰值回落，但是目前中国外汇储备规模仍处于较高的水平，对相关变动也需要客观地看待。当前，中国外汇储备规模在世界范围内依然高居榜首。从 2016 年末全球各国（地区）外汇储备的相对规模来看，中国稳居首位，第二位日本为 1.16 万亿美元，第三位瑞士为 6349 亿美元，巴西、印度、俄罗斯均为 3000 多亿美元。在全球 10.7 万亿美元的外汇储备规模中，中国占 28%，日本和瑞士分别占 11% 和 6%。

从对外支付能力和债务清偿能力来看，中国外汇储备仍是十分充裕的。目前，全球无公认统一的标准衡量外汇储备的充足度。按照传统的衡量标准，在进口支付方面，外汇储备至少需要满足 3 个月的进口。假定没有人民币对外支付，中国目前有 4 千亿美元左右的外汇需求。在对外债务偿还方面，外汇储备需要覆盖 100% 的短期外债。目前，中国的本外币短期外债规模为八九千亿美元，比 2014 年末的 1.3 万亿美元明显下降，说明近段时期中国外债偿还压力已得到较大释放。因此，总的来说，从当前的外汇储备规模来看，中国的国际支付和清偿能力依然很强，能够很好地维护国家经济金融安全。

从外汇储备满足境内主体增持对外资产需求的角度来看，外汇储备变化本质上反映了中国对外资产持有主体的结构变化，这是一个逐步发展的过程。近年来，随着企业、个人经济实力的增强，中国民间部门多元化配置资产的需求相应增加。从国际投资头寸表来看，截至 2016 年末，中国民间部门对外资产占全部对外资产的比重首次过半，达到 52%，民间部门对外资产和对外负债的匹配度趋向改善。2016 年末，中国民间部门对外净负债 1.3 万亿美元，较 2014 年末的 2.3 万亿美元高点明显下降。同时，满足民间部门增持对外资产需求不一定全靠外汇储备。中国经常账户持续顺差，跨境融资、市场开放等政策也便利了境外资金流入，这些都可以成为境内主体增加对外资产的资金来源。当然，对外资产在官方和民间部门之间的调整需要合理、适度，与国家的经济发展水平、对外开放程度相协调。未来中国将在增强汇率弹性的同时保持人民币汇率在合理均衡水平上的基本稳定，不断健全宏观审慎管理框架下的跨境资本流动管理体系，从而有利于相关调整平稳进行。

近期中国外汇储备的变动也反映了官方外汇市场操作、储备资产价格变动和储备的多元化运用等因素。具体来看：一是央行在外汇市场的操作，一方面用于满足中国市场主体对

[①] 参见国家外汇管理局国际收支分析小组：《2016 中国国际收支报告》，中国金融出版社 2017 年版，第 20—21 页。

外直接投资、证券投资、贷款等各类投资需求,2014年下半年以来,上述投资增加超过1.2万亿美元;另一方面用于证券投资以及外债等其他投资资金流出,2014年下半年以来,净流出2700多亿美元,其中2016年第二季度以前累计净流出4000亿美元左右,第二季度以来转为净流入近1300亿美元。二是外汇储备投资资产的价格波动,也会导致外汇储备余额发生变化。三是由于以美元作为外汇储备的计价货币,其他各种货币相对于美元的汇率变动也可能导致外汇储备规模的变化。四是根据国际货币基金组织关于外汇储备的定义,外汇储备在支持"走出去"等方面资金运用的记账时,会从外汇储备规模内调整至规模外,反之亦然。

第十一章 外汇管制

学习要点

外汇管制,外汇管制的演变,外汇管制的原因及其经济影响,外汇管制的主要内容,货币兑换管制,汇率管制,复汇率,外汇管制方法,中国外汇管理体制改革的主要内容,中国现行的外汇管理框架要点,人民币自由兑换及其基本条件,中国外汇管理条例新变革,人民币国际化及其实现条件和实施路径。重点理解和掌握:外汇管制的主要内容,1994年中国外汇管理体制改革要点,人民币自由兑换的基本条件,中国外汇管理条例新变革,人民币国际化及其实现条件和实施路径。

第一节 外汇管制概述[①]

外汇管制(foreign exchange control),是指一个国家或地区为了平衡国际收支、维持本币汇率稳定或其他政治经济目的,授权货币当局或其他政府机构,通过法令对本国的外汇收支、外汇汇率以及货币的兑换性等进行的干预和控制。IMF将外汇管制分为广义与狭义两个层次。狭义的外汇管制,是指一国或地区政府对居民从国外购买经常项目下商品和劳务所需外汇的支付,运用各种手段加以限制、阻碍或推迟。广义的外汇管制,是指一国或地区政府对居民与非居民的外汇获取、持有、使用或者在国际支付中使用本币或外币所采取的管理措施和政策规定。

一、外汇管制的演变

随着世界经济的发展,外汇管制经历了从无到有,从加强到放宽,从放松到取消的演变过程,大致可以分为三个阶段:

(一)第一阶段:1914—1945年

外汇管制是一战的产物。一战爆发以后,西方主要资本主义国家先后停止了金币本位制,实行纸币流通制度。为了防止资本外逃,抑制汇率波动,各国纷纷取消外汇买卖的自由,禁止黄金出口,实行严格的外汇管制。战后,特别是1924—1929年,资本主义世界进入相对稳定阶段,这些国家相继取消了战时实行的外汇管制,基本恢复了外汇自由买卖和国际多边结算制度。但是,1929—1933年空前严重的经济危机,使几乎所有的资本主义国家再度陷入困境。随着金本位制度的彻底崩溃和纸币流通制度的流行,许多国家为了缓解危机,重新恢复了外汇管制。当时有两种类型:一类是国际收支大量逆差国,如德国、日本、意大利等国和许多殖民地、附属国,实行严格的外汇管制。另一类是美国、英国、法国等国际收支顺差国,组建各种货币集团,利用竞争性的货币贬值和操纵外汇平准基金的方式,进行外汇倾销。有的国家还禁止黄金自由输出和限制资本输出,结果破坏了外汇自由买卖和国际结算的自

[①] 本章前两节的主要内容参阅沈国兵主编:《国际金融》,上海财经大学出版社2004年版。

由进行。二战的爆发导致参战国实行的外汇管制比以往更为严格。据统计,1940年,在100多个资本主义国家和地区中,只有美国、瑞士和拉美地区8个国家没有实行外汇管制。这一阶段的外汇管制以资本项目下的管制为主,以防止资本外逃和投机为主要目的。

(二) 第二阶段:二战结束—1958年

二战结束后,西欧各国遭受战争创伤,普遍面临外汇、黄金的短缺,为了恢复经济,不得不继续实行外汇管制。20世纪50年代以后,西欧各国和日本的经济实力有所增强,美国的实力相对削弱。从1958年12月起,英国、法国、联邦德国、意大利、荷兰等14国采取了放宽外汇管制的措施,不同程度地恢复了有限度的货币自由兑换,对贸易收支项目解除了外汇管制,不过对资本交易的外汇业务仍维持管制。这时的外汇管制不再是为了防止资本外逃,而是为了限制国际资本的流入。

(三) 第三阶段:1958年至今

20世纪60年代以后,资本主义国家兴起了贸易、资本自由化的浪潮,在国际货币基金组织和各国政府的努力下,很多国家相继放松了外汇管制。60年代,联邦德国率先实现了货币完全自由兑换。1979年10月,英国撤销了原有的外汇管制,恢复外汇的自由交易,汇率主要由市场供求决定。中央货币当局为维持市场稳定,只是在汇价波动过于猛烈时才进行小规模的干预。进入80年代,瑞士、意大利、日本、法国等继续放松管制。60年代,日本出口贸易不断扩大,国际收支顺差持续稳定,政府决定逐渐放松外汇管制,外汇交易向自由化发展。1980年12月,日本政府开始实施新的外汇管制法,对外交易基本自由。自1980年起,法国出于对外竞争和发展经济的需要,再次决定适当放宽外汇管制。1986年,法国解除了90%的外汇管制措施,意大利也随之取消大部分的外汇管制。1990年7月1日起,欧共体成员国原则上完全取消外汇管制,但是希腊、西班牙、葡萄牙、爱尔兰可以延期几年后逐步取消外汇管制。从目前各国的情况来看,发达国家和新兴工业化国家已放松或取消大部分的外汇管制,而广大发展中国家由于外汇短缺,仍然实行严格的外汇管制。

二、外汇管制的类型

外汇管制,就其本质而言,是政府干预经济生活的一种政策工具。由于外汇管制涉及国际收支平衡表的所有交易项目,因此政府实施的外汇管制范围十分广泛。按照外汇管制的内容、范围、项目和严格程度的不同,可以把世界上的国家和地区分为三种类型:

(一) 实行全面或严格外汇管制的国家和地区

这类国家和地区对国际收支项目中的贸易外汇收支、非贸易外汇收支和资本项目收支都实行严格的外汇管制,其货币一般是不可自由兑换的。这类国家和地区通常经济比较落后,外汇资金缺乏,出口创汇能力不足,为了有计划地使用稀缺的外汇资源,调节外汇供求,维持国际收支平衡,不得不实行严格的外汇管制。实行计划经济的国家以及大多数发展中国家如印度、缅甸、巴西、哥伦比亚等国,都属此类。据统计,这类国家和地区大约有90个。

(二) 实行部分外汇管制的国家和地区

这类国家和地区一般对经常项目下的贸易收支和非贸易收支原则上不加以限制,准许外汇自由兑换和汇出入,但对资本项目的收支仍然加以限制,其货币一般是有限制的自由兑换货币。这些国家和地区经济比较发达,国民生产总值也较高,经常项目收支良好,对外贸易规模较大,黄金外汇储备较为充裕。一些比较发达的资本主义工业国如法国、丹麦、澳大利亚、挪威等国,一些新兴工业化国家以及经济、金融状况较好的发展中国家如圭亚那、牙买加、南非等国,均属这一类型。目前,这类国家和地区约有 20—30 个。

（三）基本不实行外汇管制的国家和地区

这类国家和地区允许其货币自由兑换,对经常项目和资本项目下的收支原则上不加以限制,不过在一定情况下也会采取一些变相或间接的措施加以限制。工业发达国家如美国、英国、德国、加拿大和瑞士,以及科威特、沙特阿拉伯等资金充裕的石油输出国,属于这一类型。这类国家和地区约有 20 多个,一般经济很发达,国民生产总值高,黄金外汇储备十分充裕。

三、外汇管制的原因和目的

一国实行外汇管制,往往是出于以下几个方面的原因和目的考虑:

第一,促进国际收支平衡或改善国际收支状况。这是实行外汇管制的最基本原因和目的。虽然政府可以用多种方法来调节国际收支,但是对于发展中国家来说,其他调节措施可能意味着较大的代价。可以通过限制用汇,限制外国商品和劳务的输入,同时采取措施鼓励本国商品和劳务的输出,争取更多的外汇资金流入,扩大国内生产,以及平衡国际收支。

第二,保持本币汇率稳定,减少涉外经济活动中的外汇风险。汇率频繁地大幅度波动所造成的外汇风险会严重阻碍一国对外贸易和国际借贷活动的进行。外汇管制可以有效地限制外汇投机活动,避免汇价的过度波动,有利于本国经济的正常运行。

第三,防止资本外逃或大规模的投机性资本流动,维护本国金融市场的稳定。经济实力较弱的国家存在着非常多的可供投机资本利用的缺陷。在没有外汇管制的情况下,这会吸引投机性资本流入,而后者会显著加剧价格信号的扭曲。一旦泡沫破灭,会引发一系列连锁反应,造成经济局势迅速恶化。外汇管制是这些国家维护本国金融市场稳定运行的有效手段。

第四,奖出限入,增加本国储备资金。利用外汇管制,可以集中外汇资金,节约外汇支出,从而增加本国储备。

第五,有效利用外汇资金,推动重点产业优先发展。外汇管制使政府拥有更大的对外汇运用的支配权。政府可以利用外汇管制限制某些商品进口,以保护本国相应的幼稚产业;或者向某些产业提供外汇,以扶植重点产业优先发展。

第六,增强本国产品的国际竞争力。在本国企业不足以保证产品的国际竞争力的条件下,政府可以借助于外汇管制为企业开拓国外市场。例如,规定官方汇率是外汇管制的重要手段之一,当政府直接调低本币汇率与限制短期资本流入时,都有助于本国增加出口。

第七,增强金融安全。金融安全,是指一国在金融国际化条件下具有抗拒内外金融风险和外部冲击的能力。一国开放程度越高,维护金融安全的责任和压力越大。发展中国家经济发展水平较低,经济结构有种种缺陷,特别需要把外汇管制作为增强本国金融安全的手段。

四、外汇管制的经济影响

（一）外汇管制的积极影响

1. 消除过度需求,调节收支失衡

在面临国际收支逆差、外汇短缺时,外汇管制是平衡国际收支的最直接手段之一。政府可以通过配给供应等措施,在增加外汇供给的同时,压缩外汇需求,实现外部均衡。

2. 限制资本外逃,保持金融稳定

随着各国经济交往日益密切,资本流动特别是大量短期资本的流动日益频繁,会破坏国内正常的货币流通和信贷投资活动,妨碍金融政策的实施。加强对资本的管理,有助于避免资本流动对国内经济的负面冲击。

3. 稳定本国汇率,抑制通货膨胀

存在巨额国际收支顺差、汇率趋于坚挺的国家容易出现输入型通货膨胀,通过外汇管制,限制资本和商品的输入,可以隔绝国际通货膨胀,使国内物价和汇率保持稳定。

4. 控制对外贸易,促进经济发展

政府实施的外汇管制政策对提高本国产业的国际竞争力是有力的配合和支持,特别是本国新兴工业刚刚起步,通过外汇管制措施,鼓励出口,限制进口,可以保证民族经济的顺利发展。

5. 根据社会需要,优化资源配置

外汇作为有限的资源,需要相对集中。政府的管制措施能使外汇资金流入最需要发展的产业和行业,保证社会效益较高的重点部门的外汇需求,使外汇资源实现最佳配置,取得最大的社会经济效益。

(二) 外汇管制的消极影响

1. 汇率扭曲,不利于资源合理配置

无论是政府规定官方汇率,还是政府限制外汇买卖,都会使汇率偏离市场均衡汇率。对发展中国家来说,汇率扭曲主要表现为本币汇率过高。这可能是由于政府为本币规定了偏高的官方牌价,也可能是由于政府对外汇供求施加限制的结果。这种扭曲的汇率对资源配置有不利影响。首先,它会打击发展中国家的农业。高估本币汇率会降低进口农产品的本币价格,使发展中国家农产品的价格随之降低,这是许多发展中国家农业发展缓慢、城乡差别较大的重要原因。其次,高估本币汇率会普遍性地打击一国的出口产业和进口替代产业。最后,一国实施外汇管制,实际上放弃了外汇供求关系自发调节汇率的作用机制,人为地扭曲了货币汇率和商品价格,使人们难以作出正确的投资决策。

2. 阻碍国际贸易的正常开展

外汇管制会在一定程度上影响国际贸易的发展和对外开放的进程。外汇管制阻碍了自由多边结算体系的形成,自然阻碍了国际贸易和国际资本流动的正常进行。对发展中国家来说,高估本币汇率和限制外汇自由交易会打击出口企业的创汇积极性,而外汇短缺也会影响该国进口贸易的发展。一国限制资本外流和限制投资收益回流的做法也会打击外商对该国投资的积极性。

3. 易于滋生腐败等寻租行为,效率低下

在外汇管制的背景下,外汇黑市不可避免,潜在的利润产生种种寻租行为(rent seeking)。外汇管制面临一系列较为复杂的行政管理问题,而且寻租过程中产生的种种成本完全是资源浪费,可能会降低外汇管制的效率。

第二节 外汇管制的主要内容

是否要实施外汇管制以及采取什么措施,要由各国政府当局根据本国所处的经济发展阶段、实际收支状况决定。各国由于国际经济地位的不同,管制的办法也会有所侧重。外汇管制的内容包括外汇管制的机构、对象、主要内容以及方法或手段。

一、外汇管制的机构

外汇管制的机构,是指国家指定和授权进行外汇管理的机构。它在各国实践中基本上有三种类型:第一类是国家设立专门的外汇管理机构,如法国、意大利和中国就是这种类型;第二类是国家授权中央银行作为外汇管理机关,如英国指定英格兰银行执行外汇管理工作;第三类是国家行政部门负责外汇管理,如美国由财政部负责,日本由通产省和财务省负责。大多数国家外汇政策法规的制定和监督执行机构合二为一,也有少数国家将外汇的决策和管理分开。

二、外汇管制的对象

外汇管制的对象包括人、物、地区和行业。大多数国家对居民的外汇收支管理较严,对非居民的外汇收支管理较宽松。对物的管理主要包含外币、金银等贵金属、外币支付凭证(汇票、支票、本票、旅行支票、信用卡等)、外币有价证券(股票、息票、公司债券、人寿保险单等)等。对物的管理也包括对本国货币出境的管理,如日本曾规定居民和非居民携带出境的日元不得超过 500 万日元。对地区的管理有两层含义:一是对不同国家和地区实行不同的外汇管理政策,如对友好国家和结盟国家宽松,对敌对国家较严;二是对国内不同地区采取不同的外汇管理,如对经济特区实施宽松的外汇管理政策。外汇管制的行业管理主要是指对本国不同行业、产业采取不同的措施,如对有利于本国工业发展的先进技术、设备及原材料的进口给予鼓励。

三、外汇管制的主要内容

外汇管制的主要内容包括外汇资金流出入管制、货币兑换管制和汇率管制三方面。

(一) 外汇资金流出入管制

1. 贸易外汇管制

贸易外汇收入是国家重要的外汇资金来源,通常是采取鼓励性的措施实行外汇管理,以防止本国资金的外流和隐匿出口外汇收入。贸易外汇管制主要包括:(1) 出口贸易外汇管制。国家通常采取掌握出口外汇收入情况、鼓励出口等措施。(2) 进口贸易外汇管制。国家对进口用汇实行某种限制。除了加强外汇核批外,国家实行进口许可证制,根据进口许可证供应进口所需外汇资金;提高或降低开立信用证押金;采用进口配额制;采用进口存款预交制;对购买进口所需外汇征收一定的外汇税;限制进口商对外支付使用的货币等,主要目的在于节约外汇支出。

2. 非贸易外汇管制

非贸易外汇收支涉及的范围很广,包括运输费、保险费、佣金、利息、版税、稿费、特许权使用费、留学生费用、旅游费、对外劳务工程承包费、专利费、赡家汇款等。常见的管制措施有:许可证制度或审批制;限额制度;规定购买非贸易外汇的间隔时间,或控制对外支付时间;课征非贸易外汇购买税;登记制度等。总体而言,各国普遍对非贸易外汇收入的管理比贸易外汇的管理要宽松,发展中国家对非贸易外汇的支付还存在较多的限制。

3. 资本输出入管制

对资本输出入的管制是常见的外汇管制形式,它直接影响到一国的外汇供求和国际收支状况。因此,无论是发达国家还是发展中国家,都十分重视对资本项目下的外汇管理。20世纪70年代,德国、瑞士、日本等发达国家由于本国国际收支持续顺差,采取了很多限制外资流入的措施,具体如:(1)规定银行吸收非居民存款要缴付较高的存款准备金。例如,1972年,联邦德国规定,银行吸收非居民存款要缴纳90%—100%的准备金。(2)规定银行对非居民存款不付利息或收费。例如,瑞士曾规定,非居民存款超过10万瑞士法郎,不但不付息,还要按季收10%的手续费。(3)限制商业银行向非居民出售本国的远期货币业务,防止到期交割导致资金流入。瑞士1974年实施过此项措施。(4)限制非居民购买本国的有价证券。例如,日本1972年禁止非居民购买本国的有价证券。(5)限制本国企业和跨国公司借用外国资金。例如,20世纪70年代,联邦德国规定,凡利用外国资金或外国贷款超过8000马克时,必须经过央行的批准。采取这些措施,主要是为了避免因资本流入、本币汇率升值而削弱出口竞争力,减轻国内通货膨胀的压力。

发达国家限制资本输出的措施主要有:(1)冻结非居民的账户,未经管汇机构的批准,不能动用或汇出非居民账户上的资产(银行存款、证券等)。(2)限制本国银行和企业向国外提供贷款,限制企业向国外投资,限制居民购买外国有价证券。(3)对本国居民在国外的投资收益征收利息平衡税。例如,1963年7月,美国为了缓和国际收支逆差,规定征收利息平衡税,对直接投资进行限制。(4)规定银行贷款最高额等。

发展中国家外汇资金短缺,一般都采取限制资本流出、鼓励资本流入的政策,主要有:(1)规定输入资本的额度、期限与投资部门;(2)从国外借款的一定比例要在一定期限内存放在管汇银行;(3)银行从国外借款不能超过其资本与准备金的一定比例;(4)规定借款部门的利率和附加的水平;(5)规定接受外国投资的最低额度等。

20世纪80年代以后,发达国家开始积极鼓励资本输出。例如,丹麦、法国放宽了居民的对外证券投资,日本也放宽了发行欧洲日元债券的标准等。值得一提的是,随着经济实力的增强,一些发展中国家,如拉美、东南亚等地区的国家,开始大力拓展海外投资,积极进入国际市场。由此可见,各国在不同时期会根据本国经济状况,适时对资本管制政策作调整。

4. 对黄金、现钞输出入的管制

实行外汇管制的国家一般禁止个人和企业携带、托带或邮寄黄金、白金或白银出境,或限制其出境的数量。对于本国现钞的输入,实行外汇管制的国家往往实行登记制度,规定输入的限额并要求用于指定用途。对于本国现钞的输出,则由外汇管制机构进行审批,规定相应的限额。一般而言,不允许货币自由兑换的国家禁止本国现钞输出。

(二)货币兑换管制

开放经济中所进行的经济交易以不同货币计价,因而存在对货币进行兑换的需求。货币兑换制度的两种极端情况是货币自由兑换和货币兑换管制,前者是采用市场方式对外汇资源进行配置,而后者则是采用非市场方式对外汇资源进行配置。货币兑换管制主要是针对国际收支不同账户中的兑换条件进行限制,是外汇管制的核心所在。货币自由兑换与货币兑换管制一样,是一种手段,而不是目的。货币自由兑换通常有三层含义:一是经常项目可兑换,二是资本项目可兑换,三是货币完全可自由兑换。按照国际货币基金组织的规定,一国若能实现经常项目下货币可自由兑换,那么该国货币就被列为可兑换货币。

1. 经常项目可兑换

经常项目可兑换,是指取消对经常项目外汇支付和转移的汇兑限制,并不得实行歧视性货币安排或者多重货币制度。《国际货币基金组织协定》第八条款规定:不得对国际经常项目往来的对外支付和资金转移施加限制;不得实行歧视性的货币措施或多重汇率;兑付外国持有的在经常交易中取得的本国货币,任何一个成员方均有义务购买其他成员方所持有的本币结存,但要求兑换的国家能证明。成员方外汇管理体制满足上述规定的,称为"第八条款国"。目前,IMF 的 188 个成员方中,接受第八条款的有 168 个,中国于 1996 年 12 月 1 日正式接受该条款。

2. 资本项目可兑换

资本项目可兑换,是指取消对资本流出入的汇兑限制,一种货币不仅在国际收支经常性往来中可用本国货币自由兑换成其他货币,而且在资本项目上也可以自由兑换。《国际货币基金组织协定》第六条款中,区分了经常项目和资本项目的自由兑换,允许成员方运用必要的控制手段调节资本的转移,即成员方没有必须的义务实施资本项目的可兑换。发达国家基本上取消了对国际资本流动的汇兑限制,而大多数发展中国家仍存在对资本项目的可兑换限制。根据国际经验,大多数国家都是先实现经常项目下的货币可兑换,再逐步创造条件,过渡到资本项目的可兑换。例如,法国、日本、意大利等在成为第八条款国 20 多年以后才完全取消资本项目往来的外汇限制。采取渐进式战略还是一步到位,取决于一国经济发展的各种条件。对发展中国家而言,更需要慎重。截至 2014 年末,资本管制集中于资本市场证券、直接投资的有 151 个国家,管制不动产交易的有 144 个国家(见表 11-1)。

表 11-1 2014 年末对资本项目交易管制的国家数目

IMF 成员方	总计	第八条款国	第十四条款国
	188	168	20
控制:			
资本市场证券	151	137	14
货币市场工具	127	114	13
集体投资证券	127	117	10
衍生工具和其他工具	101	94	7
商业贷款	85	78	7
金融贷款	115	104	11
抵押、担保及金融支持便利	78	71	7
直接投资	151	139	12
直接投资结算	42	36	6
不动产交易	144	131	13
私人资本流动	94	81	13
适用特殊条款和规定:			
对商业银行和其他信贷机构	170	153	17
对机构投资者	143	134	9

注:"第八条款国"是指接受 IMF 第八条自由兑换条款的国家。具体而言,一国若能实现经常账户下的货币自由兑换,该国货币就被列入可兑换货币。"第十四条款国"是指对于不能接受第八条款的成员方,即对经常项目收支和资本项目收支仍然实行外汇管制的成员方,每年应向 IMF 提出报告,并对取消外汇管制事宜进行磋商。

资料来源:根据 IMF《2014 年汇兑安排与汇兑限制年报》的相关内容整理。

3. 货币完全自由兑换

货币完全自由兑换,是指取消对外汇交易的所有限制,任何一个货币持有者都可以按照市场汇率自由地把本币兑换成某一种国际货币，用于对外支付或作为资产持有。前两个层次的自由兑换实现了，就可以称为货币的完全可自由兑换。常用的自由兑换货币主要有：美元(USD)、欧元(EUR)、日元(JPY)、瑞士法郎(CHF)、丹麦克朗(DKR)、瑞典克朗(SKR)、挪威克朗(NKR)、港币(HKD)、加拿大元(CAD)、澳大利亚元(AUD)、新西兰元(NZD)、新加坡元(SGD)等。一国货币从不能自由兑换到有条件自由兑换、经常项目自由兑换，直至资本项目自由兑换的过程，实质就是外汇管制不断放宽的过程。

对本国货币实施兑换管制，其内在原因一般有：外汇短缺，金融秩序混乱失控，国内外经济体制和价格体系差异较大等。美国1971年停止美元兑换黄金的义务，就是因为无力控制美元危机引发的金融混乱局面。但是，货币兑换管制既有正面效应，也有负面效应，容易滋生腐败、贿赂等不法行为，造成资源浪费和价格扭曲，对经济的长远发展也不利。

如图11-1所示，外汇供给曲线S和外汇需求曲线D的交点处的均衡汇率为OA(直接标价法的汇率)，OB是政府强制维持的汇率水平。由于政府控制的外汇汇率低于均衡水平，在这一汇率水平上的外汇市场供给OE低于外汇市场需求OF，EF为外汇供求缺口，政府就采取兑换管制，对外汇需求进行数量限制，使市场交易量维持在OE水平。如果存在外汇黑市，意味着有人可以从官方市场以较低的价格OB购入外汇，再以更高的价格OC在黑市卖出，获取租金。这一寻租过程中发生的成本对全社会来说就是资源浪费。也就是说，货币的兑换管制会带来成本。

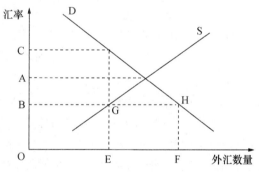

图11-1 货币兑换管制的经济分析

(三) 汇率管制

汇率管制涉及汇率制度、汇率水平和汇率种类管理三个方面的内容。汇率制度的相关内容参见第九章。汇率水平管理指汇率合理水平的确定和比价的调整，有直接管理和间接管理之分。直接管理汇率，即一国政府或货币当局按照国家的政策、货币相对购买力和国际收支状况，制定、调整和公布汇率，并规定各项外汇收支必须按照公布的汇率兑换本国货币。许多发展中国家都采取直接管理汇率的办法。间接管理汇率，即汇率由外汇市场供求关系决定，但是国家通过外汇市场买卖(外汇平准基金制度)或其他方法影响汇率水平。西方工业发达国家多采用这种办法。汇率种类管理中常见的是复汇率制度。所谓复汇率(multiple exchange rate)，是指一国货币对外国货币制定两种或两种以上的汇率，不同的汇率用于不同的国际经贸活动。复汇率是外汇管制的一种手段，是外汇管理当局人为地、主动地制定和利用多种汇率以达到其预定的经济目的。常用的复汇率主要有以下几种类型：

1. 差别汇率

外汇管理机关根据不同的外汇资金来源和用途，规定不同的官方汇率结售，一般都是对进口和出口规定不同的汇率。有的国家对贸易和资本往来实行不同的汇率。例如,法国、比利时都曾实施过贸易汇率和金融汇率的双重汇率制度。在出口方面,对于缺乏国际竞争力却又需要扩大出口的某些出口商品,给予较为优惠的汇率;对于其他出口商品中,适用一般的汇率。有的国家如智利制定的汇率甚至多达几十种。

2. 外汇转让证制度

外汇转让证,是指出口商向外汇银行结汇时,除了获得相应的本币之外,还可得到等额外汇的转让凭证。该凭证记载出售外汇的种类和金额,可以在自由市场上出售,出售所得相当于对出口商的补贴。进口商进口购汇要缴验转让证,才能按官方汇率售给外汇,否则会增加进口商的成本。中国 1994 年前实行的外汇额度留成就是这种复汇率。

3. 混合复汇率制

混合复汇率制是将官方汇率与市场汇率按照不同比例混合使用的制度,对不同交易区别对待。比如,规定某类项目外汇收入的全部或部分可以不按官方汇率出售,允许在自由市场上出售,此举虽没有公开宣布差别汇率,但实际上是一种隐蔽的复汇率。需要指出的是,根据国际货币基金组织外汇管制年报的分类方法,凡外汇管制国家采取下列措施的:课征外汇税、给予外汇津贴、官方汇率背离市场汇率而不及时调整等,都被看作广义的复汇率制。

设置复汇率的主要目的在于:(1) 通过实施奖出限入的政策,对特定行业给予鼓励或限制;(2) 鼓励或限制某些商品出口或进口;(3) 鼓励某些商品在国内生产;(4) 借高价卖出或低价买入以充实国库。一国对经常项目和资本项目实行差别汇率,能有效地隔绝来自于外国的冲击,政府还可以利用复汇率达到一定的财政目的。复汇率最大的缺点是扭曲汇价,管理成本高,而且作为一种不公平的歧视措施,容易导致其他国家的报复。所以,在经贸一体化的当今世界,绝大多数国家摒弃了复汇率,实行单一汇率。

外汇管制除了上述三项主要内容以外,还包括:(1) 对银行外汇账户的管制,主要涉及外汇账户的开立、外汇账户上存款的支付、外汇账户存款利息的支付等。(2) 对经营外汇业务的金融机构的管制,既包括对本国经营外汇业务的银行设立和运作的管理,也包括对外国金融机构在本国设立和运作的管理。近年来,尽管一些外资银行获得了从事人民币业务的许可证,但是受到许多要求的限制。

四、外汇管制的方法或手段

从各国外汇管制的内容来看,外汇管制的方法可概括为直接外汇管制、间接外汇管制和混合外汇管制三类。直接外汇管制,是指直接干预和控制外汇买卖和汇率。按照管制方式,它又可分行政管制和数量控制。例如,政府垄断外汇买卖、统一的结售汇制、控制资本输出入、政府监管私有外汇资产等属于前者,进口限额制、银行头寸限额、外汇留成制等属于后者。间接外汇管制,是指外汇管理机关通过控制外汇交易价格,调节外汇成本和供求,又称"价格管理"或"成本管理"。例如,实行复汇率制,利用外汇买卖成本的差异,间接影响不同商品的进出口。混合外汇管制,是指同时使用数量和成本性外汇管制,对外汇实行更为严格的控制,以控制商品的进出口。

第三节 中国外汇管理体制变革

一、中国外汇管理体制的历史变革

中国是发展中国家,长期实行比较严格的外汇管制。根据不同历史时期的经济发展状况,中国外汇管理体制变革可以分为几个阶段:

(一)国民经济恢复时期的中国外汇管理(1949—1952年)

中华人民共和国成立初期,国内通货膨胀严重,外汇资金极度短缺,金融秩序十分混乱。为了尽快恢复和发展经济,中央人民政府指定中国人民银行为外汇管理机关,颁布了《外汇分配使用暂行办法》,规定全国的外汇收入一律由中央人民政府财经委员会统一掌握、分配和使用,初步建立起独立自主的外汇管理体制。中国人民银行是全国金融管理机关。中国银行则由国家授权,担负着管理外汇与经营外汇的双重任务。当时,外汇分配遵循的原则是:先中央后地方,先工业后商业,先公后私。这一时期,外汇管理的主要任务是:建立独立自主的外汇管理制度和汇价制度;取缔帝国主义在华的经济、金融特权;禁止外币在市场上流通,禁止外币的计价、流通,积极收兑外汇,打击外汇黑市;利用、限制、改造私营进出口商和私营金融业;扶植出口;鼓励侨汇。这一时期的外汇管理制度有效地稳定了物价,肃清了在国内流通的外币,国家外汇收入大增,为国民经济的恢复和发展创造了条件。

(二)高度集中计划时期的中国外汇管理(1953—1978年)

1953年起,中国进入全面计划经济时期,外汇业务管理制度实行"集中管理、统一经营"的方针。对外贸易由国营对外贸易公司专管,外汇业务由中国银行统一经营,逐步形成了高度集中、计划控制的外汇管理体制,主要内容是:(1)外汇收支由国家计划委员会全权负责,以收定支。外汇收支两条线,一切外汇收入必须交售给国家,需用外汇由国家按计划分配或批给,外汇业务由中国银行垄断经营。(2)实行"独立自主、自力更生"的方针,不借外债,不接受外国来华投资。(3)1958年实行外汇额度留成,允许地方外贸企业以额度留成方式留存出口收汇的6%,用汇时可持额度到银行按官方汇率用人民币购买。

这一时期,外汇管理的主要任务是,进一步巩固和完善各种外汇管理制度,加强对国有企业贸易和非贸易外汇的管理,开源节流,增加外汇收入。这种外汇管理制度适应了当时高度集中的指令性计划经济体制,有效地维护了国家的外汇收支。但是,计划经济管得过死,随着经济的发展,其弊端逐渐显现。

(三)改革开放后的中国外汇管理(1979—1993年)

这一时期,中国实行对外开放、对内搞活的政策,国家逐步改革外汇管理制度,市场因素在外汇资源配置中的作用逐渐加大,突出地表现为:

第一,设立专门的外汇管理机构——国家外汇管理总局。该机构由国务院于1979年3月批准设立,统一负责国家外汇管理;1982年改称"国家外汇管理局",划归中国人民银行领导;1988年6月成为国务院直接领导的国家局,归口中国人民银行管理。

第二,颁布外汇管理条例和各项实施细则。1981年3月,国家批准实施外汇管理总局制定的《外汇管理暂行条例》。1996年1月29日,国务院以第193号令公布了《外汇管理条例》,进一步完善和健全了外汇管理制度。

第三,实行贸易和非贸易外汇的额度留成。1979年8月,国务院颁布了《关于大力发展对外贸易增加外汇收入若干问题的规定》,恢复实行外汇留成,留成外汇为额度留成。1991年,国家把按地区、部门确定留成比例改为按大类商品确定留成比例,外贸企业留成比例为40%。

第四,建立和发展外汇调剂市场。1988年3月,国家外汇管理局颁布《关于外汇调剂的规定》,在各省、自治区和直辖市都组建了外汇调剂市场。外汇调剂市场价格放开,由买卖双方根据供求自行议定。到1992年底,全国已经有约100多个外汇调剂中心,调剂金额见下表:

表 11-2　中国外汇调剂市场规模　　　　　　　　　　　　单位:亿美元

1988 年	1989 年	1990 年	1991 年	1992 年
64	85.5	131.6	204	250

资料来源:姜波克:《国际金融新编》(第二版),复旦大学出版社1997年版,第121页。

第五,放宽对国内居民的外汇管理。从1985年起,中国一些银行开办国内居民外币存款业务,个人外汇允许存入银行,在规定的数额和用途内允许提取外汇汇往或携往境外使用。

第六,建立以中国银行为主,多种金融机构并存的外汇金融体系。1985年以后,中国在经济特区和上海等沿海城市设立了一批经营外汇业务的外资银行和中外合资银行;同时,还设立了一些全国性和区域性的综合银行,如交通银行、中信实业银行、深圳发展银行等,允许办理外汇业务。由此,一个多样化的外汇金融体系开始建立并得到发展。

第七,外汇兑换券的发行和管理。自1980年4月1日起,中国银行发行外汇兑换券,外汇券以人民币为面额。外国人、华侨、港澳台同胞等可以用外汇券在旅馆、饭店、指定的商店、飞机场购买商品和支付费用。

第八,改革人民币汇率制度。1981年,中国制定了一个贸易外汇内部结算价,定为1美元合2.8元人民币,用于进出口贸易的结算;同时,继续公布官方汇率,1美元合1.5元人民币,用于非贸易外汇的结算。1985年,中国取消内部结算价,重新实行单一汇率。

这一时期,外汇管理的主要特征为,由高度的计划控制逐步转变为间接的市场调控,适应了改革开放和发展外向型经济的客观需要,特别是外汇调剂市场在外汇互通有无方面起到了重要的桥梁作用,在一定程度上培育了中国的外汇市场。但是,官方汇率和调剂汇率并存,形成了实际的复汇率,而且全国的外汇调剂市场长期处于分割状态,扭曲了外汇的价格,所以还存在着许多疑难问题亟待解决。

(四) 外汇管理体制改革后的中国外汇管理(1994—1997年)

这一阶段,中国外汇收支形势良好,外汇管理体制改革取得了重大进展,汇率制度改革取得了重大突破,实现了人民币经常项目的可兑换,但是资本项目管制仍然严格。

1. 1994年的外汇管理体制改革

1993年12月25日,国务院发布《进一步改革外汇管理体制的通知》,决定从1994年1月1日起,大力改革国家外汇管理体制。此次改革的主要内容包括:

第一,实现汇率并轨,取消人民币官方汇率,实行以市场供求为基础的、单一的、有管理的浮动汇率制,政府只在必要时予以干预和调整。并轨时的人民币汇率为1美元合8.7元人民币。

第二,实行外汇收入结汇制,取消现行的各类外汇留成、上缴和额度管理制度。企业出口所得外汇收入须当时结售给指定的经营外汇业务的银行。境内企事业单位、机关和社会团体在经常项目下的对外支付用汇,可凭有效凭证,用人民币到外汇指定银行办理兑付。

第三,建立银行间外汇市场。从1994年1月1日起,中资企业退出外汇调剂中心。4月,在上海建立中国外汇交易中心,外汇指定银行成为外汇交易的主体,相互调剂头寸。通过建立银行间外汇市场,改进汇率形成机制,保持合理及相对稳定的人民币汇率。

第四,取消境内外币和外汇券计价结算,禁止外币在境内流通。对于市场上流通的外汇兑换券,持有人于1995年6月30日前可以到中国银行兑换美元或结汇成人民币。

第五,外商投资企业的外汇管理办法维持不变。在国家规定允许范围内的对外支付和偿还境内金融机构外汇贷款本息,可从其现汇账户余额中直接办理;超出现汇账户余额的生产、经营、还本付息和红利汇出的用汇,由国家外汇管理部门审核批准,通知外汇指定银行兑付。

综上,从1994年1月1日起,改革正式实施,人民币汇率实行并轨,中国开始实行以市场供求为基础的、单一的、有管理的浮动汇率制。1994年4月1日,银行结售汇制度正式实施。同日,银行间外汇市场——中国外汇交易中心在上海成立,联通全国所有分中心。4月4日起,中国外汇交易中心系统正式运营,采用会员制,实行撮合成交集中清算制度,并体现"价格优先、时间优先"的原则。各外汇指定银行可以在市场上买卖外汇,并对客户办理外汇业务,取代了过去的外汇调剂市场。中央银行可以通过与外汇指定银行的外汇买卖,维持汇率的稳定。外汇券经历了一定时间的过渡后,在1996年初正式停用。

2. 1996年之后的外汇管理改革措施

第一,出台了一系列外汇管理政策法规和相关措施。自1996年1月1日起,《国际收支统计申报办法》施行。该办法制定时参照了国际货币基金组织《国际收支手册》(第五版)的内容,具有较高的国际可比性。自1996年4月1日起,《外汇管理条例》施行,这是对1994年外汇管理体制改革成果的法制化和规范化。1996年7月1日后,中国相继实施了一系列外汇管理法规和措施。

第二,将外商投资企业外汇买卖纳入银行结售汇体系。自1996年7月1日起,外商投资企业外汇买卖纳入银行结售汇体系,外商投资企业的外汇账户区分为用于经常项目的外汇结算账户和用于资本项目的外汇专用账户。同时,允许中国境内的外资银行、中外合资银行和外国银行分行经营结售汇业务,成为外汇指定银行。1996年1月3日,中国外汇交易市场在上海正式联网运行。截至2016年6月,共有554家外汇市场会员主体在中国外汇交易中心从事交易(见表11-3)。

表11-3 中国外汇交易中心外汇市场会员构成表(截至2016年6月)

金融机构性质	数量
大型商业银行(large commercial bank)	21
政策性银行(policy bank)	3
股份制商业银行(joint stock commercial bank)	15
城市商业银行(urban commercial bank)	97
外资银行(foreign-funded bank)	129
境外央行类机构(foreign central bank)	19
境外清算行(foreign clearing bank)	16
境外参加行(foreign participating bank)	6
农村商业银行和合作银行(rural commercial bank and cooperative bank)	155

(续表)

金融机构性质	数量
农村信用联社(rural credit co-operative)	19
村镇银行(rural bank)	3
财务公司(financial company)	67
企业集团(enterprise group)	1
基金证券类(fund and securities company)	2
民营银行(private company)	1
合计	554

资料来源:《中国货币市场》2016年第7期。

第三,取消对经常性用汇的限制,扩大供汇范围。自1996年7月1日起,中国提高居民因私兑换外汇的标准,扩大因私用汇的供汇范围。在此基础上,自1996年12月1日起,中国正式加入国际货币基金组织第八条款国,实现了人民币经常项目下可自由兑换。

(五)亚洲金融危机冲击下中国外汇管理的调整期(1998—2000年)

1998—2000年,由于亚洲金融危机的冲击,中国外汇收支形势出现了波动,外汇管制暂时性加强。具体而言,亚洲金融危机期间,中国进出口贸易和利用外资受到了冲击,一改往年外汇流入形势良好的局面。这期间,国内和国际上对于人民币贬值的预期也不断增强。保持中国国际收支平衡,防止国外金融危机传染进入,维护人民币汇率稳定,成为这一时期中国外汇管制的主要目标。这一阶段,国家严格管制资本项目对外用汇,加强了对外汇资金流出的控制和管理,基本上不再为企业境外投资提供大额外汇。

(六)入世后中国外汇管理体制改革的新措施(2001年至今)

2001年12月入世后,中国外汇管理体制主动顺应加入世贸组织和融入经济全球化的挑战,继续完善经常项目可自由兑换,稳步推进资本项目可兑换。主要措施有:

第一,进一步完善经常项目外汇管理,促进贸易投资便利化。中国允许所有中资企业开立经常项目外汇账户,多次提高境内居民个人购汇限额并简化相关手续。2005年8月,个人经常项目下购汇限额由3000美元、5000美元分别调整为5000美元、8000美元。2006年4月,中国放宽境内居民个人购汇政策,对境内居民个人购汇实行年度总额管理,年度总额为每人每年等值2万美元。2007年1月5日,央行发布《个人外汇管理办法实施细则》,规定境内个人购汇年度总额上升为每人每年等值5万美元。同时,简化进出口核销手续,推广使用"出口收汇核报系统",提高出口核销业务的准确性、及时性。根据《外汇管理条例》(国务院令2008年第532号),个人购汇实行便利化额度(年度总额)管理,每人每年等值5万美元,需要填写个人购汇申请书。

第二,稳步推进资本项目可兑换,拓宽资金流出入渠道。2016年以来,人民币资本项目可兑换继续稳步推进。具体而言,在全国范围内实施全口径跨境融资宏观审慎管理;进一步开放和便利境外机构使用人民币投资银行间债券市场,更多类型境外主体可在境内发行人民币债券;简化人民币合格境外机构投资者管理;优化沪港通机制,取消总额度限制,启动深港通。目前,人民币在7大类共40项资本项目交易中,已实现可兑换、基本可兑换、部分可兑换的项目共计37项,占全部交易项目的92.5%。下一步,中国将继续按照"服务实体、循序渐进、统筹兼顾、风险可控"的原则,有序推进人民币资本项目可兑换。[①]

第三,积极培育和发展外汇市场,完善有管理的浮动汇率制。积极发展外汇市场,如改外汇单向交易为双向交易,积极试行小币种做市商制度;扩大远期结售汇业务的银行范围,批准中国外汇交易中心开办外币对外币的买卖。2005年7月21日,改革人民币汇率形成机制。配合这次改革,外汇管理部门及时出台了一系列政策以促进外汇市场发展。

第四,加强资金流入管理,积极防范金融风险。具体而言,调整短期外债口径,对外资银行外债实行总量控制,外资银行向境内机构发放的外汇贷款按照国内外汇贷款管理;实行支付结汇制,严控资本项目资金结汇;将外商投资企业短期外债余额和中长期外债累计发生额严格控制在"投注差"内,明确规定外商投资企业的境外借款不可以结汇用于偿还国内人民币贷款;加强对出口预收货款和进口延期付款的管理;加强对居民和非居民个人结汇的管理。

第五,强化国际收支统计监测,加大外汇市场整顿和反洗钱力度。具体而言,加快国际收支统计监测预警体系建设,初步建立起高频债务监测系统和市场预期调查系统;加大外汇查处力度,整顿外汇市场秩序,积极推进外汇市场信用体系建设,初步建立起以事后监管和间接管理为主的信用管理模式;建立和完善外汇反洗钱工作机制,自2003年起正式实施大额和可疑外汇资金交易报告制度,加强反洗钱信息分析工作。

二、中国现行的外汇管理框架

(一)人民币经常项目可兑换、资本项目部分管制

1996年12月,中国正式接受《国际货币基金组织协定》第八条款,实现了人民币经常项目可兑换。当前,为了区分经常项目和资本项目交易,防止无交易背景的逃骗汇及洗钱等违法犯罪行为,中国经常项目外汇管理仍然实行真实性审核(包括指导性限额管理)。根据国际惯例,这并不构成对经常项目可兑换的限制。同时,按照"循序渐进、统筹规划、先易后难、留有余地"的改革原则,中国逐步推进资本项目可兑换。

(二)加强对金融机构外汇业务的监督和管理

银行在办理结售汇业务中,必须严格按照规定审核有关凭证,防止资本项目下的外汇收支混入经常项目结售汇。近年来,通过加大外汇查处力度,整顿外汇市场秩序,中国初步建立起以事后监管和间接管理为主的信用管理模式。目前,除国务院另有规定之外,资本项目外汇收入均需调回境内。境内机构(包括外商投资企业)的资本项目下外汇收入均应向注册所在地外汇管理局申请在外汇指定银行开立外汇专用账户进行保留。外商投资项目下外汇资本金结汇可持相应材料直接到外汇局授权的外汇指定银行办理,其他资本项目下外汇收入经外汇管理部门批准后才能卖给外汇指定银行。除外汇指定银行部分项目外,资本项目下的购汇和对外支付均需经过外汇管理部门的核准,持核准件方可在银行办理售付汇。

(三)人民币汇率市场形成机制不断改进

自2005年7月21日起,中国实行以市场供求为基础、参考一篮子货币进行调节、有管理的浮动汇率制度。中国人民银行于每个工作日闭市后公布当日银行间外汇市场美元等交易货币对人民币汇率的收盘价,作为下一个工作日该货币对人民币交易的中间价格。自2006年1月4日起,在银行间即期外汇市场上引入询价交易方式,改进人民币汇率中间价

[①] 参见中国人民银行:《2017年人民币国际化报告》,中国金融出版社2017年版,第18页。

的形成方式。银行间外汇市场参与主体可在原有集中授信、集中竞价交易方式的基础上,自主选择双边授信、双边清算的询价交易方式,进一步完善人民币汇率市场形成机制。中国人民银行自 2012 年 4 月 16 日起将银行间即期外汇市场人民币兑美元交易价浮动幅度由 0.5% 扩大至 1%。2014 年 3 月 17 日,银行间即期外汇市场人民币兑美元交易价浮动幅度由 1% 扩大至 2%。2015 年 8 月 11 日,中国人民银行发布了关于完善人民币兑美元汇率中间价报价的声明。

(四) 健全和完善人民币外汇市场

具体举措有:(1) 增加外汇市场交易主体;(2) 引进美元做市商制度,并在银行间市场引进询价交易机制;(3) 增加银行间市场交易品种和范围,引进人民币对外币掉期业务;(4) 调整银行汇价管理办法;(5) 实行银行结售汇综合头寸管理,统一中外资银行管理政策和限额核定标准。2010 年 11 月 22 日,中国外汇交易中心在银行间外汇市场开办人民币对俄罗斯卢布交易;自 2012 年 6 月 1 日起,发展人民币对日元直接交易;2014 年 6 月 18 日,宣布在银行间外汇市场开展人民币对英镑直接交易;2014 年 9 月 29 日,宣布在银行间外汇市场开展人民币对欧元直接交易。至此,人民币已实现与主要货币在银行间外汇市场直接交易。截至 2016 年末,人民币已实现与包括南非兰特、墨西哥比索、丹麦克朗、挪威克朗、匈牙利福林等在内的 22 种货币直接交易。

(五) 国际收支监测体系不断完善

中国不断升级国际收支统计监测系统,加强对跨境资金流动的监测,提高国际收支统计数据的透明度。自 2005 年起,国家外汇管理局每半年发布一次《中国国际收支报告》。

(六) 健全和完善外汇管理信息化系统

国家外汇管理局现有的电子监管系统有:出口核报系统、进口核销系统、居民个人因私购汇系统、外汇账户管理信息系统、外债统计监测系统、银行结售汇统计系统、国际收支统计监测系统、反洗钱信息系统等。目前,中国正在进一步升级和完善系统,完善系统的查询、分析和监测水平。

(七) 逐步建立科学有效的外汇管理法规体系

中国于 1996 年 1 月 29 日颁布了《外汇管理条例》,1996 年底实现人民币经常项目下可兑换后,对该条例进行了修正,并于 1997 年 1 月 14 日公布《国务院关于修改〈中华人民共和国外汇管理条例〉的决定》。自 2007 年 2 月 1 日起,中国人民银行开始实施《个人外汇管理办法》,对个人外汇收支和外汇业务作出全面的规范;同时,实施了《个人外汇管理办法实施细则》,对个人结汇和境内个人购汇实行年度总额管理,年度总额分别为每人每年等值 5 万美元。国家外汇管理局可根据国际收支状况,对年度总额进行调整。2008 年 8 月 1 日,国务院第 20 次常务会议修订通过了《外汇管理条例》。新条例自 2008 年 8 月 6 日公布之日起施行。新条例第 9 条规定,境内机构、境内个人的外汇收入可以调回境内或者存放境外;调回境内或者存放境外的条件、期限等,由国务院外汇管理部门根据国际收支状况和外汇管理的需要作出规定。

现阶段,为促进国际收支基本平衡,一要改变"宽进严出"的管理模式,实行资金流入流出均衡管理,逐步使资金双向流动的条件和环境趋于一致;二要调整"内紧外松"的管理格局,逐步减少对内资、外资的区别待遇,创造公平竞争的市场环境;三要转变"重公轻私"的管理观念,规范居民和非居民个人外汇收支;四要减少行政管制,外汇管理逐步从直接管理转向间接管理,从主要进行事前审批转向主要依靠事后监督管理。中国的外汇管理体制正在逐步向国际惯例靠拢,这必将为人民币实现完全可自由兑换打下坚实的基础。

第四节　中国跨境贸易和投资人民币结算①

一、中国跨境贸易与人民币结算的演进

为进一步推进贸易投资便利化,2009年7月,国务院批准上海市和广东省广州市、深圳市、珠海市、东莞市的365家企业开始跨境贸易人民币结算试点,以帮助企业规避汇率风险,减少汇兑损失,推动中国与周边国家和地区的经贸关系发展。截至2009年末,中国银行累计为企业办理跨境贸易人民币结算业务409笔,金额为35.8亿元。2010年6月,国务院批准发布了《关于扩大跨境贸易人民币结算试点工作有关问题的通知》,将境内试点地区由上海市和广东省的4个城市扩大到20个省、自治区、直辖市,将境外地域范围由港澳和东盟扩大到所有国家和地区,明确试点业务范围包括跨境货物贸易、服务贸易和其他经常项目人民币结算。至2010年12月,中国出口试点企业扩大到67724家。2010年,银行累计办理跨境贸易人民币结算业务5063.4亿元。2011年8月1日,中国人民银行等部门发布了《关于扩大跨境贸易人民币结算地区的通知》,将跨境贸易人民币结算境内地域范围扩大至全国。

同时,为满足全面开展对外直接投资和外商直接投资人民币结算的需要,国务院批准将跨境人民币业务从经常项目扩展至部分资本项目。由此,跨境贸易和投资人民币结算业务量明显增加。2011年,银行累计办理跨境贸易人民币结算业务2.08万亿元。跨境贸易人民币结算收付平衡状况显著改善。同年,银行累计办理对外直接投资人民币结算业务201.5亿元,外商直接投资人民币结算业务907.2亿元。在跨境贸易人民币结算范围不断扩大,人民币跨境直接投资业务和香港离岸人民币业务不断发展深化的前提下,为进一步增加人民币资金回流渠道,鼓励香港中资证券经营机构拓宽业务渠道,人民币合格境外机构投资者(RQFII)业务作为一项资本市场开放的试点制度应运而生。RQFII是指经主管部门批准,运用在香港募集的人民币资金开展境内证券投资业务的相关主体,首批试点机构为境内基金管理公司、证券公司的香港子公司。RQFII制度有利于促进跨境人民币业务的开展,拓宽境外人民币持有人的投资渠道,直接推动香港离岸人民币市场的发展;有利于发挥香港中资证券类机构熟悉内地市场的优势,为香港投资者和香港中资证券类机构提供参与境内证券市场投资的机会;对促进中国资本市场的多层次、多角度对外开放也具有积极的意义。

2012年,跨境贸易和投资人民币结算量保持较快增长。全年银行累计办理跨境贸易人民币结算业务28797.3亿元,其中货物贸易结算额为26039.8亿元;累计办理人民币跨境直接投资结算业务2903.8亿元。2013年以来,在"一带一路"倡议的推动下,随着区域贸易合作进程加快,跨境贸易人民币结算便利政策逐步落地。2014年,跨境贸易人民币结算额达6.55万亿元,同比增长41.6%;全球贸易中的人民币结算份额提高至2.96%。同年,人民币直接投资达1.18万亿元,同比增长96.5%。2016年,跨境人民币收付金额合计9.85万亿元,占同期本外币跨境收付金额比重的25.2%,人民币已连续6年成为中国第二大跨境收付货币。其中,经常项目人民币收付金额为52274.7亿元,对外直接投资(OFDI)人民币收付金额为10618.5亿元,外商直接投资人民币收付金额为13987.7亿元。截至2016年

---

① 参见中国人民银行货币政策分析小组:《中国货币政策执行报告》(2009—2012年)。

末,使用人民币进行跨境结算的境内企业约 24 万家。人民币跨境使用基础设施进一步完善。①

2015 年 10 月 8 日,人民币跨境支付系统(CIPS)一期成功上线运行。CIPS 为境内外金融机构人民币跨境和离岸业务提供资金清算、结算服务,是重要的金融基础设施。CIPS 分两期建设,一期主要采用实时全额结算方式,为跨境贸易、跨境投融资和其他跨境人民币业务提供清算、结算服务;二期将采用更为节约流动性的混合结算方式,提高人民币跨境和离岸资金的清算、结算效率。2016 年,中国进一步推动人民币 CIPS 建设和直接参与者扩容,规范和完善人民币跨境收付信息管理系统(RCPMIS)业务规则,提高数据报送质量。

二、推进中国跨境贸易与人民币结算的成因

第一,任何一国的货币要成为国际货币并在国际货币市场上广泛流通,都必须以其强大的经济实力作为后盾。从美元来看,之所以成为全球性国际货币,并且至今在世界上依然是很多人追求的"第一货币",就是因为美国在二战前就已成为全球最大的经济体。其他重要的国际货币,如欧元和日元,也是因为欧元区和日本的经济实力足够强大使然。入世十多年后,中国已成为仅次于美国的第二大国别经济体,强大的经济实力拉开了中国与日本的贸易差距。据此,中国是有能力支撑跨境贸易,进行人民币结算这一业务的。

第二,人民币币值相对稳定,也是跨国交易中人们愿意使用人民币结算的一个重要原因。自美欧金融危机以来,作为国际结算货币,美元的汇率发生了剧烈的波动。随后的欧债危机也使得欧元的币值大幅贬值,预期不稳定。在这种情形下,人们普遍希望能有一种新的币值稳定的国际货币加入跨境贸易结算,人民币恰好担当了这个角色。中国与东盟大部分国家保持着友好的关系,这些国家十分愿意甚至是希望能够使用人民币进行跨境贸易结算,以此减少对美元的依赖。

第三,与境外国家货币合作的发展也是推动人民币跨境结算发展的一大动力。中国人民银行最近几年与其他国家或地区的央行之间签订了大量的货币互换协议。通过货币互换,更大量的人民币能够流通到海外,这会强化外国对中国产品的采购,并进一步增强在跨境贸易中使用人民币的结算量。

三、中国推行跨境贸易与人民币结算中遭遇的困境及解决对策

第一,中国许多外贸企业缺乏核心竞争力,进出口结构明显不平衡,导致中国企业在国际货币结算中的地位很被动。中国出口产品的大部分都是科技含量比较低的产品,这类产品的可替代性较高,存在着"买方市场"。这使得中国外贸企业在进出口贸易中对于采取何种货币结算问题只能处于被动接受的地位,不能主动要求使用人民币结算。对此,只有进一步调整和革新产业结构,提升产品技术含量,增强外贸企业话语权和竞争力,才能使中国企业生产出来的东西在贸易中处于主动地位,也才能主动要求使用人民币进行跨境贸易结算。

第二,中国国内金融市场不成熟,开放力度受国家政策和政府管控,离岸市场发展相当缓慢。这导致使用人民币结算的成本相对较高,使得外国对于在跨境贸易中使用人民币结算的意愿并不是太高。为此,中国应深化人民币离岸市场的改革和完善,进一步开放金融市场。可以通过降低外贸企业的经营风险和投资风险,为外贸企业规避净融资风险等,提供更

---

① 参见中国人民银行:《2017 年人民币国际化报告》,中国金融出版社 2017 年版,第 1—6 页。

多的选择工具以加强金融市场的建设和开放。

第三,中国境外人民币投资工具匮乏,境外人民币结算和清算渠道不完善,有待健全。目前,中国境外人民币回流机制做得不好,投资工具过于单一,投资目前主要以境外人民币存款、境外债券市场以及境外人民币基金为主。通过贸易结算出去的大量人民币无法通过有效的投资渠道收回,导致持有大量人民币的海外居民不太愿意在贸易中使用人民币进行结算。对此,应通过加强对离岸市场推广和在境外发行人民币债券、人民币QFII、人民币现钞回流、人民币金融数据技术(FDT)等金融产品进行人民币的回流。更为重要的是,必须建立一套良好的回流机制,保证人民币具有良好的流通性。

第五节 人民币自由兑换及其国际化

一、人民币自由兑换

货币自由兑换,是指在外汇市场上能自由地用本国货币兑换某种外国货币,或者用某种外国货币兑换本国货币。货币自由兑换可以分为在经常账户下自由兑换和在资本与金融账户下自由兑换。人民币自由兑换,是指在外汇市场上能自由地用人民币兑换某种外国货币,或者将某种外国货币兑换成人民币。

中国从1996年12月1日起,接受《国际货币基金组织协定》第八条款规定的义务,实现了人民币经常账户下可自由兑换。《国际货币基金组织协定》第八条款对经常项目可兑换作了具体规定,只要是要求兑换的国家能证明其外汇结存是由经常性交易所得,或这种兑换是为了支付经常性交易所需,货币发行国均有义务兑付本国货币。从国际经验来看,由经常项目可兑换到实现资本项目可兑换大约需要20年。无论是中国政府还是国外分析家都认为,人民币资本账户的自由兑换不是短期内所能实现的。加入WTO以后,外资金融机构的大量涌入正在竭力地打破资本项目兑换的限制。所以,逐步推进资本项目可兑换已成为必然。

二、资本账户可自由兑换与人民币国际化

"资本账户开放"与"资本账户可兑换"是不同的概念。前者主要强调资本交易的放开,并不一定要求资本项目下完全的汇兑自由。实际上,资本账户开放并不是完全放任跨境资本的自由兑换与流动,而是一种有管理的资本兑换与流动。在资本跨境运作过程中,与资本交易相关的外汇管制主要体现为对本外币兑换的管制和对资本跨境流动的管制。资本账户可兑换,是指一国货币当局同时在对本外币兑换的管制和对资本跨境流动的管制两方面取消管制。所以,两者既相互关联又有着明显区别。随着资本账户开放的扩大,跨境资本交易对实现资本项目可兑换的要求不断提高,同时对跨境资本流动的监管难度也将加大,最终将实现资本项目完全可兑换。但是,从政策调整来看,资本账户开放与资本账户可兑换是可以分阶段操作的。

人民币成为可自由兑换货币与人民币国际化也有区别。后者指这种货币具有国际计价、结算、支付功能,充当国际清算手段和国际储备资产,在世界范围内自由兑换、交易、流通,为国际社会所接受。可兑换货币能否形成国际货币,需要具备两个最主要的条件:首先,货币发行国的基础经济实力和良好的金融条件要得到国际上的认可;其次,货币发行国政府对其货币成为国际货币的政策倾向。日本和德国虽在经济实力上达到要求,但两国政府对

本国货币国际化一直持谨慎态度。

从现实来看，人民币可自由兑换与国际化的推进过程有着时间上的同一性，国际化的启动是在货币尚未完全可自由兑换的情况下开始推进的。从美元、德国马克、日元国际化的历史经验来看，在货币完全可自由兑换之前，可以发挥国际货币的部分职能。但是，货币可自由兑换是货币国际化的重要推动要素。

一种高度国际化货币一定是可自由兑换货币，而货币可自由兑换也是货币能够真正"走出去"，成为一种国际化货币的必要条件。因此，分析人民币可自由兑换就显得非常重要。中国外汇管理体制改革的长远目标是实现人民币可自由兑换。1996年，中国实现了人民币经常账户可自由兑换；2003年10月，中国明确"逐渐将人民币变为可自由兑换货币"；2013年十八届三中全会上，提出"推进人民币资本账户可自由兑换的进程"；2014年4月10日，沪港通启动；2015年7月1日起，内地与香港开通基金互认；2016年9月29日，深港通启动。这些都预示着中国资本市场自由化的开放程度在加大。同时，中国也推出了许多简化外汇管理和促进资本账户可自由兑换的具体措施：在外国直接投资和对外直接投资方面人民币在很大程度上实现了可自由兑换；对贸易融资以及与贸易相关的对非居民债权已经采用注册制，只有对外债务仍采用配额管理；合格境外机构投资者和合格境内机构投资者制度已经被引入和改善。参照IMF对资本账户交易的分类，据中国人民银行统计，截至2016年底，人民币在7大类共40项资本项目交易中，已实现可兑换、基本可兑换、部分可兑换的项目共计37项，占全部交易项目的92.5%。只有3项资本项目仍旧完全不可自由兑换。2016年下半年，美元加息预期加上人民币贬值压力，给中国带来的资本流出压力加大。

现阶段，人民币在资本账户下仍是有限制的可兑换。高层次人民币国际化是资本项目自由兑换，低层次人民币国际化可从跨境贸易和投资人民币结算、人民币与相关贸易伙伴进行货币互换开始。如表11-4所示，从2009年起，中国与韩国等国家和地区签署货币互换协议以来，截至2017年7月底，中国已经与36个国家和地区签署了双边货币互换协议，总规模已达33437亿元，分布在亚洲、欧洲、大洋洲、南美洲、北美洲和非洲等国家和地区。中国与这些国家和地区进行双边货币互换，体现了双方加强货币合作、共同应对主要国际货币汇率过度波动的意愿，并以此增强市场信心，促进地区金融稳定。通过货币互换，可以相互提供短期流动性支持，进而促进双边贸易和投资的发展。

表11-4　中国与他国或地区签署的双边货币互换协议（截至2017年7月底）　　单位：亿元

国家或地区	签署时间	互换规模	国家或地区	签署时间	互换规模	国家或地区	签署时间	互换规模
韩国	2009.4.20 2011.10.26 2014.10.11	1800 3600 3600	泰国	2011.12.22 2014.12.22	700 700	斯里兰卡	2014.9.16	100
中国香港	2009.1.20 2011.11.22 2014.11.22	2000 4000 4000	巴基斯坦	2011.12.23 2014.12.23	100 100	俄罗斯	2014.10.13	1500
马来西亚	2009.2.8 2012.2.8 2015.4.17	800 1800 1800	阿联酋	2012.1.17 2015.12.14	350 350	卡塔尔	2014.11.3	350

(续表)

国家或地区	签署时间	互换规模	国家或地区	签署时间	互换规模	国家或地区	签署时间	互换规模
白俄罗斯	2009.3.11 2015.5.10	200 70	土耳其	2012.2.21 2015.9.26	100 120	加拿大	2014.11.8	2000
印度尼西亚	2009.3.23 2013.10.1	1000 1000	澳大利亚	2012.3.22 2015.3.30	2000 2000	苏里南	2015.3.18	10
阿根廷	2009.4.2 2014.7.18 2017.7.18	700 700 700	乌克兰	2012.6.26 2015.5.15	150 150	亚美尼亚	2015.3.25	10
冰岛	2010.6.9 2013.9.11 2016.12.21	35 35 35	巴西	2013.3.26 （已失效）	1900	南非	2015.4.10	300
新加坡	2010.7.23 2013.3.7 2016.3.7	1500 3000 3000	英国	2013.6.22 2015.10.20	2000 3500	智利	2015.5.25	220
新西兰	2011.4.18 2014.4.25 2017.5.19	250 250 250	匈牙利	2013.9.9 2016.9.12	100 100	塔吉克斯坦	2015.9.3	30
乌兹别克斯坦	2011.4.19 （已失效）	7	阿尔巴尼亚	2013.9.12 （已失效）	20	摩洛哥	2016.5.11	100
蒙古	2011.5.6 2012.3.20 2014.8.21 2017.7.6	50 100 150 150	欧洲中央银行	2013.10.8 2016.9.27	3500 3500	塞尔维亚	2016.6.17	15
哈萨克斯坦	2011.6.13 2014.12.14	70 70	瑞士	2014.7.21 2017.7.21	1500 1500	埃及	2016.12.6	180

资料来源：http://www.pbc.gov.cn/huobizhengceersi/214481/214511/214541/index.html，2017年3月5日访问。

中国是否让资本项目自由兑换，取决于资本账户可兑换的收益与风险的对比。人民币资本项目可兑换的收益主要体现为：有助于大经贸战略的实施，有效促进中国对外经贸关系的开展；促进社会资源的优化配置和外资引进；完善金融市场，提高金融服务的竞争力和经济效率；大大提高中国的国际经济地位，推动人民币国际化等。其风险在于：本国容易遭受国际投机资本的攻击；资本大量外流可能会使国际收支和贸易条件恶化；资本的频繁流动会影响国内金融市场的货币数量、信贷规模、利率水平和价格水平；严重抑制外汇需求关系，扭曲人民币汇率。

2016年，人民币直接交易币种不断丰富，先后推出了对南非兰特、韩元、阿联酋迪拉姆、沙特里亚尔、加拿大元、匈牙利福林、波兰兹罗提、丹麦克朗、瑞典克朗、挪威克朗、土耳其里拉、墨西哥比索共12个经济体货币的直接交易。截至2016年底，人民币直接交易货币总数已达22个。2015年11月30日，IMF宣布，2016年10月1日以后，人民币作为除美元、欧元、日元和英镑之外的第五种货币，被纳入特别提款权（SDR）货币篮子，比重仅次于美元和欧元。人民币加入SDR，与中国提高人民币资本项目下可兑换程度的金融改革之间存在着密切的联系。但是，人民币被 IMF 官方认定为可自由使用货币，未必表明人民币目前的可兑换程度满足了中国在国际经济与贸易中的需要。实际上，人民币与其他 SDR 篮子货币在资本项目可兑换上存在着差距。加入 SDR 后，人民币国际化需要提高资本项目可兑换程度等存在的要求很多；同时，人民币入篮也会助推人民币资本项目可兑换程度。

三、人民币资本账户自由兑换的基本条件

资本项目的完全开放需要具备一定的条件。在条件不具备的情况下，过早开放资本项目交易，容易酿成货币危机乃至金融危机，因而必须十分审慎地对待资本账户开放。要在改革中不断创造条件，积极稳妥地进行探索，用发展的办法来防范和化解资本项目可兑换的风险。总结新兴市场国家货币兑换的经验，要成功地实现资本项目下自由兑换，至少需要具备以下条件：

（一）健康的宏观经济状况

健康的宏观经济状况包括：货币供给和物价保持稳定，国民经济保持稳定的增长率和合理的结构，政府具有娴熟的宏观调控能力，国际收支大体平衡，国际储备充裕，具备雄厚的经济实力。

（二）健全的微观经济主体

一方面，加快企业转制力度，使企业成为真正的自负盈亏、自我约束的利益主体，能够对价格作出灵敏的变动，加快技术改造，增强在国际市场上的竞争力。另一方面，彻底改革银行体系，使之经营良好、资本充足，将不良资产控制在一定限度内，稳健高效地运行。

（三）合理的汇率制度安排

只有稳步推进汇率制度改革，使汇率形成机制以及汇率水平符合实际，才能有效地反映市场的供求状况以及外汇市场交易和真实部门交易之间的平衡状况，避免出现投机性的汇率波动以及由此产生的投机资本的冲击。

（四）成熟的国内资本市场

国内资本市场的发育程度，是实现资本项目自由兑换的基础条件之一。发展中国家金融市场起步晚，市场缺陷多，往往给国际投机资本可乘之机，所以亟待加强和完善资本市场。

（五）有效的金融监管体系

为了防范金融风险，保障金融体系的健康运行，金融监管当局应提高金融监管能力，提高监管透明度，建立风险预警系统和风险化解机制。

（六）利率市场化和汇率市场化

利率市场化和汇率市场化，有助于正确反映市场资金供求，避免国内外利率差距过大，汇率被扭曲，导致调控资本流动造成的国内经济波动，为政府自主制定货币政策提供足够的空间。

当前，中国基本上还不具备这些充分条件，如微观经济主体不健全，汇率尚未实现市场化，资本市场还处在初级发展阶段，金融法规和监管能力还有待进一步加强等。在条件不足时推行人民币资本账户自由兑换，必然带来高风险。对中国而言，最大的风险是货币替代和资产替代发生后的资本外逃。当然，也不可能等到各方面条件都成熟了再迈开取消资本管制的步伐。人民币自由兑换的条件是在人民币资本账户逐步开放中形成的。"欧元之父"蒙代尔对中国目前实行的人民币经常项目下开放持肯定态度，谈到人民币的自由兑换，则持相当谨慎的态度。

四、中国资本账户可兑换的情况及前景

中国资本账户下人民币的可兑换一直在逐步发展中。中国人民银行前行长周小川认为,可兑换是一个有一定模糊性的目标,自由兑换很少做到百分之百自由。目前,中国距离这个目标不是很远。从表11-5来看,中国资本账户仍有2/3的具体项目存在着较为严格的限制。按照IMF《2011年汇兑安排与汇兑限制年报》,中国不可兑换项目有4项,占10%,主要是非居民参与国内货币市场、基金信托市场以及买卖衍生工具;部分可兑换项目有22项,占55%,主要集中于债券市场交易、股票市场交易、房地产交易和个人资本交易;基本可兑换项目有14项,占35%,主要集中在信贷工具交易、直接投资、直接投资清盘等方面。中国的大致情况是,对风险大的子项目如证券投资管制较严,对风险小的子项目如直接投资管制较松;对资本流出管制较严,对资本流入管制较松;对短期投资如短期借贷、证券投资管制较严,对长期投资如借款、直接投资管制较松。管制较严的项目大致有5项,主要是对外直接投资项目下的流出、居民对外股本证券投资、居民对外发行债券、居民在境外购买债券和居民借用外债。所以,中国资本账户下货币兑换主要是针对这5个项目而言的。

表 11-5 中国资本账户可兑换状况

类别	不可兑换	部分可兑换	基本可兑换	完全可兑换	合计
资本和货币市场工具交易	2	10	4	—	16
衍生品及其他工具交易	2	2	—	—	4
信贷工具交易	—	1	5	—	6
直接投资	—	1	1	—	2
直接投资清盘	—	—	1	—	1
房地产交易	—	2	1	—	3
个人资本交易	—	6	2	—	8
小计	4	22	14	—	40

注:"部分可兑换"指存在严格准入限制或额度控制;"基本可兑换"指有所限制,但是限制较为宽松,经登记或核准即可完成兑换。

资料来源:根据IMF《2011年汇兑安排与汇兑限制》的相关内容整理。

2011年,中国"十二五"规划纲要中提出,"完善以市场供求为基础的有管理的浮动汇率制度,推进外汇管理体制改革,扩大人民币跨境使用,逐步实现人民币资本项目可兑换。"2015年,中国"十三五"规划纲要中明确提出,"有序实现人民币资本项目可兑换,提高可兑换、可自由使用程度,稳步推进人民币国际化"。据此,有序推进人民币资本项目可自由兑换,稳步推进人民币国际化,是中国在"十三五"期间加快金融体制改革的重要内容。

五、推进人民币资本项目可兑换的主要内容及实施步骤

推进人民币资本项目可兑换是中国金融改革的一项重要内容。在有效防范风险的前提下,应有选择、分步骤地放宽对跨境资本交易活动的限制,逐步实现资本项目可兑换。逐步实现人民币资本项目可兑换,有利于鼓励国内企业扩大对外投资,实施"走出去"战略;促进贸易和投资便利化;扩大国内资本市场的对外开放;改善外债管理;提升人民币的国际地位。

推进人民币资本项目可兑换的主要内容包括:(1)进一步放宽境内机构对外直接投资限制,支持企业"走出去";(2)探索利用外资新方式,逐步放宽对合格境外机构投资者投资

于境内的限制;(3)放松境外机构和企业在境内资本市场上的融资限制,优化国内资本市场结构,允许合格的境外机构在境内发行人民币债券和中国存托凭证;(4)拓宽境内外汇资金投资渠道,允许合格境内机构投资者投资境外证券市场。人民币资本项目基本可兑换之后,仍可以视情况对短期外债和投机性头寸进行适当限制。

根据上述资本账户本币兑换的基本条件和利弊分析,结合中国的现状和推进经常项目自由兑换的实践,人民币资本项目可兑换可以考虑按下列顺序推进:①

第一,先松动对直接投资和非投机性资本流入的限制,如放宽对合格境外机构投资者投资于境内的限制,然后放松对资本流出的控制,如放宽境内机构对外直接投资限制,支持企业"走出去"。因为直接投资本身较为稳定,受经济波动的影响较小。实践证明,放松直接投资管制的风险最小。当前,中国推进海外直接投资已进入战略机遇期。

第二,放松有真实贸易背景的商业信贷管制,助推人民币国际化。有真实贸易背景的商业信贷与经常账户密切相关,稳定性较强,风险较小。随着中国企业在国际贸易、投资、生产和金融活动中逐步取得主导权,商业信贷管制也应逐步放开。

第三,加强金融市场建设,先开放流入,后开放流出,依次审慎开放不动产、股票及债券交易,逐步以价格型管理替代数量型管制。不动产、股票及债券交易与真实经济需求有一定联系,但是往往难以区分投资性需求和投机性需求。一般开放原则是,按照市场完善程度,"先高后低",降低开放风险。金融市场完善程度从高到低依次为房地产市场、股票市场和债券市场。

第四,剩下的资本项目按照风险程度依次放开,具体有个人资本交易、与资本交易无关的金融机构信贷、货币市场工具、集合投资类证券、担保保证等融资便利、衍生工具等资本账户子项目,可以择机开放。与资本交易无关的外汇兑换交易自由化应放在最后。在货币市场上,限制居民与非居民之间的本外币交易,引导非居民购买本币国债。在外汇市场上,逐步扩大交易主体,由指定银行扩展到大企业,再到非居民,但是限制交易品种。

第六节 《中华人民共和国外汇管理条例》新变革

2008年8月5日,经国务院第20次常务会议修订通过的《中华人民共和国外汇管理条例》(简称《外汇管理条例》)对外公布,并自公布之日起施行。其重要变化是,取消了1994年外汇管理体制改革实行的强制结汇制度,允许国内企业将外汇收入存放境外,同时允许境外企业在国内发行证券。新修订的《外汇管理条例》为人民币朝着可自由兑换方向作了基础性的过渡准备。

一、取消强制结汇的缘由

过去的强制结汇政策主要是应对当时中国外汇短缺状况而制定的,要求境内机构的经常项目外汇收入卖给外汇指定银行,或者经批准在外汇指定银行开立外汇账户。但是,随着经济的高速发展,中国累积的外汇储备已居世界第一位。巨额的外汇储备在增强中国对外信誉的同时,也带来了巨大的外汇储备压力。一方面,形成巨大的外汇占款,被动发行过多

---

① 参见中国人民银行调查统计司课题组:《我国加快资本账户开放的条件基本成熟》,载《中国金融》2012年第5期。

货币,被动回笼货币,成本很高;另一方面,外汇管理部门外汇储备的保值增值压力很大。同时,这直接制约了人民币汇率的市场化改革。因此,取消强制结汇势在必行。

二、外汇管理的重点发生变化

此次《外汇管理条例》修改在制度上进一步明确,由原来重点管理外汇流出转变为对外汇流入流出实施均衡、规范管理,取消了将外汇收入强制性调回境内的要求,允许将外汇收入按照规定的条件、期限等调回境内或者存放境外等。与此同时,新条例还鼓励资本流出,简化对境外直接投资的行政审批程序,有条件地允许境外主体在境内筹资、境内主体对境外证券投资和衍生产品交易、境内主体对外提供商业贷款等,逐步开启资本市场的有序开放。

尽管新条例放宽了外汇流出,但是加强了对资本项目外汇收支结汇的管理。新条例要求资本项目外汇及结汇后人民币资金按照有关主管部门及外汇管理机关批准的用途使用,并授权外汇管理机关对资本项目外汇及结汇后人民币资金的使用和账户变动情况进行监督检查,增加了对外汇资金非法流入、非法结汇、违反结汇资金流向管理等违法行为的处罚规定。

三、新条例的保障、控制措施

新条例根据WTO规则,规定国际收支出现或者可能出现严重失衡,以及国民经济出现或者可能出现严重危机时,国家可以对国际收支采取必要的保障、控制等措施。如果短期国际资本的突然大规模撤出导致中国资产价格、国际收支状况、人民币汇率面临严重不利冲击,那么中国政府将有权实施临时的、强有力的控制措施。

第七节 人民币国际化的前景

人民币国际化是随着中国对外经贸往来的扩大,特别是随着中国内地与港澳台地区,以及与各周边国家和地区的贸易发展而产生的一种现象。近年来,人民币越来越多地成为中国与周边国家和地区贸易中的支付手段和记账单位,并大量地在周边国家和地区内部流通和使用。例如,在中国港澳地区、东南亚、东北亚以及俄罗斯和东欧地区,都有人民币在流通和使用。可以说,人民币国际化客观上已经开始。在"一带一路"倡议的推进下,人民币国际化取得了较大的发展,但是这条路并不平坦。目前,中国金融市场不发达,金融市场对外开放程度也不高,人民币在资本项目下尚未能完全可自由兑换。同时,国内缺少国际金融中心,人民币在国际金融市场中的使用频率不高,使用范围不广。

一、人民币国际化的内涵和程度

人民币国际化,是指人民币能够跨越国界,在境外流通,成为国际上普遍认可的计价、结算及储备货币的过程。也就是说,人民币成为国际货币。国际货币,是指在世界经贸往来中被普遍接受的可自由兑换货币。国际货币具有三个基本特性,即可自由兑换性、价值的相对稳定性和普遍接受性。国际货币在全球货币体系中具有三个基本职能,即国际记账单位、国际交换媒介和国际价值储藏手段。因此,人民币国际化使得人民币具有国际计价、结算、支付功能,充当国际清算手段和国际储备资产,并在世界范围内自由兑换、交易、流通,为国际社会所接受。

人民币国际化研究课题组(2006)的测算结果显示,如果以美元国际化的水平为标准100,则欧元的国际化程度接近40,日元为28.2,而人民币仅为2,这表明人民币国际化程度仍然较低。虽然人民币现金在周边国家和地区有一定的流通量,但是在国际贸易结算、国际贷款市场、国际债券市场和对外直接投资方面使用人民币计价的数量,相比全球贸易、投资和金融交易仍非常小,人民币在这三方面的国际化指数近乎于零。但是,经过数年的发展,根据中国人民大学国际货币研究所发布的《人民币国际化报告2015》,人民币国际化程度已从2009年的0.02%上升至2014年的2.47%。短短几年间,人民币国际化程度有了明显上升。据此,人民币在部分领域内已有了一些国际化的态势。可以说,人民币国际化已进入发展进程之中。

专栏 11-1

人民币国际化持续推进[①]

近年来,围绕金融服务实体经济,促进贸易投资便利化,人民币国际化持续快速推进。

第一,人民币加入特别提款权(SDR)。 2015年11月30日,IMF执行董事会决定将人民币纳入SDR货币篮子。SDR货币篮子相应扩大至美元、欧元、人民币、日元、英镑5种货币。人民币在SDR货币篮子中的权重为10.92%,美元、欧元、日元和英镑的权重分别为41.73%、30.93%、8.33%和8.09%。新的SDR篮子自2016年10月1日起生效。人民币加入SDR,有助于完善现行国际货币体系,增强国际货币和金融体系的活力,更好地支持中国和全球经济的发展和稳定,对中国和世界是双赢的结果。

第二,人民币作为储备货币增长。 根据IMF"官方外汇储备货币构成"(COFER)季度数据,截至2016年12月末,人民币储备约合845.1亿美元,占标明币种构成外汇储备总额的1.07%。2015年末,约50家境外央行或货币当局在中国境内持有人民币金融资产并纳入其外汇储备。据不完全统计,截至2016年末,60多个国家和地区将人民币纳入外汇储备。

第三,人民币外汇交易大幅增长。 2016年,中国银行间市场人民币外汇即期成交折合5.93万亿美元,同比增长21.9%;人民币外汇掉期交易成交折合10万亿美元,同比增长19.8%;人民币外汇远期市场成交折合0.15万亿美元,同比增长311%。银行间外汇市场先后推出了人民币对南非兰特、韩元等12个货币的直接交易。2016年,人民币对外币(不含美元)直接交易即期共成交1.13万亿元,占中国银行间外汇市场即期交易的2.9%。

第四,人民币国际债券规模大幅增长。 按照国际清算银行(BIS)的狭义统计口径,截至2016年末,以人民币标价的国际债券余额为6987.2亿元,其中境外机构在离岸市场上发行的人民币债券余额为5665.8亿元,在中国境内发行的人民币债券余额为1321.4亿元。

第五,人民币国际使用稳步增长。 据环球同业银行金融电讯协会(SWIFT)统计,2015年12月,人民币是全球第三大贸易融资货币、第五大外汇交易货币、第五大支付货币。按照国际收支统计,人民币已连续5年成为中国第二大跨境收付货币。2015年,跨境人民币收

[①] 参见中国人民银行:《2017年人民币国际化报告》,中国金融出版社2017年版,第4—16页;中国人民银行金融稳定分析小组:《2016中国金融稳定报告》,中国金融出版社2016年版,第14—16页。

付金额合计12.1万亿元,同比增长22%。2015年,使用人民币结算的境内企业已达17万家,已有逾124个境外国家和地区的银行在中国境内开立人民币同业往来账户;共有292家境外机构获批银行间债券市场额度1.98万亿元,人民币合格境外机构投资者(RQFII)试点境外国家和地区已由10个拓展到16个。境外机构和个人持有境内人民币金融资产合计3.74万亿元。截至2016年末,18个国家和地区获得RQFII额度,共计1.51万亿元。

第六,跨境人民币收付业务中货物贸易收付下降,服务贸易收付增长,OFDI人民币收付增长,FDI人民币收付下降。2016年,经常项目人民币收付金额合计5.23万亿元,同比下降27.7%。其中,货物贸易收付金额4.12万亿元,同比下降35.5%,占同期货物贸易本外币跨境收付金额的比重为16.9%;服务贸易及其他经常项目收付金额1.11万亿元,同比增长31.2%。同年,资本项目人民币收付金额合计4.62万亿元,同比下降5.1%。其中,人民币收款1.63万亿元,付款2.98万亿元。对外直接投资(OFDI)人民币收付金额1.06万亿元,同比增长44.2%;外商直接投资(FDI)人民币收付金额1.4万亿元,同比下降11.9%。

第七,跨境人民币业务政策框架不断优化。中国积极开展跨境人民币业务创新,已在全国15个地区开展跨境人民币创新试点业务。具体而言,拓宽人民币跨境金融交易渠道,金融市场双向开放进程明显加快,明确已获准进入银行间债券市场的清算行和参加行可开展债券回购交易;明确境外央行、国际金融组织、主权财富基金运用人民币投资银行间市场实行备案制,并自主决定投资规模;明确境内原油期货以人民币为计价结算货币,引入境外交易者和境外经纪机构参与交易;明确境外央行类机构可进入银行间外汇市场交易。

第八,双边本币互换规模和动用额稳步上升。截至2016年末,中国人民银行已与36个国家和地区的中央银行或货币当局签署了双边本币互换协议,协议总金额超过3.3万亿元。2016年,在已签署的双边本币互换协议下,境外中央银行或货币当局动用1278亿元,中国人民银行动用外币折合664亿元。截至2016年末,境外中央银行或货币当局累计动用3655.31亿元,中国人民银行累计动用外币折合1128.41亿元。

第九,人民币跨境使用基础设施不断完善,国际合作成效显著。一是人民币跨境清算结算体系在运行时间、清算路径等方面实现了新的突破,境外人民币清算安排进一步扩大。2015年末,中国人民银行已在20个国家和地区建立了人民币清算安排,境外清算行人民币清算量累计312.09万亿元。2016年,中国人民银行先后与美联储、俄央行签署了在美国、俄罗斯建立人民币清算安排的合作备忘录,指定人民币业务清算行。截至2016年末,中国人民银行已在23个国家和地区建立了人民币清算安排,覆盖东南亚、欧洲、中东、美洲、大洋洲和非洲。二是人民币跨境收付信息管理系统(RCPMIS)进一步完善,全面监测分析评估资金跨境流动状况,为现场和非现场检查提供支撑,防范相关风险。2016年,中国人民银行进一步推动人民币跨境支付系统(CIPS)系统建设和直接参与者扩容。2016年7月,中国银行(香港)有限公司作为直接参与者接入CIPS。截至2016年末,CIPS共有28家直接参与者,512家间接参与者,覆盖6大洲80个国家和地区。这些举措有利于企业和金融机构使用人民币进行跨境交易,在便利双边贸易和投资、维护区域金融稳定方面发挥了积极的促进作用。

二、人民币国际化的一些有利条件

从当前中国实际经济状况来看,人民币走向国际化具备以下一些有利条件:

第一,中国经济实力和综合国力不断增强。经济基础和综合国力的强弱是关系到一国货币能否顺利流通、币值是否稳定以及在国际货币结构中地位的决定性因素。据统计,2016年中国GDP为744127亿元,美国GDP为185619亿美元。按照2016年美元兑人民币交易日平均汇率中间价1美元＝6.6423元计算,中国GDP约占到美国GDP的60.35%。2016年中国外汇储备达30105亿美元,处于世界首位。充足的国际储备为维持外汇市场和汇率的相对稳定打下了基础。同时,中国政局稳定,国际地位不断上升。这些因素为人民国际化提供了十分坚实的政治经济基础。

第二,人民币汇率基本稳定,具有良好的国际信用以及充足的国际清偿能力。1994年外汇管理体制改革以来,人民币汇率一直稳中有升,对提高人民币的国际地位,增强人们对人民币的信心,逐步实现人民币的自由兑换和国际化,提供了较为可靠的保证。亚洲金融危机期间,中国政府坚持人民币汇率稳定,防止了危机的进一步加深,为人民币奠定了牢固、可靠的信用基础。

第三,金融体制改革提供了制度保障。中国金融企业上市的步伐不断加快,国有商业银行的体制改革不断深入,逐步剥离和核销银行不良资产,金融监管体制不断改善,人民币利率市场化正在推进。这些改革措施促使中国在较短的时间内建立起现代化的银行制度与一个比较完善和发达的金融体系,使之适应国际金融市场,为人民币走向国际化创造了有利的软环境。

第四,中国金融市场国际化进程加快。QFII便利外资进入中国股市,QDII允许中国资本投资海外。2006年12月15日,外资银行开始进入中国金融市场并允许经营人民币业务。2011年12月,人民币合格境外机构投资者(RQFII)试点业务正式启动。2012年11月13日,国务院批准RQFII投资额度增加2000亿元人民币,RQFII投资额度累计达到2700亿元人民币。据《2017年人民币国际化报告》统计,截至2016年末,共有18个国家和地区获得人民币合格境外投资者额度,合计1.51万亿元人民币;共有407家境外机构获准进入中国银行间债券市场,入市总投资备案规模为1.97万亿元人民币。这些表明中国金融市场国际化趋势和人民币国际化走向十分明确。

第五,人民币正从区域化走向国际化。随着中国与周边国家和地区的贸易和经济往来的进一步扩大和加深,越来越多的国家和地区将接受人民币。同时,由于各国对中国的贸易依存度加深,这些国家对人民币的储备需求也将进一步增强,因此人民币区域化的范围必将进一步扩大,区域性货币的地位将日益稳固,最终推动人民币走向世界。①

三、人民币国际化的实现条件和时机

IMF根据世界主要国家货币国际化的历史经验认为,某一货币的国际化应具备以下条件:一是经济的发展规模和开放程度,二是充足的国际清偿手段,三是宏观经济相对稳定和有效调控,四是市场经济体系的完善和市场经济机制的充分发挥,五是合理的汇率和汇率体制。

参照IMF归纳的条件,要实现人民币国际化,必须具备一定的社会经济和政治条件,主要有:(1)保持持续和较高的经济增长率;(2)保持人民币币值的长期基本稳定;(3)保持适度充足的国际储备,实现人民币完全可自由兑换;(4)中国对外贸易在国际贸易中占有重要

---

① 参见何慧刚:《人民币国际化的模式选择和路径安排》,载《经济管理》2007年第5期。

的比重;(5)中国对外直接投资在国际投资中占有重要地位;(6)建立健全的金融制度和高效发达的金融市场;(7)运用强有力的国际政治地位加以推动等。

只要条件成熟,一国货币成为国际货币是一件利大于弊的好事。对照构建特定货币国际化的条件,缺乏自由兑换的汇率安排、健全的金融制度和高效发达的金融市场是中国的不足之处。但是,随着中国综合国力的明显增强,国际地位的不断提升,以及人民币汇率形成机制的不断完善,资本账户开放稳步推进,金融制度不断健全。我们不能完全等待客观条件成熟再去实现本国货币的国际化。目前,我们应主动抓住机遇,适时适度推动人民币国际化程度的提升,人民币的可自由兑换和国际化应是中国发展的大方向。

从日元国际化的进程看,从1964年日元经常项目下可自由兑换到1980年完全可自由兑换的16年间,日本政府并没有等待实现日元完全自由兑换,就已经从20世纪70年代初期开始,根据需要主动、谨慎地推行日元国际化。中国从1996年实现经常项目完全可自由兑换至今已经20多年,对照日元走向国际货币的进程,我们认为目前推动人民币国际化的时机已成熟,也应按照"积极主动、先难后易、多做少说、谨慎小心"的原则,进入为人民币国际化作准备的阶段。[1]

四、人民币国际化的实施路径及策略

国际化是人民币的必然选择,但是由于人民币国际化是一个自然发展和不断成熟的过程,在这个过程中还存在许多不确定的因素。根据中国国情以及货币国际化的一般规律,人民币走向国际化要结合资本项目可兑换的进程,采取有效措施稳步推进。为此,从目前到资本项目全面开放之前,我们提出人民币国际化实施的阶段性设想及具体策略:

第一,完善国内金融市场,打造国际金融中心。发达的国内金融市场是一国货币成为国际货币的基础条件,在发达的金融市场中推行货币的交易、支付、投资等职能更加便利。健全国内金融体系,不断推进国际金融中心建设,是人民币国际化进程中的一个重要步骤。中国香港地区与伦敦、纽约等国际金融中心有着紧密联系,并且已经跻身于国际金融中心之列,因而可作为人民币离岸市场的一个有利中心。上海凭借其日益丰富的金融产品,以及强大的经济实力和优越的地理位置,已具备发展成为人民币在岸市场国际金融中心的有利条件。

第二,加快实现人民币资本项目下可自由兑换。人民币资本项目下可自由兑换是人民币国际化的重要构成,一种无法自由兑换的货币,其国际接受范围将十分有限。从中国目前的情况来看,还不具备完全开放资本项目自由兑换的条件。因此,中国目前应继续稳妥地推进区域货币合作,积极推进与各大洲更多的国家签订双边货币互换协议,特别是以人民币为基础的货币互换协议。中国应进一步大力发展金融市场,逐步健全金融监管体系,完善人民币汇率形成机制,主动实施更加灵活的浮动汇率制度,并选择在适当时机试行人民币直接投资,加快实现人民币的可自由兑换,为人民币最终成为国际化货币作好必要的准备。

第三,实现人民币在部分周边国家和地区的国际化。实现的标志是,人民币成为部分周边国家和地区的结算货币、计价货币,乃至官方储备资产之一。一国货币在世界上的地位,与该国出口在世界贸易和投资中所占的份额有直接关系。强有力的出口和国际投资地位,可以直接推动一国货币在国际上的广泛使用,提高该国货币的国际度指数。目前,人民币在

---

[1] 参见人民币国际化研究课题组:《人民币国际化的时机、途径及其策略》,载《中国金融》2006年第5期。

周边国家和地区享有较高声誉,与这些国家和地区的边境贸易额不断扩大,人民币计价的直接投资也开始出现。应扩大人民币在与周边国家和地区投资以及双边贸易结算中的范围,把在周边国家和地区、东南亚华人比较多的地区实现人民币国际化作为中期的阶段性目标。为此,我们应加强与这些国家和地区的贸易、投资和金融往来,研究相关策略,包括继续放宽人民币现金的出入标准,签署双边支付结算协议,扩大人民币在边境贸易结算中的地位;增加边境贸易中的优惠措施,促进边境贸易发展;鼓励和推动在与中国边境接壤的周边国家和地区的双边贸易和直接投资中使用人民币,创造条件使人民币在周边接壤国家和地区率先实现国际化。[①]

第四,继续加大对亚洲基础设施投资银行(简称"亚投行")建设的支持,促进人民币稳定安全地流出入。具体而言,一要扩展亚投行基础设施投资的方向,扩大人民币交易的范围;二要加强亚投行与其他国际金融机构之间的合作,促进人民币在国际贷款中的使用,并通过货币互换机制推动人民币的使用。

第五,实现人民币在亚洲乃至全球范围内的国际化,即人民币成为主要国际货币之一。实现的标志是,人民币成为世界各国和地区的主要储备货币之一,即成为国际货币。

本 章 小 结

随着世界经济的发展,外汇管制的演变经历了从无到有,从加强到放宽,从放松到取消的演变过程。外汇管制本质上是政府干预经济生活的一种政策工具。一国实行外汇管制,主要原因有:(1) 改善国际收支失衡是实行外汇管制的最基本原因;(2) 保持汇率的稳定;(3) 奖出限入,增加本国储备资金;(4) 避免国际市场上的价格冲击;(5) 扩大财政收入来源。

外汇管制能够给各国经济带来一些正面效应,但是其缺陷也非常明显,所以只能作为权宜之计使用。外汇管制的主要内容包括外汇资金流出入管制、货币兑换管制和汇率管制等。其中,货币兑换管制是最基本、最主要的外汇管制。复汇率是一种常见的外汇管制手段。常用的复汇率主要有:差别汇率、外汇转让证制度和混合复汇率制。

外汇管制的方法可概括为直接外汇管制、间接外汇管制和混合外汇管制三类。直接外汇管制又可分成行政管制和数量控制,间接外汇管制又称"价格管理"或"成本管理"。中国的外汇管理体制变革可分为六个阶段:国民经济恢复时期的外汇管理、高度集中计划时期的外汇管理、改革开放后的外汇管理、1994年外汇管理体制改革后的外汇管理、亚洲金融危机冲击下的外汇管理、入世后的外汇管理。

为推进贸易和投资便利化,国务院批准了跨境贸易人民币结算。为满足对外直接投资和外商直接投资人民币结算的需要,国务院批准将跨境人民币业务从经常项目扩展至部分资本项目。在此情况下,RQFII应运而生,跨境贸易和投资人民币结算量保持着较快的增长。

"资本账户开放"与"资本账户可兑换"是不同的概念,前者主要强调资本交易的放开,并不一定要求资本项目下完全的汇兑自由,而是一种有管理的资本兑换与流动;后者指一国货币当局同时在对本外币兑换的管制和对资本跨境流动的管制上取消管制。两者是相互关联

---

① 参见人民币国际化研究课题组:《人民币国际化的时机、途径及其策略》,载《中国金融》2006年第5期。

又有着明显区别的范畴。从政策调整角度而言,资本账户开放与资本账户可兑换是可以分阶段操作的步骤。中国资本账户下人民币的可兑换一直在逐步推进中,但是到2011年资本账户仍有2/3的具体项目存在着较为严格的限制。

人民币可自由兑换与人民币国际化存在差异,后者指这种货币具有国际计价、结算、支付功能,充当国际清算手段和国际储备资产,在世界范围内自由兑换、交易、流通,为国际社会所接受。可兑换货币成为国际货币,需要具备两个最主要的条件:(1)货币发行国的基础经济实力和良好的金融条件得到国际认可;(2)该国政府对本国货币成为国际货币具有政策倾向。

中国外汇管理体制改革的长远目标是实现人民币可自由兑换。但是,资本项目的完全开放需要具备一定的条件。过早开放资本项目交易,容易酿成货币危机乃至金融危机。《中华人民共和国外汇管理条例》新变革的重要变化是,取消了强制结汇制度,允许国内企业将外汇收入存放境外,同时允许境外企业在境内发行证券。

人民币国际化,是指人民币能够在境外流通,成为国际上普遍认可的计价、结算及储备货币的过程。实现人民币国际化包括以下几个阶段:(1)加快实现人民币资本项目下可自由兑换;(2)实现人民币在部分周边国家和地区的国际化;(3)加强亚投行与其他国际金融机构之间的合作,促进人民币在国际贷款中的使用;(4)实现人民币在亚洲乃至全球范围内的国际化。

关键术语

1. Foreign exchange control(外汇管制)——We refer to Exchange Control when monetary institutions (governments, central banks or specialized institutions) impose strictly defined limitations on international transactions or on the exchange of national currency into foreign currency.

2. Multiple rates of exchange(复汇率)——With this type of system, a country has more than one rate at which its currencies are exchanged. Multiple rates consist of different rates that are used for different international trade transactions during the same period of time.

3. RQFII(人民币合格境外机构投资者)——As part of China's efforts to internationalize its currency, China initiated the "RMB Qualified Foreign Institutional Investors" program in December 2011, which allows qualified foreign institutions to invest offshore RMB back into Mainland China's capital market.

4. Currency convertibility(货币自由兑换)——Domestic currency can be exchanged into a foreign currency without restraint in the foreign market, or a foreign currency can be exchanged into domestic currency without restraint in the foreign market.

5. RMB internationalization(人民币国际化)——RMB internationalization is a dynamic process, it refers to that RMB will both serve as the legal tender of China and the vehicle currency in the international economic and trade transactions.

问题与练习

一、名词解释

外汇管制　　货币兑换管制　　货币自由兑换　　汇率管制　　间接外汇管制
复汇率　　　直接管理汇率　　间接管理汇率　　混合复汇率制　RQFII
资本账户开放　资本账户可兑换　人民币国际化

二、思考题

1. 什么是外汇管制？外汇管制的类型有哪些？
2. 实施外汇管制的目的是什么？它会对一国产生哪些经济影响？
3. 外汇管制的主要内容有哪些？
4. 复汇率有哪些主要类型？试析实施复汇率的利弊所在。
5. 什么是货币自由兑换？它有哪几层含义？
6. 中国外汇管理体制变革经历了哪几个发展阶段？其中影响最大的阶段之要点是什么？
7. 人民币合格境外机构投资者（RQFII）制度实施的作用有哪些？
8. 试析资本账户可兑换与人民币国际化之间的关系。
9. 人民币实现资本项目的自由兑换有何现实意义？需要具备哪些基本条件？
10. 试论推进人民币资本项目可兑换的主要内容及实施步骤。
11. 当前人民币走向国际化具备哪些有利的条件？
12. 人民币国际化的实现条件有哪些？如何实施？

附录一　人民币国际化的模式选择[①]

一、货币国际化的两种组合模式

货币国际化有两种组合模式："强经济—强制度"组合模式和"弱经济—强制度"组合模式。

（一）"强经济—强制度"组合模式

"强经济—强制度"组合模式，即强大的经济基础和强大的制度相结合的模式，主要有以下三种模式：

一是金本位时期的英镑模式和布雷顿森林体系时期及以后的美元模式，即由国际货币制度的中心货币演变为国际货币。首先是由经济基础决定了货币的中心地位，然后凭借其大国的政治经济优势，通过国际协议、协定加以确立和强化，并成为关键的国际货币（世界货币或全球货币）。英镑成为国际货币，除了经济总量和对外贸易的发展以外，更重要的原因是19世纪70年代英格兰银行建立了能使英镑币值稳定的货币制度安排，建立了一系列信用制度，增强了人们持有英镑的信心。美元作为国际货币的发展，除了美国经济地位在二战后的攀升以外，更主要的原因是布雷顿森林体系的货币制度安排。在强制度的约束下，强经济下的货币国际化得以实现。

[①] 参见何慧刚：《人民币国际化的模式选择和路径安排》，载《经济管理》2007年第5期。

二是欧元模式,即在核心国主导下,联合相关国家,通过积极的政策协调和推动,从贸易一体化到货币一体化,创造单一货币。同时,凭借所创建的强大的经济体,使之逐步成为事实上的关键国际货币。欧元的诞生是欧盟区内各国政府合作与政策协调的结果,是货币国际化的一种创新。在欧元得以成功创造的过程中,德国马克起到了核心货币的作用。通过建立区内的关键货币和区域合作的方式,推进货币的国际化进程,这对人民币的国际化有重要借鉴意义。

三是日元模式,即通过货币可兑换的若干阶段成为国际货币。日本和许多新兴工业化国家正在通过货币可兑换的若干阶段使本币走向国际化。其中,日元的国际化在日本经济发展的不同阶段具有不同特点。日本在美国的压力下,从1980年开始了资本项目可兑换的进程。日元国际化和金融资本市场的自由化同步迅速发展。欧洲日元市场的放开和东京离岸市场的建立是日元国际化的关键步骤。在日本经济鼎盛时期,世界贸易中对日元的需求大量增加,日元国际化的进程是自然发展的。但是,在经济出现衰退后,日本政府开始出面积极地推动日元国际化的进程,以带动国内的金融改革,促进日元成为亚洲地区主导货币。韩国、新加坡也是通过放开资本账户管制,实现其金融自由化以促进货币的国际化的。

(二)"弱经济—强制度"组合模式

弱经济并非经济落后,而是还未达到目前国际货币的国家经济水平。强制度是指通过合理的制度安排去弥补经济上的不足。一方面,经济总量继续提升,保持适度高速增长;另一方面,在经济相对较弱的情况下,建立有效的货币金融制度和高效的宏观调控体系,实现货币国际化的发展目标,发挥制度创新在金融开放中的作用,缩短货币国际化的进程。应通过"弱经济—强制度"组合,发挥政府在货币国际化中的作用。中国政府应主动、积极地推动人民币国际化,从而加快人民币国际化步伐,其实质是市场手段与政府手段相配合。瑞士的经济总量目前排在中国之后,瑞士法郎之所以成为国际货币,更重要的原因在于其制度安排,除了币值的长期稳定外,还体现了一种"弱经济—强制度"的最优组合。

二、人民币国际化的现实模式选择

目前,从经济总量来看,人民币国际化的条件还不太成熟。但是,如果等达到美国、日本、德国等国的发展水平以后再去考虑人民币国际化,则是不科学的。必须根据本国实际发展需要和国际货币体系新的历史背景,以新的思维角度进行探讨和创新,寻求一种新的货币金融制度安排,去实现人民币国际化的目标,而不是按部就班地走"追赶型"的人民币国际化道路。

与巴西、墨西哥等非国际货币国家相比,中国的经济总量巨大,而且增量较快,在强政府职能特征下具有很高的调控能力,并具有较高的国际储备总量。中国外债结构合理,中长期债务比率占80%以上。经历了几十年的改革历程,中国稳中求进,积累了丰富经验。因此,人民币必须走自己的国际化道路。

综上,由于中国特殊的国情,人民币不可能照搬某种货币国际化的模式。中国既不能全盘效仿日元模式,因为人民币的目标是要成为像美元和欧元一样的关键国际货币;也不能完全效仿欧元模式,因为德国和法国等都因其经济规模等先天不足,迫不得已地以让渡本国货币主权为代价,创造和接受欧元。

人民币国际化既需要持续的市场化推动,又需要在确保货币主权的基础上加强域内国家或地区间的货币合作。目前,人民币国际化应选择"弱经济—强制度"组合模式。这种模式是在中国经济逐步起飞过程中的过渡模式,特别是在中国经济已经强大而尚未十分强大的时期较为适应。一方面,中国经济的内在规律在起作用;另一方面,政府应积极发挥作用,共同推动人民币国际化。

附录二 个人购汇申请书

根据《中华人民共和国外汇管理条例》(2008年国务院令第532号)、《国际收支统计申报办法》(2013年国务院令第642号)、《个人外汇管理办法》(中国人民银行令〔2006〕第3号)、《个人外汇管理办法实施细则》(汇发〔2007〕1号)等规定,个人购汇实行便利化额度(年度总额)管理,应当具有真实、合法的交易基础,如实申报购汇信息。

一、依据法律法规,境内个人办理购汇业务时:
1. 不得虚假申报个人购汇信息;
2. 不得提供不实的证明材料;
3. 不得出借本人便利化额度协助他人购汇;
4. 不得借用他人便利化额度实施分拆购汇;
5. 不得用于境外买房、证券投资、购买人寿保险和投资性返还分红类保险等尚未开放的资本项目;
6. 不得参与洗钱、逃税、地下钱庄交易等违法违规活动。

二、外汇管理机关依法对个人外汇业务进行监督检查。对于存在违规行为的个人,外汇管理机关依法列入"关注名单"管理。"关注名单"个人列入名单当年及之后两年不享有个人便利化额度,同时依法移送反洗钱调查。

对于违反规定办理个人购汇业务的,外汇管理机关将依据《中华人民共和国外汇管理条例》第三十九条、第四十条、第四十四条、第四十八条等予以行政处罚,相关信息依法纳入个人征信记录。

三、个人购汇基本信息:
购汇人姓名_____ 购汇人身份证件号码_____
购汇币种/金额_____ 人民币账号_____
外汇账号_____

四、购汇用途(用汇时实际用途与原填写的《个人购汇申请书》不一致的应重新填写):
预计用汇时间_____年_____月
○因私旅游   预计境外停留期限_____目的地国家/地区_____
            旅行方式(○跟团 ○自由行)
○境外留学   学校名称_____留学国家/地区_____
            年学费币种/金额_____年生活费币种/金额_____
○公务及商务出国 预计境外停留期限_____目的地国家/地区_____
○探亲   预计境外停留期限_____目的地国家/地区_____
            境外亲属姓名_____与境外亲属关系_____

○境外就医　　　　预计境外停留期限_____目的地国家/地区_____
　　　　　　　　　境外医院名称_____
○货物贸易　　　　交易对方名称_____对方国家/地区_____
○非投资类保险　　保险机构名称_____对方国家/地区_____
○咨询服务　　　　提供咨询方名称_____对方国家/地区_____
○其他　详细说明购汇事项(包括但不限于交易对方名称、具体购汇项目、交易所需金额/币种等)

_____
_____
_____

第十二章 开放经济下内外平衡理论与模型

> **学习要点**

宏观经济政策目标,内外平衡关系,IS-LM-BP 模型,宏观政策工具和宏观政策搭配理论,宏观政策调控原理,蒙代尔-弗莱明模型及其扩展,三元悖论,两国相互依存模型,固定汇率下经济政策国际传导,浮动汇率下经济政策国际传导,国际宏观经济政策协调。重点理解和掌握:内外平衡目标,米德冲突,斯旺模型,丁伯根原则,蒙代尔有效市场分类原则,宏观政策搭配理论,三元悖论,固定汇率和浮动汇率下宏观经济政策国际传导。

第一节 开放经济下宏观经济政策目标——内外平衡

自 2001 年入世以来,中国经济的外部失衡日趋严重,其突出表现是经常项目顺差过大,外汇储备迅猛增加。外部失衡的加剧,对宏观经济的内部平衡产生了巨大压力,如流动性过剩、通货膨胀压力等。采取何种调整政策,使经济外部和内部同时趋向平衡,保持经济平稳增长,是当前中国宏观经济面对的紧迫问题。一般而言,开放经济条件下,一国宏观经济政策目标包括内部平衡和外部平衡两个方面,具体包括经济增长、充分就业、物价稳定和国际收支平衡。其中,经济增长是一个长期目标,而充分就业、物价稳定和国际收支平衡则是三个短期目标,这些是一国关心的内外平衡目标。

一、内部平衡目标

一国经济的内部平衡目标主要包括:经济增长、充分就业和物价稳定。内部平衡,即国民经济处于经济增长、充分就业、物价稳定或价格稳定的状态。

(一) 经济增长

经济增长,是指在一定时期内一国国内生产总值(GDP)的增长率。通常,一国国内生产总值的年增长率被作为衡量指标。

(二) 充分就业

广义的充分就业,是指一切生产要素(包含劳动)都有机会以自己接受的报酬参加生产的状态。但是,由于在现实中测量各种经济资源的就业程度非常困难,因而各国大都以失业率高低作为衡量就业状态的指标。失业率,是指失业者人数对劳动力人数的比率。失业者,是指想工作而尚未找到工作的人。狭义的充分就业是这样一种经济状态,即经济中的"非自愿失业"完全消失,失业仅限于摩擦失业和自愿失业。摩擦失业,是指生产过程中由于难以避免的摩擦所造成的短期性和局部性失业。自愿失业,是指个人不愿接受现在的工资水平而形成的失业。根据著名的奥肯定律,GDP 每增加 3%,失业率大约下降 1%。可见,经济增长和失业之间具有强相关关系,失业的成本是巨大的。因此,降低失业率,实现充分就业,常常成为各国宏观经济政策的首要目标。

(三) 物价稳定或价格稳定

"价格稳定"是一个宏观的概念,是指价格总水平的稳定。由于在经济生活中各种商品价格变化的情况复杂,造成统计上的困难,一般用价格指数来表达一般价格水平的变化。价格指数是表示若干种商品价格水平的指数,目前使用较多的为消费物价指数(CPI)、批发物价指数(PPI)和国内生产总值缩减指数(GDP deflator)三种。价格稳定之所以成为内部平衡目标,主要原因在于无论是通货膨胀还是通货紧缩,都对经济具有破坏作用。

以上三种内部平衡目标之间是存在矛盾的。一般而言,经济增长往往伴随着通货膨胀,而低通货膨胀或通货紧缩又常常导致高失业率。在封闭经济条件下,政府宏观调节的主要任务就是协调三者之间的矛盾。

二、外部平衡目标

外部平衡,即与一国宏观经济相适应的国际收支达到平衡。在开放经济条件下,一国经济与外界密切相关,具体表现在国际收支失衡及汇率变动对经济增长、充分就业和价格稳定等内部宏观经济目标的影响上。因此,保持国际收支平衡就成为各国追求的外部平衡目标。特别是对于发展中国家而言,追求汇率稳定也是其追求的外部平衡目标之一。

(一) 国际收支平衡

当一国国际收支处于逆差时,首先会引起本币汇率下降。若该国政府不愿接受本币汇率下降的后果,则必须动用外汇储备,对外汇市场的供求现状进行干预。这既会耗费外汇储备,又会引起货币供应的缩减,从而导致本国利率水平上升,国内消费和投资减少,经济增长速度减缓,失业率上升。如果一国的逆差是因出口不足以弥补进口而出现的长期性赤字,则意味该国对国外商品存在净需求,将使得国内生产总值下降,失业增加。若逆差的原因是资本的净流出,则国内资金供给将减少,利率将上升,结果必然影响到国内商品市场的需求。一国国际收支长期出现顺差,也会给国内经济带来不良影响,引起国际摩擦。同时,一国的国际收支顺差会给本币带来升值的压力。相比之下,逆差所造成的影响更为严重。因此,各国政府对国际收支出现逆差时采取的调节措施都尤为重视。

(二) 汇率稳定

在当今各国大都实行浮动汇率制度的情况下,汇率是连接国内外市场的重要纽带。汇率变化表现为货币的贬值或升值。一方面,汇率变化受制于一系列因素;另一方面,汇率变化又会对其他经济因素产生影响。总的来说,不论是贬值还是升值,汇率在一定幅度内的变化是正常的。但是,若汇率出现大幅度的剧烈波动,必然增大外汇汇率风险和金融风险。对于发达市场经济体而言,由于具有健全完善的市场机制和各种规避金融风险的衍生工具,因而可通过调节性交易降解汇率变化带来的风险,而无须追求汇率稳定。但是,对于发展中国家来说,不具备通畅完善的市场传导机制,也缺乏各种避险的金融衍生工具,因而汇率剧烈波动会给其国内经济造成很大的损失。所以,追求汇率稳定成为发展中经济体实现外部平衡的目标之一。

三、内部平衡与外部平衡之间的关系

内部平衡与外部平衡之间的关系表现为相互协调和相互冲突。作为开放经济的主要政策目标,内部平衡与外部平衡之间是相互作用和相互影响的,它们之间存在着非常复杂的关系。当一国采取宏观政策调节措施,努力实现某一平衡目标时,这一调节措施很可能会同时造成开放经济另一平衡问题的改善,也有可能会对另一平衡问题造成干扰或破坏。一般而言,前者被称为"内外部平衡的一致或相互协调",后者则被称为"内外部平衡的相互冲突"。

经济外部一旦出现失衡,会通过经济系统本身的自动调节机制对内部平衡产生影响,然后再反过来影响外部,使之趋向平衡;反之,内部失衡也会通过对外部平衡产生影响,进而反过来影响内部,使之趋向平衡。实践中,政策调整方向的选择和力度的确定取决于经济的内外部平衡状况。政策调整的力度取决于经济内外部失衡的程度,若外部失衡严重,则汇率政策的力度相对大一些。

四、开放经济下 IS-LM-BP 模型——内外平衡分析

一国在封闭条件下的经济平衡一般用 IS-LM 模型来说明;而在开放经济条件下,则通过 IS-LM-BP 模型加以说明。开放经济条件下,宏观经济政策的总目标是实现内外平衡。因此,一国经济的理想状态是:国内实现了充分就业的平衡,同时国际收支也处于平衡状态。图 12-1 说明了这种理想状态。

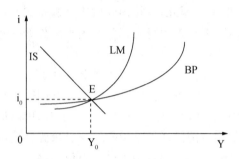

图 12-1　开放经济条件下宏观经济均衡

图中,Y_0 为充分就业的产出水平,i_0 为均衡的利率水平。E 点为 IS 线与 LM 线的交点,表示实现了充分就业的国内平衡。E 点同时位于 BP 线上,说明在该点国际收支也处于平衡状态。但是,在现实经济生活中,这种理想状态很少实现。常见的几种情形是:(1) 国内经济和国际收支都不平衡;(2) 国内经济平衡,而国际收支处于逆差或顺差失衡;(3) 非充分就业平衡,国内经济和国际收支都实现了平衡,而国内平衡不是理想状态,如非充分就业平衡。

从宏观经济管理角度来看,上述三种情形都需要进行调整,以实现理想的均衡状态。从图 12-1 来看,政府需要采取相应的政策使 IS、LM 和 BP 三条曲线相交于一个能实现充分就业的利率——产出组合点上。政府通常可采取的调节政策主要包括财政政策和货币政策、贸易政策和汇率政策以及抵消国际收支顺差或逆差的其他金融政策等。

第二节　宏观经济政策工具和政策搭配理论

一、开放经济下宏观经济政策工具

按照宏观经济政策工具的不同作用机制分类,开放经济下宏观经济政策工具可分为调节社会总需求的工具或需求管理政策工具、调节社会总供给的工具或供给调节政策工具以及外汇缓冲政策工具或资金融通政策工具等。

(一) 调节社会总需求的工具或需求管理政策工具

调节社会总需求的工具或需求管理政策工具可分为两类:一是支出增减型政策——主要调节社会需求的总水平;二是支出转换型政策——主要调节社会需求的内部结构或方向,

在开放经济下调节社会需求中外国和本国商品和劳务的结构比例。

支出增减型政策是改变社会总需求或国民经济总支出水平的政策,旨在通过改变社会总需求或总支出水平,改变对外国商品、服务和金融资产的需求,从而调节国际收支。这类政策主要包括财政政策和货币政策。前者通过调整政府支出和税收,实现对国民经济的需求管理;后者通过调整货币供应量,对国民经济需求进行管理。常见的货币政策工具主要有再贴现率、存款准备金率和公开市场业务。

支出转换型政策是不改变社会总需求和国民经济总支出水平而改变其方向的政策,是将国内支出从外国商品和劳务转移到国内的商品和劳务上来。这类政策主要包括汇率政策和直接管制政策。汇率政策可用汇率的变动来纠正国际收支失衡,可选择汇率制度的变更、外汇市场干预或者官方汇率贬值。直接管制政策包括外贸管制和外汇管制。外贸管制的主要内容是各种奖出限入的措施。外汇管制常用的手段有限制私人持有或购买外汇、限制资本输出入、实行复汇率制、禁止黄金输出、限制本币出境数量等。

(二)调节社会总供给的工具或供给调节政策工具

产业政策和科技政策是从供给角度调节的政策,其特点是具有长期性,在短期内很难有显著的效果。但是,它们可以从根本上提高一国的经济实力和科技水平,从而达到调节国际收支失衡、实现内外平衡的目标。

(三)外汇缓冲政策工具或资金融通政策工具

资金融通政策工具简称"融资政策",是指一国政府当局在短期内利用资金融通方式弥补国际收支逆差,包括使用官方储备和国际信贷。它与需求或支出政策间具有一定的互补性和替代性。外汇缓冲政策运用的难点是如何判断失衡的类型,因为它只能用于解决短期性国际收支失衡问题,而不适用于长期的根本性失衡。该政策的运用要具备一定的条件,即必须保持实施缓冲政策所需要的充足的外汇,必须具备实施公开市场操作的有效机制条件。

二、宏观经济政策搭配理论

(一)米德冲突

英国经济学家詹姆斯·米德于1951年在其名著《国际收支》中首次提出了固定汇率制度下内外平衡冲突问题。他指出,由于在汇率固定不变时,政府只能用影响社会总需求的政策(通常为财政和货币政策)来调节内外平衡,因此在开放经济运行的特定区间便会出现内外平衡难以兼顾的情形。例如,在开放经济条件下,经济可能面临着如表12-1所示的内外经济状态的组合(失业和通货膨胀相互独立,外部平衡不包括资本账户而仅指经常账户平衡)。

表 12-1 固定汇率制度下内部平衡与外部平衡的搭配与矛盾

	内部状态	外部状态
一	经济衰退、失业增加	国际收支逆差
二	经济衰退、失业增加	国际收支顺差
三	通货膨胀	国际收支逆差
四	通货膨胀	国际收支顺差

在表12-1中,第二种和第三种情况意味着内外平衡的一致。在第二种情况下,为实现内部平衡,显然要求政府采取增加社会总需求的措施进行调整,这会导致进口相应增加,在

出口保持不变时，就会改善原有的顺差状态，使国际收支趋于平衡。在这种情形下，政府在采取措施实现内部平衡的同时，也对外部平衡的实现发挥了积极影响，因而是内外平衡一致的情况，是一种内外平衡相互协调的状态。第一种和第四种情况则意味着内外平衡的相互冲突，即米德冲突（Meade's conflict）。因为政府在通过调节社会总需求实现内部平衡时，会导致外部经济状况距离平衡目标更远。可见，米德冲突，是指在固定汇率制度下，失业增加与国际收支逆差，或者通货膨胀与国际收支顺差这两种特定的经济状态组合（见表12-2）。

表 12-2 米德冲突

国际收支状况	失业	通货膨胀
国际收支逆差	解决失业问题必须施以扩张政策，而国际收支逆差要以紧缩政策加以治理，扩张政策与紧缩政策之间存在着冲突	
国际收支顺差		解决通胀问题必须施以紧缩政策，而国际收支顺差要以扩张政策加以治理，紧缩政策与扩张政策之间存在着冲突

米德第一次系统地阐述了单一政策调控在复杂经济状况下是无能为力的，进而潜在地强调政策搭配的现实必要性。其不足在于只考虑了固定汇率制度。实际上，在浮动汇率制度下，内外平衡冲突同样存在。在浮动汇率制度下，政府不可能完全依靠外汇市场对国际收支的自发调节功能，在汇率变动受到一定管理的条件下，通过国内总需求变动以实现内外平衡仍是常见的做法。因此，在浮动汇率制度下也会出现与固定汇率制度下类似的内外平衡冲突现象。同时，在汇率剧烈波动的情况下，外部平衡与内部平衡的相互影响或干扰更加复杂，内外平衡冲突可能更加深化。例如，通过调节国内需求以实现内部平衡目标时，国内需求变动同时会通过多种途径造成汇率的变化，汇率的进一步波动又会通过一系列机制进一步影响到内部平衡。此外，米德的分析也忽略了对资本因素的考虑。在现代经济中，国际资本流动是影响一国经济的一个重要因素，特别是在全球经济一体化背景下，活跃在国际金融市场上的巨额资金会因各国汇率的动荡不定而频繁流动，会直接影响到国内宏观经济的运行，使各国国内经济政策受到更多的影响和制约，从而使一国同时实现内外平衡目标变得更加困难。

（二）斯旺模型

针对米德冲突问题，1955 年，澳大利亚经济学家特雷弗·斯旺作了深入研究，提出了著名的斯旺模型。

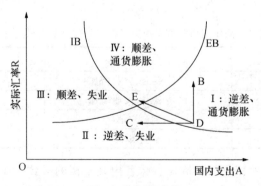

图 12-2 斯旺曲线

图 12-2 中的纵轴表示实际汇率。在直接标价法下,实际汇率上升意味着本国货币贬值,可以由名义汇率贬值、国内价格水平下降或国外价格水平上升造成。实际汇率的上升表示本国商品在国际市场上的竞争能力增强,将改善国际收支经常账户。横轴为国内经济的总支出水平,以 A 表示,则有 $Y=C+I+G+(X-M)$,令 $A=C+I+G$,得到 $Y-A=X-M$。式中,Y、C、I、G、X、M 分别为国民收入、消费支出、投资支出、政府支出、本国出口、本国进口。该式表明,当国内吸收水平 A 过高,超过总收入水平 Y 时,则净出口为负,于是出现经常账户逆差。

图 12-2 中的 EB 线为外部平衡曲线,表示能够使国际收支经常账户保持平衡的实际汇率 R 和国内支出 A 的组合点。其斜率为正,因为当 R 上升时,国际收支状况改善。为维持平衡,国内吸收水平也必须相应提高,以便增加进口。所有 EB 线以下的点均处于逆差状态,即在现有的国内吸收水平下,相应的实际汇率水平不足以保持经常账户的平衡。所有 EB 线以上的点均处于顺差状态,即相应的实际汇率水平已经超过保持经常账户平衡所需要的水平。只要一国的经济状态是在 EB 线以上或以下,就会产生相对于其他国家的债权或债务关系。

图 12-2 中的 IB 线为内部平衡曲线,表示能够维持国内充分就业的所有实际汇率和国内吸收水平的组合。IB 线向右下方倾斜,因为如果实际汇率下降或升值,将导致进口增加、出口减少,要维持充分就业就必须增加国内支出水平。所有 IB 线以上的点均处于通货膨胀状态,即在现有的国际竞争力或实际汇率水平下,国内总支出水平已经超过创造充分就业所需的水平,从而导致国内通货膨胀。所有 IB 线以下的点均处于通货紧缩或失业状态,即国内总支出水平不足以形成充分就业。

斯旺模型由 EB 和 IB 两条曲线划分为四个区域:I 区存在逆差和通货膨胀,II 区存在逆差和失业,III 区存在顺差和失业,IV 区存在顺差和通货膨胀。内部和外部总体平衡状态由 IB 和 EB 线相交的 E 点表示,即在 E 点,能够实现国内充分就业并保持国际收支平衡。假设一国经济由于某种原因陷入 I 区的状态 D 点,该状态既承受着通货膨胀压力,又存在国际收支的逆差。如果政策当局试图在维持汇率固定的条件下减少国际收支逆差,则可以采取宏观紧缩政策,即通过紧缩国内支出以促使经济状态向 C 点移动。然而,这样的政策实施后果是造成严重的经济衰退和大量失业。政府还可以采取货币贬值的方法以解决逆差问题。这样,经济状态将会向 B 点移动,其结果是离 IB 线越来越远,即国际收支逆差的解决要以国内更严重的通货膨胀为代价。综上,斯旺模型同样说明了这一观点:仅使用一种政策工具同时解决内部和外部平衡问题是无法成功的。

总体而言,内外平衡冲突产生的原因有以下几点:(1)国内经济情况的变化。比如,国内消费者的消费偏好发生了更倾向于购买本国产品的转变。这种转变增加了国内商品的需求,造成通货膨胀的压力,同时也会加大经常项目顺差。(2)贸易伙伴国之间经济波动的相互影响。(3)国际金融市场情况变化的影响。如果国际金融市场上利率上升,一国为了维护汇率稳定以及防止资本大量流出,势必提高国内利率,而这会对国内经济产生紧缩作用,给内部平衡带来干扰或破坏,从而产生内外平衡冲突问题。(4)国际资本的投机性冲击。这种投机性资本通过金融市场对国内经济产生深刻影响,使得政府宏观经济政策的制定面临更为复杂的情况,一国经济内部平衡与外部平衡的矛盾日益突出。

在现代经济中,特别是随着经济全球化和地区经济一体化趋势的不断扩大和加深,这种内外平衡冲突问题日益显现,旧的问题不断复杂化,新的矛盾不断涌现。因此,政府如何运用宏观经济政策的调节作用以解决内外平衡冲突问题已越来越成为一国的重要任务。

(三)国际收支调节政策搭配选择

采用何种政策调节国际收支,首先取决于国际收支失衡的性质,其次取决于国际收支失衡的国内社会和宏观经济结构,还取决于内部平衡与外部平衡之间的关系。每一种国际收支调节政策都会对宏观经济带来或多或少的调节成本,所以必须相机抉择,搭配使用各种政策,以最小的经济和社会成本代价达到国际收支的平衡。国际收支调节政策搭配的最终目标是实现调节成本最小化和福利最大化。在运用政策搭配以实现内外平衡的政策选择中,蒙代尔提出的财政政策与货币政策的搭配以及斯旺提出的支出增减型政策与支出转换型政策(汇率政策)的搭配最有影响力。如表12-3、表12-4所示:

表12-3 财政政策与货币政策的搭配:蒙代尔政策指派原则

区间	经济状况	财政政策	货币政策
I	通货膨胀/国际收支逆差	紧缩	紧缩
II	失业、衰退/国际收支逆差	扩张	紧缩
III	失业、衰退/国际收支顺差	扩张	扩张
IV	通货膨胀/国际收支顺差	紧缩	扩张

表12-4 支出增减型政策与支出转换型政策(汇率政策)的搭配

区间	经济状况	支出增减型政策	支出转换型政策
I	通货膨胀/国际收支逆差	紧缩	贬值
II	失业、衰退/国际收支逆差	扩张	贬值
III	失业、衰退/国际收支顺差	扩张	升值
IV	通货膨胀/国际收支顺差	紧缩	升值

内外平衡冲突问题的症结是:(1)内外平衡冲突的根源在于经济的开放性;(2)内外平衡冲突的产生是与某种特定的宏观经济调控方式直接相对应的。内外平衡冲突问题说明,在开放经济条件下,单纯运用调节社会总需求这一封闭经济的政策工具是不足以同时实现内外平衡目标的,开放经济的调控需要有新的政策工具进行科学合理的搭配。

第三节 开放经济下宏观经济政策调控原理

一、宏观经济政策协调的丁伯根原则

在前文的分析中,我们阐明了在开放经济条件下,如果一国政府仍然像在封闭经济条件下那样单纯地运用控制社会需求总量的政策工具进行调控,则在很多情形下会造成内外平衡之间的冲突。所以,开放经济条件下,政策调控需要有新的思路。首届诺贝尔经济学奖得主丁伯根最早提出了将宏观经济政策目标和政策工具联系在一起的正式模型,指出要实现N个独立的政策目标,至少需要相互独立的N个有效的政策工具,此即丁伯根原则(Tinbergen's rule)。

假定只存在两个目标T_1、T_2与两种政策工具I_1、I_2,政策目标T_1、T_2的理想状态为T_1^*、T_2^*。令政策目标是政策工具的线性函数,有:$\begin{cases} T_1 = a_1 I_1 + a_2 I_2 \\ T_2 = b_1 I_1 + b_2 I_2 \end{cases}$。从数学来看,只要$\dfrac{a_1}{b_1} \neq$

$\frac{a_2}{b_2}$（即两种政策工具线性无关），就可求解出达到理想水平的 T_1^*、T_2^* 时所对应的 I_1、I_2 的值：$I_1 = \frac{b_2 T_1^* - a_2 T_2^*}{a_1 b_2 - b_1 a_2}$，$I_2 = \frac{a_1 T_2^* - b_1 T_1^*}{a_1 b_2 - b_1 a_2}$。当 $\frac{a_1}{b_1} = \frac{a_2}{b_2}$ 时，意味着这两种政策工具对这两个政策目标有着相同的影响。换句话说，决策者只有一个独立的政策工具，却试图实现两个政策目标，这是无法做到的。在这种情况下，只要决策者能够控制两种政策工具，且每种政策工具对政策目标的影响是独立的，就能通过政策工具的配合实现理想的目标水平。

丁伯根原则的政策含义是：在开放经济条件下，只运用支出增减型政策，通过调节支出总量的途径以同时实现内部平衡与外部平衡两个政策目标是不够的，必须增加新的政策工具搭配进行才能实现。上述结论可进一步推广到 N 个目标和 N 种工具的情形，即在开放经济条件下，如果经济是线性的，要实现 N 个政策目标，至少要有 N 种相互独立的政策工具。

二、宏观经济政策指派的蒙代尔有效市场分类原则

丁伯根原则有两个局限：一是假定各种政策工具可以被决策者集中控制，从而通过各种政策工具的紧密配合以实现政策目标是很困难的；二是将财政政策与货币政策工具的调节效率等同对待，没有明确指出不同政策工具的作用与实施效果是不同的。20 世纪 60 年代，蒙代尔提出了关于政策指派的有效市场分类原则，在一定程度上弥补了这两方面的不足。

蒙代尔对于政策调控的研究建立在如下假定之上：在大多数情况下，不同的政策工具掌握在不同的决策者手中。例如，货币政策的制定者是中央银行，财政政策的制定权则属于财政部。如果决策者不能紧密协调这些政策而在权力分割的情况下独立地进行决策，就不能实现预期的政策目标。由此，蒙代尔得出结论：如果每一工具被合理地指派给某一个政策目标，并且在该目标偏离其最佳水平时按一定规则进行调控，那么在分散决策的情况下仍有可能实现理想目标。关于每一工具应如何指派给相应目标，蒙代尔提出，每一目标应当指派给对这一目标有着相对最大影响力，因而在影响政策目标上有相对优势的政策工具。如果工具指派得不合理，则经济会因产生波动而距平衡点越来越远。如果每一工具被合理地指派给一个政策目标，并且在该目标偏离其最佳水平时按规则进行调控，那么在分散决策的情况下仍有可能实现最佳调控目标。这被称为"蒙代尔有效市场分类原则"，根据这一原则，**蒙代尔区分了财政政策、货币政策在影响内外平衡上的不同作用，提出了以货币政策实现外部平衡目标，以财政政策实现内部平衡目标的指派建议**。原因是，货币政策除了可以对经济运行产生扩张或紧缩效应之外，还对国际资本流动具有很强的调节能力。

蒙代尔的政策指派模型如图 12-3 所示，图中纵轴表示货币政策，Nm 为政策中性，向下为货币紧缩，向上为货币扩张。横轴表示财政政策，Nf 为政策中性，向右为财政扩张，向左为财政紧缩。IB 线（内部平衡线）表示能够维持充分就业的财政政策和货币政策的组合。曲线斜率为负，意味着在充分就业条件下，如果实行紧缩性货币政策，就必须相应采取扩张性的财政政策，才能保持国内充分就业的平衡。IB 线右边的货币政策和财政政策搭配会产生通货膨胀，左边的政策搭配则不足以形成充分就业。EB 线（外部平衡线）表示能够维持国际收支平衡的财政政策和货币政策的组合。曲线的斜率可正可负，因为财政政策对国际收支的影响有两方面，财政扩张可导致收入提高，从而恶化经常账户，同时又因为提高利率水平可以吸引外部资金流入而改善资本账户。EB 线的斜率为负是假定扩张性的财政政策对国际收支总体的净影响是负的，即经常账户的恶化程度超过资本账户的改善程度。于是，扩张性的财政政策导致国际收支的恶化,因而必须采取紧缩性的货币政策,通过提高利率以吸引资金流入,从而保持国际收支平衡。

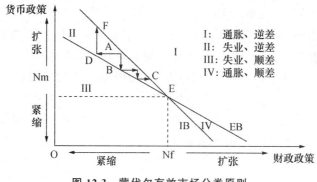

图 12-3 蒙代尔有效市场分类原则

蒙代尔有效市场分类原则为一国政府如何采用政策工具以实现内外平衡的宏观经济目标开辟了新的思路,它丰富了开放经济下宏观经济政策调控理论。它与丁伯根原则一起确定了开放经济条件下政策调控的基本思想,即针对内外平衡目标,确定不同政策工具的指派对象,并尽可能地进行协调以达到内部平衡与外部平衡的相互一致。

第四节 蒙代尔-弗莱明模型及其扩展

蒙代尔(1963)对开放经济条件下财政政策和货币政策的短期影响进行了经典的分析。几乎在同一时间,英国经济学家弗莱明也提出了类似的理论,因而该理论被称为"蒙代尔-弗莱明模型"(简称"M-F 模型")。该模型探讨一国如何用财政政策和货币政策来实现宏观经济的内外平衡,在模型分析的基础上得出了在国际经济学中被广泛承认的结论,即在浮动汇率制度下,货币政策在调节经济即改变实际产出上是有效的,而财政政策是无效的;反之,在固定汇率制度下,货币政策是无效的,而财政政策是有效的。

一、蒙代尔-弗莱明模型的前提假定

M-F 模型的前提假定有:(1) 开放的小国经济模型。该国的经济规模小,其国内经济形势、政策变化都不会影响到世界经济状况。从利率方面来看,该国是世界市场利率的接受者。(2) 资源未被充分利用,总供给曲线具有完全弹性。该经济的总供给可以随着总需求的变化迅速作出调整,因而该国的总产出完全由需求方面决定。(3) 资本在国际上完全自由流动,使得利差不存在。因为任何利率的差异都会导致资本大量且迅速地从低利率地区流向高利率地区,从而迅速消除不同地区的利率差别。(4) 静态的汇率预期,即预期的汇率变化为零。(5) 国内外价格水平不变,因而实际汇率与名义汇率同比例变动。

二、蒙代尔-弗莱明模型的主要内容

M-F 模型把对外贸易与资本流动引入 IS-LM-BP 模型之中,因而该模型是商品与货币市场的 IS-LM 模型的扩展。在前述假定前提下,开放经济下的三个平衡条件如下:

$$Y = D = C(Y-T) + I(i) + G + NX\left(\frac{eP^*}{P}, Y-T\right) \tag{12-1}$$

$$\frac{M}{P} = L(i, Y) \tag{12-2}$$

$$i = i^* \tag{12-3}$$

方程(12-1)是开放经济下的 IS 曲线,描述了国内商品市场的平衡条件。等式左边 Y 表示总产出,等式右边表示总需求,分别由私人消费 C、私人投资 I、政府支出 G 以及净出口四部分组成。其中,C 与可支配收入(Y−T)正相关,I 与本国利率 i 负相关,随着实际汇率的上升而上升,随着可支配收入的增加而减少。方程(12-2)代表了开放经济下的 LM 曲线,描述了货币市场的平衡条件。名义货币供给量 M 是由货币当局决定的,它是外生变量。实际货币需求量是内生变量,是国内利率的减函数和本国实际收入的增函数。方程(12-3)是资本完全流动下的 BP 曲线,描述了国际收支平衡的条件。典型的 BP 曲线具有正的斜率,资本流动性越高,该曲线就越平缓。在这里,位于世界市场利率 i^* 处的水平 BP 曲线表示资本是完全流动的。

M-F 模型可通过图 12-4 说明。该模型中包含三个内生变量 Y、i、e,分别在 Y−i 和 Y−e 坐标系中说明该模型(为简化,在下文 Y−i 坐标系的分析中,IS 线和 LM 线均采用直线)。

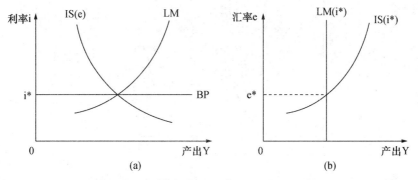

图 12-4 两种坐标系下蒙代尔-弗莱明模型

由于汇率影响商品市场需求,因而 IS 曲线的位置取决于汇率。在图 12-4 两种坐标系下 M-F 模型图(a)中表示为 IS(e),图(b)是模型在 $i=i^*$ 下的情形。两条曲线的方程分别为:

$$IS(i^*): Y = D\left(\frac{eP^*}{P}, Y-T, i^*, G\right)$$

$$LM(i^*): \frac{M}{P} = L(i^*, Y)$$

由于 LM 线不受汇率变动的影响,故在图(b)中 LM 线垂直于横轴。IS 线和 LM 线的交点确定了平衡汇率和平衡产出。

三、资本完全流动下财政政策、货币政策效应分析

(一)固定汇率下资本完全流动的财政政策效应分析

在固定汇率制度下,中央银行必须按照一定的汇率买进或卖出本国货币,以调节外汇市场上本币的供求,从而将汇率固定在预定的水平上。如图 12-5 所示,在图(a)中,假设经济的初始状态位于 IS_0、LM_0 和 BP 线的交点 E_0,与此对应的利率水平和国民收入分别为 i_0 和

Y_0。假定政府实施扩张性的财政政策,则 IS_0 线右移,且利率和国民收入均提高。在资本完全流动的条件下,利率水平上升引致资本流入,进而导致国内货币供给增加,即 LM_0 线右移,以维持国内和国外的利率水平一致。当 IS_1、LM_1 和 BP 线交于点 E1 时,实现新的内外平衡。此时,利率水平仍为 i_0,产出却进一步增加到 Y_1。在图(b)中,扩张性的财政政策会使得 $IS_0(i^*)$ 线向右移至 $IS_1(i^*)$,从而对汇率产生向下运动的压力。为保持汇率不变,央行必须增加货币供给。货币供给增加会使得 $LM_0(i^*)$ 线向右移至 $LM_1(i^*)$,产出从 Y_0 增加到 Y_1,因而财政政策有效。

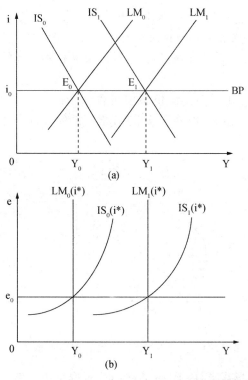

图 12-5　固定汇率下资本完全流动的财政政策效应

(二)浮动汇率下资本完全流动的财政政策效应分析

在浮动汇率制度下,央行允许汇率自由调整,以使外汇市场上本国货币的供求相等。我们假定一国采取同样的扩张性财政政策。如图 12-6 所示,在图(a)中,经济初始状态位于 $IS(e_0)$、LM 和 BP 的交点 E_0,与此对应的利率水平和产出水平分别为 i_0 和 Y_0。财政扩张使 $IS(e_0)$ 右移至 $IS(e_1)$,利率上升。在资本完全流动的条件下,国内和国际利率水平应该一致,否则资本将引起套利资本的大规模流动。由于扩张性财政政策导致曲线 $IS(e_0)$ 右移,引起利率上升,通过利率机制的作用,资本流入,国际收支呈顺差,本币升值,出口减少,进口增加,国民收入下降,曲线 $IS(e_1)$ 左移直至回到初始状态,以使国内外利率水平一致。相应地,产出也回到原来的水平。其原因是,财政支出的增加被等量的出口下降抵消。对图(b)的分析可以得出同样的结论。在图(b)中,扩张性财政政策使 $IS_0(i^*)$ 线向右移至 $IS_1(i^*)$。在浮动汇率制度下,汇率从 e_0 下降到 e_1。汇率的下跌使得人们对本国商品和劳务的需求减少,而对外国商品和劳务的需求增加,从而使平衡产出保持不变。可见,在浮动汇率制度下,财政政策失效。

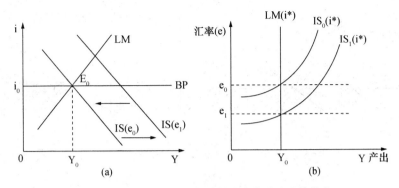

图 12-6 浮动汇率下资本完全流动的财政政策效应

（三）固定汇率下资本完全流动的货币政策效应分析

在固定汇率制度下，假定一国实施扩张性货币政策，如央行在公开市场上买进债券以增加货币供给。如图 12-7 所示，在图（a）中，经济的初始状态为 IS、LM_0 和 BP 线的交点 E_0，与此对应的利率水平和产出分别为 i_0 和 Y_0。

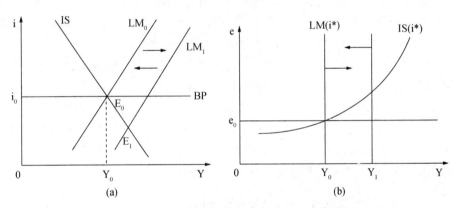

图 12-7 固定汇率下资本完全流动的货币政策效应

如图 12-7(a)所示，扩张性货币政策使 LM_0 右移至 LM_1，与 IS 线相交于点 E_1。在资本完全流动的条件下，扩张性货币政策导致的利率下降会引起资本迅速外流，导致本币贬值。为了维持汇率固定，LM_1 向左回移至初始位置，从而抵消了货币扩张对产出的刺激作用。在图 12-7(b)中，扩张性货币政策实施的后果是 $LM(i^*)$ 线向右移动，结果平衡汇率面临上升压力。央行必须采取措施以维持原有的汇率水平。这种活动很快就使货币供给回到原来的水平上，即曲线向左回移至初始位置。可见，在固定汇率制度下，货币政策是无效的。

（四）浮动汇率下资本完全流动的货币政策效应分析

在浮动汇率制度下，假定一国实施扩张性货币政策，如央行通过在公开市场上买进债券以增加货币供给。在图 12-8 的图（a）中，经济的初始状态为 $IS(e_0)$、LM_0 和 BP 线的交点 E_0，与此对应的利率水平和产出分别为 i_0 和 Y_0。扩张性货币政策使 LM_0 右移至 LM_1，与 $IS(e_0)$ 线相交于点 E_1。在资本完全流动条件下，扩张性货币政策导致的利率下降会引起资本迅速外流，导致本币贬值。由于利率下降和货币贬值使得投资增加、出口增加，财政政策扩张，结果总产出增加到 Y_1，在点 E_2 形成新的平衡。因此，在浮动汇率制度下，货币扩张对产出有刺激作用。

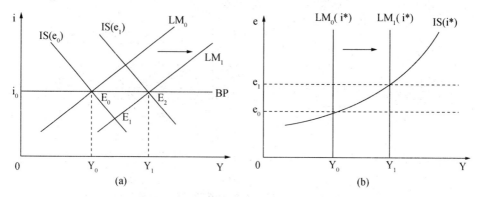

图 12-8 浮动汇率下资本完全流动的货币政策效应

在图 12-8(b)中,由于价格水平固定,所以货币供给的增加意味着实际货币供给的增加,从而使曲线 $LM_0(i^*)$ 向右移至 $LM_1(i^*)$,平衡汇率从 e_0 上升至 e_1,平衡产出从 Y_0 上升至 Y_1。因为在收入和利率的初始水平上,扩张性货币政策必然引起清偿能力的过剩,同时给本国利率带来向下运动的压力,导致国内资本流向其他国家以追求更高的回报。这种资本外流使得外汇市场上本国货币供给增加,从而使汇率上升,需求由外国商品和劳务转向本国商品和劳务,净出口增加,进而使总产出增加到 Y_1。

以上是蒙代尔-弗莱明模型的基本框架,该框架有一个重要的前提条件:假定资本完全自由流动。实际上,在现实经济生活中,资本虽具有流动性,但往往是不完全流动的,或多或少地受到各种因素的限制。在资本不完全流动和完全不流动的情况下,财政政策和货币政策的调节效应与在资本完全流动的条件下有着很大的不同,前者更具有客观现实性。下文将改变资本完全流动性假设前提,探究在资本不完全流动和无资本流动条件下扩展的 M-F 模型。为简便起见,在下面的分析中只使用 Y-i 坐标系。

四、无资本流动下财政政策、货币政策效应分析

(一)固定汇率下无资本流动的财政政策效应分析

在图 12-9 中,假设经济的初始状态位于 IS_0、LM_0 与 BP 的交点 E_0。点 E_0 对应的利率水平与产出水平分别为 i_0 和 Y_0。现在假设政府采取扩张性财政政策刺激总需求,曲线 IS_0 向右移至 IS_1,并与线 LM_0 交于点 E_1。此时,利率从 i_0 上升至 i_1,同时产出从 Y_0 增加至 Y_1。由于国民收入增加,通过收入机制的作用,国际收支逆差,新的平衡点落在 BP 线外。

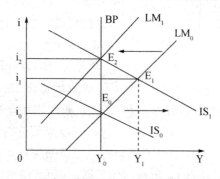

图 12-9 固定汇率下无资本流动的财政政策效应

然而,从长期看,固定汇率制度下的逆差将导致外汇储备减少,进而国内货币供给减少,这使得线 LM_0 左移至 LM_1,并与 IS_1 和 BP 线交于点 E_2,与点 E_0 相比,利率升高了,但产出相同。可见,政府的扩张性财政政策实施仅对利率产生作用,而由于挤出效应的存在对产出并未发挥作用。所以,在固定汇率制度下,无资本流动时,扩张性财政政策仅能在短期内提高产出,而在长期不能对实际产出产生任何影响,只能进一步提高利率。

（二）浮动汇率下无资本流动的财政政策效应分析

在图 12-10 中,经济初始状态位于 $IS(e_0)$、LM 和 $BP(e_0)$ 三条曲线的交点 E_0,其对应的利率水平和产出水平分别为 i_0 和 Y_0。现在假定政府进行财政扩张以增加产出,曲线 $IS(e_0)$ 向右移至位置 $IS(e_1)$,并与曲线 LM 相交于点 E_1。在新的状态 E_1 下,产出增加了,然而该点是非平衡点,通过收入机制的作用,经常项目逆差,本币贬值,又通过价格机制的作用,出口增加,曲线 $BP(e_0)$ 也向右移至 $BP(e_1)$。当曲线 $IS(e_2)$ 和 $BP(e_1)$ 相交于 LM 线上的点 E_2 时,经济同时实现内外平衡。此时,与初始状态 E_0 比较,新的平衡点 E_2 对应的利率水平上升,产出增加。所以,在浮动汇率制度下,无资本流动时,扩张性财政政策对提高产出在短期和长期内都是有效的。

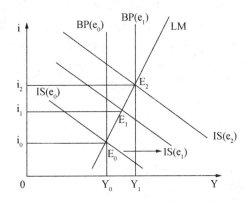

图 12-10　浮动汇率下无资本流动的财政政策效应

（三）固定汇率下无资本流动的货币政策效应分析

在图 12-11 中,由于没有资本流动,所以国际收支平衡就是指经常项目的平衡;又由于经常项目不是利率的函数,所以 BP 线是垂直的。假设经济初始状态位于 IS、LM_0 和 BP 三条曲线的交点 E_0,其对应的利率水平和产出水平分别为 i_0 和 Y_0。现在假设央行采取扩张性货币政策以提高国民产出,则曲线 LM_0 向右下移至 LM_1,并与曲线 IS 交于点 E_1。此时,

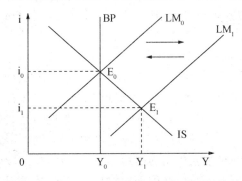

图 12-11　固定汇率下无资本流动的货币政策效应

由于货币供给增加,导致利率下降至 i_1,投资将增加,再通过乘数效应使产出提高至 Y_1。但是,国民收入的提高会使进口增加,经常项目呈逆差,国际收支恶化,外部失衡(E_1 点位于 BP 线的右方)。在固定汇率制度下,国际收支逆差导致外汇储备减少,进而使国内货币供给减少,并一直调整到国际收支恢复平衡为止。这意味着 LM_1 线右移回到 LM_0,经济重新回到初始状态 E_0。所以,在固定汇率制度下,无资本流动时,扩张性货币政策仅能在短期内提高产出,不能长期对实际产出产生作用,货币政策是失效的。

(四)浮动汇率下无资本流动的货币政策效应分析

如图 12-12 所示,经济初始状态位于 $IS(e_0)$、LM_0 和 $BP(e_0)$ 三线的交点 E_0,与此对应的利率水平和产出水平分别为 i_0 和 Y_0。现在假定政府采取扩张性货币政策以提高国民产出,则曲线 LM_0 向右移至 LM_1,并与曲线 $IS(e_0)$ 相交于点 A。在点 A,由于货币供给增加,导致利率下降,从而刺激投资增加,再通过乘数效应使产出提高。但是,国民产出的提高会使得进口增加,经常账户出现逆差,国际收支状况恶化,外部平衡被打破。在浮动汇率制度下,国际收支逆差导致本币贬值。此时,若满足马歇尔-勒纳-罗宾逊条件,则出口增加,进口减少,国民产出将提高,曲线 $BP(e_0)$ 向右移。同时,在出口拉动下,曲线 $IS(e_0)$ 也向右上方移动。当 $IS(e_1)$、LM_1 以及 $BP(e_1)$ 三条曲线相交于一点时,经济达到新的平衡。与初始状态 E_0 点比较,新平衡点 E_1 对应的利率水平下降,国民产出增加。因此,在浮动汇率制度下,无资本流动时,扩张性货币政策对提高产出从短期和长期来看都是有效的。

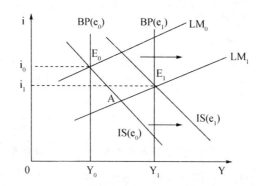

图 12-12 浮动汇率下无资本流动的货币政策效应

五、资本不完全流动下财政政策、货币政策效应分析

在实际经济生活中,资本完全流动和资本完全不流动这两种情形都是比较少见的,比较常见的情形是一国政府(特别是在发展中国家)对资本流动实行有限的控制。在这种有限资本项目管制下,资本在国际上的运动方式呈不完全流动性。

(一)固定汇率下资本不完全流动的财政政策效应分析

如图 12-13 所示,假设经济初始状态位于 IS_0、LM_0 和 BP 三条曲线的交点 E_0,与此对应的利率水平和产出水平分别为 i_0 和 Y_0。现在假设政府实行扩张性财政政策,则 IS_0 向右移至 IS_1,并与曲线 LM_0 相交于点 E_1。从图中可看出,扩张性财政政策导致利率从 i_0 上升到 i_1,同时产出由 Y_0 上升到 Y_1。利率上升后,通过利率机制的作用吸引资本流入,改善资本账户;而国民产出提高后,通过收入机制的作用,经常项目恶化。所以,国际收支状况的变化最终取决于这两种机制作用的大小。在图 12-13 中,由于点 E_1 处于线 BP 的上方,所以国际收支为顺差。这是因为,利率水平上升导致资本流入的效应大于国民收入提高导致经常项目逆差扩大的效应。然而,从长期来看,E_1 为非平衡点,因为此时外部是失衡的。在固定汇率制度下,国际收支长期顺差将导致外汇储备增加,进而使国内货币供给增加,曲线 LM_0 移至 LM_1。此时,曲线 IS_1、LM_1 和 BP 线交于点 E_2,达到了长期的内外平衡。从长期来看,产出从 Y_1 进一步上升至 Y_2,而利率水平虽从 i_1 降到 i_2,但仍高于初始利率水平 i_0。

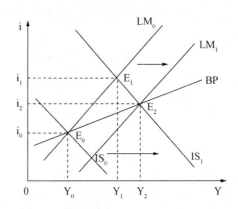

图 12-13　固定汇率下资本不完全流动的财政政策效应

据此,在固定汇率制度下,资本不完全流动时,财政政策实施的最终结果与 BP 曲线的斜率(即资本的流动性)密切相关。如果 BP 线与 LM 线的斜率一致,即两条曲线重合时,利率机制效应与收入机制效应刚好抵消,则扩张性财政政策的短期效应和长期结果相同。如果 BP 线的斜率大于 LM 的斜率时,利率机制效应小于收入机制效应,则扩张性财政政策在短期内将导致国际收支逆差。这会导致 LM 向左上方移动。从长期来看,利率水平将进一步上升,而产出虽有所下降,但仍高于初始水平。

(二) 浮动汇率下资本不完全流动的财政政策效应分析

如图 12-14 所示,经济初始状态位于 $IS(e_0)$、LM 和 $BP(e_0)$ 三线的交点 E_0,对应于 E_0 点的利率水平和产出水平分别为 i_0 和 Y_0。现在假设政府实行扩张性财政政策,则曲线 $IS(e_0)$ 向右移至 $IS(e_1)$,并与曲线 LM 相交于点 E_1。在 E_1 点,利率水平和产出水平均上升。同样,利率上升通过利率机制的作用,改善了国际收支;而产出上升通过收入机制的作用,使国际收支恶化。所以,国际收支状况的变化最终取决于这两种作用抵消后的净效应。在图中,由于点 E_1 处在 $BP(e_0)$ 线的上方,所以净效应为正。这是因为,利率水平提高导致资本流入效应大于收入机制引起的经常项目逆差扩大效应。

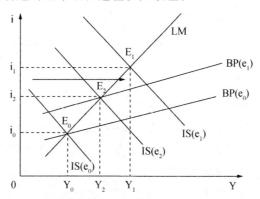

图 12-14　浮动汇率下资本不完全流动的财政政策效应

但是，E_1 点只是短期内部平衡点，因为 E_1 点不在 BP 线上，外部处于失衡状态。在浮动汇率制度下，国际收支顺差将导致本币升值，通过价格机制的作用，出口减少，进口增加，使曲线 $IS(e_1)$ 和 $BP(e_0)$ 分别向左下和左上移动。当 $IS(e_2)$、$BP(e_1)$ 和 LM 三线交于点 E_2 时，达到内外平衡。与点 E_1 比较，利率水平和产出水平下降；而与初始状态点 E_0 比较，利率水平和产出水平都有所上升。因此，在浮动汇率制度下，如果资本不完全流动，则扩张性财政政策对提高国民产出在短期和长期内都是有效的。

不过，上述结果与 BP 线斜率（资本流动性大小）同样密切相关。如果 BP 和 LM 线斜率相同，即两条线重合时，利率机制的作用与收入机制的作用相互抵消，外部平衡，汇率不变，财政政策的短期效应和长期效应相同。如果 BP 线斜率大于 LM 线斜率，利率机制的作用小于收入机制的作用，扩张性财政政策在短期内将导致国际收支逆差，进而使本币贬值，出口增加，进口减少，使曲线 $IS(e_1)$ 和 $BP(e_0)$ 右移。最终，利率水平和国民产出均上升。

（三）固定汇率下资本不完全流动的货币政策效应分析

在图 12-15 中，假设经济初始状态位于 IS、LM_0 和 BP 三线的交点 E_0，与此对应的利率水平和产出水平分别是 i_0 和 Y_0。现在假定政府实施扩张性货币政策，则曲线 LM_0 向右移至 LM_1，并与曲线 IS 交于点 E_1。货币供给增加导致利率从 i_0 下降至 i_1，使产出从 Y_0 增加到 Y_1。利率水平的下降通过利率机制的作用，使资本外流；通过收入机制的作用，使进口增加，经常项目出现逆差。两个力的共同作用使国际收支恶化，外部失衡（点 E_1 处于 BP 线的下方）。在固定汇率制度下，国际收支逆差导致外汇储备减少，进而使国内货币供给减少，此过程一直调整到国际收支恢复平衡为止。这意味着曲线 LM_1 又移回到 LM_0，并与 IS 和 BP 线交于点 E_0。可以看出，在固定汇率制度下，资本不完全流动时，扩张性货币政策仅能在短期内提高产出，在长期内不能对实际产出产生任何影响。因此，在这种情形下，货币政策是无效的。

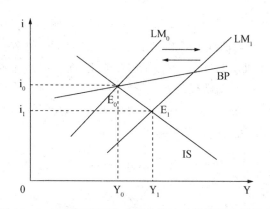

图 12-15　固定汇率下资本不完全流动的货币政策效应

（四）浮动汇率下资本不完全流动的货币政策效应分析

如图 12-16 所示，假设经济初始状态位于 $IS(e_0)$、LM_0 和 $BP(e_0)$ 三条曲线的交点 E_0，与 E_0 点对应的利率水平和产出水平分别为 i_0 和 Y_0。现在假定政府实施扩张性货币政策，则曲线 LM_0 向右移至 LM_1，并与曲线 $IS(e_0)$ 相交于点 A。在点 A，由于货币供给增加导致利率水平下降和产出增加，而利率水平下降通过利率机制的作用，使资本流出；产出增加通过收入机制的作用，使经常项目出现逆差。所以，国际收支将在两个力的共同作用下出现大幅度逆差。在浮动汇率制度下，国际收支逆差将导致本币贬值，致使曲线 $BP(e_0)$ 和 $IS(e_0)$ 均向右移动。当曲线 $IS(e_1)$ 和 LM_1 交于曲线 $BP(e_1)$ 上的点 E_1 时，经济再次实现内外同时平衡。与初始状态 E_0 点相比，新平衡点 E_1 对应的利率水平下降，产出水平增加。所以，在浮动汇率制度下，资本不完全流动时，扩张性货币政策对提高产出水平在短期和长期内都是有效的。

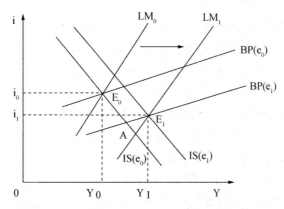

图 12-16　浮动汇率下资本不完全流动的货币政策效应

六、蒙代尔-弗莱明模型的政策实施效果和不足

蒙代尔-弗莱明模型探讨如何运用财政政策和货币政策以实现宏观经济的内外平衡问题，其结论是：(1) 若资本完全流动，则固定汇率制度下财政政策是有效的，货币政策是无效的；而浮动汇率制度下财政政策是无效的，货币政策在调节经济即改变实际产出上是有效的。(2) 若无资本流动，则固定汇率制度下扩张性财政政策仅能在短期内提高产出，在长期内不能对实际产出产生任何影响；浮动汇率制度下扩张性财政政策对提高产出在短期和长期内都是有效的。若无资本流动，则固定汇率制度下扩张性货币政策仅能在短期内提高产出，不能长期对实际产出产生作用，即货币政策失效；浮动汇率制度下扩张性货币政策对提高产出从短期和长期来看都是有效的。(3) 若资本不完全流动，则固定汇率制度下财政政策实施的最终结果与资本的流动性密切相关；浮动汇率制度下扩张性财政政策对提高国民产出在短期和长期内都是有效的，不过与资本流动性大小同样密切相关。若资本不完全流动，则固定汇率制度下扩张性货币政策仅能在短期内提高产出，在长期内不能对实际产出产生任何影响，即货币政策是无效的；而浮动汇率制度下扩张性货币政策对提高产出在短期和长期内都是有效的。

蒙代尔-弗莱明模型是一个至今仍被广泛运用的开放经济模型，其中的基本观点已被国际经济学界广泛接受，也为以后的研究奠定了基础。M-F 模型也是研究开放经济条件下财政政策和货币政策有效性的经典模型之一，它所得出的结论在一定前提下是符合实际情况的，因而具有很高的理论性和实用性。但是，蒙代尔-弗莱明模型也有其不足之处，它没有考虑汇率的预期变化，也没有考虑净国外债权存量和与之相关的利息支付流量等。显然，M-F 模型严格的假定前提是它存在诸多不足的原因所在，因为这些假定与现实经济情况并不相符。从发展趋势来看，经济学家们对 M-F 模型的扩展主要表现在以下几个方面：(1) 改变小国的假设条件而代之以大国前提，即以利率的制定国而不是利率的接受国为研究对象；

(2)取消关于资本完全流动的假定;(3)将汇率预期引入模型;(4)增加对财富效应的考虑;(5)否定价格固定的假设,考察价格变动对实际货币余额和总供给的影响。经过扩展后的 M-F 模型无疑更接近现实,因而对于各国分析开放经济条件下宏观经济问题更具有积极的指导意义。

七、开放经济下政策选择的"三元悖论"

蒙代尔(1963)研究指出,假定资本完全自由流动,那么"固定汇率下货币政策对就业没有影响,而浮动汇率下财政政策对就业没有影响。另外,固定汇率下财政政策对就业有强烈影响,而浮动汇率下货币政策对就业有强烈影响"[1]。也就是说,如果资本完全自由流动,那么固定汇率下货币政策失效,浮动汇率下货币政策独立有效。蒙代尔-弗莱明模型已孕育了"三元悖论"思想。后来的经济学家如克鲁格曼(1979)和弗兰克尔(1999)进一步将"三元悖论"思想形式化为"不可能三角"模型(沈国兵,史晋川,2002),具体见图 12-17。弗兰克尔(1999)认为,在货币独立、汇率稳定和金融完全一体化之间,一国不可能同时实现这三个目标,必须得放弃三个目标中的一个。同时,在国际金融市场变得日益一体化之际,汇率制度的选择似乎变成要么放弃汇率稳定,要么放弃货币独立。但是,这不等于说一国汇率和货币政策不能有半稳定和半独立。现存理论中没有什么能阻止一国追求管理浮动,即货币需求中一半波动被干预吸收,一半被允许反映在汇率波动上。[2] 这样,在开放经济条件下,国际金融体系中存在着无法解决的"三元悖论",即在资本完全自由流动、汇率稳定和货币政策完全独立三个目标中,一国只能同时实现两个目标而不得不放弃第三个目标。

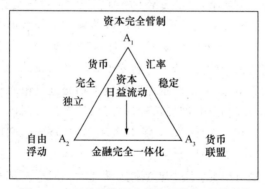

图 12-17 开放经济下政策选择的"三元悖论"

上图中,A_1 是选择货币政策的独立性和汇率稳定,中国是这种政策选择的代表;A_2 是选择货币政策的独立性和资本自由流动(即金融完全一体化),目前美国选择这一模式;A_3 是选择汇率稳定和资本自由流动,实行货币局制度的中国香港、南美洲部分国家采用这种模式。

---

[1] Mundell, R. (1963), Capital Mobility and Stabilization Policy Under Fixed and Flexible Exchange Rates, *The Canadian Journal of Economics and Political Science*, Vol. 29, No. 4, p. 484.

[2] See Frankel, Jeffrey (1999), No Single Currency Regime is Right for All Countries or at All Times, NBER Working Paper No. 7338, pp. 7-8.

第五节　宏观经济政策的国际协调:两国模型

宏观经济政策的国际协调,又称"国际宏观经济政策协调",是指各个国家、地区政府或国际经济组织,在承认世界经济相互依存的前提下,就贸易政策、汇率政策、货币政策和财政政策等宏观经济政策进行磋商和协调,适当调整现行的经济政策或联合采取干预市场的政策行动,以缓解政策溢出效应和外部经济冲击对各国经济的不利影响,维持和促进各国经济的稳定增长。国际宏观经济政策协调的基础是国际经济相互依存和国际经济传递机制。有关国际经济相互依存问题,较为权威的研究要数美国哈佛大学教授理查德·库珀(1968,1969)。他在著作中提出并阐述了国际相互依存理论。国际经济相互依存理论的主要内容是:一个国家的经济发展取决于其他国家的发展和政策;一个国家的发展和政策又影响到其他国家的经济发展。因此,在开放经济条件下,一国经济与其他国家的经济密切相关,各国之间的经济既相互依赖又相互影响。

一、开放经济的相互依存性

我们将 M-F 模型扩展为两国情况,考察开放经济条件下的相互依存性问题。假定只存在两个规模相同的国家,它们之间相互影响;同时,本国利率能够影响世界利率及外国国民收入。在 M-F 模型中,假定其他条件不变,考虑资本完全流动下两国之间的相互影响。

表 12-5　两国相互依存模型

本国商品市场	外国商品市场
$Y = A(G, i, Y) + NX\left(\dfrac{EP^*}{P}, Y, Y^*\right)$	$Y^* = A^*(G^*, i^*, Y^*) + NX^*\left(\dfrac{P}{EP^*}, Y^*, Y\right)$
本国货币市场	外国货币市场
$\dfrac{M_s}{P} = L(i, Y)$	$\dfrac{M_s^*}{P^*} = L^*(i^*, Y^*)$
本国外汇市场	外国外汇市场
$i = i^*$	$i^* = i$

该模型的主要结论为:当两国 M-F 模型处于稳定状态时,两国利率水平必然相等;在两国模型中,世界利率水平是由两国共同确定的;两国的国民收入通过贸易收支发生联系;两国利率水平通过外汇市场发生联系;两国价格水平通过实际汇率发生联系。

在开放经济条件下,宏观经济政策进行传递时存在着三种冲击传导机制:第一,利率机制。该机制对冲击的传导主要是通过国际资本流动进行的。第二,收入机制。一国边际进口倾向的存在,使得该国国民收入的变动导致其进口发生变动,通过乘数效应带来另一国国民收入的变动。第三,相对价格机制。由于实际汇率是由名义汇率和价格水平共同决定的,因此后者的任何变动都会引起实际汇率的变动,带来两国商品国际竞争力的变化,对他国产生冲击。

二、固定汇率制度下经济政策的国际传导

(一)固定汇率下货币政策的国际传导

初始状态:两国利率水平相等。

本国政策行为：本国采取扩张性货币政策，LM_0 曲线右移至 LM_1，本国利率 i 下降，本国产出 Y 增加。

收入机制：本国产出 Y 增加，边际进口倾向带来本国进口增加，外国出口增加，使外国 IS_0^* 曲线右移至 IS_1^*，外国产出 Y^* 增加，外国利率 i^* 提高。

利率机制：本国利率低于外国利率，资金大量外流，外汇市场上本币供给增加，外币需求增加。固定汇率下，两国货币当局干预导致本国货币供给减少，LM_1 曲线左移；外国货币供给增加，LM_0^* 曲线右移至 LM_1^*。结果，导致本国利率 i 上升，外国利率 i^* 下降。

收入机制：本国 LM_1 曲线左移至 LM_2，本国国民收入 Y 下降至 Y_1，通过收入机制，边际进口倾向带来外国出口下降，IS_1^* 曲线左移至 IS_2^*。

最终，两国互动作用使本国利率与外国利率水平相等时，两国经济重新处于平衡状态。
平衡结果：世界货币存量高于期初水平，两国利率水平低于期初利率水平，两国产出水平都高于期初产出水平（见图 12-18）。

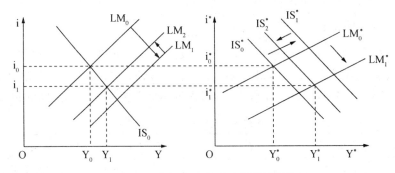

图 12-18　固定汇率下货币政策的国际传导

（二）固定汇率下财政政策的国际传导

初始状态：两国利率水平相等。

本国政策行为：本国采取扩张性财政政策，IS_0 曲线右移至 IS_1，本国利率 i 上升，本国产出 Y 增加。

收入机制：本国产出或国民收入 Y 增加，边际进口倾向带来本国进口增加，外国出口增加，外国国民收入 Y^* 增加（其增加幅度低于本国收入增加幅度），体现为使外国 IS_0^* 曲线较小幅度右移至 IS_1^*，外国产出或国民收入 Y^* 增加，外国利率 i^* 提高。

利率机制：本国利率提高得更多，高于外国利率，资金大量流入本国。固定汇率下，两国货币当局干预导致本国货币供给扩张，LM_0 曲线右移至 LM_1，本国国民收入增加，本国利率下降；外国货币供给减少，LM_0^* 曲线左移至 LM_1^*，外国国民收入 Y^* 下降，外国利率 i^* 上升。

收入机制：本国 LM_0 曲线右移至 LM_1，本国国民收入增加，通过收入机制又带来外国国民收入的一定增加，IS_1^* 曲线再次略微右移至 IS_2^*，造成外国利率水平再度上升的同时，外国国民收入也有增加。

最终，两国互动作用使本国利率与外国利率水平相等时，两国经济重新处于平衡状态。
平衡结果：世界货币存量不变，两国利率水平相等时确定的世界利率高于期初利率水平，两国产出水平都高于期初产出水平（见图 12-19）。

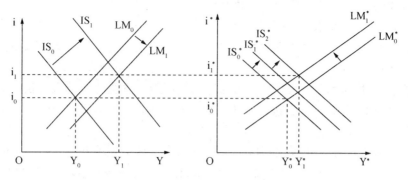

图 12-19 固定汇率下财政政策的国际传导

三、浮动汇率制度下经济政策的国际传导

与固定汇率下的情况不同,在浮动汇率下,国际收支不平衡**不会引起两国干预货币供给的调整,而是造成名义汇率的调整**。因此,经济政策的国际传导效应也会发生变化。

(一)浮动汇率下货币政策的国际传导

初始状态:两国利率水平相等。

本国政策行为:本国采取扩张性货币政策,LM_0 曲线右移至 LM_1,本国利率 i 下降,本国产出或国民收入 Y 增加。

收入机制:本国国民收入增加,边际进口倾向带来本国进口增加,外国出口上升,使外国 IS_0^* 曲线较小幅度右移至 IS_1^*,导致外国利率 i^* 上升,外国国民收入 Y^* 一定程度增加(其增加幅度低于本国收入增加幅度)。

利率机制和相对价格机制:本国利率低于外国利率,资金大量外流。在浮动汇率下,本国货币贬值,外国货币升值,使本国产品国际竞争力上升,出口增加。本国 IS_0 曲线右移至 IS_1,本国产出 Y 增加,本国利率 i 上升;外国产品国际竞争力下降,出口下降。外国 IS_1^* 曲线左移至 IS_2^*,外国产出 Y^* 下降,外国利率 i^* 下降。

最终,两国互动作用使本国利率与外国利率水平相等时,两国经济重新处于平衡状态。
平衡结果:世界货币存量增加,本国产出或国民收入较期初增加,而外国国民收入较期初下降,两国利率水平相等时确定的世界利率水平低于期初利率水平(见图 12-20)。

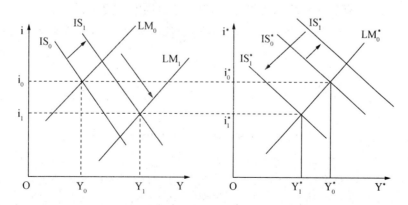

图 12-20 浮动汇率下货币政策的国际传导

(二)浮动汇率下财政政策的国际传导

初始状态:两国利率水平相等。

本国政策行为:本国采取扩张性财政政策,IS_0 曲线右移至 IS_1,本国国民收入或产出 Y 增加,本国利率 i 上升。

收入机制:本国国民收入 Y 增加,边际进口倾向带来本国进口增加,外国出口增加,使外国 IS_0^* 曲线右移至 IS_1^*,外国国民收入一定程度增加(其增加幅度低于本国收入增加幅度),外国利率提高。

利率机制和相对价格机制:本国利率提高得更多,高于外国利率,资金大量流入本国。在浮动汇率下,本国货币升值,外国货币贬值,使本国产品国际竞争力下降,出口减少,本国 IS_1 曲线左移至 IS_2,本国产出 Y 减少,本国利率 i 下降;外国产品国际竞争力上升,出口增加。外国 IS_1^* 曲线进一步右移至 IS_2^*,外国产出 Y^* 增加,外国利率 i^* 上升。

最终,两国互动作用使本国利率与外国利率水平相等时,两国经济重新处于平衡状态。

平衡结果:世界货币存量不变,两国利率水平相等时确定的世界利率水平高于期初利率水平,本国与外国国民收入或产出水平都高于期初产出水平(见图 12-21)。

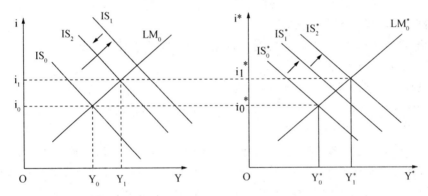

图 12-21 浮动汇率下财政政策的国际传导

以上对开放经济条件下宏观经济政策的国际协调分析表明:第一,开放经济条件下,两国之间通过收入机制、利率机制和相对价格机制等途径相互联系,使冲击得以在国际上进行传导,各国经济存在着相互依存性。第二,一国货币政策和财政政策对他国会产生溢出效应,这使得一国在实现其内外均衡目标时,不得不考虑国家之间的相互依存和相互制约。第三,这里的产生溢出效应的结论是在高度简化的前提下得出的,没有考虑开放经济条件下大国的回转效应。

第六节 国际宏观经济政策协调

从狭义上讲,国际宏观经济政策协调,是指各国在制定国内政策的过程中,通过各国间的磋商等方式,对某些宏观经济政策进行共同的设置。从广义上讲,凡是在国际范围内能够对各国国内宏观经济政策产生一定程度制约的行为,均可视为国际宏观经济政策协调。本节所述国际宏观经济政策协调是从广义而言的。在世界经济一体化日益增强的国际环境下,各国在制定宏观经济政策时,不仅要考虑国内经济目标,还须考虑其国际影响。于是,各国宏观经济政策间便产生了协调的必要。各国政策当局进行宏观经济政策协调的必要性来自于各国经济的相互依存性以及市场的不完整性。

一、国际宏观经济政策协调的层次

依据进行宏观政策协调的程度,国际宏观经济政策协调可由低到高分为六个层次:

第一,信息交换(information exchange),是各国政府相互交流本国为实现经济内外均衡而采取的宏观调控的政策目标范围、政策目标侧重点、政策工具种类、政策搭配原则等信息,同时仍在独立、分散的基础上进行本国的决策。信息交换是一种最低层次的国际政策协调形式,它包括定期的政府间信息交换、协商和宣布政策意向。

第二,危机管理(crisis management),是指针对世界经济中出现的突发性的、后果特别严重的事件,各国进行共同的政策调整以缓解、渡过危机。危机管理是偶然性、临时性的措施,它的主要目的在于防止各国"独善其身"的政策使危机变得更加严重或蔓延。在2007年、2009年美欧金融危机管理中,最初与美联储进行货币互换的中央银行只有欧洲中央银行和瑞士国民银行。随着危机的不断加深并向全球蔓延,参与货币互换的中央银行或货币当局不断增加。

第三,避免共享目标的冲突(avoiding conflicts over shared targets),是指规避两国面对同一目标采取的政策的冲突。如果两国设立了不同的目标值,则意味着两国之间存在直接的冲突,相应的政策成为竞争性的"以邻为壑"政策。国家间的竞争性贬值就是共享目标冲突的典型形式。

第四,合作确定中介目标(cooperation intermediate targeting),是指两国国内的一些变量的变动会通过国家间的经济联系而形成一国对另一国的溢出效应,因而有必要对这些中介目标进行合作协调,以避免其对外产生不良的溢出效应。

第五,部分协调(partial coordination),是指不同国家就国内经济的某一部分目标或工具进行的协调。例如,一组国家自愿采用某一特定的政策原则,如金汇兑本位制、关贸总协定的贸易原则;欧洲货币体系中汇率机制的成员国协调原则,仅对各国货币政策进行协调,而听任各国根据具体情况独立使用其财政政策。

第六,全面协调(full coordination),是指将不同国家的所有主要政策目标、工具变量都纳入协调范围,从而最大限度地获取政策协调的收益,实现联合福利函数最大化。

二、国际宏观经济政策协调的方式和益处

进行国际宏观经济政策协调的方式有两种:相机性协调(discretion-based coordination)和规则性协调(rule-based coordination)。相机性协调,是指根据经济面临的具体条件,在不存在规定各国应采取何种协调措施的规则下,通过各国间的协商,确定针对某一特定情况各国应采用的政策组合。这一方式实际上是一国宏观经济调控中相机抉择的扩展。该方式的优点是:针对不同的条件进行协调;缺点是:可行性和可信性较差。规则性协调,是指通过制定出明确规则,指导各国采取政策措施进行协调的协调方式。该方式的优点是:决策过程清晰,政策协调可以在较长时期内稳定进行,可信性较好。

国际宏观经济政策协调的益处主要是,可以避免完全独立、分散决策时带来的低效率或者负的外部溢出效应,从而在协调中提高效率。如果对两国政府的决策进行一定程度的协调,最终结果将更有效率,因而进行国际宏观经济政策协调会增加益处。

三、全球货币政策协调的新方向

在当前全球经济仍未出现根本性好转的情况下,处理好国际协调与国家利益独立的关系,把握好宏观经济政策的导向,推动国际金融体系改革,已成为世界各国面临的重要问题。

首先,从长期来看,宽松的货币政策只会带来物价水平的上涨,中央银行在经济回稳时应逐步退出刺激政策,以免造成更加严重的通货膨胀以及资产泡沫等后果。由于一国货币政策退出会通过汇率调整、国际资本流动、外部需求变化等渠道对其他国家产生政策外溢效应,因而只有在充分考虑国际协调的情况下,货币政策退出才能取得理想的效果。

其次,当前全球金融、贸易体系依然由美元主导,美国以本国需求为准则施行货币政策、转移通货膨胀压力的行为助长了全球信贷泡沫,加速了危机爆发。因此,包括中国、俄罗斯在内的一些国家要求建立超主权储备货币,以减小美国货币政策的溢出效应。

最后,当前世界政治经济形势使得建立全球性的货币协调体系与建立超主权储备货币存在巨大的困难,但是欧洲、北美等地的货币合作实践表明,在区域内部,通过加强货币政策的协调,可以提高该区域在全球货币体系中的话语权,并提升应对外来负向冲击的能力。当前,区域货币政策协调活动和研究的焦点在于东亚区域货币合作和新兴市场经济体的货币政策协调。

本章小结

开放经济条件下,一国宏观经济政策目标包括内部平衡和外部平衡,具体包括经济增长、充分就业、物价稳定和国际收支平衡。内部平衡,即国民经济处于经济增长、充分就业、物价稳定或价格稳定的状态;外部平衡,即与一国宏观经济相适应的国际收支达到平衡。保持国际收支平衡成为各国追求的外部平衡目标。对于发展中国家而言,追求汇率稳定也是其追求的外部平衡目标之一。

内部平衡与外部平衡之间的关系表现为相互协调和相互冲突。一国经济的理想状态是国内实现了充分就业的平衡,同时国际收支也处于平衡状态。开放经济下宏观经济政策工具可分为调节社会总需求的工具或需求管理政策工具、调节社会总供给的工具或供给调节政策工具以及外汇缓冲政策工具或资金融通政策工具等。

内外平衡目标之间存在着矛盾。米德冲突和斯旺模型分别说明了在开放经济条件下,仅使用一种政策工具不可能同时解决内外平衡问题。丁伯根原则进一步指出,要实现 N 个经济目标,就需有 N 个相互独立的政策工具。蒙代尔有效市场分类原则将丁伯根原则具体化,指出不同货币政策和财政政策在解决内外平衡问题上的作用是不同的,应该用货币政策解决外部平衡问题,用财政政策解决内部平衡问题。若匹配错误,经济失衡将趋于恶化。

蒙代尔—弗莱明模型探讨如何运用财政政策和货币政策以实现宏观经济的内外平衡问题,其结论是:若资本完全流动,则固定汇率制度下财政政策是有效的,货币政策是无效的;而浮动汇率制度下财政政策是无效的,货币政策在调节经济即改变实际产出上是有效的。

若资本不完全流动,则固定汇率制度下财政政策实施的最终结果与资本的流动性密切相关;而浮动汇率制度下扩张性财政政策对提高国民产出在短期和长期内都是有效的,不过与资本流动性大小同样密切相关。若资本不完全流动,则固定汇率制度下扩张性货币政策仅能在短期内提高产出,在长期内不能对实际产出产生任何影响,即货币政策无效;而浮动汇率制度下扩张性货币政策对提高产出水平在短期和长期内都是有效的。

在开放经济下,国际金融体系中存在着无法解决的"三元悖论",即在资本完全自由流动、汇率稳定和货币政策完全独立三个目标中,一国只能同时实现两个目标而不得不放弃第三个目标。

在开放经济下,固定汇率下货币政策的国际传导结果是:世界货币存量高于期初水平,两国利率水平低于期初利率水平,两国产出水平都高于期初产出水平。固定汇率下财政政策的国际传导结果是:世界货币存量不变,两国利率水平相等时确定的世界利率高于期初利率水平,两国产出水平都高于期初产出水平。

浮动汇率下货币政策的国际传导结果是:世界货币存量增加,本国产出或国民收入较期初增加,而外国国民收入较期初下降,两国利率水平相等时确定的世界利率水平低于期初水平。浮动汇率下财政政策的国际传导结果是:世界货币存量不变,两国利率水平相等时确定的世界利率水平高于期初利率水平,本国与外国国民收入或产出水平都高于期初产出水平。

国际宏观经济政策协调的基础是国际经济相互依存和国际经济传递机制。国际宏观经济政策协调可由低到高分为六个层次:信息交换、危机管理、避免共享目标的冲突、合作确定中介目标、部分协调以及全面协调。进行国际宏观经济政策协调的方式有两种:相机性协调和规则性协调。国际宏观经济政策协调的益处主要是,可以避免完全独立、分散决策时带来的低效率或者负的外部溢出效应,进而在协调中提高效率。

关键术语

1. Internal equilibrium(内部平衡)—A target level for domestic aggregate economic activity, such as a level of GDP that minimizes unemployment without being inflationary, i. e. full employment and stable inflation.

2. External equilibrium(外部平衡)—Balance on the balance of payments is achieved, which is suitable for a country's macro-economy.

3. Meade's conflict(米德冲突)—Under fixed exchange rate regimes, a conflict often tends to arise between the objectives of full employment and the balance of payments, such as a conflict between unemployment increase and current account deficit, or between inflation and current account surplus.

4. Tinbergen's rule or law(丁伯根原则)—You need as "n" independent policy instruments as there are "n" economic target problems needed to be solved at the same time.

5. Mundell's principle of effective market classification(蒙代尔有效市场分类原则)—Instruments should the targeted to the problems they have most effect on. This is a solution to the assignment problem.

6. Mundell-Fleming model(蒙代尔-弗莱明模型)—The Mundell-Fleming model adds a balance of payments equilibrium condition (and a BP curve) to an IS-LM model. This extends the closed economy IS-LM framework to allow discussion of the interplay between monetary policy and exchange rate policy. In particular, the model emphasizes the differences between fixed and floating exchange rates.

问题与练习

一、名词解释

内部平衡　　外部平衡　　米德冲突　　斯旺模型　　丁伯根原则
蒙代尔有效市场分类原则　　蒙代尔—弗莱明模型　　三元悖论
国际宏观经济政策协调　　信息交换　　危机管理
合作确定中介目标　　相机性协调　　规则性协调

二、思考题

1. 开放经济条件下，一国宏观经济政策目标有哪些？
2. 试述内部平衡与外部平衡之间的关系。
3. 简述 IS-LM-BP 模型的基本分析。
4. 开放经济条件下，宏观经济政策工具有哪些？
5. 试述米德冲突揭示的内外平衡问题及其不足。
6. 试用斯旺模型说明内部平衡与外部平衡之间的冲突。
7. 简述宏观经济政策协调的丁伯根原则的主要观点及政策含义。
8. 简述蒙代尔有效市场分类原则的主要内容及其局限性。
9. 试述资本不完全流动条件下财政政策和货币政策调节的有效性。
10. 试述开放经济条件下政策选择的"三元悖论"问题。
11. 开放经济条件下，宏观经济政策冲击传导机制有哪些？
12. 试析固定汇率下货币政策和财政政策的国际传导机理及结果。
13. 试析浮动汇率下货币政策和财政政策的国际传导机理及结果。
14. 国际宏观经济政策协调的层次有哪些？具体方式有哪些？
15. 为什么一些小型开放经济体将本国货币汇率与美元挂钩？

附录　合作远比对立更重要：基于中美经贸摩擦三阶段的共识[①]

一、中美经贸摩擦第一阶段的噱头：从美中贸易逆差不平衡到单方面扩大进口

2017年3月31日，美国总统特朗普签署两项关于贸易的行政令，聚焦美国贸易逆差问题，核心要求之一是评估双边贸易逆差形成的主要原因。现实中，美国是中国最大的国别贸易体，美中贸易逆差不平衡问题的事实特征及主要成因是什么？

（一）美中双边货物贸易失衡：统计比较

据美国贸易代表处（USTR）统计，2016年美国与中国商品和服务贸易总额约为6485亿美元，美国与中国的商品和服务贸易逆差为3090亿美元。具体而言，2016年美国对中国商品贸易逆差为3470亿美元，对中国服务贸易顺差为380亿美元。据此，特朗普政府向中国政府施压，要求中国削减对美贸易顺差1000亿美元。2018年4月5日，特朗普要求美国贸易代表处依据"301调查"，对1000亿美元中国进口商品额外加征关税，使得中美经贸摩擦加剧。

事实上，据沈国兵（2017）测算，1995—2015年，美国对中国年均贸易逆差排在前24位

[①] 参见沈国兵：《合作远比对立更重要：基于中美经贸摩擦三阶段的共识》，载《清华金融评论》2018年第7期。

的三分位产品是：自动数据处理器、电信设备、婴儿车及玩具和体育用品、鞋类、家具及部件、机器零部件、纺织服装品、塑料制品、家用设备、纺织女装、电器仪器、电视机、旅行物箱包、录放机、纺织制品、照明灯具及配件、贱金属制品、办公机器、未列明杂项制品、贱金属家用设备、非纺织服装品、电力机械及零部件、车辆零部件以及非针织纺织男装。在观察期内，这24类三分位产品贸易逆差占到美国对中国货物贸易逆差的88.0%，而2015年占到美国对中国货物贸易逆差的86.7%。因此，这24类三分位产品构成美国对中国货物贸易逆差是有足够代表性的。

相比来看，美中双边在其中的23类产品上呈现出贸易差额相反的贸易互补性。依据UNCTAD数据库所作测算进一步证实了美中双边在贸易失衡的主要贸易品上确实存在高度的贸易互补性。从美国对中国年均贸易逆差排在前24位的三分位产品来看，美国从中国进口呈现出巨大贸易逆差的都是具有成熟技术的工业制造品，具备一定工业能力的国家基本上都能够生产。一旦中美发生经贸摩擦冲突，美国可以很容易地找到不受先进技术和季节性气候条件约束的生产者和充裕的供给商。但是，中国从美国大量进口的产品要么是先进的技术制造品如波音飞机和先进机床设备等，要么是优质的农产品如大豆和棉花等。囿于先进技术和季节性气候条件约束，这些产品不是任何国家都能够生产的，一旦中美发生经贸摩擦冲突，中国将很难找到生产者和充裕的供给商。因此，中美双边贸易处于严重的非对称地位，当发生中美经贸摩擦时，针锋相对地对美国进行制裁并不明智。中短期内，要想消减美中贸易逆差不平衡，就离不开中美双方在农业、能源和高技术等多个领域内的双边合作。可以说，中美双方在这些领域内的经贸合作远比对立更重要。

（二）美中双边服务贸易失衡：统计比较

第一，美国是世界上最大的服务业出口国，在服务贸易领域内拥有绝对比较优势和竞争优势。在传统服务业的维修服务、旅行服务特别是教育旅行服务，以及现代服务业的金融服务、知识产权使用费、技贸服务如工业工程和经营租赁上，美国需要拓展自己的比较优势和竞争优势。中国可进一步扩大进口，提升自己在这方面的服务业水平。

第二，美国在金融服务业领域内对中国金融市场开放有着较高的利益诉求，有强烈的冲动继续施压中国，谋求中国扩大金融开放，加大在软件和版权、影像权等领域内的开放力度，以使美国在华能够获得更大的利益。

第三，中国将有意识地扩大保险业、证券业和银行业等金融服务业的准入开放，提高外资投资额度的上限。这一点是中美双方能够继续谈下去的共识基础，美国在保险业、证券业和银行业等服务业领域内具有主导优势，而中国需要从美国进口金融服务。2018年4月10日，习近平主席在博鳌亚洲论坛上已明确宣布中国将大幅度放宽服务业特别是金融业方面的市场准入。

（三）美中贸易逆差不平衡、中美经贸摩擦不断的主要成因

第一，中美经贸摩擦不断应归因于美中巨大的贸易逆差失衡，而造成美国外贸逆差失衡的真正原因源自美国自身。即使中国在原油、载人车辆、大于70%的原油、药物、天然气、含酒精饮料和车辆零部件等产品上处于贸易逆差，也无法改变美国在这些产品上严重的贸易逆差失衡。美中双边在美国对华贸易逆差排在前24位的三分位产品贸易上呈现出贸易差额相反的贸易互补性（沈国兵，2017）。这表明，国际分工生产决定着美国在这些产品上将呈现出持续的贸易逆差失衡。

第二，美元作为国际货币、国际清偿手段以及国际生产分工等，是决定美国持续贸易逆

差失衡的"原罪"。由于美元担当着最主要的国际贸易和投资结算货币的职能,因而为了满足国际流动性的需要,就需要不断地发行美元,使之在国际市场流通。同时,由于国际分工的结果,美国凭借美元作为国际货币的优势,不断地向国际社会发行美债融资,支撑着美国巨大的消费需求,使得美国贸易逆差失衡成为一种"原罪"。即使美国对华贸易逆差减少,美国也会扩大对世界其他国家和地区的贸易逆差。

第三,美中双边贸易失衡在表象上看是双边贸易的结果,实际上受制于诸多决定因素。 其中,美中两国经济发展水平、要素禀赋、贸易计价差异、运输时滞、贸易结构、储蓄因素、美国出口管制、汇率变化、贸易增加值、显性比较优势、购买美国国债,以及外商在华直接投资和区域生产网络等,直接影响到美中双边贸易的平衡。只要存在国际分工和贸易,美中这两个当今世界最大的国别贸易体出现贸易不平衡就是常态。所以,美中双边是难以实现贸易平衡的,只能部分地缓解贸易不平衡程度。在全球生产网络下,需要在多边框架下基于贸易增加值统计,重新审视、协调和化解贸易不平衡问题。

(四)中短期内消减中美贸易不平衡的直接举措

第一,要想减少对华贸易逆差,美国就必须发挥自身的出口比较优势和竞争优势,消减美国对华高技术出口管制,扩大对华出口,而不是单方面诉求中国扩大从美进口和限制中国对美出口。 中国是一个人均可支配收入不高的发展中经济体,进口依赖于出口,若对美出口下滑了,从美国进口将下滑得更厉害。现实是,美方一方面要求中国扩大从美国进口,缩减贸易逆差;另一方面仍旧坚持高门槛的出口管制壁垒,限制高技术出口领域对华出口。这样,美中贸易逆差仍将会继续存在甚至扩大。**一直以来,中国诉求美国消减对华高技术出口管制,放宽对华出口领域。** 但是,在 2018 年 5 月 19 日中美就经贸磋商发表的联合声明中没有提到这一点,在 6 月 3 日中方就中美经贸磋商发表的声明中也没有提到这一点。

第二,中国需要尽快加入全球《政府采购协定》,避免单方面从美国过度进口。 美国诉求中国采取有效措施,实质性减少美国对华贸易逆差,这一点是有问题的!如果美国诉求中国单方面过度扩大从美国进口量,其他国家也要援引 WTO 规则加以诉求。WTO 规定不得歧视和差异性,主张国民一致性原则。因此,中国不能片面地接受美国提出的单方面过度扩大从美国进口量的诉求,而要考虑国民一致性原则,防止其他国家援引 WTO 规则提出诉求。可行的办法是,中国尽快加入全球《政府采购协定》,按照市场规则和进口产品质量标准对全球招标进口。这样,既可扩大从美国进口(依靠美国自身的出口产品质量和竞争力),也能避免单方面从美国过度进口,因为这不符合 WTO 的不得歧视和差异性规则。

第三,中国在增加从美国进口农产品和能源的同时,必须考虑到这一举措对中国农产品生产带来的巨大冲击,有偏向性地增加从美国进口天然气等清洁能源及先进能源设备。 如果美国能够采取有效措施,实质性扩大对华高技术货物贸易、高品质农产品以及先进服务业出口,确实能够在满足中国人民群众不断增长的物质文化消费需求的同时,有助于美国经济增长和就业。但是,问题在于,囿于农产品的保质期和先进服务业的进口匹配消化有限性,中国短中期内在农产品、先进服务业上的进口量是受约束条件限制的。同时,中国对美国农产品的进口量过大,将给中国农产品生产带来巨大的冲击。因此,中国应更具偏向性地增加从美国进口天然气等清洁能源及先进能源设备。同时,中国应强烈诉求美国放宽在民生领域的高技术对华出口管制。这一点可以在后续中国大幅增加从美国进口农产品和能源中进行综合磋商。但是,美国政府任性地抛弃了中美双方的共识,于 2018 年 6 月 15 日对中国抛出 500 亿美元的征税清单。6 月 16 日晨,中国发布公告,决定对原产于美国的 659 项约 500

亿美元进口商品加征25%的关税,其中545项约340亿美元商品自7月6日起实施加征关税,涉及农产品、汽车、水产品等。6月18日,美国又威胁将制定2000亿美元征税清单。6月19日,中国商务部称,如果美方失去理性、出台清单,中方将不得不采取数量型和质量型相结合的综合措施,做出强有力的反制。由此,持续近3个月的中美经贸摩擦因美国再度变卦而可能演变为中美双方正式开打"贸易战",并不断地加码升级。

二、中美经贸摩擦第二阶段的导火索:从宏观知识产权保护争端到微观企业禁令

2018年3月22日,美国贸易代表处发布了对中国有关技术转让、知识产权和创新相关的行为、政策和做法的"301调查"结果后,特朗普签署备忘录,宣布有可能对从中国进口的600亿美元商品加征关税。此举是触发中美经贸摩擦的导火索。3月23日,中国商务部给出初步的反制措施,拟对自美国进口的部分产品加征关税,以平衡损失,涉及美国对华约30亿美元的出口。4月5日,特朗普要求美国贸易代表处依据"301调查"结果,对1000亿美元中国进口商品额外加征关税。4月6日,中国商务部、外交部接连发声:将奉陪到底,我们不想打,但不怕打"贸易战"。4月16日,美国又颁布出口禁令,禁止所有美国企业和个人以任何方式向中兴通讯出售硬件、软件或技术服务,期限为7年,立即执行,直到2025年。至此,这一最初在宏观上指控中国是否涉嫌违反美国的知识产权保护的调查事件,已夹杂美国对中国微观企业的禁令,产生了巨大的"蝴蝶效应",日益孕育、膨胀放大,使得中美经贸摩擦陷入不断升级之中。

(一)美国实施知识产权保护:已异化为一种利己性的制度安排

早期,美国对来自外国的知识产权采取歧视性政策。**专利方面**:1836年之前,美国作为当时的技术净进口国一直限制对外国公民授予专利。1836年,这一限制被取消,但是外国居民的专利申请费仍高出美国公民9倍之多,这一歧视性政策直到1861年才被取消。美国是世界上很少实行"先发明制"的国家之一。这不符合《巴黎公约》中关于国民待遇原则的规定,损害了外国专利申请人的权益,却大大增强了美国国内专利发明人的竞争力。直到2013年3月16日,美国新的《专利法》生效,才结束了自1790年首次制定《专利法》以来所奉行的**"先发明制",改为"发明人先申请制"**。**著作权方面**:1891年之前,美国的著作权保护仅限于美国公民,外国著作权在美国受到各种各样的限制。直到1989年,美国才加入《伯尔尼公约》,这比英国晚了一百多年。

不像英国那样一直维持着一个一致的知识产权保护制度,美国实施知识产权保护的策略经历了一系列大的转变。1929年经济大萧条之后,为了克服全球性经济危机的冲击,美国政府加强了《反垄断法》的实施力度,对专利权作出严格的限制规定。但是,这在一定程度上挫伤了技术发明人申请专利的积极性。这一时期,美国企业的研发活动受到削弱,创新活力明显萎缩。为此,**对内,美国从立法角度强化知识产权保护**。美国1988年《综合贸易与竞争法》就是在这种背景下出台的。这个法案的重点在于增强美国的**国际竞争优势**,其绝大多数条款旨在使贸易政策向着更有利于美国利益的方面倾斜,而很少考虑其他国家的利益。**对外,美国拓展国内法的延伸,强化知识产权保护的一致性**。1988年以后,美国努力地推动TRIPS协定的谈判。该协定于1995年1月1日正式生效。

(二)美国强化知识产权保护的目标策略:一种国际竞争战略

美国知识产权保护强度由弱转强的转折点出现在20世纪70年代。此时,美国开始把知识产权战略作为国际竞争战略的一部分。从发展历史来看,美国强化知识产权保护并非一蹴而就的,而是有一个不断推进的过程。直到1891年,美国版权保护尚限于美国公民,对

外国版权的各种限制仍旧生效,直至 1989 年才加入《伯尔尼公约》,比英国晚了一百多年(CIPR,2003)。美国早期进行较弱的知识产权保护,是为了给本国技术积累创造条件;而在积累了必要的经济与技术基础后,进行较强的知识产权保护,能够吸引外来技术,鼓励创新,最终实现经济发展。这一点值得中国借鉴。

(三)中美经贸摩擦的导火索:需要加强知识产权保护

近年来,中美频繁地陷入保护美国知识产权的争端,美国动辄利用"301 条款"对中国实施贸易制裁威胁,而中国一直在抗诉美国的"301 条款"调查。

第一,美国在工业知识产权、版权以及影像权等领域有着绝对主导优势,加强知识产权保护是其采取的一种异化的国际竞争战略。

第二,中方加强知识产权保护既是企业内生发展的诉求,也是国家转型发展、创新驱动战略实施的需要,更是承诺兑现 WTO 下 TRIPS 协定规则的外生要求。

第三,需要强调的是,保护知识产权是双向的,而非中国单方面保护美国企业的知识产权,美国也需要严格保护中国企业的知识产权。中国在加强知识产权保护合作的同时,需要合理地实施《反垄断法》。中国要以这把"利剑",斩断跨国企业利用知识产权垄断优势在华谋取高额垄断利润的"黑爪"。

(四)中美经贸摩擦升级:已从知识产权保护争端升级到微观企业禁令

2018 年 4 月 16 日,美国商务部以危及国家安全政策为由,指控中兴通讯违反了美国限制向伊朗出售美国技术的制裁条款,打出了美国应对中美经贸摩擦的"第一张牌"——出口禁令。该禁令禁止所有美国企业和个人以任何方式向中兴通讯出售硬件、软件或技术服务,期限为 7 年,立即执行,直到 2025 年。对于中兴通讯而言,7 年禁令无疑是无法承受的。4 月 17 日,中国商务部作出回应:"中兴公司与数百家美国企业开展了广泛的贸易投资合作,为美国贡献了数以万计的就业岗位。希望美方依法依规,妥善处理,并为企业创造公正、公平、稳定的法律和政策环境。"在 5 月 3 日至 4 日举行的中美经贸磋商中,中方就中兴通讯事件与美方进行了严正交涉。由于美国是判例法国家,中兴通讯事件极有可能造成援引的扩散效应。譬如,处罚后,其他中资企业也可能遭受美国潜在的恶意起诉。5 月 7 日,美国商务部长罗斯宣布,美国政府与中兴通讯达成交易,美国同意暂时解除对中兴通讯的制裁。但是,中兴通讯需要再次缴纳 10 亿美元罚款,外加 4 亿美元委托给第三方托管,若被再次发现违规,托管的 4 亿美元也将被罚没。6 月 12 日,中兴通讯与美国商务部达成的和解协议内容被正式公开。但是,6 月 18 日,美国参议院却投票表决,重新启动针对中兴通讯的销售禁令。事实上,中美双方都需要创造公平竞争的营商环境。美国是知识产权保护领域内的优势方,中美达成在加强知识产权保护领域内的经贸合作肯定对美方的收益远比对立更为重要。

三、中美经贸摩擦第三阶段的暗流汹涌:美联储货币政策收紧,诉求中国金融市场开放

(一)美联储货币政策收紧、不断加息,意欲维护美元的国际货币信用

为应对巨额的贸易逆差失衡和居高不下的财政赤字,美联储从 2008 年 11 月 25 日至 2014 年 10 月 29 日,先后实施了四轮量化宽松的货币政策。由此,美联储的资产负债表规模已由 2013 年 1 月 2 日的 2.917 万亿美元增加到 2014 年 10 月 29 日的 4.487 万亿美元。如此巨额的美元投放,使得美元面临潜在的信用危机。为了重拾对美元的信心,美联储决定自 2014 年 1 月起,逐步退出量化宽松的货币政策,转向美元加息时代。

美联储不断加息的根本原因是,美元的信用是美国量化宽松货币政策的基础,而过度量

化宽松的货币政策,加上居高不下的政府国债,已大大损害了美元的信用。在现阶段,美联储不断加息是美国退出大规模量化宽松货币政策后,意欲恢复美元的信用之必然选择。为了维护、恢复美元的信用,美联储必须通过数次加息以释放美国经济向好的信号,增强世界各国及投资者对美元的信心。

(二) 中国扩大金融市场开放与应对美联储货币政策逆转的金融风险管控

在中美经贸摩擦升级的博弈中,在美国维护美元的货币信用问题上,中国需要及时研判美国货币政策的反转效应,更需要谨防在扩大金融市场开放中美国打出的"组合拳":经贸摩擦升级+美元不断加息,虹吸资本回流给中国经贸和金融市场造成的冲击。①

第一,中国在货币政策选择上面临两难抉择。一方面,为维持经济稳定增长,中国人民银行需要通过宏观调控降准、降息,向市场注入充裕的流动性,解决因外汇占款下降而引发的"钱荒";另一方面,在美元资产收益率提高的情况下,若人民币降准、降息,则投资者会放弃人民币资产去寻求具有更高收益的美元资产,可能造成人民币对美元贬值,使得资本外流压力变得更大,需要谨防之。

第二,中国应高举WTO多边自由贸易的旗帜,在拓展多边贸易的同时,管控好中美双边经贸摩擦升级,以获取美国进口增长的边际溢出。中方在贸易领域内作为主要的卖方,应当以促使美方重回贸易磋商谈判桌为要义。美国总统特朗普主张"美国利益优先"的战略理念,并努力增加美国的就业机会。中国作为全球最大的发展中国家、人口大国和主要制造品生产大国,更需要寻求更多的消费市场,从而带动中国经济增长,解决就业问题。为此,中国有必要全力维护好WTO多边自由贸易规则,在拓展多边贸易的同时,管控好中美双边经贸摩擦升级。在喧嚣的中美经贸摩擦中,要清醒地认识到,中国处于非对称的应对地位,必须管控好中美双边经贸摩擦升级,以获取美元升值形势下美国进口增长的边际溢出。

第三,中国应高度警惕金融市场开放与金融风险管控。纵观历史,每一次美国货币政策的逆转回调、收紧银根,都会连带导致一些新兴市场国家的货币危机乃至金融危机。对此,中国应保持高度警惕。在美元走强的形势下,阿根廷比索、土耳其里拉等惨遭"屠戮"。具体而言,中国的应对举措有:(1)在扩大金融业对外开放的同时,务必重点把控好美元加息对中国国际收支的影响,防止资本大规模外流造成中国外汇储备大幅下滑;(2)加强宏观经济调控,加快国有商业银行体制改革,降低银行的不良贷款率,进一步吸引并稳定外资对中国经济发展的信心;(3)积极推进人民币与主要贸易伙伴或投资伙伴进行双边货币互换,在规避汇率风险的同时,加强资本流动监测预警,防范和化解潜在的国际收支风险。

四、中美应积极磋商,确信中美经贸合作远比对立更为重要

我们要清醒地认识到,中美达成的一些共识是脆弱的,双方仍需要保持高层沟通,积极寻求解决各自关注的经贸问题。虽然中美后续的经贸摩擦在中长期内还会存在,仍有可能出现较大的波动,但是中美双方要确信中美经贸合作远比对立更重要。

第一,中美双方已经认识到,在近期"以牙还牙"式的经贸摩擦升级中,加征关税和反制加征关税已危害到各自利益,既不符合"美国利益优先"的战略理念,也不符合中国正在进行的"第二次改革开放"的战略理念。这已严重违背了WTO降低关税的传统理念,也危害到世界贸易体系。为此,中美双方应就降低贸易关税等达成一些共识,而不应采取"以牙还牙"式的加码征税制裁。

---

① 参见沈国兵:《谨防美国打出"立体组合拳"》,载《解放日报·思想周刊》2018年4月10日第9版。

第二,给定世界市场有限的情况下,中国已成为世界第二大经济体,并对美国保持持续的贸易顺差。可以预期,美国在中长期内仍将会采取各种变异的壁垒措施,与中国发生经贸摩擦。

第三,加强知识产权保护是双向的,中美双方要高度重视创造营商环境以鼓励双向投资。

第四,中国在扩大金融市场开放的同时,要加强金融风险管控。现阶段,在扩大金融市场开放的同时,中国要重视防范金融风险,重点是在美元不断加息的情况下,管控好资本流出对本国国际收支的影响,防止资本大规模外流造成国家外汇储备的大幅下降。

从中长期来看,中国应对美联储货币政策反转的根本举措是,触动美国最大的"软肋"——美元的信用。具体而言,应从以下三个方面着手:(1)借力中国的贸易体量和人民币作为IMF的储备篮子货币,大力推动与主要贸易伙伴之间进行双边货币互换;(2)中国作为大宗商品的主要进口国,可凭借买方市场的优势,推动大宗商品如原油、铁矿石等使用人民币计价结算;(3)推动跨境贸易和投资使用人民币结算,部分地去美元化。

第六部分
国际货币体系和货币区问题

当不同的货币跨国流通时,便需要对其进行统一的管理和协调。于是,国际货币体系应运而生,并随着主要国际货币的发展而不断变迁。由于国际货币体系自身的缺陷,某些邻近的国家或地区为了更好地促进贸易和投资的发展,规避可能的汇率风险,走向了货币一体化,建立共同货币区,如欧元区。实践中,判断一个区域是否适合建立共同货币区,不仅要看最佳货币区单一标准,而且要看另类分析说的利弊标准,具体还要看一套切实可行的趋同标准。我们根据这些标准,探究东亚建立共同货币区的可能性。这些内容构成了本书的第六部分,包括第十三章"国际货币体系"、第十四章"最佳货币区理论和共同货币区"。

第十三章 国际货币体系

学习要点

国际货币体系及其主要内容,国际货币体系的类型,国际货币体系的变迁,布雷顿森林体系,牙买加体系,国际货币基金组织及其职能,世界银行,国际金融公司,国际货币体系的改革,国际货币体系的几种国际政策协调方案。重点理解和掌握:国际货币体系及其主要内容,布雷顿森林体系的主要内容及崩溃原因,牙买加体系的主要内容,改革国际货币体系的主要方案,以及麦金农全球货币目标方案、汇率目标区方案和托宾税方案。

第一节 国际货币体系概述

国际货币体系产生于资本主义生产方式下。在奴隶社会和封建社会中,由于国际商品交易及其他交往较少,因而对国际货币合作没有要求。但是,进入资本主义社会后,由于国际政治、经济、文化交往的扩大,特别是国际贸易和金融往来的增加,产生了对国际货币合作的需求。例如,在国际贸易活动中,进出口商品是以本币还是外币进行支付,以哪一种外币进行支付,外币与本币的兑换比率如何等,要求各国之间就国际本位货币、货币汇率等问题进行协商合作。随着国际贸易和金融往来的增加,各国出现了国际收支失衡问题,到底是由逆差国进行调整还是由顺差国承担调节责任,要求各国之间就国际收支的调节问题进行合作。各国在这些问题上进行合作的结果就是形成了国际货币体系。

一、国际货币体系及其主要内容

国际货币体系(international monetary system),又称"国际货币制度",是各国对货币本位、储备资产、汇率安排、货币兑换、国际收支调节以及国际货币合作等问题共同作出的一系列制度安排及组织机构的总和。这种制度安排可在国际范围内自发形成,或以政府间协议的方式确立,其内容涉及国际货币本位或国际储备资产、汇率制度的安排、国际收支的调节机制、国际金融市场与资本流动管理以及国际货币合作的形式与国际金融机构等。国际货币体系的核心问题,一是寻找充当国际清偿力的本位货币并保持其适度增长,二是形成围绕本位货币的国际收支协调机制。

具体而言,国际货币体系的主要内容包括:(1)国际货币本位或国际储备资产的确定,即确定以哪一种或哪几种货币作为国际支付货币,一国政府应持有何种国际货币或国际储备资产,用于满足国际支付和调节国际收支的需要。(2)国际汇率制度的安排,即一国货币与他国货币之间的汇率应如何决定和维持,能否自由兑换成支付货币,是采取固定汇率制度还是浮动汇率制度。(3)国际收支的调节方式,即当国际收支不平衡时,各国政府应采取什么方法弥补这一缺口,各国之间的政策措施又如何相互协调。(4)国际金融市场与国际资本流动管理,即国与国之间进行贸易和投资时,如何通过金融市场进行国际融资和国际结算,并对跨境资本流动实施有效管理,以保证国际贸易和国际资本流动顺利进行。(5)国际货币合作的形式与国际金融机构等,即如何对国际货币进行协调和合作,使其既能满足世界经济和贸易发展的需要,又不至于由于货币过度发行而导致世界性的通货膨胀,这有赖于各国货币当局和国际金融机构之间加强合作和管理。

二、国际货币体系的划分类型

国际货币体系可从多个角度进行划分,既可从货币本位角度进行划分,也可从汇率制度角度进行划分,还可从货币制度运行的地域范围进行划分。

第一,从货币本位角度划分,国际货币体系可分为纯粹商品本位、纯粹信用本位和混合本位三种类型。纯粹商品本位,是指纯粹以某种商品或贵金属作为货币本位的货币制度。例如,国际金本位制(金币本位制)只以黄金作为国际货币本位,因而是一种纯粹商品本位。纯粹信用本位,也可称为"不兑换纸币本位",是指以外汇作为国际货币本位而与黄金无任何联系的货币制度。例如,《牙买加协议》实施后的国际货币体系只以美元、英镑、德国马克、瑞士法郎、日元等外汇作为国际货币本位,因而是一种纯粹信用本位。混合本位,是指同时以黄金和可兑换黄金的外汇作为国际货币本位的货币制度。例如,国际金本位制崩溃后的金汇兑本位制以及布雷顿森林体系就是混合本位制。

第二,从汇率制度角度划分,国际货币体系可分为固定汇率制度和浮动汇率制度两种类型。其中,固定汇率制度又分为金银复本位制、金本位制和纸币本位制;浮动汇率制度又分为管理浮动汇率制度和自由浮动汇率制度。我们通常将国际金本位制度及布雷顿森林体系归为固定汇率制度,而将《牙买加协议》后的国际货币体系归为浮动汇率制度。

第三,从货币制度运行的地域范围划分,国际货币体系可分为全球性的国际货币体系和区域性的国际货币体系两种类型。前者如布雷顿森林体系,当时世界上绝大多数国家都加入其中;后者如欧洲货币体系,主要限于欧洲地区的国家。

实际上,我们在谈到一种货币制度时,总是将这些划分标准结合起来,如国际金本位制是一种以黄金为货币本位的固定汇率制度,布雷顿森林体系是一种以美元为中心的固定汇率制度,而《牙买加协议》实施后的国际货币体系是一种储备货币多元化的浮动汇率制度。

三、国际货币体系的评价标准

一般认为,一种理想的国际货币体系应能够促进国际贸易和国际资本流动的发展,主要体现为能够提供充足的国际清偿力并保持对国际储备资产的信心,以及保证国际收支失衡能够得到有效而稳定的调节。具体可表示成以下三个评价指标:

第一,充足的国际清偿力(liquidity)。理想的国际货币体系应使国际货币本位的发行保持与世界经济和贸易发展相当的增长速度,既应避免过快的增长加剧世界性的通货膨胀,也应避免过慢的增长导致世界经济和贸易的萎缩。

第二,对国际储备资产的信心(confidence)。在理想的国际货币体系下,各国政府和私人都愿意继续持有国际储备资产,而不会发生大规模抛售国际储备资产的危机。

第三,有效的国际收支调节机制(adjustment)。理想的国际货币体系要能使各国公平合理地承担调节国际收支失衡的责任,并使调节付出的代价最小。

第二节 国际货币体系的变迁

最早形成的国际货币体系是国际金本位制。在国际金本位制下,主要国家都以金币作为本位货币流通,由此自发形成了以铸币平价为中心的固定汇率制度和国际收支的自动调节机制。这样,国际金本位制是在各国确立国内货币制度的基础上自发形成的,并非人为确立的一种国际货币体系。国际金本位制解体后形成的新的货币制度为布雷顿森林体系。布雷顿森林体系完全是通过政府间的协议而人为建立起来的一种国际货币制度。在此制度下,美元与黄金挂钩,各成员国货币与美元挂钩。布雷顿森林体系解体后,各国货币自由浮动,形成了以美元、英镑、德国马克、瑞士法郎、日元等货币为主的储备货币多元化的格局;各国政府不再规定本国货币的含金量,不再制定本币与外币的货币平价,不再承担维持汇率稳定的义务。这种货币制度最终是通过各国政府签署的《牙买加协议》,以立法的形式确定下来的。因此,牙买加体系是以浮动汇率制度为特征的国际货币体系,是采取先自发形成、后经法律确认形式确立下来的一种相对分散的、各国自行其是的、不太稳定的国际货币制度。从《牙买加协议》签订至今,尚未形成新的、各国统一的、比较稳定的国际货币体系。

一、国际金本位制时期

国际金本位制的前身是国际金银复本位制,是 1880 年以前的国际货币体系。1880—1914 年是国际金本位制的鼎盛时期,其后实行了金块本位制和金汇兑本位制。

(一)金本位制的确立

金本位制是以一定成色及重量的黄金为货币本位的一种货币制度。黄金是货币体系的基础。货币本位是指以国家规定的货币金属,按照国家法律规定的货币单位铸成的一国货币制度的基础货币。金本位制按其货币与黄金的联系程度,可分为:金币本位制(gold specie standard)、金块本位制(gold bullion standard)和金汇兑本位制(gold exchange standard)。国际金本位制的确立,以 19 世纪中后期西方国家普遍采用金本位制为标志。

英国最先从金银复本位制过渡到金本位制。1821 年,英国正式确立了金币本位制。德国在欧洲大陆最早实行金本位制。1871年以前,德国实行银本位制。普法战争以后,德国从法国获得50亿金法郎的战争赔款,于是发行金马克作为货币本位,采用金本位制。继德国之后,丹麦、瑞典、挪威和荷兰相继实行了金本位制。法国、比利时、瑞士、意大利等拉丁货币联盟国家在1878年逐渐过渡到金本位制度。19世纪末,美国和其他资本主义国家也开始实行金本位制。1900年,美国正式通过金本位法案,完全实行金本位制。沙皇俄国和日本分别于1897年和1900年实行金本位制。如上所述,这种以各主要国家普遍采用金本位制为基础的国际货币体系,就是国际金本位制。由于当时英国在世界经济中的突出地位,该国际货币体系实际上是一个以英镑为中心、以黄金为基础的国际金本位制。

(二) 金本位制的主要内容、基本特征和作用

传统的金本位制是金铸币本位制,其主要内容是:(1)用黄金来规定货币所代表的价值,每一货币单位都有法定的含金量,各国货币按其所含黄金重量而确定彼此的比价;(2)金币可以自由铸造,任何人都可按本位货币的含金量将金块交给国家造币厂铸造成金币;(3)金币是无限法偿的货币,具有无限制支付手段的权利;(4)各国的货币储备都是黄金,国际结算也使用黄金,黄金可以自由地输出和输入。据此,金币本位制具有三个基本特征:**自由铸造、自由兑换、黄金自由输出入**。由于黄金可在各国之间自由转移,因此保证了外汇市场的相对稳定与国际金融市场的统一。

国际金本位制的特征决定了它是一种相对稳定的货币制度。这种相对稳定性,在国内表现为流通中的货币对黄金不会发生贬值现象,约束了货币创造;在国外则表现为外汇汇率的相对稳定。正是由于这种稳定性,国际金本位制曾对世界经济的发展起过积极的推动作用,主要表现为:(1)由于币值比较稳定,因此有利于商品的流通和信用的扩大;同时,生产和固定投资的规模不会因币值变动而波动,促进了当时资本主义各国生产的发展。(2)由于汇率相对稳定,因此促进了国际贸易的发展。(3)黄金可以自由输出入,起到了自动调节国际收支的作用。(4)实行金本位制的国家把对外平衡作为经济政策的首要目标,而把国内平衡放在次要地位,服从对外平衡的需要,因而使得主要资本主义国家有可能协调其经济政策。

(三) 金本位制的演变和崩溃

传统的国际金本位制,即金币本位制,随着一战的爆发而走上末路。1913年,美国联邦储备体系(federal reserve system)的创立为美国即将主导国际货币体系作好了准备。一战结束后,由于黄金产量严重不足,加上黄金存量在世界各国之间的分配严重不均,到20世纪20年代,世界上一半的黄金存量都在美国,许多国家都不愿意把黄金投入流通,因而国际金币本位制没再能得到恢复,代之而起的是两种变相的国际金本位制形式,即金块本位制与金汇兑本位制。

1. 金块本位制

1924—1933年是黄金短缺(gold scarcity)时期。1924—1928年,世界经济相对稳定,一些国家虽然在名义上恢复了金本位制,但是实际上无力恢复,而改为金块本位制。金块本位制的特征如下:(1)以金币作为货币本位,但是在国内不流通金币,而只流通纸币,纸币有无限法偿权。(2)国家不再铸造金币,也不允许公民自由铸造金币,但是规定纸币的含金量,也有黄金官价。(3)纸币不能自由兑换金块,但是在国际支付或工业上需要黄金时,可按规定的最低数量,以纸币向本国中央银行无限制兑换金块。例如,英国在1925年规定,每次兑换的最低限额为400盎司的金块,价值1700英镑。(4)国家储备金块,作为储备资产。当

时,实行金块本位制的国家主要有英国、法国、荷兰、比利时等。

2. 金汇兑本位制

一战前,金汇兑本位制在一些小国、弱国或殖民地附属国就已经实行。在1922年热那亚会议上,国联黄金代表团在英国的授意下,同意用外汇(主要为美元和英镑)来代替黄金,以补充黄金储备不足,金汇兑本位制开始正式实行。德国、奥地利、意大利等三十多个国家普遍实行金汇兑本位制,将本国货币与英镑、美元或法国法郎挂钩,保持固定比价;同时,把本国的黄金外汇储备移存挂钩国家的中央银行,本国货币按固定比价兑换挂钩货币后再兑换黄金。金汇兑本位制的特征如下:(1)国内流通纸币,纸币与规定的含金量保持等价关系。(2)纸币兑现的对象是金块、金币或存在国外的外汇。(3)请求兑现者无权选择金块、金币或外汇,而由中央银行酌情决定。

金块本位制和金汇兑本位制都是残缺不全的货币制度,具有内在的不稳定性,具体表现为:(1)两种货币制度下,都没有金币流通,黄金不再起自发地调节货币流通的作用。(2)两种货币制度下,或是银行券兑换黄金受到最低数额的限制,或是需要先兑换成外汇才能间接兑换黄金,这些限制削弱了货币制度的稳定性。(3)实行金汇兑本位制的国家使本国货币依附于英镑、美元或者法国法郎。如果实行金汇兑本位制的国家大量提取外汇储备并兑换黄金,那么英美法系国家的货币制度就会遭受严重危机。总之,金块本位制和金汇兑本位制的内在不稳定性决定了其本身存在崩溃的可能性。

3. 金本位制的崩溃

金块本位制和金汇兑本位制的基础本来就很脆弱,在遭受1929—1933年世界经济危机侵袭后,终于完全崩溃。其历程大致如下:(1)1929年10月,美国证券市场发生危机,拉开了世界经济危机的序幕。巴西、阿根廷、澳大利亚等国遭受严重打击,不得不放弃金本位制。(2)1931年初,经济危机的风暴席卷欧洲大陆。德国、奥地利放弃了金汇兑本位制。(3)1931年7月,德奥两国的金融危机波及英国,英国被迫于同年9月停止金块本位制,与英镑有联系的一些国家和地区也相继放弃金汇兑本位制。(4)1933年3月,美国再次掀起货币信用危机的浪潮,不得不放弃独自坚持多年的金币本位制,改用美元纸币进行流通。(5)在英美陷入信用货币危机时,法国、比利时、瑞士、意大利、波兰等国却组成黄金集团,仍想维持金块本位制和金汇兑本位制。由于受到经济危机与英镑、美元贬值的压力,黄金集团难以维持,到1936年也被迫放弃了金块本位制和金汇兑本位制。至此,整个国际金本位货币体系全部崩溃。经历了大萧条时期的美国经济学家们纷纷指责金本位制是引起通货紧缩的罪魁祸首。

(四)金本位制的优点和缺点

1. 优点

(1)由于金本位制内在的对称性,体系中没有一个国家拥有特权地位,都必须承担干预外汇的义务。(2)金本位制使一国货币扩张受到限制,这种限制使一国货币的实际价值更加稳定、更具可预测性,从而进一步加强从使用货币中发展起来的商品交换经济。储备货币本位制下则不存在这种对货币创造的限制。

2. 缺点

(1)黄金产量和储备的有限性限制了货币供应,满足不了日益增长的支付手段的需求,这是金本位制崩溃的根本原因。(2)金本位制的自动调节机制很难遵循,会因国内、国际政治经济困难和不平衡而被放弃。(3)价格波动不稳定,且黄金的机会成本较大。金本位制时期的价格波动与世界黄金产量的波动直接相关。(4)金本位制大大限制了使用货币政策应对失业问题的能力,即货币政策的有效性部分丧失。

二、布雷顿森林体系时期(1944—1973年)

国际金本位制崩溃以后,国际货币体系经过近十年的动荡,于1944年又进入新的国际货币体系阶段,即布雷顿森林体系(Bretton Woods System)。

(一)布雷顿森林体系的形成背景

早在二战结束前夕的1943年,美国财政部长怀特和英国财政部顾问凯恩斯分别从各自利益出发,设计战后新的国际货币秩序,提出了两个不同的计划:"怀特计划"与"凯恩斯计划"。"怀特计划"从当时美国拥有大量的黄金储备出发,[①]强调黄金的作用,并竭力主张取消外汇管制和各国对国际资金转移的限制,以便于美国对外进行贸易扩张和资本输出。它主张在战后设立一个国际稳定基金组织,其任务主要是稳定汇率。"凯恩斯计划"从当时英国黄金储备缺乏的困境出发,尽力贬低黄金作用,主张建立一个世界性中央银行,称"国际清算联盟",各国的债权、债务通过它的存款账户转账进行清算。两个方案反映了美、英两国经济地位的变化和争夺世界金融霸权的目的。1944年7月,在美国新罕布什尔州的布雷顿森林召开了有44个国家参加的联盟国家国际货币金融会议,通过了以"怀特计划"为基础的《联合国家货币金融会议的最后决议书》以及《国际货币基金组织协定》和《国际复兴开发银行协定》两个附件,总称为《布雷顿森林协定》,确立了以美元—黄金为本位的国际货币体系,即布雷顿森林体系。布雷顿森林体系有两大支柱:(1)美元与黄金直接挂钩;(2)其他成员国货币与美元挂钩。布雷顿森林体系实际上是一种国际金汇兑本位制,又称"美元—黄金本位制"。它使美元在战后国际货币体系中处于中心地位,确立了美元的霸主地位。

(二)布雷顿森林体系的主要内容

布雷顿森林体系作为一种新的国际货币体系,其主要内容包括:

1. 建立永久性国际金融机构

布雷顿森林体系建立了一个永久性的国际金融机构,即国际货币基金组织。国际货币基金组织的宗旨是对国际货币事项进行国际磋商和协调,它对成员国融通资金,以稳定外汇市场,扩大国际贸易。国际货币基金组织的各项规定,构成了国际金融领域的纪律,在一定程度上维护着国际金融与外汇交易的正常运行,旨在促进国际货币合作。

2. 确定以美元作为主要的国际储备货币

布雷顿森林体系是以黄金为基础、以美元为主要国际储备货币的"美元—黄金"本位制,具体内容包括:(1)美元直接与黄金挂钩,各国确认1943年美国规定的1盎司黄金=35美元的官价;(2)美国准许各成员国政府或中央银行按黄金官价随时用其持有的美元向美国兑换黄金,以维持黄金市价与官价的一致,从而使美元居于与黄金等同的地位;(3)以美元作为主要的国际储备货币。

3. 实行可调整的固定汇率制度

布雷顿森林体系下的汇率制度,是在美元与黄金挂钩的基础上,各国货币与美元挂钩的"双挂钩"制度,具体内容包括:(1)规定每美元0.888671克纯金的法定含金量。各国货币通过与美元含金量的对比,确定对美元的汇率,作为中心汇率。(2)各国货币与美元的汇率

[①] 1948年,美国拥有全世界70%的黄金储备,大约有7亿盎司的黄金,达到黄金储备的最高点。

一经确定,原则上不得背离。若汇率波动的幅度超过了中心汇率±1%的范围,当事国政府就有义务在外汇市场上进行干预,以保持汇率的相对稳定。若超过10%,则要经过国际货币基金组织的批准才能调整汇率。

4. 安排资金融通

国际货币基金组织需要通过预先安排的资金融通措施,向国际收支赤字国提供短期资金融通,以协助其解决国际收支困难。国际货币基金组织提供国际储备的主要途径有:普通提款权、特别提款权、出口波动补偿贷款、缓冲库存贷款、石油贷款、中期贷款、信托基金贷款、补充贷款和扩大基金贷款等。国际货币基金组织所提供的贷款资金来源于成员方所认缴的份额,以及向某些成员方的借款等。

5. 国际货币基金组织规定成员方必须接受第Ⅷ条款,取消经常项目下的外汇管制

布雷顿森林体系的一项重要任务就是努力取消外汇管制,因而规定成员方不得限制经常项目的支付,不得采取歧视性的货币措施以限制贸易自由支付,并要在兑换性基础上实行多边支付。

6. 稀缺货币条款

成员方有权对稀缺货币采取临时性兑换限制,即可以对稀缺货币自由兑换予以限制。

因此,在布雷顿森林体系下,国际货币基金组织兼有管理、信贷和协调的职能,是这一体系正常运转的中心所在。

(三) 布雷顿森林体系正常运作的基本条件及作用

布雷顿森林体系正常运作的基本条件有:(1)美国保持国际收支顺差,美元对外价值稳定;(2)美国黄金储备充裕,能够保持美元与黄金的可兑换性;(3)将黄金市场价格维持在官价水平。

布雷顿森林体系的作用如下:(1)确立以美元为本位的国际货币体系,解决了国际清偿力问题。美元充当本位货币可以弥补国际清偿力的不足,在很大程度上解决了国际储备的短缺问题,促进了国际贸易的增长。(2)布雷顿森林体系实行可调整的固定汇率制度,汇率的波动受到一定约束,这种相对稳定的汇率有利于国际贸易的发展和国际资本的流动。(3)国际货币基金组织在促进国际货币合作和建立多边支付体系方面起到一定的作用,对成员方提供各种类型的短期和中期贷款,可以缓和国际收支逆差成员方面临的问题,有助于世界经济稳定和增长。

(四) 布雷顿森林体系崩溃的原因

1. 内在原因

第一,美元面临着"特里芬两难"。美元具有美国本币和世界货币的双重身份,以及保持美元与黄金可兑换性和满足国际清偿力的双重责任。这双重身份与双重责任均是矛盾的,难以做到两全。因此,布雷顿森林体系不可能长期维持下去,存在着崩溃的必然性。

第二,责权不对称,逆差国负担过重。美元作为主要储备资产享有特权地位,美国可以利用美元直接对外投资,也可以利用美元弥补国际收支逆差,这就造成美元持有国的实际资源向美国转移。同时,由于各国货币盯住美元,保持固定比价,这就造成美国的货币政策对各国经济产生重大影响。但是,保持本国货币与美元汇率相对稳定的干预义务却由各成员国自己承担,这使得逆差国负担严重。

第三,国际收支调节效率不高,需要得到美国的批准。布雷顿森林体系过分强调汇率的稳定,需要得到美国主导的 IMF 的批准,而使各国不能利用汇率的变动进行国际收支调节。

这样,一国出现国际收支不平衡时,只能消极地实行贸易管制,这会阻碍贸易发展;或者在国内采取紧缩或膨胀政策,这又违反了稳定和发展本国经济的原则。因此,各国政府面临着是保持对外平衡还是牺牲国内经济稳定的两难选择。

2. 外在原因

这主要是指布雷顿森林体系运作条件的丧失,包括:(1)美国国际收支出现持续逆差;(2)西方各国经济发展不平衡加强,美国经济地位相对下降;(3)西方各国通货膨胀程度悬殊,固定汇率难以维持。

随着时间的推移,美国的相对经济实力减弱,布雷顿森林体系的缺陷越发明显,在内外缺陷的夹击下一次次引发美元危机和贬值。1973年,布雷顿森林体系终于崩溃。

(五)布雷顿森林体系的解体过程与最终崩溃

1. 美元危机与十国集团和黄金总库

1960年10月,第一次美元危机爆发。美国当年的短期债务达到210亿美元,黄金储备只有178亿美元,国内全部黄金储备已不足以抵偿国外短期债务。人们对美元的币值是否能维持黄金官价普遍表示怀疑,结果引发了抛售美元的危机。为了预防和平息美元危机,1961年11月,美、英、法、意、荷、比、日、联邦德国、瑞士和加拿大等国在巴黎举行会议,成立十国集团,达成了《借款总安排协定》,此协定于1962年10月生效。1961年12月,为维持黄金和美元的地位,在美国的提议下,美、英、法、意、荷、比、日、联邦德国和瑞士参加,成立了黄金总库,所需黄金由各国分担,并指定英格兰银行为总库代理机构。黄金总库通过买卖黄金,使伦敦市场的金价稳定在每盎司35.2美元(黄金官价加上运费和保险费)。

2. 美元第二次危机与黄金双价制和特别提款权

1968年3月,又爆发了一次严重的美元危机。因为美国陷入越南战争后,其财政金融和国际收支状况更加恶化,黄金储备大大低于对外短期债务,美元不断贬值。危机之中,抢购黄金的风潮异常猛烈,使黄金总库无力维持每盎司35.2美元的金价,而改行黄金双价制,即仍维持每盎司35.2美元的官价,用于官方结算;而黄金的自由市场价由供求关系自发决定,政府不再进行干预。1969年10月,国际货币基金组织第24届年会通过了设立特别提款权的决议,目的是进一步扩大IMF的贷款能力,使它能够用特别提款权这种"纸黄金"来弥补国际收支逆差,减少美元外流,并逐步代替黄金作为国际储备。特别提款权是一个由IMF组织发行的没有商品支持的不兑现货币(pure fiat money)。特别提款权的设立和黄金双价制的实行,实际上反映了布雷顿森林体系的基础已发生动摇。

3. 美元第三次危机与《史密森协定》

1971年夏,美国出现严重的对外贸易逆差,随之爆发了第三次美元危机。法国政府带头以美元向美国兑换黄金,美国黄金储备降到102亿美元,而同期美国对外短期债务高达510亿美元。为防止黄金继续外流,1971年8月15日,美国总统尼克松发表声明,称美元不再与黄金挂钩,美国实行"新经济政策"。该政策的主要内容为:(1)停止美元兑换黄金,以保持有限的黄金储备;(2)征收10%的进口附加税。美元停止兑换黄金表明,布雷顿森林体系的一大支柱已倒塌。1971年12月,十国集团在华盛顿一个以史密森命名的机构开会,达成《史密森协定》(Smithsonian agreement)。该协定的具体内容为:(1)黄金官价从每盎司35美元提高到38美元,美元贬值7.89%,但是仍不可兑换黄金;(2)美元同时对一些国家的货币贬值2.76%至7.66%不等;(3)将市场外汇汇率的波动幅度从黄金本价的±1%扩大到±2.25%。《史密森协定》只是应对美元危机的暂时性措施,并没有解决各国货币关系中的根本性问题。

4.美元第四次危机与布雷顿森林体系的最终崩溃

1972年6月和1973年2月,国际金融市场上又掀起抛售美元,抢购德国马克、日元和黄金的风潮。美国在1973年2月被迫再次宣布美元贬值10%,黄金官价由每盎司38美元提高到42.22美元。3月,西欧金融市场上又出现抛售美元、抢购黄金的风潮,美元汇价一跌再跌。欧共体6个成员国放弃固定汇率制度,而改行联合浮动,布雷顿森林体系就此最终崩溃。

布雷顿森林体系崩溃有两大标志:(1)1971年8月15日,美国总统尼克松宣布美国停止履行美元可兑换黄金的义务,美元公开与黄金正式脱钩,标志着布雷顿森林体系的两大支柱之一被破坏。(2)1973年3月19日,欧共体6个成员国的货币对美元实行联合浮动,标志着以美元—黄金为本位的布雷顿森林体系彻底崩溃。

(六)对布雷顿森林体系的评价

1.贡献

(1)布雷顿森林体系是二战后国际货币合作的产物,它消除了战前资本主义国家之间混乱的国际货币秩序,促进了战后世界经济的恢复与发展;(2)布雷顿森林体系稳定了国际金融秩序,其固定汇率制度为国际贸易和国际投资发展提供了极大的便利;(3)布雷顿森林体系下,IMF向国际收支逆差国提供短期资金融通,促进了国际收支的平衡。

2.缺陷

(1)布雷顿森林体系本身存在着"特里芬两难"所描述的固有的不稳定性;(2)在实际运行中,由于运行规则得不到遵守,所以始终没有形成正常的国际收支调节和资本流动的秩序;(3)确立了美元的霸权地位,助长了美国的对外扩张。

三、牙买加国际货币体系时期(1976年以后)

现行的国际货币体系主要是指以《牙买加协定》为基本框架,认同汇率浮动化、储备货币多元化的一种国际货币体系,被称为"牙买加体系"。从某种意义上说,现行的国际货币体系是对布雷顿森林体系崩溃后一系列变通措施或安排的默认。因此,也有人认为现在根本就不存在国际货币体系。但是,不管怎么说,国际货币体系的运作机构仍在为协调世界经济而工作。

(一)牙买加体系的形成

国际货币基金组织在1972年7月成立了"国际货币体系改革和有关问题委员会",又称"二十国委员会",专门商讨国际货币体系的改革问题。1974年7月,国际货币基金组织设立了国际货币体系临时委员会,接替二十国委员会的工作。临时委员会于1976年1月在牙买加首都金斯顿举行的第五次会议上,讨论修订了《国际货币基金协定》,即第二次修正案,最后达成了《牙买加协定》,自1978年4月1日起正式生效。由此,国际货币制度进入牙买加体系时期。

(二)牙买加体系的主要内容

1.承认浮动汇率的合法性,成员方可以自由选择汇率制度

(1)承认固定汇率制度和浮动汇率制度同时并存;(2)成员方的汇率政策应受IMF监督,并须与IMF协商;(3)实行浮动汇率制度的成员方应根据经济条件逐步恢复固定汇率制度,并防止采取损人利己的货币贬值政策。

2. 黄金非货币化,减弱和消除黄金的货币作用

(1) 废除黄金条款,取消黄金官价,用特别提款权逐步代替黄金作为国际货币体系的主要储备资产;(2) 取消成员方之间以及成员方与 IMF 之间以黄金清算债权债务的义务;(3) 各成员方中央银行可按市价从事黄金交易,IMF 不在黄金市场上干预金价;(4) IMF 持有的黄金应逐步加以处理。

3. 国际储备资产多元化,以特别提款权作为主要储备资产

在未来的国际货币体系中,应以特别提款权作为主要储备资产,并作为各国货币定值的基础。成员方可用特别提款权来履行对 IMF 的义务和接受 IMF 的贷款,各成员方之间也可用特别提款权进行借贷。IMF 要加强对国际清偿力的监督。

4. 国际收支调节方式多样化

可通过汇率机制、利率机制、IMF 的干预和贷款活动,调节国际收支失衡。

5. 增加基金组织的份额

各成员方对 IMF 缴纳的份额,由原来的 292 亿特别提款权增加到 390 亿特别提款权。各成员方应交份额所占的比重有所改变,主要是石油输出国组织的比重由 5% 增为 10%。除德国、日本外,西方主要工业国的份额均有所降低。份额重新修订的一个重要结果是,与发展中国家相比,发达国家的投票权减少了。

6. 扩大对发展中国家的资金融通

(1) 用在市场上出售黄金超过官价部分的所得收入建立信托基金,以优惠条件向最穷困的发展中国家提供贷款,帮助它们解决国际收支方面的困难。(2) 扩大 IMF 的信用贷款总额,由占成员方份额的 100% 提高到 105%。(3) 提高 IMF "出口波动补偿贷款"的比重,由占份额的 50% 增加到 75%。

(三) 牙买加国际体系的运行特征

现行的牙买加体系与布雷顿森林体系相比有着明显不同的特征,具体表现为:

1. 浮动汇率合法化,多种形式的汇率制度安排并存

1973 年固定汇率制度崩溃后,工业发达国家纷纷改行浮动汇率。浮动汇率的长处在于,不仅可以比较灵敏准确地反映不断变化的国际经济状况,而且可以调节外汇市场的供求关系,从而促进国际贸易和世界经济的发展。但是,浮动汇率的经常变动不仅影响国际贸易和资本流动,也使国际储备和外债管理变得相当复杂。20 世纪 90 年代后发生的多次货币危机都与汇率的过分波动有关。目前,我们还未能找到一种比浮动汇率更好且各国普遍接受的汇率制度。1999 年,IMF 将汇率制度划分为八类,承认了多种形式的汇率制度安排并存。

2. 国际储备货币多元化

由于原先对特别提款权本位的设想难以实现,美元本位制又难以维持,因此国际储备资产出现了分散化趋势。除了黄金、美元和特别提款权之外,各国还以欧元、英镑和日元等作为官方储备资产。储备货币多元化的长处在于,改变了原先对美元的过分依赖,分散了汇率变动的风险,也促进了国际货币合作与协调;同时,也可起到缓解国际清偿力不足、克服以前美元作为唯一储备货币的"特里芬两难"的作用。但是,储备货币多元化导致的储备货币多中心化使得国际货币体系更加脆弱,具有一种内在的不稳定性。

3. 国际收支调节方式的多样化、复杂化

在布雷顿森林体系下,调节成员方国际收支失衡的渠道主要有两个:当成员方发生暂时

性国际收支失衡时,通过 IMF 予以调节;当成员国际收支出现根本性失衡时,通过改变货币平价、变更汇率予以调节。牙买加体系除了可以继续依靠 IMF 和变动汇率外,还可以通过利率及国际金融市场的媒介作用、国际商业银行活动、外汇储备的变动等渠道予以调节,多种调节手段对世界经济的健康发展起到了一定的积极作用。尽管如此,牙买加体系运行多年来,全球性的国际收支失衡问题非但没有得到妥善解决,反而趋于严重。现行国际货币体系中国际收支调节机制的不健全,不仅给国际收支逆差国带来了严重困难,而且使全球性国际收支严重失调。近年来,发展中国家的巨额外债成了全球性国际收支不平衡的一个重要因素。这引起了许多国家对现行国际货币体系之调节责任机制的深深不满。

(四) 对牙买加体系的评价

1. 贡献

牙买加体系实际上是以美元为中心的多元化国际储备和浮动汇率体系,其贡献在于:(1) 多元化的储备体系使各国基本上摆脱了布雷顿森林体系时期对美元的过度依赖,在一定程度上缓解了"特里芬两难"。(2) 以浮动汇率为主的多种汇率制度安排体系能够比较灵活地适应世界经济形势多变的状况,各国可选择适合自身的汇率制度安排,使宏观经济政策更具独立性和有效性。(3) 多种国际收支调节机制并存,比较能够适应各国经济发展水平相差悬殊的现实,有利于各国经济发展。可见,牙买加体系改革的主要内容集中在储备体系、汇率和特别提款权上。牙买加体系是一个多重混合汇率制度并存的信用货币本位制度。

2. 缺陷

牙买加体系的弊端主要有:(1) 汇率波动频繁,给各国经济、国际贸易和投资带来消极的影响。(2) 没有建立有能力统管国际货币体系的公正权威的超国家金融机构,缺乏有效的国际收支协调机制。牙买加体系没有一个完善的国际收支调节机制,大部分国际收支调节的任务仍然落在逆差国身上。(3) 牙买加体系下,区域内货币合作加强,区域外非合作的局面已经出现,"特里芬两难"并未从根本上得到解决。

第三节 国际金融组织机构及中国地位

一、国际金融机构的建立

国际金融机构,是指从事国际金融业务,协调国际金融关系,维持国际货币及信用体系正常运作的超国家机构。1930 年 5 月成立的国际清算银行(BIS),旨在处理德国二战后的赔款支付以及协约国之间的债务清算问题。1945 年 12 月成立的国际货币基金组织(IMF)和国际复兴开发银行(IBRD,世界银行的前身),旨在重建一个开放的国际经济以及稳定的汇率秩序,为国际经济和社会发展提供必要的资金。1956 年成立的国际金融公司(IFC),1959 年成立的国际开发协会(IDA),以及之后相继成立的欧洲投资银行(EIB)、泛美开发银行(IDB)、亚洲开发银行(ADB)、非洲开发银行(AFDB)、阿拉伯货币基金组织(AMF)等,意味着国际金融机构得到了迅猛的发展。当今成员方最多、机构最大、影响最广泛的国际金融机构是 IMF 和世界银行集团(WB Group)。

国际金融机构的类型:(1) 全球性金融机构,最重要的是 IMF 和 WB Group。(2) 区域性金融机构,分为两类:一是联合国附属的区域性金融机构,如 ADB、IDB、AFDB 等;二是某一区域一些国家组成的区域性国际金融机构,如 EIB、AMF 等。

国际金融机构的作用:(1)提供短期资金,调节国际收支逆差,在一定程度上缓和了国际支付危机;(2)提供长期资金,促进了发展中国家经济发展;(3)稳定了汇率,有利于国际贸易的增长;(4)通过创造新的结算手段,适应了国际经济发展的需要。

总之,国际货币基金组织、世界银行集团、关税和贸易总协定(GATT,1995年为世界贸易组织(WTO)所取代)共同构成二战后国际经济秩序的三大支柱。其中,国际货币基金组织负责国际货币金融事务。

二、国际货币基金组织

国际货币基金组织是目前世界上最重要的国际经济组织之一,是为协调国际货币汇率政策、加强货币合作而建立的政府间国际金融机构。

(一)国际货币基金组织的产生与构成

1944年7月1—22日,44个国家的300多位代表聚集在美国新罕布什尔州的布雷顿森林,就重建国际货币体系召开会议,达成了《国际货币基金组织协定》,成立了永久性的国际货币基金组织。当时,中华民国的代表也参加了会议。该组织于1945年12月27日正式生效,1947年3月1日开始运作,同年11月15日成为联合国所属专营国际金融业务的机构,总部设在华盛顿。IMF最初有39个创始成员国,截至2017年11月底,已拥有189个成员国和地区。中国是创始成员国之一,于1980年4月18日恢复了合法席位。瑞士是唯一未参加该组织的西方主要国家。

国际货币基金组织机构分为三个层次:理事会,执行董事会、总裁和副总裁,以及有关业务部门。最高决策机构是理事会,由各成员方财长或央行行长组成,每年秋季举行会议,决定该组织和国际货币体系的重大问题。执行董事会负责该组织的日常事务处理,是一个常设机构,由24名成员组成。执行董事会另设主席1名,主席同时为IMF组织总裁,每5年选举1次。法国人拉加德于2011年7月5日成为IMF总裁,2016年7月5日连任。执行董事会下设职能部门若干。在理事会和执行董事会之间还有两个机构:一个是临时委员会,另一个是发展委员会。这两个委员会都是部长级委员会,其成员级别很高,每年举行2—4次会议。此外,在国际货币基金组织中还有两大利益集团:代表发达国家利益的十国集团和代表发展中国家利益的二十四国集团。十国集团由美国、英国、法国、加拿大、德国、日本、意大利、荷兰、比利时、瑞典组成。二十四国集团不是一个稳定的组织,其成员基本上来自发展中国家。

(二)国际货币基金组织的宗旨、职能和主要业务

国际货币基金组织的宗旨:(1)通过设立一个就国际货币问题进行磋商和合作的常设机构,促进成员方在国际货币问题上的磋商和合作;(2)促进国际贸易平衡地发展,提高和保持高的就业率和收入水平,开发所有成员方的生产性资源,减少贫困,促进经济增长,以此作为基金政策的主要目标;(3)促进汇率的稳定,保持成员方之间有秩序的汇率安排,避免竞争性货币贬值;(4)协助建立成员方之间经常性交易的多边支付体系,取消阻碍国际贸易发展的外汇限制;(5)在有充分保障的前提下,向成员方提供暂时性外汇资金融通,以增强其信心,使其有机会在无须采取有损本国和国际繁荣的情况下,纠正国际收支失衡;(6)根据上述目标,努力缩短成员方国际收支失衡的时间,减轻失衡的程度。总之,IMF通过使用SDR、向成员方借款以及靠出售黄金来营运的信托基金等资金,向有需要的成员方提供低息优惠贷款,为成员方提供临时的金融援助,以帮助成员方进行国际收支调整;增进全球货币

合作,保证金融稳定和有序汇率安排,防范金融危机;便利国际贸易,促进高就业和可持续经济增长,减少世界范围内的贫困。

国际货币基金组织的职能主要有四项:(1)**汇率监督**是国际货币基金组织的一项重要职能,其目的在于保证有秩序的汇兑安排和汇率体系的稳定,消除不利于国际贸易发展的外汇管制,避免成员方操纵汇率或采取歧视性的汇率政策以谋取不公平的竞争利益。IMF反对成员方利用宏观经济政策、出口补贴或任何其他手段操纵汇率,也反对成员方采用差别汇率政策。(2)向国际收支发生困难的成员方提供必要的**临时资金融通和金融援助**,以使它们遵守上述行为准则,并避免采取不利于其他国家经济发展的经济政策。(3)为成员国提供进行国际货币**合作与协商的场所、技术援助和培训**,以帮助其建立实施稳健的经济政策所需的专长与制度。在全球经济一体化日益增强、各国经济依存度日益提高的情况下,提供一个就国际货币问题进行磋商和合作的场所是国际货币基金组织的重要职能。(4)为成员方提供建议,使其采纳有助于实现宏观经济稳定的政策,进而加快经济增长并缓解贫困。

国际货币基金组织的主要业务包括:(1)汇率监督与政策协调。实行汇率监督的根本目的是,保证有秩序的汇兑安排和汇率体系的稳定,消除不利于国际贸易发展的外汇管制。IMF定期对成员方进行检查,并实行多边监督与协调。(2)储备资产的创造与管理。特别提款权,是一种依靠国际纪律而创造的储备资产,其使用仅限于政府之间、政府与IMF之间,除了可以划账的方式获得可兑换货币外,还可以用作缴纳基金份额、清偿与IMF之间的债务、向IMF捐款或贷款、充当储备资产等。(3)向国际收支逆差国提供短期资金融通。成员方获得贷款的方式是以本国货币购买可兑换货币,还款时用可兑换货币或黄金购回本国货币。贷款利息用SDR支付。(4)向成员方提供培训咨询和技术援助等服务。IMF除了向成员方提供培训、咨询等服务外,还积极搜集并反馈世界各国的经济金融信息,并向成员方提供有关国际收支、财政、货币、银行、外汇、外贸和统计等各方面的咨询和技术援助。

(三)国际货币基金组织成员方的份额与权利分配

国际货币基金组织的资金来源有四个部分:一是成员方认缴的份额;二是IMF在运行过程中所获得的收入;三是向成员方借入的款项;四是其他途径获得的资金。其中,成员方认缴的份额是IMF的主要资金来源。份额的大小不仅是一个成员方加入IMF时应认缴的款项,同时也决定了其在IMF内的权利、义务和地位。(1)投票权。IMF规定每个成员方都有250票基本投票权。此外,每缴纳10万美元份额就增加1票投票权。IMF的重大问题须经全体成员方总投票权的85%通过才能生效。最初,美国的投票权约占18%,因而在IMF内拥有绝对的否决权。(2)借款权。每个成员方从IMF中获得的借款限额与其份额紧密相连,份额越多,可获得的借款也越多。(3)SDR分配权。每个成员方特别提款权的多少与其份额成正比。成员方可以动用的特别提款权数额平均不超过其全部分配额的70%,并且部分无须偿还。成员方使用所分配的SDR需支付年率1.5%的利息。此外,份额还决定了成员方的其他一些权利。

目前,发达国家和发展中国家的投票权比例与各自经济发展水平不相对称。作为投票权分配基础的基金份额已经不能反映当前世界经济格局,突出表现为发达国家在决策机制中仍占主导地位,而中国等发展中国家经济实力的增长并未能在基金份额中得到应有的体现。如表13-1所示,2010年改革后,发达国家基金份额占到57.7%,而发展中国家有35.1%的份额;发达经济体拥有55.2%的投票权,其中美国占有16.47%的投票权,而发展中国家总共占有37.1%的投票权,中国只有6.07%的投票权。

表 13-1　国际货币基金组织投票权和份额　　　　　单位:%

类别	配额份额(quota shares)			投票份额(voting shares)		
	新加坡年会前	2008年改革后	2010年改革后	新加坡年会前	2008年改革后	2010年改革后
发达经济体	61.60	60.50	57.70	60.60	57.90	55.20
美国	17.38	17.67	17.40	17.02	16.73	16.47
新兴市场和发展中国家	38.40	39.50	42.30	39.40	42.10	44.80
发展中国家	30.90	32.40	35.10	31.70	34.50	37.10
中国	2.98	4.00	6.39	2.93	3.81	6.07
转型经济	7.60	7.10	7.20	7.70	7.60	7.70

资料来源:IMF,http://www.imf.org/external/np/sec/pr/2011/pdfs/quota_tbl.pdf。

2016年1月27日,IMF份额改革生效后,美国的投票权份额由16.75%微降至16.5%。截至2017年4月,美国持有的SDR份额占比为17.46%,投票权份额占比为16.52%;同期中国持有的SDR份额占比为6.41%,投票权份额占比为6.09%,仅低于美国和日本所持有的份额。由于IMF重大事项调整需要获得至少85%投票权的支持,因而美国事实上拥有一票否决权,中国与之差距较大。

(四)中国与国际货币基金组织的关系

中国是IMF的创始成员国之一,最初的份额是5.5亿美元。当时的代表是中华民国政府。1971年联合国恢复中国的合法席位后,IMF并没有立即恢复中国的合法席位。直到1980年4月18日,IMF才正式恢复中国的合法席位。目前,中国在IMF内有四个席位:一个创始成员国席位和三个地区成员席位(台湾、香港、澳门)。不包括三个地区成员的份额,中国1980年的份额是12亿SDR;1989年是23.91亿SDR;1997年是33.852亿SDR;2012年是95.259亿SDR,占总份额的6.39%,占总投票权的6.07%。2016年1月27日,IMF份额改革后,中国份额占比从3.996%上升至6.394%,排名从第六位跃居第三位,仅次于美国和日本。中国在与IMF交往过程中,使用过部分SDR,也从IMF那里获得了许多技术帮助,如金融规划、财政政策、税收政策、外汇管理等。随着经济的稳定增长,综合实力的增强,中国也参与了一些IMF活动。例如,通过IMF,中国向泰国、阿富汗等国提供了数十亿美元的援助。1997年,在发生亚洲金融危机的情况下,中国坚持人民币不贬值,对于稳定亚洲经济起到了一定的作用,真正担负起一个大国的责任。目前,中国的央行行长是国际货币基金组织理事会的理事,财政部长是副理事,还有一人担任执行董事会董事。随着与IMF关系的进一步发展,中国将在其中发挥更重要的作用。

(五)对国际货币基金组织的改革设想

作为国际货币体系的枢纽,IMF的治理结构亟待完善,应使其能够独立公允地履行国际政策监督职责。应尽快落实IMF份额调整方案,以反映各成员方的经济实力和地位,提高成员方的基本投票权比例,增加执行理事会中发展中国家的席位,以提升发展中国家在其中的话语权,提高发展中国家参与规则制定的积极性,限制大国的一票否决权。应从根本上改变IMF由少数发达国家控制的局面,更多地体现透明与开放的原则,增强发展中国家在决策中的影响力。

三、世界银行

(一)世界银行的建立及其宗旨

1944年7月1—22日在布雷顿森林召开的国际货币与金融会议上,通过了《国际复兴开发银行协定》。国际复兴开发银行成立于1945年12月27日,1946年6月25日正式开始营业,1947年起成为联合国的专门金融机构,总部设在华盛顿。

世界银行最初的目标是为西欧国家战后复兴提供资金支持,1948年"马歇尔计划"中的欧洲复兴资金到位以后,其业务目标转变为帮助发展中国家提高生产力,促进其社会进步和经济发展。世界银行集团由国际复兴开发银行(IBRD)、国际金融公司(IFC)、国际开发协会(IDA)、多边投资担保机构(MIGA)和国际投资纠纷解决中心(ICSID)等机构组成。截至2017年底,世界银行集团拥有189个成员国和地区。"世界银行"这个名称一直用于指国际复兴开发银行和国际开发协会。这两个机构联合向发展中国家提供低息贷款、无息信贷和赠款,用于支持对教育、健康、公共管理、基础设施、金融和私营部门发展、农业以及环境和自然资源管理等诸多领域的投资,旨在削减全球贫困,改善生活水平。具体而言,国际复兴开发银行向中等收入国家政府和信誉良好的低收入国家政府提供贷款;国际金融公司通过对高风险部门和国家提供贷款、股权和技术援助,促进发展中国家私营部门的发展;国际开发协会向最贫困国家的政府提供无息贷款(也称"信贷")和赠款;多边投资担保机构向在发展中国家的投资者和贷款人提供政治风险担保,防范非商业性风险损失;国际投资纠纷解决中心提供针对国际投资争端的调解和仲裁机制,解决外国投资者与东道国之间的投资争端。世界银行不是一个常规意义上的"银行",它是一个以减少贫困和支持发展为使命的独特的合作伙伴机构。

根据《国际复兴开发银行协定》的规定,世界银行的宗旨是:(1)与其他国际机构合作,为生产性投资提供长期贷款,协助成员方的经济复兴与开发,并鼓励不发达国家开发生产与资源;(2)通过保证或参与私人贷款和私人投资的方式,促进私人对外贷款和投资;(3)用鼓励国际投资以开发成员方生产资源的方法,促进国际贸易的长期平衡发展,维持国际收支平衡;(4)配合国际信贷,提供信贷保证。世界银行的主要职能和业务活动是,通过和组织长期贷款和投资,解决成员国战后恢复和发展经济的资金问题,并向成员方提供技术援助,以及设立多边投资担保机构。

(二)世界银行的组织机构

世界银行设有理事会、执行董事会和以行长、副行长及工作人员组成的办事机构。理事会是世界银行的最高权力和决策机构,由每个成员方指派的理事和副理事各1名组成。理事一般由成员方的财政部长或中央银行行长担任。理事会每年举行一次会议,一般与IMF的理事会联合举行。理事会的主要职责是:批准接纳新成员方,增加或减少银行资本,停止成员方资格,裁决执行董事会在解释银行协定方面发生的争执,以及决定银行净收益的分配等。执行董事会是负责组织世界银行日常业务的机构,行使由理事会赋予的职权。执行董事会由22人组成,其中5人由持有银行股份最多的5国(美国、英国、法国、德国、日本)指派,其余17人由其他成员方按地区组成17个选区推选产生。中国和沙特阿拉伯均作为单独选区选派执行董事。执行董事会主席由世界银行行长担任。行长是世界银行的最高行政长官,负责领导银行的日常工作以及任免银行的高级职员和工作人员。世界银行自成立以来,行长一直由美国人担任。2012年7月1日,美籍韩国人金墉成为世界银行第12任行长。2016年9月28日,执行董事会再次任命他担任世界银行行长。总部是世界银行的执行机构,负责业务经营,设在华盛顿。

凡参加布雷顿森林会议并于1945年12月31日前在《国际复兴开发银行协定》上签字的国家皆为世界银行的创始成员国。此后,任何国家都可以按规定程序提出申请,由理事会审查批准后加入世界银行。但是,按照世界银行协定规定,一个国家在加入世界银行之前,必须首先加入IMF,而IMF成员方不一定都要参加世界银行。IDA、IFC和MIGA的成员方又必须是IBRD的成员方。世界银行的重大问题都要由成员方通过投票表决的方式作出决定。根据世界银行的规定,每个成员方都有基本投票权250票,每认缴1股银行股份增加1票。因此,成员方认缴的股份越多,投票权就越大。美国一直是世界银行最大的股东。截至2013年4月底,美国有投票权281738票,占总投票权的14.99%;中国有投票权60455票,占总投票权的3.22%。截至2017年11月底,美国有投票权385197票,占总投票权的16.28%;中国有投票权107289票,占总投票权的4.53%。相比来看,美国对世界银行的业务活动具有绝对的控制权。

(三)世界银行的资金来源

世界银行的资金来源于:(1)银行股份。世界银行与IMF一样,也是采用由成员方入股方式组成的企业性金融机构。凡世界银行的成员方都要认缴一定数额的银行股份,每个成员方认缴额的多少取决于其经济和财政力量以及它在IMF中所缴纳的份额。成员方所认缴的银行股份分为实缴资本和待缴资本。在世界银行的资本总额中,实缴资本只占很小的一部分。(2)借款。这是世界银行的主要资金来源,具体分为两种:一是直接向成员方政府或中央银行发行中短期债券,二是通过投资银行、商业银行等中间包销商向私人投资市场发行债券。(3)转让债权。世界银行将贷出款项的债权转让给私人投资者,主要是商业银行,获得一部分资金,以扩大银行贷款资金的周转能力。(4)业务净收益。世界银行历年来的业务净收益不分配给股东,除赠予国际开发协会和撒哈拉以南非洲地区的特别基金款项外,都留作资金来源。(5)收回的贷款。世界银行将按期收回的贷款资金作周转使用。

(四)世界银行的主要业务

世界银行的主要业务包括:(1)为发展提供融资。为减少贫困和促进新千年发展目标的实现,世界银行提供不同形式的项目融资,包括国际复兴开发银行提供的贷款与国际开发协会提供的信贷和赠款。此外,还有其他赠款机制。(2)世界银行向那些无法进入国际市场或进入国际市场条件很差的国家提供低息贷款、无息贷款或赠款。世界银行提供货物、工程和服务投资贷款,支持诸多部门中的经济和社会发展项目。(3)提供分析和咨询服务以及技术援助。虽然世界银行以一个融资机构而著称,但是其最重要的作用之一是提供分析和咨询意见,以促进各项政策的长期改善。在这些业务中,贷款是世界银行最主要的业务活动,组织长期贷款和投资,以满足成员方战后恢复和发展经济的资金需要。

(五)世界银行的贷款业务

世界银行成立之初,主要向欧洲国家发放战后复兴经济贷款,同时也向发展中国家发放开发经济贷款。20世纪70年代以前,世界银行贷款的2/3用于资助基础结构方面的项目。70年代以后,世界银行的贷款部门将优先发展的重点放在农业和农村发展项目上;同时,对小型企业、教育、卫生、保健与营养、人口、城市发展、给排水等项目增加了投资。1980年以后,世界银行开始重视发展中国家的经济结构和政策的调整,增设了结构调整贷款。近年来,世界银行着重对能源项目扩大了贷款的数额。

世界银行的贷款分为:(1)项目贷款,又称为"特定投资贷款",用于资助成员方某个具体的发展项目。经过多年实践,世界银行在项目选择、建设和管理方面积累了丰富的经验,逐步形成了一套严格的管理制度、管理程序和管理方法。世界银行的项目贷款从开始到完成必须经过选定、准备、评估、谈判、执行、总结评价六个阶段,这一程序被称为"项目周期"。(2)非项目贷款,是指没有具体项目作保证的贷款。这类贷款只能用于以下几个方面:第一,满足成员方克服自然灾害、实行发展计划的资金需要;第二,为成员方提供进口自身短缺的原料和先进设备所需的外汇;第三,为出口结构单一的成员方弥补出口收入的突然下降提供贷款;第四,调整成员方因进口商品价格急剧上升而产生的国际收支严重逆差。(3)部门贷款,分为部门投资及维护贷款、部门调整贷款和中间金融机构贷款。部门投资及维护贷款用于改善部门政策和投资重点;部门调整贷款用于支持某一具体部门的全面政策和体制的改革;中间金融机构贷款是世界银行将资金贷放给借款国或地区的中间金融机构,再由中间金融机构转贷给该国或地区的分项目。(4)联合贷款,是指世界银行与借款国以外的其他贷款机构联合起来,对世界银行的项目共同筹资和提供贷款。(5)窗口贷款,设立于1975年12月,其贷款条件介于世界银行的一般贷款和附属机构国际开发协会的优惠贷款之间,主要用于援助低收入国家。

四、国际金融公司

(一) 国际金融公司的建立及其宗旨

国际金融公司(International Finance Corporation,IFC)的建立与世界银行的贷款原则有着密切的联系。《世界银行协定》规定,世界银行的贷款对象为成员方政府,如对私人企业贷款,必须由政府机构担保;同时,世界银行只能经营贷款业务,无权参与股份投资或为成员方的私人企业提供其他种类有风险的投资。这些规定不仅在一定程度上限制了世界银行业务活动的扩展,而且不利于发展中国家经济的发展。因此,为了扩大对成员方私人企业的国际贷款,美国国际开发咨询局于1951年提出在世界银行下设立国际金融公司的建议。1956年7月,国际金融公司正式成立。国际金融公司的宗旨是:(1)为发展中国家的私人企业提供没有政府机构担保的各种投资,以促进成员方的经济发展;(2)促进外国私人资本在发展中国家的投资;(3)促进发展中国家资本市场的发展。

(二) 国际金融公司的组织机构

国际金融公司的机构设置和管理方法也与世界银行一样。国际金融公司的正副理事和正副执行董事由世界银行的正副理事和正副执行董事兼任,正副经理由世界银行的正副行长兼任。因此,国际金融公司实际上也是世界银行的一个附属机构。但是,国际金融公司有自己的业务和法律人员。根据《国际金融公司协定》的规定,国际金融公司的成员方必须是世界银行的成员方,而世界银行的成员方不一定都要参加国际金融公司。1980年5月,中国恢复成为国际金融公司的成员方。截至2017年底,国际金融公司有成员方184个。国际金融公司成员方的投票权采用按认缴股份额计算的原则。每个成员国都有250票基本票,每认缴1000美元增加1票。美国是认缴股份最多的成员方,拥有的投票权也最多。截至2017年9月30日,美国有投票权570199票,占总投票权的20.99%;中国有投票权62576票,占总投票权的2.3%。国际金融公司的资金主要来源于成员方认缴的股份、借款和业务净收益三个方面。

(三) 国际金融公司的贷款业务

国际金融公司的主要业务是**提供贷款和对中小企业直接投资**。国际金融公司的贷款对象主要是亚非拉地区的不发达国家。贷款的资助部门主要为制造业、加工业和开采业，如钢铁、建筑材料、纺织、采矿、肥料、化工、能源、木材、造纸、旅游、非金融服务业等。国际金融公司的贷款不需要政府机构担保，可以直接贷给成员方私人企业。贷款的期限较长，一般为7—15 年；如确属需要，还可以更长一些。贷款的利率根据资金投放风险和预期收益等因素决定，一般高于世界银行的贷款利率。每笔贷款的数额一般在 200 万美元至 400 万美元之间。国际金融公司从承诺贷款和入股之日开始，每年对未拨付部分收取 1% 的承诺费。国际金融公司办理贷款业务时，通常采用与私人投资者、商业银行和其他金融机构联合投资的方式。这种联合投资活动既扩大了国际金融公司的业务范围，又促进了发达国家对发展中国家私人企业的投资。

五、国际开发协会

(一) 国际开发协会的宗旨

20 世纪 50 年代，亚非拉地区的发展中国家由于长期受帝国主义的剥削和压迫，经济十分落后，外债负担沉重，自有资金严重不足，急需获得大量的外来资金以摆脱困境和发展经济。但是，国际货币基金组织和世界银行的贷款条件较高且数目有限，不能满足这些较贫困国家对大量低息或无息贷款的需求。为此，它们迫切要求建立一个能为其提供优惠贷款的开发性国际金融机构。在这种情况下，美国于 1958 年提出成立国际开发协会的建议。1959 年 10 月，世界银行予以批准。1960 年 9 月 24 日，国际开发协会 (International Development Association, IDA) 正式成立，同年 11 月开始营业，会址设在华盛顿。国际开发协会在其协定中规定，协会的宗旨是向符合条件的低收入国家提供长期优惠性贷款，帮助这些国家削减贫困，加速发展经济，以达到提高劳动生产率和改善人民生活的目的。因此，国际开发协会的贷款是低收入发展中国家获得发展经济所需资金的一个很重要的来源。

1980 年 5 月，中国恢复成为国际开发协会的成员方。截至 2014 年 7 月底，IDA 经评估认为有 82 个国家和地区有资格获得其提供的优惠基金。但是，可获得的资金量大大低于贫困国家的需要量。因此，IDA 必须在这些有资格的国家和地区中配置稀缺资源，评判资格条件：一是在世界银行当年财政年度确定的人均国民收入的贫困线之下；二是缺乏市场条件借款的信用度，因而需要优惠资源为国家发展规划融资。评判依据是接受国或地区在促进经济增长和削减贫困上的政策绩效和制度能力，以便集中资源，尽可能地削减贫困。

(二) 国际开发协会的组织机构

国际开发协会的机构设置与世界银行相同。理事会是协会的最高权力机构，下设执行董事会，负责组织日常业务经营活动；由经理、若干副经理和工作人员组成的办事机构则负责处理日常业务工作。国际开发协会的正副理事、正副执行董事就是世界银行的正副理事、正副执行董事，经理、副经理由世界银行行长、副行长兼任，办事机构的部门负责人也都由世界银行相应部门的负责人兼任。因此，国际开发协会和世界银行在组织机构上是"两块牌子，一套人马"。但是，这两个金融机构在法律和财务上是相互独立的。

国际开发协会是世界银行的一个附属机构，由世界银行成员方认股组成。截至 2017 年底，国际开发协会有成员方 173 个。按照各成员方的经济状况，国际开发协会将它们分为两类：第一类为工业发达或收入较高国家和地区，现有 31 个；第二类为发展中国家和地区，现有 142 个。国际开发协会成员方的投票权也采用按股份额计算的原则。截至 2017 年 9 月 30 日,第一类成员方投票权合计占总投票权的 54.74%,第二类成员方投票权合计占总投票权的 45.24%。第一类成员方中,美国的投票权数最大,目前占总投票权的 10.30%。中国的投票权占总投票权的 2.19%。国际开发协会的资金来源于成员方认缴的股份,成员方和其他赞助方提供的补充资金和特别基金捐款,世界银行从其业务净收益中拨来的赠款,以及协会的业务净收益。

(三)国际开发协会的贷款业务

国际开发协会的主要业务是向低收入的发展中国家和地区提供长期优惠性贷款。国际开发协会的主要贷款对象是那些相对贫困、国际信誉较差的国家和地区。1999 年制定的标准是,有资格获得贷款的国家是 1997 年人均 GNP 低于 925 美元的成员方。照此标准,当年有 81 个成员方(包括中国)有资格获得国际开发协会贷款。国际开发协会提供的贷款被称为"开发信贷",又叫作"软贷款",贷款期限为 50 年,头 10 年为宽限期,不必还本;从第二个 10 年起每年还本 1%,其余 30 年每年还本 3%。在整个贷款期限中,免收利息,只对已拨付的部分每年收取 0.75% 的手续费。因此,国际开发协会的信贷具有明显的援助性质,作为世界银行贷款的补充,旨在促进世界银行目标的实现。近年来,国际开发协会的信贷资金主要用于资助农业和农村发展部门以及运输、能源、电力、交通、水利、港口建设等公共工程部门。在 1997 财政年度,国际开发协会共向 912 个项目发放贷款,贷款总额达 435 亿美元。自 1960 年成立以来,截至 2013 年 6 月 30 日,国际开发协会已支持了 108 个国家和地区的发展规划。其中,对中国的援助项目有 71 个,贷款总额为 99.47 亿美元。不过,到 1999 年 7 月 1 日,中国就已从国际开发协会中脱贫,不再要求从国际开发协会借款。2011—2013 年,国际开发协会年均承诺资金 160 亿美元,其中 50% 的资金都投向了非洲。在 2013 财政年度,国际开发协会承诺资金达 163 亿美元,覆盖 160 个新项目。

六、亚洲开发银行

亚洲开发银行(Asian Development Bank,ADB),简称"亚行",是西方国家和亚洲及太平洋地区发展中国家和地区联合创办的亚太地区政府间国际金融组织。

(一)亚洲开发银行的建立及其宗旨

二战后,获得民族独立的亚洲国家和地区面临着迅速发展本国和地区经济的艰巨任务。但是,由于缺乏资金、技术等条件,这些国家和地区的经济发展十分缓慢。面对这一状况,亚洲国家和地区的政府意识到,必须在本地区建立一个开发性金融组织,通过该组织进行本地区以及本地区与其他地区之间的金融合作,为本地区经济发展提供资金。1963 年 3 月,日本提出了设立"亚洲开发银行"的建议。同年 12 月,联合国亚洲及远东经济委员会(简称"亚经会")在菲律宾马尼拉召开第一次亚洲经济合作部长级会议讨论日本的建议,各国代表原则上同意建立亚洲开发银行。1965 年 11—12 月,在马尼拉召开的第二次亚洲经济合作部长级会议上,通过了亚洲开发银行章程。1966 年 11 月 24 日,亚洲开发银行成立,于同年 12 月开始营业,总部设在马尼拉。亚行的宗旨是促进亚洲及太平洋地区的经济发展和合作,特别是协助本地区发展中国家和地区以共同的或个别的方式加速经济发展。为了实现这一宗旨,亚行的主要任务是:(1)利用亚行的资金为本地区发展中国家和地区的开发项目和计划提供贷款;(2)为这些贷款项目的确认、准备、实施和运转提供必要的技术援助;(3)通过亚行活动促进成员方公营和私营部门的开发性投资;(4)为成员方协调本国的开发计划和政策提供必要的资金和技术援助。

（二）亚洲开发银行的组织机构及成员方

亚行是以成员方入股的方式组成的企业性金融机构，设有理事会、董事会以及办事机构。其中，理事会是亚行的最高权力机构，由各成员方任命的1名理事和1名副理事组成。董事会是亚行日常业务的领导机构，行使由亚行章程和理事会赋予的权力。董事会现由12名董事组成，其中8名来自本地区，4名来自非本地区。中国1986年加入亚行后，作为单独选区指派了董事和副董事。董事会的最高领导是董事会主席，由亚行行长担任。行长是亚行的合法代表和最高行政长官，在董事会的指导下处理亚行的日常业务，并负责亚行官员和工作人员的任命和辞退。亚行自成立以来，历届行长均由日本人担任。总部是亚行的执行机构，负责亚行的业务经营。在总部内，设有9个局和11个局级办公室。

亚行的成员方包括联合国亚洲及太平洋经济社会委员会（简称"亚太经社委员会"）成员方、亚太地区其他国家或地区以及亚太地区之外的国家或地区。亚行在1966年初建时，有31个成员方，其中19个来自亚太地区，12个来自西欧、北美地区。截至2013年4月，亚行的成员方增加到67个，其中48个来自亚太地区，19个来自西欧、北美地区。在这些成员方中，有23个是工业发达国家。所以，亚行既是一个区域性国际金融组织，又带有明显的国际性。

亚行成员方的投票权采用按股东额计算的原则，成员方所认缴的银行股本越多，投票权就越大。目前，亚行成员方中，发达国家和地区的投票权占总投票权的50%以上。特别是日本和美国，为了达到控制亚行的目的，其认缴额在亚行成员方中一直占据前两名。

截至2016年12月底，美国和日本认缴份额各占15.607%，拥有的投票权各占12.784%。中国已成为第三大认股国和最大的发展中国家认股国。截至2016年12月底，中国认缴份额占6.444%，拥有的投票权占5.454%。中国在亚行的业务活动中发挥着越来越重要的作用。

（三）亚洲开发银行的资金来源

亚行的资金主要来源于普通资金、亚洲开发基金和技术援助特别基金三个方面。除此之外，亚行还从其他资金渠道为项目安排联合融资。1988年，亚行又建立了日本特别基金。具体而言：(1)普通资金，这是亚行开展业务的主要资金来源，包括亚行成员方认缴的银行股本、借款、普通储备金、特别储备金、业务净收益和预缴股本。(2)亚洲开发基金，建立于1974年6月28日，专向亚太地区贫困成员方发放优惠贷款，主要来源于亚行发达成员方的捐赠。(3)技术援助特别基金，建立于1967年，主要用于提高发展中国家和地区人力资源的素质和加强执行机构的建设。(4)日本特别基金，建立于1988年3月10日，用于支持发展中国家和地区与实现工业化、开发自然资源和人力资源以及引进技术有关的活动，以便加速发展中国家和地区经济。该项基金全部由日本政府捐赠。(5)联合融资，是指一个或一个以上的外部经济实体与亚行共同为某一开发项目融资。通过这一方式，可以为本地区的经济发展筹集更多的开发资金。目前，联合融资已成为亚行业务的一个重要组成部分。

（四）亚洲开发银行的贷款业务

亚行的主要业务是向本地区发展中国家和地区提供贷款。自成立以来，亚行的贷款业务发展十分迅速，涉及农业和农产品加工业、能源、工业、交通运输业、通信、开发银行、环境卫生、给排水、教育、城市发展以及人口控制等众多部门。其中，农业和农产品加工业、能源、交通运输业是亚行发放贷款的重点部门。亚行的贷款对象为成员方政府及所属机构、其境内的公私企业以及与开发本地区有关的国际性或地区性组织。亚行贷款业务的种类采用两种划分标准,一是按贷款条件划分,二是按贷款方式划分。按贷款条件,亚行的贷款分为硬贷款、软贷款和赠款。按贷款方式,亚行的贷款业务分为项目贷款、规划贷款、部门贷款、开发金融机构贷款、综合项目贷款、特别项目执行援助贷款和私营部门贷款。

(五) 亚洲开发银行的技术援助

亚行多年来的经验表明,仅靠向发展中国家和地区提供贷款和投资,不能达到促进其社会经济发展的目的,还必须提供致力于加强机构建设和提高劳动生产率水平的技术援助,使其能够更有效地利用投资,搞好经济开发项目的建设。因此,亚行在办理各项贷款业务的同时,积极开展广泛的技术援助。亚行提供技术援助的目的主要是:(1) 提高发展中国家和地区执行机构的技术水平和组织管理能力;(2) 建立并加强发展中国家和地区的开发性金融机构;(3) 更有效地监督、制定和执行发展中国家和地区的开发项目;(4) 帮助发展中国家和地区制定整体的和部门的发展规划和策略。亚行技术援助的类型分为项目准备技术援助、项目执行技术援助、咨询性技术援助和区域性技术援助。亚行提供技术援助的方式主要有贷款和无偿赠款两种,其中以贷款为主。亚行的技术援助在亚太地区社会经济发展中起着重要的作用,不仅能够使受援国或地区增强机构能力和提高技术水平,而且有助于扩大贷款业务。

七、亚洲基础设施投资银行和金砖国家新开发银行[①]

(一) 亚洲基础设施投资银行

亚洲基础设施投资银行(Asian Infrastructure Investment Bank, AIIB,简称"亚投行"),是一个政府间性质的亚洲区域多边开发机构,重点支持基础设施建设,旨在促进亚洲区域建设互联互通和经济一体化的进程,并且加强中国与其他亚洲国家和地区的合作。亚投行总部设在北京,法定资本为 1000 亿美元。2013 年 10 月 2 日,习近平主席提出筹建倡议。2014 年 10 月 24 日,包括中国、印度、新加坡等在内的 21 个首批意向创始成员国的财长和授权代表在北京签约,共同决定成立亚投行。2015 年 4 月 15 日,亚投行意向创始成员国确定为 57 个,其中域内国家 37 个,域外国家 20 个。6 月 29 日,《亚洲基础设施投资银行协定》签署仪式在北京举行,亚投行 57 个意向创始成员国财长或授权代表出席了签署仪式。12 月 25 日,亚投行正式成立,全球迎来首个由中国倡议设立的多边金融机构。2016 年 1 月 16—18 日,亚投行开业仪式在北京举行。

亚投行旨在建设成为一个平等、包容、高效的基础设施投融资平台以及适应本地区各国发展需要的多边开发银行。亚投行秉持"先域内,后域外"的原则和"开放的区域主义",使得亚洲国家相对容易获得贷款,同时又不搞封闭,体现的正是亚投行在国际金融治理结构上的创新。

(二) 金砖国家新开发银行

金砖国家新开发银行(New Development Bank BRICS),又称"金砖国家开发银行"(BRICS Development Bank),简称"金砖银行",是由金砖国家共同倡议建立的国际性金融机构。为避免在下一轮金融危机中受到货币不稳定的影响,金砖国家计划构筑一个共同的金融安全网,借助资金池兑换一部分外汇用于应急。2013 年 3 月 27 日,在南非德班举行的

---

① 参见沈国兵编著:《国际金融理论与实务》,复旦大学出版社 2018 年版,第 318—320 页。

第五届金砖国家领导人峰会上,各国领导人同意成立金砖银行。2014年7月15日,在巴西举行的第六届金砖国家领导人峰会上,落实了金砖银行的成立问题。2015年7月21日,金砖银行正式开业。

根据第六届金砖国家领导人峰会发布的《福塔莱萨宣言》,金砖银行总部设在上海,核定资本为1000亿美元,初始认缴资本为500亿美元,由5个创始成员国平均出资。金砖银行首任行长来自印度,首任理事会主席来自俄罗斯,首任董事会主席来自巴西。金砖银行的主席将在5国之间轮值,5年为一个任期。另外,第六届金砖国家领导人峰会上,还决定建立1000亿美元金砖国家应急储备基金。金砖银行的主要职能有两个,即促进基础设施建设融资和可持续发展。

(三)亚洲基础设施投资银行与金砖国家新开发银行:比较分析

亚投行与金砖银行有以下一些共同点:

第一,亚投行与金砖银行都是由新兴经济体主导建立的,是对现有国际多边开发金融体系的有益补充,有利于国际金融治理体系的完整和多元化。金砖银行由金砖国家共同主导,亚投行的前三大股东也都来自新兴经济体,是由新兴经济体主导发起的。亚投行与金砖银行的功能既有区别又有重叠,但是并不冲突,它们是互补与合作的关系。二者的成立面临着相同的国际与国内背景,中国在其筹备过程中都发挥了积极重要的作用。

第二,亚投行与金砖银行在治理机制上更加公平,体现出协同合作的治理模式。金砖银行在治理主体、治理结构等方面均体现出平等的理念,体现了金砖国家协同合作的意愿,超越了由单一个体主导整个银行的治理模式。亚投行在组织架构和治理结构等方面采取了一些新的模式。在股权分配和资本认缴上,亚投行法定股本遵循域内与域外分别分配的原则,域内成员与域外成员的法定股本之间的比例为3∶1,不得相互占用。亚投行投票权分配兼顾主权平等和权责适应原则,同时注重体现创始成员国的身份。截至2017年11月底,中国的投票权份额总和为27.4499%。随着新的成员方不断加入,中国的股份和投票权份额将被逐步稀释,不断降低。

第三,亚投行与金砖银行都旨在服务于基础设施建设和互联互通建设,为本地区经济增长提供持久的动力。中国倡议成立亚投行的目的是充分发挥亚太地区在基础设施建设方面的潜力,满足有关国家在基础设施投融资方面的巨大需求;而倡议成立金砖银行的目的是支持金砖国家及其他发展中国家和地区的基础设施建设及可持续发展。截至2017年11月底,金砖银行已批准项目13个,项目金额达33亿美元,项目主要集中在绿色能源和交通运输领域。截至2017年9月,亚投行已批准项目28个,发放贷款金额约30亿美元,项目涵盖能源、交通、城市发展、农村发展、物流等领域。

但是,亚投行与金砖银行在功能的侧重点方面存在着差异。

第一,亚投行更加侧重于基础设施建设,旨在充分发挥亚太地区在基础设施建设方面的潜力,同时提高亚洲资本的利用效率以及对区域发展的贡献水平。全国政协常委楼继伟在APEC财长会上说:"这个银行(亚投行)不是以减贫为主要目标,它是投资那些准商业性的基础设施,特别是实现亚洲地区的互联互通。"金砖银行则是为金砖国家及其他发展中国家的基础设施建设及可持续发展筹集资金,是以减贫为目的,旨在对世界银行的业务进行补充,同时也是为了方便金砖国家之间的结算和贷款业务,减少它们对美元和欧元的依赖。相比于亚投行,金砖银行的定位更像是作为世界银行和IMF的补充,这与亚投行的亚洲定位有所区别。亚投行主要服务于"一带一路"建设,旨在实现国家间的互联互通,进而促进全球经济增长。

第二,中国在亚投行和金砖银行建设发展中都扮演着十分重要的角色。但是,金砖银行是由印度于2012年首先提出的,后经由金砖国家领导人达成共识;亚投行是由中国于2013年倡议建立的,后经由中国分别与多个域内国家进行双边协商,最终进行多边协商而达成共识。

第三,金砖银行的初始认缴资本由金砖国家平均分担。但是,在亚投行的初始认缴资金中,中国所占的比重较高。如果参与的国家较多,中国的出资比重就可以相应地降低。但是,按照经济权重计算,中国仍将持有最大的份额。

第四节 国际货币体系的改革方案及选择

国际上曾围绕国际货币体系的改革进行过多次协商和讨论,其中心议题是:(1)汇率制度的安排;(2)货币可兑换性的重建;(3)各种储备资产在国际货币体系中的地位;(4)扰乱性资本流动的治理;(5)为适应发展中国家的特殊需要,应作出某些新的规定等。但是,因为各个国家的利害关系不同,所以国际货币体系的改革存在着诸多利益冲突,这也决定了国际货币体系改革必然要经历一个长期的、复杂的、曲折的过程。

一、国际货币体系存在的问题

在以美元为中心的国际固定汇率制度垮台以后,形成了以主要工业国货币为国际储备货币和以IMF为核心的国际汇率监督体系。IMF在20世纪80年代缓解国际债务危机、90年代促进资本市场开放方面发挥了一定的积极作用。但是,随着世界各国和地区经济实力的消长,以及在市场一体化过程中世界经济格局的调整,IMF在监督国际货币体系与协调各国和地区经济政策方面经常不尽如人意。实际上,国际资本市场的迅速发展以及国际监管体制的真空,给国际货币体系留下了许多风险和危机的隐患。亚洲金融危机的爆发和蔓延就是明显的例证。究其原因,主要有:

第一,IMF和发达国家在积极推动资本市场开放和国际资本市场一体化过程中,没有考虑金融市场稳定和有序推进开放的问题。现行国际货币体系中,资本流动在带来利益的同时,也带来了许多问题。对于发展中国家来说,在国内开放资本市场的条件成熟之前,对资本流动实行一定形式和程度的管制也是防范国际冲击的重要手段。20世纪90年代以来,IMF极力主张发展中国家尽快开放资本市场,而忽视了应当创造必要的条件和遵循一定顺序的做法,这对后来单个国家的金融困难很快转化为体系性货币危机有加剧作用。

第二,发展中国家在开放资本市场过程中,没有坚持创造必要的前提条件。资本市场的开放应该具备一定的前提条件:国内利率应完全由市场力量来决定,能够反映市场资金供求和资本的市场价格;要建立完善的国内银行体系,有能够独立执行货币政策的中央银行和完善的银行监督制度,以保证银行业的资产质量和银行体系的整体稳健。发展中国家国内资本市场的发展和扩大,能夯实开放资本市场的基础。

第三,汇率体制脱离了国内基本经济条件。由于固定汇率对于克服20世纪80年代发展中国家的高通货膨胀危机起了重要作用,因此20世纪90年代后许多发展中国家开始实行固定汇率制度。但是,固定汇率制度使中央银行不能根据国内经济的需要调整货币供应量,货币政策失去了独立性。同时,维持固定汇率往往会使汇率偏离中心汇率,直接降低一国出口产业的竞争力。此外,汇率高估降低了对外借贷的名义成本,致使有关国家短期外债比重不断上升,降低了这些国家抵御国际资本冲击的能力。

第四,国际监督体制存在真空。20世纪90年代以来,信息技术飞速发展,金融自由化日益推进,资本的跨国流动出现了空前的规模和速度。1997年,包括银行贷款和证券融资在内的国际融资总额达到88272亿美元,比5年前增加了20多倍。但是,不论是主要国家的中央银行还是国际金融机构,都没有发展和建立与之相适应的监督管理机制。这凸显了全球资本无序流动的缺陷,大量投机性资本盲目流动,必然会增大爆发货币危机的可能性。

第五,国际协调效率有待提高,而救援机制不够充分。随着资本市场全球化的发展,国际协调的作用日益重要,国际协调效率已成为影响国际货币体系稳定运行的重要因素。世界主要工业国家通过七国首脑会议、七国财长和央行行长会议等国际协调的主导形式,对世界经济事务起着决定性的影响。它们通过国际与地区性多边机构的框架,制定和推行关于世界经济事务与金融市场的原则和行为准则,也不可避免地将自己的意愿写入有关市场准则和多边合作的章程。

二、改革国际货币体系的主要方案[①]

金融理论界始终存在改革国际货币体系的呼声,只是根据形势的发展而时骤时缓。各种改革设想大致可分为三类:复古方案、折中方案和激进方案。

主张以某种方式恢复金本位制或者建立其他商品本位制的设想,属于复古方案。这是一种比较明显的错误思想,因为商品货币阶段已经成为历史,这种方案如今既不现实也不可能。

折中方案大多是既得利益者提出的或者是为了维护既得利益的,他们的意见主要是对现有体系的明显不足进行修补。以美国前财政部长罗伯特·鲁宾提出的"鲁宾方案"为例,该方案以"建立一个不那么容易出现金融危机,而且更加能够在金融危机出现时控制住这种危机的体系"为目标,建议包括:(1)设法促使发展中国家进行结构改革和实行健全的宏观经济政策;(2)设法减少过度投资,减少工业国银行和投资者在经济景气时对风险注意不够而提供过度信贷;(3)财务更加公开,透明度更大;(4)私营部门在应付危机方面适当地分担一些任务;(5)出现危机的国家要对那些最贫困的人给予更大的支持;(6)国际货币基金组织应提供更好的信息,加强国家金融体系,建立使放贷人和投资者更多地承担其后果的有效机制。

区域性固定汇率制度的观点也基本属于折中方案。20世纪60年代,蒙代尔、麦金农和凯南等创立和发展了"最佳货币区理论",其内容主要是结合某种经济特征判断汇率安排的优劣,并说明何种情况下实行固定汇率安排和货币同盟或货币一体化是最佳的。这一理论的产生成为欧元诞生的理论依据,而欧元的出现对现行国际货币体系的发展有了一个启示,使现行国际货币体系有可能向一种区域性固定汇率制度的方向发展。

一些以建立超国家的世界货币、世界中央银行或类似国际金融机构为目的的方案都属于激进方案。在这个方向下,不同国家的学者、政要以及不同利益阶层的代言人纷纷提出自己的改革设想,其中比较有代表性的是美国经济学家理查德·库珀的设想。他建议"国际权力机构发行一种用于国际贸易的特殊货币,各国执行独立、统一的货币政策,这才是稳定汇

[①] 参见钟红:《国际货币体系改革方向与中国的对策研究》,载《国际金融研究》2006年第10期。

率的唯一方法",并主张"用循序渐进的办法,使国际货币改革走向世界货币体系,即在数年内,先实行汇率目标区制,10年前后再实行美、日、欧三级的单一通货制,最后过渡到全世界都参加的单一通货制"。

库珀的设想就方向性而言有一定的合理性,但是他提出的具体步骤和方法有许多值得商榷之处。因为汇率目标区制或最佳货币区等做法可能是一个正确而有效的途径,美、日、欧"稳定三岛"可能会在一定程度上解决汇率波动问题,但是相对于广大发展中国家,它们属于同一个利益集团,用三者的联合货币替代单一的美元,意味着美国得自于国际货币体系的利益与欧、日分享,其他国家尤其是广大发展中国家的不公正处境并没有得以改善。"汇率波动可能得到缓解"这一结论也不很确定,因为其他国家如何确定和调节与美、日、欧联合货币之间的汇率制度仍是一个难以解决的问题,而且更加强大的美、日、欧未来也不会主动与其他国家分享世界货币的利益,实现世界单一货币的前景渺茫。

比较激进的改革观点还包括莫里斯·阿莱方案。诺贝尔经济学奖获得者莫里斯·阿莱的方案包括七个要点:(1)完全放弃浮动汇率制度,代之以可调整的固定汇率制度;(2)实行可确保国际收支平衡的汇率制度;(3)禁止货币竞相贬值的做法;(4)在国际上完全放弃以美元为结算货币、汇兑货币和储备货币的记账单位;(5)将 WTO 和 IMF 合并为一个组织,成立地区性组织;(6)禁止各大银行为了自己的利益而在汇兑、股票和衍生产品方面从事投机活动;(7)通过适当的指数化在国际上逐步实行共同的记账单位。

以上方案站在各自不同的立场,各有侧重,各有缺陷,同时也反映了各国在国际货币体系改革问题上的分歧和矛盾。以汇率问题为例,欧盟建议在特定地区限制美元、日元、欧元之间的汇率波动幅度,以便维持全球金融市场的稳定;而美国持反对态度,强调应该由市场决定汇率浮动,将金融自由化和全球化趋势继续保持下去,并强调信息完全公开。日本则希望建立一个由世界三种主要货币即美元、欧元和日元共同组成的一篮子货币计划;而欧盟表示反对,认为这是日本希望将其投机性很强的货币与牢固的基础货币挂钩的企图。上述各种改革观点之间的分歧也表明国际货币体系改革的难度是相当大的。

三、国际货币体系改革前景

随着金融危机的蔓延,国际社会已经意识到现存的国际货币体系存在着缺陷。自1998年开始,国际金融机构和主要工业国家纷纷提出各种改革现行国际货币体系的建议。为此,国际货币基金组织和由发达国家联合新兴市场国家组成的22方会议曾多次讨论,西方七国集团以首脑声明和财长、中央银行行长联合宣言的形式提出了加强国际货币体系的建议。此外,美国、英国、法国和日本都提出了各自建议。保持国际金融市场的相对稳定和建立有效的国际货币监督体系,关系到各方面的共同利益,是有关各方有可能达成共识的基础。就现有议题来看,国际货币体系改革方案主要有:

第一,主张建立一个统一管理国际货币体系的金融机构。主要提议有:(1)建立一个世界性的中央银行,实行全球单一货币;(2)建立一个超国家的金融机构;(3)IMF 具有的外汇稳定基金的性质已无法适应国际货币制度的需要,应把它改组成具有世界中央银行职能的机构。

第二,主张加强国际货币体系,加强对资本流动的管理。目前已经形成的共识包括:(1)加强对银行体系的监督,建立完善的银行监督机制;(2)加强对短期资本流动的监督,增加对投资银行和对冲基金的信息披露要求;(3)增加所有国家宏观经济,包括财政状况和货币状况的透明度;(4)加强国际货币基金组织提供应急贷款的机制和能力。

第三,主张着眼于货币本位和国际储备资产的改革方案。主要提议有:(1)恢复金本位制,认为金本位制具有促使国际收支自动恢复平衡的机能,而以金汇兑本位制为基础的国际货币制度不能发挥这一作用。这项提案在1982年已被否决。(2)调整黄金价格,主张以此解决国际流通手段不足的问题。但是,提高或降低黄金价格各有利弊,不能从根本上解决问题。(3)恢复美元本位制,以使国际汇率趋于稳定。但是,"特里芬两难"是以美元为单一货币本位不可克服的矛盾。(4)主张特别提款权本位制,以 SDRs 作为国际主要储备资产。这种综合性的人为创造的资产,可以满足各国对国际清偿力日益增长的需求,并可有效地加以控制和协调。但是,在全球经济由少数发达国家主宰的背景下,希冀在技术上创设一种与各国的经济实力相脱离并剥夺发达国家货币主导权的新的记账单位、交易手段、支付工具和储备资产,是不现实的。SDR 的创设和分配一直受到以美国为首的发达国家的反对和阻挠就说明了这一点。(5)实行水平性储备,认为将储备货币的价值固定在黄金这一商品上具有内在的不稳定性,建议选一组在国际贸易中有代表性的商品,经过某种加权平均处理后,确定储备货币与这组商品的比价。(6)以新的国际储备货币或超国家的储备货币替代美元。

第四,主张汇率制度安排的改革方案。主要提议有:(1)实行爬行盯住的汇率制度。这是介于固定汇率制度和浮动汇率制度之间的汇率制度,实际上是一种短期稳定、长期灵活的汇率制度。这项制度的倡议者特别强调它对发展中国家的适用性。(2)实行混合汇率制。这一建议强调各国根据自己的情况采用恰当的汇率制度,对世界而言,就有多种多样的汇率制度。(3)实行汇率目标区。即在主要工业国货币之间确定汇率波动的幅度作为目标区,其他货币则盯住目标或随之波动。汇率目标区旨在反映基本经济情况或实际汇率,其优点是:确定各国货币的中心汇率,并在中心汇率附近确定一个汇率波动的范围,使之具有浮动汇率的灵活性和固定汇率的稳定性。(4)维持现行汇率制度。对这种主张,美国最坚决,认为现行汇率制度在世界经济十分动荡、政治形势不稳定的情况下,能够促进国际收支的调节,维持自由贸易和支付,有利于国内货币政策的推行。

第五,主张国际收支调节机制的改革方案。当前,全球性国际收支失衡是经济全球化条件下的结构性失衡,其主要根源在于美国日益严重的"双赤字",以及由此导致的全球经济失衡和资本流动可能出现突发性逆转的风险。国际收支调节机制改革是当前国际货币体系改革的一项重要内容。但是,当前国际货币体系的合作和制约基础受到了破坏,各大国之间不愿意或没有能力相互吸收国际收支调节的冲击,也无法对美国的国内经济政策进行制约,国际货币市场成为一个"无政府规制的高度垄断性市场",其稳定完全依赖于对美国经济的信心。在这种体制下,汇率调节国际收支的功能下降。因此,主要储备货币国家应建立一定的合作机制,共同解决国际收支失衡问题。

第六,主张实行 G-3 联盟或五大货币区并存方案。蒙代尔建议,在美元、欧元和日元之间固定汇率的基础上,构建一个 G-3 联盟,再以此为平台,建立一个世界货币。这个方案可分五步走:一是确立一个公共的通货膨胀率;二是确立一个度量通货膨胀的共同指数;三是将汇率与美元锁定;四是确立一个公共的货币政策;五是在铸币税分工上达成一种协议。据此,IMF 可以建立一个世界货币,最后按照各国和地区经济规模的大小建立一个世界中央银行。在还没有出现全球单一货币的情况下,亚洲肯定需要一种共同的货币。他预计,到2021年,亚洲经济将与美国、欧洲并驾齐驱,由于美元和欧元两大区域已形成,因此亚洲迫切需要有自己的共同货币,世界货币需要"亚元"。另一些学者却主张,将世界划分为五大货币区,各个区域基本由经济发展水平相当、有一定相关性和可比性的国家组成。在区域内,实行单一的货币或固定汇率制度,并建立严格的自身监控体系。这五大区域可以按照欧元、美元、日元、人民币和卢布进行划分。事实上,这种区域的划分只是在当前全球经济尚存在不均衡状态下的一种过渡性选择。当全球经济一体化完全实现之后,区域的划分将自然消亡。

第七,主张建立一个非国家货币主导的国际货币体系。这种主张认为,为了增强对世界货币发行的约束,从方向上看,全世界应建立一个非国家货币主导的货币体系,即逐步从美元主导的货币体系过渡到多个货币共同竞争的货币体系。具体而言,应建立相互制约、相互竞争的国际货币关系,削弱美元的霸权地位,最终建立一个非国家货币主导的多元化的国际货币体系,以减弱世界货币发行国的国内经济发展目标对世界货币发行目标的干扰。

综上所述,有关国际货币体系改革的主张可谓"仁者见仁,智者见智",其中的缺陷和争议也颇多。在此背景下,国际货币基金组织提出了核心性改革内容,主张国际货币体系新架构包括五要素:**透明度、金融体系的稳健、私人部门参与、有序的资本市场开放以及建立现代化的国际资本市场的原则与标准**。作为防范危机的重要措施,国际货币基金组织提出了进一步推广关于数据公布的特殊标准、建立国际收支危机预警系统的政策,旨在增强成员方经济信息披露。此外,为进一步增加成员方宏观经济状况和政策透明度,1998年以来,国际货币基金组织还陆续发布了《财政透明度手册》《货币与金融良好行为准则》等报告,用于实施提高成员方公开经济信息和改善政策透明度的工作,并对成员方规定了更多的监管和披露的要求。

各主要工业国家的方案更多地反映出在新的国际金融形势下这些国家维护自己利益的考虑和相互之间的矛盾。美国建议的立足点在于保持美国在国际金融领域的霸主地位。在有美国参与制订的改革建议中,没有出现任何有可能削弱美国主导地位的措施。随着欧元的诞生,欧洲经济货币联盟得以巩固和加强,也增加了向美国主导地位发起挑战的实力。目前,在世界总的国内生产总值中,美国占25%,欧元区11国同样占25%,日本占15%,而各国中央银行现存的外汇储备却是美元占57%,欧元占19%,日元占5%,很不相称。以欧元启动为契机,美元在国际储备货币中的中心地位将逐步被削弱。

法国代表欧洲提出了改革IMF临时委员会的建议,主张通过改革决策机制削弱美国对IMF的影响。英国提出表面上标新立异的建议,主张IMF与世界银行合并,以提高效率。但是,这实际上是主张维持现状的另一种表象。长期以来,日本一直想在亚洲建立以日元为核心的亚洲货币体系,企图将亚洲变成自己的"经济后方"。亚洲金融危机以后,日本乘周边国家遭遇困难之际抛出了建立亚洲货币基金的建议,希望扩大在本地区的影响,并借此增强其在亚洲的经济主导地位和抗衡欧美的力量。

尽管发达国家的改革主张名目繁多,但是都离不开维护其自身经济利益。从目前来看,还是要促使新兴工业国家和广大的发展中国家保持资本市场开放,以便发达国家利用其在金融服务业中已有的优势,获得更多的商业利益。因此,对于发展中国家关于加强对短期资本流动监督和管理的建议,发达国家一直是表面上应付,至今尚未采取任何实质性措施。此外,国际机构督促发展中国家增加经济状况和政府改革透明度的做法,正迎合了发达国家的需要。从某种意义上说,发展中国家必须有自己的政策,才能在资本市场开放过程中趋利避害,分享全球经济一体化的成果。

总的来说,发展中国家要加快国际货币体系改革的步伐。1999年2月12日,在牙买加蒙特哥贝举行的由亚洲、非洲和拉丁美洲发展中国家组成的十五国集团首脑会议发表宣言，强烈批评国际货币体系改革进展缓慢。宣言中说："我们认为，在国际金融体制的改革进程中，发达世界和发展中国家都必须有自己的声音。为进行改革，必须进行全面的磋商。"与欧洲货币联盟和美洲美元化趋势相比，"亚元"困难重重，但是建立亚洲单一货币区并非无望，其演进历程可能是从次区域货币区开始，以日元国际化乃至人民币国际化为内核生长、扩展。目前，中国在新的国际货币体系建立之前可能作出的选择是：一方面，促进 IMF 的决策机制更加透明化，避免暗箱操作；另一方面，借鉴欧盟的做法，先在区域内协调，在东亚范围内用同一种声音说话，凭借其整体实力与西方发达国家抗衡，这样才有可能使欧美接受以中国为代表提出的一些方案，并在未来国际货币体系改革中发挥较大的作用。

第五节　国际货币体系的几种国际政策协调方案

一个更加审慎且可行的方案是创造新的国际货币体系予以协调，该体系对于防止主要国际货币的汇率过度振荡是合意的。但是，各方对实现这一目标的最好的方式并没有形成一致的观点。在这些建议中，最为著名的当属麦金农的全球货币目标、威廉姆森的汇率目标区和托宾税等方案。

一、全球货币目标方案

固定汇率制度转向浮动汇率制度之后，许多经济学家对浮动汇率制度并不满意，提出了各种试图在恢复固定汇率制度基础上进行国际协调的方案，最有名的当属麦金农的全球货币目标方案。

（一）理论基础

20 世纪 70 年代初，麦金农提出了全球货币目标（global monetary objective）方案，该方案基于固定汇率，波动幅度为±5%，并融入货币当局精确的干预规则。按照麦金农的看法，汇率不稳定的主要原因是货币替代以及各国间金融资产的替代活动。在一个国际资本自由流动的世界，国际经济机构如跨国企业、资产投资者愿意持有一篮子货币。麦金农认为，对货币篮子的总需求就如同对本币的需求一样，是稳定的函数，但是全球货币篮子的期望构成是非常易变的。这意味着对单一国家货币供给的控制是不适当的，弗里德曼的单一货币规则（即货币供给必须按照预先确定的不变比率增长）应该从国家层面转向国际层面。

实践中，一旦名义汇率和世界货币供给增长率被固定，则国家货币当局在外汇市场上实施干预以维持固定平价应该由外币的非冲销购买和销售来实现。这样的干预会引起本币供给的变化。因此，国际机构货币替代的要求引起本币供给的变化，却保持世界货币供给不变、汇率固定，对国家经济没有影响。但是，麦金农提出的全球货币目标方案也受到诸多批评，特别是该方案本身的理论基础，因为货币替代似乎既不是汇率变动的主要原因，也不是汇率的主要决定因素。更确切地说，以各种货币定值的资产替代似乎有着更大的作用。同时，将名义汇率固定，会使得实际汇率调整失去空间。这些调整被要求，与其说是因为通货膨胀率存在差异，不如说是为了抵消各国间不同生产率的变化。

（二）主要内容

麦金农认为，恢复固定汇率制度的主要理由是以浮动汇率制度为特征的国际货币制度缺乏效率。他从两个角度分析了浮动汇率制度的不足：第一，从国际角度看，汇率变动除了增加各国外部环境的不确定性之外,并不能自动实现调节经常账户的目的。第二,从国内角度看,汇率的频繁变动意味着各国货币价值的不稳定,由此引发货币替代角度及各国资产转换行为,使得一国实现内外平衡更加困难。由此,麦金农提出应在恢复固定汇率制度的基础上进行国际政策协调。他对国际政策协调给出的具体设计方案为:第一,各国应依据购买力平价确定彼此之间的汇率水平,实行固定汇率制度,而且应通过协调全球货币供给的方法维持固定汇率制度。第二,各国应采取对称的、非冲销性的外汇市场干预措施以稳定汇率,由此带来的货币供给的调整实际上是全球货币供给根据各国货币需求的变动而自发调节其在各国之间的分配。这样,通过货币供给的国际协调就能使全球的物价与汇率保持稳定,实现各国的内外平衡。这一方案提出应从全球视角而非某一国家视角讨论货币供给、物价稳定问题,这对于各国实现内外平衡目标的努力来说是非常有启迪意义的。

(三) 全球货币目标方案的缺陷

全球货币目标方案作为最典型的以恢复固定汇率制度为特征的协调方案受到了广泛重视。但是,该方案因为具有较多的货币主义特征而受到批评:一是在实现货币汇率稳定性的同时,牺牲了汇率的灵活性;二是简单地以购买力平价作为均衡汇率的确定标准,值得斟酌;三是以协调全球货币供给的方式维持固定汇率制度的设想在实践中是难以实现的。在国际资本流动问题非常突出时,投机性冲击完全可能带来固定汇率制度的危机,麦金农提出的方案并没有对解决国际资本流动条件下固定汇率制度的维持问题做出特别的贡献。

二、汇率目标区方案

汇率目标区思想是尽力把固定汇率和浮动汇率的优势结合起来,同时消除二者的劣势。最早提出"汇率目标区"这一改革举措的是曾任荷兰财政大臣的杜森贝里,他在1976年提出建立欧洲共同体六国货币汇价变动的目标区计划。1985年,经济学家威廉姆森和柏格森共同提出了详细的汇率目标区(exchange rate target zone)设想及行动计划。1987年,威廉姆森和米勒(1987)将汇率目标区从政策协调角度进行了扩展,被称为"扩展的汇率目标区方案"(extended target zone proposal)或"蓝图方案"(blue-print proposal)。1991年,国际经济学家克鲁格曼根据威廉姆森1985年始倡的汇率目标区方案,创立了汇率目标区的第一个规范理论模型——克鲁格曼汇率目标区模型,并引起了学术界对汇率目标区问题的浓厚兴趣。威廉姆森的汇率目标区方案为后来汇率目标区的研究奠定了基础,但是他没有给出一个明确的理论模型以说明自己的观点,更未能说明建立目标区后汇率将做出什么样的市场行为。克鲁格曼在威廉姆森提出的方案的基础上,把它由一个方案发展成为一种理论模型。

(一) 理论基础

汇率目标区方案基于两个主要因素:一是计算基本均衡汇率(FEER)。该汇率被界定为:给定国家追求内部均衡作为最优、不限制贸易收支的条件下,期望产生的经常账户顺差或逆差等于潜在的资本流动的汇率。这样的汇率应该被定期重新计算以考察基本决定因素的变化,因而一定不要与固定中心平价相混淆。二是围绕基本均衡汇率在波幅至少±10%的边界内波动。一国政府应采取各种政策(最主要是货币政策)进行干预以使其货币汇率回到汇率目标区内。不过,这些边界应该是软边界。也就是说,当现汇率触及边界时,货币当局没有严格的义务进行干预,旨在防止布雷顿森林体系下存在的不稳定的投机冲击。

与现行管理浮动汇率相比,汇率目标区为一定时期内的汇率波动幅度设立了目标范围,并且根据汇率变动的情况调整货币政策,以防止汇率波动超出目标区。与固定汇率制度相比,实行汇率目标区的国家当局没有太多的通过市场干预以维持汇率稳定的义务,也不需要作出任何形式的市场干预承诺,并且目标区本身可以随时根据经济形势变化进行调整。这种汇率目标区方案的目的是,在保证各国维持各自货币政策和经济政策独立性的同时,允许汇率在一定区间内灵活波动,却又不至于威胁到稳定。因此,汇率目标区方案试图兼有固定汇率和浮动汇率的优点,又试图避免二者的片面性,希望能够取一折中区间。

(二) 主要内容

汇率目标区方案与全球货币目标方案存在着明显的差别,主张实行更有弹性的汇率制度,汇率围绕中心汇率上下10%变动。汇率目标区方案还有如下要点:

第一,中心汇率的确定不应依据购买力平价,而应依据基本均衡汇率。威廉姆森认为,购买力平价作为政府制定汇率政策的指导是非常不合理的,最大的问题是没有考虑到实际的宏观经济运行状况。从宏观调控角度出发,政府应追求的是在中期内实现经济内外均衡的汇率,即基本均衡汇率。克鲁格曼建议在美、英、日、德、法五个工业发达国家的货币之间建立一种相对均衡的汇率和浮动幅度,作为汇率目标区的汇率和浮动幅度。其他国家的货币汇率则盯住目标区的汇率和浮动幅度。

第二,各国都应以货币政策实现外部平衡,以财政政策实现内部平衡,进行宏观调控上的政策协调。汇率目标区与现存的中间汇率制度不同的一点是,更多地用货币政策手段来维持汇率。这意味着目标区内的各参与国不得不寻求在货币政策方面进行更多的合作,同时降低一国货币政策的独立性。

第三,汇率目标区的确定是目标区理论应用中的首要问题,却不是全部问题。汇率目标区的维持和调整是目标区理论应用中的另一关键问题。其中,如何应用政策工具以使汇率置于目标区内,直接关系到目标区的成功;而对目标区进行调整,则关系到汇率目标区的长期可持续性。汇率目标区最基本、最常见的政策干预工具是货币政策,其次是稳定的外汇市场干预,最后是通过对资本的控制影响汇率的波动。决定汇率目标区调整的主要因素有:(1) 真实经济条件的变化,如贸易条件的永久性改变、各国劳动生产率的持续差别、投资和储蓄偏好的国际转移等。(2) 宏观经济政策的可变动性。若宏观经济政策不变,则需调整汇率目标区。因此,宏观经济政策的固定性会增大汇率目标区调整的频率。(3) 可信度。对汇率目标区频繁的修正会降低目标区本身的可信度。

(三) 汇率目标区方案的缺陷

迄今为止,汇率目标区方案引起的学术争议是其他任何政策协调方案所难以比拟的。1987年2月,七国集团中的六国财长在巴黎会议上同意将汇率目标区方案的基本思想写入会后发表的《卢浮宫协议》。但是,汇率目标区方案也遭到诸多批评,其自身存在的一些缺陷使得它难以付诸实施。这些缺陷包括:(1) 汇率目标区既有稳定汇率变动的"蜜月效应",也有加剧汇率变动的"离婚效应",其优劣判断是非常复杂的。在国际资本流动冲击日益加大的情况下,这会带来投机、汇率变动更大的不稳定性。(2) 汇率目标区方案借以确定中心汇率的所谓"基本均衡汇率"是难以计算的,甚至使用最复杂的经济计量方法和模型,仍旧存在着相当大的误差。(3) 汇率目标区面临着可信性问题。汇率目标区只有在经济主体认为其可信的情况下才是可行的。1993年8月之前,EMS被视作窄幅的目标区。经验表明,当缺乏可信性时,即使当时有像ERM那样的货币合作协定,货币当局进行干预也是无助的。(4) 汇率目标区方案所描述的政策协调规则存在问题。财政政策的灵活性有限,难以根据各种情况灵活地调整政府收支,所以不可能有效而及时地维持内部均衡。

尽管如此,汇率目标区方案仍是非常重要的。在西方,基本均衡汇率与购买力平价仍是政府和学术界研究汇率水平是否合理时最为重要的两种依据。作为一种国际政策协调方案,汇率目标区方案在理论上的贡献远远超过其在实践中的价值。

三、托宾税方案

进入20世纪70年代,国际资本流动尤其是短期投机性资本流动的规模急剧膨胀,造成了汇率的不稳定。1972年,托宾在美国普林斯顿大学演讲时,首次提出对现汇外汇交易课征全球统一的交易税,旨在减少纯粹的投机性交易。这种外汇交易税后来被称为"托宾税"(Tobin Tax)。托宾(1974,1978)具体论述了应对全球外汇交易征税,作为对国际投机"运转的轮子里撒沙子"的一种手段,旨在抑制短期投机性的资本流动,而非干扰中长期正常的资本流动。

(一)托宾税方案的主要内容

托宾税应该被用于所有的外汇交易而不管外汇交易的性质。实际上,托宾税的适度税率不会成为进行商品贸易或考虑长期投资的障碍,但是可能妨碍即期交易者,因为他们习惯于在数小时内买卖外汇,将不得不为每次买卖外汇付税。托宾(1974)原本提出税率为1%,1996年建议修改为更低的税率,在0.1%至0.25%之间。这样,若每次交易的托宾税为0.1%,则外汇来回交易的托宾税为0.2%;若每个交易日都进行外汇交易,则一年的交易成本税为48%。但是,对于商品贸易和外国长期投资征收此税是微不足道的。对于托宾税的讨论主要集中于两个方面:执行力(enforce-ability)和影响(effects)问题。托宾税有两个显著的特征:**单一低税率和全球性**。

有关托宾税的执行力问题,反对托宾税的观点认为,如果不是所有的国家同时采纳托宾税,那么交易业务将会仅仅流向尚未征收托宾税的金融中心。虽然实际的问题产生于应用之中,但是只要全球主要的金融交易中心同时执行一种税收即可,也就是对实行托宾税的国家和免税国家之间的跨界交易执行惩罚性税率。参照现有的国际政策合作障碍,执行这种税率需求的国际协议使之变得不可能。实际上,托宾税区域的形成最终是政治意愿的体现,就像EMU的形成一样。不管怎样,托宾税只是行政干预金融市场的一种形式,相比引入资本管制来说是更少的外创性措施,被认为是减少国际金融不稳定的手段。

托宾税的功能有两个:第一,抑制投机,稳定汇率。这是最为重要的功能。实施托宾税可以使一国政府在中短期内依据国内经济状况和目标推行更为灵活的利率政策,而无须担忧会受到短期资金流动的冲击。同时,托宾税是针对短期资金的往返流动而设置的,它不仅不会阻碍反而将有利于因生产率等基本面差异而进行的贸易和长期投资,有助于引导资金流向生产性实体经济。第二,为全球性收入再分配提供资金来源。全球外汇交易数额巨大,即使对其课征税率很低的税收,也能筹集到巨额资金。如果将这笔巨资用于全球性收入再分配,那么确实能对世界做出极大贡献。

从进行国际资本流动的经济主体视角来看,托宾税虽然是对相关外汇交易征收的税,但是能够转变成对利息收入征收的等值税。实际上,托宾税等同于对外国利息收入或本国利息收入所征的税。对于托宾税的影响,有两种观点:一派坚持认为托宾税的影响是微不足道的,另一派却持相反的观点。但是,两者都是基于纯理论模型而没有经过实证检验。支持托宾税者主张,托宾税有助于减少汇率的脆弱性,削弱金融市场对国家政策的影响力,维护政府在决定预算和货币政策方面的权力。反对托宾税者主张,这项税收妨碍了投资,"经济上不正确",只有"看不见的手"才能进行资源的最佳配置。同时,托宾税的想法虽好,但行不通,因为目前资金流动的速度"近乎光速",只有全世界所有国家都接受才行得通,而这很难实现。

（二）托宾税方案的缺陷

托宾税方案自20世纪70年代提出以后,在学术界引起了热烈的争论,但是至今没有一个国家在实践中实施此税。一般认为,托宾税方案存在着三个缺陷:(1)难以评价投机在外汇市场中的作用。投机具有双重性,既造成外汇价格波动,又因其对风险的主动承担而使外汇市场得以正常运转。因此,实施托宾税有可能损害外汇市场的流动性,使外汇市场更加动荡。(2)面临着许多技术上的难题。根据公平原则,托宾税应尽可能对所有外汇市场参与主体一视同仁。但是,对投机者和非投机者同等地课征托宾税有悖于其宗旨。(3)存在着政策协调方面的阻碍。各国需要协调一致,否则未征此税的国家就会发展成为避税型离岸金融中心,使托宾税无法收到预期的效果。

总之,托宾税是一种非常有影响力的方案。尤其是20世纪90年代在国际资本流动问题非常突出的情况下,托宾税方案成为格外引人注目的协调方案,尽管它仍然存在不少问题。

本 章 小 结

国际货币体系是各国对货币本位、储备资产、汇率安排、货币兑换、国际收支调节以及国际货币合作等问题共同作出的一系列制度安排和组织机构的总和。国际货币体系的三个评价指标是:充足的国际清偿力、对国际储备资产的信心和有效的国际收支调节机制。

国际金本位制是一种自发形成的,以黄金作为货币本位,并非人为确立的国际货币体系,其主要特征是自由铸造、自由兑换和黄金自由输出入。布雷顿森林体系是完全通过政府间的协议人为建立的,以美元为中心的国际货币体系,其两大支柱为美元与黄金直接挂钩、各国货币与美元挂钩。牙买加体系是以美元为中心的国际储备资产多元化,以实行浮动汇率为主的现行国际货币体系。

布雷顿森林体系的主要内容包括:(1)建立永久性国际金融机构;(2)确定以美元作为主要的国际储备货币;(3)实行可调整的固定汇率制;(4)安排资金融通;(5)取消经常项目下外汇管制;(6)稀缺货币条款。牙买加体系的主要内容有:(1)浮动汇率合法化,成员方可以自由选择汇率制度;(2)黄金非货币化,减弱和消除黄金的货币作用;(3)国际储备资产多元化,以特别提款权作为主要储备资产;(4)国际收支调节方式多样化;(5)扩大对发展中国家的资金融通。

IMF既是一个联合国专营国际金融业务的专门机构,又是一个成员方政府间进行交往的渠道和论坛。世界银行集团由国际复兴开发银行、国际金融公司、国际开发协会、多边投资担保机构和国际投资纠纷解决中心组成。其目标是,帮助发展中国家提高生产力,促进其社会进步和经济发展。IMF提出的国际货币体系改革新架构包括五要素:透明度、金融体系的稳健、私人部门参与、有序的资本市场开放以及建立现代化的国际资本市场的原则与标准。各主要工业国提出的国际货币体系改革的新方案更多地反映出这些国家维护自身利益的考虑,而广大发展中国家则强调加强对短期资本流动的监督和管理。

全球货币目标方案主张,各国应依据购买力平价确定彼此之间的汇率水平,实行固定汇率制度,而且应通过协调全球货币供给以维持固定汇率制度。汇率目标区方案主张,应实行更有弹性的汇率制度,汇率围绕中心汇率上下10%变动;同时,中心汇率的确定不应依据购买力平价,而应依据基本均衡汇率。托宾税主张,对现汇和外汇交易课征全球统一的交易税,旨在抑制短期投机性的资本流动。托宾税有两个显著特征:单一低税率和全球性。托宾税的功能有二:第一,抑制投机,稳定汇率;第二,为全球性收入再分配提供资金来源。

关键术语

1. Bretton Woods System(布雷顿森林体系)—Bretton Woods System is commonly understood to refer to the international monetary regime that prevailed from the end of World War II until the early 1970s. It takes its name from the conference held at Bretton Woods, New Hampshire, in 1944, which adopted the Articles of Agreement of IMF and thus put in place the rules and arrangements that would govern international monetary relations in the postwar world. Bretton Woods System was based on stable and adjustable exchange rates. Ever-increasing pressures in the 1960s culminated in the collapse of Bretton Woods System in 1973, and it was reluctantly replaced with a regime of floating exchange rates.

2. International Monetary Fund(国际货币基金组织)—IMF was conceived in July 1944 at a United Nations conference held at Bretton Woods, New Hampshire, when representatives of 45 governments agreed on a framework for economic cooperation designed to avoid a repetition of the disastrous economic policies. IMF came into existence in December 1945, when the first 29 countries signed its Articles of Agreement. Its purposes were, among other things, to promote international monetary cooperation, to promote exchange rate stability and maintain orderly exchange rate arrangements among members, to assist in the elimination of foreign exchange restrictions, which hamper world trade, and to provide short-term funds to members in balance-of-payments difficulties, subject to adequate safeguards.

3. World Bank(世界银行)—Formal operations began in June 1946 for the International Bank for Reconstruction and Development, soon better known as the World Bank. It had been constituted as part of Bretton Woods Agreement. World Bank initially helped rebuild Europe after the war. Reconstruction has remained an important focus of the World Bank's work, given the natural disasters, humanitarian emergencies, and post-conflict rehabilitation needs that affect developing and transition economies. Today's World Bank has sharpened its focus on poverty reduction as the overarching goal of all its work.

4. McKinnon's global monetary objective(麦金农的全球货币目标)—This proposal was set forth in the 1970s by Ronald McKinnon. It is based on fixed exchange rates, with a $\pm 5\%$ band, integrated by a precise intervention rule to be followed by the monetary authorities. McKinnon holds that the overall demand for the global currency basket is a stable function, but that the desired composition of the global basket may be very volatile. This implies that Friedman's monetary rule should be shifted from the national to the

international level.

5. Williamson's target zone(威廉姆森的汇率目标区)—The idea of trying to combine the advantages of both fixed and flexible exchange rates while eliminating the disadvantages of both is at the basis of this proposal. John Williamson (1985) has elaborated this idea in much detail, giving rise to the target zone proposal, which is based on two main elements. The first is the calculation of a fundamental equilibrium exchange rate (FEER). The second is the possibility for the current exchang rate to float within wide margins around the FEER (at least ±10％). These margins should be soft margins, namely there would be no strict obligation for the monetary authorities to intervene when the current exchange rate hits a margin.

6. Tobin Tax(托宾税)—Tobin has suggested a tax on all foreign-exchange transactions as a means of "throwing sand in the wheels" of international speculation, namely of contrasting speculative capital flows without disturbing medium-long term "normal flows". Such a tax, in fact, given its modest rate, would not be much of a deterrent to anyone engaged in commodity trade or contemplating the purchase of a foreign security for longer-term investing, but might discourage the spot trader. A Tobin Tax would be a much less traumatic measure than the introduction of capital controls, which are considered as a means of reducing international financial instability.

问题与练习

一、名词解释
国际货币体系　　布雷顿森林体系　　牙买加体系　　全球货币目标方案
汇率目标区　　托宾税

二、思考题
1. 简述国际货币体系的内涵及其评价标准。
2. 国际金本位制的主要内容和基本特征是什么？它起过哪些作用？
3. 布雷顿森林体系的主要内容及崩溃的原因是什么？它是怎样崩溃的？
4. 简述牙买加体系的主要内容及其运行特征。
5. 在经历了一场较为严重的货币冲击后,为保护本国汇率的稳定,泰国政府决定向国际货币基金组织申请贷款。假如你是泰国中央银行的行长,你将有哪些事情要做？
6. 国际货币基金组织一直被认为是当今国际货币体系中最为核心的国际金融组织,请结合20世纪90年代的几次国际金融危机,谈谈国际货币基金组织的地位和作用。
7. 世界银行集团的主要构成有哪些？各自的目标是什么？
8. 试析亚洲基础设施投资银行和金砖国家新开发银行的功能异同。
9. 试述现行的国际货币体系的主要缺陷及其未来的改革方案。
10. 全球货币目标方案的核心要点是什么？
11. 比较汇率目标区方案与全球货币目标方案。
12. 试述托宾税方案的特征、功能和缺陷。

附录　人民币加入特别提款权(SDR)货币篮子及其影响[①]

特别提款权(SDR)是国际货币基金组织(IMF)于1969年创造的国际储备资产,用于补充成员方的官方储备。特别提款权账户的参与方(目前为全体成员方)可以将特别提款权兑换成可自由使用的货币。特别提款权还是IMF的记账单位。

IMF执行董事会每五年对篮子的构成进行检查。IMF执行董事会于2015年11月批准,自2016年10月1日起,中国的人民币被认定为可自由使用的货币,并作为除美元、欧元、日元和英镑之外的第五种货币加入特别提款权篮子。人民币的加入反映了中国货币、外汇和金融体系改革取得的进展,是对中国在开放和改善其金融市场基础设施方面所取得成就的认可。这一里程碑还反映了全球经济当前的发展变化。

2016年9月30日,IMF执行董事会决定,自2016年10月1日起,SDR货币篮子的币种和权重相应进行调整,正式扩大至美元、欧元、人民币、日元和英镑5种货币,权重分别为41.73%、30.93%、10.92%、8.33%和8.09%,对应的货币数量分别为0.58252、0.38671、1.0174、11.900和0.085946。货币篮子中每种货币的权重反映了该货币在世界贸易和金融体系中的相对重要性。同时,SDR汇率和利率也进行了相应调整,人民币汇率和3个月国债利率分别进入SDR汇率和利率的计算。特别提款权的价值参见表13-2所列的各货币量的价值之和。

表13-2　特别提款权篮子中的货币量

SDR货币篮子	货币权重	货币数量
美元	41.73%	0.58252
欧元	30.93%	0.38671
人民币	10.92%	1.0174
日元	8.33%	11.900
英镑	8.09%	0.085946

资料来源:中国人民银行金融稳定分析小组:《2017中国金融稳定报告》,中国金融出版社2017年版,第21页。

人民币正式"入篮"以来,国际社会反响积极,人民币资产的全球市场吸引力明显上升,IMF、BIS、世界银行等国际组织在按SDR货币篮子进行资产配置时相应增加了人民币资产配置。各国央行持有的人民币资产被IMF承认为外汇储备。IMF相应地修改了外汇储备币种构成统计调查(COFER)的统计报表,将人民币纳入统计。

根据COFER的季度数据,截至2016年12月末,人民币储备约合845.1亿美元,占标明币种构成外汇储备总额的1.07%。据不完全统计,截至2016年末,60多个国家和地区将人民币纳入外汇储备。此外,人民币已经开始作为IMF的官方交易货币使用,可以用于成员方向IMF缴纳份额、还款以及IMF向成员方提供贷款、支付利息等。

随着人民币的国际使用规模扩大,人民币加入SDR货币篮子顺应了国际货币体系发展的内在要求。人民币加入SDR货币篮子后,促进了国际货币体系的多元化,改变了以往单

[①] 参见国际货币基金组织:《IMF2017年年度报告:促进包容性增长(中文版)》,第93页;中国人民银行金融稳定分析小组:《2017中国金融稳定报告》,中国金融出版社2017年版,第21—22页。

纯以发达经济体货币作为储备货币的格局,使SDR货币篮子的构成更能代表国际交易的主要货币,有助于提高SDR的稳定性,实现全球风险的分散化和更有效的管理,提高国际货币体系的稳定性。贝纳西-奎里和卡佩拉(2014)认为,人民币加入SDR货币篮子后将会平衡SDR中贬值的趋势,因为占SDR最大权重的货币美元受发行国累积的贸易逆差影响,导致贬值;而中国恰恰因为巴拉萨-萨缪尔森效应,经历强的人民币升值。这一特征提升了SDR作为储备货币的吸引力。

人民币加入SDR货币篮子对中国经济金融具有"双刃剑"的影响:一是有利于提高企业和个人在跨境贸易和投资结算中使用人民币。二是增强了市场对人民币的信心,降低了境外使用人民币的阻力。三是有助于进一步推动中国人民银行与相关央行或货币当局开展货币合作,人民币作为互换资金的主要用途也将从便利双边贸易和投资扩展到提供流动性支持和弥补国际收支缺口。四是国际市场增持人民币资产的需求会增加,有助于改善外汇市场供求,促进人民币汇率保持稳定。国际金融组织和其他机构以及商业配置对人民币资产的需求将会增加,境外投资者增持人民币债券资产将有较大的增长空间。五是人民币"入篮"后,将会导致境内市场波动性明显上升,同时货币当局对外汇的干预下降,人民币汇率的波动区间扩大,这些对市场参与者的趋势把握能力和风险管理能力都提出了更高的要求。

总的来看,人民币正式"入篮"进一步促进了企业和个人在跨境贸易和投资中使用人民币,增强了市场对人民币的信心,有助于改善中国外汇市场供求,促进人民币汇率保持稳定。人民币加入SDR货币篮子,既是中国金融融入全球金融体系的重要里程碑,也是中国金融改革和开放的新起点。同时,这也是人民币国际化的一个重要里程碑,是对中国经济发展成就和金融业改革开放成果的充分肯定,增强了SDR的代表性、稳定性和吸引力,有利于国际货币体系改革向前推进。

第十四章 最佳货币区理论和共同货币区

> **学习要点**
>
> 最佳货币区及其衡量标准,最佳货币区理论的特征,另类分析说的收益与成本,GG-LL 模型分析,经济一体化与固定汇率区,最佳货币区的评判条件及调节机制,最佳货币区标准的内生性,欧洲经济共同体,欧洲货币体系的主要内容,欧洲汇率机制运行情况,欧元诞生及其影响,欧元区面临的挑战,《马斯特里赫特条约》的趋同标准,以及东亚可能的共同货币区。重点理解和掌握:最佳货币区衡量标准与欧元区趋同标准的差异,经济一体化与固定汇率区的关系,最佳货币区标准的内生性。

第一节 最佳货币区理论

货币区是指这样一个地理区域:在区域内部实行固定汇率或统一货币,而对外实行联合浮动。如果一个货币区的成员国在面临冲击造成的外部不平衡时,货币区有充分及时的调节机制,使放弃各自货币的成员国不必依赖于货币区内部汇率变动,就能在维持对外平衡的同时,恢复各自的内部平衡,不产生失业和通货膨胀问题,那么由这些国家组成的货币区就是一个"最佳货币区"。

一、最佳货币区的衡量标准:传统分析说与另类分析说

关于最佳货币区的衡量标准,有两种倾向:一是着重分析最佳货币区的单一标准,被称为"传统分析说"(traditional approach);二是以多重标准着重分析货币区的利弊得失,被称为"另类分析说"(alternative approach)。按照传统分析说"单一标准",关于一个区域是否能建成最佳货币区,有以下几种主要理论观点:

第一,蒙代尔(1961)最早提出以"生产要素流动性"作为建立最佳货币区(OCA)标准。他认为,在生产要素可流动的范围内,实行固定汇率是可行的;如果一个区域范围很大,生产要素不能自由流动,经济发展不平衡,就不适宜采用固定汇率。蒙代尔强调区域内生产要素流动的重要性,他把世界划分为若干个经济区域,主张如果劳动力和资本等生产要素能够在区域内自由流动,则该区域内部可实行固定汇率或统一货币,而区域间实行浮动汇率。

第二,麦金农(1963)提出以"经济开放度"作为最佳货币区的评判标准。他认为,在什么范围内建立最佳货币区,不仅取决于生产要素可自由流动的范围,也取决于经济的开放程度。对于一些经贸关系密切的开放经济体来说,应该组成一个共同货币区,并在区内实行固定汇率,而对区外货币实行联合浮动。

第三,凯南(1969)提出以"产品多样化"作为评判标准。他认为,产品多样化程度较低的国家应该维持各自独立的货币和汇率政策;而产品多样化程度较高的国家之间更适合于实行固定汇率制,组成共同货币区。根据凯南的标准,多样化程度较低的发展中国家对外实行浮动汇率,独立地成为单个货币区较为可能;而几个产品多样化程度较高的发达国家结成货

币联盟,形成较大的共同货币区可能是最优的。

第四,英格拉姆(1969)提出以"金融一体化"作为评判标准。他认为,蒙代尔、麦金农和凯南在其研究中都忽略了货币的作用,只考虑了经常项目的收支问题。英格拉姆主张把金融一体化引入最佳货币区的研究,与长期资本自由流动相联系的金融一体化成为衡量货币区是否最优的标准。在高度金融一体化条件下,利率的微小波动可导致充分的资本跨国流动,从而可避免汇率的不必要波动。但是,如果当局意图对金融市场进行干预以阻碍资本的流动,则难以形成共同货币区。

第五,哈伯勒(1970)和弗莱明(1971)提出以"通货膨胀率相近性"作为评判标准。他们认为,货币政策的差异、经济结构的调整等都可能导致通货膨胀率的差异,进而导致国际收支的失衡。只有通货膨胀率相近的国家才可能彼此保持固定汇率,从而可能形成共同货币区。

第六,托尔和威莱特(1970)提出以"政策相似性"作为衡量最佳货币区的标准。参加货币区的成员国通常有一个并不完美的内部调节机制,协调成员国政府对于若干不同经济目标的态度是十分必要的。弗莱明指出,某些政策的部分协调不足以调节国际收支失衡,只有统一的财政政策才能纠正国际收支失衡。

第七,明兹(1970)和科恩(1993)强调"政治一体化"在形成货币区中的决定性作用。明兹指出,最佳货币区最主要的、也许是唯一的真实条件是将各成员国融合在一起的政治意愿。科恩在对现代货币史上的六个货币联盟进行的一项实证研究中也发现,政治因素对货币联盟的成功维持很重要,在那些成功的货币区中,具体经济标准是由政治因素决定的。近年来,对最佳货币区的理论研究已经拓展到用博弈论来分析参加货币联盟的问题。

据此,对于传统的最佳货币区理论标准是颇有争议的。塔弗拉斯(1993)指出,这些标准间存在内在的"不一致问题",难以根据标准得出一个明确的结论。如两国间具有较高的贸易开放度,则可能与"劳动力流动性"标准发生矛盾。因为当两国间贸易是以产业间贸易为主时,根据"经济开放度"标准,它们应该建立货币联盟。但是,根据"劳动力流动性"标准,它们之间应该维持各自独立的货币和汇率政策,因为两国间劳动力同质性差、流动性低。总体上,传统分析说有关最佳货币区的理论特征可概括为:(1)汇率制度的选择必须以有利于外部和内部同时平衡为基准,并以给予货币政策、财政政策有利条件为目标,主张当一国难以实现此目标时,与其他国家组成货币区,实行固定汇率区;(2)虽然都主张最佳货币区单一标准,但是对究竟以什么标准作为建立最佳货币区的标准并未达成一致意见;(3)没有分析建立货币区可能造成的利弊得失等。传统的最佳货币区理论发展过程中的重要特点是强调单一标准,虽然这种单一标准分析的范围过于狭窄,但是后来的研究正是对这些标准的综合演绎和再发展。

20世纪90年代之后,以着重分析货币区的利弊得失即收益和成本为代表的另类分析说孕育而生。另类分析说与传统分析说的主要差别是,以多重标准看待最佳货币区问题,并且权衡建立货币区对于其成员国经济的收益和成本。另类分析说认为,建立共同货币区可给成员国带来以下经济收益:(1)提高成员国的经济抵御能力,不可变更的固定汇率消除了投机性资本流动带来的汇率风险损失;(2)节省外汇储备带来的收益;(3)节约货币兑换交易成本和外汇风险费用;(4)消除汇率浮动使相互贸易和投资产生的不确定性,促进区域内国家生产专业化,发展区域内贸易和投资;(5)货币一体化能够激励经济政策一体化,加速推进货币区内经济一体化,提高区域内资源配置的效率;(6)加强区域间宏观调控能力,提供一个区域性风险分担机制。但是,共同货币区也给成员国带来了成本:(1)成员国丧失货币政策自主权和汇率调整工具;(2)成员国财政政策自主性受到削弱,放弃使用通货膨胀政策以缓解公共债务实际负担的自主权;(3)成员国政府宏观调控能力下降,可能使成员国失业与通货膨胀关系恶化;(4)在失衡状态下,会使成员国维持成本十分高昂;(5)铸币税损失。因此,从另类分析说来看,国家或地区之间是否适合建立共同货币区取决于货币联盟给各成员国带来的收益与成本之间的比较。

二、加入最佳货币区的收益—成本分析

当OCA的单一标准分析方法越来越不能阐明汇率政策与货币改革的实际问题时,经济学家们开始着手对加入货币区的成本、收益进行比较分析。20世纪90年代之后,加入货币区的成本、收益分析有了新进展,经济学家们对前人的研究成果进行了提炼,其中典型代表是克鲁格曼和奥伯斯法尔德(2003)提出的GG-LL模型,拓展了对经济、货币一体化的成本与收益的分析范围。GG-LL模型分析的前提假设为:(1)货币区规模越大,区内价格水平的稳定性与可测性越高;(2)货币区内固定汇率的承诺有保证;(3)货币区内各国市场联系越紧密,加入货币区的收益越高。

(一)经济一体化与固定汇率区的收益分析:GG曲线

固定汇率安排的主要经济收益是可以简化经济活动中的计算,并能够提供一个较浮动汇率安排条件下进行国际交易决策更可预测的基础。可以想象一下,如果美国的每一个州都发行各自的货币,并且彼此之间的汇率是浮动的,那么美国消费者和企业将会为此耗费巨大的时间和资源。一国加入固定汇率区的货币效率收益(monetary efficiency gain)等于该国规避浮动汇率安排下发生的不确定性、混乱、计算和交易成本而节约的收益。因此,一国与固定汇率区的经济一体化程度越高,该国将其货币与货币区货币汇率固定时所获得的货币效率收益越大。跨国界贸易和要素流动越广,从跨国界固定汇率中获益越大。因此,一国与固定汇率区的经济一体化程度和该国加入货币区获得的货币效率收益之间关系呈现出向右上方倾斜的曲线——GG曲线。图14-1(a)中,横轴测度一国与货币区的经济一体化程度,纵轴测度加入货币区获得的货币效率收益。GG曲线斜率为正,反映出一国与货币区的经济一体化程度增加,则该国加入固定汇率区获得的货币效率收益上升。因为货币区内的固定汇率安排避免了结算、交易成本损失以及浮动汇率带来的不确定性。

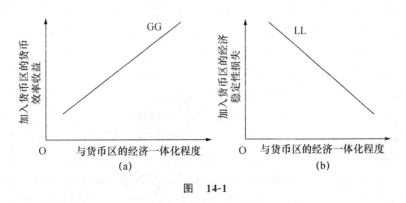

图 14-1

(二)经济一体化与固定汇率区的成本分析:LL曲线

一国加入固定汇率区获得收益的同时,也要付出一定的成本。因为一国在加入固定汇

率区时,必须放弃用货币政策和汇率政策工具来实现稳定国内产出和就业的目标。这种因固定汇率区安排产生的不稳定性,被称为"经济稳定性损失"。该损失同样和该国与固定汇率区之间的经济一体化程度相关。一国与固定汇率区之间保持较高的经济一体化程度,可以保证该国在加入货币区之后,消除汇率浮动对相互贸易和投资产生的不确定性,促进区域内贸易和投资,使经济稳定性损失得以降低。由此,一国与货币区的经济一体化程度和该国加入货币区产生的经济稳定性损失之间的关系呈现出向左下方倾斜的曲线——LL 曲线。图 14-1(b)中,横轴测度一国与货币区的经济一体化程度,纵轴测度加入货币区产生的经济稳定性损失。LL 曲线斜率为负,反映出一国与货币区的经济一体化程度增加,该国加入固定汇率区产生的经济稳定性损失下降。

(三)一国加入货币区的收益—成本分析:GG-LL 模型

一国加入固定汇率区获得的收益与其付出的成本相等时,即位于 GG 曲线与 LL 曲线的交点上时,对应的横轴经济一体化水平为,纵轴货币效率收益与经济稳定性损失相等。如果一国与固定汇率区之间的经济一体化程度高于或至少等于其付出的成本,则该国应加入货币区,因为此时 GG 曲线在 LL 曲线的上方,表示该国加入货币区带来的货币效率收益高于或至少等于加入货币区所产生的经济稳定性损失;反之,则该国应留在货币区之外。如图 14-2 所示:

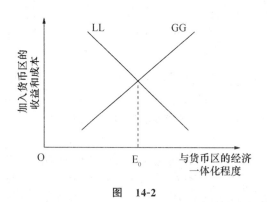

图 14-2

可见,最佳货币区理论寻求理解在什么条件下创建货币联盟在经济上是有效的,该理论考虑货币市场、商品市场和生产要素市场。货币区被界定为汇率被不可更改地固定或共同货币存在的区域。最佳货币区理论认为,如果一国在区域内高度一体化,那么固定汇率或货币区可能比浮动汇率更有效地协调内外部平衡。这样,由蒙代尔等开创的最佳货币区理论第一次对"一个国家,一种货币"的认知定式提出了挑战,使得人们认识到"一个市场,一种货币"的重要性和更加合意性。埃默森等(1992)在"一个市场,一种货币"中强调,货币的选择是由市场状况和市场需求决定的,具体的货币空间是以实际货币交易的范围进行划分的,每一种货币的使用空间就是货币区。在此理论激励下,寻求区域货币合作,直至区域货币一体化的努力明显增强。特别是东亚货币危机之后,东亚各国更是积极谋求区域货币合作,意图建立像欧洲货币联盟那样的共同货币区。但是,蒙代尔等在最佳货币区理论中所探讨的是理想货币区的充分条件,提出的最佳货币区特征的条件过于定性化,如要素流动性、金融一体化和政策相似性等,而没有明确给出一套可量化、易操作的指标体系作为实现货币联盟的充要条件。这样,这些理论只能流于理想化的示范和方向性的指引作用。现实中,当人们真正考虑启动共同货币区时,就不得不转向对最佳货币区的非理想化定量认识,明确在现实经济和政治环境约束下货币联盟启动所需的门槛条件,即类似于欧元区易于衡量和操作的趋同标准。

所以,《马斯特里赫特条约》中趋同标准的成功与否并不代表着最佳货币区衡量标准的结果。按照典型的单一标准,最佳货币区的实现要经历一个经济一体化、市场一体化和货币一体化的过程。其中,经济一体化、市场一体化旨在实现欧洲商品市场和要素市场统一;而货币一体化则旨在实现从货币间完全自由兑换向单一货币和资本完全自由流动转变,其必要条件是建立超越主权国家之上的单一货币政策执行机构,以保证实施共同的货币汇率政策。欧洲货币联盟虽没有严格遵照最佳货币区单一标准,但它是顺应经济一体化、市场一体化的发展路径而进行的货币一体化制度创新。同时,从另类分析说的多重标准来看,正是由于货币联盟的预期收益大于其成本,欧洲货币联盟才会对周边国家如东欧转型国家产生强有力的吸纳效应。所以,要判断一个区域是否适合建立共同货币区,不仅要看最佳货币区单一标准,而且要看另类分析说利弊标准。具体到实践中,还要看是否有一套切实可行的、易操作的趋同标准。

第二节 最佳货币区的评判条件及过渡调节机制

从理论上讲,当一组国家满足以下四个条件时,才构成单一货币联盟的最佳货币区:(1)有统一的市场,实现商品、资本、人员和劳务在价格信号下的自由流通;(2)各成员国具有相同的经济周期;(3)各成员国的经济状况相似;(4)各成员国政府在制定经济政策方面的偏好相同。在这些条件下,推行单一货币政策可以满足各成员国的需求,使各成员国同时受益。若在非最佳货币区中推行单一货币政策,各国经济目标难以趋同,单一货币政策将顾此失彼,给某些成员国带来收益,而给另一些成员国带来损失。实证分析表明,即使尚不满足最佳货币区条件,各成员国仍可以最佳货币区为契机获得巨大收益,只是付出的成本将更高。在确定最佳货币区时,综合成本—收益分析是十分重要的。一个地区可能用传统的最佳货币区标准体系来衡量,非常不符合实行货币联盟的条件,但是在其他方面收益(如宏观经济更稳定、单一货币投资和增长正效应、减少国际储备需求等)的推动下,该地区仍然能成功形成货币联盟,如 CFA 法郎区。需要特别强调的是,最佳货币区诸多标准之间存在相互替代性,一个标准的满足可以在一定程度上替代另一个标准,因而不能过分强调某一标准的重要性。事实上,持续高比例的区域内贸易大大降低了欧盟各国汇率政策的有效性,加大了各国家面临冲击的对称程度,这是欧盟国家能够连续不断地致力于货币和汇率合作,最终走向单一货币联盟的重要条件(祝丹涛,2005)。此外,许多间接经验表明,货币区中高度的金融一体化和相互直接投资对应付不对称冲击有十分重要的作用。欧盟国家间有较高的资本流动性和相互直接投资,满足了这方面的条件。

同时,最佳货币区标准存在内生性,建成货币联盟所需的事前条件一定程度上可在货币联盟形成后得到事后满足。据此,事后标准满足程度的强化,放宽了对事前标准满足程度的条件要求。最佳货币区标准的内生性表明,货币联盟意味着更多的贸易,从而使联盟内的经济周期更为一致。这样,一国可能通过加入货币联盟显著改善它的经济结构,而不一定必须满足一些严格的限制条件后才能加入货币联盟。祝丹涛(2005)研究认为,货币联盟形成后,成员国面临冲击的对称程度会增强;货币区内部贸易程度会由于货币联盟形成而得到事后加强;货币联盟形成会使得金融市场一体化程度加深,资本流动性增强各个成员国的通货膨胀率将更为接近。正是由于最佳货币区的很多标准具有内生性,因而在对一组国家能否形成货币联盟作事前条件评判时,标准的内生性问题实际上削弱了 OCA 标准的适用性。若不考虑标准的内生性问题,则事前条件的评判会高估货币联盟的宏观调整成本。

实践中,存在着三种使各成员国向最佳货币区过渡的调节机制:(1)工资柔性调节机制。货币区实行统一的货币政策,成员国货币政策将被迫放弃。为避免成员国工资刚性受到经济冲击而导致部门劳动力供过于求、失业率上升,成员国应逐步将工资调整为柔性机制以替代政策变动,使劳动力向其他部门或国家转移,最终达到劳动力供求平衡,克服经济冲击的影响。(2)劳动力与资本自由流动机制。统一的货币区实现劳动力和资本自由流动,劳动力可以从经济低迷、失业率高的地区流向经济增速较快、劳动力需求大的地区,资本也可以自由流入发展不佳部门,为其注入新的活力。(3)区域性、结构性资助机制。当劳动力等要素自由流动受阻时,为保证单一货币的凝聚力和稳定性,需增强区域性、结构性资助力度;政府间通过财政转移支付和建立共同的结构基金、凝聚基金,帮助经济困难地区解决失业问题、基础设施建设和投资问题。

第三节 区域货币一体化到共同货币区:欧元区案例

早期自愿式区域货币一体化出现在 19 世纪。例如,1828 年,普鲁士与黑森-达姆施塔特大公国建立关税联盟,其后依次发展为:1828—1831 年的中部德国商业联盟(Middle German Commercial Union)、1834 年的德国各州关税联盟(German Zollverein)、1838 年的德国货币联盟(German Monetary Union)、1857—1867 年的德奥货币联盟,直至最终形成德意志帝国(German Reich)统一的货币。同时,德国区域货币一体化波及瑞士、意大利和北欧。例如,1848 年,瑞士各邦建立一体化的市场和政治联盟即瑞士邦联(Swiss Confederation);1865 年,意大利、比利时和瑞士等建立拉丁货币联盟(Latin Monetary Union);1873 年,瑞典、丹麦建立斯堪的纳维亚货币联盟(Scandinavian Monetary Union),挪威后来加入。这样,到 19 世纪末,区域货币一体化浪潮席卷欧洲。不幸的是,紧随而来的两次世界大战使得各种联盟分崩离析,中断了区域货币一体化的进程。二战后,为了寻求欧洲复兴,欧洲区域货币一体化的"火苗"再度燃起。

一、欧洲经济共同体

20 世纪上半叶,两次世界大战并没有给欧洲带来什么帝国统一,相反,它们使得欧洲原有的各种联盟分崩离析。例如,1865—1927 年的拉丁货币联盟和 1873—1931 年的斯堪的纳维亚货币联盟都是在两次世界大战的强烈冲击下崩溃的。其中,斯堪的纳维亚货币联盟是由于一战爆发后,瑞典于 1914 年 8 月 2 日终止与金价的挂钩而宣告解散。二战后,欧洲区域货币一体化再度兴起。1944 年,荷兰、比利时和卢森堡建立经济联盟(Benelux);1952 年,法国和德国建立欧洲煤钢共同体(ECSC);1958 年,法国、德国、意大利、比利时、卢森堡和荷兰建立欧洲经济共同体(EEC)。此后,1973 年,英国、丹麦和爱尔兰加入 EEC;1981 年,希腊加入 EEC;1986 年,西班牙和葡萄牙加入 EEC;1995 年,奥地利、芬兰和瑞典加入 EEC。由此,欧洲一体化已经超越传统的贸易领域。同时,欧洲货币委员会(European Monetary Committee)建立起来,以讨论和协商欧共体成员国之间的货币问题。EEC 为发展欧共体内部更加紧密的货币一体化提出了大量的设想。其中,最有名的当数 1970 年 10

月发布的《维尔纳报告》(Werner's Report),它为以后达成完全的欧洲货币联盟奠定了基础。该报告主张,EEC成员国应该在各自货币之间达成一个汇率平价网格(matrix of exchange-rate parities),并保持其实际汇率非常接近于这些平价。据此,1972年4月,欧共体6国建立了"蛇形"汇率机制。同时,该报告提出,成员国货币最终应该被单一的欧共体货币取代。不过,在这之后,除了"蛇形"汇率机制之外,各国并没有采取什么行动实施《维尔纳报告》。

二、欧洲货币体系

(一)历史背景

欧洲货币体系是区域货币一体化的最典型例证,它的发展最早可追溯到1950年成立的欧洲支付同盟。1969年,欧共体国家海牙首脑会议上,提出了建立欧洲货币联盟(EMU)的建议;1971年2月,旨在分三个阶段实现欧洲货币联盟目标的《维尔纳报告》被通过;1973年4月EEC成立了欧洲货币合作基金(EMCF);1978年,在哥本哈根和不来梅先后举行的两次欧共体国家首脑会议上,通过了建立欧洲货币体系(EMS)的决定。1979年3月13日,EEC一致同意建立的欧洲货币体系(EMS)生效,成员国开始实施汇率与干预机制。参加国有法国、联邦德国、意大利、荷兰、比利时、卢森堡、爱尔兰、丹麦、希腊、西班牙、葡萄牙。EMS的产生和发展主要有三个原因:一是欧洲经济一体化的需要,二是美元频繁地发生危机,三是推动欧洲政治联合的需要。EMS的建立与发展虽然存在着汇率调整负担和调整方向的不对称性、汇率机制修正功能的欠缺以及EMCF还没有完善等问题,但是对稳定欧共体国家之间的货币汇率稳定做出巨大的贡献,进而促进了贸易的发展和经济的增长,也标志着欧洲货币一体化进入稳定发展的新阶段。

(二)主要内容

EEC建立EMS之后,欧洲货币一体化正式被提上议程。EMS主要包括四方面内容:(1)创立欧洲货币单位(ECU),它由一篮子固定数量的EEC货币构成,是欧共体央行间债权与债务的定值单位和结算工具。(2)实行欧洲汇率机制(ERM),成员国之间汇率固定,对外实行联合浮动。"超蛇形"浮动汇率机制引入了偏离指标(indicator of divergence),中心汇率是由成员国货币决定的,成员国货币对中心汇率的最大波幅为±2.25%,旨在保持EMS汇率的稳定。(3)建立欧洲货币基金(EMF),取代欧洲货币合作基金(EMCF),以解决成员国的赤字问题。(4)提供信用融资工具,包括极短期融资(VSTF)、短期货币支持(STMS)和中期金融援助(MTFA)。

(三)运行情况

欧洲货币单位是欧洲汇率机制的中心,各国货币间的汇率以其与欧洲货币单位的中心汇率为基础,形成一个网状的平价体系,称为"平价网体系",从而为稳定汇率机制规定了运行的框架。除了EMS成立之初对各国货币汇率作出的最大允许波动幅度以外,1978年7月,EEC不来梅会议上引入了偏离指标,该指标表示一国货币汇率与其中心汇率的偏离程度,在欧洲汇率机制中发挥着预警作用。

由于最大允许波幅即干预点和偏离临界值的双重限制,因此稳定汇率机制的干预方式有两种:一是边际干预,二是边际内干预。边际干预,是指成员国货币汇率波幅达到或接近最大允许波幅时,其货币当局应采取强制性的市场干预,使货币汇率重新接近中心汇率。边际干预是对称的。边际内干预,是指当成员国货币汇率的波幅达到偏离临界值时,相关货币当局应进行磋商,采取预警措施,进行预防性干预,以减少波动。边际内干预因偏离临界值不对称而不对称。但是,当成员国货币汇率偏离界限无法通过外汇市场干预和其他相关调节政策加以维持时,就必须对整个平价网体系作出调整。可见,欧洲汇率机制的运行并不是一帆风顺的。

三、《德洛尔报告》和《马斯特里赫特条约》

1987年1月,美元的持续弱势导致欧洲中心汇率作出调整,使得欧共体一些国家产生了改革欧洲汇率机制的要求。1988年2月,德国外长根舍出版了《根舍备忘录》(Genscher Memorandum),强烈赞成欧洲货币联盟和欧洲中央银行把单一货币和欧洲中央银行看作成员国取得经济政策协调的一种催化剂,认为若没有经济政策的协调,单一货币和欧洲中央银行也不可能存在。由此,他强调了建立单一货币对加强欧洲内聚力、摆脱美元对欧洲货币汇率影响的重要性。1988年6月,欧共体汉诺威首脑会议把欧洲货币联盟作为讨论的中心议题,后于1989年4月形成了《关于经济与货币联盟的报告》。1989年6月,欧共体12国在马德里召开首脑会议,通过了以德洛尔为首的委员会向马德里峰会提交的《关于实现欧洲经济与货币联盟的报告》,即《德洛尔报告》(Delor's Report)。

(一)《德洛尔报告》

《德洛尔报告》建议分三个阶段实现欧洲经济与货币联盟,但是没有规定每一个阶段的具体期限。这三个阶段是:第一阶段,在现行体制的框架内加强货币、财政政策协调,进一步深化金融一体化,所有仍在浮动的成员国货币都加入欧洲货币体系。第二阶段,建立欧洲中央银行。第三阶段,推行不可改变的固定汇率,实施向单一货币政策的转变,发行统一的共同体货币,欧洲中央银行体系将承担全部职责。这个报告在1989年6月获得批准,为其后《马斯特里赫特条约》的产生奠定了理论和文件上的基础。

(二)《马斯特里赫特条约》

为了使欧共体的政治、经济和货币同盟进一步得到强化,并进一步加强与各国经济的一体化,1990年10月10日,《经济与货币联盟条约(草案)》产生;同年11月,《欧洲中央银行章程(草案)》提出。12月15日,欧共体罗马首脑会议宣布经济与货币联盟和政治联盟政府间谈判开始。经过激烈的争论、磋商和妥协,欧共体于1991年12月9—10日在荷兰马斯特里赫特召开的首脑会议上最终达成了《欧洲货币与政治联盟条约》,即《马斯特里赫特条约》(Maastricht Treaty),简称《马约》。该条约规定了加入欧洲货币联盟的四项趋同标准。其后,由于丹麦、英国、法国和德国国内分别出现了否决《马约》之势,致使《马约》拖延到1993年11月1日才正式生效。该条约是在《德洛尔报告》的基础上形成的,是欧洲货币史乃至国际货币史上的一个重要事件。1993年11月,欧共体改名为"欧洲联盟"(EU)。

《马约》规定了三个阶段:第一阶段(1990年7月—1993年底),实现所有成员国加入欧洲货币体系的汇率机制;实现资本的自由流动,协调各成员国的经济政策;建立相应的监督机制。第二阶段(1994年1月1日—1997年),进一步实现各国宏观经济政策协调;建立独立的欧洲货币管理体系——欧洲中央银行体系(ESCB);各国货币汇率波动要在原有的基础上进一步缩小并趋于固定(波幅为±2.25%,意大利、西班牙和英国的波幅为±6%)。第三阶段(1997年底—1999年1月1日),最终建立统一的欧洲货币和独立的欧洲中央银行。据此,《马约》的主要内容可概括为三个方面:一是稳定汇率机制,二是建立欧洲中央银行体系,三是建立统一的货币。

四、欧元诞生、欧元区形成和新汇率机制

1995年12月,欧盟马德里首脑会议批准了向单一货币过渡的方案及时间表。该过渡方案将欧元诞生分为三个阶段:筹备阶段、过渡阶段和正式启用阶段。

1997年6月16日,欧盟阿姆斯特丹首脑会议批准了《新的货币汇率机制》(ERM2),旨在确定欧元区成员国与非欧元区成员国之间的货币关系,从而保证欧盟内部欧元及其他货币汇率的稳定。1998年5月,欧盟布鲁塞尔首脑会议确定了欧元11个创始国:德国、法国、意大利、奥地利、比利时、西班牙、爱尔兰、卢森堡、荷兰、芬兰和葡萄牙,并且确定了欧洲中央银行首任行长,成立了欧洲中央银行执行委员会,标志着欧洲货币联盟筹备阶段开始。1999年1月1日,欧元诞生,新的汇率机制(ERM2)初具雏形。欧元创始国货币与欧元的汇率固定下来且不可变更,加入新汇率机制的非欧元区成员国货币确定与欧元的中心汇率并维持在±15%的波幅内。

1999年1月1日至2001年12月31日,为欧元区内各国货币向欧元转换的过渡期。欧洲中央银行开始以欧元为工具执行统一的货币政策,欧元区各成员国中央银行成为欧洲中央银行的执行机构。欧元区各成员国货币在各自国内仍是法偿货币,直到过渡阶段结束。

2002年1月1日至6月30日,为欧元正式启用阶段。欧洲中央银行从2002年1月1日开始发行欧元纸币和铸币,与成员国纸币和铸币一起流通。欧元纸币和铸币是欧元区成员国的法偿货币,进入流通领域。欧元创始国各自的纸币和铸币逐步退出流通领域。2002年7月1日之后,欧元区各成员国货币完全退出流通领域,欧元成为欧元区成员国的唯一法偿货币,欧洲统一货币正式形成,欧元区建立。非欧元区成员国货币将与欧元确立中心汇率和波动幅度。至此,欧洲货币联盟(EMU)正式建成,新汇率机制也正式形成,欧洲区域货币一体化才正式过渡到共同货币区——欧元区。

新汇率机制对于欧洲区域货币一体化过渡到欧元区是至关重要的。实践表明,汇率稳定更多地依靠良好的宏观经济运行。这样,新汇率机制的稳定运行标志着准备加入欧元区的成员国在主要经济指标上趋同,宏观经济管理质量提高。因此,新汇率机制的约束或限制有利于促进区域一体化的核心特征——经济政策和制度的趋同,而经济政策和制度方面的趋同正是完成区域经济一体化向区域货币一体化升级的前提条件。实际上,1995年春以来,欧盟成员国之间货币汇率的稳定正是成员国在经济趋同方面取得的实质性进展。因此,经济趋同是新汇率机制能够良好运行的征兆,是判断汇率稳定性的参考指标。新汇率机制的实行有助于促使未加入欧元区的成员国采取政策以促使经济基本面趋同,并使它们达到使用欧元所需要的条件。同时,新汇率机制为这些成员国执行宏观经济政策和货币政策提供了一个标准,使它们提高在外汇市场上承受不确定压力的能力。在不妨碍欧洲中央银行体系保持价格稳定成为主要目标的情况下,新汇率机制确保任何非欧元区成员国货币对欧元中心汇率及时得到调整,在避免汇率安排出现严重错误的同时,极大地拓展了欧元区可能的空间范围。

五、欧元启动的影响

第一,欧元将给欧洲国家带来巨大的利益,对欧盟政治、经济稳定带来有利的影响,主要表现为:(1) 低通胀、低利率的宏观环境有利于欧盟的经济稳定增长;(2) 单一货币将促进欧盟尤其是欧元区成员国之间的贸易和投资;(3) 可以增强经济透明度和市场竞争,提高效率;(4)欧洲将拥有一个巨大而统一的资本市场。

第二,欧元将成为重要的国际货币(如国际结算货币、国际储备货币和核心锚货币),在国际货币体系中的作用日益突出。欧元的出现可以使外汇储备货币多元化,使许多国家在汇率制度和汇率安排上减轻对美元的依赖,从而使国际货币体系具有更大的稳定性。

第三,欧元将促使国际货币汇率合作进一步加强。欧元不仅对欧盟的经济一体化进程产生了积极影响,还通过其榜样的力量推动了东亚、拉美、非洲等地区货币合作的加强。

第四,欧元对世界金融市场将产生重大而深远的影响,主要表现为:(1)欧元债券、融资、直接投资等市场将具有广阔的发展前景;(2)欧元区内汇率风险得以消除,利率趋于统一水平,将打破国家对银行业的垄断,银行在费用结构和利率水平方面的透明度和可比性将提高;(3)以德、法为主的欧元区将对英国的金融业地位形成挑战和压力,并使欧洲金融业的分布格局发生变化。

总的来看,欧元对国际货币体系各个方面的影响并不是同等重要的,它对未来国际货币体系最深刻和最直接的影响在于将从根本上改变国际货币体系构成。但是,欧元区自身存在的一些问题影响了欧元的作用,欧元暂时无法代替美元。具体问题有:(1)欧元币值是否将保持稳定;(2)经济货币趋同与政治不趋同的矛盾;(3)统一的货币政策与各成员国独立的财政政策的矛盾。在长期内,欧元启动后可能产生的影响在现实中能否实现,在很大程度上取决于未来欧元能否成为一种稳定且有信用的国际货币。

第四节 欧元区面临的挑战

本节将根据欧元区趋同标准与最佳货币区理论标准偏差角度阐释欧元区面临的深层挑战,并从成员国非对称性财政政策冲击角度指出欧元区面临的现实挑战。

一、欧元区面临的深层挑战:趋同标准与 OCA 标准偏差陷阱

按照《马约》的规定,有四个主要的趋同标准作为加入欧元区的门槛条件:(1)高度的物价稳定。《马约》第6号议定书要求各成员国的通货膨胀率不得高于三个价格最为稳定的成员国通货膨胀率平均水平的1.5个百分点。该条件旨在确保成员国通货膨胀率或通货膨胀偏好的相近性,以便消除潜在的摩擦。(2)政府财政状况稳定。《马约》第104条及第5号议定书规定了两个评定标准:一是成员国政府计划或实际的财政赤字占当年GDP的比率不得超过3%,除非赤字有显著而连续的下降并接近目标水平;二是政府债务余额占当年GDP的比率不得超过60%。该条件旨在确保成员国的赤字不至于危及总体的货币政策和价格稳定。(3)汇率稳定。《马约》第6号议定书第3款强调指出,成员国至少在两年内遵守汇率机制的正常波动幅度,没有为谋求自身利益而对其他成员国货币贬值偏离双边中心汇率±2.25%。该条件旨在确保汇率稳定,不可逆转固定汇率,直至单一货币转变。(4)利率趋同。第6号议定书作了解释,所谓利率趋同,是指在评估前一年的观察期内,成员国的平均名义长期利率最高不得超过物价最为稳定的三个成员国平均长期利率的2个百分点。该条件旨在巩固货币当局的信用,并且利率差异的融合有助于市场对汇率进行固定,直至单一货币下取消汇率的稳定预期。

然而,《马约》规定的门槛条件在强化现实主义原则的同时,却把最佳货币区(OCA)理论标准的合理性因素,如生产要素流动性、经济开放度和产品多样化等需求条件丢弃了。因

此,《马约》中规定的趋同标准不同于最佳货币区衡量标准,已不是作为鉴别最佳货币区融合程度的标准进行设计的,而是在一个基本给定的区域内强调条件标准的可操作性与可计量性而进行的货币制度创新设计。正如埃默森(1992)指出的,最佳货币区原是用以确立一个给定货币的最佳地理流通空间的,而欧盟更接近于进行相反的工作,在一个几乎给定的地理区域内设计一个最佳的经济与货币内涵,并非原本意义上的最佳货币区。同时,《马约》规定的标准在强调服务于货币联盟"持续稳定"的目标时,更多的是用以衡量候选国抵御冲击的能力。这样,即使以较大的经济成长代价和社会代价实现了《马约》规定的趋同标准,也不能保证这样的国家就真正有能力依靠非货币的经济调整工具平抑冲击,从而达到实现共同货币区稳定的目的。事实上,目前欧盟成员国相互之间的贸易尚不到本国 GNP 的 1/4,虽然资本能够自由流动,但是由于成员国之间地域文化、民族习惯、消费偏好和保障体系等因素存在客观差异,决定了欧盟内劳动力的流动性在中短期内难以改观。这样,"根据最佳货币区理论,总的来说,欧洲商品市场和要素市场还不够统一,因而还不能称其为最佳货币区"[①]。

所以,《马约》中规定的趋同标准成功与否并不代表最佳货币区理论标准的结果。按照典型的 OCA 标准,最佳货币区的实现要经历一个经济一体化—市场一体化—货币一体化的过程。其中,经济一体化、市场一体化旨在实现欧洲商品市场和要素市场统一,而货币一体化则旨在实现货币间汇率平价的不可逆固定、货币间完全自由兑换向单一货币和资本完全自由流动转变。但是,从欧洲货币一体化进程来看,欧元区尚未达到最佳货币区的理论标准,主要表现为:**第一,劳动力流动性差**。由于欧元区各国在语言、文化、社会心理和经济发展等方面存在着巨大差异,加上转移成本、国际利益关系的限制,使得欧元区内劳动力市场缺乏流动性,劳动力成本差异较大。据统计,美国每年劳动力跨州流动的人数达到 10%,而欧盟国家的劳动力在成员国之间流动的比率还不到 3%。许多研究表明,欧洲经济与货币联盟能否维持其稳定,关键取决于各国失业问题解决得好坏。打破劳动力市场的僵硬状态,将是解决欧洲失业问题的一个重要前提条件。这是欧盟国家在欧元运行过程中需要解决的重要问题。**第二,财政一体化程度有限**。欧盟虽然有自身的财政预算,但是其预算规模有严格的限制,即欧盟的预算收支规模不能超过欧盟各国 GDP 总和的 1.27%。所以,欧盟的预算收入对于消除地区间差距、平衡各地经济发展可谓是"杯水车薪"。实际上,欧盟成员国仍保留了独立的财政政策作为调节内外失衡的工具,各国的税收权力并没有得到相应的集中和统一,共同财政占各国 GDP 之和的比重非常小。因此,欧元区财政一体化的程度远未达到最佳货币区的要求,而最佳货币区的核心要求就是各国在经济、金融、制度等方面高度趋同,以便在面临外部冲击时能够使用统一的政策有效应对。由于 EMU 并没有严格地遵从最佳货币区理论标准,因而这种标准上的偏差可能致使欧元区陷入困境。

实际上,欧元面世后出现"跌跌不休"的现象就是例证。1999 年 1 月 4 日,欧元刚刚面世时,欧元兑美元为 1∶1.17。但是,此后欧元对美元的汇率便走着一条波动中不断下滑的曲线。2000 年 10 月,纽约外汇市场欧元失守 0.84 美元,比欧元启动时的汇率贬值达 27% 之多。"欧元之父"蒙代尔为此忧心忡忡,大声疾呼:一旦欧元兑美元跌破 1∶0.80 的水平,欧元将有被淘汰出局的可能。这一初始现象可能是趋同标准与 OCA 标准存在偏差带来的

---

① 〔美〕保罗·克鲁格曼、茅瑞斯·奥伯斯法尔德:《国际经济学(第四版)》,海闻等译,中国人民大学出版社 1998 年版,第 578 页。

困境。从欧元11个创始成员国来看,在经济增长、财政赤字等方面都存在着很大的差异。后来加入的希腊、马耳他、斯洛伐克、斯洛文尼亚、塞浦路斯和爱沙尼亚也是如此。欧元东扩虽然增加了欧元区的广度,但是无疑损害了欧元区的内部一致性,为欧洲主权债务危机埋下了种子。

尽管我们在相对意义上接受劳动力流动性标准,但是也应该注意到最佳货币区诸多标准之间具有相互替代性,一个标准的满足可以在一定程度上替代另一个标准,因而不能过分强调劳动力流动性标准的重要性。梅里兹(1995)表达了类似的想法:"自从蒙代尔首先关注劳动力流动性标准以来,在最佳货币区文献中,劳动力流动性标准享有了被夸大的重要性。"事实上,在确定最佳货币区时,综合成本—收益分析是十分重要的。一个地区用传统的最佳货币区标准体系来衡量,或许非常不符合实行货币联盟的条件,但是在其他方面收益的推动下,该地区仍然能成功形成货币联盟。例如,CFA法郎区只有很低的区域内部贸易易度,成员国工资和价格刚性程度又较高,是一个远不能满足最佳货币区条件却成功实行货币联盟的地区。

二、欧元区面临的现实挑战:成员国非对称性财政政策冲击

在1995年12月欧盟马德里首脑会议批准了向单一货币过渡的方案及时间表之后,为了能够在1999年欧元诞生之前成为欧元创始国,部分国家很可能在短期内急功近利,以求达到欧元区趋同标准(见表14-1)。

表14-1 欧盟成员国达标情况表

类别	通货膨胀率	政府财政预算状况				汇率	长期利率
	消费价格指数 HICP[a]	财政赤字占GDP(%)	国债占GDP(%)			参加 ERM	10年期国债[b]
目标水平	2.7[c]	3	60				7.8[d]
时间	1997年2月至1998年1月	1997年	1997年	以前年度变化		1998年3月	1997年2月至1998年1月
				1997年	1996年	1995年		
比利时	1.4	2.1	122.2	−4.7	−4.3	−2.2	是	5.7
丹麦	1.9	−0.7	65.1	−5.5	−2.7	−4.9	是	6.2
德国	1.4	2.7	61.3	0.8	2.4	7.8	是	5.7
希腊	5.2	4.0	108.7	−2.9	1.5	0.7	是	9.8[e]
西班牙	1.8	2.6	68.8	−1.3	4.6	2.9	是	6.3
法国	1.2	3.0	58.0	2.4	2.9	4.2	是	5.5
爱尔兰	1.2	−0.9	66.3	−6.4	−9.6	−6.8	是	6.2
意大利	1.8	2.7	121.6	−2.4	−0.2	−0.7	是[f]	6.7
卢森堡	1.4	−1.7	6.7	0.1	0.7	0.2	是	5.6
荷兰	1.8	1.4	72.1	−5.0	−1.9	1.2	是	5.5
奥地利	1.1	2.5	66.1	−3.4	0.3	3.8	是	5.6
葡萄牙	1.8	2.5	62.0	−3.0	−0.9	2.1	是	6.2
芬兰	1.3	0.9	55.8	−1.8	−0.4	−1.6	是[g]	5.9

(续表)

类别	通货膨胀率	政府财政预算状况					汇率	长期利率
	消费价格指数 HICP[a]	财政赤字占 GDP(%)	国债占 GDP(%)				参加 ERM	10年期国债[b]
目标水平	2.7[c]	3	60					7.8[d]
时间	1997年2月至1998年1月	1997年	1997年	以前年度变化			1998年3月	1997年2月至1998年1月
				1997年	1996年	1995年		
瑞典	1.9	0.8	76.6	−0.1	−0.9	−1.4	否	6.5
英国	1.8	1.9	53.4	−1.3	0.8	3.5	否	7.0
所有国家	1.6	2.4	72.1	−0.9	2.0	3.0		6.1

注：a：最近12个月HICP算术平均数与前期12个月HICP算术平均数的百分比变化率；b：10年期国债过去12个月的平均数；c：3个物价水平最为稳定的成员国过去12个月的通货膨胀率的简单算术平均数加1.5个百分点；d：3个物价水平最为稳定的成员国过去12个月的长期利率的简单算术平均数加2个百分点；e：1997年2月至1998年1月可获得的数据的平均值；f：1996年11月加入欧洲汇率机制；g：1996年10月加入欧洲汇率机制。

资料来源：〔荷〕汉克·V.盖默特、陈雨露等：《欧元与国际货币竞争》，中国金融出版社1999年版，第63页。

由表14-1可知，短期内欧盟成员国通货膨胀率的控制已取得显著成效，低于目标水平近1个百分点；除瑞典和英国之外，成员国都参加了欧洲汇率机制，汇率稳定；除希腊之外，成员国长期利率趋同，都低于目标水平。虽然财政赤字占当年GDP百分比除希腊之外都未超过目标水平，但是政府财政预算中国债占当年GDP百分比几乎都超过目标水平，尽管成员国已采取有力措施使之下降。这样，庞大国债的存在使得成员国财政赤字很难稳定在目标水平之下。因此，财政预算约束的趋同标准是四项条件中最难达到的。实际上，1998年5月欧盟布鲁塞尔首脑会议最终确定的欧元11个创始国并没有严格达到欧元区财政预算约束的趋同标准。

由于市场机制的自发作用并不能有效地限制财政赤字的扩张，资本自由流动后形成的庞大资本市场甚至为政府借款提供了更大的便利。这样，在单一货币和资本完全自由流动的情况下，如果一国存在着大量的财政赤字，势必导致国内利率上升，对其他成员国利率造成上升的压力。这相当于赤字国政府向其他成员国输出了弥补政府开支的成本，最终将影响到所有成员国控制财政的积极性，危及整个货币联盟的货币稳定和金融秩序。这一状况也会使欧洲中央银行面临两难处境：如果出面干预，难免带来通货膨胀压力，使其他成员国受损；如果坚持以稳定价格为目标而不采用扩张货币供应量的方法帮助赤字国政府，那么就等于坐视可能发生的财政、金融危机。[①]

同时，在《马约》规定的欧元区趋同标准中没有直接涉及失业问题。实际上，各成员国对国内失业问题的束手无策使得失业问题很可能成为欧元区的"致命伤"。1998年，欧元区平均失业率为10.8%，与美国的4.6%和日本的4.3%相比，显然过高。失业问题反映到欧元上，就是欧元区11个成员国政府的财政政策与1个欧洲中央银行的货币政策相互之间的协调问题。由于欧元区成员国将各自的货币政策决策权移交给欧洲中央银行，而保留了财政政策决策权，因此欧洲中央银行虽然能够执行统一的货币政策，但是无法按照"央行—政府"

---

① 〔荷〕汉克·V.盖默特、陈雨露等：《欧元与国际货币竞争》，中国金融出版社1999年版，第54页。

模式规范各成员国政府的财政政策。这样,在丧失货币政策调控权的情况下,各成员国为了解决各自不同的失业问题,很可能会采取相互冲突、互不协调的财政政策。也就是说,欧元区成员国之间存在非对称性财政政策冲击。在此情况下,如果一国采取扩张性财政赤字政策以缓解失业问题,那么势必会导致国内利率上升,对其他成员国利率造成上升的压力。于是,赤字国负的外部性使得欧洲中央银行面临两难处境,由此可能增大潜在的分离张力。所以,如果失业问题得不到有效解决,那么欧元区内部社会经济矛盾将会使欧洲中央银行难以应对,从而直接威胁到欧元区的持久维持和稳定。

第五节　东亚:可能的共同货币区

东亚[①]货币危机后,伴随着汇率浮动带来的高度易变性,以及经历了一段急剧的贬值之后,东亚货币汇率在1998年秋开始走出低谷,重又盯住美元。然而,大多数东亚货币并没有像危机前那样稳定地盯住美元。1999年,欧元区成功启动,为东亚区域化发展树立了典范。推动区域货币一体化进程被认为是缓解危机所带来冲击的有效途径。由此,东亚货币金融合作不断发展。2001年10月16日,蒙代尔在北京大学再度发表了大胆的构想——亚洲国家应考虑未来建立亚元共同货币区。我们姑且称之为"大胆"构想,因为无论根据最佳货币区衡量标准还是根据欧元区趋同标准,东亚要想达到货币一体化,建立共同货币区,任重而道远。但是,不谋求建立共同货币区,对于偏好汇率稳定的东亚新兴经济来说又面临着两难。贝纳西-奎里等(2000)指出,新兴市场经济总体上面临两难:如果主要货币之间保持汇率稳定,则将其汇率固定于某种主要货币似乎是最优的。但是,一旦美国和欧元区想利用双边汇率的灵活性,而不是固定欧元和美元汇率,则新兴市场经济必须面对来自于第三种货币盯住的较高的汇率变动,至少要向构建独立的货币集团过渡。根据这种理论,经贸关系密切的东亚理应考虑建立区域货币联盟,这样可以避免中日贸易关税战以及"人民币升值论"等争端。但是,像欧洲从维尔纳计划到欧元诞生耗费了三十多年,而且新货币能否长久维持不仅取决于欧元的运行和管理状况,更取决于成员国之间的政治和经济合作情况。从这种角度来看,东亚建立共同货币区困难重重。

艾肯格林和巴尤米(1999)指出,按照传统的最佳货币区标准——贸易和金融一体化、宏观经济冲击对称性和要素流动性,东亚(除日本之外)与欧洲不是迥然相异的。但是,即便如此,东亚能够建立像欧盟那样的共同货币区吗?我们拟根据最佳货币区衡量标准和欧元区趋同标准予以回答。

一、有关东亚共同货币区已有的文献研究

后藤纯一和滨田宏一(1994)研究发现,东亚国家和地区间(除日本之外)像西欧国家间一样,在主要经济指标如货币供给、利率、CPI和投资占GNP比率上高度相关。依据投资变化测算的实际冲击,东亚比西欧更加对称;依据货币需求变化测算的货币冲击,东亚与西欧显示出同样程度的对称性。后藤纯一和滨田宏一得出结论,东亚满足最佳货币区(OCA)标准。巴尤米和艾肯格林(1994)估算了东亚国家和地区间潜在冲击的相关性,结果发现:日

[①] 东亚指东盟十国(文莱、柬埔寨、印度尼西亚、老挝、马来西亚、缅甸、菲律宾、新加坡、泰国和越南)与中国、日本和韩国。

本、韩国和中国台湾与中国香港、印度尼西亚、马来西亚和新加坡,这两组亚群(sub-group-ings)国家和地区可以分别形成最佳货币区。因此,这些国家和地区是东亚货币合作走向货币联盟的第一批候选成员。

东亚货币危机后,东亚各国和地区真正意识到加强货币和汇率合作的重要性。1998年在越南河内召开的东盟部长会议上提出的预防性措施中,一个主导思想就是区域共同货币和汇率制度。巴尤米和莫罗(1999)认为,相对于欧盟来说,东亚的劳动力市场较为灵活,并且对外界冲击干扰因素的调整速度要快得多。因此,在抗外界冲击干扰因素方面,东亚似乎比欧盟更强,因而更能维持共同货币区不可更改的固定汇率制度。艾肯格林和巴尤米(1999)也认为,根据传统的最佳货币区标准,如贸易与金融一体化、宏观经济冲击对称性和要素流动性,东亚(除日本之外)与欧洲没有很大的不同。但是,欧洲经验表明,甚至在高度一体化区域内,通向货币联盟的道路仍漫长。同时,共同货币的质量是建立在区域成员国央行的绩效和管理以及区域政治和经济环境基础之上的。由于对区域单一货币缺乏信心,因此在短期内创造纯粹的区域货币联盟对于东亚新兴市场经济是不现实的。袁(1999)提出,货币联盟的合意性取决于大部分国家暴露的冲击的性质。基于潜在冲击对称性、地缘亲近性和社会文化相容性,袁认为,东亚存在着三个亚群,即新加坡和马来西亚、日本和韩国、中国台湾和香港地区。这些亚群率先建立次区域货币区,在实现必要的协调和趋同之后,再形成共同货币区。贝纳西-奎里等(2000)指出,像东亚地区,由于货币锚住国美国不再是该区域主导的贸易伙伴,更重要的是,该区域与美国的经济周期不一致,因而采用盯住美元汇率制不是最优的。在高度一体化区域内,选择具体的外部锚是次要的,重要的是进行区域货币合作。据此,建立东亚共同货币区具有一定程度的内生性。

基于上述研究,从长期来看,东亚很有可能从区域货币合作走向共同货币区;而从短期、中期来看,东亚整体上尚无建立货币联盟的可能。现阶段可行的方法是,从亚群开始,基于潜在冲击对称性、地缘亲近性和社会文化相容性,建立次区域货币区,在实现必要的协调和趋同之后,再建立东亚共同货币区。

二、东亚:共同货币区的条件及障碍分析

以下依据货币区衡量标准,具体判断东亚是否为一个合意的共同货币区。

第一,从区域货币合作来看,东亚货币危机后,合作预期带来的共同利益促进了东亚货币合作趋势的增强。东亚货币合作以国际储备合作和货币汇率安排为中心内容,以政府间协调行动和制度化创新为主要对象。其主要目标是,创造同等压力,以便使本国货币和汇率政策更加透明并与他国一致,从而有助于协调对共同冲击的反应,达到稳定区域汇率的目的。1999年,东盟接受了中、日、韩三国,形成了"ASEAN+3"框架。2000年5月,在泰国清迈召开的亚洲开发银行年会上,东盟十国和中、日、韩三国财长一致同意日本提出的东亚"货币互换协定"。同年7月,在泰国曼谷召开的东盟区域论坛(ARF)会议上,再次强调了东亚区域协调与货币合作问题。2001年11月,中国与东盟宣布将在10年内建立中国—东盟自由贸易区。2002年11月,中国与东盟在柬埔寨会议上签署了《中国—东盟全面经济合作框架协议》,决定到2010年建成中国—东盟自由贸易区。2010年1月1日,中国—东盟自由贸易区正式建立。据联合国货物贸易数据库统计,2002—2013年,中国对原东盟六国都产生了出口创造效应,并对马来西亚、泰国和印度尼西亚产生了进口创造效应;原东盟六国对中国货物出口也产生了很大的出口创造效应,并从中国货物进口中产生了很大的进口创造效应。这些都为东亚建立共同货币区奠定了基础。当前,中国与东亚国家如韩国、马来西亚、印度尼西亚、新加坡、泰国等实行的大规模货币互换协议就是更具体的货币合作举措。

第二,从货币联盟所需的金融基础来看,东亚从区域货币合作到共同货币区已具备一定程度的金融基础。截至 2017 年末,东盟十国和中、日、韩三国的中央银行外汇储备总额已接近 3.6 万亿美元。因此,东亚具备足够的资金实力建立一个备用贷款基金以备应急干预之需,当然也就不用再屈就于 IMF 的苛刻援救条件。这样,逆向互动会促进东亚各国更加依赖于相互间的货币合作,为过渡到共同货币区奠定了坚实的基础。同时,东亚货币危机后,日本凭借其强大的金融实力,效仿二战后美国实施的"马歇尔计划",向东亚各国和地区提供了大量的资金支持。1998 年 10 月,日本提出了总额达 300 亿美元的"亚洲货币危机支援新计划",即新宫泽计划。2000 年 2 月,日本又设立了"亚洲等国贫困对策紧急援助基金"。2001 年,日本选择了印度尼西亚、马来西亚、菲律宾等作为支援国。这些金融援助使东亚各国和地区持有大量日元,从而为建立日元主导的亚洲货币基金(AMF)创造了条件,也为东亚货币合作向广度和深度方向发展奠定了金融基础。

第三,从经济特征和贸易结构来看,小型开放经济体对汇率变动十分敏感,因而内在地需求汇率稳定,对参加共同货币区具有内在动力。贸易结构相似性使得成员国政府之间在经济目标上易于达成政策相似性,而这是建立共同货币区的必要条件。根据黄梅波(2001)的研究,东亚对外开放度是很高的,尤其是中国香港、新加坡和马来西亚,其对外开放度都在 100% 以上;韩国、中国台湾、菲律宾和泰国的对外开放度也很高,都在 60% 以上。由于这些国家和地区基本上是小型开放经济体,对汇率波动十分敏感,因而它们迫切需要稳定汇率,对区域货币合作具有内在的动力。同时,随着东亚经济的发展,东亚"四小龙"(中国香港、中国台湾、新加坡和韩国)的贸易结构已越来越接近于日本,东盟四国的贸易结构也逐渐与东亚"四小龙"靠近。因此,从经济特征和贸易结构来看,东亚经济同时相互趋同性逐步增强,这些构成了东亚货币合作的经济基础。

第四,从商品贸易市场一体化来看,一个成功的货币区必须具有高度的内部开放性,即区域内商品广泛交流。因为区域内贸易量越大,共同货币降低交易成本的功能越容易显现,这样给成员国带来的利益才会越大。20 世纪 90 年代以来,东亚区域内相互间贸易额占区域 GDP 的比重呈递增趋势(见表 14-2)。1997 年,该区域的出口为 10.2%,进口为 10.1%。这与欧盟在欧元启动前区域内贸易额占区域 GDP 的比重(出口为 12.8%,进口为 12%)近乎相当。所以,从贸易市场一体化来看,东亚适宜建立一个共同货币区。

表 14-2　东亚区域内贸易额与区域 GDP 之比　　　　　　　单位:%

类别	1991 年		1994 年		1997 年	
	出口	进口	出口	进口	出口	进口
区内贸易额/区域 GDP	7.3	7.3	8.0	8.0	10.2	10.1

第五,从外部冲击对称性、要素市场灵活性来看,成员方外部冲击对称性越强、要素市场灵活性越高,该区域国家或地区越有可能组成共同货币区。巴尤米和艾肯格林(1994)研究指出,供给冲击对称的亚群有:日本、韩国和中国台湾与中国香港、印度尼西亚、马来西亚和新加坡。后一亚群的需求冲击也是高度对称的。因此,根据冲击对称性标准,这些国家和地区是东亚货币合作走向货币联盟较好的候选成员。同时,巴尤米和莫罗(1999)认为,相对于

欧盟来说,东亚的劳动力市场较为灵活,并且对外界扰动因素的调整速度要快得多。因此,在抗外界干扰因素方面,东亚似乎比欧盟更能够维持共同货币区不可更改的固定汇率。

第六,从区域货币联盟的内生性来看,贝纳西-奎里等(2000)指出,东亚新兴市场经济体在整体上面临着两难:如果主要货币之间是稳定的,则将其汇率固定于某种主要货币可能是最优的。但是,一旦美国和欧元区想利用双边汇率灵活性,而不是固定欧元对美元汇率,则东亚必须应对较高的汇率变动性。避免两难的一种方式是,构建独立于主要货币的货币联盟。据此,经贸关系密切的东亚新兴市场经济体理应考虑建立区域货币联盟。所以,随着东亚经济一体化程度的提高,建立东亚共同货币区具有一定程度的内生性。

上述条件表明,根据货币区衡量标准,东亚具备建立共同货币区所需的一些条件,因而谈论东亚共同货币区并非空穴来风。但是,根据现实趋同标准,尚无法认为东亚现阶段就能够建成货币联盟。因为对东亚来说,要建立货币联盟,必须先消除当前存在的几个严重障碍。

第一,经济趋同障碍。现阶段,东亚经济发展水平差异大,经济一体化程度不高,直接阻滞了货币联盟的形成。

依据表14-3,东亚主要国家和地区之间的经济发展水平相差悬殊。2015年,新加坡、日本的人均GDP分别高达53630美元、34474美元,中国为8069美元,而越南、柬埔寨、老挝和缅甸的人均GDP分别只有2065美元、1163美元、2159美元和1139美元。同时,东亚经济增长率差异较大,经济周期一致性较差。2009—2016年,中国的GDP年均增长率为8.2%,而日本仅为0.6%,并且日本在两个年份中出现了负增长,2009年更是降至-5.4%。这样,根据最佳货币区衡量标准,只有经济发展水平相当、经济周期趋同的国家才更有可能形成货币联盟。实践也表明,欧洲形成货币联盟的过程就伴随着人均产出水平的趋同。所以,东亚建立货币联盟尚需要较长时间的经济一体化过程。

表14-3 东亚国家和地区主要宏观经济指标

类别	2015年GDP(亿美元)	2015年人均GDP(美元)	实际GDP增长率(%)							
			2009年	2010年	2011年	2012年	2013年	2014年	2015年	2016年
中国	110646.7	8069	9.2	10.6	9.5	7.9	7.8	7.3	6.9	6.7
日本	43830.8	34474	-5.4	4.2	-0.1	1.5	2.0	0.3	1.2	1.0
韩国	13827.6	27105	0.7	6.5	3.7	2.3	2.9	3.3	2.8	2.8
中国香港	3094.0	42435	-2.5	6.8	4.8	1.7	3.1	2.8	2.4	1.9
中国台湾	5052.4	21513	-1.6	10.6	3.8	2.1	2.2	4.0	0.7	1.4
新加坡	2968.4	53630	-0.6	15.2	6.2	3.9	5.0	3.6	1.9	2.0
文莱	129.3	30968	-1.8	2.7	3.7	0.9	-2.1	-2.5	-0.4	-3.2
印度尼西亚	8612.6	3336	4.7	6.4	6.2	6.0	5.6	5.0	4.9	5.0
马来西亚	2964.3	9649	-1.5	7.5	5.3	5.5	4.7	6.0	5.0	4.2
泰国	3992.3	5815	-0.7	7.5	0.8	7.2	2.7	0.9	2.9	3.2
菲律宾	2927.7	2878	1.1	7.6	3.7	6.7	7.1	6.2	5.9	6.8
越南	1932.4	2065	5.4	6.4	6.2	5.2	5.4	6.0	6.7	6.2
柬埔寨	180.5	1163	2.1	3.9	7.1	7.3	7.4	7.1	7.0	7.0
老挝	143.9	2159	7.5	8.1	8.0	7.9	8.0	8.0	7.5	6.9
缅甸	596.9	1139	5.1	5.3	5.6	7.3	8.4	8.0	7.3	6.3

资料来源:GDP和人均GDP按当期美元价格计算,来自世界银行数据库,2018年3月。其中,中国台湾数据来自IFS数据库。实际GDP增长率来自:IMF, World Economic Outlook: Gaining Momentum? Statistical Appendix, April 2017, pp.199, 202。

同时,从通货膨胀率相近性来看,2009—2016 年,东亚 15 国和地区通货膨胀率差异较大。日本在大多年份处于通货紧缩的状态,而越南、缅甸、印度尼西亚、老挝、柬埔寨、菲律宾和中国香港在大多时期都处于通货膨胀状态(>3%)。中国、韩国、新加坡、文莱、泰国、马来西亚和中国台湾的物价涨幅较低,似乎有趋同之势(见表 14-4)。这样,根据哈伯勒和弗莱明提出的"通货膨胀率相近性"标准,或者根据高度物价稳定的趋同标准,东亚现阶段整体上尚不具备建立货币联盟所需的这一必要条件,可考虑在次区域率先建立共同货币区。

表 14-4 2009—2016 年东亚国家和地区通货膨胀率比较

类别 年份	中国	日本	韩国	中国香港	中国台湾	新加坡	文莱	印度尼西亚	马来西亚	泰国	菲律宾	越南	柬埔寨	老挝	缅甸
2009	−0.7	−1.3	2.8	0.6	−0.9	0.6	1.0	5.0	0.6	−0.8	4.2	6.7	−0.7	0.03	2.2
2010	3.3	−0.7	2.9	2.3	1.0	2.8	0.2	5.1	1.7	3.3	3.8	9.2	4.0	6.0	8.2
2011	5.4	−0.3	4.0	5.3	1.4	5.2	0.1	5.3	3.2	3.8	4.7	18.7	5.5	7.6	2.8
2012	2.6	−0.1	2.2	4.1	1.9	4.6	0.1	4.0	1.7	3.0	3.2	9.1	2.9	4.3	2.8
2013	2.6	0.3	1.3	4.3	0.8	2.4	0.4	6.4	2.1	2.2	2.9	6.6	3.0	6.4	5.7
2014	2.0	2.8	1.3	4.4	1.2	1.0	−0.2	6.4	3.1	1.9	4.2	4.1	3.9	4.1	5.1
2015	1.4	0.8	0.7	3.0	−0.3	−0.5	−0.4	6.4	2.1	−0.9	1.4	0.6	1.2	1.3	10.0
2016	2.0	−0.1	1.0	2.6	1.4	−0.5	−0.7	3.5	2.1	0.2	1.8	2.7	3.0	2.0	7.0

注:通货膨胀率以消费者价格指数百分比变化(%)表示。
资料来源:IMF,World Economic Outlook:Gaining Momentum? Statistical Appendix,April 2017,pp.206-207。

第二,政治障碍。明兹(1970)和科恩(1993)强调"政治因素"在形成最佳货币区中的决定性作用。科恩(2000)更是指出,货币的本质在一定程度上是政治的,货币关系最终反映出主权国家间的权力制度。实践中,欧洲货币联盟的经验也表明,一个成功的货币联盟需要有一个强有力的政治联盟作为后盾。相比而言,东亚政治多元化将是东亚货币合作走向区域货币联盟的障碍。艾肯格林(1997)指出,东亚建立货币联盟的先决条件是必须解决长久存在的政治冲突,特别是二战遗留下来的日本与东亚他国之间的政治冲突。否则,这种政治障碍将直接阻碍东亚货币一体化进程。现实中,东亚地区达成的《清迈倡议》,无论在合作内容和形式还是在制度安排上都远远滞后于成员国之间经贸密切程度所能提供的更高层次的合作。据此,在成员国之间缺乏政治意愿的情况下,即便经济上已经具备高层次货币合作的可能性,这种可能性也仅仅是一种潜力。所以,东亚要想建成货币联盟,必须首先排除存在的政治障碍,取得相互间的真正信任。这方面,如日本安倍政府在对待二战问题上的错误认识,以及日本与周边邻国的岛屿争端不断,都不是短期内所能解决的。2001 年 10 月 13 日,蒙代尔在"新型创业资本市场"论坛上也指出,亚洲货币统一面临着比欧洲大得多的障碍。因为欧洲已经有比较统一的资本市场,而亚洲完全没有;欧洲选择了一种单一货币,意味着一种高度的政治整合,而这种整合程度在政治多元化的亚洲是很难被接受的。据此,蒙代尔提出,亚洲的解决方案可能是采用一种以在亚洲进行国际贸易为目的的平行货币①,而不是取消本国货币。

第三,建立货币联盟所遇到的"第 N 种货币问题"现阶段在东亚难以解决。因为成员国之间建立货币联盟的初衷就是想通过最小的权利让渡以获取最大的公平收益,所以在 N 种独立货币之间,如果要建立货币联盟,就会遇到"第 N 种货币问题"。即在创造新的共同货

---

① 平行货币,是指主要国际货币美元、欧元和日元等按照一定权重,交由一个如 AMF 这样的超国家机构制造,并由其储备金加以支持。

币之前,成员国为了规避国家霸权的出现,极不情愿采用区域内某种货币作为锚货币,但是为了实现经济趋同,又不得不选择区域内一种主要货币作为法币并使其他货币与它盯住。欧洲的实践表明,成员国选择德国马克作为锚货币,并让德国决定整个欧共体的利率,从而解决了"第 N 种货币问题"。但是,东亚区域内的两种主要货币日元和人民币现阶段都难以成为锚货币。日元虽然是一种国际货币,但是据日本财务省统计,2010 年,日本对北美出口中,85% 以美元结算;对亚洲出口中,美元、日元结算各占 50%;同年,日本进口总额中,美元结算占比高达 71.7%,日元结算只占 23.6%。同时,日本对待侵略战争历史的态度很难取信于东亚各国。仅这两点就决定了日元现阶段难以成为锚货币。虽然近年来人民币随着中国经济的发展和壮大不断向东亚溢出,在东南亚甚至已成为一种强势货币,但是现阶段人民币尚不是国际货币,决定了人民币难以成为区域内锚货币。可喜的是,伴随着人民币汇率形成机制的改革,特别是 2016 年 10 月人民币被纳入 SDR 货币篮子,大大地提高了人民币作为周边国家和地区锚货币的可能性。虽然现阶段东亚还不具备解决"第 N 种货币问题"的条件,但是建立货币联盟的基础是有望改善的。

  第四,缺乏超国家权力的共同货币机构,以及对可能违约的成员国的惩罚机制。就亚洲货币基金(AMF)而言,东亚国家和地区只是赋予其紧急互助职能,以规避 IMF 苛刻的援救条件。亚洲货币基金不像欧盟货币委员会那样拥有超国家主权并有权对违约成员国进行惩罚的货币职能机构。所以,东亚欲建立货币联盟,一方面需要各国强有力的政治承诺,另一方面需要建立如欧盟货币委员会那样的超国家主权的货币职能机构。

  综上所述,从政治经济合作来看,合作预期带来的共同利益促使东亚货币合作趋势增强;从经济特征和贸易结构来看,东亚经济相互趋同性逐步增强,构成了东亚货币合作的经济基础。从商品市场一体化来看,东亚适宜建立一个共同货币区。从外部冲击对称性、要素市场灵活性来看,东亚各国和地区在抵御外部非对称冲击的能力方面较弱,进而不利于建立区域货币联盟。从现实趋同角度来看,现阶段东亚各国和地区处于经济发展的不同阶段,决定了其经济结构、对外界冲击的反应以及政策目标等均表现出差异性和层次性。所以,东亚现阶段要建立共同货币区是不太现实的。同时,日本在二战问题上一贯错误的立场,使得其在东亚丧失了应有的政治信誉。这种政治障碍直接阻碍了东亚货币一体化进程,也使得东亚现阶段难以解决建立货币联盟前期所遇到的"第 N 种货币问题"。不过,伴随着人民币汇率形成机制的改革,特别是 IMF 执行董事会批准,自 2016 年 10 月 1 日起,人民币被认定为可自由使用的货币,并作为除美元、欧元、日元和英镑之外的第五种货币加入特别提款权篮子。人民币成为 SDR 篮子货币后,被周边国家和地区作为锚货币的概率将会提升。据此,东亚建立共同货币区可谓任重而道远,有赖于东亚各国和地区共同的努力。

  一些研究者已经为推进东亚由区域货币合作走向共同货币区提出了一些具体的对策。例如,巴尤米和艾肯格林(1994)以及袁(2000)等主张分几个层面渐进推进东亚货币一体化:第一层面,东亚各国和地区在现有的汇率制度框架下加强区域汇率政策协调,以维持区域内双边汇率的相对稳定。实际上,由于东亚国家和地区普遍担心汇率浮动,在货币危机后,各国和地区货币的实际汇率制度又恢复到盯住美元。这为东亚进行区域汇率政策协调提供了十分有利的条件。第二层面,东亚一些具备条件的次区域可率先建立次区域货币区。袁(2000)基于潜在冲击对称性、地缘亲近性和社会文化相容性,认为东亚存在着三个亚群,即新加坡和马来西亚、日本和韩国、中国台湾和中国香港。这些亚群可率先建立次区域货币区。第三层面,次区域货币区建立后,应在东亚范围内加强区域汇率政策协调和货币合作,在此基础上,利用次区域货币区货币一体化的自我增强机制,推动建立东亚统一的汇率机制。第四层面,在东亚统一的汇率机制经过一段时间运行、磨合,日趋稳定之后,随着东亚区域经济一体化、货币一体化程度的提高,可考虑建立东亚共同货币区,并成立统一的中央银行,发行单一货币,实施统一的货币政策。至此,东亚共同货币区才可能真正变为现实。因此,东亚建立共同货币区虽任重而道远,但仍是继欧盟之后未来最有可能形成的共同货币区。

本 章 小 结

关于最佳货币区的衡量标准,有两种倾向:一是着重分析最佳货币区的单一标准,即传统分析说;二是以多重标准着重分析货币区的利弊得失,即另类分析说。按照传统分析说,主要衡量标准有:生产要素流动性、经济开放度、产品多样化、金融一体化、通货膨胀率相近性、政策相似性以及政治一体化。另类分析说则是以多重标准看待最佳货币区问题,并且权衡建立共同货币区对于成员国经济的收益和成本。

根据 GG-LL 模型,一国与货币区之间的经济一体化程度越高,该国加入固定汇率区所获得的货币效率收益越大,而产生的经济稳定性损失越小。如果一国与固定汇率区之间的经济一体化程度高于或等于均衡点,则该国将决定加入货币区。

最佳货币区诸多标准之间存在相互替代性,一个标准的满足可在一定程度上替代另一个标准,因而不能过分强调某一标准的重要性。同时,最佳货币区标准存在内生性,建成货币联盟所需的事前条件在一定程度上可在货币联盟形成后得到事后满足。据此,事后标准满足程度的强化,放宽了对事前标准满足程度的条件要求。实践中,存在着三种强化事后满足的调节机制:工资柔性调节机制,劳动力与资本自由流动机制,以及区域性、结构性资助机制。

欧洲货币体系的产生和发展主要有三个原因:一是欧洲经济一体化的需要,二是美元频繁地发生危机,三是推动欧洲政治联合的需要。其主要内容包括:创立欧洲货币单位,实行欧洲汇率机制,建立欧洲货币基金,提供信用融资工具。

从欧元区的形成过程来看,经济指标趋同和货币汇率政策趋同是建立共同货币区的必要条件。《马斯特里赫特条约》中有四个趋同标准:高度的物价稳定、政府财政状况稳定、汇率稳定和利率趋同。该趋同标准不同于 OCA 理论标准,它是在一个基本给定的区域内强调条件标准的可操作性与可计量性而进行的货币制度创新设计,后者则强调最佳货币区的实现要经历一个经济一体化、市场一体化和货币一体化的过程。

欧元区尚未达到最佳货币区的理论标准,主要表现为:劳动力流动性差,财政一体化程度有限。但是,最佳货币区诸多标准之间具有相互替代性,因而不能过分强调劳动力流动性标准的重要性。事实上,综合成本—收益分析是十分重要的。

根据传统分析说的单一标准、另类分析说的利弊标准和欧元区的趋同标准,从长期来看,东亚很可能从区域货币合作走向共同货币区;而从短期、中期来看,东亚整体上尚无建立货币联盟的可能。现阶段可行的路径是,从亚群开始,建立次区域货币区,在实现必要的协调和趋同之后,再建立东亚共同货币区。东亚建立共同货币区虽任重而道远,但仍是继欧盟之后未来最有可能形成的共同货币区。

关键术语

1. OCA criteria(最佳货币区衡量标准)—In particular, the OCA theory discusses the following criteria: First, potential gains from the creation of an OCA are determined by the degree of openness. Second, the OCA theory stresses the importance of the similarity of shocks and business cycles. Third, Mundell (1961) points at the international factor mobility (especially migration) as an alternative adjustment channel. High labor mobility facilitates adjustment to the adverse effects of asymmetric shocks and thus reduces the pressure for exchange rate adjustments. Fourth, Kenen (1969) stresses the importance of product diversification. Finally, the degree of policy integration and similarity between rates of inflation has been introduced to the OCA theory more recently. A high degree of policy integration already before the creation (enlargement) of a currency area is likely to result in lower costs for the participating countries.

2. Convergence criteria of Euro Area(欧元区趋同标准)—The four convergence criteria are presented in Article 121 (1) of the Treaty Establishing the European Community (EC Treaty). They are set out for judging whether a member country has achieved the "sustainable convergence" required to let it join the Euro: first, price stability, defined as a rate of inflation within 1.5 percentage points of the three best-performing EU countries; second, low long-term interest rates, defined as an average nominal long-term interest rate that does not exceed by more than 2 percentage points that of, at most, the three best performing EU countries in terms of price stability; third, exchange-rate stability, meaning that for at least two years the country concerned has kept within the "normal" fluctuation margins of Europe's exchange-rate mechanism (ERM); fourth, a sustainable government financial position, defined in two ways: a budget deficit no higher than a "reference value" of 3% of GDP; and a ratio of public debt to GDP of no more than a "reference value" of 60%.

3. Traditional approach(传统分析说) and alternative approach(另类分析说)—The classical and alternative views of the relation between the degree of economic integration and the losses resulting from the participation in a common currency area differ with respect to the shape of the LL curve. The traditional optimum currency area theory expects a negative relation, while the alternative view predicts a positive relation between economic losses and the degree of economic integration. Still, there is a possibility that gains are higher than losses in the alternative view, when the GG line is significantly steeper than the LL line. Nevertheless, the potential gains from participation in a currency area are much lower in this case. Furthermore, the participating countries should be more integrated to achieve positive gains from monetary integration. Thus, the former is suitable when intra-industry trade is high, while the opposite implies the latter case.

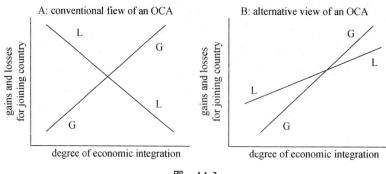

图 14-3

问题与练习

一、名词解释

货币区　　　　最佳货币区　　　　传统分析说　　　　另类分析说　　　　GG-LL 模型
欧洲货币体系　　平价网体系　　　　边际干预　　　　　边际内干预

二、思考题

1. 最佳货币区理论的衡量标准有哪些？
2. 传统分析说的理论特征是什么？
3. 另类分析说权衡建立共同货币区的收益和成本有哪些？
4. 试对加入最佳货币区进行收益—成本（GG-LL）分析。
5. 最佳货币区的评判条件及过渡调节机制是什么？
6. 试论最佳货币区标准的内生性问题。
7. 简述欧洲货币体系的主要内容。
8. 欧洲汇率机制是如何运行的？
9. 欧元启动产生了什么样的影响？
10. 欧元区面临的挑战是什么？
11. 试述欧元区趋同标准与最佳货币区衡量标准之间的差异。
12. 试论建立东亚共同货币区的可能性。

附录　中美冲突背后的重要症结：
美元霸权信用与人民币国际化[①]

现阶段，**美国在经贸和货币信用上面临的主要问题是**：第一，美国巨额的经常账户逆差需要金融账户顺差予以抵补，其缺口需要不停地发行美债，问题是谁来不停地购买美债呢？第二，居高不下的美国政府国债正在侵蚀着美元自身的信用，如何才能维护好美元的"皇帝新装"呢？第三，美元独大的国际货币体系面临着"特里芬两难"，这一内生的矛盾将伴随美元始终。美元货币体系下，美国责权不对称，缺乏制衡约束机制，使得美元的跟随者代价高昂。**现阶段，中国推进的人民币国际化是一个似是而非的问题，但却成为中美冲突背后的重**

---

① 参见沈国兵：《中美冲突背后的重要症结：美元霸权信用与人民币国际化》，载《世界经济情况》2017 年第 2 期。

要症结。

就货币信用本位而言,此处提出化解中美冲突症结的几点建议:一是虽然美元本身信用存在着先天的缺陷,但是美国绝不会允许可能揭穿美元的"皇帝新装"的可替代货币"长大",如日元沦为"小老人"货币,最有希望替代美元的欧元也成为"小老人"货币。由此,人民币国际化现阶段不宜过快地上马推进,其路径将会荆棘丛生,中国需要吸取日元和欧元国际化的经验教训。二是维护美元霸权信用货币本位已成为美国没有退路的选择,美国财政赤字靠发行国债解决,美国国债靠发行钞票解决,美国发行钞票则靠美元的国际货币霸权信用来维持。美元霸权信用一旦发生动摇,对美国的影响将是致命性的。由此,在美国维护美元霸权信用问题上,中国基于充足的外汇储备,可以与美国作出谈判选择。三是鉴于现阶段人民币国际化是一个似是而非的问题,中国虽然是最大的最终消费品目的地之一,但是没有向国际社会充足的融资能力,无法承受巨额的经常账户逆差失衡,也就无法向国际社会提供充足的人民币流动性作为清偿手段。因此,现阶段,人民币国际化不宜过快上马推进。在美国政府已主动抛弃 TPP 的时代,东亚三大经济体更应增强政策沟通和贸易畅通,积极谈判,争取早日建成中日韩三国共同自贸区,从而开创一个和谐的东亚经贸格局。

一、美国巨额的经常账户逆差需要金融账户顺差予以抵补,其缺口需要不停地发行美债

20 世纪 80 年代以来,美国一直呈现较大的经常账户逆差;90 年代后,美国的逆差失衡不断扩大;21 世纪后,美国的经常账户逆差达到新的高水平。1999 年美国经常账户逆差为 2955.3 亿美元,占当年美国 GDP 的 3.06%。此后,美国的经常账户逆差持续增长,2006 年达 8067.3 亿美元,占当年美国 GDP 的 5.82%。2007 年美国次贷危机后,经济疲软,需求大幅下滑,使得美国经常账户逆差失衡稍微得到改善。2009 年美国经常账户逆差为 3840.2 亿美元,占当年美国 GDP 的 2.66%。随着逐步走出次贷危机阴霾,美国经常账户逆差又开始回升。

与持续高额的经常账户逆差相对应,美国的金融账户保持持续净借入以平衡其国际收支差额,否则,美国持续的经常账户逆差将难以延续数十年。1999 年至 2015 年,美国金融账户的净借入基本与经常账户逆差相符。不过,由于在 2007 年、2009 年美欧金融危机后美国经济陷入低谷,市场担忧违约导致美国资产吸引力急剧下降,使得美国金融账户净借入额与经常账户逆差额的缺口较大。2015 年,该缺口变得更大,当年美国金融账户净借入为 1952.27 亿美元,冲抵美国经常账户逆差的 42.2%。那么,如何解决这个巨大的缺口呢?美国得不停地发行美债!

二、居高不下的美国政府国债正在侵蚀着美元自身的信用,但是美国绝不会容忍揭穿美元"皇帝新装"的可替代货币"长大"

截至 2015 年底,美国未偿付的国债总额高达 18.12 万亿美元,创历史新高,占同期美国 GDP 的 101.0%,其中由外国投资者持有的超过总额的 1/3 还多。大量美债在全世界交易、流通,支撑着美国双赤字的经济体系,使得美国成为世界上最大的债务国。截至 2014 年末,外国投资者持有的美债总额达 6 万多亿美元,创历史新高。其中,中国持有美债 12664 亿美元,占外国投资者持有美债总额的 21.1%,为美债的第一大外国投资者。日本是另一个较大的美债持有者。截至 2014 年末,日本持有的美债为 12189 亿美元,占外国投资者持有美债总额的 20.3%。那么,在面临巨额经常账户逆差,高筑的政府国债不断侵蚀美元霸权信用的形势下,如何让外国政府和投资者仍持续不断地持有美债呢?美国必须维护好美元作为国际结算、媒介货币的霸权信用！如何做到这一点呢？美国的理念是：虽然美元本身信用存在着先天的缺陷，但是美国绝不会允许可能揭穿美元"皇帝新装"的可替代货币"长大"！

案例一：1969年，第24届IMF年会通过协议，正式创立特别提款权（special drawing rights, SDR）。创立之初，特别提款权是为了支持布雷顿森林体系而创设的一种储备资产和记账单位。但是，特别提款权的使用仅限于政府之间，可用于政府间结算。虽然特别提款权小部分代替美元作为国际储备货币，缓解了美元的一些压力，但是美国为保持美元的国际地位，一旦美元的压力减轻，就对SDR采取种种的限制措施，使得SDR成为"小老人"货币。

案例二：1985年9月，美国迫使日本签订了"广场协议"，当时拥有世界上最大经常账户顺差的日本被迫开启了日元大幅升值，美元兑日元呈现大幅贬值。但是，具有讽刺意味的是，直到1995年，大幅升值的日元并没有能够纠偏美国对日本的巨额贸易逆差。所带来的后果却是，日元大幅升值导致日本在20世纪90年代陷入紧缩萧条的"失落的十年"，①也使得日元沦为"小老人"货币（意思是"长不大"的货币）。

案例三：2007年，曾经在美国一度被认为是最赚钱的次级住房抵押贷款，引爆了美国次级债危机。美元的霸权信用岌岌可危！在此形势下，2009年12月，惠誉、标准普尔和穆迪三大国际评级机构相继下调了希腊的主权信用评级，希腊的债务危机愈演愈烈，并成为引爆欧洲主权债务危机的导火索。欧盟官员曾将主权债务危机的矛头直指美国三大评级机构，认为评级机构不合时宜地调低欧元区处于困境中国家的评级，是导致主权债务危机爆发的元凶之一，加剧了欧元区债务危机的恶化。但是，这种"以邻为壑"的方式恰恰是美元自我拯救信用，成为增强美元、美国国债作为避险资产的"重要支撑"，也使得最有希望替代美元国际信用货币地位的欧元成为"小老人"货币。也就是说，美国绝不会容忍可替代美元的另一种货币"长大"。

三、"特里芬两难"时时刻刻敲响美元霸权信用货币的丧钟，维护美元霸权信用货币本位已成为美国没有退路的选择

第一，美元独大的国际货币体系面临着"特里芬两难"，这一内生的矛盾将伴随美元始终。美元具有美国本币和世界货币的双重身份，以及保持美元信誉和满足国际清偿力的双重责任。但是，这双重身份和双重责任均是矛盾的，难以做到两全。为了维持自身经济增长，美国采取了量化宽松的货币政策，导致世界上美元流动性泛滥，美元的信誉或信用（credibility）成了严重问题，而美元作为最主要的国际清算和结算的媒介货币，就需要保持不断地向国际市场投放，以满足流动性（liquidity）清偿需要。如果遇到美国实施相反的货币调节政策，就会使得世界各国和地区遭受流动性清偿力短缺问题。

第二，美元独大的国际货币体系导致美国责权不对称，缺乏制衡约束机制，使得美元的跟随者代价高昂。美元作为主要储备资产享有特权地位，美国可以利用美元直接对外投资，也可以利用滥发美元以弥补国际收支逆差。这就造成美元持有国的实际资源向美国转移，而这些国家无法有效地约束美元滥发的行为，使得持有美元代价高昂。

第三，"特里芬两难"使得美国维护美元霸权信用货币本位已成为没有退路的选择。美国财政赤字靠发行国债解决，美国国债靠发行钞票解决，美元钞票则靠美元的国际货币霸权信用来维持。美国已陷入"特里芬两难"，财政赤字不断扩大，国债债台高筑，越印越多的美

---

① See McKinnon, R. and Schnabl, G. (2006), Devaluing the Dollar: A Critical Analysis of William Cline's Case for a New Plaza Agreement, *Journal of Policy Modeling*, Vol. 28, No. 6, pp. 683-694.

元最终会导致其信用的丧失。美元霸权信用一旦发生动摇,对美国的影响将是致命性的。标准普尔曾发出警告:如果美国国会无法制定降低国家债务计划,将再次下调美国信用评级。早在2011年8月,在美国国会谈判债务上限问题时,标准普尔撤销了美国的AAA信用评级,下调至AA+。但是,过多的担心也是多余的,因为90%的评级机构都在美国,都持有用美元定价的金融资产。谁会和自己过不去?谁又会把自己持有的钱评价得一文不值呢?美国政府更将为维护美元霸权信用而作出没有退路的选择。

四、人民币国际化:一个似是而非的问题,却成为中美冲突背后的重要症结

第一,现阶段,人民币国际化是一个似是而非的问题。 国际货币需要具有三个基本特征,即可自由兑换性、可偿性和普遍接受性。其中,一国具有强大的经济和金融实力,即具有强大的综合国力以保障其国际货币的可偿性,维护其货币价值的稳定是最为重要的。参照IMF归纳的条件,要实现人民币国际化,必须具备一定的社会经济和政治条件,主要有:(1)保持持续和较高的经济增长率;(2)保持人民币币值的长期基本稳定;(3)保持充足的国际储备,实现人民币完全可自由兑换;(4)使得中国对外贸易在国际贸易中占有重要比重;(5)使得中国对外直接投资在国际投资中占有重要地位;(6)建立健全金融制度和高效发达的金融市场;(7)运用强有力的国际政治地位加以推动等。现阶段,中国具备其中的一些条件,但是也存在着诸多不利条件,如:(1)外部经贸环境恶化,美欧贸易保护主义抬头,不利于中国经济的可持续增长;(2)美元反转升值,打乱了人民币完全可自由兑换的步伐;(3)中国货币市场、资本市场、外汇市场和金融衍生品市场等都急需大力发展和完善,以为从事外贸和投资的企业提供可对冲金融风险的工具。据此,尽管人民币可自由兑换和人民币国际化是中国未来发展的大方向,但是现阶段人民币国际化尚不具备核心条件。人民币国际化在条件不成熟的情况下不宜过快地推行,不要说深度的人民币国际化,仅过早放开人民币资本账户就可能会诱发投机性冲击,造成货币危机风险。比如,资本外逃会引发政府财政收入下降,诱发货币危机乃至债务危机;大量热钱流入、流出也会引发本地资产价格飙升和通胀或暴跌和萧条等。

一国货币要成为国际信用货币,除了传统的三个基本特征之外,还需具有两个更重要的特征:(1)是否为最大的最终消费品目的地;(2)有无向国际社会充足的融资能力。最大的最终消费品目的地决定着一国货币可以向世界提供流动性清偿的潜在能力;有无向国际社会充足的融资能力决定着一国货币由潜在的清偿流动性变成现实的流动性,这反过来要求该国必须能够承受巨额的经常账户逆差失衡。后者是作为发展中经济体的中国在现阶段根本无法做到的,因而当前人民币国际化不宜过快地上马推进。2017年一年中国就有795万大学毕业生需要寻找工作,2018届全国高校毕业生人数将达820万,再创历史新高。谁能提供给他们工作机会呢?根据奥肯定律,只能依靠中国经济可持续快速地增长,而中国经济快速增长的法宝是依靠大规模出口和吸引FDI,进而解决中国高校巨量的毕业生就业难题。由此,推论的函数是中国的进口依赖于中国的出口,出口下滑会导致进口下滑得更加厉害。可见,人民币国际化有两个硬约束,目前无解:一是巨量的中国高校毕业生就业硬约束,决定中国无法成为巨额逆差国,而只有承受起逆差的国家才能将货币流通出去作为国际货币;二是中国尚缺乏成熟的金融市场,无法进行人民币避险交易。所以,现阶段,人民币无法担当起国际货币的角色。

第二,现阶段,人民币虽然无法成为国际清偿货币,但是人民币国际化的呼声已挑战了美元霸权信用货币本位,使得中美贸易失衡之争逐渐演化为"货币汇率之争"。 中美之间围绕人民币汇率问题的争论将会继续发酵,特朗普政府新任命的主要官员都表达出对人民币汇率的指责和不满,很可能将遭遇特朗普政府对华打"汇率战",再度对中国施压,要求人民币重新升值。对此,中国必须亮明态度,既要保外汇储备,又要保汇率稳定,实施资本账户用汇限制,阶段性推延人民币国际化进程。假如只保外汇储备,让人民币自由贬值,那么大量离岸人民币就会回来套汇美元,那样中国外汇储备反而保不了,就必须实施资本账户用汇限制。在这方面,马来西亚于1998年实施暂时资本管制,成功阻击了对林吉特的投机冲击,就是成功的例证。

第三,美国最大的忧虑就是如何维持美元霸权信用货币本位,人民币国际化将成为中美冲突背后的重要症结所在。美元国际货币信用已成为美国最大的赌注。在这种情况下,美国最大的忧虑就是如何维持美元的霸权信用货币地位,如何让世界人民都相信美元的信用是可以维持的。由此,美元信用是美国最大的软肋,任何挑战美元信用货币本位的货币都会成为美国的"眼中钉""肉中刺"。从历史经验来看,日元、欧元等都被美国相继整治成"小老人"货币,已成为无法替代美元信用货币本位的"长不大"货币。接下来,人民币国际化将会成为美国维持美元霸权信用货币本位的"眼中钉""肉中刺"。2009年7月以来,中国开始了跨境贸易人民币结算试点,以帮助企业规避美元汇率风险。到2014年,全年跨境贸易人民币结算额达6.55万亿元,人民币直接投资额达1.05万亿元。中国开始实施人民币国际化战略,已经与二十多个国家和地区签订了货币互换协议,开展人民币跨境贸易结算试点,启动了人民币与日元、韩元、卢布等多国货币互换业务。美国的反应只能是"围魏救赵"了,有目的地在东亚和东南亚挑起针对中国的领土、领海等纠纷问题,打破了中国与周边国家如日本、韩国等在贸易和投资领域内实施双边货币互换的"蜜月期"。可见,中国与贸易伙伴间开展的货币互换业务、实施的人民币跨境贸易和投资结算业务,已经引起了美国维持美元霸权信用货币本位的警觉。因为对于美国而言,只要找不到一个可以替代美元的货币,那么美元霸权信用货币本位就可以维持了。美元信用货币支撑了美国国债,美国国债又支撑了美国财政赤字,接着是支撑美国巨额的贸易逆差,所有的循环又将可以重新开始了。

最后,在中短期内,应对中美冲突背后的重要症结,就货币信用本位而言,如前所述,中国现阶段不宜过快地上马推进人民币国际化的进程,需要弱化对美元霸权信用货币本位的过度挑战,重构中美新型大国经贸关系。此外,在美国总统特朗普正式宣布退出TPP协议,美国政府提出"美国优先"发展战略以提升美国经济增长之后,中国、韩国和日本的外贸、外资乃至经济增长都将面临前所未有的新机遇和新挑战。加上美欧金融危机的后遗症——世界主要市场增长乏力,这些大大挤压了东亚三大经济体共同的市场发展空间。在美国政府已主动"抛弃"了TPP的时代,东亚三大经济体更应积极主动地提升人文和经贸互信,增强政策沟通和贸易畅通,积极谈判,早日建成中日韩三国共同自贸区,开创一个和谐的东亚经贸格局;在中长期内,在共同自贸区内实行货币互换,以消减美元"强势—弱势—强势"对中日韩三国经贸发展带来的冲击和挑战。

参考文献

一、中文文献

1. 〔英〕J. E. 米德:《国际收支》,李翀译,北京经济学院出版社1990年版。
2. 〔英〕W. H. B. 考特:《简明英国经济史(1750年至1939年)》,方廷钰、吴良健、简征勋译,商务印书馆1992年版。
3. 〔美〕爱德华·肖:《经济发展中的金融深化》,上海三联书店1988年版。
4. 巴曙松:《巴塞尔新资本协议研究》,中国金融出版社2003年版。
5. 巴曙松:《要进一步加强香港人民币离岸市场的建设》,载《经济纵横》2012年第7期。
6. 保建云:《论欧洲主权债务危机内生形成、治理缺陷及欧元币制演化》,载《欧洲研究》2011年第6期。
7. 〔英〕保罗·霍尔伍德、罗纳德·麦克唐纳:《国际货币与金融》,何璋译,北京师范大学出版社1996年版。
8. 〔美〕保罗·克鲁格曼、茅瑞斯·奥伯斯法尔德:《国际经济学(第四版)》,海闻等译,中国人民大学出版社1998年版。
9. 陈彪如、马之騆编著:《国际金融市场》,复旦大学出版社1998年版。
10. 陈彪如、马之騆主编:《国际金融学》,西南财经大学出版社2001年版。
11. 陈岱孙、厉以宁主编:《国际金融学说史》,中国金融出版社1991年版。
12. 陈东:《西方现代汇率决定理论的新发展》,载《经济学动态》1996年第8期。
13. 陈小平:《国际金融衍生市场》,中国金融出版社1997年版。
14. 陈雨露、边卫红:《货币同盟理论:最优货币区衡量标准的进展》,载《国际金融研究》2004年第2期。
15. 陈雨露:《国际资本流动的经济分析》,中国金融出版社1997年版。
16. 陈雨露、王芳、杨明:《作为国家竞争战略的货币国际化:美元的经验证据》,载《经济研究》2005年第2期。
17. 陈雨露主编:《国际金融》,中国人民大学出版社2000年版。
18. 崔孟修:《汇率决定的投机泡沫理论》,载《河南大学学报(社会科学版)》2001年第5期。
19. 戴国强主编:《货币银行学》,上海财经大学出版社2001年版。
20. 董寿昆:《货币自由兑换理论与实践:国际货币流通论》,中国金融出版社1997年版。
21. 鄂志寰:《现代货币危机理论的发展及其面临的挑战》,载《经济学动态》2001年第3期。
22. 鄂志寰:《走向全球化——国际资本流动百年历程》,载《中国外汇管理》1999年第12期。
23. 冯雷、李锋:《解决中美双边货物贸易失衡的关键:提高市场化程度》,载《财贸经济》2010年第8期。
24. 冯文伟编著:《国际金融学》,立信会计出版社2000年版。
25. 复旦大学世界经济研究所英国经济研究室编:《英国经济》,人民出版社1986年版。
26. 傅建设:《现代汇率经济学》,上海社会科学院出版社1998年版。
27. 〔意〕甘道尔夫:《国际经济学Ⅱ:国际货币理论与开放经济的宏观经济学(第2版)》,王小明等译,中国经济出版社2001年版。
28. 郭建泉:《汇率制度的演变趋势和我国的选择》,载《管理世界》2001年第3期。
29. 郭树清:《中国经济均衡发展需要解决的若干特殊问题》,载《比较》2004年第15期。

30. 韩玉珍编著:《国际金融》,首都经济贸易大学出版社 2002 年版。
31. 〔荷〕汉克·V. 盖默特、陈雨露等:《欧元与国际货币竞争》,中国金融出版社 1999 年版。
32. 何帆:《欧洲主权债务危机与美国债务风险的比较分析》,载《欧洲研究》2010 年第 4 期。
33. 何帆、张明:《中国国内储蓄、投资和贸易顺差的未来演进趋势》,载《财贸经济》2007 年第 5 期。
34. 何璋:《国际金融》,中国金融出版社 1997 年版。
35. 赫国胜、杨哲英、张日新编著:《新编国际经济学》,清华大学出版社 2003 年版。
36. 胡祖六:《人民币:重归有管理的浮动》,载《国际经济评论》2000 年第 3—4 期。
37. 黄梅波:《最优货币区理论与东亚货币合作的可能性分析》,载《世界经济》2001 年第 10 期。
38. 黄万阳、王维国:《人民币汇率与中美贸易不平衡问题——基于 HS 分类商品的实证研究》,载《数量经济技术经济研究》2010 年第 7 期。
39. 黄卫平、彭刚:《国际经济学教程》,中国人民大学出版社 2004 年版。
40. 黄晓凤、廖雄飞:《中美贸易失衡主因分析》,载《财贸经济》2011 年第 4 期。
41. 贾飙、王博、文艺:《实施巴塞尔协议Ⅲ对中国宏观经济的影响分析》,载《南开经济研究》2015 年第 2 期。
42. 江世勇、崔基哲:《对汇率混沌的一种理论解释》,载《开放导报》2010 年第 1 期。
43. 姜波克:《国际金融新编(第三版)》,复旦大学出版社 2001 年版。
44. 姜波克、陆前进编著:《汇率理论和政策研究》,复旦大学出版社 2000 年版。
45. 姜波克、杨长江编著:《国际金融学(第二版)》,高等教育出版社 2004 年版。
46. 蒋先玲:《美国次级债危机剖析及其对中国的启示》,载《金融理论与实践》2007 年第 11 期。
47. 劳佳迪:《抄底欧洲是祸是福? 李嘉诚的上半年成绩单》,载《中国经济周刊》2016 年第 33 期。
48. 〔英〕劳伦斯·S. 科普兰:《汇率与国际金融》,康以同等译,中国金融出版社 2002 年版。
49. 李稻葵、李丹宁:《中美贸易顺差:根本原因在哪里?》,载《国际经济评论》2006 年第 5 期。
50. 李强、谢申祥、王孝松、唐磊:《中美贸易不平衡中的宏观经济因素:基于结构 VAR 模型的实证研究》,载《世界经济文汇》2011 年第 1 期。
51. 李晓洁、徐曙娜等编著:《国际贸易结算》,上海财经大学出版社 2003 年版。
52. 李扬:《国际货币体系改革及中国的机遇》,载《中国金融》2008 年第 13 期。
53. 李扬、王国刚、何德旭主编:《中国金融理论前沿Ⅲ》,社会科学文献出版社 2003 年版。
54. 李振宇、于文涛:《国际热钱流入的影响分析及建议》,载《中国经贸导刊》2008 年第 7 期。
55. 连平:《离岸金融研究》,中国金融出版社 2002 年版。
56. 连平主编:《国际金融理论、体制与政策》,华东师范大学出版社 1999 年版。
57. 林桂军、〔美〕罗纳德·施拉姆:《我国储蓄/投资差额的结构分析与经常项目顺差》,载《财贸经济》2008 年第 4 期。
58. 林源:《"国际热钱"流入的风险及监管对策》,载《海南金融》2004 年第 1 期。
59. 刘戈:《李嘉诚为什么往英国"跑"?》,载《中外管理》2015 年第 11 期。
60. 刘明康主编:《2002—2003 国际金融报告》,经济科学出版社 2003 年版。
61. 刘晓辉、范从来:《汇率制度选择及其标准的演变》,载《世界经济》2007 年第 3 期。
62. 刘遵义:《十年回眸:东亚金融危机》,载《国际金融研究》2007 年第 8 期。
63. 陆前进、杨槐:《货币危机的机理及对策研究》,上海财经大学出版社 2002 年版。
64. 吕江林、杨玉凤:《当前我国资本大规模流入问题及对策》,载《当代财经》2007 年第 2 期。
65. 〔美〕罗伯特·J. 凯伯:《国际经济学(原书第 8 版)》,原毅军、陈艳莹等译,机械工业出版社 2002 年版。
66. 〔美〕罗纳德·I. 麦金农:《经济发展中的货币与资本》,卢骢译,上海三联书店 1988 年版。
67. 罗平:《国际收支手册(第五版)》,中国金融出版社 1995 年版。
68. 马之騆:《发展中国家国际储备需求研究》,华东师范大学出版社 1994 年版。

69. 〔美〕迈克尔·梅尔文:《国际货币与金融(第六版)》,范立夫、马妍译,东北财经大学出版社 2003 年版。

70. 潘英丽、马君潞主编:《国际金融学》,中国金融出版社 2002 年版。

71. 裴平等:《国际金融学(第二版)》,南京大学出版社 1998 年版。

72. 彭有轩:《国际直接投资理论与政策研究》,中国财政经济出版社 2003 年版。

73. 蒲华林、张捷:《产品内分工与中美结构性贸易顺差》,载《世界经济研究》2007 年第 2 期。

74. 钱荣堃、陈平、马君潞主编:《国际金融》,南开大学出版社 2002 年版。

75. 钱学锋、黄汉民:《垂直专业化、公司内贸易与中美贸易不平衡》,载《财贸经济》2008 年第 3 期。

76. 〔日〕青木昌彦:《比较制度分析》,周黎安译,上海远东出版社 2001 年版。

77. 人民币国际化研究课题组:《人民币国际化的时机、途径及其策略》,载《中国金融》2006 年第 5 期。

78. 荣毅宏:《国际"热钱"输入渠道、规模及监管对策》,载《金融教学与研究》2008 年第 1 期。

79. 阮景平:《西方金融创新理论述评》,载《湖北大学学报(哲学社会科学版)》2006 年第 2 期。

80. 桑百川、郑建明等:《国际资本流动:新趋势与对策》,对外经济贸易大学出版社 2003 年版。

81. 邵传林:《西方金融创新理论演变综述》,载《山东工商学院学报》2007 年第 5 期。

82. 沈国兵编著:《国际金融理论与实务》,复旦大学出版社 2018 年版。

83. 沈国兵主编:《国际金融(第二版)》,北京大学出版社 2013 年版。

84. 沈国兵:《合作远比对立更重要:基于中美经贸摩擦三阶段的共识》,载《清华金融评论》2018 年第 7 期。

85. 沈国兵:《汇率制度的选择——兼论对人民币汇率制度的启示》,经济科学出版社 2003 年版。

86. 沈国兵:《汇率制度的选择:理论综述及一个假说》,载《世界经济文汇》2002 年第 3 期。

87. 沈国兵:《汇率制度的选择:文献综述》,载《世界经济》2003 年第 12 期。

88. 沈国兵:《谨防美国打出"立体组合拳"》,载《解放日报·思想周刊》2018 年 4 月 10 日第 9 版。

89. 沈国兵、刘义圣:《论"中间空洞化"汇率制度假说》,载《经济问题》2001 年第 11 期。

90. 沈国兵:《马克思主义汇率理论与西方经济学汇率理论比较研究》,载《福建论坛(经济社会版)》2001 年第 5 期。

91. 沈国兵:《贸易统计差异与中美贸易平衡问题》,载《经济研究》2005 年第 6 期。

92. 沈国兵:《美国出口管制与中美贸易平衡问题》,载《世界经济与政治》2006 年第 3 期。

93. 沈国兵:《美元弱势调整对中国外贸发展影响研究》,中国财政经济出版社 2016 年版。

94. 沈国兵:《美元弱势调整对中美双边贸易的影响》,载《经济研究》2015 年第 4 期。

95. 沈国兵:《美中贸易逆差与人民币汇率:实证研究》,载《南开经济研究》2004 年第 6 期。

96. 沈国兵:《日元与人民币:区域内货币合作抑或货币竞争》,载《财经研究》2004 年第 8 期。

97. 沈国兵、史晋川:《汇率制度的选择:不可能三角及其扩展》,载《世界经济》2002 年第 10 期。

98. 沈国兵、史晋川:《加入世贸组织后我国人民币汇率制度的选择——基于汇率制度变迁理论的思考》,载《国际贸易问题》2003 年第 5 期。

99. 沈国兵:《显性比较优势、产业内贸易与中美双边贸易平衡》,载《管理世界》2007 年第 2 期。

100. 沈国兵:《与贸易有关知识产权协定下强化中国知识产权保护的经济分析》,中国财政经济出版社 2011 年版。

101. 沈国兵:《中美冲突背后的重要症结:美元霸权信用与人民币国际化》,载《世界经济情况》2017 年第 2 期。

102. 沈国兵:《中美贸易再平衡:美元弱势调整与中国显性比较优势》,中国财政经济出版社 2017 年版。

103. 沈国兵主编:《国际金融》,北京大学出版社 2008 年版。

104. 沈国兵主编:《国际金融》,上海财经大学出版社 2004 年版。

105. 宋逢明:《金融工程原理——无套利均衡分析》,清华大学出版社 1999 年版。

106. 宋立刚主编:《外汇理论与预测方法》,中国人民大学出版社1990年版。
107. 宋文兵:《国际短期资本的流动机制》,复旦大学出版社2000年版。
108. 孙华妤、马跃:《化解热钱流入形成的升值压力:市场自动调节机制和政策措施》,载《世界经济》2005年第4期。
109. 孙华妤、潘红宇:《操纵人民币汇率的可能与现实》,载《世界经济》2010年第10期。
110. 谭雅玲:《国际金融新动向与国内金融新问题》,载《武汉金融》2008年第1期。
111. 唐旭主编:《金融理论前言课题(第二辑)》,中国金融出版社2003年版。
112. 万红先:《西方国家宏观经济政策的国际协调》,载《求是》2006年第4期。
113. 王国刚主编:《资本账户开放与中国金融改革》,社会科学文献出版社2003年版。
114. 王佩真主编:《"一国两制"下的货币金融比较研究》,中国财政经济出版社1999年版。
115. 王荣军:《中美贸易"再平衡":路径与前景》,载《外交评论》2010年第2期。
116. 王世光、王大贤:《对当前境外人民币回流问题的研究》,载《金融会计》2012年第5期。
117. 吴晓灵主编:《中国外汇管理》,中国金融出版社2001年版。
118. 吴有昌:《货币危机的三代模型》,载《世界经济》2000年第3期。
119. 吴有昌:《现代货币危机理论及其启示》,载《财贸经济》1999年第3期。
120. 奚君羊:《国际储备研究》,上海财经大学出版社1998年版。
121. 夏德仁、王振山主编:《金融市场学》,东北财经大学出版社2002年版。
122. 香港金融管理局:《香港的联系汇率制度》,http://www.info.gov.hk/hkma/chi/public/hkmalin/hkmalin_index.htm。
123. 谢赤、杨妮:《汇率行为的混沌性及其分形维描述》,载《湖南大学学报(社会科学版)》2005年第5期。
124. 谢康、李赞:《货物贸易与服务贸易互补性的实证分析——兼论中美贸易不平衡的实质》,载《国际贸易问题》2000年第9期。
125. 谢梓平:《"热钱"流入渠道解析》,载《浙江金融》2007年第7期。
126. 邢予青:《加工贸易、汇率和中国的双边贸易平衡》,载《金融研究》2012年第2期。
127. 许少强:《外汇理论与政策》,上海财经大学出版社1995年版。
128. 姚枝仲:《美国的贸易逆差问题》,载《世界经济》2003年第3期。
129. 易纲、汤弦:《汇率制度"角点解假设"的一个理论基础》,载《金融研究》2001年第8期。
130. 易纲、张磊:《国际金融》,上海人民出版社1999年版。
131. 殷醒民:《现代国际金融学》,上海财经大学出版社1999年版。
132. 尹翔硕、王领:《中美贸易不平衡中的东亚因素》,载《亚太经济》2004年第1期。
133. 余杰:《国际资本流动与发展中国家证券市场》,西南财经大学出版社2000年版。
134. 余永定:《欧洲主权债务危机和欧元的前景》,载《和平与发展》2010年第5期。
135. 喻桂华:《国际汇率制度演变及启示》,载《中国金融家》2004年第12期。
136. 原玲玲:《应对中美贸易不平衡的政策选择》,载《经济与管理研究》2005年第3期。
137. 〔英〕约翰·克拉潘:《简明不列颠经济史——从最早时期到一七五〇年》,范定九、王祖廉译,上海译文出版社1980年版。
138. 〔美〕约翰·威廉姆森:《汇率制度的选择:国际经验对中国的启示》,敏讷编译,载《国际金融研究》2004年第10期。
139. 〔英〕约翰·伊特韦尔等编:《新帕尔格雷夫经济学大辞典(第二卷)》,陈岱孙等译,经济科学出版社1996年版。
140. 张波:《金融创新理论研究的新进展评析》,载《南开经济研究》2002年第1期。
141. 张定胜、成文利:《人民币升值和中美贸易关系》,载《世界经济》2011年第2期。
142. 张建英:《基于弹性价格货币模型的人民币汇率实证研究》,载《宏观经济研究》2013年第8期。

143. 张鹏：《论中国外汇储备规模和增速的不合理性》，载《财经研究》2003年第6期。

144. 张五常：《人民币汇率为什么要浮动》，载《经济学消息报》2001年1月12日第4版。

145. 张亦春、郑振龙主编：《金融市场学（第二版）》，高等教育出版社2003年版。

146. 张志超：《汇率制度理论的新发展：文献综述》，载《世界经济》2002年第1期。

147. 中国人民银行调查统计司课题组：《我国加快资本账户开放的条件基本成熟》，载《中国金融》2012年第5期。

148. 中国人民银行海口中心支行金融研究处课题组：《人民币离岸市场发展面临的挑战与对策建议》，载《海南金融》2011年第11期。

149. 中国人民银行金融稳定分析小组：《2017中国金融稳定报告》，中国金融出版社2017年版。

150. 中国人民银行金融稳定分析小组：《2016中国金融稳定报告》，中国金融出版社2016年版。

151. 中国人民银行：《2017年人民币国际化报告》，中国金融出版社2017年版。

152. 中国人民银行：《人民币汇率形成机制改革问答（一）》，载《中国金融》2005年第24期。

153. 中国人民银行：《2005中国金融市场发展报告》，www.pbc.gov.cn。

154. 中国社科院金融所课题组：《关于我国外汇储备管理体制改革的建议》，载《中国经贸导刊》2007年第4期。

155. 钟红：《国际货币体系改革方向与中国的对策研究》，载《国际金融研究》2006年第10期。

156. 钟伟、徐建炜：《新巴塞尔协议对中国银行业信息披露的启示》，载《河南金融管理干部学院学报》2006年第1期。

157. 朱国镔、孟祥君：《国际货币体系改革的目标和过渡方案》，载《经济体制改革》2004年第6期。

158. 朱耀春：《汇率制度的国际比较研究及影响因素分析》，载《国际金融研究》2003年第10期。

159. 祝丹涛：《最优货币区批判性评析》，载《世界经济》2005年第1期。

二、外文文献

1. Agénor, P. and Masson, P. (1999), Credibility, Reputation, and the Mexican Peso Crisis, *Journal of Money, Credit, and Banking*, Vol. 31, No. 1, pp. 82-83.

2. Aghion, P., Bacchetta, P., Rancière R. and Rogoff, K. (2009), Exchange Rate Volatility and Productivity Growth: The Role of Financial Development, *Journal of Monetary Economics*, Vol. 56, No. 4, pp. 494-513.

3. Aizenman, J. and Hausmann, R. (2000), Exchange Rate Regimes and Financial-Market Imperfections, NBER Working Paper No. 7738.

4. Bacchetta, P. and van Wincoop, E. (2006), Can Information Heterogeneity Explain the Exchange Rate Determination Puzzle? *The American Economic Review*, Vol. 96, No. 3, pp. 552-576.

5. Basel Committee on Banking Supervision (2003), Overview of the New Basel Capital Accord, Consultative Document, pp. 1-17, Issued for Comment by 31 July 2003.

6. Bayoumi, T. and Eichengreen, B. (1994), One Money or Many? Analyzing the Prospects for Monetary Unification in Various Parts of the World? *Princeton Studies in International Finance*, No. 76.

7. Bayoumi, T. and Mauro, P. (1999), The Suitability of ASEAN for a Regional Currency Arrangement, IMF Working Paper WP/99/162.

8. Bénassy-Quéré, A. and Capelle, D. (2014), On the Inclusion of the Chinese Renminbi in the SDR Basket, *International Economics*, Vol. 139, pp. 133-151.

9. Bénassy-Quéré, A. and Coeuré, B. (2000), Big and Small Currencies: The Regional Connection, *CEPII, document de travail* n° 2000-10.

10. Bernanke, B. and Gertler, M. (1989), Agency Costs, Net Worth, and Business Fluctuations, *The American Economic Review*, Vol. 79, No. 1, pp. 14-31.

11. Blanchard, O. (1979), Backward and Forward Solutions for Economies with Rational Expectations, *The American Economic Review*, Vol. 69, No. 2, pp. 114-118.

12. Blanchard, O. and Giavazzi, F. (2006), Rebalancing Growth in China: A Three-Handed Approach, *China & World Economy*, Vol. 14, No. 4, pp. 1-20.

13. Bonatti, L. and Fracasso, A. (2010), Global Rebalancing and the Future of the Sino-US Codependency, *China & World Economy*, Vol. 18, No. 4, pp. 70-87.

14. Branson, W. (1977), Asset Markets and Relative Prices in Exchange Rate Determination, Reprints in *International Finance*, No. 20.

15. Branson, W. (1984), Exchange Rate Policy After a Decade of "Floating", in Bilson, J. and Marston, R. (eds.), *Exchange Rate Theory and Practice*, University of Chicago Press.

16. Tew, B. (1982), *The Evolution of the International Monetary System, 1945-1981*, 2nd Edition, London: Hutchinson & Co. Ltd., p. 184.

17. Calvo, G. and Reinhart, C. (2000), Fear of Floating, NBER Working Paper No. 7993.

18. Chang, R. and Velasco, A. (1998), The Asian Liquidity Crisis, NBER Working Paper No. 6796.

19. Chang, R. and Velasco, A. (2000), Exchange-Rate Policy for Developing Countries, *The American Economic Review*, Vol. 90, No. 2, pp. 71-75.

20. Chinn, M. and Ito, H. (2007), Current Account Balances, Financial Development and Institutions: Assaying the World "Saving Glut", *Journal of International Money and Finance*, Vol. 26, No. 4, pp. 546-569.

21. Chinn, M. D. and Wei, S. J. (2013), A Faith-Based Initiative Meets the Evidence: Does a Flexible Exchange Rate Regime Really Facilitate Current Account Adjustment? *Review of Economics and Statistics*, Vol. 95, No. 1, pp. 168-184.

22. CIPR (2003), *Integrating Intellectual Property Rights and Development Policy: Report of the Commission on Intellectual Property Rights*, Commission on Intellectual Property Rights, pp. 1-178.

23. Clapham, J. (1957), *A Concise Economic History of Britain: From the Earliest Times to 1750*, Cambridge University Press.

24. Clark, P. and Polak, J. (2004), International Liquidity and the Role of the SDR in the International Monetary System, *IMF Staff Papers*, Vol. 51, No. 1.

25. Cohen, B. (1993), Beyond EMU: The Problem of Sustainability, *Economics and Politics*, Vol. 5, No. 2, pp. 187-202.

26. Cohen, B. (2000), Money and Power in World Politics, Included in *Strange Power*, Lawton, T. and Verdun, A. (eds.), Ashgate Publishing Ltd.

27. Cooper, R. (1968), *The Economics of Interdependence: Economic Policy in the Atlantic Community*, McGraw-Hill.

28. Cooper, R. (1969), Macroeconomic Policy Adjustment in Interdependent Economies, *The Quarterly Journal of Economics*, Vol. 83, No. 1, pp. 1-24.

29. Copeland, L. (1989), *Exchange Rates and International Finance*, Addison-Wesley Longman Ltd.

30. Copeland, L. (2005), *Exchange Rates and International Finance*, 4th Edition, Pearson Education Ltd.

31. Da Silva, S. (2001), Chaotic Exchange Rate Dynamics Redux, *Open Economies Review*, Vol. 12, No. 3, pp. 281-304.

32. De Grauwe, P. and Dewachter, H. (1991), Deterministic Assessment of Nonlinear Ties in Models of Exchange Rate Determination, *Review of Economic Studies*, Vol. 58, pp. 603-619.

33. De Grauwe, P., Dewachter, H. and Embrechts, M. (1993), *Exchange Rate Theory: Chaotic Models of Foreign Exchange Markets*, Blackwell.

34. Deer, L. and Song, L. (2012), China's Approach to Rebalancing: A Conceptual and Policy Framework, *China & World Economy*, Vol. 20, No. 1, pp. 1-26.

35. Devereux, M. and Engel, C. (1999), The Optimal Choice of Exchange-Rate Regime: Price-Setting Rules and Internationalized Production, NBER Working Paper No. 6992.

36. Dornbusch, R. (1976), Expectations and Exchange Rate Dynamics, *Journal of Political Economy*, Vol. 84, No. 6, pp. 1161-1176.

37. Dornbusch, R. (1982), PPP Exchange-Rate Rules and Macroeconomic Stability, *Journal of Political Economy*, Vol. 90, No. 1, pp. 158-165.

38. Dornbusch, R. and Fischer, S. (1980), Exchange Rates and the Current Account, *The American Economic Review*, Vol. 70, No. 5, pp. 960-971.

39. Dornbusch, R. and Park, Y. (1999), Flexibility or Nominal Anchors? In Collignon, S., Pisani-Ferry, J. and Chul Park, Y. (eds.), *Exchange Rate Policies in Emerging Asian Countries*, Routledge.

40. Edwards, S. (1996), The Determinants of the Choice Between Fixed and Flexible Exchange-Rate Regimes, NBER Working Paper No. 5756.

41. Eichengreen, B. (1994), *International Monetary Arrangements for the 21st Century*, Brookings Institution Press.

42. Eichengreen, B. (1997), International Monetary Arrangements: Is There a Monetary Union in Asia's Future? *Brookings Review*, Spring.

43. Eichengreen, B. and Bayoumi, T. (1999), Is Asia and Optimum Currency Area? Can It Become One? Regional Global and Historical Perspectives on Asian Monetary Relations, CIDER Working Papers.

44. Emerson, M., Gros, D. and Italianer, A. (1992), *One Market, One Money*, Oxford University Press.

45. Engel, C. (2000), Optimal Exchange Rate Policy: The Influence of Price Setting and Asset Markets, NBER Working Paper No. 7889.

46. Esaka, T. (2010), Exchange Rate Regimes, Capital Controls, and Currency Crises: Does the Bipolar View Hold? *Journal of International Financial Markets, Institutions and Money*, Vol. 20, No. 1, pp. 91-108.

47. Evans, M. D. (2011), *Exchange-Rate Dynamics*, Princeton University Press.

48. Evans, M. D. and Lyons, R. K. (2002), Order Flow and Exchange Rate Dynamics, *Journal of Political Economy*, Vol. 110, No. 1, pp. 170-180.

49. Ferguson, N. and Schularick, M. (2011), The End of Chimerica, *International Finance*, Vol. 14, No. 1, pp. 1-26.

50. Fischer, S. (2001), Exchange Rate Regimes: Is the Bipolar View Correct? Delivered at the Meetings of the American Economic Association, New Orleans, January 6, 2001.

51. Fleming, M. (1962), Domestic Financial Policies Under Fixed and Under Floating Exchange Rates, *IMF Staff Papers*, Vol. 9, No. 3, pp. 369-380.

52. Fleming, M. (1971), On Exchange Rates Unification, *The Economic Journal*, Vol. 81, No. 323, pp. 467-488.

53. Flood, R. and Garber, P. (1984), Collapsing Exchange Rate Regimes: Some Linear Examples, *Journal of International Economics*, Vol. 17, No. 1-2, pp. 1-13.

54. Frankel, J. (1981), Flexible Exchange Rates, Prices, and the Role of "News": Lessons from the 1970s, *Journal of Political Economy*, Vol. 89, No. 4, pp. 665-705.

55. Frankel, J. (1999), No Single Currency Regime Is Right for All Countries or at All Times, NBER Working Paper No. 7338.

56. Frankel, J. and Froot, K. (1986), Understanding the U.S. Dollar in the Eighties: The Expectations of Chartists and Fundamentalists, *Economic Record*, Special Issue, pp. 24-38.

57. Frankel, J. and Froot, K. (1987), Using Survey Data to Test Standard Propositions Regarding Exchange Rate Expectations, *The American Economic Review*, Vol. 77, No. 1, pp. 133-153.

58. Frankel, J. and Froot, K. (1990), Chartists, Fundamentalists, and Trading in the Foreign Exchange Market, *The American Economic Review*, Vol. 80, No. 2, pp. 181-185.

59. Frankel, J., Schmukler, S. and Serven, L. (2000), Verifiability and the Vanishing Intermediate Exchange Rate Regime, NBER Working Paper No. 7901.

60. Fratianni, M. and von Hagen, J. (1990), The European Monetary System Ten Years After, *Carnegie-Rochester Conferences Series on Public Policy*, Vol. 32, pp. 173-241.

61. Friedman, M. (1953), The Case for Flexible Exchange Rates, in *Essays in Positive Economics*, University of Chicago Press.

62. Fukuda, S. (2000), On the Possibility of a Common Currency Area in East Asia: A Strategic Approach Under Uncertainty by a Multi-Country Model, Prepared for the Conference to Be Held at Seattle WA on January 4-5.

63. Fung, K. and Lau, L. (1998), The China-United States Bilateral Trade Balance: How Big Is It Really? *Pacific Economic Review*, Vol. 3, No. 1, pp. 33-47.

64. Fung, K. and Lau, L. (2003), Adjusted Estimates of United States-China Bilateral Trade Balances: 1995-2002, *Journal of Asian Economics*, Vol. 14, No. 3, pp. 489-496.

65. Gandolfo, G. (2004), *Elements of International Economics*, Springer.

66. Gereben, á., Gyomai, G. and Kiss M., N. (2005), The Microstructure Approach to Exchange Rates: A Survey from A Central Bank's Viewpoint, MNB Occasional Papers No. 42.

67. Goto, J. and Hamada, K. (1994), Economic Preconditions for Asian Regional Integration, in Ito, T. and Krueger, A. (eds.), *Macroeconomic Linkage*, University of Chicago Press.

68. Greenbaum, S. and Haywood, C. (1973), Secular Change in the Financial Services Industry, *Journal of Money, Credit and Banking*, Vol. 3, No. 2, pp. 571-603.

69. Haberler, G. (1970), The International Monetary System: Some Recent Developments and Discussions, Halm, G. (ed.), *Approaches to Greater Flexibility in Exchange Rates*, Princeton University Press.

70. Habermeier, K., Kokenyne, A., Veyrune, R. and Anderson, H. (2009), Revised System for the Classification of Exchange Rate Arrangements, IMF Working Paper No. 09211.

71. Hausmann, R., Panizza, U. and Stein, E. (2000), Why Do Countries Float the Way They Float? Inter-American Development Bank Working Paper No. 418.

72. Heller, H. (1966), Optimal International Reserves, *Economic Journal*, Vol. 76, No. 302, pp. 296-311.

73. Hu, M., Li, Y., Yang, J. and Chao, C. (2016), Actual Intervention and Verbal Intervention in the Chinese RMB Exchange Rate, *International Review of Economics and Finance*, Vol. 43, No. C, pp. 499-508.

74. Huang, R. (1981), The Monetary Approach to Exchange Rate in an Efficient Foreign Exchange Market: Tests Based on Volatility, *The Journal of Finance*, Vol. 36, No. 1, pp. 31-41.

75. Hughes, J. and MacDonald, S. (2003), *International Banking: Text and Cases* (Photocopy Edition), Tsinghua University Press.

76. Husted, S. and Melvin, M. (2002), *International Economics*, 5th Edition (Photocopy Edition), Higher Education Press.

77. Ingram, J. (1969), Comment: The Currency Area Problem, in Mundell, R. and Swoboda, A. (eds.), *Monetary Problems of the International Economy*, University of Chicago Press.

78. Jeanne, O. (1997), Are Currency Crises Self-fulfilling? A Test, *Journal of International Economics*, Vol. 43, No. 3-4, pp. 263-286.

79. Johnston, B. and Swinburne, M. (1999), Exchange Rate Arrangements and Currency Convertibility: Developments and Issues, IMF Working Paper.

80. Johnson, R. and Noguera, G. (2012), Accounting for Intermediates: Production Sharing and Trade in Value Added, *Journal of International Economics*, Vol. 86, No. 2, pp. 224-236.

81. Kenen, P. (1969), The Theory of Optimum Currency Areas: An Eclectic View, in Mundell, R. and Swoboda, A. (eds.), *Monetary Problems of the International Economy*, University of Chicago Press.

82. Kindleberger, C. (1973), *The World in Depression, 1929-1939*, Allen Lane the Penguin Press.

83. Kouri, P. (1976), The Exchange Rate and the Balance of Payments in the Short Run and in the Long Run: A Monetary Approach, *The Scandinavian Journal of Economics*, Vol. 78, No. 2, pp. 280-304.

84. Kravis, I. and R. Lipsey (1977), Price Behavior in the Light of Balance of Payments Theories, *Journal of International Economics*, Vol. 8, No. 2, pp. 193-246.

85. Krugman, P. (1979), A Model of Balance-of-Payments Crises, *Journal of Money, Credit and Banking*, Vol. 11, No. 3, pp. 311-325.

86. Krugman, P. (1989), *Target Zones with Limited Reserves*, Mimeo, the MIT Press.

87. Krugman, P. (1991), Target Zones and Exchange Rate Dynamics, *The Quarterly Journal of Economics*, Vol. 106, No. 3, pp. 669-682.

88. Krugman, P. (1999), Balance Sheets, the Transfer Problem, and Financial Crises, http://web.mit.edu./krugman/www/Flood.pdf.

89. Krugman, P. and Obstfeld, M. (2003), *International Economics: Theory and Policy*, Sixth Edition, Pearson Education, Inc., pp. 293-665.

90. Levi, M. (1990), *International Finance*, McGraw-Hill.

91. Levich, R. (2002), *International Financial Markets: Prices and Policies*, 2nd Edition (Photocopy Edition), China Machine Press.

92. Lin, S. and Ye, H. (2011), The Role of Financial Development in Exchange Rate Regime Choices, *Journal of International Money and Finance*, Vol. 30, No. 4, pp. 641-659.

93. Lipsey, R. and Swedenborg, B. (1996), The High Cost of Eating: Causes of International Differences in Consumer Prices, *Review of Income and Wealth*, Vol. 42, No. 2, pp. 181-194.

94. Lu, M. and Zhang, Z. (2000), Parallel Exchange Market as a Transition Mechanism for Foreign Exchange Reform: China's Experiment, *Applied Financial Economics*, Vol. 10, No. 2, pp. 123-135.

95. MacDonald, R. and Taylor, M. (1992), Exchange Rate Economics: A Survey, *IMF Staff Papers*, Vol. 39, No. 1, pp. 1-57.

96. Masson, P. (1981), Dynamic Stability of Portfolio Balance Models of the Exchange Rate, *Journal of International Economics*, Vol. 11, No. 4, pp. 467-477.

97. Masson, P. (2000), Exchange Rate Regime Transitions, IMF Working Paper No. 134.

98. Mayer, J. (2010), Global Rebalancing: Effects on Trade Flows and Employment, UNCTAD Discussion Papers No. 200.

99. McKinnon, R. (1963), Optimum Currency Areas, *The American Economic Review*, Vol. 53, No. 4, pp. 717-725.

100. McKinnon, R. (2004), The East Asian Dollar Standard, *China Economic Review*, Vol. 15, No. 3, pp. 325-330.

101. McKinnon, R. (2007), Why China Should Keep Its Dollar Peg, *International Finance*, Vol. 10, No. 1, pp. 43-70.

102. McKinnon, R. and Schnabl, G. (2003), China: A Stabilizing or Deflationary Influence in East Asia? The Problem of Conflicted Virtue, Working Paper, pp. 1-34.

103. McKinnon, R. and Schnabl, G. (2006), Devaluing the Dollar: A Critical Analysis of William Cline's Case for a New Plaza Agreement, *Journal of Policy Modeling*, Vol. 28, No. 6, pp. 683-694.

104. McKinnon, R. and Pill, H. (1998), International Overborrowing: A Decomposition of Credit and Currency Risk, *World Development*, Vol. 26, No. 7, pp. 1267-1282.

105. Meese, R. and Rogoff, K. (1983), Empirical Exchange Rate Models of the Seventies: Do They Fit out of Sample? *Journal of International Economics*, Vol. 14, No. 1-2, pp. 3-24.

106. Mélitz, J. (1995), The Current Impasse in Research on Optimum Currency Areas, *European Economic Review*, Vol. 39, No. 3-4, pp. 492-500.

107. Mintz, N. (1970), *Monetary Union and Economic Integration*, The Bulletin, New York University.

108. Mundell, R. (1960), The Monetary Dynamics of International Adjustment Under Fixed and Floating Exchange Rates, *The Quarterly Journal of Economics*, Vol. 74, No. 2, pp. 227-257.

109. Mundell, R. (1961), A Theory of Optimum Currency Areas, *The American Economic Review*, Vol. 51, No. 4, pp. 657-665.

110. Mundell, R. (1963), Capital Mobility and Stabilization Policy Under Fixed and Flexible Exchange Rates, *The Canadian Journal of Economics and Political Science*, Vol. 29, No. 4, pp. 475-485.

111. Mundell, R. (1968), *International Economics*, Macmillan.

112. Mundell, R. (2007), Dollar Standards in the Dollar Era, *Journal of Policy Modeling*, Vol. 29, No. 5, pp. 677-690.

113. Niehans, J. (1983), Financial Innovation, Multinational Banking, and Monetary Policy, *Journal of Banking & Finance*, Vol. 7, No. 4, pp. 537-551.

114. Obstfeld, M. (1996), Models of Currency Crises with Self-fulfilling Features, *European Economic Review*, Vol. 40, No. 3-5, pp. 1037-1047.

115. Obstfeld, M. and Rogoff, K. (1995), The Mirage of Fixed Exchange Rates, *The Journal of Economic Perspectives*, Vol. 9, No. 4, pp. 73-96.

116. Park, C., Adams, C. and Jeong, H. (2011), Asia's Contribution to Global Rebalancing, *Asian-Pacific Economic Literature*, Vol. 25, No. 2, pp. 38-51.

117. Peng, W., Shu, C. and Yip, R. (2007), Renminbi Derivatives: Recent Development and Issues, *China & World Economy*, Vol. 15, No. 5, pp. 1-17.

118. Plakandaras, V., Gupta, R. and Wohar, M. (2016), The Depreciation of the Pound Post-Brexit: Could It Have Been Predicted? Finance Research Letters, pp. 1-15.

119. Poirson, H. (2001), How Do Countries Choose Their Exchange Rate Regime? IMF Working Paper No. 46.

120. Radelet, S. and Sachs, J. (1998), The East Asian Financial Crisis: Diagnosis, Remedies, Prospects, *Brookings Paper*, Vol. 28, No. 1, pp. 1-74.

121. Reinhart, C. (2000), The Mirage of Floating Exchange Rates, *The American Economic Review*, Vol. 90, No. 2, pp. 65-70.

122. Salvatore, D. (2005), *Introduction to International Economics*, John Wiley & Sons, Inc.

123. Slavtcheva, D. (2015), Financial Development, Exchange Rate Regimes and Productivity Growth: Theory and Evidence, *Journal of Macroeconomics*, Vol. 44, No. 1, pp. 109-123.

124. Strauss-Kahn, D. (2010), Rebalancing the Global Economy: China Must Allow Currency to Rise, US Must Boost Savings, *New Perspectives Quarterly*, Vol. 27, No. 1, pp. 39-40.

125. Summers, L. (2000), International Financial Crises: Causes, Prevention, and Cures, *The American Economic Review, Papers and Proceedings*, Vol. 90, No. 2, pp. 1-16.

126. Tavlas, G. (1993), The "New" Theory of Optimum Currency Areas, *The World Economy*, Vol. 16, No. 6, pp. 663-685.

127. Tobin, J. (1974), *The New Economics One Decade Older*, Princeton University Press.

128. Tobin, J. (1978), A Proposal for International Monetary Reform, *Eastern Economic Journal*, Vol. 4, No. 3-4, pp. 153-159.

129. Tower, E. and Willett, T. (1970), The Concept of Optimum Currency Areas and the Choice Between Fixed and Flexible Exchange Rates, in Halm, G. (ed.), *Approaches to Greater Flexibility of Exchange Rates*, Princeton University Press.

130. Tung, C., Wang, G. and Yeh, J. (2012), Renminbi Internationalization: Progress, Prospect and Comparison, *China & World Economy*, Vol. 20, No. 5, pp. 63-82.

131. Tyers, R. and Lu, F. (2008), Competition Policy, Corporate Saving and China's Current Account Surplus, Working Papers in Economics and Econometrics No. 496.

132. UNCTAD (2013), *Global Value Chains and Development: Investment and Value Added Trade in the Global Economy*, United Nations Publication.

133. Von Furstenberg, G. and Wei, J. (2002), The Chinese Crux of Monetary Union in East Asia, http://www.g8.utoronto.ca/scholar/furstenberg2002/vonFurstenberg2002.pdf.

134. Wang, P. J. (2005), *The Economics of Foreign Exchange and Global Finance*, Springer.

135. Williamson, J. (1965), *The Crawling Peg*, Princeton Essays in International Finance No. 50, Princeton University Press.

136. Williamson, J. (1985), *The Exchange Rate System*, Revised Edition, Institute for International Economics.

137. Williamson, J. (2000), *Exchange Rate Regimes for Emerging Markets: Reviving the Intermediate Option*, Institute for International Economics.

138. Wolf, H. (2001), Exchange Rate Regime Choice and Consequences, NBER Working Paper No. 8112.

139. Xu, Y., Lin, G. and Sun, H. (2010), Accounting for the China-US Trade Imbalance: An Ownership-Based Approach, *Review of International Economics*, Vol. 18, No. 3, pp. 540-551.

140. Yang, J., Askari, H., Forrer, J. and Teegen, H. (2004), US Economic Sanctions Against China: Who Gets Hurt? *The World Economy*, Vol. 27, No. 7, pp. 1047-1081.

141. Yoshitomi, M. and Shirai, S. (2000), Policy Recommendations for Preventing Another Capital Account Crisis, Asian Policy Forum, Asian Development Bank Institute.

142. Yuen, H. (1999), Globalization and Single Currency: The Prospects of Monetary Integration in East Asia, Preliminary Draft.

143. Yuen, H. (2000), Is Asia an Optimum Currency Area? "Shocking" Aspects of Output Fluctuations in East Asia, National University of Singapore Working Paper.

144. Zhang, Z. (2000), Exchange Rate Reform in China: An Experiment in the Real Targets Approach, *The World Economy*, Vol. 23, No. 8, pp. 1057-1081.